C. Velten, G. Neuhaus, J. Lippert

Afrikanische Studien

C. Velten, G. Neuhaus, J. Lippert

Afrikanische Studien

ISBN/EAN: 9783743308176

Hergestellt in Europa, USA, Kanada, Australien, Japan

Cover: Foto ©Andreas Hilbeck / pixelio.de

Manufactured and distributed by brebook publishing software
(www.brebook.com)

C. Velten, G. Neuhaus, J. Lippert

Afrikanische Studien

Mittheilungen

des

Seminars für Orientalische Sprachen zu Berlin

Dritte Abtheilung

Afrikanische Studien

Redigirt

von

C. Velten   Dr. G. Neuhaus   Dr. J. Lippert

1898

Commissionsverlag von W. Spemann

Berlin und Stuttgart

Inhalt.

Das Seminar für Orientalische Sprachen an der Königlichen Friedrich Wilhelms-Universität zu Berlin wird von 1898 ab eine Jahrespublication unter dem Titel: »Mittheilungen des Seminars für Orientalische Sprachen« zum Zweck der wissenschaftlichen Vertretung der in dem Lehrprogramm des Seminars vereinigten asiatischen und afrikanischen Sprachstudien herausgeben. Es wird alljährlich ein Band erscheinen, enthaltend drei Theile, von denen jeder einzelne für sich im Buchhandel zu haben sein wird, nämlich:

I. Ostasiatische Studien, unter der Redaction der Herren Professor Arendt und Professor Dr. Lange,

II. Westasiatische Studien, unter der Redaction der Herren Dr. Fischer und Dr. Foy,

III. Afrikanische Studien, unter der Redaction der Herren Velten, Dr. Neuhaus und Dr. Lippert.

Es wird die Aufgabe dieser »Mittheilungen« sein, die Sprachen, die im Seminar gelehrt werden, sowie verwandte Idiome, besonders in ihrer neuesten Entwickelung zu verfolgen, durch Specialstudien die allseitige Förderung der wissenschaftlichen Erkenntniss derselben anzustreben und bisher noch unbekannte oder ungenügend bekannte Sprachgebiete mit besonderer Rücksicht auf die sich ausbreitenden Interessen des Handels, der Mission und der Colonisation der Deutschen Nation anzubrechen und zu bearbeiten; im Zusammenhange damit den Litteraturen, Sitten und Gebräuchen, der Religion, den rechtlichen Anschauungen und Institutionen sowie der allgemeinen historischen und culturellen Entwickelung der betreffenden Völker ein möglichst sorgfältiges Studium zu widmen.

Wie während des ersten Jahrzehnts seines Bestehens das Seminar in allen seinen Bestrebungen von dem Königlichen Ministerium der geistlichen, Unterrichts- und Medicinal-Angelegenheiten wie von dem Auswärtigen Amte zu jeder Zeit die wohlwollendste Förderung und Unterstützung erfahren hat, so verdankt auch das wissenschaftliche Unternehmen, das mit diesem Bande eingeleitet

wird, sein Entstehen der hohen Fürsorge Seiner Durchlaucht
des Herrn Reichskanzlers, Fürsten zu Hohenlohe-Schil-
lingsfürst, sowie Seiner Excellenz des Herrn Ministers
der geistlichen, Unterrichts- und Medicinal-Angelegenheiten, Dr. Bosse. Nachdem durch den Etat von 1897/98 die
vom Seminar erbetenen Mittel bereitgestellt waren, wurde der Un-
terzeichnete durch Ministerial-Verfügung vom 23. Juli 1897 mit
der Herausgabe dieser »Mittheilungen« beauftragt.

Berlin, den 18. October 1897.

Der commissarische Director,
Geheimer Regierungsrath
SACHAU.

Seminar-Chronik für das Studien-Jahr 1897/1898.

Das Seminar zählte:

a) im Sommer-Semester 1897: 94 Mitglieder. Ausserdem besuchten als Hospitanten den amtlichen Seminar-Unterricht 8 und einen für Kaufleute eingerichteten nichtamtlichen Cursus im Russischen 33 Personen:

b) im Winter-Semester 1897 98: 166 Mitglieder. Ausserdem besuchten als Hospitanten den amtlichen Seminar-Unterricht 3, einen für Kaufleute eingerichteten nichtamtlichen Cursus im Russischen 117 und einen solchen im Spanischen 72 Personen.

Der Lehrkörper bestand:

a) im Sommer-Semester 1897 aus 15 Lehrern und 7 Lectoren. Zu Anfang des Semesters trat Herr Astronom Max Schnauder als Assistent für den naturwissenschaftlich-technischen Unterricht und Herr Dr. Julius Lippert, welcher mit den Geschäften eines Lectors der Haussa-Sprache beauftragt und zum Studium dieser Sprache nach Tunis und Tripolis entsandt wurde, in den Lehrkörper ein. Mit Ende des Semesters schieden die Herren Schalfejew, Lehrer des Russischen, Consul Dr. Zimmermann, Lehrer der Handelswissenschaften, und Muh. Nassar, Lector des Aegyptisch-Arabischen, aus dem Lehrkörper aus:

b) im Winter-Semester 1897/98 aus 18 Lehrern und 7 Lectoren. An Stelle des aus dem Lehrkörper ausgeschiedenen Herrn Schalfejew übernahm Herr Dr. Erich Berneker commissarisch den amtlichen Unterricht im Russischen. Die freigewordene Stelle des Lectors des Aegyptisch-Arabischen wurde durch Engagement des Aegypters Scheich Abderrahman Zaghlul zu Anfang des Semesters wieder besetzt. Neu traten die Herren Pedro de Mugica als Lehrer des Spanischen und Dr. Karl Dove als Lehrer der Landeskunde der Deutschen Westafrikanischen Colonien in den Lehrkörper ein. Mit der Abhaltung des nichtamtlichen Unterrichts in den Parallel-Classen wurden für das Russische Herr cand. phil. A. Palme und für das Spanische Herr Consul a. D. R. de Palacios commissarisch beauftragt.

Der Unterricht erstreckte sich:

a) im Sommer-Semester 1897 auf 11 Sprachen: Chinesisch, Japanisch, Hindustani, Guzerati, Arabisch (Syrisch, Aegyptisch, Ostafrikanisch, Marokkanisch), Persisch, Türkisch, Suaheli, Herero, Russisch, Neugriechisch und 3 Realienfächer:

wissenschaftliche Beobachtungen auf Reisen, Tropen-Hygiene, tropische Agricultur;

b) im Winter-Semester 1897/98 auf 13 Sprachen: Chinesisch, Japanisch, Hindi, Hindustani, Guzerati, Arabisch (Syrisch, Aegyptisch, Ostafrikanisch, Marokkanisch), Persisch, Türkisch, Suaheli, Herero, Russisch, Neugriechisch, Spanisch und 4 Realienfächer:

wissenschaftliche Beobachtungen auf Reisen, Tropen-Hygiene, tropische Agricultur, Landeskunde der Deutschen Westafrikanischen Colonien.

Während der Herbstferien 1897 fanden Feriencurse vom 15. September bis 15. October, während der Osterferien 1898 vom 15. März bis 15. April statt.

Zum statutenmässigen Termin brachten im Sommer-Semester 1897 die nachstehend verzeichneten Mitglieder des Seminars durch Ablegung der Diplom-Prüfung vor der Königlichen Diplom-Prüfungs-Commission ihre Seminarstudien zum Abschluss:

1. Julius Paechter, Referendar, im Chinesischen,
2. Paul Brunn, Dr. jur., Referendar, im Japanischen,
3. Georg Luckey, Referendar, im Japanischen,
4. Richard Wannow, Dr. jur., Referendar, im Suaheli,
5. Georg Duske, Referendar, im Suaheli;

zum ausserstatutenmässigen Termin am 29. Januar 1898:

Gustav Specka, Dr., Referendar, im Japanischen.

Die Bibliothek des Seminars war während des Sommer-Semesters 1897 an den Wochentagen

Vormittags von 8—12 Uhr.

Nachmittags ▪ 4 - 6 ▪

und während des Winter-Semesters 1897/98

Vormittags von 9—12 Uhr.

Nachmittags ▪ 4—6 ▪

geöffnet.

Im Anschluss an diese Seminar-Chronik gedenken wir mehrerer
Geschenke, welche dem Seminar von hochherzigen Gönnern seiner
Bestrebungen überwiesen worden sind.

Architekt Rudolph Springer, der Verfasser des »Kunst-
handbuchs für Deutschland, Österreich und die Schweiz«, hat dem
Seminar durch Testament ein Legat überwiesen, das gemäss der
Verfügung Seiner Excellenz des Herrn Ministers der geistlichen,
Unterrichts- und Medicinal-Angelegenheiten vom 5. Februar 1895
der Unterstützung der wissenschaftlichen Publicationen des Seminars
gewidmet werden wird. Springer war ein ausgezeichneter Kenner
der Ostasiatischen Kunst; es wird seinem Sinne entsprechen und
sein Streben fortsetzen, wenn die »Ostasiatischen Studien« des
Seminars von ihrer Seite her das Interesse und das Verständniss
für diese Kunst und für die Cultur, deren Ausdruck sie ist, zu
fördern suchen. Nach einem Leben voll Schmerz und Leid und
Entsagung wurde er, ein Mann von vornehmer Gesinnung und Her-
zensgüte ohne Gleichen, am 15. September 1894 durch einen jähen,
vorzeitigen Tod seinen Freunden genommen. Um sein Andenken zu
ehren und zu erhalten, geben wir an dieser Stelle eine kurze Biographie aus der Feder seiner Freunde, des Herrn C. Vogel zu Krons-
berg und des Herrn Geheimen Medicinalraths Dr. Dettweiler in Fal-
kenstein:

»Rudolph Springer, geboren zu Frankfurt a. Main am 27. März
1844, aus einer sehr angesehenen Familie stammend, wurde schon
in ganz jungen Jahren von körperlichen Leiden heimgesucht, die
es nothwendig machten seine Ausbildung einem Hauslehrer zu übertragen. Die Wahl fiel auf einen hochgebildeten jungen Gelehrten,
der ihm den Unterricht der Schule, die er leider nicht besuchen
durfte, voll ersetzte und dem jungen Mann zur Vollendung seiner
Ausbildung mehrere Jahre auch noch in Italien und Frankreich
zur Seite stand. Neuerdings eingetretene Verschlimmerungen in
seinem Befinden nöthigten Springer für mehrere Jahre in einer
Lungenheilanstalt Hülfe zu suchen, was mit solchem Erfolge geschah, dass er sich im Jahre 1873 in Berlin niederlassen konnte,
um seine in Paris unterbrochene Ausbildung als Architekt an der
Königlichen Bau-Akademie zu vollenden. Seine immer zart geblie-
bene Gesundheit liess es nicht räthlich erscheinen diesem Beruf die
praktische Seite abzugewinnen, und so wendete sich Springer, dessen
materielle Existenz gesichert war, den Kunststudien zu und erwarb
sich bald auf diesem Gebiete ansehnliche Kenntnisse. Sein feiner
Sinn für das Schöne und die Anregung seiner vielen Freunde aus
den Kreisen der Künstler und Kunstgelehrten lenkten ihn bald auf

das Gebiet des Sammlers und zwar schon bei Beginn mit dem hochherzigen Zweck, das Zusammengebrachte nach seinem Ableben an wissenschaftliche und Kunstinstitute zu hinterlassen. Diesem seinem Herzensbedürfniss hat er volles Genüge gethan, und wo ihn eigene Sammlungsobjecte dabei nicht unterstützten, hat er an Museen und wissenschaftliche Institute ansehnliche Geldbeiträge hinterlassen, um einen oder den anderen Gegenstand von Interesse dafür zu erwerben oder um einen wissenschaftlichen Zweck damit zu fördern. Dass er bei seinen Vermächtnissen der wohlthätigen Anstalten nicht vergessen, war bei dem hochherzigen Sinne dieses wahrhaft vornehmen Mannes selbstverständlich.

Die litterarische Thätigkeit Springer's war nicht ohne erfreulichen Erfolg. Im Jahre 1888 gab er ein kleines Werk »Hundert Kartuschen verschiedener Stile« heraus, welches in Sachverständigenkreisen Beifall fand. Sein Hauptwerk war das oben erwähnte »Kunsthandbuch für Deutschland, Österreich und die Schweiz«, von welchem Springer 4 Auflagen erlebte: eine weitere Auflage war beinahe druckfertig, als er, betrauert von vielen Freunden, aus diesem Leben abberufen wurde.«

Die Bibliothek des Seminars verdankt der Güte des ausserordentlichen Gesandten und bevollmächtigten Ministers zu Bern, Königlich Bayerischen Kämmerers, Herrn Grafen von Tattenbach, eine Sammlung Marokkanischer Handschriften und der Güte des Herrn Rhedereibesitzers Rickmers in Bremen eine Sammlung Arabischer und Persischer Handschriften aus Central-Asien. Beiden Spendern sei an dieser Stelle ein herzlicher Dank dargebracht.

Berlin, den 18. Mai 1898.

Der commissarische Director,
Geheimer Regierungsrath
Sachau.

Das Gutachten eines Muhammedanischen Juristen über die Muhammedanischen Rechtsverhältnisse in Ostafrika.

Von Eduard Sachau.

Als das Deutsche Reich 1892 die Verwaltung von Ostafrika übernahm, erwuchs für das Seminar mit Rücksicht auf denjenigen Theil seines Unterrichtssystems, welcher der Einführung in das Studium der actuellen Verhältnisse des neuen Reichslandes gewidmet war, das Bedürfniss nach zuverlässiger und eingehender Information über die dortigen Rechtsverhältnisse. Dass die Fürsten von Zanzibar und ihre Beamten ihr sectirerisches Recht dorthin verpflanzt hatten, war anzunehmen, dagegen gänzlich unbekannt, ob der orthodoxe Islam mit irgend einem seiner kanonischen Rechtssysteme dort vertreten war und mit welchem. Man musste ausserdem mit der Möglichkeit rechnen, dass z. B. Zaiditisches Recht aus irgend einem Lande Südwestarabiens dorthin übertragen worden sein konnte. Nachdem alsdann bekannt geworden, dass Schafiitisches Recht gelte, ergab sich die weitere Frage, wie das numerische Verhältniss zwischen Ibaditen und Schafiiten war und ob die Rechtssysteme geographisch gesonderte Verbreitungsgebiete hatten, wie z. B. in Aegypten das Schafiitische und das Malikitische Recht, oder ob sie überall im Lande ohne locale Sonderung neben einander existirten. Schliesslich welche Rechtscommentare aus der grossen Arabischen Rechtslitteratur waren bis dahin in Ostafrika als kanonisch angesehen und der Rechtsprechung zu Grunde gelegt worden? Ostafrika ist von den berühmten Universitäten und Lehrcentren der Islamischen Welt weit entfernt, und Arabische Rechtscodices waren damals noch nicht von dort nach Deutschland gekommen, so dass man nicht wissen konnte, welcher von den berühmten Rechtslehrern des Islams in dem Privatstudium der Muhammedanischen Gelehrten sowie in den Gerichtshöfen des Landes das grösste Ansehen genoss.

Nachdem die Bitte um Auskunft über diese Dinge unter dem 22. Januar 1893 der Colonial-Abtheilung des Auswärtigen Amtes unterbreitet worden war, wurde durch gütige Vermittelung der genannten Behörde in Zanzibar und Ostafrika eine Untersuchung angestellt und das Ergebniss derselben dem Seminar durch Schreiben vom 16. December 1893 und 17. Juni 1895 mitgetheilt. Der Colonial-Abtheilung gebührt der Dank des Seminars für diese Vermittelung; in dieser wie in jeder anderen Angelegenheit haben die Bestrebungen des Seminars bei ihr stets das freundlichste Entgegenkommen und die bereitwilligste Unterstützung gefunden.

Die meisten Muslims empfinden eine gewisse Scheu sich vor Nicht-Muslims über die intimsten Fragen ihrer Religion zu äussern. In Zanzibar konnte ausserdem der Umstand eine gewisse Empfindlichkeit erregen, dass die zu beantwortenden Fragen von Seiten der Vertreter einer Nation gestellt wurden, welche kurz vorher die Herrschaft der Oman-Araber und ihrer Fürsten, der Sajjids, auf dem Afrikanischen Festlande an sich gerissen hatte. Und schliesslich lag eine gewisse Schwierigkeit bei der Beantwortung dieser Fragen auch in dem Gegensatz zwischen Ibaditen und Schafiiten namentlich für die Juristen am Hofe des Fürsten von Zanzibar, denn sie mussten zugeben, dass die Sajjids auch Schafiitische Richter angestellt hatten, missbilligten dies aber nach meiner Ansicht in ihrem Innern sicherlich auf das entschiedenste, durften jedoch unter der autokratischen Regierung des Fürsten ihre Überzeugung nicht äussern, waren also genöthigt entweder zu schweigen oder in schönen Phrasen zu lügen. Wenn trotz alledem der angesehenste Kadi von Zanzibar, der hochbejahrte Schaich Jahjâ Bin Khalfân[1], die von mir gestellten Fragen in voller Offenheit und Ausführlichkeit beantwortet hat, so fühle ich mich dafür ihm wie auch Hrn. Referendar Rössler, der die Verhandlung mit ihm geführt hat, zu herzlichem Danke verpflichtet. Bei der grossen Autorität des Schaich Jahjâ schien es mir angezeigt, sein Responsum im Original wie in deutscher Wiedergabe hier zu veröffentlichen.

﷽ باسمه تعالى ﷽

بسم الله الذى يفتتح به كل كتاب، وبحمده يُستَعانُ على اصابة الحق والصواب، فى رسم كل جواب وخطاب، وصلاة وسلامه على النبيّ الطاهر الأواب، سيّدنا محمد صلّى الله عليه وسلّم وعلى آله واصحابه الذين هم خير اصحاب، وبعد فانه قد سألنى سائل من اهل الدولة الجرمنيّة الذين بلّغهم الله تعالى الحظوظ العليّة، ان ابيّن له ما فى هذه الناحية الافريقيّة، هل الاحكام بها جارية على مذهب الشافعيّة، ام على مذهب الاباضيّة، ام فى موضع منها يُحكم باحكام احد المذهبين، وفى الآخر بمذهب احد الفريقين، وما اسماء الكتب التى توخذ منها الاحكام قدور عليها وهى المعتبرة مع الفريقين، وهذا لحن مقاله.

---

[1] Er ist erwähnt als Verfasser des Vorworts zu dem Mukhtaṣar von Alba-siwi, Zanzibar 1304, S. 1, und als Verfasser des Inhaltsverzeichnisses in dem ersten Band des قاموس الشريعة, Zanzibar 1297.

وخلاصة سؤاله، فأجبته بمقدمة فى اصول افتراق اهل المذاهب وما يجوز وما
لا يجوز فاقول انه قد نجا، فى اصول الدين، عن علماء المسلمين، وغيرهم من
اهل القبلة انه لَمّا افترقت الامّة فرقا يطول بتعدادها الخطاب، وبتسع فيها الجواب،
وهى فى كتب المسلمين موجوده، غير مفقوده، وقالوا انه اذا قام فى كل فرقة
امام، على سبيل العدل وانفذ فى البلاد على العباد الحدود واجرى الاحكام،
فغير واسع للامام العدل ان يجعل حكّامَهُ وقضاتَهُ الا اهل العدل من المسلمين
ولا يولى ذلك الا مَن يأمَنُ من اهل مذهبه وهذا الاصل قد اطّرد فى جميع
اهل المذاهب لان كل اهل مذهب يقول انه على الصواب، وبيده فصل الخطاب،
فلا ترى حاكما او قاضيا متزلّيا يحكم على اهل المذاهب الاربعة وان تمكس القضيّة
فكذلك وكذلك الشيع فى صنوفها يأنفون ان يكون عليهم حاكما [sic] سنّيا او اباضيا
وهكذا الاباضيّة وهذا كلّه فى قيام دولهم فانّ صاحب الدولة هو يحكم على مَن
كان فى حرمه على الرضى والاكراه وهولاء، اهل المذاهب الاربعة لم يجعل
سلطانهم حكّاما على احد من رعاياه فى بلدانه الا مَن هو على مذهب حنفيّ الا
فى النادر وهكذا بلغنا ان حكّامه فى الديار الشاميّة والمواضع المصريّة والاقاليم
العراقيّة والحجازيّة لا يكونون الا مِن اهل مذهبه، وهكذا فى عُمان الى هذا
التاريخ لا يجعلون لهم حكّاما ولا قضاة الا مِن اهل مذهبهم هكذا جرى الخلف
على ما اثره لهم السلف من المسلمين، والعلّة فى ذلك انه ما افترقت هذه الفِرَق
الّا وبينهم اختلاف فى الاصول والفروع والاختلاف فى الفروع يتغر وامّا فى
الاصول فلا يجوز منا ان يكون الجميع محقّين وربك يحكم بينهم يوم القيمة فيا
كانوا فيه يختلفون، وامّا اهل هذا البرّ الافريقى فانّه كان فى يد آل يعرب ولم نعلم
انّهم اقاموا حاكما او قاضيا من غير مذهبهم لانّ ذلك محجور فى اصول المذهب
وغيره من المذاهب على ما اسلفناه ولمّا صار امر الحكومة الى حكّامنا هولاء،
السادة لعلّهم نظروا من باب الايالة وهى السياسة للرعيّة ان يجعلوا قضاة من اهل

المذهب الشافعى اذ هم نازلون فى هذه الاطراف اكثر من اهل المذهب الاباضى
غير ان الحكومة لهؤلاء. السادة قديما لا معارض لهم وهذا منهم لهم من خفض
الجناح ولين الجانب وبدّوه [sic] من مكارم الاخلاق. وما سألت عنه ما كتب
الاباضية المعتمدة اديانا واحكاما فلهم كتب كثيرة تفوت الحصر عدًّا. ولا تبلغ لها
حدًّا. غير انى اذكر لك المشهور منها فاولها كتاب بيان الشرع صنّفه الشيخ العالم
محمد بن ابراهيم بن سليمان وهو اكثر من سبعين مجلّدًا وصنّف الشيخ العالم احمد
ابن موسى كتابًا سمّاه المصنّف يزيد على اربعين مجلّدًا والرجلان من كندة وسمّول
الاباضيّة فى عمان وغيرها على هذين الكتابين. ثم صنّف الامام العالم الشيخ ابو
سعيد محمد بن سعيد الكرمى كتابًا سمّاه كتاب الاستقامة وكتابًا اخر سمّاه المعتبر وكلا
الكتابين فى اصول المذهب فكانا فى بابهما لا نضير [sic] لهما ثم صنّف العلماء
المتأخّرون كتبًا كثيرة قرنًا بعد قرن ثم فى سنة ٤٠ او ٦٠ من المائة الماضية نشأ
رجل عارف لجمع كتابا احتوى على الكتابين بيان الشرع والمصنّف وما صنّفه
العلماء المتأخّرون من علماء الاباضيّة وسمّاه قاموس الشريعة الحاوى لطرقها الوسيعة
نجاء كتابا حافلا ٩٠ مجلّدًا وفى زمانك هذا فالمعوّل عليه ولهم كتاب آخر اسمه
لباب الآثار عن العلماء. الاخبار اربع قطع ضخام اكثرُ عن العلماء. المتأخّرين
وكتاب جوابات شيخنا الخليلى جموها من ايدى الناس اربع قطع فهذه كتب
الاباضيّة المشارقة وكتب اصحابنا المغاربة لم نذكرها وهى كثيرة وفى هذا القدر
كفاية. واماكتب الشافعيّة التى يعتمدون عليها فكتاب المنهاج حجمه صغير لكنه
معهم مجلّد ومعظم هو للنووى شارح صحيح مسلم فى الاحاديث النبويّة وعليه
شروح فنها التحفة للعالم ابن حجر فى جلدين او اكثر وهى معتمد اهل الحجاز
واهل حضرموت واهل افريقه. والثانى النهاية ثمانية اجزاء. فى ستّة جلود هى
للرملى وعليها اعتماد اهل مصر واعمالها من الشافعيّة. وغيرها كتب كثيرة احجمتُ
عن سردها لئلّا يطول الكتاب فهذا ما تيسّر جواب عما سألتَ عنهُ وعما لم نسال

عنه اهديناه الك فائده. عسى ان تكون بالبداية عائده. وما اشكل عليك من هذه

الاجوبة عرفني به واجبتك بكلام واضح وهذا من الفقير لله يحي بن خلفان بن

ابى نبهان الخروصى بيده.

Wiedergabe.

»Im Namen Gottes, mit dessen Erwähnung jedes Schriftwerk eingeleitet wird und durch dessen Lobpreis man Hülfe zur Erreichung alles
dessen, was Recht und Wahrheit ist, zu erlangen strebt u. s. w.

Ein Mann von den Deutschen, denen Gott grosse Macht verliehen hat,
hat mich gebeten ihm darzulegen, ob in diesem Theil von Afrika Schafiitisches
Recht gelte oder Ibaditisches, oder ob an einem Orte das eine gelte, an
einem anderen das andere, und drittens, welches die bei Schafiiten und Ibaditen angesehensten Rechtsbücher seien, welche der Rechtsprechung zu
Grunde gelegt werden.

Ich erwidere ihm darauf zunächst einleitungsweise das folgende: Nachdem der Islam sich in Secten gespalten hat, deren Aufzählung uns zu weit
führen würde, die aber aus der Litteratur wohl bekannt sind, vertreten sie
alle die Ansicht, sofern in einer Secte ein Oberhaupt gesetzmässig schaltet
und unter den Bewohnern des betreffenden Landes das Gesetz zur Anwendung bringt, dass es ihm nicht zusteht, andere Personen zu Beamten und
Richtern zu machen als solche Muslims, die den Anforderungen des Gesetzes
entsprechen, und nicht andere anzustellen, als solche Leute seiner Secte,
welche sein Vertrauen geniessen. Diese Regel gilt bei allen Secten des
Islams, denn Jedermann behauptet, dass seine Ansicht die allein richtige
sei. Daher wird man nie finden, dass ein sectirerischer (muʾtazilitischer)
Beamter oder Richter nach einer der vier orthodoxen Rechtslehren ent-
scheidet noch auch das Gegentheil. Ebenso perhorresciren es die Schiiten
einem orthodoxen oder Ibaditischen Befehlshaber zu unterstehen. Das gleiche
gilt von den Ibaditen. Und dieser Grundsatz gilt auch für die Dynastien,
denn der Fürst regiert seine Unterthanen (nach der Gesetzesauffassung der
Secte, der er angehört), einerlei ob ihnen dies genehm ist oder nicht. So
machen es auch die Orthodoxen. Ihr Sultan (der Türkische Sultan) setzt
über keinen Bruchtheil seiner Unterthanen irgend einen anderen Beamten
als einen Mann seiner eigenen Partei, d. i. einen Hanefiten, von seltenen
Ausnahmen abgesehen. So hat man uns berichtet, dass seine sämmtlichen
Beamten in Syrien, Aegypten, Babylonien und im Higâz wie er selbst Hanefiten sind. Dasselbe ist die Praxis in Oman bis auf diesen Tag; man nimmt
dort die Beamten und Richter nur aus der eigenen Secte (der Ibaditen).
So ist es unter den Muslims althergebrachte Sitte.

Der Grund dieser Erscheinung ist folgender: Die Spaltung des Islams
beruht auf Meinungsverschiedenheiten über die Principien der Rechtsbildung
wie über einzelne Rechtssätze. Nun kann man sich zwar über Meinungsverschiedenheiten über einzelne Rechtssätze hinwegsetzen, nicht aber über
Meinungsverschiedenheiten betreffend die Principien der Rechtsbildung, denn

in diesen Dingen kann nur Einer Recht haben, nicht alle. Gott wird am
jüngsten Tage zwischen den verschiedenen Secten entscheiden! —
Die Bewohner der Küste von Ostafrika waren Unterthanen der Dynastie Ja'rub. Soweit wir wissen, haben sie nie andere Muslims als Ibaditen, ihre Glaubensgenossen, zu Beamten oder Richtern gemacht, denn das
entgegengesetzte Verfahren wäre ein Verstoss gegen die Grundlehren ihrer
Secte, sowie jeder anderen Secte des Islams gewesen, wie wir oben aus-
geführt haben. Nachdem dann die Herrschaft von den Ja'rub auf unsere
jetzigen Fürsten, die Sajjids, übergegangen war, handelten sie vermuthlich
aus politischen Rücksichten für ihre Unterthanen, indem sie[1] ihnen Schafiitische Richter gaben, da die Zahl der in Ostafrika wohnenden Schafiiten
grösser ist als diejenige der Ibaditen. Dabei ist aber zu beachten, dass
die Herrschaft der Sajjids von Anfang an eine unbestrittene war (soll wohl
heissen: dass sie die Macht gehabt hätten ihr Ibaditisches Recht ihren Unterthanen zu octroyiren) und dass sie, indem sie ihren Unterthanen eine Con-
cession machten, dies lediglich aus Rücksicht, Milde und Edelmuth thaten.
    Die angesehenen Ibaditischen Religions- und Rechtsbücher, nach denen
Du gefragt hast, sind sehr zahlreich, ja unzählbar. Ich will Dir nur die
bekanntesten nennen:
    1. Bajân-alâsâr', mehr als 70 Bände, verfasst von Muhammed Ibn
Ibrâhim Ibn Sulaimân[2].
    2. Almusannaf, mehr als 40 Bände, von Ahmed Ibn Mûsâ[3]. Diese
beiden Verfasser sind Kinda-Araber und ihre beiden Werke geniessen unter
den Ibaditen in Oman wie anderswo unbedingtes Vertrauen.
    3. Kitâb-alistikâma und Ahm'tabar von Abû-Sa'id Muhammed Ibn
Sa'id. Diese beiden Werke handeln von den Principien der Rechtsbildung
und sind in ihrer Art ohne gleichen.
    Die späteren Gelehrtengenerationen haben viele weitere Werke ver-
fasst. Um 1240 oder 1260 d. Fl. erstand dann ein kenntnissreicher Mann,
der den Inhalt des Bajân-alâsâr' und des Almusannaf sowie der späteren
Litteratur zu einem grossen Bande unter dem Titel
    4. Kâmûs-alâsâri'a vereinigte. Es ist ein gewaltiges Werk von 90 Bän-
den, das in der Gegenwart allgemeines Vertrauen geniesst.
    5. Lubâb-alâthâr 'an-al'ulamâ' al'akhjâr, 4 starke Theile, dessen In-
halt zum grössten Theil der späteren Litteratur entnommen ist.
    6. Kitâb gawâbât (= Liber responsorum) von Alkhalili, ein Werk,
dessen Inhalt (d. i. die von dem Verfasser ertheilten Rechtsgutachten) von
verschiedenen Seiten her zusammengebracht wurde, 4 Bände.
    Dies sind die Rechtsbücher der östlichen Ibaditen. Die Bücher unserer
westlichen Glaubensgenossen (in Nordafrika), die ebenfalls zahlreich sind,
führen wir nicht an.

— — — — — — —

[1] Siehe weiter unten S. 8.
[2] Gestorben A. H. 508 nach dem Kašf-alghumma, s. meine Abhandlung über
eine Arabische Chronik aus Zanzibar (Westasiatische Studien 1898, S. 15).
[3] Gestorben 557.

Was die angesehene Schafiitische Rechtslitteratur betrifft, so sind die folgenden Werke zu nennen:

1. Alminhâg, von geringem Umfang, aber sehr gefeiert, von Alma-wawi, dem Commentator des grossen Traditionswerkes von Muslim. Commentare dieses Werkes sind:

2. Altuḥfa von Ibn Ḥaǧar in 2 oder mehr Bänden, sehr angesehen im Ḥigâz, in Ḥaḍramaut und in Ostafrika; und

3. Alnihâja, 8 Theile in 6 Bänden, von Alramli, sehr angesehen bei den Schafiiten Aegyptens.

Es giebt ausserdem viele andere Werke, von deren Aufzählung ich absehe, damit dies Schreiben nicht zu lang wird. Dies ist die Antwort, die ich Dir auf Deine Fragen zu geben hatte, die ich Dir praesentire in der Hoffnung, dass sie Dir wenigstens für den Anfang nütze. Ist Dir darin etwas unklar, so gieb mir Nachricht und ich werde Dir in deutlichen Worten antworten.

Eigenhändig von dem gottesbedürftigen

Jaḥjä Ibn Khalfân
Ibn Abi Nabhân Alkharûsi.«

Diese Darlegung des Schaichs Jaḥjä bedarf keines Commentars. Sein Hinweis auf den Sultan der Türkei ist materiell richtig; der Satz aber, den dies Beispiel beweisen soll, dass nämlich das Muhammedanische Staatsoberhaupt secundum regulam nur Mitglieder seiner Secte zu Richtern ernennen kann, gilt zwar für die Ibaditen, indessen für die Orthodoxen oder Sunniten nur in beschränktem Maasse. Es entspricht dem intransigenten Charakter des Ibaditischen Islams, dass für ihn ein jeder Richter, der über die Grundprincipien des Rechts (und des ganzen Islams) andere als Ibaditische Ansichten hat, eine absolute Unmöglichkeit ist. Anders innerhalb des orthodoxen oder sunnitischen Islams. Er hat kein Gesetz, das einen Hanefitischen Landesherrn verhindert, z. B. einen Malikitischen Richter anzustellen, wie thatsächlich die Chedive von Aegypten, die als Türken dem Ursprunge nach der Lehre Abû Ḥanifa's folgen, stets sowohl Schafiitische wie Malikitische Richter angestellt haben. Insofern aber sind die Sunniten nicht minder rigoros als die Ibaditen, als die Ernennung eines Richters, der ausserhalb des orthodoxen Islams steht, z. B. eines Schiiten, auch für sie eine gesetzliche Unmöglichkeit ist.

Für eine etwas ausfürlichere Mittheilung über die Schafiitische Rechtslitteratur, auch diejenige, die besonders in Ostafrika verbreitet ist, verweise ich auf das Vorwort zu meinem »Muhammedanischen Recht« (Lehrbücher des Seminars, Band XVII) S. XIX ff.

Die Angaben des Schaichs Jaḥjä sind durch die Antworten der auf dem Deutsch-Ostafrikanischen Festlande befindlichen Arabischen Rechtsgelehrten, die unbehindert und ohne irgend welche Rücksicht auf einen Arabischen Gebieter ihre Ansicht äussern konnten, völlig bestätigt worden. Es ist aus dem Bericht des Sulaimân Ibn Nâṣir in Dâr-Essalâm, speciell aus einem an ihn gerichteten Briefe des Schaich Jaḥjä nachzutragen, dass es der grösste der Fürsten von Oman aus dem Geschlechte der Sajjids (Āl Bû-Saʿîd), Saʿid

Ibn Sulṭân (1804—1856) war. der einigen Schafiitischen Kadis gestattete, Recht zu sprechen über Schafiiten wie auch über andere Muslims, die sich freiwillig seinem Urtheile unterwarfen.

Ein weiterer, von dem Bezirkshauptmann von Tanga, Hrn. W. von St. Paul, erstatteter Bericht über die von mir vorgelegten Fragen ist in den «Mittheilungen von Forschungsreisenden und Gelehrten aus den Deutschen Schutzgebieten», herausgegeben von Dr. A. von Danekelmann, 1895, Band 8, S. 192—195 veröffentlicht.

Sitten und Gebräuche der Suaheli.

Von C. VELTEN.

Während meines Aufenthaltes in Ostafrika kam ich je länger je mehr zu
der Überzeugung, dass es, um wahrheitsgetreue Schilderungen der Suaheli
z. B. über Sitten und Gebräuche zu erlangen, am zweckdienlichsten sei,
dieselben von ihnen eigenhändig niederschreiben zu lassen. Bei mündlichen
Nachfragen und Besprechungen kommt es dem Neger auf einige Ungenauig-
keiten und Unwahrheiten gar nicht an, während er bei eigener Aufzeichnung
von Thatsachen gewissenhafter und wahrheitsliebender ist. Ich liess daher
meist dasselbe Thema von mehreren Leuten zugleich behandeln und erhielt
so einen der Wahrheit möglichst entsprechenden Bericht. Die im Folgenden
behandelten Sitten und Gebräuche der Suaheli sind auf diese Weise entstanden. Bei Sammlung und Aufzeichnung derselben haben mir hauptsächlich
drei Suaheli-Leute gute Dienste geleistet. In erster Linie Mw'allim Mbaraka
bin Shomari, aus Kondutschi bei Daressalaam gebürtig, der als angesehener
Lehrer der Suaheli meist seinem Berufe in Daressalaam obliegt, sowie dessen
Bruder Mwenyi Hija bin Shomari, der akida (Beamter) des Kaiserlichen
Gouvernements im Bezirke Kondutschi ist, und als dritter Muhamedi bin
Madigani aus Magogoni bei Daressalaam, ein sehr aufgeweckter und für
alles Europäische grosses Interesse zeigender junger Mann.

Der erste Theil dieser Sammlung behandelt allgemeine Anstandsregeln,
der zweite die Geburt des Kindes, Erziehung in Haus und Schule, Lehr-
verhältnisse, Beschneidung, Verheirathung, Scheidung und Begräbniss; der
dritte enthält Betrachtungen über Sclaverei einst und jetzt; der vierte führt
uns die Verhältnisse der Ortsältesten (*jumbe*) vor Augen und entrollt ein
Bild ihrer früheren und jetzigen Thätigkeit.

Bei den Anmerkungen habe ich hauptsächlich auf die im Suaheli-
Text vorkommenden arabischen Worte und ihre Schreibweise Bedacht ge-
nommen mit Rücksicht auf die des Arabischen unkundigen Kenner des
Suaheli. Die Transscription ist die allgemein eingeführte englische, wie sie
in allen bisherigen Lehrbüchern des Suaheli zur Anwendung gelangt ist.
Die verschiedenen *t*-, *th*-, *h*- und *s*-Laute sind mit Rücksicht auf die arabische
Schrift des Suaheli bei der Transscription in folgender Weise wiedergegeben:

ت = *t*, ط = *t*, ث = *th*, ذ = *z*, ض = *d*, ظ = *th*, ح = *h*, ه = *h*, س = *s*, ص = *s*.

Das arabische ع wird überall da, wo es in semitischer Weise erklingt,
mit ', wo es erweicht ist, mit ' wiedergegeben. Was die Übersetzung anbelangt, so habe ich dieselbe möglichst wortgetreu gestaltet, da eine freie
Übersetzung zu wenig dem Original entsprochen haben würde. Obwohl der

deutsche Stil darunter zu leiden hat, hoffe ich, dass die Übersetzung auch
denen, die sich nicht mit Suaheli beschäftigen und die sich für unsere
Colonien interessiren, willkommen sein wird.

Desturi za Waswaheli.

I.

Khabari[1] za adabu[2] na nlnginezo.

desturi[3] za hizi inchi za Waswaheli ba'adi[4] nyingi. na kulla watu
kwa mila yao na tabi'a[5] yao. wa amma mwanzo wa Mbuamadji[6] hatta
Bagamoyo mila yao moja, haikupitana. na mwanzo wa Winde[7] hatta Tanga
mila yao kazalika" moja, haikupitana sana. na mwanzo wa Kimbidji[9] hatta
Kilwa nao mila yao mbalimbali, hatta Mgao[10] mila yao mbalimbali, illa
dini[11] yao moja popote. tenna maneno ya Kiswaheli si sawasawa, mbalimbali; lakini wewe unajua maneno yote, unafaham[12] na ma'ana[13] yao. walakin
mimi si qa'ida[1] yangu kuandika, nonapo ninekosa neno unisamehe[14], ma'ana
wewe wajua kulla ma'ana, zidi kunisamehe usinilaunu[15]. faham kama hayo
natakayokuhadithia[16].

desturi ya zamani: mtu mwenyi kwenda katika nyumba ya mwenziwe lazima asumize -hodi-[17], na walio nyumbani watamwitikia -hodi- ao
-qaribu-. atusaili -fulani yuko?- wakimjibu: -yuko- atatoka, ataouana
naye. na iwapo hayumo ndani, watamjibu -hayumo-, lazima arudi.

mtu mwenyi kwenda katika nyumba ya mwenziwe akapiga -hodi-
marra ya kwanza asijibiwe, akapiga marra ya pili asijibiwe, akapiga marra
ya tatu kazalika, lazima arudi ende zake. ijapo nyumba ameiona i wazi[18]
na arudi. sababu[19] labuda wenyewe wamelala katika nyumba, wa amma
labuda iko kazi wanafanyiza katika nyumba, na kazi ile hnifai kuiona mtu
mwingine. si lazima kuingia ndani. na ningiapo ndani amekuwa hana
heshima[20]. tenna hana adabu kwa desturi za Waswaheli.

mtu mwenyi kwenda kwa mwenzi wake akapiga -hodi-, na mle
nyumbani hamna mtoto aliyoyote, mumgwana walla mtumwa, yumo mkewe

[1] ar. خبر Nachricht. [2] ar. ادب feine Bildung. [3] pers. دستور Muster,
Regel, Modell; ferner kommen noch folgende Worte für Sitten und Gebräuche vor:
qa'ida ar. قاعدة Grundlage, feststehende Sitte; ada ar. عادة Gewohnheit (عود zurückkehren); mila Sitten suah. und ma:habbi ar. مذهب pl. مذاهب. [4] ar. بعض Theil.
[5] ar. طبيعة Charakter. [6] Grösseres Dorf, 3 Stunden südl. Daressalaam. [7] Dorf
nördl. Bagamoyo. [8] ar. كذلك ebenso. [9] Cap südl. Daressalaam. [10] Hinterland
von Lindi und Mikindani. [11] ar. دين Religion. [12] ar. فهم verstehen. [13] ar. معنى
Bedeutung. [14] ar. سمح verzeihen. [15] ar. لوم tadeln. [16] ar. حديث [17] vor dem
Eintreten in's Haus -hodi- rufen. [18] ar. واسع weit? [19] ar. سبب Grund. [20] ar.
حشمة Respect.

bassi, na yule mtu, apigayo -hodi-, hana mazoea na yule bibi ya kusema
naye, lazima yule bibi atanyamaza, hamjibu, na yule atarudi ende zake.
walla hakasiriki. na iwapo yule bibi atamjibu mtu yule, bassi yule bibi
amekuwa hana adabu, tenna huambiwa mbaya huyu mwanamke, kwa
sababu amefanya neno si la desturi ya Waswaheli.

mwanamke akiona watu walio ma'arufu [1], lazima [2] atawakimbia.
wakiingia nyumbani, akiwa na mume mwanamke yule, na asipokuwa na
mume; maadam [3] yule mwanamke mungwana na wale aliowaona waungwana,
wenzi wake, lazima awakimbie. na asipowakimbia, wale watauzika [4], kwa
sababu hakuwafanya watu ma'arufu, kwa ajili [5] kulla mtu asiositahiwa na
waanawake kwa desturi ya Waswaheli mtu yule mfano wake hujiona ya
kama mwanamke huyu amenifanyiza mtumwa mimi, ao amenifanyiza
Mnyamwezi mimi, ao amenifanyiza mpumbavu mimi, na mambo matatu
haya lazima humwuzi mtu. aida [6] na wale waanawaume humjua ya kama
mwanamke huyu hasherati [7] sana kwa desturi ya Waswaheli.

iwapo mtu anawiwa, ameshitakiwa mathali [8] kwa hakim [9] na hakim
atatoa 'askari kwenda mwita yule mtu, anayod'aiwa [10]. bassi wale 'askari
wendapo nyumbani kwake wakamsaili [11], zama wameonapo ndio na wasi-
pomwona hurudi, wakenda wakajibu kwa hakim, si lazima kuingia ndani
kumtazama yule mtu kwa ajili ya deni [12]. illa iwapo yule mtu amekhalifu [13]
neno asilolitaka hakimu, mathali ni kuwa amewa mtu, ao amekwiba mali
ya watu, hapo mbali. nayo kazalika auwali watarudi kwa hakim, wakamjibu hatukumwona; awape rukhsa [14] awambie nendeni mkamtazame ndani
nyumbani [15] mwake, ndipo watakaporejea. wa amma ile ya auwali awape
amri ya kama kaingieni nyumbani mwake, ndipo waingie ndani, walakini
haiyumkini [16] kuingia ndani pasipo rukhsa ya hakim, si desturi ya Waswaheli.

tena ukienenda katika nyumba ya mtumwa ukapiga -hodi- marra
mbili ao marra tatu, wenyi nyumba wakakujibu — ni wema; na wasi-
pokujibu, si lazima kuingia ndani bila ya amri [17] ya mwenyewe, lazima
kwanza akupe amri, sawasawa ukiingia nyumbani mwa mungwana.

mtu mwenyi kwenda katika nyumba ya mtu mwingine na yule aki-
wahi [18] kumqaribisha nyumbani kwake, akamwonyesha bibi yake — bassi —
mtu yule si lazima kwenda katika nyumba ile kulla siku, kwa sababu ya

---

[1] ar. معروف angesehen, rud. عرف. [2] das Futur nach *lazima* kommt schöner vor, gebräuchlicher ist der Inf. oder Conj. [3] ar. مدام. [4] ar. اذى IV kränken.
[5] ar. اجل Grund. [6] ar. ايضا gleichfalls, ferner. [7] ar. خشار Hefe des Volkes.
[8] ar. مثل gleichwie. [9] ar. حاكم Herrscher. [10] ar. دعو beanspruchen. [11] ar. سأل
fragen. [12] ar. دين Schuld. [13] ar. خالف anderer Ansicht sein. [14] ar. رخصة.
[15] eigenthümlich ist die Anwendung der Praep. *ndani* und des angehängten *ni*, für
gewöhnlich *ndani ya nyumba* oder *nyumbani*. [16] ar. يمكن es ist möglich. [17] ar.
أمر Befehl. [18] ar. وحى eilen.

ile siku moja, aliyempeleka yule mwenyewe, akamwonyesha bibi yake; illa iwapo amempa rukhsa yule rafiqi [1] yake mbele ya bibi yake, ya kama nimemrukhusu huyu rafiqi yangu, akitaka kuja humo nyumbani, aje, yule bibi asikie na yule sahibu [2] yake asikie, hapo yafaa kwenda. walla isiwe umepata kwenda siku moja ao mbili nkikuqaribisha mwenyewe, tenna ukafanya mazoea kwenda, ikiwa yupo mwenyewe ao hayupo ukenda, si desturi.

mwanamke mungwana aliye mtoto wa watu hana rukhsa kutembea mchana bila ʿnźurn [3] illa kwa haja ya kutembea tu. kama anataka kwenda kuzumgumza kwa rafiqi yake lazima kwenda usiku baʾada ya saʾn [4] moja hatta saʾa ya tatu. na tenna lazima kujifuniku ushungi na mtumwa wake afuatane naye. mwanamke mungwana akitembea mchana hana adabu.

watu wakikutana wakiamkiana kwetu huambia -hujambo- [5], naye huitikia -sijambo-. akamwambia tenna -hali [6] gani?- huitikia -njema alhamdu lillahi- [7]. akamwambia -khabari gani?- huitikia -njema alhamdu lillahi-. akamwambia tenna -zaʾ siku nyingi?- huitikia -njema-. ao huuliza -khabari gani unakotoka?- akamjibu -kuzuri-.

kijana akimkuta babaye ao mamaye asubuhi [8] humwambia -baba kuchewa?- akamwambia -kuchewa-. na akimkuta jioni humwambia -baba za [10] mtana [11]?- akitikia -njema-.

ao mtu akunwamkia mwenziwe hunena -mwinyi-, naye akitikia -mwenyi mkuu-. akamwambia -kwambaje [12] kwako na watu wako waonaje [12]?- akamwambia -kwangu kwema na watu wote wazima nao wasalimu-; ao huuliza -watoto nyumbani hawajambo?- akaitikia -hawajambo-.

na ambapo yule aamkiwaye ni jumbe, mtu akienda nyumbani kwake hasemi -hodi- hupiga -mwinyi-. na aliyo nyumbani ataitikia -ayé-. jumbe yumo ndipo aingie nyumbani na kofia mikononi, walla asiingie viatu miguuni.

mtumwa akimwamkia bana wake ao bibi yake humwambia -shikamo [13]- nao humwitikia -marahaba- [14].

aida na mtu akisafiri akienenda mahali mbali hatta siku atakayorudi, kulla mtu atakayokuja mtazama atamwambia -pongezi [15]- atikiye -tuna uya-.

aida na mwanamke atakapochukua mimba hatta siku atakayozaa huambiwa -fulani anahongera- na kulla aendayo humwambia -pongezi- akitikia -tuna uya-.

aida na mwanamke zamani atakapo kwenenda kuni ndani ya msitu [16],

---

[1] ar. رفيق Begleiter, Gefährte. [2] ar. صاحب Freund. [3] ar. بلا عذر ohne Entschuldigung. [4] ar. ساعة Stunde, Uhr. [5] eigentlich *huna jambo*, hast du nicht eine Sache, fehlt dir nichts? Die Antwort ist *sijambo* = *sina jambo*, ich habe nicht eine Sache, mir geht's gut. [6] ar. حال Zustand. [7] ar. الحمد لله Lob dem Gott. [8] u. [10] zu ergänzen *khabari za* ... [9] ar. صبح Morgen. [11] für *mchana*. [12] angehängtes *je* = wie. [13] zusammengezogen aus *shika m(iguu yak)o* -ich umfasse deine Füsse-, nur von Sclaven und zuweilen auch von Frauen Europäern gegenüber gebraucht. [14] ar. مرحبا willkommen. [15] Zusammenziehung aus *pa* geben und *ongeza* vermehren. [16] neben *mwitu*.

hatta atakaporudi wanawake wenziwe humwambia »fulani ya umeni?«
huitikia »tuna uya«.

aida mtu akimkuta mwenziwe katika shamba alima, humwamkia
»fulani konde konde?« huyu mwenyi kulima huitikia »ya kulima na mvua
moja konde ndio mchawi«.

hadithi ya zamani, walisema watu wa zamani: ukiona watu wamekna
faragha[1], usienende haifni, illa wukwite. wanapokwita wajibu[2] kuenenda.

ba'ada ya maneno hayo, ukiona mtu, ukitaka kwake haja[3] mithili
ya qarada[4] ya fedda[5], ao neno lo lote la haja, naye ana desturi kulla mtu
endaye kwake nkitaka haja hampi, roho yake mbaya, naye kazalika haifni
kuenenda taka haja kwake. utarudi bilashi[6], ma'ana unamjua kama
mtu huyu roho[7] yake mbaya, si mtu mwema, ya nini kuenenda kwake
kutaka kitu!

ukiona watu wawili wamekaa na shughuli[8] zao, wanasema maneno
yao. bassi si lazima na wewe kuenenda pale. bila wenyewe kukwita; illa
wanapokwita wenyewe enenda. wasipokwita ukienenda utahasibiwa[9] na
watu fulani hana adabu; yafaa kupigwa kofi. ma'ana si adabu kuenenda
mahala[10] walipokaa faragha watu kwa shughuli zao.

aida mtu ameondoka mahala pake anakwenda mahala pengine kutembea,
ao kwa shughuli ningine, nkifika mahala nkiona watu wamekaa wana
shughuli zao, mathali kama wanafanya karamu[11] ao neno jingine, wakinena
»qaribu« ukae, lazima nawe ukae, usifanye ukaidi[12], si desturi ya mtu
mwenyi 'aqili[13], walakini iwapo wewe una 'aqili wajibu ukae, lakini kidogo
ndipo uondoke ushike safari[14] yako.

ukipita nyumbani mwa jirani[15] yako ao mwenzako, naye atakwambia
»qaribu hana«, lazima umjibu »starehe«[16], ukipita ao ukiingia nyumbani
sawasawa, lazima kumwambia »starehe«.

kama mtu ameshikwa na ghadabu[17], anafanya anagombana na mwenzi
wake, ao wananenezana kwa maneno mabaya mabaya, akitokea mtu akiku-
rudi akikwambia »bassi wacha ghadabu zako samehe d'uwa[18], nenda zako«
wajibu kumsikiliza, ndio wajibu, usifanye ukaidi; kwa sababu kulla mwenyi
ghadabu mbele yake amesimama shetani[19], na kulla mtu akirudiwa kwa

[1] ar. فَرَاغَة Musse. [2] ar. وَاجِب Pflicht. [3] ar. حَاجَة Bedürfniss,

Wunsch. [4] ar. قَرْضَة Vorschuss. [5] ar. فَضَّة Silber. [6] ar. بِلَا شَيْ ohne eine Sache.

[7] ar. رُوح Seele. [8] ar. شُغْل Geschäft. [9] ar. حَسَب rechnen. [10] ar. مَحَل Platz. [11] ar.

كَرَم gastfreie Bewirthung. [12] ar. كَيْد Tücke, List. [13] ar. عَقْل Verstand. [14] ar.

سَفَر Reise. [15] ar. جَار, pl. جِيرَان Nachbar. [16] ar. اِسْتَرَحْ X. Form von رُوح

lass dich nicht stören. [17] ar. غَضَب Zorn. [18] ar. دَعْوِي Klage. [19] ar. شَيْطَان
Teufel.

neno la kheiri[1], si wajibu kukataa. akataapo, khalafu[2] humpata neno la shari[3] ataleta mayutu khalafu, na mayutu ya khalafu haina faida[4]. kulla mwenyi ghadabu huondoka 'aqili, atokeapo mtu nasibi[5], akikunasibi[5], usikatae.

mwenyi kuona neno la mtu si wajibu kulinena, wajibu kunyamaza ; ina ana kulla intu hutazama shughuli zake, hatazami shughuli za watu. iwapo umeona neno la intu. khalafu ukiwambia watu, bassi fahamu utahadithiwa fulani kazi yake kunena maneno ya ukizibu[6], imekuwa kutukanika inbele za watu, utaonekana kuwa mwongo.

desturi ya zamani: mtoto akesha zaliwa, akilewa hatta akiwa mkubwa, na 'aqili zake timam[7], wajibu heshima[8] na wazee wake, afanye adabu sana, asiwarudi neno, walitakalo wazee wake, atumike shughli ya wazee wake qadiri watakavyonituna. hio ndio desturi ya zamani.

aidu wanapokuwa wazee wake hawana uguvu na kitu hawana matumizi luzima kuwapa chakula na nguo wazee wake, atunze sana wazee wake hai[9] yao. na asipoyatenda hayo watu husema mtoto huyu hana adabu kabisa.

mtoto na mw'allim[10] wake hufanya adabu sana juu ya mw'allim wake. ba'ada ya kuwa hai wote wawili katika dunya[11] hutenda mambo mema kwa mw'allim wake, kwa kulla heshima iliyowajibia humtendea mw'allim wake. na iwapo amekufa mw'allim bassi imewajibiu fatiha[12] njema, kulla waqati[13] unaolazim fatiha, afanye heshima kama anavyofanya heshima ya wazee wake. na ondoapo adabu kwa mw'allim wake hapati radi[14] kwa muungu, hasara 'athimu[15].

qa'ida ya zamani na desturi kwetu sisi Waswaheli hakimu anayotumiliki[16] humpenda sana, tenna humfanzia heshima nyingi, na amri yake huikhofu[17] sana, na kulla siku huomba maneno mema kwa muungu juu ya hakim wetu. na tukiona mtu anasema maneno mabaya juu ya hakim, hatumpendi, yafaa apate fimbo. mathali kama hivi sasa emetumiliki[18] bana mkubwa jermani[19], ndio hakim yetu, aliotuletea muungu, katika desturi yetu tunampenda sana. na mtu akitoa maneno mabaya kuintaja hakim yetu, mtu huyu 'adwi[20] yetu sana, hatumpendi.

ukiona intu anambaghidi[21] mkubwa wa inji ao jumbe kwa maneno mabaya ao anamtukana. ukiona mambo hayo, utu huyu afaa kupigwa kofi,

---

[1] ar. خير gut. [2] ar. خلف nachher. [3] ar. شر Böses, Unheil. [4] ar. فائدة Nutzen. [5] ar. نصح vernünftigen Rath ertheilen. [6] ar. كذب Lüge.

[7] ar. تمام vollkommen. [8] ar. حشمة Achtung, Höflichkeit. [9] ar. حي lebend.

[10] ar. معلم Lehrer. [11] ar. دنيا Welt. [12] ar. فاتحة Eröffnerin des Korans. [13] ar. وقت Zeit. [14] ar. راضي zufrieden. [15] ar. خسارة عظيمة hoher Verlust. [16] ar. ملك herrschen.

[17] ar. خوف Furcht. [18] für ametumiliki. [19] vom engl. german. [20] ar. عدو Feind.

[21] ar. بغض feindlich gesinnt sein.

ma'ana mtu huyo hana adabu. kulla mtu yafaa kuwafanzia heshima wazee wake, na mw'allim, na hakim na mkubwa wa mji ao jumbe.

sisi ra'ia[1] na hakim mfano wetu kama mithili ya mbuzi na mchunga wao. mbuzi wakikosa mchunga hupotea, na sisi bin Adamu[2] kazalika sherti[3] tuwe na hakim, ndipo mambo yawe barrabarra[4]. iwapo hapana hakim inakuwa kama mbuzi, wasio mchunga. sasa naomba kwa muungu awazidie 'afya[5] na 'omri[6] mahakim zetu jam'iei[7] bin Adam wakikaa nasi ra'in zao kwa vema.

katika desturi ya zamani ya barra ya Swaheli zalikuwa furaha[8] nyingi sana katika mji alipotokea mgeni. mathali mtu ametoka janibu[9] ningine, amekwenda tembea janibu ningine, faham akitokea mgeni katika mji wale wenyi mji hugombana kwa sababu[10] ya yule mgeni, kulla mtu amtaka yeye awe mgeni wake, bassi faham[11] huwa furaha sana katika mji, ngoma usiku na mtana[12], na waanawake na waanaume hufurahia mgeni sana. wa kazalika furaha zao hupoteza na mali, ngombe hutindwa[13] na mbuzi, zikifanyizwa karamu[14], kwa sababu ya kufurahishwa yule mgeni. faham kama hayo, ndiyo khabari ya zamani, ndio desturi, kwa sababu hapo zamani watu walistarehe sana na roho[15] zao zalikuwa njema sana na adabu na heshima za watu wakizijua sana, wakiona mtu mdogo wanajua heshima yake, na mkubwa kazalika na heshima yake.

qa'ida ya zamani: ukiona mtu mwizi, haifai kufanya urafiqi kwake. mtu anafanya urafiqi na mtu mwizi naye atakuwa mwizi, maneno hayo katika hadithi ya zamani; walla mtu ananyanganya mali za watu, ao anapiga watu kwa jeuri[16], haifai kufuatana naye kwa urafiqi, ajili utapata na wewe matata ya bilash[17].

ukiona mahala pana ziwa la maji nawe unataka yale maji koga, uingiapo katika maji koga, bassi faham hao watu wa zamani wamesema haifai kutia mkojo walla kutia choo katika maji, illa maji yanayopita, mithili[18] kama maji ya mto haidum[19], sababu yanapita. faham kama hayo.

kazalika nonapo mahala ipo tundu katika ardi[20], mithili kama amechimba mdudu, akifanya shimo, si lazima kutia mkojo ndani ya lile shimo, sababu labuda ndani yake amekaa mdudu; tenna iko khatari[21], kama nyoka imo ndani atakurukia.

hizi desturi za adabu nyingi sana walla huzina 'idadi[22], na mtu anashika qa'ida ya zamani heshima atapata tele kwa watu, hio desturi.

---

[1] ar. رعية Unterthanen. [2] Menschenkinder. [3] ar. شرط Bedingung. [4] pers. بَرَابَر. [5] ar. عافية Gesundheit. [6] ar. عمر Alter. [7] ar. جمع versammelt, all. [8] ar. فرح Freude. [9] ar. جانب Seite. [10] ar. سبب Grund. [11] ar. فهم verstehen. [12] für mchana (Lamu-Dialekt). [13] chinshwa (Lamu-Dialekt). [14] ar. كرم gastfreie Bewirthung. [15] ar. روح = Spiritus. [16] ar. جور List. [17] ar. لا شيَ ohne eine Sache. [18] mithili und matkali sind beide gebräuchlich. [19] ar. ضر schaden. [20] ar. أرض Erde, Land. [21] ar. خطر Gefahr. [22] ar. عدد Zahl.

na mtu asiyoshika maneno ya zamani heshima yake udogo kwa watu; na hayo yote yataka mtu aliyoja'aliwa [1] na muungu, ndio atashika maneno mazuri na kama muungu hakumja'alia kushika maneno mema bassi vibaya kwake.

II.
Khabari za kuzaliwa mtoto.

mwanamke akichukua na mimba, ikipata mwezi wa tano, mtoto hupewa jina. pindi azaliwapo mtoto mwanamke jina lake fulani binti [2] fulani; na atokeapo mtoto mwanamume jina lake fulani bin [3] fulani. katika mazehebbi [4] yetu mtoto mimba ndio anapopata sura [5] kwa mwezi wa tano, na qabla ya mwezi wa tano hana kitu, imekaa hekima [6] tu, hapana mguu walla kichwa hapana macho, illa kwa mwezi wa tano ndipo anapotiwa kichwa na macho na unshikio na mguu. hatta ukipata mwezi wa sab'a [7] hununua mtama, wakatwanga mtama, wakaweka unga, wakasubiri [8] mwanamke kuzaa, atokeapo mtoto wa miezi sab'a vitu vyote kuwa tayari [9]. lakini si wengi hawa watoto wa miezi sab'a, qa'ida mtoto mwanamke miezi tiss'a [10]. ndipo anapozaliwa, na mtoto mwanamke qa'ida yake miezi kumi. mwanamke akitaka kuzaa huja waanawake wazee watu watatu kumsa'idia [11], nao huitwa makungwi. alipozaliwa mtoto hutwaa pumba ya mtama, wakamsigua mwili mzima yule mtoto, ndio maji yake. wakatwaa kitovu, wakakifunga kwa uzi wa nguo mudda [12] wa siku tatu. khalafu ba'ad ya siku tatu akenda ketwa [13] mwanamke mzee mwingine, akaja na dawa [14] zake na uganga wake hatta qaribu [15] na ile nyumba akapiga -hodi- waka-mwitikia -qaribu-. akasema yeye -mamaye mtoto hawezi au mzima?- wakamjibu -hawezi-. akajibu yeye uje -mbona mimemwona mini mzima?- akamwita kwa jina lake -fulani binti fulani hujambo?- akamwambia -sijambo, lakini siwezi-. akimwambia -fungua mlango nikutazame labda uwongo-. ukafunguliwa mlango akapita ndani, marra mwanamke amepona na kile kipande cha kitovu cha yule mtoto kikaanguka. mzazi akamwambia -leo nimechongera ilhamdu lillahi-. bassi hutwaa kile kipande kilichoanguka, wakachukua hatta nyuma ya nyumba, wakenda wakachimba shimo wakatia kile kipande ndani, na juu yake wakapanda na nazi moja.

katika ile nyumba anapokaa mzazi, siku atakayozaliwa yule mtoto huzima moto, wakawasha mwingine mpya. na zamani asili [16] qabla hawa-kuja maseyidi [17] walla hatuua kibiriti, twalikuwa na mti jina lake mvugura

[1] ar. جعل bestimmen. [2] ar. بنْت Tochter. [3] ar. بن Sohn. [4] ar. مذهب Sitte. [5] ar. صورة Form. [6] ar. عكم Sack, Packet. [7] ar. سبع sieben. [8] ar. صبر geduldig sein. [9] ar. طَيَّار bereit, von طار schnell sein. [10] ar. تسع neun. [11] ar. ساعد helfen. [12] ar. مُدَّة Zeitraum. [13] kuitwa. [14] ar. دواء Arznei. [15] ar. قريب nahe. [16] ar. أصل Ursprung. [17] die Sultane von Zanzibar.

hufanyiza upeko, tukapeka moto. ule moto mpya hautoki nje, walla wa
nje haningii mwingine ndani hatta kutoka mtoto marra ya kwanza.
hukaa yule mtoto siku sab'a ndani. siku ya sab'a hutolewa nje;
akatiwa ndani ya ungo, akawekwa mlango wa mbele na wale wazee
watu watatu wale makungwi, akaja baba yake mtoto, akawapa rupia tatu
bakhshishi[1] yao. akaondolewa yule mtoto pale mlangoni wakamtembeza
katika nyumba yote hatta kumpandisha juu ya pa̱a, ndugu yake mamake
wakatoa sasa mapesa wakawapa wale makungwi. wakenda wakamwanika
nani, akaja nduguye baba yake akatoa mapesa, wakapokea wale makungwi.
akarejea ndani yule mtoto. wakauena wale makungwi »mtoto mnemwona?«
wakanena »tumemwona«. wakanena »toka alipozaliwa mtoto hatta leo
aroba'ini[2] zimekwisha«, ma'ana[3] ya aroba'ini siku sab'a, »bassi na waje
watu wengine wamkhodumu[4] huyu mwanamke, sisi tutatoka«. wakaja watu
wawili waanawake wakamkhodumu huyu mwanamke, hatta alipopata siku
sab'a ningine waketwa watu ikafanzwa chakula wakala.

katika qa'ida ya mtoto mdogo aliyozaliwa hukata kucha na nywele
ha'ada aroba'ini, wakamnyoa yule mtoto; na maji yake ya kunyolea ni
unga wa mtama, hawatii maji. bassi walipokwisha huenda pale walipo-
panda nazi ya mtoto huchimba shimo, wakatia zile nywele na kucha wakanena »qabudi samawati wa ma filardi«[5].

bassi walipokwisha wakamfunga mtoto kamba ya mbuyu shingoni na
kiuuoni, aketwa[6] jini lake huyu mtoto mtoro; na ma'ana kufungwa kamba
asifanyize homa homa, asife mtoto. hatta zikisha siku ningine huitwa
aroba'ini tatu, hufunguliwa ile kamba. tenna ukapikwa wali mzuri wakapewa wale makungwi wakala. na kulla siku asubuhi na jioni huja wale
makungwi wakamwosha huyu mwanamke aliyezaa hatta zikesha siku sab'a
tenna; huambiwa sasa aroba'ini nne zimekwisha, na hizo aroba'ini nne
huwa siku 'asheriu na nane. sasa wale makungwi huchukua ule mkeka,
aliokalia juu wake akizaa. na nguo zake jami'ei[7] nguo huchukua makungwi
wakenda zao.

na yule mtoto akamlea mamake, humfanyiza vyakula marra nne;
sa'a then'ashara humpa uji na sa'a sita hukampa[8] ubahwa na sa'a kumi
ubahwa tenna. usiku uji kidogo.

akamlea yule mtoto mama wake mudda wa mwaka, miezi then-
'ashara. na mwanamke hatwaliwi, ma'ana halali na mumewe katika mwaka
huu. ikesha miezi then'ashara huletwa dawa ya majani jina lake jimbo
hupakaza yule mtoto mwili mzima, ma'ana yule mtoto asifanyize niogera.
wakisha hutawaza jimbo mke na mume.

wakizaliwa watoto wawili huyu aliyetangulia hupata jina la miezi
mitano, na yule alioknja nyuma anapata jina lingine. na mazehebi yetu

[1] pers. بخشيش Geschenk.　[2] ar. أربعون vierzig.　[3] ar. معنى Bedeutung.
[4] ar. خدم dienen.　[5] ar. اقبض السموات وما فى الارض nimm in Empfang den
Himmel und was auf Erden ist　[6] akaitwa.　[7] ar. جميع versammelt, all.　[8] selten
vorkommend, gewöhnlich humpa.

yale yale ni shidda[1] kuzaa mtoto mwanamke na mwanamume, ao watoto
waanawake wawili, illa kuzaliwa watoto waanaume wawili.

na ikiwa mtoto hakupata jina lake juu ya miezi mitano na atakapokuja
kuzaliwa yule mtoto. akifa udani siku ile aliyozaliwa, hutapata żambi yom
elqiyama[2] wazee wake.

akizaliwa mtoto kwetu na meno huitwa kibi, ma'ana mtoto mbaya
sawasawa na nyoka kwetu. mtoto huyu hulewa kwetu, Wasaramo[3] humi-
tupa, lakini kwetu humlea, na babake na mamake lazim miezi minne wa-
taugua, hufa lahda. na mtoto akiwa mzima, watu wote humwogopa, hum-
wita kiba; hawampi ukono, walla hawasemi naye.

ikiwa mtoto akizaliwa, na kama hakulia hufunga chuma cha kinyamwezi. ikapigwa quribu ya yule mtoto, na yule mtoto atadakwa hatta analia.

na ule mnazi uliopandwa alipozaliwa mtoto, imemjuzia[4] kupewa yule
mtoto mali yake. na mtoto akiuliza khalafu «mama, mimi toka nilipozaliwa
minka mingapi sasa»? akamwambia «tazama ule mnazi, 'ouri[5] wake wapata
miaka mingapi»? na taarikh[6] yako imo ndani ya hirizi[7].

na desturi ya kiswaheli: mtoto lazima hupawa hirizi kabla zikesha
aroha'ini nne, kama hana hirizi walla jimbo lazima ataugua. tena mtoto
akizaliwa imelazimu kufanyiwa kigwe na ndani ya kigwe hutiwa hirizi.

na katika khabari ya hirizi, namna ya hirizi ya watoto mbali na
namna ya hirizi ya wakubwa mbali. hirizi ya watoto huandikwa yā sin'.
ikesha andikwa huenenda hukatafuta[9] miti shamba[10]. mti wa kwanza msengayeka, na mti wa pili mkuru hapingwa na mti wa tatu mnamia kumbuele.
ikatiwa na ambari udani ya hirizi pamoja na ile miti, khatima[11] ikashonwa
ile hirizi kwa kitambaa cheusi, ukasuka kigwe kinene kwa uzi na madrassi[12]
meusi, khatima nkamwita yule mw'alliuu, aliyefanyiza hirizi, naye akasoma
yā sini sab'a[13], toka auwali ya sini hatta akheri[14]. akafunga fundo sab'a
katika kile kigwe cha mtoto, khatima nkachanganya na ile hirizi ya mtoto
pamoja. kesha ukenda nkamtafutia jimbo kwa mganga. na hii hirizi ya
mtoto hufunga kwa nyuma fundo moja. hatta mtoto hawezi kuvua ile hirizi,
haipotei.

hatta unaona mtoto hana hirizi, bassi akaja labda mtu da'ifu[15] mtu
hasidi[16] amekwiba ile hirizi kumpelekea mtoto wake, ao mtoto wa ndugu
yake. yeye anaona khasara[17] kutoa mapesa kufanya hirizi ningine ya mtoto
wake. bassi hulazimishwa ile hirizi kutafuta labda ionekane katika nyumba

---

[1] ar. شِدَّة Unglück. [2] ar. ذَنْب يوم القيامة Sünde (Strafe) am Tag der Auf-
erstehung. [3] im Hinterland von Daressalaam. [4] ar. جوز erlaubt sein. [5] ar.
عُمْر Leben. [6] ar. تَأْرِيخ Datum. [7] ar. حِرْز Amulett. [8] die Sure 36 im Koran
wird Sure yā sin genannt, ar. سورة يس. [9] besser hutafuta. [10] miti ya shamba.
[11] ar. خَاتِمَة schliesslich. [12] indischer Stoff. [13] siebenmal die Sure yā sini. [14] ar.
أول حتى آخر von Anfang bis Ende. [15] ar. ضعيف schwach. [16] ar. حاسد nei-
disch. [17] ar. خسارة Verlust.

ya mtu yule alikokwenenda mtoto wake kwenda kucheza. na ikiwa haikuonekana ile ḫirizi hulazimishwa miaka mitatu mtoto asiugue walla asife. lazima kabla ya miaka mitatu haijatimia [1] yule mtoto akife ao akiugua watu wa mtaa ule aliokaa yule mtu ḍa'ifu jami'ei hawaji kwa kufa, walla kwa ugonywa, wemekuwa [2] khaṣini [3]. na kama mtoto hawezi ḫatta apone ndio yule mtu ḍa'ifu atakwenda kwao yule mtoto mtazama akisha pona. na ikiwa emekufa muddaa wa miaka sita kulla siku hugombana, walla hawakutani katika karamu walla 'arusi [4]; wakenenda wale wenyi mtoto, wale watu wabaya hawaendi, na wakenda wale watu wabaya, wale wenyi mtoto hawaendi. hio ndio desturi ya Waswaheli.

Desturi ya mtu na mtoto wake.

wa amma mambo yaliyolazima mtu kwa mtoto wake mambo matatu: auwali amsomeshe, ya pili mtoto auutie kumbini, ya tatu amwoze mke.

hio ndio khabari za watoto waswaheli waliopelekwa chuoni: mtoto wa miaka sita babake humpeleka kwa mw'allimu, akampa mw'allimu reale moja, akapika wali mzuri, akafanyiza na mkate na uji na bissi ya mahindi na nazi sab'a na pishi [5] mbili za mchele akampa mw'allimu. akampa na fimbo, akikosa mtoto ampige, na kama hakusikiza amri yake ampige; akampa na kamba akamwambia una rukḫṣa [6] kumfunga na kumpiga, kama akitoroka kamtafuta, nkimpata mfunge mpige, akikawia kuja chuoni una rukḫṣa kumfunga na kumpiga ḫatta anaposoma.. kaźalika na amwonapo hakim yule mtoto, na yule hakim akasaili -huyu mtoto amefuugwa sababu nini-? akamjibu ya kama -mtoto huyu amefuugwa ajili ya 'oasi [7], hataki kusoma•, bassi yule hakim apewapo khabari ile, haneni ya kama •kwa nini huyu mtoto mkamfunga ninyi msimlete kwangu•? haneni kabisa.

wa amma mw'allimu anayosomesha anayo amri ya kuwatuma wale watoto, waende kumchotea maji ao kutwanga ao kutafuta kuni. na ḫokumu yote ya mtoto asomayo iko juu ya mw'allim wake, walla babaye hana amri ya kumrudi mtoto wake. na iwapo amekosa neno kwa babaye, bassi yule babaye huenda kwa mw'allim, akishitaki [8] ya kama mw'allim, mwanafunzi wako amefanyiza amri kaźa wa kaźa [9], na yule mw'allim atamhokumu [10] qadiri [11] ya ḫokumu [12] atakayomhokumu, akitaka kumfunga pingu humfunga, na akitaka kumpiga kaźalika.

---

[1] ar. ـﻊ voll sein.　[2] für *wamekuwa*.　[3] ar. ﺧﺼﻢ (II sich streiten.　[4] ar.
عرس Hochzeit (im suah. häufig *harusi* gespr.).　[5] ein pishi = 4 Liter = 5½ Pfund
ist das Einheitsmaass für Getreide.　[6] ar. رﺧﺼﺔ Erlaubniss.　[7] ar. عصى ungehorsam sein.　[8] ar. اشتكي anklagen.　[9] ar. كذا و كذا das und das.　[10] ar. حكم
entscheiden, Urtheil abgeben.　[11] ar. قدر gemäss, entsprechend.　[12] ar. حكم Urtheil, Gesetz.

kulla alkhamisi[1] kutoa pesa une mwanafunzi kumpa mw'allim wake
na katika sikuzote kuja kusoma illa siku ya juma'a[2] rukhsa. akipata
juzuo[3] moja, amma amefungua hija[4], ma'ana akijua kuandika majina ya
watu na kulla kitu anajua kukiandika — lazim hutoa sasa reale baba yake
akampa mw'allim, ahsante[5] yake reale moja. akasoma yule mtoto tena
thelathini aya[6] kwa ubao, khatima akadurusi[7] khitima[?] kumi baba yake
akatoa reale khamso'asherin, ma'ana rupia wahed u khamsin u nuss[?].
aknchukua mtoto wake. hio ndio qa'ida ya mtu wa swaheli kupeleka
mtoto wake chuoni.

wa amma gharama[10] zote juu ya babake. uaye mtoto mbele ya
baba yake hana ueno la amri ya lo lote. ijapokuwa mali yake hana iżini[11]
mbele ya babaye. na chakula na nguo yote juu ya babake lazima, hatta
akesha mwoza mke bassi hana lazima[12] baba yake. imelazim kwake mwenyewe chakula na nguu, illa anapokuwa hawezi, bassi pale babaye hulazi-
mika kula ndio amtendee mwanawe. hatta kumwoza hukaa pamoja mathali
kama mtumwa na bana wake, humtumika kama mtumwa kwa kulla
shughuli yake, lazima kufanyiza. wa każalika na asiposikia manenu ya
babaye, amma kuwa hana adabu. hupata mardudi[13], akitiwa adabu na
hakim anapomshitaki. hio udio desturi ya zamani.

kijana mwanamke anapozaliwa akalea, hatta akipata miaka sita
hutawishwa[14], ma'ana huwekwa ndani wasimwone watu waanaume. akesha
pata miaka minane hutogwa, ma'ana hutiwa mapete katika mashikio.
ba'ada ya togwa hufundishwa kusuka mikeka na kushona mikeka; tena
hufundishwa kuandaa, ma'ana kupika vyakula toka tambi hatta sambusa,
hatta zarubia, hatta helkamati, hatta mikate ya nyama, hatta vitumbua, hatta
mkate wa ndizi, hatta mkate wa mchele, hatta uji, hatta wali, hatta ngalli
wa mtama na mahindi na muhogo, na jumla[15] ya mabonga. akesha jua
shughli[16] hii mtoto mwanamke hutiwa chuoni, kama ataka haba yake.
lakini katika watoto wa kiswaheli waanawake si lazima kusoma wote.
yataka bakhti[17] mia kwa moja kusoma.

aiḍa hio ndio khabari ya mw'allim[18].

auwali watu wa mji wakitaka kwenda mtaka mw'allim kuja kusomesha watoto wao hupatana kwanza naye. wakamwambia »kwa kulla
mtoto tutakayokukupa kumsomesha qadri gani ijara[19] yako?« hunena

---

[1] ar. الخميس Donnerstag.   [2] ar. الجمعة Freitag.   [3] ar. جزء Abschnitt, Theil.
[4] ar. هجا Alphabet.   [5] ar. احسنت etwa: danke.   [6] ar. آية Vers im Koran.   [7] ar.
درس lernen.   [8] ar. ختمة Koranlesung.   [9] ein Reale = 2 Rup. 8 pesa.   [10] ar.
غرامة Unkosten.   [11] ar. اذن Erlaubniss.   [12] ar. لزم nothwendig sein.   [13] ar. مردود
zurechtgewiesen.   [14] ar. طوي das Innere.   [15] ar. جملة Summe.   [16] ar. شغل Geschäft.   [17] pers. بخت Glück.   [18] ar. معلم Lehrer.   [19] ar. اجارة oder اجره Lohn.

mw'allim ya kuwa mathali »mmenifanyiza sema lozima ntawalipa sema, kwa kulla mtoto nataka reale n mss sikn ya kumtia chuoni, na kulla siku ilkhamisi nataka pesa nne kulla mwanafunzi, na ukisha mudda wangu mwaka nataka khamso'asherin reale, na ukesha mudda wa mwaka nikapata fedda¹ yangu kulla mwenyi mtoto wake na aje atwae; na akitaka nimfundishe 'ilmu² sitaki halwa³ hatta pesa moja, lakini inemlazimu kuuntuma kama mtumwa wangu kwa kutwanga na kuchota maji na kufagia«. nao watu wakiqubali⁴ awasomeshe watoto wao wakamja'alia⁵ mshahara wake wakampa na njakazi wa kupika, wakampa na wa pili mjakazi wa kuchota maji na kuni, wakampa na wa tatu mwanamine kitwana. kile kitwana kazi yake humpeleka dukani⁶ anumue vitu na akiwa na safari⁷ huuchukua yule kitwana akienenda kumkhodumu. hio ndio desturi.

wa amua khabari ya mw'allim aliyechukuliwa na sultani ao na mfalme: naye hupewa mshahara kulla mwezi khauso'asherin rupia, tenua mw'allim hukaa meskitini⁸ ku salisha⁹ na kuangalia khabari za meskiti. na jumla ya sadaqa¹⁰ zinazokweuda meskitini, hutwaa yeye mw'allim. na jumla ya watu katika mji hupigwa mbiu ya kama mtu anayetaka knoa hana rukhsa ya kumwoa mwanamke kwa mw'allim mwingine illa mw'allim huyu, anayekaa meskitini, aliyomweka mfalme. na kulla mtu anayetaka kuoa yeye hupata ijara rupia mbili. naye mw'allim hupewa nyumba ya mawe na sultani, akapangisha watu wengine akapata qo'di¹¹ ya nyumba. hii qa'ida ya mw'allim aliomweka mfalme. na mfalme haweki wa'allim wengine, huweka mw'allim wake mmoja katika ule mji wake qaribu na meskiti yake.

na jam'iei ya ra'ia¹² wana rukhsa, kulla mtu mwenyi haqqi¹³ yake kujenga meskiti, kumweka na mw'allim kusomesha na kusalisha. naye yule mtu aliojenga meskiti inemlazimu kumpa mshahara mw'allim, nao wana rukhsa kwa mfalme jam'iei ya ra'ia kufanyiza kama haya. uno wana rukhsa katika ra'ia mtaa mmoja wanaweza kufanyiza shauri¹⁴ watu situ kumi wakimtaka¹⁵ mw'allim mmoja, wakamja'alin kwa shirka¹⁶. wakampa watoto wao akawasomesha qorani na gharama sawasawa. humpa mshahara khamso'asherin rupia na nyumba ya kulala burre na qo'di juu yao wale watu wenyi watoto. nao hawana rukhsa ya kula kulla mtu amwite mw'allim aje ale naye. naye hafanyizi kazi meskitini. illa zama za 'ibada¹⁷ na waqati¹⁸ ukifika wa sala¹⁹ huenda meskitini yeye na wanafuuzi wake.

---

¹ ar. فِضّة Silber. ² ar. عِلم Wissenschaft. ³ ar. حلو süsse Speise der Araber. ⁴ ar. قبل annehmen. ⁵ ar. جعل bestimmen. ⁶ ar. دكّان Laden, Geschäft. ⁷ ar. سفر Reise. ⁸ ar. مسجد Moschee. ⁹ ar. صلّى beten. ¹⁰ ar. صدقة Almosen. ¹¹ ar. قعد sitzen, wohnen. ¹² ar. رعيّة Unterthanen. ¹³ ar. حقّ Recht. ¹⁴ ar. شورى Rath. ¹⁵ ki »wenn« und ka »und« werden sehr häufig verwechselt. ¹⁶ ar. شركة Gemeinschaft. ¹⁷ ar. عبادة Gottesdienst. ¹⁸ ar. وقت Zeit. ¹⁹ ar. صلاة Gebet.

lakini yule mw'allim hana rukhsa mtu kufanyiza sadaqa, illa kumwita yule mw'allim wao aluudurie¹ katika sadaqa ile. hio ndio qa'ida ya mw'allim ya ra'ia.

katika qa'ida ya kiswaheli mazehebi ya Shafei² mtu hawi³ mw'allim, illa aliyosoma nahau⁴ na 'elim. ndiye anayekwitwa mw'allim. na kwa wa'arabu mtu hetwi⁵ mw'allim, illa aliyesoma 'elim; akasoma na nahau huitwa sheikh⁶, akafassili⁷ na jurmi⁸ huitwa qadi⁹.

bassi ikiwa mtu anatoka mbali akaja katika mji mwingine, akanena «mimi mw'allim» na watu hawamjui — humwandikia soali¹⁰, wakenda wakamuhoji. anapoijibu ile soali, akitimiza soali tatu huqubaliwa ya kuwa haqiqa¹¹ huyu ndio mw'allim; hupelekwa khabari mfalme, kama yupo qaribu, na kama mfalme yuko mbali hupewa khabari jumbe aliye qaribu, huambiwa ya kama huu mji amekuja mtu munoja mw'allim, naye anapenda kukaa hapa. naye mfalme ao jumbe humpa rukhsa kukaa kitako akafanyiza kazi kwa mshahara.

amma hio ndio khabari ya kumtia mtoto kumbini.

ba'ada ya kusoma, akesha toka chuoni, huuntia katika hitam, akafanyiza karamu¹² baba yake, kulla mahala akapeleka ta'arifa¹³, miji minane¹⁴. wakija watu wakifanyiza karamu kubwa; usiku wakacheza manyago. asubuhi akatoa wembe baba yake, akampa ngaliba, akawapa amri ya kuwa huyu mtoto wangu mtahileni kwa tohara¹⁵.

nkipishwa tohara mtoto akafichwa mwituni, qasidi¹⁶ waanawake wasimwone. aki'aligwa¹⁷ mudda wa siku settin; akafanyizwa karamu baba yake mtoto huyu akaweta watu marra ya pili akanena «njooni mcheze manyago mtoto wangu anataka kutoka. sasa imekwisha shughli yake kwa siku wahed u settin, yataka¹⁸ kutoka kwa nguo za mali, ma'ana kwa kikoi na kanzu na mafulana na kofia na kitambi cha kilemba na jambia na bushti na deuli makhsam¹⁹ na viatu na bakora²⁰ mikononi wassalaam». watu wakala karamu wakenda zao.

¹ ar. حَضَرَ anwesend sein. ² die sunnitischen Moslims werden ihren dogmatischen Anschauungen nach in Schafeiten, Malekiten, Hanefiten und Hambaliten getheilt. Die Namen stammen von den Stiftern der vier Secten. ³ hawi ist Praes., verneint von kuwa sein (cf. St. Paul, Gramm. p. 84). ⁴ ar. نَحْو Grammatik. ⁵ haitwi. ⁶ ar. شَيْخ alt, Lehrer. ⁷ ar. فَسَّرَ interpretiren. ⁸ ar. جُرْم Unrecht, Sünde. ⁹ ar. قَاضِى (geistlicher) Richter. ¹⁰ ar. سُؤَال Frage. ¹¹ ar. حَقِيقَة Wahrheit. ¹² ar. كَرَم gastfreie Bewirthung. ¹³ ar. تَعْرِفَة Mittheilung. ¹⁴ die 8 Hauptorte an der Küste. ¹⁵ ar. طَهَارَة Reinheit. ¹⁶ ar. قَصْد Absicht. ¹⁷ ar. عَالَجَ ärztl. behandeln. ¹⁸ yataka für ataka kommt häufig vor. ebenso enetaka und wemetaka für ametaka und wametaka. ¹⁹ indische Tuchschärpe. ²⁰ ar. بَاكُورَة Spazierstock.

khabari ya kuoa.

wa amma jambo la tatu kumfanzia mtoto wake babaye: akesha kumtahiri, akamsomesha. lazima amwoze mke mtoto akipata miaka khamst'ashara. naye mtu anayetaka knoa mtoto wa mtn lazima enende kwa babaye akamtake. na yule babaye lazima awatake mamaze yule mtoto awape mashauri yale. iwapo wameridi[1] kwa ote humwoza mume yule mtoto wao; na iwapo wale mamaze hawataki, lakini yule babaye auataka, atamwoza mume mtoto wake. na iwapo mamaze wanamtaka mume yule, illa babaye hamtaki, hapana rukhsa kuolewa kijana huyu, khassa[2] awapo mdogo, hajapata kuolewa, ndia kahisa kwa sheri'a[3] na destnri.

lakini wafanyao hayo ya kumwoza mtoto kwa nguvu ni watu wawili; babaye mwenyi kumzan, na ikiwa babaye amekufa afanyiza hayo babuye aliozan babaye, huoza kwa nguvu naye; hatta asipotaka mjukun wake humwoza; kwa sababu yule babu katika sheri'a huitwa jina lake bwana wa bwana, na ma'ana bwana wa hwana mtoto bwana wake baba yake na yule baba yake bwana wake yule babuye, bassi ndipu alipokuwa bwana wa bwana.

amma yule mtoto ameolewa auwali, lazima yule babaye amshauri mtoto wake «amekuja fulani bin fulani wamtaka amma kumtaki»? yule mtoto amjibu baba yake auene «uamtaku» ndipo amwoze mume. na asipomtaka yule umme, si lazima yule babaye kumwoza kwa nguvu mume hayu asiyompenda labda.

na iwapo yule mtoto hajaolewa na mumewe aliyo yote, na babaye akiwa amekufa, huoza kwa nguvu babuye. babuye akifa, akiwa hana babaye walla babuye, mzaa babaye, ikiwa wamebaqi[4] ndugnze hass wa baba moja mama moja, ijapokuwa amebaqi babaye mdogu, si lazima kumwoza mume kwa nguvu, illa aridi mwenyewe ijapokuwa kijana, kwa sababu amekuwa yatima[5] na yatima lazima kumtaka shauri mwenyewe.

wa amma mwanamke akiqubali kuolewa, na wazee wake wameqnbali, hulaziin kwake mwaname ao babaye kutoa fedda. kwa khamust'ashara reale kilemba[6] humpa babaye mtoto, na reale kumi kondawi[a] na uweleko[a] na mkaja[a] hutwaa mamaye mtoto, na kifunga ulango[a] reale une hutwaa babaye, na mkalio[a] reale mbili, moja hutwaa babuye kimmeni na moja reale hutwaa babaye ya kukeni. khatima hutea reale tano kono[a], ma'ana mtoto mwanamke hasemi na mumewe anayemficha, illa anapopata baqqi yake kono husema.

akatoa izini[7] baba yake mwanamume, akafanyiza karamu, akamwita mw'allim akamwambia marra tatu ya kuwa «nimeknamrn[a] umwoze mtoto wangu fulani binti fulani na mumewe fulani bin fulani kwa mahari[a] yake

[1] ar. رضى einwilligen. [2] ar. خاصّ besonders. [3] ar. شريعة Gesetz. [4] ar. بقى übrig bleiben. [5] ar. يتيم Waise. [a] die spec. Suaheli-Ausdrücke für diese Geschenke. [7] ar. أذن Erlaubniss. [a] ar. أمر befehlen. [a] ar. مهر Brautgeschenk.

arba'in reale na nguo sita'ashara-. mw'allim akapokea iżini kwa baba yake marra tatu; akamwita mmoe akamsaili marra tatu. akenda ndani yule mw'allim, akenda akamsaili yule mwanamke marra tatu, akampa iżini ya kuwa -yamioe¹ fulani bin fulani kwa mahari yangu arba'in reale nimeqirri² knolewa- anasema mwanamke. khatima mw'allim akatoka nje akenda barazani³ akapiga fatha⁴. wakapokea fatha watu waliohuduria⁵ baraza ile, wakasikiliza nikaha⁶, wakashahidia⁷ nikaha, hatta ilipokwisha khutuba' yake. akaenenda ndani yule mmoe akangojea mkewe kusema naye. wakaja waanawake 'asherin, na yule mkewe yuko juu ya ngongo wa mwanamke mmoja amembeba; hamtoi illa kupata haqqi yake rupia moja. na khalafu katika watu 'asherin waanawake watatoka watu kumi na wanane. watabaqi waanawake wawili na bana 'arusi⁹ na bibi 'arusi pamoja. naye 'arusi hatoki tena nyumbani, atakaa siku sita ndani na mkewe, hatoki kahisa nyumbani illa siku ya sab'a.

wa amma 'arusi katika mila yetu ina furaha tele waanaume na waanawake. inapotokea neno la furaha mjini kama 'arusi waanaume wanajipamba kwa libasi¹⁰ zao njema njema na kilemba na upanga na jambia na harufu zao njema kwa mafuta ya liwardi¹¹ wametia katika nguo zao. khalafu zitakwe ngoma nao hupiga ngoma na zomari¹² ba'ad ilmaghribi¹³ husafidi¹⁴ nyumba iliyo kubwa, inayo nafasi¹⁵, qasidi ya kutezea¹⁶ ngoma. na kesha tengeza nyumba hupana khabari watu wote jioni mkutano pale mahala panapo nyumba iliyosafiwa wavulana wote; hucheza ngoma usiku kucha.

ba'ada ya kukutana waanawaume katika nyumba na waanawake nao każalika hukutana, wakafanya uzuri, wakasuka nywele zao, wakavaa nguo nzuri zao na zombo¹⁷ zao, mitali, mikufu, banagili¹⁸, vikuku, mapete majassi, wakiṣafidi zikiwe nyeupe. tena hutia maua afu na yasmini¹⁹, na kulla linalo harfu njema hutia nguoni mwao. khalafu wakeuenda katika nyumba ile iliyosafidiwa. waanawake wengine hupanda juu ya dari²⁰; nao waanawake waungwana; waanaokaa chini ni wajakazi, nao wakijipanga ṣafu²¹. ikipigwa ngoma hucheza waanaume na waanawake mpaka sa'a then'ashara aṣubuhi.

nao wote katika zile siku za 'arusi huja kula wali mzuri na uji na vyakula vizuri vingine. kulla usiku sa'a mbili huja watu wanaue wenzi wake wa bana 'arusi wakija wakila naye pamoja mudda wa siku sita.

khatima wakisha toka baba yake mwanamke humpa kitwana kimoja mkwewe, na mtoto wake mwanamke humpa mitali na mkufu na banagiri

<hr/>

¹ für amioe. ² ar. قَرّ einwilligen. ³ ar. زرّ zum Rath versammelt sein. ⁴ ar. فَاتِحَة Eröffnerin des Korans. ⁵ ar. حضر anwesend sein. ⁶ ar. نكاح Ehe. ⁷ ar. شهد bezeugen. ⁸ ar. خطبة Predigt. ⁹ ar. عروس Bräutigam, Braut. ¹⁰ ar. لباس Kleider. ¹¹ ar. ورد Rose. ¹² ar. زمارة Flöte. ¹³ ar. مغرب Sonnenuntergang. ¹⁴ ar. صفّ reinigen. ¹⁵ ar. نَفَس Raum. ¹⁶ für cheza (Lamu-Dial.). ¹⁷ für ryombo. ¹⁸ ar. بناجر Armspange. ¹⁹ pers. یاسمن oder یاسمین. ²⁰ ar. دار Haus, Wohnung. ²¹ ar. صفّ Reihe.

na vitanda viwili samadar[1], akampa na meza mbili akampa birika[2] na ṭassa[3] na sinia[4] moja, na magodoro mawili na mito na mikeka minane na nuṣala[5] mmoja na ṣaḥani[6] na mabaquli[7], jumla vitu vya reale kumi. aiḍa[8] akampa watumwa wawili, mmoja mtumwa minka thelathin 'omri wake, mjakazi; akampa na kijakazi cha minka kumi. akamwambia yule babaye 'arusi kwa mkwewe -sasa kama unataka kukaa hapa, toa nyumba yako mali[9] yako, na kama hutaki kukaa hapa chukua mkeo, nenda zako utakako mwenyewe; hana rukhṣa kwa kuja kwangu walla kwa mama yake illa pamoja wewe na mkeo pamoja; na hukupata kuja wewe lazima barua[10] yako na ndugu yako ao na mtumwa wako na mkeo pamoja-. hio ndio desturi ya zamani.

mwanamke na mume wake katika nyumba imewajibu mwanamke kuwa na adabu juu ya mume wake. wa amma katika mila yetu sisi mwanamke hana iẕini[11] ya neno lolote mbele ya mume wake. ijapokuwa ana mali. mwanamke akitaka kununua kitu ao kuuppa mtu kitu, lazima kuushauri mumewe ampe iẕini; iwapo amemkataza bassi hatauyi neno. na hio qa'ida ya zamani.

mwanamke akiwa mungwana, lazima katika desturi na sheri'a aolewe na mume mungwana. mathalan ni kuja mtu atokayo mbali, akija katika mji uwingine akanena -mungwana miye[12]-, naye mtumwa atokako; walakini aliponena mungwana wanemṣadiqi[13] watu; akataka manamke, mtoto wa kiungwana, na wale wazee wake manamke[14] wakaridi kumwoza kwa kumjuu mungwana; akikaa naye manamke, khatima wakatokea unseyidi yake kumda'i[15] kuwa mtumwa yule maname; ao wametokea watu wengine, walakin wanamjua ya kama huyu mtumwa, wakaja wakanena -huyu mliomwoza mtoto wenu mtumwa, si mungwana-, amma desturi na sheri'a iliyolazima yule mwanamume hana mke; lazima yule manamke atakwenda zake kwao, kwa ajili haiṣiḥi[16] mtumwa kumwoa mungwana; walla hapana nikaḥi[17], imebaṭilika[18] nikaḥi ile.

wa aiḍa imejuzu[19] mwanamume alio mungwana kuoa wake wanne, asizidishe wa tano na wa sita; na akizidisha, si wakewe[20] wale, kwa sababu si desturi kuoa wake sita ao kumi, haifai kwa sheri'a, illa masuria[21] ḥatta mia inafaa kuweka. wa każalika na mtumwa haijuzu kuoa wake watatu walla wanne, illa imejuzu mtumwa awe na wake wawili, illa masuria mbali, akitaka kuweka ḥatta kumi, na aweke.

---

[1] indisches Holz. [2] ar. ﺭﻛﺔ Wassergefäss. [3] ar. ﻃﺴﺖ Schüsselchen. [4] ar. ﺳﻴﻨﻴﺔ gr. Schüssel, Tablett. [5] ar. ﻣﺼﻠﻰ Stelle des Betens, Gebetsteppich. [6] ar. ﺻﺤﻦ Teller. [7] ar. ﺑﺎﻗﻮﻝ Schüssel. [8] ar. ﺍﻳﻀﺎ gleichfalls, ebenfalls. [9] ar. ﻣﺎﻝ Vermögen. [10] ar. ﺭﺍﺀﺓ Brief. [11] ar. ﺍﺫﻥ Erlaubniss. [12] für mimi (nach weye. yeye gebildet). [13] ar. ﺻﺪﻕ glauben. [14] die Genitivpartikel wird oft ausgelassen. [15] ar. ﺩﻋﻮ beansprechen. [16] ar. ﺻﺢ gut sein. [17] ar. ﻧﻜﺎﺡ Heirath. [18] ar. ﺑﺎﻃﻞ ungültig. [19] ar. ﺟﻮﺯ erlaubt sein. [20] zusammengezogen aus wake wake. [21] ar. ﺳﺮﻳﺔ Kebsweib.

wa każalika haijuzu mwanamume mungwana kwenda kumwoa kijakazi cha mtu, illa kwa shurṭi [1] mbili, anwali awe hana chakula cha kumlisha mwanamke wa kiungwana, ya pili awe hapati mahari ya kumwolea mwanamke wa kiungwana.

mwanamke akiolewa na mume kulla neno limelazimu jua ya mume: kwanza kula, na ya pili nguo, na ya tatu nyumba ya kulala na ya nne yule mwanamume lazima awe rijali [2] aweze kumwaṭii [3] yule mwanamke. na iwapo hapana shuruṭi hizi nne hubaṭilika nikahi mbele ya hakim iwapo zitakosekana moja ya shuruṭi hizi. hakim anaweza kumwacha mwanamke yule sababu hana kula, walla nguo, walla hana mahali [4] pa kulala, walla yule mwanamume wake si mwanamume.

iwapo mwanamume anaweza shuruṭi hizi nne tulizozitaja kumtendea mkewe — bassi na yule mwanamke imemlazima afuate amri ya mumewe. walla mwanamke hana rukhṣa ya kutoka katika nyumba, illa kwa iżini ya mumewe. na iwapo mwanamke atatoka pasipo kuwa na iżini ya mume wake, amma ataonana na watu wengine pasipo kuwa na iżini ya mume — kweli iwapo mwanamke atafanyiza hayo — jueni ya kama mwanamke huyu hana adabu, anafaa kurudiwa [5].

wa każalika lazima yule mwanamume asifanyize mambo ya karaha [6], yatakayomkassiri [7] muweny'ezimgu [8] na mtumewe pamoja na yule mkewe, mathali kama kuzini [9]. na iwapo atafanya kama hayo kwa mashahidi [10] au kulla mtu akajua, na yule mwanamke iwapo atakwenda kwa hakim, lazim hakim amtie adabu mwanamume yule, amrudi awache fe'eli [11] yake.

iwapo mwanamke hakai na mumewe, kazi yake waanaume wengine, lazima yule mume amrudi kwanza mwenyewe. na asiposikia, yule mwanamume atavizia, akimwona mkewe na mwaname mwingine ataweta mashahidi waje shahidia. lakini wale mashahidi yahitaji [12] wawe watu wenyi 'aqili, wasiwe waana wazimu, wa każalika wawe watu wa kweli, wasiwe watu wapotovu kama walevi; aida wawe watu waanaume wasiwe waanawake, akesha pata mashahidi wake awakamate ende nao kwa hakim; ikiwa wale mashahidi ni watu ma'arufu [13], hakim atawarudi watu wawili wale kulla mtu fimbo mia [14] mwanamke na mwaname, ndio adabu yao. hio ndio desturi ya zamani.

Wa amma hizo ndizo khabari za ṭalaqa [15].

mwaname akitaka kuacha mwanamke, naye hana sababu, walla hakumfanyiza qissa [16] hatta kimoja. na mwanamke bado anampenda mumewe, imem-

---

[1] ar. شرط Bedingung.   [2] ar. رَجل Mann.   [3] ar. وطأ zufriedenstellen.

[4] ar. محل Platz.   [5] zurückkehren und zurechtweisen.   [6] ar. كراهة unliebsame Sache.

[7] ar. كسر brechen.   [8] zusammengezogen aus mwenyi ezi muungu.   [9] ar. زنى ehe-

brechen.   [10] ar. شاهد Zeuge.   [11] ar. فعل That.   [12] ar. احتاج VIII. Form von حوج

nöthig haben.   [13] ar. معروف angesehen.   [14] ar. مية hundert.   [15] ar. طلاق Schei-

dung.   [16] ar. قصّة Sache.

lazimu mwaname, akimpa ṭalaqa mwanamke, ampe na mahari[1] yake arba'in
reale, ma'ana khamso u themanin rupia; na kumpa jumla ya vitu katika
nyumba nuṣṣ bi nuṣṣ[2], na mwanamke ana rukhṣa[3] ya kwenenda kwao.

wa kaẓalika mwanamume akiwa na mkewe na yule mkewe anataka
kuachwa na mume, hapana qiṣṣa cha sheri'a[4], ikiwa mwanamke anapata
kula, anapata na uguo, na mwaname wake ndio mwaname, walakini yule
mwanamke hautaki mwaname — hapana sababu, ikiwa anaqirrihika mwanamke kutaka kuachwa, anataka kuachwa kwa upuzi wake tu — lazima
manamke huyo kumnua ṭalaqa kwa mwanamume, vile atakavotaka mwaname,
akimwambia -nirudishe mahari- ao akimwambia -nipe rupia mia- ao -reale
mia- ao -rupia elfu- lazimu kutoa mwanamke kumpa mwanamume, ndipo
apate ṭalaqa amwache, enende zake. na auenapo -nipe reale każa wa każa
nimekuacha-, akitoa palepale aliponena yule mwaname, usipite mudda, maadam
amemwambia -nipe reale każn wa każa-, naye akatoa palepale, lazim apate
ṭalaqa marra, nende zake.

ijapokuwa mwaname anamtaka tena mwanamke yule ba'uda ya kumpa
ṭalaqa, lakini huyu mwanamke amekwenda zake, kwa sababu amemwambia
-nipe reale każa wa każa nimekuacha-, naye mwanamke ametoa palepale
alipotaka mwaname, haikupita sa'a akampa, ndipo hapo emeatika[5].

na iwapo yule mwanamke hakuweza kutoa palepale zile ṣeḍḍa alizo-
ambiwa, mathali ameambiwa -aṣubuḥi[6] lete reale mia nimekuacha-, asitoe
reale mia kwa aṣubuḥi, akatoa waqati wa athuuri[7] ao usiku ao kesho —
hapo hakuachika, hana rukhṣa kwenda kwao.

wa amma auenapo mwanamume akimwambia mwanamke -zamu utakaponipa reale każa wa każa nimekuacha-, ijapokuwa emekun[8] mwanamke
mwaka hatta kupata reale zake akampa mwaname — ameachika, kwa sababu ememwambia -popote utakaponipa reale każa wa każa nimekuacha- —
bassi haikushurutiwa kutoa palepale waqati ulio ote.

wa aiḍa kuẓalika iwapo mtu amegombana na mkewe, akimwambia
-usiende nyumba ya fulani, akenda[9] nyumba ya fulani nimekuacha-; akenda
mwanamke katika ile nyumba iliyomkatazwa, ndio ameachika.

ikiwa mwanamke anataka kuachwa na mwanamume kwa viṣṣa ali-
vofanyiza mwanamume, na yule mwanamke na mwanamume beina[10] yao
wana kitu cha shirka, ikiwa nyumba ao shamba ao watumwa qadri[11] kitu
walichonacho cha shirka, na mwanamke anataka kuachwa, naye akamjibu
-nimekuacha-, lazima kumpa mahari yake na kile kitu cha shirka waga-
wane, mwaname atoe haqqi yake na mwanamke atoe haqqi yake.

na iwapo yule mwanamume akikaa akimwambia mwanamke -katika
kitu hiki humo weye-, lazima yule manamke alete shahidi atakayojua kama

---

kile kitu shirka yeye na mumewe. akishuludia kama kile kitu shirka
mwanamke yule na mwaname yule, lazima hakim amtoze ngawane sawasawa na yule mwanamke.

na ikiwa yule mwanamke anakana, lazima hakim kumwambia yule
mwaname «utaweza kuapa yamini¹ haqqi hii kama si shirka weye na huyu
mwanamke?» aweza po kuapa mwanamume ile yamini — bassi — inekuwa
hana d'awa². na asipoweza kuapa akanena «na aape yeye huyu mwanamke
anayonid'ai!» akaapa yamini mwanamke — lazima kugawana ile fedda.
na ikiwa hapana baina³ walla yule mwanamke hakuweza kuapa, hapo
imelazima mwanamke hapati kitu.

wa amua ikiwa yule mwanamke na yule mwanamume wana kitu
cha shirka, khalafu wakaachana, na alipotaka talaqu yule mwanamke.
mwanamume akajibu akanena «sikuachi, na ukitaka kuachwa samehe⁴
mahari yako. na hio nyumba yetu tuliyojenga shirka unachie mimi katika
khissa⁵ yako, wa amua hawa watumwa wetu niachie mimi katika khissa
yako» — na yule mwanamke akanena «nimeridi, nimekusamehe watumwa
wetu wa shirka, na nyumba yetu ya shirka katika khissa yangu, na shamba
letu la shirka katika khissa yangu» — bassi lazima ameachika mwanamke.
kwa sababu amesamehe mwenyewe kwa khiyari⁶ yake.

ikiwa mwanamke na mwaname wameachana, nao wamezaa watoto
wao, iwapo wale watoto vijana, hawajapata miaka sab'a, lazima atawalea
yule mwanamke. walakini kula na nguo itatoka kwa baba yao, na yule
mwanamke anenapo, mimi siwalei watoto hawa, illa unipe haqqi yangu
ya ujira kulea watoto wako, lazima yule mwanamume kumpa mwanamke
ujira wake amlelee watoto wake.

ikipata miaka sab'a yule mtoto, husailiwa «wataka kwenda kukaa
kwa babayo⁷ amua utakaa na mamayo»? ma'ana amekuwa kijana, mwenyi
'aqili; na mtoto akipata miaka sab'a 'aqili huanza kuingia, anajua neno jema
na baya analijua — anenapo «ntakaa kwa baba» atakwenda kwa babaye,
anenapo «ntakaa kwa mama» atakaa na mamaye; walla si lazima yule babaye mtu kumchukua kwa nguvu yule kijana, mandam amenena «ntakaa
na mama», kwa sababu si mtumwa, mtoto mungwana, na mungwana popote
atakapo kukaa hukaa. hio ndio desturi.

na yule mwanamke akiwa ana mwanamume, anayomkhad'a⁸ qasidi⁹
mumewe amwache, bassi yule mwanamume huleta shuruti yule mkewe
akimwambia «mimi nimeridi¹⁰ kukuacha, walakini fulani asikuoe, kwa sababu namthulumu¹¹ yeye ndio fitna¹² aliyokufitini wewe, hatta ukanikataa,
na sasa nataka fulani asikuoe, hapo lazima akiwa amemwacha kwa shuruti
hizo yule mwaname baifai kumwoa mwanamke yule.

¹ ar. يمين Schwur. ² ar. دعوى Klage. Process. ³ ar. بينة Beweis. ⁴ ar.
سمح verzeihen. ⁵ ar. حظ Antheil. ⁶ ar. خيار Wahl. ⁷ babayo und babako gebräuchlich. ⁸ ar. خدع betrügen, hintergehen. ⁹ ar. قصد Absicht. ¹⁰ ar. رضي
zufrieden sein. ¹¹ ar. ظلم Bosheit. Unrecht. ¹² ar. فتنة Intrigue.

na iwapo atamwoa huenda mbele ya hakim na hakim hokuu yake atamsaili yule maname »sahihi[1] wewe umezini[2] naye huyu zamani alipokuwa mkewe»? na yule atakana kwa hakim atanena »sikuzini naye walla sikuufundisha mumewe amwache nipate kuuwoa mimi». hakim atamsaili »utaweza kuapa yamini ya kama hukuzini naye. amma hukuufundisha mumewe amwache qasidi umwoe weye»? na yule mwauamume iwapo ataweza kuapa yamini, ya kama hakuzini naye mwanamke yule, walla hakuufundisha amwambie mumewe amwache. iwapo ataapa yamini, lazima atamwoa, kwa sababu ile tuhuma[3] imeondoka kwa kile kiapo alichoapa.

wa aida mwanamme akitaka kumpa ţalaqa mkewe lazima ampe ţalaqa[4] tatu. amwambie maneno kama haya yanayokuja: ya kwanza »nimekuţaleqi», ya pili »nimekufariqi[5] mwanamke wee». ya tatu »nimekuşarehi[6] mwanamke wee». ao atamwambia »nimekuacha», ya pili »umekata», na ya tatu »beina yake weye mwanamke na yangu tumefariqiana». ao hamwambia »umeharimishwa[7] weye na mimi». ao »mwanamke weye kama maiti»[8], ao hamwambia »mimi ni mbali nawe».

wa aida mwanamke anayoachwa ţalaqa tatu yule mume aliyomwacha ţalaqa tatu hamrejei. illa atokee mume mwingine amwoe. iwapo anamtaka sasa yule mume aliyomwacha ţalaqa tatu arudi kwake naye mwanamke anaqubali. sherti akae 'eda[9] ya ţalaqa miezi mitatu na siku kumi. udipo apate kurudi amwoe mume wake marra ya pili kwa nikaha[10] uingine.

walla mwanamke haoleki bila walihi wake wa yule mume wa kwanza. kuwapo afanyapo nikahi pekeyake bila walihi wake nikahi yake baţali[11] hawi[12] mumewe yule mume mbele ya sheri'a.

iwapo mtu amemwacha mkewe. lazima yule mwanamke akae 'eda miezi mitatu kamili[13]. udipo aolewe na mume mwingine kwa desturi ya sheri'a iliyolazima. na iwapo mtu amemwacha mkewe na yule mwanamke akiolewa na mume mwingine qabla[14] ya miezi mitatu kupita, imekuwa mwanamke yule amemta'adi[15] mweny'ezi muungu na mtumewe. kwa sababu amekhalifu[16] sheri'a ya muungu. na iwapo yule mume atashitaki[17] kwa hakim, lazima yule hakim atamrudi yule mwanamke na yule mume aliyomwoa, kwa sababu yule mwanamke anajua ya kama 'eda ya mume alioniacha bado haijesha; akiqubali kuolewa na mume mwingine na yule mwanamume każalika kunjua mwanamke yule ya katika 'eda. akenda akimwoa

---

[1] ar. صحيح richtig, wahr.   [2] ar. زنى ehebrechen.   [3] ar. تهمة Verleumdung, Verdacht.   [4] man unterscheidet طلاق صريح deutliche Scheidung und طلاق كناية Scheidung umschreibend ausgedrückt.   [5] ar. فارق sich trennen.   [6] ar. صرح Scheidung deutlich geben.   [7] ar. حرم verbieten.   [8] ar. ميت Leiche.   [9] ar. عدة bestimmte Anzahl von Tagen.   [10] ar. نكاح Heirath.   [11] ar. باطل ungültig.   [12] praes. verneint von kuwa.   [13] ar. كامل vollständig.   [14] ar. قبل vor.   [15] ar. تعادى überschreiten.   [16] ar. خالف zuwiderhandeln.   [17] ar. اشتكى anklagen.

jun ya 'eda ya mwenzi wake. lazima watu wawili wale wapate adabu kwa hakim, tennä ya kifungo kwa sababu wamekhalifu desturi iliyolazima katika sheri'a[1] na nikahi yao batali.

na iwapo hakujua yule mwanamke kama huyu mwanamke yu katika 'eda, mfano wa yule mwanamume ni kuwa mgeni, hakai katika inchi ile, akija akimwona mwanamke akamtam'ani[2], naye haujui kama yu katika 'eda — huyu hana lazima ya kufungwa, lakini nikahi yake batali, lakini mwanamke atapata adabu ya kufungwa na hakim.

labuda mwanamke anapoachwa na mumewe, amma akafiwa na mumewe amepata mimba na mumewe, naye hajajulikana ile mimba ndio asili[4] ya kuambiwa mwanamke akae 'eda miezi uitatu. ikijulikana ile mimba lazima yule mume aliomwacha mtoto yule akizaliwa ni wake, atamrithi[4] kwa sheri'a ya muungu; na mwenyi kufiwa vivo hivo. ikionekana mimba mudda wa miezi minne, kama pana mali, yule mume aliyekufa ameacha mali — lazima hakim atazuia mali, hapana rukhsa ya kurithiwa, illa kuzaliwa yule mtoto apate fungu lake. hio ndio desturi ya zamani.

ikiwa yule mwanamke aliyoachwa na mumewe ametoa fedha[5] kumpa mume qasidi amwache, hapo si lazima kukaa 'eda, sababu amenunua talaqa yake, na mwenyi kununua talaqa hana 'eda.

desturi iliyolazima katika sheri'a: mwanamke iwapo amefiwa na mumewe, lazima mwanamke yule akae 'eda miezi minne na siku kumi, udipo aolewe na mwanamume mwingine, na iwapo ataolewa na mume mwingine, na ikiwa yule mume aliyokufa ana nduguze, wakenda kwa hakim waka-shitaki, ya kama huyo mwanamke alikuwa mke wa udugu yetu na sasa ameolewa na mume qabla ya 'eda ya udugu yetu kuikufika, bassi iwapo khabari ile kweli, nikahi ile batali, na hakim lazima atawatia adabu watu wawili wale. hio ndio desturi ya sheri'a.

wa amma hio ndio khabari ya mtu allyekufa.

akifa mtu humena amri ya muungu, huwaneni uchawi kama washenzi. hapana maneno ya uchawi kwa watu waswaheli. mtu anasema maneno hayo żambi[6] katika sheri'a yetu, haifai maneno ya uchawi; mtu anakufa kwa amri ya muungu tu.

imemlazimu mtu aliyekufa kutendewa mambo manne: la kwanza akifa huoshwa, la pili hukafiniwa[7] kwa saanda, la tatu husaliwa kwa dini[8] yao, la nne huzikwa katika qaburi[9].

watu wanaomwosha maiti[10] watu watatu, mmoja mshika kata na wa pili mkangama na wa tatu mwegamu; mn'ana yake huyu mshika kata huntia

---

[1] ar. شرع Gesetz.　[2] ar. طمع verlangen.　[3] ar. أَصْل Ursprung.　[4] ar. ورث erben.　[5] ar. فضّة Silber.　[6] ar. ذنب Sünde.　[7] ar. كفن ins Leichentuch einwickeln.　[8] ar. دين Religion, Glaube.　[9] ar. قبر Grab.　[10] ar. ميت Leichnam.

maji yule mtu aliyekufa. na mkangama huufinya mavi na mwegamia huuzuia maiti. na kuosha kwetu huosha kwa maji ya majani ya mkuuasi na mwisho humwaliza kwa garafuu[1] maiti. hio ndio desturi. walakini ikiwa watu wamenawa katika vita haifai kuosha walla kuṣaliwa; na tenna kitoto kilichozaliwa akifa marra. haifai kuosha walla kuṣaliwa kwa mila ya Waswabeli.

akesha koshwa hushona saauda akakafiniwa kwa pamba kwa kulla pahala panapojuzu[2]. khalafu akavikwa nguo tatu nyeupe akitiwa katika saanda. akesha tiwa ndani ya saauda hawana rukhṣa waanawake kumwona; na akiwa mwanamke ndani ya saanda hawana rukhṣa waanaume kumwona. na akiwa mwanamke humwosha waanawake, huuntia waanawake, na akiwa mtu mwanamume slughuli zote kwa waanaume, akisha tiwa ndani ya saanda huja mṣala. mṣala laziiu mkeka mpya nsiolaliwa hatta siku moja. akafungwa yule maiti katika mkeka ule mpya. akatiwa ndani ya jeneza[3], ya'ani[4] kitanda. huchukuliwa meskitini. akaṣaliwa kwa ṣala ya maiti. nuapotoka maiti na lile jeneza nyuinbani waanawake hulia ote. na kulia watu si vilaya. illa mtu anayolia akianguka chini ao akipasua nguo zake kwetu haranm[5]. na kwa kuzika huenenda waanaume, si lazima kunenenda waanawake katika qaburi, si desturi kwetu.

khabari za kuzika:

huchimba qaburi pima[6] moja urefu wake. wakesha chimba lile qaburi likapata shingoni katika shingo la mtu urefu hutoa mwanawandani. ma'ana, yake hutoa shimo lingine ndani ya qaburi npande wa qibla[7]. na ikesha mwanawandani huingia watu watatu katika qaburi, kwanza kichwani hukaa ndunguye alionkluṣṣu[8], na wale watu wawili waliobaqi katika jama'a[9]. na juu hukaa mtu mmoja juu ya qaburi, akatia ngun ndani ya shimo la qaburi. hatoi hatta linapokwisha jaa lile qaburi mchanga. lazima huyo wa kwanza auayekaa kichwani kuathini[10] na kuqimu[11]: wakisha kuathini hutia kinuza, na ma'ana ya kinuza ubao hufunika juu ya maiti. wakesha wakafukia. khalafu huchimba shimo dogo kichwani lile qaburi hutia maji[12] ya shahada[13]. hurudi nyumbani. hatta qaribu ya kufika katika nyumba ile alipotoka maiti, wakesha iona nyumba hulia; wakaingia nyuinbani wakahaniana[14]. ma'ana humpa mkono mwenyi kufiwa[15]. huandika tuuga toka siku ile, ina'ana yake watu hulala chini wake na waaune mudda wa siku sab'a na kulla siku, hu

---

[1] ar. قَرَنْفُل Nelke (im Suah. garafuu gespr.). [2] ar. جُوز erlaubt sein. [3] ar. جَنَازَة Bahre. [4] ar. يَعْنِى nämlich. [5] ar. حَرَام unerlaubt. [6] Klafter, Faden; meist = 2 Meter gerechnet. [7] قِبْلَة Gebetsrichtung. [8] ar. خَصّ eigenthümlich sein, gehören. [9] ar. جَمَاعَة Versammlung, Verwandtschaft. [10] ar. تِى loben (Gott). [11] von arab. اقَامُوا الصَّلَاة beten. [12] ar. مَاء Wasser. [13] ar. الشَّهَادَة Zeugniss. [14] ar. حَنّ Beileid bezeugen. [15] den Hinterbliebenen.

andika barua[1] kwa kulla pahala zikapelekwa. na katika barua hu'arifiwa maneno kama haya:

»wa ba'ad twaku'arifu kijana ehako fulani bin fulani emefariqi[2] dunya[3]. inna lillahi wa inna alaihi raj'euna. haża sebil eddunya wa ţariqi elakhera[4]: twa'arifu na arba'in mpumbuji[5] emekufa[6] siku każa wa każa na waqati każa wa każa na sababu ya maradi[7] tumbo likamshika siku tatu. tumbo la humra[8]. ya nne akifa. na kulla udugu mpe khabari kama hiyo. wassalamu.«

ba'ad ya siku sab'a huvunja tanga. wakafanyiza wali mzuri wakala watu. wale wenyewe wenyi mşiba[9] hufanyiza ngoma kucha mpaka aşubuhi. na ngoma ile jina lake kishina. ikisha huondoa mşiba; nao wenyi mşiba[10] wana rukhṣa sasa kuvaa kofia zao na kunyoa. na wanawake husuka nywele zao. wakesha kula karamu kulla mtu anakwenda zake. matanga yamekwisha. hio udio qa'ida la mtu mkubwa.

akifa mtoto mdogo wa mwaka mmoja. tanga lake siku tatu. siku ya nne huondoa mşiba. sababu mtoto mdogo. toka mwaka moja ḫatta miaka mitano si lazimu kusomewa khitima. hio udio desturi ya zamani.

walla ḫaifai kuzika watu wawili qaburi moja. illa kuwa ḫaja. mathili kama watu wamepigana vita wamekufa watu wengi sanu; tenua watu wa kuzika wakiwa kidogo wale maiti wengi. bassi qaburi moja huzika watu wawili.

ikiwa mtu amefiwa na babake no na mamake nao hawaknacha kitu cha mali. lazimu saanda kuwazika na kulla ueno lililopasia maiti hufanyiwa jnu jake mtoto. na asipoyatenda hayo huambiwa mbaya sana. watu watamsema sana. udio khabari iliyomlazimu mtoto kwa wazee wake kwa kufa kwao.

mtu akiwa amekufa na pale mjini ikiwa hapana warithi[11] wake yule maiti. lazimu. iwapo nji ule yupo ḫakim. watakwenda mpa khabari. naye atatoa amri ya kuuzika yule mtu. akanena »kauuzikeni kwa saanda yake qadiri[12] każa wa każa[13] na baqi ya shughuli[14] zitakazolazima katika matanga ḫatta arudi warithi wake«. iwapo anayo warithi. na iwapo hana warithi ḫakim atanena »suanda yake na shughuli za matanga gharama[15] yake mzikeni kwa qadiri każa wa każa«. watauzika watu. na iwapo pale mjini hapana ḫakim. ikiwa ḫakim yuko mbali. lazimu watamzika wale kwa saanda ya sheri'a reale tano. wakesha zika ndipo wapeleke khabari kwa ḫakim. bassi yule ḫakim atawambia »matanga yake fanyizeni kwa qadiri każa wa

---

[1] ar. بَرَاءَة Brief. [2] ar. فارق sich trennen. [3] ar. دُنْيَا Welt. [4] arab. Spruch, der bei Todesanzeigen immer, und zwar meist mit Auslassung des zweiten Theils angewandt wird انَّا لله وانَّا اليه راجعون هذا سبيل الدنيا وطريق الآخرة wahrlich wir gehören Gott und zu ihm kehren wir zurück, das ist der Lauf dieser Welt und die Weise des zukünftigen Lebens. [5] Bezeichnung für »alle jungen Leute und Kinder«. [6] für amekufa. [7] ar. مرض Krankheit. [8] ar. حُمْرَة Röthe. [9] ar. مصيبة Trauerfall. [10] die Leidtragenden. [11] ar. وارث Erbe. [12] ar. قدر mugefähr. [13] ar. كذا كذا so und so. [14] ar. شُغل Geschäft. [15] ar. غرامة Kosten.

każa-, iwapo yule maiti anayo warithi wake, walakini wako mbali, yule hakim atanena .ba'nda inekwisha zika bassi shughuli za matanga saburini[1] hatta aje mrithi wake fulani, asimame mwenyewe shughuli zake, na iwapo hana warithi, qaimu[2] wa shughuli ile atakuwa ni yeye hakim.

mtu akifa lazima kumfanzia sadaqa[3] katika mali yake, na asipokuwa na mali wale jamaa'n yake inafaa wamfanyizie sadaqa. na iwapo anayo mali na pale njini hawapo mawarithi wake, ikiwa wako mbali sana, huta-zama hakim mtu aliyo na'arufu wa kuupa mali ile kuzoia hatta aje aliyo warithi wake.

III.

khabari za utumwa.

hizo udizo khabari za zamani: asili[4] ya watumwa asili yao masahibu[5] m, ma'ana hufa mtu kwa ghafula[6] wakenda kwa mganga anayetazamia, akafashiri[7] kuwa jirani[8] yake udio aliyemfanyizia uchawi, um'ana uchawi na sihiri[9] ni kitu kimoja. bassi yule mganga humena ya kuwa jirani jake fulani udiye aliyemfanyizia uchawi: akifa fulani ikamlazimu yule udugu yake aliyekufiwa[10] akeuenda kwa mtu mmoja akamuwambia -nenda kamwambie jirani yako na uduguze wote ya kuwa fulani kafa, nao wasije zika yeye na uduguze, sababu udio aliyemwua udugu yangu ni mchawi fulani-, kha-tima hukutana wale wenyi kufiwa na wale wachawi wakeuenda wakatagusa, wakishindwa wale wachawi, wakeuenda katika kongora wakaguia, wakalazim kumpiga moto ao kugombolewa kwa watumwa ithen'ashara, chakula na gharama ya wasemi na gharatua ya ushenga, jumla[11] watumwa watatu, wote jumla khamst'ashara. amma iwapo yule mtu hana mtumwa hatta mmoja, hutwaa uduguze wakusanya wote watu khamst'ashara, akeuenda akalipa da[12] ya yule mwenyi kufa kwa uchawi min ghéir[13] ya ushuidi[14] wa mtu alicona, illa fe'eli[15] ya mganga. udipo tulipoona ya kama asili ya watumwa wa barra na katika mrima unsahibu.

wa amma sultani[16] mmoja akafanya vita na sultani uwenzi wake, wakijeshi[17] wakapigana: yule anayoshindwa wakitwaliwa watu wake na mali zake zikatekwa, bassi wale watu wanaotekwa huwa watumwa wakinzwa.

---

[1] ar. صبر erwarten. [2] ar. قائم مقام Stellvertreter. [3] ar. صدقة Almosen.

[4] ar. أصل Ursprung. [5] Sklaven, die zur Tilgung einer Blutschuld gegeben wur-den. [6] ar. غفلة plötzlich. [7] ar. بشر jd. durch frohe Nachricht erfreuen. [8] ar. جار pl. جيران Nachbar. [9] ar. سحر Zauberei. [10] richtiger wäre aliyefiwa. [11] ar. جملة Summe. [12] ar. دية Blutgeld, rad. ودى. [13] ar. من غير ohne. [14] ar. شهد Zeuge sein. [15] ar. فعل Omen, Zauber. [16] ar. سلطان Sultan. [17] ar. جيش Trup-pen zusammenziehen.

wa amma hawa watu wa barra wakifanya neno. na lile neno likitaka
mali. na wao mali hawana. bassi hutwaa watoto wao wakauza kupata mali.
wa amma hutuka safari waswaheli wa'arabu kwenda barra [1] kuchuma.
wakitika katika inchi ya bi'ashara [2] waliyoitaku kwenda. wakafanya kwanza
bi'ashara ya pembe. hatta zikisha bi'ashara za pembe. bassi hununua
watumwa. mtumwa hununua doti [3] sita. sab'a. kumi. haina qawa'ida.
hatta ugno thalathini wanununua. na khalafu [4] wakisha kununua watia
katika minyororo kwa amri ya wenyi watumwa wao. kwa sababu wenyi
kuuza huwambin -mkiwacha wakitoroka sisi hatumo. usitundize khalafu.
walla mali hututarejesha tena-. akitoroka mtumwa. akirejea kwao kule
alikotekwa hapatikani. bassi lazima kuwafunga sana watumwa. wakilala
macho mwenyewe mwenyi safari kuwangojea. atafanya jitihadi [5] hiyo hatta
safari iondoke irejee pwani huko. kama mwenyi safari anenunua watumwa
thalathini bakhti [6] yake itafika 'asherin. waliobaqi waliotoroka waliokufa
njiani. akitoroka mtumwa naye akakamatwa. yule mtu aliyemwokota hupata
ijara [7] yake doti tatu ao doti mie. ndipo akimrejesha kwa bana wake.
lakini alipotoroka huyu mtumwa katika inchi inayo nguvu hapatikani.
bassi mwenyi safari akitika pwani huuza kwauza pembe zake kupata fedda
za watu alizokopa kuchukua barra. akiwalipa mali yao wenyewe. na kama
zile pembe alizokuja nazo huzilipi deni [8] zake. ao kama akitaka kurudi
barra huuza watumwa. wengine huweka labda katika shamba lake waliwe.

aida khabari za watumwa waliowekwa shambani: kazi yao kulima:
siku mie hulima mashamba kwa bana wao akiwapa na chakula; na siku
tatu hulima mashamba yao wenyewe watumwa. qa'ida ya siku ndio hio.
na zamani wakisha kuwa wenyeji hulima siku mie hapana chakula kwa
bana wao. killa siku hutumika asubuhi [9] hatta sa'a ya sita hupewa rukhsa
akafanya kazi yake mwenyewe. lakini iwapo nyumbani kwa bana wake
hakuna muji ao hakuna kuni lazima kupeleka. ijapokuwa siku zake mtumwa
lazima kufanya kazi hii.

bassi mtumwa akisema. mimi nipe rukhsa nifanye kazi yangu. tupa-
tane muluulla [10] wa mwaka. patana naye kama jisla [11] ao jisla mbili mtama
ao mpunga. hunipa rukhsa. kazi yake kulima kwake pekeyake. hatta
mudda ukitika atakuja yeye mwenyewe ao bana wake atamwita naye aki-
peleka mtama ao mpunga kama walivopatana ao akileta fedda — bassi
vyema — hupokea bana wake. lakini kama hakupata mtama ao fedda.
humrejeza mtumwa huyu katika kazi yake na wenzi wake pamoja. sababu
amerujua kama huyu mvivu. anataka kukaa burre. hataki kazi. ikiwa
hataki kufanya kazi huuza akanunua mtumwa mwingine.

---

[1] ar. الـبَر das Festland (von Afrika). [2] ar. بيع وشراء Handel. [3] gudzerati = 8 Unterarmlängen. [4] ar. خلف nachher. [5] ar. اجتهاد sich abmühen, Inf.
der VIII. von جهد. [6] pers. بخت Glück, Zufall. [7] ar. اجارة Lohn. [8] ar. دَيْن
Schuld. [9] ar. صبح Morgen. [10] ar. محل Ort, Termin. [11] ein jisla = 360 engl.
Pfund Getreide.

wako watumwa wengine hawalimi, shughuli yao kupika na kusafisha nyumba. watu wa shamba tubali na watu wa nyumbani mbalimbali; kulla mtumwa kwa kazi yake. Inkini hawa watumwa wa nyumbani qa'ida watumwa waanawake. kazi yao udio hiyo: hnosha vyungu na sahani na mabaquli na mwiko na upawa. butumwa tena kuleta maji na kukuna nazi na kuweka vyungu mekoni [1]. akapika pamoja na bibi yake. khalafu akapakua akapeleka kwa bana wake na maji akapeleka anawe mikono yake kwanza. akisha kula bana wake ataondoa wali uliobaqi aweke kule knuzini [2]. akapeleka maji tena ya kunawa pamoja na maji ya kunywa. ikisha hupeleka jelba [3] ndani yake tambun [4] hurejea mekoni kwa bibi yake. atachukua na wali ulioondoa. aknla na bibi yake pamoja. wakisha kula huleta maji kwa bibi yake. luenda twaa jelba kwa bana wake amlete bibi yake. lusafidi sasa zouba [5] zote. huzifunika vema. khalafu bana wake akiingia ndani chumbani [6] bassi inemlazima mtumwa kupeleka maji katika birika. atakosha mguu bana wake. ikisha huleta liwa na mafuta mazuri atasiguliwa bana wake. akitaka kulala bana wao wale wajakazi loumkanda kwanza. akipata usingizi rukhsa kwao wapate kulala.

mtumwa akiingia nyumbani kwa bana wake huvua kofia yake akashika mkononi udio beshima; na akimkuta bana wake kazalika huvua kofia. udio desturi ya zamani. na kilemba huviki kichwani kubisa si desturi. walla viatu havai, walla mwavuli hafuniki; sababu kilemba inempasia bana wake na mwavuli inempasia bana wake na viatu inempasia bana wake. na mtumwa mwanamke havai ukaya, walla nguo hajifuniki kichwani, sababu si qa'ida.

wa nida lazima kufanya beshima kwa bana wake kwa maueno mema. na yule bana wake kazalika mtumwa wake lazima kukaa naye kwa vyema. asiukalifu [7] siku zote kwa kazi. illa anapoleta uvivu sana apate adabu yake. bana wake inemlazima kumtunza mtumwa wake kwa tartibu [8], anenapo »nimechoka« humpa rukhsa kidogo. apumzike; ao kama hawezi humwacha hatta amepona.

na ikitokea 'arusi ao karamu ningine zikapigwa ngoma za furaba luenenda wajakazi wote wakacheza, waanawanue wangwana hucheza nao wale wajakazi. hatta majumbe hucheza nao wakifanya ngoma kubwa. na waanawake wangwana huwana kasarani. furaba yao kwa ngoma yao ndani ya nyumba ao nani.

akizaliwa mtumwa mwanamke akilewa hatta akiballeghi [9] miaka khamost'ashara huoza umme mjoliwe [10] kama yeye. bassi 'arusi yake mbali si kama ya mungwana; na mahari yake mbali. akiwa huru [11] reale kumi mahari yake. akiwa mtumwa mameluki [12] reale tano. na furaba yake ya 'arusi hufurabia wenyewe watumwa, si desturi kuingia mungwana.

[1] *mekoni* und *jikoni* gebräuchlich. [2] ar. كنز Schatz. [3] türk. جلبه Dose.
[4] ŋudzerati; *tambul* Betelnuss. [5] für *ryombo*. [6] *ndani ya chumba* oder *chumbani* allein. cf. p. 11, Note 15. [7] ar. كلف sich abmühen. [8] ar. ترتيب Ordnung. [9] ar. بالغ mannbar, [10] *mjoli wake* [11] ar. حر frei. [12] ar. مملوك erbenteter Sclave.

na hawa watumwa wannowekwa masuria[1] na baba zao, wukizaa nao watoto hufanyiwa heshima nyingi. kwa ajili[2] wamezaa watoto waungwana. akitokea mtu akiwatukana watu wote hukasirika, atoapo fedhuli[3] atapigana na waungwana, wenzi wake, kwa sababu heshima yao kubwa kwa watu wote. na hawa masuria wengi sana walla hawahesabiki[4].

aida akitokea mtumwa aliompendeza baba wake — mwanamke, hufanya suria. akikaa naye akipata mtoto yule mwanamke huwa mungwana, sababu amezaa na baba wake udio atapata mungwana wake. hatta ijapokuwa yule mtoto amekufa, amekuwa huri. akimwandikia[5] baba wake, asimwandikie ni mamoja kwa desturi ya Waswaheli: illa Wa'arabu Ibadi[6] hao mbali. kwa desturi yao huwa mtumwa. tenna yule baba wake ana rukhsa ya kumtuma, illa iwapo amekufa wale warithi wake hawana rukhsa ya kumtuma, mtumwa wake kwa yule baba wake aliyozaa naye, si kwa watu wote.

na akiona mwanamke hakuzaa naye, na yule mtumwa tabi'a[7] yake njema hamwacha huru, akimwoa[8] kwa nikaha[9]. na chakula na nguo huupa sawasawa kama mtoto wa watu.

na khalafu yule mwanamke akiona mabaya, humwambia yule aliomwacha huru: «uiwache, wewe sikutaki tena, ma'ana hukuniweka vema». humwacha, akikaa 'eda miezi mitatu na siku kumi, akitokea mume mwingine, akimtaka mwanamke, huenda kwa yule baba wake aliyomwacha huru, huton 'ada[10], akimshauri mwenyewe mwanamke «emekuja mume fulani, wamtaka»? auenapo «namtaka», humfungia nikaha humwoza, akikaa na mumewe akikosa neno mwanamke jua ya mumewe huenenda kwa yule aliyomwoza, naye akamwita mwanamke akamsaili; ikiwa mambo yake yametokea mabaya laziina kumrudi siku ningine amwogope mume wake. kama amekufa huyu baba wake aliyemwacha huru, ikitokea neno, huenda kwa watoto wake ao kwa ndugu zake hufanya maneno sawasawa kama kwa huyu baba wake aliyekufa.

na suria kama umezaa naye mtoto, khalafu ukamton ukamwoza mume mwingine, na yule mume akazaa mtoto naye — bassi mtoto huyu jina lake mustaulada[11] wa mtoto wako.

na mtumwa akizaa mtoto katika uyumba yako, yule mtoto wake uzalia, na yule uzalia akizaa mtoto tenna daraja[12] yake huwa kubwa kwa baba zao. heshima yake mbali, si sawasawa na mtumwa ujinga, makani yao mbali mbali, chakula mkono moja na baba wao, sababu yeye hakuja njia ya barra.

mtumwa humwacha huri mtu kwa njia nyingi: auwali ni kuwa yule mtumwa islamu ameshika 'ibada[13] sana; bassi yule baba wake awapo naye

[1] ar. سُرِّيَة Kebsweib. [2] ar. أَجِل Grund. [3] ar. فُضُول üble Nachrede. [4] ar. حَسَبَ rechnen. [5] Freibrief ausstellen lassen. [6] ar. إِبَاضِيَّة Ibaditen, zu denen in Ostafrika sich die Maskat-Araber zählen. [7] ar. طَبِيعَة Charakter. [8] für akumwoa. [9] ar. نِكَاح Heirath, Ehe. [10] ar. عَادَة Gewohnheit. [11] ar. مُسْتَوْلَد Part. der X. von وَلَد Kind. [12] ar. دَرَجَة Stufe. [13] ar. عِبَادَة Gottesdienst.

islamu humena, mtumwa huyu kheiri¹ nimsamehe² nimwache huru, ili qasidi kutaka mema kwa mweny'ezi mungu na mtumwewe.

wa każalika ao ni kuwa yule mtumwa. ulitaka kumuwa njiani kwa sababu ya vita, akafanyiza hila³ hatta ikiwa unepata salama nafsi⁵ yako, nawe ukijua ya kama si mtumwa wangu ningalinawa; ao ni kuwa unepatwa na maradi⁴ siku nyingi ikiwa njiani ao ujini. akisimama yule mtumwa kukingiza hatta ukipoa nafsi⁵ yako. hapo yule bana wake atataznma ta'abu⁶ alipopata mtumwa wake kwa maradi yale alivokuwa akamkhudumu⁷, inafaa kumwandikin.

mtumwa mwanamke akitokea mwema, tabi'a yake ujema, waanawake humwandikia huru, wakimfanya udugu yake. kulla shamri humpa naye, na maneno yake humsikilizn. akisema neno hili haya huacha. hufuata mashauri yake. wa każalika mtumwa mwanamume humwandikia huru; naye akitaka kumfuata yule bana wake kwa udugu ni vyema. na kama hataki huenda zake atakako mwenyewe; ao yule bana wake humwnlizi tenna. akirudi kumtazama bana wake kwn ikhiyari⁵ yake—vema. kama hakuja—bassi.

wa aida khabari ningine: mtumwa akikimbia. iwapo ameonekana kwa kumkamata mtu mwingine njiani. humpeleka kwa hakim nkamtakia adabu ya kunfunga. nkamsaili -weye wanitaka mimi niwe seyidi yako?- iwapo mtumwa akasema -sikutaki ninze- utamwuza. na iwapo yule mtumwa atanena -nawtaka bana wangu-, humwambia bana wake -sikuamini⁹ weye, ajili umetoroka na sasa iwapo wanitaka kweli luzima uniapie kiapo ya kama hutanitoroka tenna.- naye ataapa qadiri ya kiapo kitakacho. akesha apa akafnuguliwa, hapana maneno tenna.

na mtumwa akitoroka akenda inchi ningine akashika kilemba cha jumbe hupotea mtumwa kwa sababu ya kilemba. na kama ameokutwa njiani na watu wengine, nawe ukipata khabari. humenda ukipatana nao kama reale mbili ao reale tatu ijara yao. huchukua mtumwa wako. na kama ameekwenda inchi ya Wasaramo, haipatikani, wanamfanya mtumwa wenyewe. na khalafu hutwaa mtoto wao awe mkewe maqsudi¹⁰ asioudoke. na akizaa mtoto mungwana yule mtoto. illa yule babaye ndio mtumwa.

akishikwa na deni¹¹ bana wake huweka rahani¹² mtumwa. iwapo amequbali¹³ mwenyewe yule mtumwa kuwekwa rahani - - huweka; na akikataa — bassi hnifai kumweka kwa uguvu.

na mtumwa nkiwa ma'arufu¹⁴ anao rukhsa kumuuza vitu mwenyewe. ikiwa anakopa mali za watu na bana wake akimrukhsu¹⁵ kukopu — nkifa yule mtumwa, bassi mali zake akitokea deni hulipwa. na kama bana amri kwa bana wake. walla hujui kama anakopa mali za watu. khalafu akifa

---
¹ ar. خير gut. ² ar. سمح verzeihen. ³ ar. حيلة List. ⁴ ar. مرض Krankheit. ⁵ ar. نفس Seele. ⁶ ar. تعب Mühe. ⁷ ar. خدم dienen, beistehen. ⁸ ar. خيار Wahl. ⁹ ar. أمين zuverlässig. ¹⁰ ar. مقصود Absicht. ¹¹ ar. دين Schuld. ¹² ar. رهن Pfand. ¹³ ar. قبل einwilligen. ¹⁴ ar. معروف angesehen, bekannt. ¹⁵ ar. رخص Erlaubniss geben.

akitokea mtu na maneno ya deni akanena -mimi mtumwa wako namwia-
hapati kitu; kwa sababu utaujibu -sikumwanru kukopa mali za watu. wewe
umeupa kwa sababu gani?- -na mimi bana wake usimambie?- -nkaupa
pekeyako weye. mali yako umetupa kwa mkono wake mwenyewe. kwangu
hupati kitu-.

na nkimpeleka mtumwa nmoja barra. bana wake bana khabari —
akifa — lazima kwako utaudipa. kwa sababu hukuntaka kwa bana wake.
ao akiba mali ya watu utalazimishwa weye mwenyi kumchukua; ao akipiga
mtu akimtoa damu[1]. lazim yako wewe mwenyi kumchukua; ao akiwa
mtumwa akina mtu lazim kwako weye mwenyi kumchukua. bana wake
bana lazim. sababu hukumpa khabari. umemchukua kwa jeuri[2]. kulla ana-
lofanya juu yako wewe. hizo ndizo khabari za watumwa za zamani.

katika khabari hizi tulizoziandika za zamani na sasa vilevile. walakini
ineklitilafu[3] kidogo kwa sababu ya kuja Wadeutschi:
mtumwa hausikilizi bana wake. hujiona sasa sawasawa yeye na bana
wake. kutumika sharti[4] apewle mwenyewe. na akipata maneno juu ya
bana wake malaya kwa sababu ya kazi — hutoroka akenda kwa bana
mkubwa shauri[5] akamsaliti[6]. akakatau mbele ya bana mkubwa akanena
-mimi muinzr. simtaki bana wangu-; ao atanena -mimi si mtumwa wake.
na mbugo zangu na baba zangu na asili yake tumekwibwa- naye anasema
hivi kwa sababu hapendi utumwa. anajua nikinena maneno haya bana
mkubwa atasikiliza. bana wangu hanipati. hapo ndipo yalipokhitalifana
mambo ya zamani na sasa.

kilemba sasa watumwa watumwa — hawaogopi; na viatu wanavaa na
miavuli wanavaa. kulla neno lililokuwa[7] bana zao nao wanafanya kwa
sababu ya kuja Wadeutschi. na watumwa waanawake nkaya watumwa na
nguo wanajifunika kama bibi zao sawasawa. kwa sababu hatuwezi kusema
neno. tunaogopa bana mkubwa. tumekuwa sawasawa na watumwa. na sasa
mtumwa akiokota kitu cha babarini[8]. udthili ya ngamba. hanipi bana wake
kwa sababu ya bana mkubwa. wao watunena hali ya wanngwana na watumwa sawasawa; na bana zao wamenyamaza. hawawezi kusema neno kwa
sababu wanaogopa titina[9] kwa bana mkubwa. labuda akisema neno la
uyongo yule mtumwa. bana wake aka'aziriwa[10] na lukim. ndio neno
wanaogopa. hatta majumbe 'ada[11] zao za babari hawazipati; njapookota
mtumwa wake hampi bana wake. yale[12] ya zamani ubali na ya sasa mbali.
kwa sababu wamenona amekuja bana mkubwa mdeutschi: mila ya asili yote

---

[1] ar. دم Blut.   [2] ar. جور List.   [3] ar. اختلاف Unterschied Inf. VIII von

خلف.   [4] ar. شرط Bedingung.   [5] Bezirksamtmann.   [6] ar. سلط verdächtigen.

verleumden.   [7] ar. خص eigenthümlich sein.   [8] ar. بحر Meer.   [9] ar. فتنة Intrigue.

[10] ar. عذر entschuldigen, zur Entschuldigung auffordern, und hier: zur Rechenschaft ziehen.   [11] ar. عادة gewohnheitsmässige Abgabe.   [12] zu ergänzen *mambo*.

wameacha, walla ntumuwa hnuwogupi mnngwana; vijapokuwa[1] mnekaa naye kwa senn — yeye hapendi — atakwenda Benderessalaann[2] kwa lana mkubwa, kwa sababu hapendi sasa mambo ya kazi ya watnnawa.

na zamani watu wangi 'amali[3] yao ndio kazi yao kukamatana wakinzana kwa sababu ya njaa. hueneuda usiku qadri ya watu kumi khamust-'ashara wakivizia watu njiani wakiwakamata, wakija wakauza wakaponen njaa, wakikamatwa mashauba ya Benderessalanma hueneuda wakinza Bagamoyo ao Winde[4] ao Kombutschi[4], wakikamatwa Bagamoyo mashauba huko wakapelekwa Benderessalanma ao Magogeni[5] ao Mbuamadji[5] kwa sababu wasitambulikane, na wakipatikana hawa wezi lounawa ao watamuwuza kama alivokuza wenzi wake.

ao watoto wao hunza wenyewe kwa nafsi zao wakiponea njaa, wa amma mtu akiona mtoto wa mwenzi wake msituni hunkamata akiuda akauza, na wenyewe wakimbaini[6] mwevi hueneuda katika nji wake waka-kamata watu watano ao sita wakinza nao, kama alivinza mtoto wao; ao hufanya vita wakipigana kwa sababu ya ule uivi, ao kama mtu amepatwa na neno la kigamo, mithili ya mtu aliontwalin mwenzi wake mkewe, hulaziniwa ngoni kutoa mali, na kama hana mali wazee wake ao ndugu zake lounwuza, wakampa mwenyi ngoni wake, na yule aliofanya ngoni huwa radi[7] kuuzwa kwake; kwa sababu ametwaa uke wa watu.

lakini hivi sasa kuja Wadeutschi hayako[5] ya kukamatana watu, walla hayako kunza watoto wao kwa sababu ya njaa, walla kwiba watoto hayako, yote imeondoka sasa. kulla mtu amishika adalni zake; akipata na[7] neno atakwenda kwa mkubwa wake aliowekwa na Wadeutschi akafanya mauleno, likiwa neno kutowa atakwenda njiani Benderessalaama kwa hana mkubwa kabisa[10], ndio atakwisha maueno yao, mtu ajapokwenda sasa njia pekeyake hana dara[11] akiwa mwanamumu ao mwanamke hana dara; hatta hapana ega ijapokuwa mtoto mulogo njiani hueneuda pekeyake sasa; hapana khofu[12] kama ya kwanza, matata ya kwanza yamekwisha sasa.

na wale mujahidi[13] ya kwanza yamekufa wengi kwa sababu ya diqi[14], hawapati nafasi[15] ya kukamata watu, na walio wazima slughli yao sasa kulima, wanaogopa kutiwa kamba ao minyoruro na bana mkubwa, tenna killa mtu anafanya haya sasa kukamata mtu kumwuza; kwa hivi sasa hawamfichi, ijapokuwa udugu yake watamkamata wampeleke kwa bana mkubwa, kwa sababu wanaoga watabaribu[16] inchi, kazi ya mtu nmoja

---

[1] ri bezieht sich auf *ritu*. [2] Daressalaam, von den Suaheli meist Bender-
ssalaam genannt. [3] ar. عمل Arbeit. [4] nördl. und südl. Bagamoyo, früher durch
Selavenhandel berüchtigt. [5] südl. Daressalaam, ebenfalls durch Selavenhandel berüchtigt. [6] ar. بين sichtbar sein. [7] ar. راضى zufrieden. [8] auf *mambo* bezüglich.
[9] nach dem Zeitwort wird sehr häufig *na* ergänzt, wo im Deutschen -und- fehlt.
[10] zum Gouverneur. [11] ar. ضرّ Schade. [12] ar. خوف Angst. [13] ar. مجاهد Gegner,
Kämpfer (von جهد sich anstrengen), hier in der Bedeutung Selavenjäger. [14] ar.
ضيق Noth. [15] ar. نفس Raum, Gelegenheit. [16] ar. خرب zerstören (im Suah.
hariba gespr.).

hawaqubali kubadilizwa[1] wote, neno hilo hawapendi, kimwona mtu ana-
kamata mtu kumwuza, hawaqubali watu; humwambia -mila hii ya zamani
imeondoka, mwachie aende zake ao tutakupeleka kwa baua mkubwa akutie
minyororo-. bassi wanafanya oga, mambo ya zamani hawatendi tena.
labuda mtu anauza sasa mtumwa wake ao ya baba yake ao mama yake
amerithi, ndipo atauza, lakini kmuza mtu asiokuwa mtumwa wake hayapatikani.

IV.
hizo ndizo khabari za majumbe.

katika hawa majumbe hapo zamani sana hapakuwa majumbe wangi[2].
akifa jumbe lutawala[3] mtoto wake vivile[4]; wa amma walipokuwa wengi
watoto na kulla mtu watu wamezaliwa kwa nyumba yao bassi wakiguwana
madiko mahala fulani hatta[5] mahala fulani sehemu[6] ya nyumba fulani, na
wakaje nao na watawale ujumbe, ndipo walipokuwa wengi majumbe.

huko kwetu Kendwa[7] mkubwa wa uji hnitwa jumbe, pale Winde[8]
hatta Saadani hunwita diwani[9], pahali pengine hunwita shomvi, hatta kwa
Wasaramo[10] hunwita pasi, na mtu anayekaa katika daraja[11] yake chini ya
jumbe jina lake shaha. shaha na majumbe katika mila yao wanavonena
wenyewe — jumbe udiye mimie na shaha ndio mke, kwa ma'ana jumbe
hutangulia shaha yakiwa[12] nyuma; na mashaha hawana kazi ma'ahmu[13]
ya kujuikana pale barazani pa jumbe, na kazi ya barazani pa jumbe kazi
ya maneno; jumbe husema yakimtupia[14] shaha, shaha humena humwambia
jumbe kuwa hivi ndivo ao sivo; na shaha humwambia mwenyi mkini -wao-
naje mwenyi mkini jumbe anataka majibu?- mwenyi mkini anamena -sina
majibu, ukimwambia wewe shaha yatosha, labda kina mwenyi mkubwa-.
mwenyi mkubwa anasema -ah! sisi tunasikiliza, litalobaribika sana tuta-
wajibu-; bassi ndio kazi yao. na jumbe anapokuja akitoka mbali haulizwi
khabari na jumbe mwenziwe atokako, illa shurti awepo shaha ndiye amwulize
jumbe khabari unakotoka, jumbe amwambie, ndio kazi ya shaha na shaha
yamwambie jumbe wake yule mwenyeji. jumbe katika inchi yake mtu
mkubwa, hukaa kitako na watumwa wake, wanalima watumwa, naye jumbe
hukaa kitako barazani kutengeneza shughuli zake za inchi yake.

[1] ar. بدل umtauschen. [2] neben wengi gebräuchlich. [3] ar. تولى herrschen.
[4] für eile vile. [5] ar. حتى bis. [6] ar. جمع Antheil. [7] Kendwa wird von den Suaheli die vor Daressalaam liegende Inselgruppe mit dem Leuchtthurm genannt (jetzt
heisst dieselbe allgemein Makatumbe). Die Leute von Kondutschi bis Mbuamadji
(je 3—4 Stunden nördl. und südl. Daressalaam gelegen) heissen -watu wa Kendwa-.
Der Volksmund kennt folgenden Vers: Kendwa, haiendwa! watu kumi wakienda, hurudi kenda; nach Kendwa gehe nicht! wenn zehn Leute hingehen, kommen nur
neun zurück. d. h. von zehn Leuten wird einer vor Hunger sterben, da in Kendwa
nichts zu holen ist. [8] nördl. Bagamoyo. [9] pers. ديوان eigentl. Liste. ديوان
der die Liste führt, Rathsherr. [10] im Hinterland von Daressalaam. [11] ar. درجة
Treppe, Stufe, Grad. [12] für akiwa. [13] ar. معلوم bekannt. [14] für akimtupia.

mtoto wa jumbe akitaka kutawala, anwali hutoa gharama feḍḍa[1] na biḍa'a[2], gharama mali mengi qadiri ya reale khamso mia ao znidi, zikaandikwa barua zikenenda katika Maulmo[3] wa anwali ya Kendwa ḫatta mwisho wa Kendwa, wakakutanika mashoavi na mashaba wao na kina mwenyi mkuu na mawaziri na kina mwenyi mkubwa na arba'ini[4], kina mwenyi wadogo na waannwake wakubwa wakubwa, akiwapa gharama feḍḍa na biḍa'a, akesha toa gharama bassi fahmu[5] yule jumbe hufichwa katika nyumba undda wa siku sita, ḫatta kwa siku ya sab'a bukutana watu wangi wakijaa usbejani kuutawaza jumbe, na waqati wa kutawala huletwa kilili (kitanda), jumbe akatiwa ndani yake na magodoro juu ya kilili na mito juu ya kilili, akapanda jumbe juu ya kilili pamoja na mpumbe[6] aliyo uzuri, naye mjnkazi akapewa ngno uzuri akavaa pamoja na vyombo vya feḍḍa, mitali na mikufu akavaa yule mjakazi, lakini si vyake vile vyombo huuwazima; akashika na mvuli mkononi, akanifunika jumbe: na watu wakaebokua kile kitandu, wakazonguka nacho mwanzo wa uji ḫatta akberi ya uji, na banduqi[7] zikipigwa na watu wanashangiria[8] na ngoma zikalia na watu wanakwenda wakafurahia waannwake na wannnwanme, ḫatta akesha zongushwa katika uji humrejesha katika makani yake, akawekwa nyumbani undda wa siku sab'a, sasa watu wakatoa maneno yao akipawa yule diwani qadiri ya maneno yaliyostahili[9] kwa mila ya udiwani, akiondoka waziri wake akienenda akapiga mbiu akanena «watu mliokutana hapa sasa fulani jina la kwanza sasa amelacha[10]» sasa hivi jumbe fulani; amwitaye jina la kwanza mukhalifu[11] kwa neno lililomkhuṣṣika[12], kużalika «mnequbali wote kuwa hakim yenu»? na watu wote huqubali, bassi humuriwa ngoma za ujmobe zikapigwe, wakacheza kwa furaha[13] watu kulla[14] siku na vyakula vingi huliwa, ngombe huchinshwa na mbuzi huchinshwa; kulla siku huwa wanakwenda kula vyakula kwa jumbe yule aliyotwaliwa, undda wa siku sab'a, ikiwa imekwisha kulla mtu lukaa kitako kwake, naye jumbe siku ya sab'a hutoka nje katika uji kutembea, na kulla amwonaye jumbe huvna kofia akamwamkia «jumbe kuchewa»[15] akinena «kuchewa»; «bali[16] gani»? jumbe hnitikia: «njema, ilḫamdu lillahi»; jumbe akasema «kunjambo nyote kwenu»? «hatujambo, jumbe» jumbe akapita, kijana huvaa kofia yake, hio ndio desturi ya majumbe.

aiḍa na watu wa mbali wakija kuutazama atoe gharama ya feḍḍa ao biḍa'a awape; na kama hakuwapa hawamḍeshimu kwa desturi yetu ya

---

[1] ar. فِضَّة Geld. [2] ar. بِضَاعَة Waare. [3] die ganze Küste entlang. [4] die jungen Leute. [5] ar. فَهِمَ verstehen. [6] mjakazi. (*npambe* von *kupamba* schmücken.) [7] ar. بُنْدُق Flinte. [8] *shangiria* (gudzerati) zum Empfang schmücken. [9] ar. X. Form von اهل verdienen. [10] *amelacha*. [11] ar. خالف widerstreben. [12] ar. خَصّ eigenthümlich sein. [13] ar. فَرْحَة Freude. [14] ar. كُلّ jeder. [15] wohl verkürzt von *chelewa* «bist Du vom Tag überrascht worden», «bast Du unbesorgt geschlafen»? [16] ar. حَال Zustand.

mrima, na ikiwa cmewapa ijapokuwa pesa moja nao wakaqubali kupokea watambeshinn, na beshima yake wakimwona jumbe wanwamkie wavue kofia; na wakimena naye każalika wavue kofia, hio ndio destnri.

'ada zilizompasia jumbe mkubwa wa inchi 'ada zake ni siwa na ngoma kuu na zomari[1], aşili hii siwa ilikuwa gunda, walakini huyu diwani wa aşili akamrna =hili gunda kupigwa pamoja na zomari halifai. afaddali[2] mfanyize nti mrefu nzibaliwe=, nkatafntwa nti mrefn nkachongwa ukazibaliwa. nlipokwisha chongwa iketwa[3] =siwa= nayo ndio yenyi 'ezi[4] katika njumbe, nayo ina kofia na kilemba kama jumbe. zama afapo jumbe destnri ya madiwani huvna kofia na kilemba mudda wa siku sab'a — bassi każalika na siwa lmondolewa kofia yake na kilemba chake mudda wa siku sab'n. madiwani huvan kofia zao na vilemba vyao na ile siwa huvikwa kofia yake na kilemba chake. na aşili ya hii siwa, aliofanyiza diwani Mintumueni Kigara Matakwa; na jumbe huyo qaburi yake iko Mbmamadji pwani. Mintumueni ndio mtoto wa diwani mkubwa Gungurukwa na huyo ndio mtoto wa Muhamadi Sha'ali Mbarawa[5], bassi huyo Mintumueni ndio alioleta siwa, na destnri ya siwa akifa jumbe lazima ilie, ao akitawala jumbe lazima ilie, amma akifa mtoto mkubwa naye aşili yake katika njumbe lazima ilie, ao ikiwa pana 'arusi ya jumbe ao mtoto wa jumbe nn yule jumbe ataka kufanya karamu[6] lazima ilie, ao nkiandama mwezi wa ramadani[7] lazima ilie katika nymuba ya madiwani, walla hailii katika nymuba ya mtu mwingine, każalika siku ile mapoandama mwezi wa mfungno wa mosi hulia siwa, na tenna mwezi wa mfunguo wa tatu siku ya mwezi tiss'a kwa usiku lazima siwa ilie, każalika na waqati iwapo pana karamu maḩala palipopote ikiwa wamekwitwa madiwani kule kunako karamu — bassi zama unapofika waqati wa kula, madiwani lazima siwa na zomari iwalilie luko wanakula.

ikipigwa ngoma kuu ya jumbe wale wenyi kupiga lazima wavue kofia zao, wasipige na kofia, kwa sababu ni ngoma za ofalme. ikiwa yule jumbe mwenyi kupiga bassi havni kofia, wa każalika na hiyo ngoma kuu wapigao lazima wapige wanngwana, mtumwa ao washenzi[8] hawana rukḩşa ya kupiga. na zama zinapolia ngoma za 'ezi watu waliosimama uwima wavue kofia zao, każalika na wale wenyi kurheza ngoma ikiwa watoto wa madiwani lazima wavue kofia walla kilemba, na akiwa achezayo zile ngoma waziri wa jumbe, shaha ma'ana, huvua kilemba akacheza na kofia, na zama achezapo jumbe lazima wajakazi wawili wamfnate wampepea; nao huitwa wapambe wa jumbe.

anapokwenda maḩala kutembea, ao amekufa mtu anakwenda ajili ya kuḩani[9] ao iko 'arusi, amekwitwa kuenenda katika 'arusi, hawnchi kuchukua

---

[1] ar. زمارة Flöte. [2] ar. أفضل besser. [3] für *ikaitwa*. [4] ar. عز Macht, Kraft. [5] die 3 grössten Jumben-Familien sind die Barawi, Hátimi und Shirazi. [6] ar. كرم gastfreie Bewirthung. [7] ar. رمضان neunter Monat des muhamed. Jahres, in welchem die Araber und auch viele Suaheli von Aubruch des Tages bis Sonnenuntergang fasten. [8] Leute ans dem Innern. [9] ar. حزن trauern.

siwa na zomari, akitika qaribu ya mji anayotaka kwenda, hupiga siwa na zomari, na wale walio katika mji huu hujua kama anakuja jumbe atoka mahala fulani; nao watu wa mji huu kazalika hupiga siwa yao na zomari, wakamfuata ujia anayokujia hatta wakakutana njiani, ndio heshima[1] ya majumbe, wakamtwaaye wakanutia katika mji kwa heshima na ta'athima[2] na ngoma za ʿezi kupigwa kama ʿnda zilizonapasia katika njumbe.

aida na khabari za jumbe na tajiri[3]: hoja tajiri Banyani[4] katika ule mji wake jumbe, Banyani ntu mkubwa mwenyi mali enekuja[5] na choumbo chake, amepakia mali mengi katika kile choumbo, yakuingia mjini yule Banyani na mali yake kufikia kwa jumbe, sababu ndio mkubwa wa mji, akimtakia[6] majumba akimpangishe, akesha panga nyumba hupawa khabari ya desturi katika inchi yote akijua, aida bo'ada ya haya kulla nyumba ya tajiri imelazima qo'di mwaka reale kumi na mbili kutoa akipawa jumbe, mwenyi mji, lazima; hio ndio desturi ya mmmba ya aşili, wa kuzalika na kisua hupawa qadiri awezavo tajiri, lakini hapana qa'ida ya zamani.

khalafu alipokaa kitako Banyani kufanya bi'ashara[7] Imondoka jumbe na shaha wake na mwenyi mkuu wake kumwendea Banyani akimwambia »shauri lako nini Banyani?« Banyani akinena »sina shauri; tokea kutoka kwetu nimeambiwa kama nnakwenda huko kuna bi'ashara tele, kuna tenna 'ada ya majumbe, na mimi nikaqubali kuja; bassi nimubie jumbe 'ada yako nitoe«, akinena jumbe »ninataka mlango na mrahaha[8] wangu«; akatoa banyani rupia kumi pannoja mrahaha na mlango, Banyani akafanya bi'ashara kubwa.

hatta siku moja jumbe hupeleka timbo yake ao kisu cha kuchunia mllala kwa Banyani, na yule Banyani hutambua narra kwa kuwa kisu hiki cha jumbe, humwuliza mwenyi kuleta »mmetumwa nini?« anauena »nimetumwa pishi kumi za mchele«, Banyani huupa, lakini mapesa hapati; akachukoa mchele akapeleka kwa jumbe, jumbe ndio kazi yake hiyo, hupeleka timbo ao kisu chake akitaka kitu cho chote kile, hupewa aliehokitaka.

aida na khabari ya jumbe na Wanyamwezi: hatta siku hiyo wamekuja Wanyamwezi wawili, wamekuja kwa jumbe, wakinena »jumbe, tunekuja kwako kuna ndewa wetu anakuja huko nyuma«, jumbe akinena »vema, nimesikia«, akimwita shaha na mwenyi mkuu, wakifuatana wakenda kwa Banyani, jumbe akinena »mimi sitaki kula kwako leo, nwape ulaji ushaha na mwenyi mkuu«, Banyani akasema »vyema, jumbe«, akinena jumbe »wamekuja Wanyamwezi hawa na pembe ziko nyuma, qaribu zinakuja, hii imekuwa riziqi[9] yako«, Banyani akafurahi, akimwambia »sasa jumbe wataka nini?« jumbe akimwambia »numua nguo za mali«; yakamuua vitua[10]

[1] ar. حشمة Respect.   [2] ar. تعظيم Verehrung.   [3] ar. تاجر Kaufmann.
[4] heidnische Inder, die Kleinhandel in den Ortschaften betreiben.   [5] für amekuja.
[6] akamtakia.   [7] ar. بيع وشراء Handel.   [8] ar. ربح Gewinn, eigentlich wird unter mrabaha eine Abgabe von 6 Rupi von jedem Frasila an den Jumben verstanden. Die Sultane von Zanzibar nahmen später 3 Rupi von diesen für sich in Anspruch.
[9] ar. رزق Nahrung, Lebensunterhalt.   [10] ar. كسوة Anzug.

Banyani. yakimwambia jumbe -fanza upesi upesi. kuna na wenzetu wakitaji wa kushinda sisi. jumbe akinena -haya lete sasa magubiko-. zikatwaliwa bidaʻa¹. vitambi vyema na mabushti na joho na mabirika² na masufuria³. wakichukua vijana arbaʻini⁴ wa jumbe, watu kumi na watano na bunduqi zao. wakenenda na wale Wanyamwezi wawili hatta wakafika kwa msafara. walipofika wakapiga bunduqi za furaha. wakingubika yule Muyamwezi mkubwa wa msafara. wakimvika joho wakampa na vile vitu vyote na vitambi pia. Muyamwezi yakafurahi na mnyampara wake na kirongozi wake kaźalika: wakatoka wakaja zao. wakafika qaribu ya mji mwendo wa daqiqa⁵ moja wakakaa. wakitoka vijana wale wakirudi mjini kwa bunduqi kupiga kwa furaha.

hatta siku ya pili katika jua saʻa moja wakatoka watu aliowaamrisha jumbe watu thelathin na ngoma zao na waanawake na ngoma zao. hatta kwa Muyamwezi alipokaa. wakimvika kanzu mpya na kilemba kizuri na kikoi na joho na jambia na viatu. akafurahi udewa sana na Wanyamwezi wengine wakubwa wakubwa. na mkewe udewa wakimchukua kimako shangwe la waanawake wenzi wake kwa ngoma. wakija naye Muyamwezi na wenzi wake hatta wakawaşili⁶ mjini. yakapewa nyumba moja Muyamwezi. nyumba maḍubuti⁷ yenyi imalaⁿ. yakaweka pembe zake. siku ya pili akafikia kwa jumbe, zile pembe hupigwa chapa kwa amri ya serkali⁹ (ya sultani wa Unguja). zikesha pigwa chapa husimama zikafanyizwa biʻashara. Muyamwezi yakamwendea jumbe akamwambia -nataka kwuuza uguzi- (biʻashara). akinena jumbe -haya tufanyize-. akiambiwa Banyani -kuwa kesho tutakuja tufanye biʻashara ya pembe-. Banyani akinena -vema hatta kesho si mbali-. hatta asubuhi wakenda Wanyamwezi na pembe zao mbili vikarasha viwili na vipussa vinne ao meno ya kiboko. wakimpa jumbe wakanena -pembe zako za inchi¹⁰ yako hizi-. jumbe akipokea zote akiziweka. Wanyamwezi wakenda kwa Banyani wakafanya biʻashara. ikachukua mwezi mzima ndio ilipokwisha biʻashara yote.

tena akifanya biʻashara ya pembe na Banyani ao Wahindi inemlazimu Muyamwezi kutoa reale nane kulla frasila¹¹ na reale moja jamvi. jumla¹² reale tissʻa. akipawa jumbe mwenyi mgeni wake kwa serkali ya Seyid¹³. hio ndio desturi za zamani. na ishapo biʻashara inemlazimu jumbe kutoa zawadi¹⁴ kumpa yule Muyamwezi kuagana naye. ilipokwisha biʻashara yote Wanyamwezi hungoa kome yao wakenda zao.

jumbe akiwapa sasa vijana wale waliosumbuka akiwapa labda vile vipussa vinne ao yale meno ya kiboko. kulla mtu yakiwa raḍi¹⁵ yakifurahi. naye mwenyewe akauza vikarasha vyake akaganwa mafungu manne. fungu moja kubwa kwake na fungu moja la shaha na fungu dogo la mwenyi

---

¹ ar. صناعة Waare. ² ar. ركة Wassergefäss. ³ ar. صفر. ⁴ die jungen Leute. ⁵ ar. دقيقة Minute. ⁶ ar. وصل ankommen. ⁷ ar. مضبوط in festem Besitz. ⁸ ar. إمالة Stütze. ⁹ pers. سركار Regierung. ¹⁰ diese Abgabe wurde -pembe ya inchi- oder -kilemba- genannt. ¹¹ فراسله = 35 engl. Pfund. ¹² ar. جملة Summe. ¹³ Sultan von Zanzibar. ¹⁴ ar. زاد Wegzehrung. ¹⁵ ar. راضي zufrieden.

mkoa na fungu dogo kabisa la kina mwenyi mkubwa na waziri, lime-changanya pamoja fungu lao. ndio uchumo wa jumbe.

na tena lazima akesha safiri yule Mnyamwezi jumbe ziko reale tatu zake kwa serkali. huenenda akatwaa kulla frasila reale tatu. ndio mrababa imelazimu kupawa kwa amri ya Seyidi. zikiwa frasila mia jumbe hupa-wa reale mia tatu katika pembe zile za mgeni wake. hio ndio desturi ya zamani.

desturi ya wavuvi wanaovua samaki[1] katika bahari[2]: zamani wana-pokuja washenzi na sumu[3] ya samaki kuwatilia samaki, qasidi wafe waka-mate samaki — bassi fahamu[4] wanapokuja, wakawasili katika mji lueuda kwa jumbe wakamklubiri[5] ya kwamba »sisi tumekuja qasidi yetu tumeleta sumu ya samaki twataka kuwatilia samaki katika mto ulio qaribu, ao katika visiwa vilivyo baharini«. akesha pawa khabari yule jumbe huwapa amri akawaambia »rukhsa nendani mkavue«; udipo wanapokwenda tia sumu ya samaki. wakipata samaki, lazima lutoa fungu lake jumbe wakampa. udipo wakiondoka wakenda zao umkao yao. ndio desturi ya zamani. na wasi-potwaa kwanza amri kwa jumbe, wakitia ile sumu kwa jeuri[6]. fahamu wale samaki hutwaliwa uao kwa amri ya jumbe.

»wa każalika wavuvi wa mji wakipata samaki tele ao samaki mkubwa kama papa. humpa jumbe fungu lake. aiđa wakituuga samaki mtungo ulio mkubwa wakapeleka kwa jumbe kitowco chake. hio ndio desturi.

wa każalika na qadiri achinshayo ngombe katika mji aliyoyote mgeni ao mweneji atoa mndu akampa jumbe.

desturi ya wavuvi wa jerfe[7]: katika qa'ida ya zamani wanapowasili na jerfe zao huutaka kwanza jumbe. wakampa khabari ya kwamba »sisi tumekuja qasidi yetu kuja vua jerfe. sasa nini 'ada yako?« humwambia »sisi 'ada yetu iliyotuklussu[8] katika uvuvi wa jerfe, zama mkivua nguva, 'ada yetu kichwa na mkia; hio ndio 'ada yetu iliyotuklussu«. wakesha wapa khabari. nao hutaka 'ada yao wale wavuvi, na 'ada yao wavuvi hupawa pishi mbili za mchele. wakesha pawa 'ada zao kushika mchele majumbe wakiwatilia wakiwaomben fatiha[9] wakenda katika kazi yao. wanapopata nguva hutoa kichwa na mkia wakampa jumbe, marra nyingi wakiokota nguva hugawana mssu[10] kwa mssu.

akivuliwa papa aliye mkubwa na wavuvi ao chewa na ikitokea ma'adini[11] ndani ya tumbo, aueyoimeza mitali ao mikufu ao zombo zingine — ma'ana[12] papa ao chewa akiwa mkubwa hula watu katika bahari — bassi akesha tumbuliwa yakitokea ma'adini mwenyewe yule jumbe pamoja na wale wavuvi shirka[13]. hio ndio desturi ya zamani.

---

[1] ar. سمك Fisch. [2] ar. بحر Meer. [3] ar. سمّ Gift. [4] ar. فهم verstehen. [5] ar. خبر IV mittheilen. [6] ar. جور List. [7] ar. جرف Fischnetz. [8] ar. خصّ eigen-thümlich sein. [9] ar. فاتحة Name der ersten Sure des Korans. [10] ar. نصف halb. [11] ar. معدن pl. معادن Mine. [12] ar. معنى Bedeutung. [13] شركة Vereinigung.

desturi ya zamani sana katika mrima hii barra ya Waswaheli: majumbe walikuwa wakiogopwa sana na ra'ia[1] zao na watoto wao. ikiokotwa pembe katika mwitu lazim hupelekwa kwa jumbe mwenyewe mahala pake inzunywe: naye mwenyewe kuokota apawe cho chote huṣili[2]. ma'ana watu wa zamani majumbe walikuwa wakiona hii inti[3] yao pekeyao. hapakuwa na sultani aliowazidi ila Maseyidi wa Unguja. udio waliowazidi. naye Seyid alikuwa akikaa nao kwa vyema sana na msamaha alikuwa akiwasamehe sana: ao aonapo wametenda neno lisilo jema akaleta khabari. majumbe huenenda Unguja. wakesha waṣili Unguja wakiwajibu[4] kwa Seyidi huwapa heshima sana na kama ameweta kwa maneno huwasaili tartibu. ajili awajua sana watu wa mrima tabi'a[5] yao na 'aqili[6] zao.

ikiwa anakufa jumbe mkubwa nkaangoka nyiba[7] mkubwa mno wa 'ajabu[8] mudda siku tatu: jumbe hajazikwa bado, yumo ndani ya nyumba: zikuandikwa barua. watu wanakutanika. kikiannrishwa kilio kwa siku ya mue. wakilia: na majumbe wakawna vilemba na kofia zao na shala akakhusuru[9] kilemba na kofia. tena nguo ya malegani akavua. akalangia kanzu tu: na mwenyi mkuu akivua kilemba chake na kofia na kanzu ya mwilini: na mwenyi mkubwa akavua kofia. akenda kichwa wazi[10] na nguo moja tu chini amevaa: wote huenda vichwa wazi. kwa ma'ana mwenyi mkubwa hana kilemba; na vijana arba'ini wanakwenda maongo wazi. hatta kofia hawana: tena watumwa wote kwa wanne nguo moja moja. bawana rukhṣa hatta kamba kushika mkononi. khalafu likatwaliwa jeneza hutembeshwa njini. hatta liliporejea akatiwa mwiti[11] ndani. akachukuliwa maiti kwenda zikwa. wakatokea wata111[12] wakasema -jumbe hana rukhṣa ya kuzikwa twataka kwanza 'ada yetu. mtupe udio ukazike-: wakiisha pewa utani wao akichukuliwa mwiti kwenda zikwa qabulini[13].

kurejea mazikuni wamefuatana watu na kilio chao. wanalia. wengine wanasema -weye balaa yeto wee-. wengine -weye baba wee-; wanakwenda wakalia sana. kuingia nyumbani wakapewa maji wakanawishwa usoni. wakijambia[14] -shukurini[15]. udio hali[16] ya dunya[17]. leo wewe kesho mimi. hapana anayopenda kufa illa amri ya muungu-. majumbe wanuunena -twataka kwenda zetu sasa na aje mwenyewe mwenyi maiti tumbani-.

alipokwisha haniwa ikapigwa fatiha. akinena jumbe moja -leo pana matanga-. alipotimia usiku kulla mwenyi mkeka wake huchukua huenda lala tangani mudda siku sab'a. majumbe wakapewa 'ada yao -mjalemba-. akitwaa mjalemba jumbe akaagawa pale. akinipa shalu schemu[18] yake na

[1] ar. رعيّة Unterthanen. [2] ar. حاصل Gewinn. [3] inchi (inti Lamu-Dialekt). [4] ar. وجه VI sich begegnen. [5] ar. طبيعة Naturanlage. [6] ar. عقل Verstand. [7] ar. مصيبة Unglück. [8] ar. عجب Wunder. [9] ar. خسر abnehmen. [10] ar. واسع weit, offen? [11] ar. ميت Leichnam. [12] ar. وطن Aufenthaltsort. Heimath. [13] ar. قبر Grab. [14] wakijiambia. [15] ar. شكر Gott danken. [16] ar. حال Zustand. [17] ar. دنيا Welt. [18] ar. سهم Antheil.

mwenyi mkuu schemu yake, na kilemba akavaa sasa, na shaha akapata
rukhsa ya kofia kuvaa na kina mwenyi mkuu wana rukhsa ya kofia, na
kina mwenyi mkubwa wakapata rukhsa ya kuvaa kanzu, lakini kielewa
wazi; na aroba'ini ngoo mbili mbili waanawake kwa waanamme, illa watumwa udio vilevile. huwajapata rukhsa kado, jumaʿa[1] ya sabʿa ingine
sabʿa ya pili mashaha wakiwarukhusu[2] kina mwenyi mkuu kuvaa vilemba,
mashaha wenyewe wanuekwisha vaa vilemba vyao, sabʿa ya tatu kina
mwenyi mkuu akiwarukhusu anci ya shomvi kuwa kina mwenyi mkuu na
arbaʿini kuvaa kofia na kanzu kulla kitu libasi[3] yenu rukhsa kuvaa wanaa-
wake kwa waanamme, illa watwana — la, lukaa kitako watu na ngoma
kupiga na kishina kuchezwa, nao luimba hatta siku ya kesha ya mwisho
likaondolewa matanga.
   na jumbe sasa anatoka kufanyiza khitima[4], huwitana walio mbali
wakija qaribu, waketwa[5] wnʾallinu wakisoma khitima, ilipokwisha soma
khitima kikaletwa chakula wakisoodikia, majumbe wakambukulia na mashaha
wakambukulia na kina mwenyi mkuu, wakisha kula majumbe na watu
wanuekwisha kula huuumbiwa tuuma hapana msiba na utoke bao msiba,
mwenyi msiba wake huuudoa msiba na matanga yanuekwisha, hushukuru
nuuumgu, hio udio desturi ya zamani, na katika matanga ya utu mkubwa
mathali kama jumbe mali hupotea sana; uwanzo wa mazizi yake hatta
mwisho wa matanga yake hupata reale khamso mia ao zayidi, ajili matanga
ya jumbe lukaa hatta nuerzi miwili, awapo utu mdogo ua tanga lake lukaa
hatta sika kumi na tano bassi.

Sitten und Gebräuche der Suaheli."

I.

Regeln des Anstandes und andere.

Die Sitten und Gebräuche im Lande der Suaheli sind vielerlei. Jeder
Stamm hat seine eigenen Sitten und Charakter. Von Mbuamudji[7] an bis
Bagamoyo sind Sitten und Gebräuche gleich, sie sind nicht verschieden. Von
Winde[8] bis Tanga sind sie gleichfalls so, sie unterscheiden sich nicht sehr.
Von Kimbidji[9] bis Kilwa sind Sitten und Gebräuche verschieden, auch im
Mgao[10]-Lande sind sie verschieden, ihre Religion jedoch ist überall dieselbe.
Auch die Suaheli-Worte sind nicht dieselben überall, sie sind verschieden,
aber Du[11] kennst alle Worte, Du verstehst ihre Bedeutung. Es ist nicht
meine Gewohnheit zu schreiben; wenn Du siehst, dass ich mich geirrt habe,

[1] ar. جمعة Woche, Freitag. [2] ar. رخص erlauben. [3] ar. لباس Kleid.
[4] ar. ختم Koranlesung. [5] wakaibwa. [6] siehe Vorwort des Suaheli-Textes.
[7] Dorf südl. Daressalaam. [8] Dorf nördl. Bagamoyo. [9] Cap südl. Daressalaam.
[10] Hinterland von Lindi und Mikindani. [11] gemeint ist der Herausgeber.

so verzeihe mir, denn Du kennst jede Bedeutung, verzeih' mir um so mehr
und tadele mich nicht. Verstehe nun, was ich Dir berichten werde.

Gebrauch aus alter Zeit: Wenn jemand in's Haus seines Freundes geht,
so muss er »hodi«[1] rufen und die im Hause sind, werden ihm mit »hodi«
oder »qaribu«[2] antworten. Er wird nun fragen: »Ist der so und so zu Hause?«
Wenn sie ihm antworten »er ist da«, so wird derselbe auch herauskommen
und mit ihm zusammentreffen. Ist er aber nicht zu Hause, so werden sie
ihm antworten »er ist nicht da«, alsdann muss er zurückkehren.

Geht jemand in's Haus eines Bekannten und ruft zum ersten Male
»hodi«, es wird ihm jedoch nicht geantwortet und er ruft zum zweiten Male
und es wird nicht geantwortet und beim dritten Male ist es ebenso, so muss
er zurückkehren und weggehen. Selbst wenn er das Haus hat offen stehen
sehen, kehre er zurück, da vielleicht die Eigenthümer im Hause schlafen,
oder aber sie sind mit einer Arbeit im Hause beschäftigt und es schickt sich
nicht für einen Andern jene Arbeit zu sehen, alsdann darf er nicht hineingehen. Geht er aber hinein, so hat er kein Ehrgefühl noch Anstand nach
den Sitten und Gebräuchen der Suaheli.

Geht jemand in das Haus eines Andern und ruft »hodi« und dort im
Hause ist niemand, weder ein freier Mann noch ein Sclave, es ist nur seine
Frau anwesend, jener Mann aber, der »hodi« gerufen, hat nicht die Gewohnheit
mit jener Frau zu sprechen, so muss jene Frau schweigen und ihm nicht
antworten; er aber muss weggehen, jedoch ärgert ihn das nicht. Wenn nur
jene Frau ihm antworten würde, so hat sie keinen Anstand; auch würde
man von ihr sagen: jene Frau ist schlecht, denn sie hat wider die Sitten
der Suaheli verstossen.

Wenn eine Frau angesehene Leute in ein Haus eintreten sieht, so muss
sie vor ihnen weglaufen, wenn sie einen Mann hat. Hat sie keinen Mann,
ist jedoch eine Freie und jene, die sie eintreten sah, sind Freie, ihres Gleichen,
so muss sie vor ihnen flüchten. Geht sie nicht weg, so werden sich jene
gekränkt fühlen, denn sie hat sie nicht wie angesehene Leute behandelt, weil
jeder, der nicht von den Frauen, den Sitten der Suaheli entsprechend, geehrt
wird, sich selbst sagen muss, diese Frau hat mich wie einen Sclaven behandelt,
oder sie hat mich wie einen Mnyamwezi[3] behandelt, oder sie hat mich für
einen Dummkopf gehalten, und diese drei Dinge müssen einen Menschen
kränken. Auch erkennen jene Männer in ihr eine Herumtreiberin nach den
Sitten der Suaheli.

Wenn jemand eine Schuld hat und wird z. B. beim Richter verklagt
und der Richter schickt Soldaten aus, um jenen Mann, an den die Forderung
gerichtet ist, herbeizurufen, gut — wenn jene Soldaten nun zu seinem Hause
hingehen und nach ihm fragen und sie bekommen ihn zu sehen, so ist's gut,
sehen sie ihn nicht, so kehren sie zurück und bringen dem Richter Bescheid;
es ist nicht nöthig, in's Haus hineinzugehen um wegen der Schuld nach jenem

---

[1] unserm »anklopfen« entsprechend. [2] gleich »herein«. [3] Leute eines Stammes
aus dem Innern, die meist als Träger zur Küste kommen und bei den Suaheli ge-
ringes Ansehen geniessen.

Manne zu suchen. Ausser wenn jener sich schwer vergangen hat, z. B. einen Menschen getötet oder anderer Leute Eigenthum gestohlen hat, dann ist es anders. Jedoch werden sie gleichfalls zuerst zum Richter zurückkehren und ihm antworten »wir haben ihn nicht gesehen«. Er muss ihnen dann Erlaubniss geben und ihnen sagen »geht und seht nach ihm in seinem Hause«, darauf werden sie zurückkehren. Auch im ersteren Falle kann er ihnen den Befehl geben »geht in sein Haus hinein«, so gehen sie hin, aber nach den Gebräuchen der Suaheli ist es nicht schicklich, ohne die Erlaubniss des Richters hineinzugehen.

Auch wenn Du in das Haus eines Sclaven gehen willst und zum zweiten und dritten Mal »hodi« gerufen und die Eigenthümer haben Dir geantwortet, so ist's gut. Haben sie Dir keine Antwort gegeben, so darfst Du nicht hineingehen ohne die Erlaubniss des Eigenthümers; er muss Dir zuerst die Erlaubniss ertheilt haben, es ist genau so als ob Du in das Haus eines Freien eintrittst.

Wenn jemand in das Haus eines Andern geht und jener fordert ihn auf, näher zu treten, und zeigt ihm seine Frau, so darf jener Mann nicht jeden Tag in jenes Haus gehen, weil der Besitzer ihn an jenem Tage mitgenommen und ihm seine Frau gezeigt hat. Ausser aber, er hat ihm als seinem Freunde in Gegenwart seiner Frau die Erlaubniss gegeben, nämlich »ich habe diesem meinem Freunde erlaubt, wenn er hierher in's Haus kommen will, so möge er kommen«, und jene Frau und sein Freund haben dies gehört, dann schickt es sich, hinzugehen. Jedoch sei es nicht so, dass wenn Du einmal oder zweimal hingegangen bist und er hat Dich selbst nähertreten heissen, dass Du es Dir zur Gewohnheit machst, hinzugehen, sei er nun selbst zu Hause oder nicht, das ist nicht Sitte.

Eine freie [1] und vornehme Frau darf am Tage nicht ausserhalb des Hauses gehen, falls sie keinen zwingenden Grund hat. Wenn sie sich mit ihrer Freundin unterhalten will, muss sie Abends zwischen der ersten und dritten Stunde gehen, sie muss verschleiert und von ihrer Sclavin begleitet sein. Eine freie Frau, die tagsüber spazieren geht, hat keinen Anstand.

Wenn Leute einander treffen und sich begrüssen bei uns, so sagen sie »wie geht's?« und er antwortet »es geht gut«; und er sagt ferner »wie ist Dein Befinden?« die Antwort ist »gut, Gott sei Dank«. Sodann »was giebt's Neues?« und er antwortet »Gutes, Gott sei Dank«. Und er spricht weiter »welches sind die Nachrichten seit vielen Tagen?« er antwortet »gut«. Oder sie fragen, »was hat sich dort ereignet wo Du herkommst?« und er antwortet »nur Gutes«.

Wenn ein Kind seinen Vater oder Mutter am Morgen trifft, sagt es »hast Du gut geschlafen?« und er antwortet »gut geschlafen«; begrüsst es ihn Abends, so sagt es »Vater, was hat sich tagsüber ereignet?« und er antwortet »Gutes«.

Oder wenn jemand einen Andern begrüsst, sagt er »Herr« und dieser antwortet »grosser Herr« und er sagt weiter, »wie geht's bei Dir und wie

---

[1] die nicht Sclavin ist.

befinden sich Deine Leute?- Und er antwortet, »mir geht's gut und meine
Leute sind gesund, sie lassen grüssen«; oder man fragt »wie geht's den
Kindern¹ zu Hause?- und man antwortet »es geht ihnen gut«.

Wenn der, der besucht wird, ein jumbe ist und es begiebt sich jemand
in sein Haus, so ruft er nicht »hodi«, sondern »Herr«, und der drinnen
Weilende antwortet »ayee«. Ist der Dorfälteste zu Hause, so darf (der
Besucher) eintreten, und zwar mit der Kopfbedeckung in der Hand, und auch
die Schuhe darf er nicht an den Füssen tragen.

Wenn ein Sclave seinen Herrn oder Herrin begrüsst, sagt er »ich
umfasse Deine Füsse« und sie antworten »Danke«.

Ferner, wenn jemand eine weite Reise gemacht hat und eines Tages
zurückkehrt, so wird jeder, der ihn besuchen will, ihm sagen »ich wünsche
Dir ferneres (Glück)« und er antwortet »wir haben hoffentlich Glück«.

Wenn eine Frau schwanger ist, so sagt man am Tage, an welchem
sie geboren hat, »die so und so ist gesund geworden«, und jeder, der zu ihr
kommt, sagt ihr »ich wünsche Dir ferneres (Glück)« und sie antwortet »wir
haben hoffentlich Glück«.

Früher wenn eine Frau in den Wald gegangen war, um Brennholz zu
suchen, wurde sie bei ihrer Rückkehr von andern Frauen begrüsst »Du, wie
sind die Nachrichten aus dem Walde?« und sie antwortete »wir hatten Glück«.

Ferner, wenn jemand seinen Freund bei der Bestellung des Feldes trifft,
redet er ihn an »Du, wie ist das Feld?« Dieser antwortet ihm »es ist zu be-
pflanzen und der Regen wird für den Acker wie ein Zauberer sein«.

Schon unsere Vorfahren sagten Folgendes: Wenn Du Leute siehst, die
mit sich beschäftigt sind, so gehe nicht hin, das schickt sich nicht, ausser
sie rufen Dich. Wenn sie Dich rufen, so ist es Pflicht von Dir hinzugehen.

Ferner, wenn Du zu jemand hingehst und bei ihm einen Wunsch vor-
bringst, z. B. einen Vorschuss an Geld (haben willst), oder sonst irgend ein
Verlangen hast, bei ihm ist es jedoch Sitte, jeden, der zu ihm kommt und
einen Wunsch hat, abzuweisen, da seine Seele schlecht ist, zu dem schickt
es sich gleichfalls nicht hinzugehen, um etwas zu erbitten. Du wirst unver-
richteter Sache zurückkehren, denn Du kennst ihn ja, dass er im Grunde
genommen schlecht ist und kein guter Mann ist, warum sollst Du zu ihm
gehen, um etwas zu erbitten?

Wenn Du zwei Leute bei ihren Geschäften findest und sie unterhalten
sich, so darfst Du nicht hinzutreten, ausser sie rufen Dich selbst. Wenn
sie Dich selbst herbeirufen, so gehe hin. Wenn sie Dich nicht rufen und
Du gehst hin, so wirst Du von ihnen für jemand gehalten, der keinen Anstand hat. Du hättest verdient, geohrfeigt zu werden, denn es ist nicht anständig, zu Leuten heranzugehen, die in Ruhe ihre Geschäfte erledigen wollen.

Ferner, wenn jemand von seinem Orte aufbricht und sich an einen
andern Ort begiebt, um spazieren zu gehen, oder aus einem andern Grunde.

---

¹ ein Suaheli wird sich nie direct nach der Frau seines Freundes oder Bekannten erkundigen, sondern sich umschreibend ausdrücken »wie geht's Deinen Leuten«,
»wie geht's Deinen Kindern«, oder »wie geht's Deinem Hause?«

und er langt dort an und findet die Leute beschäftigt, sie feiern z. B. ein
Fest oder irgend etwas Anderes, und sie sagen »tritt näher, bleibe«, so musst
Du bleiben, widersetz' Dich dem nicht, das ist eines vernünftigen Menschen
nicht würdig; aber wenn Du Vernunft hast, so ist es Pflicht von Dir, zu
bleiben, jedoch nur kurze Zeit dann brich auf und setze Deine Reise fort.

Wenn Du an dem Hause Deines Nachbarn oder eines Andern vorübergehst und er Dir »tritt näher, Herr« sagt, so musst Du ihm antworten
»lass Dich nicht stören«, ob Du nun vorübergehst oder in's Haus eintrittst,
das ist gleich, Du musst ihm sagen »lass Dich nicht stören«.

Wenn jemand in Zorn gerathen und sich mit seinem Gefährten herum-
zankt oder wenn sie sich die schlimmsten Worte einander zuwerfen und es
erscheint nun jemand und sagt Dir »genug, lass ab von Deinem Ärger, lass
den Streit ruhen, geh' Deiner Wege«, so ist es Pflicht von Dir, auf ihn zu
hören; ja es ist Deine Pflicht, widersetz' Dich nicht. Denn vor jedem zorn-
erfüllten Menschen steht der Teufel, und jeder, der in Güte zurechtgewiesen
wird, darf sich nicht weigern. Wenn er sich weigert, so kommt das Übel
später, er wird nachher Reue empfinden, aber zu späte Reue hat keinen
Werth. Jedem zornigen Menschen entflieht der Verstand; wenn nun ein
vernünftiger Mann zu Dir kommt und Dir einen guten Rath giebt, so weigere
Dich nicht.

Wenn jemand die Worte eines Andern erfährt, so darf er sie nicht
weitertragen, es ist seine Pflicht, zu schweigen, denn ein jeder soll sich um
seine eigenen Angelegenheiten kümmern, er schaue nicht nach denen anderer
Leute. Hast Du die Worte eines Andern gehört und hinterbringst sie den
Leuten, so wisse, dass von Dir alsbald erzählt wird: die Beschäftigung des
so und so besteht darin, Lügen weiterzutragen; Du wirst vor den Leuten
beschimpft und erscheinst als Lügner.

Sitten und Gebräuche von Alters her: Wenn ein Kind geboren und
erzogen worden, bis es erwachsen ist, und sein Verstand ist klar, so hat es
seinen Eltern Ehrfurcht zu erweisen, es zeige den grössten Anstand und wider-
spreche nicht den Wünschen seiner Eltern. Es verrichte die Angelegenheiten
seiner Eltern so, wie sie es dazu anhalten. Das ist seit jeher so Sitte.

Wenn seine Eltern keine Kräfte mehr haben um sich ihren Lebensunterhalt zu erwerben, so muss das Kind ihnen Essen und Kleidung geben
und so lange sie leben sehr für sie sorgen. Unterlässt es dies, dann sagen
die Leute »dies Kind hat gar kein Anstandsgefühl«.

Ein Kind pflegt seinem Lehrer mit der grössten Achtung zu begegnen.
Bei beider Lebzeiten auf Erden erweist es seinem Lehrer alles Gute, jede
Ehrenbezeugung, die ihm zukommt, lässt es seinem Lehrer zu Theil werden.
Nach dem Tode des Lehrers ist es zu einer guten fátiha (Eröffnerin des
Korans) verpflichtet, zu jeder Zeit, zu der die fátiha nöthig ist, es soll ihm
dieselben Ehren erweisen wie seinen Eltern. Ermangelt es des nöthigen
Anstandes seinem Lehrer gegenüber, so erlangt es vor Gott keine Zu-
friedenheit, das ist ein grosser Verlust.

Es ist seit Alters her Sitte bei uns Suaheli, dass wir unsern Herrscher,
der uns leitet, sehr lieben, ihm viel Ehre erweisen, seine Befehle streng

befolgen und Gutes von Gott für ihn, unsern Herrscher, erflehen. Und
wenn wir jemand sehen, der Schlechtes von unserm Herrscher sagt, den
lieben wir nicht, der hat verdient, geschlagen zu werden. Jetzt z. B.
herrscht der grosse Herr der Deutschen über uns, den uns Gott gesandt, nach unsern
Sitten und Gebräuchen lieben wir ihn sehr, und wenn jemand ihm, unserm
Herrscher, Schlechtes nachsagt, der ist unser grösster Feind, wir lieben
ihn nicht.

Wenn jemand sich in schlechten Worten über den Stadtältesten oder
Dorfältesten auslässt, oder ihn beschimpft und Du hörst das, so verdient
dieser Mann, geohrfeigt zu werden, denn er hat keinen Anstand. Es ist
jedermanns Pflicht, seinen Eltern, dem Lehrer, dem Herrscher und dem
Stadt- und Dorfältesten mit Ehrfurcht zu begegnen. „Wir Unterthanen und
unser Herrscher sind wie Ziegen und ihr Hirte. Wenn Ziegen keinen Hirten
haben, gehen sie verloren, so müssen auch wir Menschenkinder einen Herrscher
haben, damit Alles in Ordnung bleibe. Haben wir keinen Herrscher, so geht's
uns wie den Ziegen ohne Hirten. Ich bitte nun jetzt zu Gott, er möge allen
unsern Herrschern Gesundheit und ein hohes Alter verleihen und dass sie mit
uns Unterthanen in Güte leben.

Nach unsern Gebräuchen von früher her herrschte eitel Freude auf
dem Festlande der Suaheli, wenn in einer Stadt ein Fremder erschien.
Zum Beispiel, es ging jemand aus seiner Stadt nach einer andern hin und
erschien nun dort in der Stadt als Fremder, so geriethen alsbald die Bewohner dieser Stadt jenes Fremden wegen in Streit, denn jeder wollte, dass
es sein Fremder sei. Dann pflegte ein grosses Freudenfest in der Stadt zu
sein, die ngoma[1] wurde bei Tag und Nacht geschlagen und Frauen und
Männer ergötzten den Fremden sehr. Und diese Freudengelage kosteten
viel, Ochsen und Ziegen wurden geschlachtet und Feste gefeiert, und dies
Alles, um jenen Fremden zu erfreuen. Verstehe, dass dies früher Sitte und
Gebrauch war, denn in früheren Zeiten da lebten die Leute sehr in Ruhe
und Frieden, von Natur aus waren sie sehr gut, kannten Anstand und verstanden es, den Leuten Ehre anzuthun; sahen sie einen geringen Mann
oder einen grossen Mann, so wussten sie Bescheid, welche Ehrenbezeugung
ihm zukam.

Ein Gebrauch von Alters her: Wenn Du mit einem Dieb zusammen-
triffst, so schickt es sich nicht, Freundschaft mit ihm zu schliessen. Wer
sich mit einem Diebe befreundet, wird selbst zum Dieb, so steht es schon
in unsern ältesten Geschichten. Auch schickt es sich nicht, sich mit einem
Menschen, der Leute ihres Eigenthums beraubt oder auf listige Weise Andere
hintergeht, in Freundschaft einzulassen, denn man wird nur unnöthige Unannehmlichkeiten dadurch haben.

Wenn Du an ein stehendes Wasser, einen Teich, kommst und willst
darin baden, und Du gehst hinein in's Wasser, um zu baden, so verstehe,
was schon unsere Vorfahren gesagt haben, dass es sich nicht schickt, Deine
Nothdurft in dem Wasser zu verrichten, ausser wenn das Wasser ein

---

[1] eigentlich Trommel, dann Spiel und Tanz.

fliessendes ist, wie das Wasser eines Flusses, da schadet es nichts, da es eben ein abfliessendes ist. Gleichfalls, wenn Du ein Loch in der Erde findest, das von einem Thierchen gegraben worden, so darfst Du nicht Deine Nothdurft da hinein verrichten, denn das Thierchen könnte vielleicht noch darinnen sein; auch ist es gefährlich, denn es könnte eine Schlange darinnen sein und auf Dich zufahren.

Diese Regeln des Anstandes sind sehr viele, sie sind zahllos, und jemand, der die Vorschriften von früher befolgt, erntet viel Ehre bei seinen Mitmenschen, das ist so Sitte. Ein Mensch jedoch, der sich nicht darnach richtet, gilt wenig bei seinen Mitmenschen, doch dies Alles verlangt einen Menschen, der von Gott dazu bestimmt ist, alles Gute zu ergreifen, hat ihn Gott nicht dazu ausersehen, so ist es desto schlimmer für ihn.

II.
Mittheilungen über die Geburt eines Kindes.

Wenn eine Frau schwanger ist und der fünfte Monat kommt heran, so erhält das Kind einen Namen, damit, wenn es geboren wird und es ein Mädchen ist, sein Name »so und so, die Tochter des so und so« heisst, und wenn ein Junge zur Welt kommt, er »so und so, der Sohn des so und so« genannt werden kann. Nach unserer Überlieferung nimmt ein Kind mit dem fünften Monat Gestalt an, vor dem fünften Monat ist es nichts, es ist nur eine unförmliche Masse, es hat weder Beine, noch Kopf, noch Augen, erst mit dem fünften Monat erhält es Kopf und Augen, Ohren und Beine. Mit dem siebenten Monat pflegt man Negerhirse zu kaufen, sie zu stampfen und das Mehl aufzubewahren, damit Alles bereit sei, falls das Kind mit sieben Monaten geboren wird. Jedoch giebt es deren nicht viele, die mit sieben Monaten geboren werden, gewöhnlich wird ein Mädchen mit neun und ein Junge mit zehn Monaten geboren. Wenn eine Frau gebären will, dann pflegen drei ältere Frauen zu kommen, um ihr beizustehen; dieselben werden makungwi genannt. Ist das Kind geboren, so nehmen sie eine Hand voll Negerhirse und reiben damit, anstatt mit Wasser, jenem Kinde den ganzen Körper ab. Dann binden sie drei Tage lang um den Nabel einen Faden von Stoff. Nach drei Tagen wird eine andere ältere Frau herbeigerufen, die kommt mit ihren Heil- und Zaubermitteln bis in die Nähe jenes Hauses und ruft »hodi«[1], sie antworten ihr »hodi« oder »qaribu«[2]. Darauf sagt sie »ist die Mutter des Kindes krank oder gesund?« sie antworten ihr »sie ist krank«. Die draussen stehende antwortet »ich habe sie doch schon gesund gesehen«. Und sie ruft sie bei ihrem Namen »Du so und so, Tochter des so und so, wie geht's Dir?« sie antwortet ihr »es geht mir leidlich, aber ich bin noch krank«. Darauf spricht jene »öffne die Thüre, damit ich

---

[1] unserm anklopfen entsprechend.   [2] tritt näher.

Dich sehe, vielleicht ist es nicht wahr«. Die Thüre wird geöffnet, sie tritt herein, und im selben Moment wird die Frau gesund und jenes abgebundene Stückchen am Nabel des Kindes fällt ab. Darauf sagt die Wöchnerin »heute bin ich gesund geworden, Gott sei Dank«. Nun nehmen sie jenes abgefallene Stückchen (des Nabels) und bringen es hinter das Haus und graben ein Loch, thun das Stückchen hinein und pflanzen eine Cocosnuss darauf.

In jenem Hause, in dem die Wöchnerin wohnt, wird an jenem Tage, an welchem das Kind geboren wird, das Feuer ausgelöscht und ein neues angezündet. Früher, bevor noch die Sultane von Zanzibar gekommen waren, hatten wir noch keine Zündhölzchen, wir behalfen uns mit einem Holz, dessen Name mvugura ist, und erzeugten Feuer durch Reibung. Von jenem frisch angezündeten Feuer nun, wird weder nach ausserhalb abgegeben, noch wird von draussen anderes hinzugetragen, bis das Kind zum ersten Mal herauskommt.

Jenes Kind bleibt sieben Tage drinnen. Am siebenten Tage wird es nach draussen gebracht; es wird in einen flachen Korb gethan und von jenen drei älteren Frauen, den makungwi, an die Hausthüre gebracht, alsdann kommt der Vater des Kindes und giebt ihnen als Belohnung drei Rupi [1]. Nun wird das Kind von der Thüre weggenommen und im ganzen Hause herumgetragen, sogar nach oben, und alsdann geben die Verwandten der Mutter den makungwi Geld. Nachdem es in den Hof gebracht, kommen Verwandte des Vaters und geben Geld her, und die makungwi empfangen auch dieses. Darauf bringen sie das Kind wieder hinein und jene makungwi sagen »habt ihr das Kind gesehen?« sie antworten »wir haben es gesehen«. Sie sagen ferner »seit der Geburt des Kindes bis heute sind arobaini [2] zu Ende (und arobaini bedeutet sieben Tage), es mögen nun andere kommen, um dieser Frau beizustehen, wir werden weggehen«. Es kommen zwei andere Frauen und helfen ihr, bis sieben weitere Tage verflossen sind, dann werden Leute eingeladen und ein Essen veranstaltet.

Es ist Sitte, einem neugeborenen Kinde nach den ersten sieben Tagen die Nägel und Haare zu schneiden und den Kopf zu rasiren. An Stelle von Wasser beim Rasiren nimmt man Mehl von mtama (Negerhirse). Nachdem dies geschehen, gehen sie dahin, wo die Cocosnuss des Kindes gepflanzt worden, machen ein Loch und thun jene Haare und Nägel hinein und sagen »nimm in Empfang, den Himmel und was auf Erden ist«.

Darauf binden sie dem Kinde eine Schnur, aus den Fasern des Affenbrotbaumes angefertigt, um den Hals und um die Hüften und geben dem Kind den Namen mtoro (Ausreisser). Dies Schnurbinden bezweckt, dass das Kind kein Fieber bekomme und sterbe. Nach Ablauf der dritten sieben Tage wird die Schnur losgelöst. Auch dann erhalten jene makungwi ein gutes Reisgericht. An jedem Tage Morgens und Abends kommen die makungwi und waschen die Frau, welche geboren hat, bis weitere sieben Tage verflossen sind. Es sind dann die vierten arobaini zu Ende, das sind

---

[1] eine rupi jetzt etwa 1.25 Mark.   [2] arobaini bedeutet eigentlich vierzig, hier sind sieben Tage gemeint.

im Ganzen 28 Tage. Alsdann nehmen die makungwi Matten und Kleider der Frau, welche geboren hat, mit sich und gehen ihrer Wege.

Das Kind wird jetzt von seiner Mutter grossgezogen und erhält viermal Nahrung täglich; um sechs Uhr giebt sie ihm Suppe, um zwölf Uhr Brei, um vier Uhr Brei und Abends ein wenig Suppe.

So ernährt die Mutter ihr Kind zwölf Monate hindurch, und während dieser Zeit hat sie keinen Verkehr mit ihrem Manne. Nach Ablauf von zwölf Monaten wird eine Medicin aus Kräutern (jimbo) gesucht und der ganze Körper des Kindes damit eingerieben, damit das Kind keine Kinderkrankheiten bekomme. Darauf reiben auch Frau und Mann sich mit dieser Medicin ein.

Wenn zwei Kinder geboren werden, so bekommt das erstgeborene den Namen, den es im fünften Monat erhalten, das letztgeborene erhält einen andern Namen. Nach unserer Sitte ist es ein Unglück, wenn ein Mädchen und ein Junge oder zwei Mädchen geboren werden; anders ist es, wenn zwei Jungen zur Welt kommen.

Hat ein Kind mit dem fünften Monat keinen Namen bekommen und es wird geboren, stirbt aber an demselben Tage, an dem es geboren wurde, so gereicht dies seinen Eltern zur Sünde.

Kommt bei uns ein Kind mit Zähnen zur Welt, so wird es kibi genannt, d. i. ein schlechtes Kind, es gilt wie eine Schlange bei uns. Wir ziehen solches Kind auf, die Wasaramo[1] werfen es weg, aber bei uns wird es ernährt. Vater und Mutter jedoch werden innerhalb vier Monaten erkranken und vielleicht sterben. Sobald das Kind erwachsen ist, fürchten sich alle Leute vor ihm, sie nennen es kiba, sie geben ihm weder die Hand, noch sprechen sie mit ihm.

Wenn ein Kind geboren wird und nicht schreit, so werden Wanyamwezi-Eisen[2] in seiner Nähe geschlagen und so lange angefasst, bis es schreit.

Jenen Baum, der gepflanzt worden, als das Kind geboren wurde, erhält das Kind als sein Eigenthum. Wenn es später fragt »Mama, wie viel Jahre sind es jetzt, seit ich geboren wurde?« dann sagt sie »sieh Dir jene Cocospalme an, wie alt mag die wohl sein? Das Datum Deiner Geburt steht ausserdem in Deinem ḥirizi« (Amulet).

Es ist Sitte bei den Suaheli, dass ein Kind ein Amulet erhält, bevor die ersten sieben Tage verflossen sind. Erhält es weder Amulet noch die Abwaschung mit jimbo (Kräutermedicin), so wird es krank werden. Jedes neugeborene Kind muss eine Schnur um den Hals erhalten und in derselben ein Amulet.

Was die Amulete anbelangt, so sind die der Kinder verschieden von denen der Erwachsenen. In die Amulete der Kinder wird die Sure yā sini[3] geschrieben. Sobald dies geschehen, geht man hin und sucht bestimmte Kräuter vom Felde. Zunächst eine Pflanze msengayeka genannt und eine zweite mkuru, die mit einer dritten mnamia kumbuele zusammengewunden

---

[1] Landschaft Usaramo im Hinterland von Daressalaam.   [2] Messingringe, die die Wanyamwezi-Frauen als Fussspangen tragen.   [3] Sure 36 des Koran.

werden. Dann wird Ambra in das Amulet gethan, zusammen mit jenen Kräutern, und in ein schwarzes Stück Zeug eingenäht und eine dicke Schnur von dunklem indischen Stoff gedreht und schliesslich jener Lehrer, welcher das Amulet geschrieben hat, herbeigerufen. Dieser liest siebenmal die Sure yā sin von Anfang bis zu Ende, knüpft dann sieben Knoten in jene Schnur und befestigt schliesslich das Amulet des Kindes daran. Wenn dies geschehen, muss man jimbo (Kräutermedicin) zur Waschung besorgen. Das Amulet wird nun hinten durch einen Knoten geschlossen, damit das Kind es nicht abnehmen kann und es nicht verloren gehe.

Wenn Du ein Kind ohne Amulet siehst, so ist vielleicht ein schlechter, ein neidischer Mensch gekommen und hat jenes Amulet gestohlen, um es seinem Kinde oder dem Kinde seines Bruders zu bringen. Er scheut wohl die Ausgaben, ein Amulet für sein Kind anfertigen zu lassen. Nachforschungen nach jenem Amulet müssen angestellt werden; vielleicht kommt es in dem Hause jenes Mannes, in welches das Kind zum Spielen gegangen war, zum Vorschein. Ist es nicht auffindbar, so werden drei Jahre (in Angst) abgewartet, ob das Kind erkrankt oder stirbt. Stirbt oder erkrankt es, bevor drei Jahre verflossen sind, dann kommen die Leute jenes Viertels, in dem jener böse Mensch wohnt, weder zum Begräbniss noch während der Krankheit; sie sträuben sich dagegen. Wenn das Kind krank wird, aber wieder gesundet, dann wird jener schlechte Mensch[1] hingehen, um es zu besuchen, sobald es gesund geworden. Ist es innerhalb eines Zeitraumes von sechs Jahren gestorben, so streiten sie sich jeden Tag und treffen nie bei Festlichkeiten oder Hochzeiten zusammen; gehen die Verwandten des Kindes hin, dann kommen jene schlechten Leute[2] nicht, gehen diese, so kommen jene nicht. Das ist so Sitte bei den Suaheli.

Die Verpflichtungen eines Mannes seinem Kinde (Knaben) gegenüber.

Zu drei Dingen ist ein Mann seinem Kinde gegenüber verpflichtet. Erstens muss er es unterrichten, zweitens beschneiden lassen und drittens verheirathen.

Dies sind nun die Mittheilungen über die Kinder der Suaheli, welche in die Schule geschickt werden:

Mit dem zehnten Jahre bringt sein Vater es zum Lehrer. Er giebt dem Lehrer zunächst einen reale[1], lässt ein gutes Reisgericht, Brod, Suppe, geröstete Maiskolben machen und giebt dies mit sieben Cocosnüssen und zwei pishi[2] ungekochtem Reis dem Lehrer. Dann giebt er ihm einen Stock, damit er das Kind schlage, wenn es sich vergeht und nicht gehorsam ist; ferner überreicht er ihm einen Strick und sagt ihm »Du hast Erlaubniss, es zu binden und zu schlagen; wenn es wegläuft, suche es, bekommst Du es, so binde und schlage es, kommt es zu spät zur Schule, so binde und schlage es, bis es lernt«.

---

[1] der das Amulet gestohlen. [2] der Dieb und seine Verwandten. [3] 2 rupi 8 pesa = 2.50 Mark. [4] ein pishi = 1 Liter = 5½ Pfund.

Sollte der Richter jenes Kind sehen und fragen »warum ist das Kind gebunden worden« und Du antwortest ihm »es ist wegen Ungehorsams angebunden worden, es will nicht lernen« — gut — sobald er das hört, sagt er nicht »warum habt Ihr das Kind gebunden und nicht zu mir geschickt«, er sagt nichts mehr.

Der Lehrer hat das Recht, die Kinder, die er lehrt, zu persönlichen Diensten zu verwenden, und zwar Wasser zu holen, Getreide zu stampfen oder Brennholz zu suchen. Jede Bestrafung des Kindes, das er lehrt, steht dem Lehrer zu, der Vater hat kein Recht, sein Kind zurechtzuweisen. Hat es dem Vater gegenüber gefehlt, so geht der Vater zum Lehrer und klagt demselben »Dein Schüler hat das und das gethan«, und der Lehrer wird es bestrafen, wie er es für gut hält, will er es in Fesseln legen, so fesselt er es, will er es schlagen, so schlägt er es.

Jeden Donnerstag muss der Schüler seinem Lehrer vier pesa[1] geben und zum Unterricht jeden Tag, mit Ausnahme Freitags, erscheinen. Wenn er einen Abschnitt des Korans erlernt hat und das Alphabet kann, so dass er die Namen der Leute und andere Worte zu schreiben versteht, dann muss der Vater dem Lehrer einen reale geben zum Dank. Alsdann erlernt das Kind dreissig Verse des Korans mit Hülfe der Tafel und schliesslich zehn weitere Abschnitte. Der Vater giebt nun dem Lehrer 25 reale $= 51\frac{1}{2}$ rupi[2] und nimmt sein Kind aus der Schule. Dies ist die Art und Weise, wie ein Suaheli sein Kind zur Schule schickt.

Alle Unkosten fallen dem Vater zur Last. Das Kind hat keinen eigenen Willen seinem Vater gegenüber, selbst wenn es sein Vermögen anbelangt, hat es seinem Vater gegenüber nichts zu sagen. Essen und Kleidung sind nothwendigerweise Sache des Vaters, bis er es verheirathet, alsdann hat sein Vater nichts mehr damit zu thun, es steht ihm dann selbst zu, für Essen und Kleidung zu sorgen, ausser wenn es erkrankt, dann muss sein Vater für das Essen Sorge tragen. Bis zur Verheirathung ist das Verhältniss eines Kindes zum Vater, wie das eines Sclaven zu seinem Herrn, er verwendet es zu seiner Arbeit, wie einen Sclaven, und es muss dieselbe verrichten. Hört es nicht auf die Worte seines Vaters oder beträgt sich nicht anständig und der Richter erfährt dies, so wird es zurechtgewiesen und ihm Anstand beigebracht. Das ist so Sitte.

Ist ein Mädchen geboren worden, so wird es grossgezogen, bis es sechs Jahre ist und dann nicht mehr aus dem Hause gelassen, damit die Männer es nicht sehen. Mit dem achten Jahre werden die Ohrläppchen durchbohrt und kleine zusammengepresste Papierröllchen hineingesteckt. Danach wird es gelehrt, Matten zu flechten und zusammenzunähen. Dann lernt es kochen, so dass es alle Speisen zubereiten kann, wie tambi (Art Nudeln), sambuza (süsse Pasten), helkamati (süsse Speise), Fleischpasteten, kleine Pfannkuchen, Bananenbrote, Reisbrot, Suppe, Reis, Brei von Negerhirse oder Mais, oder Kasawa und alle Arten Gemüse. Wenn es dies alles

---

[1] ein pesa etwa 2 Pfennig.   [2] 62 Mark; meist genügt auch schon die Hälfte und noch weniger.

kennt, wird es, falls der Vater will, zur Schule geschickt. Jedoch ist
es nicht erforderlich, dass die Suaheli-Mädchen lesen lernen, est ist Zufall, wenn eine von hundert lesen kann.

Dies sind nun die Mittheilungen über den Lehrer.

Wenn die Leute eines Ortes einen Lehrer haben wollen, um ihre
Kinder zu unterrichten, so einigen sie sich zunächst mit ihm. Sie sagen
ihm »wieviel verlangst Du für jedes Kind, das wir Dir zum Unterrichten
geben?« Er sagt nun z. B. »Ihr habt zu mir gesprochen, ich muss Euch Antwort geben; für jedes Kind verlange ich 1½ reale, am ersten Tage, wenn
es zur Schule geschickt wird, an jedem Donnerstag von jedem Schüler 4 pesa
und wenn ein Jahr verflossen, will ich 25 realen, alsdann, wenn ich nach
Ablauf eines Jahres mein Geld erhalte, kann jeder Besitzer eines Kindes
kommen und dasselbe wegnehmen; wenn er will, dass ich es weiter in den
Wissenschaften unterweise, so will ich nicht einen pesa dafür, aber ich muss
es verwenden dürfen, wie meinen Sclaven, zum Getreidestampfen, Wasser-
holen und Hausreinigen«. Sind die Leute nun damit einverstanden, dass
er ihre Kinder in Unterricht nehme, dann bestimmen sie seinen Lohn und
geben ihm eine Sclavin zum Kochen, eine zweite zum Wasser- und Holz-
herbeiholen und ferner einen Sclavenjungen. Diesen schickt er in die Geschäfte, um Sachen einzukaufen, und wenn er auf Reisen geht, nimmt er ihn
mit, um alle Arbeit zu verrichten. Dies ist so Sitte.

Dies sind die Mittheilungen über einen Lehrer, welcher von einem
Sultan oder einem Häuptling angenommen wird: Derselbe erhält 25 rupi
jeden Monat, er hat in der Moschee vorzubeten und nach Allem in derselben
zu sehen. Die Almosen, welche in der Moschee einlaufen, erhält der Lehrer.
Allen Leuten der Stadt wird bekannt gegeben, dass, wenn jemand heirathen
will, er keine Erlaubniss hat, vor einem anderen Lehrer als diesem, der die
Moschee versieht und vom Sultan eingesetzt ist, zu heirathen. Er erhält von
jedem, der heirathen will, 2 rupi. Von dem Sultan bekommt er als Wohn-
haus ein Steinhaus, das er an andere Leute abtreten und Miethe dafür erhalten kann. Das sind die Gebräuche bei dem vom Sultan eingesetzten
Lehrer. Der Sultan setzt nicht mehrere Lehrer ein (in einer Stadt), für
gewöhnlich nur einen in seiner Stadt, nahe bei der Moschee.

Alle Unterthanen, sowie jeder Erbauer einer Moschee, haben das Recht,
einen Lehrer einzusetzen zum Unterrichten und Beten. Der Erbauer der
Moschee ist alsdann verpflichtet, dem Lehrer sein Monatsgehalt zu zahlen;
auch alle übrigen Unterthanen haben die Erlaubniss vom Sultan, dies zu
thun. Auch ist es ihnen gestattet, dass in einem Stadtviertel sich sechs oder
zehn Leute zusammenthun; wenn sie einen Lehrer wollen, so nehmen sie
ihn gemeinschaftlich und geben ihm ihre Kinder, damit er sie im Koran
unterweise; die Unkosten sind dann gleichmässig zu tragen. Sie geben ihm
25 rupi und ein Haus zum Schlafen umsonst. Die Miethe desselben steht
den Angehörigen der Kinder zu. Es ist jedoch nicht jedem Einzelnen erlaubt,
den Lehrer einzuladen, dass er bei ihm esse. In der Moschee hat er nichts

zu thun, ausser zur Zeit des Gottesdienstes und wenn die Gebetsstunden nahen, dann geht er mit seinen Schülern zur Moschee. Es darf niemand ihm Almosen geben, falls er nicht jenen anderen Lehrer herbeiruft, damit derselbe bei der Almosenschenkung zugegen sei. Dies ist so Sitte bei dem von einzelnen Leuten angenommenen Lehrer.

Nach den Sitten und Gebräuchen der Schafeiten [1] kann ein Mann nur dann Lehrer werden, wenn er die Grammatik und die Wissenschaft [2] kennt, dann wird er Lehrer genannt. Bei den Arabern wird jemand Lehrer genannt, wenn er die Wissenschaft kennt; hat er auch die Grammatik erlernt, so wird er Scheikh [3] genannt, kennt er das Recht des Korans, so wird er Kadi [4] genannt.

Kommt jemand von weit her, in eine andere Stadt und sagt »ich bin ein Lehrer« und die Leute kennen ihn nicht, so stellen sie Fragen an ihn. Beantwortet er jene Fragen und löst drei Fragen vollkommen, so wird angenommen, dass er in Wirklichkeit Lehrer sei. Dann wird dem Landesherrn Mittheilung gemacht, falls er in der Nähe wohnt, und wohnt er weit weg, so erhält der nächste Ortsälteste Nachricht, dass ein Lehrer in die Stadt gekommen und sich gern niederlassen wolle. Der Landesherr oder der Dorfälteste ertheilt ihm die Erlaubniss, wohnen zu dürfen, worauf er seine Thätigkeit beginnt.

Dies sind die Mittheilungen über die Beschneidung.

Nachdem das Kind die Schule verlassen, wird es beschnitten. Sein Vater veranstaltet ein Fest und schickt aller Orten Einladungen dazu. Die Leute kommen herbei und feiern ein grosses Fest; Abends tanzen sie manyago (Tanz beim Beschneidungsfest). Den anderen Morgen holt sein Vater ein Rasirmesser hervor, übergiebt es dem Beschneider und sagt zu den Leuten »beschneidet dies mein Kind zur Reinheit«.

Ist die Beschneidung beendet, dann wird das Kind im Walde versteckt, damit die Frauen es nicht sehen. Nachdem es 60 Tage lang mit Medicin behandelt worden, wird wieder ein Fest veranstaltet, und der Vater des Kindes ruft zum zweiten Male Leute herbei und sagt »kommt die manyago tanzen, mein Kind will ausgehen, jetzt nach 61 Tagen ist Alles beendet, es will ausgehen in prächtigen Kleidern, angethan mit Lendentuch, langem und kurzem Hemd, Mütze und Turbantuch, Dolch und Mantel von Tuchstoff, seidener Schärpe, Schuhen und einem Spazierstock in der Hand«. Die Leute nehmen alsdann an dem Festmahl Theil, und damit ist die Sache zu Ende.

---

[1] die sunnitischen Moslims werden ihren dogmatischen Anschauungen nach in Schafeiten, Malekiten, Hanefiten und Hambaliten getheilt. Die Suaheli und die Schihiri-Araber Ostafrikas zählen zu den Schafeiten, während die Oman-Araber sich zu den Ibaditen rechnen. [2] Koranerklärung. [3] der Lehrer, der Gelehrte. [4] der geistliche Richter.

Die Heirath.

Als Drittes, wozu ein Vater seinem Kinde gegenüber verpflichtet ist, nachdem er es hat beschneiden lassen und zur Schule geschickt, muss er es mit 15 Jahren verheirathen. Will jemand das Kind eines Anderen heirathen, so muss er sich zu dessen Vater begeben und um dasselbe anhalten. Dieser muss die Mütter[1] des Kindes um ihren Rath angehen. Willigen sie Alle ein, so wird das Kind an jenen Mann verheirathet; wollen jedoch die Mütter nicht, aber der Vater will, so verheirathet er sein Kind doch. Wollen hingegen die Mütter jenen Mann, aber der Vater nicht, dann darf das Kind nicht verheirathet werden, auch wenn es noch klein ist und noch nicht verheirathet war. Dies ist so nach dem Gesetz und nach den Sitten und Gebräuchen.

Zwei Leute sind es, die ein Kind mit Gewalt zur Heirath zwingen können: zunächst sein Vater, der es gezeugt, und, wenn dieser gestorben, sein Grossvater, der seinen Vater gezeugt; auch dieser kann es mit Gewalt zur Heirath zwingen, selbst wenn sein Enkel nicht will; denn jener Grossvater wird vor dem Gesetz der Herr des Herrn genannt, d. h. der Herr des Kindes ist sein Vater und dessen Herr ist sein Grossvater, so ist er eben der Herr des Herrn.

War das Mädchen jedoch vorher schon verheirathet, so muss der Vater es selbst befragen »es ist der so und so, der Sohn des so und so gekommen, willst Du ihn oder willst Du ihn nicht?« Antwortet es seinem Vater »ich will ihn«, so verheirathet er es an den Mann. Will es jedoch jenen Mann nicht, dann darf sein Vater es nicht mit Gewalt jenem Manne, den es vielleicht nicht liebt, zuführen.

War jedoch das Mädchen noch nicht verheirathet und sein Vater ist gestorben, so kann sein Grossvater es zur Heirath zwingen. Ist auch der Grossvater gestorben, so dass es weder einen Vater noch (dessen Vater) seinen Grossvater hat, und es sind nur leibliche Geschwister vorhanden, so darf es nicht zur Heirath gezwungen werden, selbst wenn sein Onkel, des Vaters Bruder, noch lebt; es muss selbst seine Einwilligung geben, auch wenn es noch jung ist, denn es ist eine Waise, und eine solche muss um ihren eigenen Willen befragt werden.

Hat ein Mädchen und dessen Eltern in die Heirath eingewilligt, dann muss der junge Mann oder dessen Vater Geld zahlen. 15 Realen[2] (kilemba genannt) giebt er dem Vater des Mädchens, 10 Realen[3] (kondawi, uweleko und ukaja genannt) nimmt seine Mutter, 4 Realen[4] (kifunga mlango genannt) erhält gleichfalls der Vater, und von 2 Realen (mkalio genannt) erhält einen[5] der Grossvater väterlicherseits und einen der Grossvater mütterlicherseits. Schliesslich giebt er 5 Realen[6] (kono genannt) dem Mädchen, denn sie spricht nicht eher mit ihrem Manne, bis sie das ihr zustehende kono erhalten hat.

---

[1] die rechte Mutter des Kindes und deren Schwester, die in Suaheli mama mdogo (kleine Mutter) genannt wird, und falls der Mann mehrere Frauen hat, auch diese. [2] etwa 37 Mark. [3] 25 Mark. [4] 10 Mark. [5] 2.50 Mark. [6] 12 Mark.

Nun giebt der Vater des jungen Mannes die Erlaubniss zur Veranstaltung eines Festes, ruft den Lehrer herbei und sagt ihm dreimal Folgendes: »ich befehle Dir, mein Kind so und so, die Tochter des so und so, mit dem Mann so und so, dem Sohn des so und so, auf Grund seines Werbegeldes von 40 Realen[1] und 16 Stück Zeug zu verheirathen«. Nachdem der Lehrer dies dreimal von Seiten des Vaters angehört, ruft er den jungen Ehemann und fragt ihn dreimal. Dann geht er hinein zu der jungen Frau und fragt sie dreimal, und sie giebt ihm die Erlaubniss und sagt »der so und so, der Sohn des so und so, möge mich heirathen auf mein Brautgeld von 40 Realen hin, ich willige ein, verheirathet zu werden«. Schliesslich begiebt sich der Lehrer hinaus auf die baraza[2] und liest die fātiha[3]. Nachdem die dort anwesenden Leute dieselbe empfangen, hören sie den Eheschluss an und bleiben Zeugen bis zur Beendigung der Ceremonie. Alsdann begiebt sich der junge Mann hinein und erwartet seine Frau, um mit ihr zu sprechen. Es kommen nun 20 Frauen, und seine Frau wird von einer derselben auf dem Rücken getragen; sie giebt sie nicht eher frei, bis ihre Forderung im Betrag einer Rupi gewährt ist. Von den 20 Frauen verlassen später 18 das Zimmer, es bleiben nur zwei mit dem Bräutigam und der Braut zusammen. Der Bräutigam verlässt von da ab das Haus nicht mehr, er bleibt sechs Tage mit seiner jungen Frau zusammen und verlässt erst am siebenten Tag das Haus.

Eine Hochzeit bereitet nach unseren Sitten und Gebräuchen Männern wie Frauen grosses Vergnügen. Findet in einem Orte ein freudiges Ereigniss, wie eine Hochzeit, statt, so schmücken sich die Männer mit ihren besten Kleidern, mit Turban, Schwert und Dolch, und gute Wohlgerüche, wie Rosenöl, thun sie in ihre Kleider. Später wird Tanz veranstaltet bei Trommel- und Flötenspiel. Nach Sonnenuntergang wird ein grosses geräumiges Haus gereinigt, um ngoma[4] zu tanzen. Nachdem das Haus in Stand gesetzt ist, werden alle Leute benachrichtigt, dass der Versammlungsort aller jungen Leute jenes Haus ist, welches gereinigt worden: sie tanzen dann die ganze Nacht hindurch.

Nachdem die jungen Leute zusammengekommen, treffen auch die geputzten Mädchen einander. Sie haben ihre Haare neu geflochten, schöne Kleider und Silbersachen angelegt, Fussspangen, Halsketten, grosse und kleine Armbänder und Ohrringe — Alles gereinigt, dass es glänzt. Auch thun sie Jasmin und alle sonstigen Wohlgerüche in ihre Kleider. Dann legeben sie sich in jenes hergerichtete Haus. Einige von ihnen steigen hinauf, meist freie Mädchen; die unten bleibenden sind Sclavenmädchen, sie stellen sich in Reihen auf. Wenn nun die Trommel geschlagen wird, tanzen Jungen und Mädchen bis 6 Uhr Morgens.

Alle kommen während dieser Hochzeitstage zum Essen schöner Reisgerichte, Suppen und anderer guten Speisen zusammen. Jeden Abend

---

[1] 100 Mark. Das Werbegeld beträgt im Durchschnitt gewöhnlich 50—80 Mark.
[2] Empfangshalle vor dem Hause. [3] die erste Sure des Korans. [4] jeder Negertanz wird ngoma (Trommel) genannt.

8 Uhr kommen acht Freunde des Bräutigams und essen mit ihm sechs Tage lang[1] zusammen.

Wenn nun Braut und Bräutigam ausgehen (am siebenten Tage), giebt der Vater der jungen Frau seinem Schwiegersohn einen Sclavenjungen und seine Tochter erhält Fussspangen, Halskette, Armbänder und zwei Bettstellen aus indischem Holze; ferner giebt er ihr zwei Tische, Theekessel, Tablette, eine grosse Metallschüssel für Speisen, zwei Matratzen, Kissen, acht Matten, einen Gebetsteppich, Teller und Schüssel, zusammen Sachen im Werthe von 10 Realen[2]. Ferner bekommt sie zwei Sclaven, eine Sclavin von etwa 30 Jahren und ein Sclavenmädchen von 10 Jahren. Der Vater der Braut sagt nun zu seinem Schwiegersohn »wenn Du jetzt hier wohnen willst, so hole Deine Sachen aus Deinem Hause, wenn Du nicht willst, so nimm Deine Frau mit, gehe hin, wohin Du selbst willst; Du hast keine Erlaubniss, (allein) zu mir oder zu ihrer Mutter zu kommen, ausser wenn Du mit Deiner Frau zusammen kommst; wenn Du selbst nicht kommen kannst, so musst Du einen Brief durch Deinen Verwandten oder Deinen Sclaven zusammen mit Deiner Frau schicken«. So ist es seit jeher Sitte gewesen.

Eine Frau im Hause ist verpflichtet, ihrem Manne stets mit Achtung und Anstand zu begegnen. Nach unseren Sitten und Gebräuchen hat eine Frau ihrem Manne gegenüber keinen eigenen Willen, selbst wenn sie Vermögen hat. Will sie etwas kaufen oder jemand etwas geben, so muss sie zuerst ihren Mann befragen, dass er ihr Erlaubniss ertheile. Verbietet er es ihr, dann unterlässt sie es. Das war schon früher so Sitte.

Eine Freie muss nach unseren Sitten und Gebräuchen sowie nach dem Gesetz einen freien Mann heirathen. Kommt z. B. ein Mann von weit her in eine andere Stadt und sagt »ich bin ein Freier«, er ist jedoch dort, wo er herkommt, Sclave gewesen, und als er sagte »ich bin ein Freier«, haben ihm die Leute geglaubt — wirbt er nun um eine Frau, die Tochter eines freien Mannes, und die Eltern der Frau willigen ein, sie zu verheirathen, weil sie ihn für einen Freien halten, und er lebt mit der Frau zusammen, schliesslich erscheinen aber seine Herren und beanspruchen ihn, da er ihr Sclave ist — oder es kommen andere Leute, die wissen, dass dieser ein Sclave ist und sagen »dieser da, dem Ihr Euer Kind verheirathet habt, ist ein Sclave, er ist kein Freier« — so hat nach unseren Sitten und Gebräuchen, und wie es das Gesetz vorschreibt, jener Mann keine Frau mehr; jene Frau muss sich sofort nach Hause[3] zurück begeben, denn es schickt sich nicht, dass ein Sclave eine Freie heirathe; das ist keine Ehe, diese Ehe wird für ungültig erklärt.

Ein freier Mann darf vier Frauen heirathen, eine fünfte oder sechste soll er nicht hinzufügen. Thut er es doch, so sind dies nicht seine Frauen, denn es ist nicht Sitte, sechs oder zehn Frauen zu heirathen; das schickt sich nicht vor dem Gesetz; jedoch darf er bis zu hundert Kebsweiber halten. Ein Sclave darf weder drei noch vier Frauen heirathen, ihm sind nur zwei

---

[1] während der Bräutigam das Haus nicht verlässt.   [2] 25 Mark.   [3] zu ihren Eltern.

gestattet. In Betreff der Nebenfrauen ist es anders; wenn er zehn halten will, darf er es.

Auch darf ein Freier nicht die Sclavin eines Anderen heirathen; ausgenommen sind zwei Fälle: entweder hat er nicht so viel zu essen, um eine freie Frau durchzubringen, oder er kann das Brautgeld nicht zusammen bringen, um eine Freie zu heirathen.

Wenn eine Frau sich mit einem Manne verheirathet, so kann sie von demselben Folgendes beanspruchen: zunächst das Essen, zweitens Kleider, drittens ein Haus zum Schlafen, und viertens kann sie verlangen, dass er ein Mann sei, der sie zufriedenstellen kann. Sind diese vier Bedingungen nicht erfüllt, so wird die Ehe vor dem Richter für ungültig erklärt, sobald eine derselben fehlt. Der Richter kann jene Frau frei geben, weil sie vielleicht kein Essen oder Kleider oder keinen Ort zum Schlafen erhält, oder aber jener Mann kein Mann ist.

Kann der Mann seiner Frau gegenüber diese vier Bedingungen erfüllen, so muss die Frau ihrem Manne gehorchen. Sie darf nicht das Haus verlassen ausser mit der Erlaubniss ihres Mannes. Geht sie aber trotzdem ohne Einwilligung ihres Mannes aus, oder sie wird von anderen Leuten gesehen, während sie keine Erlaubniss hat, in der That — wenn sie derartiges thut, so wisset, dass die Frau keinen Anstand besitzt; sie hat verdient dafür bestraft zu werden.

Der Mann darf gleichfalls keine ärgerlichen Sachen treiben, die Gott und seinen Propheten und auch seine Frau erzürnen, z. B. Ehebruch begehen. Thut er das vor Zeugen, oder Jeder weiss es, so erhält er, falls die Frau zum Richter geht, Strafe: der Richter wird ihn zurechtweisen, damit er künftig diese bösen Sachen unterlasse.

Hält die Frau es nicht mit ihrem Manne, sondern mit anderen, so muss der Mann sie zunächst selbst bestrafen. Hört sie jedoch nicht auf ihn, dann wird er sie insgeheim beobachten; sieht er sie mit einem anderen Manne, so ruft er Zeugen herbei, die ihm dies bezeugen sollen. Diese Zeugen müssen unbedingt vernünftige Leute sein, keine Verrückten, ferner müssen sie wahrheitsliebend sein, nicht etwa Leute wie Trunkenbolde, und schliesslich müssen es Männer sein, keine Frauen. Hat er seine Zeugen bekommen, so bringe er dieselben zum Richter; sind sie ganz einwandsfrei, dann wird der Richter beide, Mann und Frau [1], mit 100 Hieben bestrafen. Das ist ihre Strafe nach unseren Sitten und Gebräuchen.

Dies sind nun die Mittheilungen über die Scheidung.

Will ein Mann seine Frau verlassen und er hat keinen Grund, auch hat sie sich in Nichts gegen ihn vergangen und die Frau liebt ihren Mann noch, so muss der Mann ihr, wenn er ihr die Scheidung giebt, 40 Realen = 85 Rupi [2] zahlen und ausserdem von allen Sachen im Hause die Hälfte; alsdann kann die Frau ihrer Wege ziehen.

---

[1] die den Ehemann betrogen haben. [2] etwa 100 Mark.

Will die Frau von ihrem Manne geschieden sein ohne Scheidungs-
grund vor dem Gesetz, sie hat ihr Essen, erhält ihre Kleider und er ist
auch wirklich ein Mann, aber sie mag ihn eben nicht mehr — ohne
Grund — und sie besteht nun darauf, geschieden zu werden und es ist ihr
eigener Unverstand, dass sie geschieden werden will — dann muss sie die
Scheidung von ihrem Manne erkaufen, so wie er es haben will. Sagt er
ihr »gieb mir mein Werbegeld zurück« oder sagt er ihr »gieb mir 100 Rupi
oder 100 Realen oder 1000 Rupi«, so muss sie es ihm geben, alsdann
erhält sie ihre Scheidung und kann ihrer Wege gehen. Sagt er ihr »gieb
mir so und so viel Realen, dann bist Du frei« und sie zahlt sofort an Ort
und Stelle, als der Mann dies sagte, es liegt keine Zeit dazwischen, dann
muss sie sofort die Scheidung erhalten und kann gehen.

Selbst wenn der Mann es rückgängig machen will, nachdem er in
die Scheidung eingewilligt und die Frau ist ihrer Wege gegangen, da er
ihr gesagt »gieb mir so und so viele Realen, dann bist Du frei« und sie
hat zur selben Stunde gezahlt, dann bleibt sie geschieden.

Konnte die Frau jedoch jenes Geld, das von ihr verlangt wurde,
nicht sogleich zahlen, z. B. es wurde ihr gesagt »bringe morgen früh
100 Realen, dann bist Du frei«, sie zahlt aber die 100 Realen nicht am
Morgen, sondern erst am Nachmittag oder Abend oder am morgenden Tage —
dann ist sie nicht geschieden; sie hat kein Recht, das Haus zu verlassen.

Hat aber der Mann zur Frau gesagt »wenn Du mir so und so viele
Realen giebst, gebe ich Dich frei«, selbst wenn dann die Frau ein Jahr
gebraucht, ehe sie ihre Realen zusammenbringt und dem Manne giebt, so
ist sie geschieden, denn er hat ihr gesagt »wenn Du mir zu jeder beliebigen
Zeit so und so viele Realen giebst, gebe ich Dich frei«, alsdann ist die
Frau nicht verpflichtet, eine bestimmte Zeit einzuhalten.

Ebenso ist es wenn ein Mann sich mit seiner Frau gezankt hat und ihr
gesagt »gehe nicht in das Haus des so und so, gehst Du hin, so sind wir
geschieden«, sie geht aber doch in das ihr verbotene Haus, so ist sie geschieden.

Hat die Frau die Scheidung von ihrem Manne beantragt, weil der
Mann der schuldige Theil ist und sie besitzen beide eine Sache in Gemeinschaft, sei es nun ein Haus oder eine Pflanzung oder Sclaven oder irgend
etwas Anderes und die Frau besteht auf der Scheidung und er hat ihr
geantwortet »ich gebe Dich frei«, dann muss er ihr ihr Brautgeld geben,
und jene gemeinschaftliche Sache müssen sie theilen, so dass der Mann
seinen Antheil und die Frau den ihrigen erhält.

Kommt es jedoch so, dass der Mann leugnet und ihr sagt »an dieser
Sache bist Du nicht betheiligt«, dann muss die Frau einen Zeugen herbei-
bringen, welcher weiss, dass sie beide jene Sache gemeinschaftlich besitzen.
Wenn er dies bezeugt, muss der Richter den Mann auffordern, zu gleichen
Theilen mit jener Frau zu theilen.

Bestreitet die Frau etwas, so muss der Richter jenem Manne sagen
»kannst Du in Betreff dieser Forderung einen Eid schwören, dass Ihr Beide
dies nicht gemeinschaftlich besessen«, und er kann schwören, dann ist die

Forderung ungültig. Kann er nicht schwören und sagt »diese Frau, welche die Ansprüche erhebt, möge schwören« und sie schwört, dann müssen sie das Geld theilen. Ist kein Beweis vorhanden und die Frau kann auch nicht schwören, so erhält die Frau nichts.

Besitzen eine Frau und ein Mann etwas gemeinschaftlich, später trennen sie sich und als die Frau die Scheidung verlangte, antwortete ihr der Mann und sagte »ich gebe Dich nicht frei; wenn Du frei sein willst, verzichte auf Dein Brautgeld, und von dem Hause, das wir gemeinschaftlich gebaut, überlass mir Deinen Antheil und von diesen unseren Sclaven überlass mir Deinen Antheil« — und jene Frau sagt »ich bin einverstanden, ich überlasse Dir unsere gemeinsamen Sclaven, oder ich überlasse Dir meinen Antheil von unserem gemeinsamen Hause oder meinen Antheil von unserer Pflanzung«, dann muss die Frau frei gegeben werden, denn sie hat freiwillig Verzicht geleistet.

Sind Frau und Mann geschieden und sie haben Kinder erzeugt und dieselben sind noch klein, sie haben das siebente Lebensjahr noch nicht erreicht, so muss die Frau dieselben erziehen, aber Essen und Kleider hat ihr Vater zu geben. Wenn die Frau nun sagt »ich erziehe die Kinder nicht, ausser Du giebst mir den mir zustehenden Lohn für die Erziehung jedes Deiner Kinder«, dann muss jener Mann der Frau ihren Lohn geben, damit sie ihm seine Kinder erziehe.

Erlangt das Kind das siebente Jahr, so wird es gefragt »willst Du bei Deinem Vater oder bei Deiner Mutter wohnen?« — es ist nämlich verständig geworden, bei einem Kinde beginnt der Verstand mit dem siebenten Jahre zu kommen, es weiss Gutes von Bösem zu unterscheiden —: sagt es nun »ich werde beim Vater bleiben«, so geht es zu seinem Vater, sagt es »ich werde bei der Mutter bleiben«, so wohnt es bei seiner Mutter. Es ist nicht schicklich, dass der Vater jenes jungen Kindes es vielleicht mit Gewalt zu sich nimmt, während es doch gesagt hat »ich werde bei der Mutter bleiben«, denn es ist kein Sclave, es ist ein freies Kind, und ein Freier kann wohnen, wo er will. Das ist so Sitte.

Wenn eine Frau ihren Mann mit der Absicht hintergeht, dass er sie frei gebe, so stellt jener Mann seiner Frau eine Bedingung und sagt ihr »ich willige ein Dich freizulassen, aber den so und so darfst Du nicht heirathen, denn ich vermuthe, dass er Dich mit seinen Ränken umgarnt hat, bis Du mich verschmähtest, so will ich denn, dass er Dich nicht heirathe« — dann darf jener Mann, wenn die Frau unter dieser Bedingung frei gegeben worden, sie nicht heirathen. Das schickt sich nicht.

Heirathet er sie doch, so gehen sie zum Richter, und dieser wird den Mann fragen »ist es wahr, dass Du mit dieser die Ehe gebrochen, als sie noch seine Frau war?« Er wird es bestreiten und dem Richter sagen »ich habe nicht die Ehe mit ihr gebrochen, auch habe ich sie nicht belehrt, ihren Mann zu verlassen, damit ich sie heirathen könnte«. Der Richter wird weiter fragen »kannst Du einen Eid schwören, dass Du nicht die Ehe mit ihr gebrochen und dass Du sie nicht überredet hast, ihren Mann zu verlassen mit der Absicht, dass Du sie heirathest?« Kann der Mann diesen

Eid schwören, dass er nicht die Ehe mit ihr gebrochen, noch sie überredet habe, ihren Mann zu verlassen, dann darf er sie heirathen, denn jener Verdacht ist durch den Eid, den er geschworen, hinfällig geworden.

Will ein Mann seiner Frau die Scheidung geben, so muss er dies dreimal thun und ihr etwa Folgendes sagen: Erstens »ich habe Dir die Scheidung gegeben«, zweitens »ich habe mich von Dir, Frau, getrennt«, drittens »ich habe Dir eine deutliche Scheidung zukommen lassen, Frau«. Oder aber er wird ihr sagen »ich habe Dich frei gegeben«, zweitens »Du hast das Band zerschnitten«, drittens »zwischen Dir, Frau, und mir ist die Trennung ausgesprochen«. Oder er sagt ihr »Du bist von mir getrennt«, und »Frau, Du bist wie eine Todte für mich«, und »ich habe nichts mehr mit Dir gemeinsam«.

Zu einer Frau, der er dreimal die Scheidung angekündigt, kehrt der Mann nicht zurück, ausser wenn ein Anderer erscheint, um sie zu heirathen. Will er dann, dass sie wieder zu ihm zurückkehre und die Frau willigt ein, so muss sie zunächst eine Wartezeit nach der Scheidung von drei Monaten und zehn Tagen durchmachen, dann darf sie zurückkehren und ihren Mann zum zweiten Male in anderer Ehe heirathen.

Die Frau darf sich nicht wieder verheirathen ohne die Erlaubniss ihres ersten Mannes. Geht sie selbständig eine Ehe ein ohne seine Erlaubniss, so ist die Ehe ungültig, der Betreffende ist dann vor dem Gesetze nicht ihr Mann.

Hat jemand seiner Frau die Scheidung gegeben, so muss sie, bevor sie eine andere Ehe eingeht, eine Wartezeit von drei vollen Monaten innehalten, wie es das Gesetz vorschreibt. Verheirathet sie sich mit einem Anderen vor Ablauf der drei Monate, so hat sie vor Gott und seinem Propheten gesündigt, da sie sich gegen das Gesetz Gottes vergangen. Klagt der Mann beim Richter, dann wird dieser die Frau und den Mann, der sie geheirathet hat, bestrafen; denn die Frau weiss es, dass die Wartezeit des Mannes, der sie frei gegeben, noch nicht zu Ende ist: willigt sie trotzdem ein, einen anderen Mann zu heirathen und dieser hat gleichfalls Kenntniss davon, dass die Frau noch in der Wartezeit ist, und auch er geht hin und heirathet sie während der Wartezeit — dann müssen beide vom Richter ihre Strafe erhalten, sogar Gefängniss, da sie gegen Sitten und Gebräuche, wie sie im Gesetz vorgeschrieben sind, verstossen haben, und ihre Ehe ist ausserdem ungültig.

Weiss der Mann jedoch nicht, dass diese Frau noch in der Wartezeit war, er ist z. B. ein Fremder, er ist nicht dort ansässig, er ist hingekommen, hat die Frau gesehen und sich um sie beworben, ohne zu wissen, dass sie noch in der Wartezeit war — so geht er bei der Bestrafung frei aus, die Ehe ist jedoch ungültig, aber die Frau erhält ihre Strafe.

Der eigentliche Grund, dass eine Frau eine Wartezeit von drei Monaten innehalten soll, besteht darin, dass, wenn sie von ihrem Manne verlassen worden oder ihr Mann gestorben ist, es sich (später) herausstellen soll, ob sie von ihrem Manne, ohne dass dieser Kenntniss davon hatte, schwanger ist. Wird die Schwangerschaft bekannt, so muss der Mann, der sie verlassen, falls ein Kind geboren wird, es als das seinige anerkennen; es wird ihn nach dem Gesetze Gottes beerben. Bei einem Todesfalle ist es ebenso. Stellt sich die Schwangerschaft innerhalb eines Zeitraums von vier Monaten heraus und der Verstorbene hat Vermögen hinterlassen — so muss der Richter das Vermögen zurückhalten, er darf es nicht zur Vertheilung kommen lassen bis zur Geburt des Kindes, damit dieses seinen Antheil bekomme. Dies ist so Sitte von früher her.

Hat die von ihrem Manne geschiedene Frau demselben Geld gegeben, um frei zu kommen, so hat sie nicht nöthig, die Wartezeit innezuhalten, da sie ihre Scheidung erkauft hat.

Sitten und Gebräuche, wie sie dem Gesetze nach vorgeschrieben sind: Ist einer Frau ihr Mann gestorben, so hat dieselbe eine Wartezeit von vier Monaten und zehn Tagen innezuhalten, erst dann darf sie sich mit einem anderen Manne verheirathen. Verheirathet sie sich aber mit einem Anderen, und jener Verstorbene hat Verwandte, und diese gehen zum Richter und zeigen demselben an, dass diese Frau die Gattin ihres Verwandten war und sich jetzt, bevor noch die Wartezeit abgelaufen, mit einem Anderen verheirathet hat — stellt sich diese Mittheilung der Wahrheit entsprechend dar —, so ist die Ehe ungültig; zudem ist der Richter verpflichtet, Beide in Strafe zu nehmen. Das ist dem Gesetze nach Sitte.

Sitten und Gebräuche beim Tode eines Menschen.

Stirbt jemand, so pflegt man zu sagen »es ist der Wille Gottes«, man sagt nicht wie die Leute im Innern »es ist Zauberei«; Zauberei giebt's (in dieser Hinsicht) bei den Suaheli nicht. Redet jemand Derartiges, so ist dies ein Verstoss gegen unser Gesetz. Es schickt sich nicht, von Zauberei zu reden; ein Mensch stirbt nur auf Geheiss Gottes.

Ist jemand gestorben, so müssen vier Vorschriften befolgt werden. Erstens wird der Leichnam gewaschen, zweitens in ein Leichentuch eingewickelt, drittens wird gebetet, und viertens wird der Leichnam in ein Grab gelegt.

Es sind drei Leute, welche den Leichnam waschen, der eine mshika kata, der zweite mkangama und der dritte mwegama genannt. Der mshika kata wäscht den Todten mit Wasser ab, der mkangama presst die Exkremente heraus, und der mwegama hält die Leiche fest. Gewaschen wird bei uns die Leiche mit Wasser, vermischt mit Blättern des mkunasi-Baumes, und dann Kampfer hinzugefügt, das ist so Sitte. Wird jedoch jemand im Kriege getödtet, der wird weder gewaschen noch werden Gebete gelesen; ebenso wird ein kleines Kind, das gleich nach der Geburt gestorben, weder gewaschen noch für dasselbe gebetet nach unseren Sitten.

Nach der Waschung pflegt man das Leichentuch zu nähen, dann wird die Leiche überall, wo es erlaubt ist, mit Watte verstopft. Darauf wird dieselbe mit drei weissen Tüchern bekleidet und in das Leichentuch gelegt. Ist dies geschehen, so haben die Frauen keine Erlaubniss mehr, (den Verstorbenen) zu sehen; ist eine Frau in dem Leichentuch, so haben

die Männer keine Erlaubniss, sie zu sehen. Eine Frau pflegt von Frauen
gewaschen und in das Leichentuch gelegt zu werden, bei einem Manne
besorgen Männer diese Arbeit. Nachdem der Leichnam in das Leichentuch
eingewickelt worden, bringen sie eine runde Matte herbei. Es muss eine
neue Matte sein, auf der noch Niemand geschlafen hat. Die Leiche wird
nun in jene neue Matte gewickelt und auf die Bahre, d. i. eine Bettstelle,
gelegt und zur Moschee getragen, wo Gebete für den Verstorbenen gelesen
werden. Wenn die Leiche mit der Bahre aus dem Hause getragen wird,
stimmen die Frauen alle ein Klagegeheul an. Zu weinen ist gestattet, jedoch ist verboten, sich zu Boden zu werfen oder die Kleider zu zerreissen.
Zum Begräbniss gehen nur die Männer, es ist nicht nöthig, dass Frauen
zum Grabe folgen, das ist nicht Sitte bei uns.

Die Begräbnissfeier.

Man schaufelt ein Grab etwa 2 Meter lang; reicht dasselbe an Tiefe
bis zum Halse eines grossen Menschen, so wird die sogenannte mwanawandani ausgehoben, d. i. eine kleine Höhlung in diesem Grabe nach der
Gebetsrichtung hin. Ist diese innere Nische fertig, dann steigen drei Leute
in's Grab, zunächst am Kopfende ein ihm (dem Todten) nahestehender An-
gehöriger und die beiden Anderen aus der Verwandtschaft. Oben auf dem
Grabe steht ein Anderer, der streckt einen Fuss in's Grab und zieht ihn
erst dann heraus, wenn das Grab mit Erde angefüllt ist. Der Erstere, am
Kopfende Stehende hat Gott zu loben und zu beten. Ist dies geschehen,
dann legt man ein Brett auf den Todten, um die Leiche zu bedecken. Darauf wirft man das Grab zu und gräbt nun ein kleines Loch am Kopfende
jenes Grabes, in das sie »Zeugnisswasser« hineinschütten. Dann kehren sie
nach Hause zurück. In der Nähe des Hauses, aus welchem der Verstorbene
herausgetragen wurde, angekommen, weinen sie, sobald das Haus sichtbar
ist. Sie gehen nun hinein in's Haus und trösten einander, d. h. sie geben
den Hinterbliebenen die Hand. An jenem Tage beginnt die Trauerfeier;
Frauen und Männer schlafen nun 7 Tage lang auf der Erde. Jeden Tag
schreiben sie Briefe und senden dieselben überall hin. In denselben wird
Folgendes mitgetheilt: »Darnach theilen wir Dir mit, dass Dein Bekannter,
der N. N., Sohn des N. N., das Zeitliche gesegnet hat. Wahrlich, wir gehören Gott und kehren zu ihm zurück; das ist der Lauf dieser Welt und die
Weise des zukünftigen Lebens. Wir theilen es Jung und Alt mit, er ist an
dem und dem Tage und zu der und der Zeit gestorben, und die Ursache
der Krankheit war der Leib, drei Tage lang hat es ihn erfasst mit Blut-
abgang, am vierten starb er. Jedem Bekannten gieb die Nachricht weiter.«

Nach 7 Tagen wird die Trauerfeier aufgehoben, dann kochen sie
ein gutes Reisgericht und essen. Die Hinterbliebenen veranstalten alsdann
eine ngoma (Tanz), die kishina genannt wird, bis zum nächsten Morgen.
Damit ist die Trauer aufgehoben und den Trauernden gestattet, ihre Kopfbedeckungen wieder zu tragen und sich zu rasiren, und die Frauen dürfen
ihre Haare wieder flechten. Wenn sie nun gegessen haben, geht jeder

seiner Wege und die Trauerfeier ist zu Ende. So ist es Sitte bei einem erwachsenen Menschen.

Die Trauerfeier eines Kindes von einem Jahre dauert drei Tage, vom vierten Tage wird dieselbe aufgehoben, da es ein kleines Kind ist. Ist das Kind 1 bis 5 Jahre alt, so ist es nicht nöthig, Gebete zu lesen. Das ist so Sitte.

Es schickt sich nicht, zwei Leute in ein Grab zu legen, ausser im Nothfalle, z. B. wenn Leute einander bekriegt haben und es sind sehr viele gefallen; auch wenn wenig Leute zum Beerdigen vorhanden sind, die Anzahl der Todten jedoch eine grosse ist, pflegt man zwei Leute in ein Grab zu legen.

Ist jemandes Vater oder Mutter gestorben und sie haben kein Vermögen hinterlassen, so fällt Leichentuch, Begräbniss und Alles, was dazu gehört, ihrem Kinde zur Last. Thut es das nicht, so sagt man, es sei sehr schlecht und die Leute sprechen übel von ihm. Ein Kind ist seinen Eltern gegenüber bei ihrem Tode dazu verpflichtet.

Ist jemand gestorben, aber in der Stadt befinden sich keine Erben des Verstorbenen, so muss man, wenn in der Stadt ein Häuptling wohnt, denselben benachrichtigen, worauf dieser Befehl ertheilt, jenen Menschen zu beerdigen, und er sagt zu ihnen »begrabt ihn, und sein Begräbniss koste ungefähr so und so viel; wegen der übrigen Unkosten, die Trauerfeierlichkeiten betreffend, warte man, bis seine Erben kommen«, falls er welche hat. Hat er keine Erben, so sagt das Oberhaupt »die Unkosten für sein Begräbniss und die Trauerfeierlichkeiten sollen ungefähr so und so viel betragen, begrabt ihn«. Darauf begraben sie ihn. Wohnt das Oberhaupt nicht an jenem Orte sondern weit weg, so begraben sie ihn, und die Unkosten des Begräbnisses betragen nach dem Gesetz 5 Realen [1]. Nach der Beerdigung schicken sie dem Oberhaupt Nachricht. Dasselbe wird ihnen sagen »seine Trauerfeierlichkeiten macht für ungefähr so und so viel«, falls der Verstorbene Erben hat. Wohnen dieselben weit weg, so sagt das Oberhaupt »wenn die Beerdigung zu Ende ist, geduldet Euch mit der Trauerfeier, bis sein Erbe kommt, damit er diese Angelegenheit selbst erledige«. Hat er keine Erben, so wird der Stellvertreter der ganzen Angelegenheit das Oberhaupt sein.

Wenn jemand stirbt, muss von seinem Vermögen (der Moschee) ein Almosen gegeben werden. Hat er kein Vermögen, so geziemt es seinen Verwandten, ein Almosen für ihn zu geben. Hinterlässt er Vermögen, aber seine Erben wohnen weit entfernt, so bestellt das Oberhaupt des Ortes einen angesehenen Mann zur Aufbewahrung des Nachlasses, bis die Erben kommen.

---

[1] etwa 12 Mark.

III.

Mittheilungen über die Sclaverei.

Dies sind die Nachrichten von früher: der Ursprung der Sclaverei sind die Sclaven, die zur Tilgung einer Blutschuld gegeben wurden (masahibu). Starb nämlich jemand plötzlich, so gingen sie zu einem Zauberer, damit er die Ursache ergründe, und dieser verkündete vielleicht, dass sein Nachbar ihm die Zauberei angethan habe; nämlich uchawi[1] und sihiri[2] ist ein und dasselbe. «Gut» — sagt nun der Zauberer — «sein Nachbar so und so hat ihn bezaubert» und er ist gestorben, so muss der Bruder des Verstorbenen zu jemand hingehen und ihm sagen «geh und sage Deinem Nachbar und allen seinen Verwandten, dass der so und so gestorben und dass niemand zum Begräbniss kommen solle, denn der Zauberer so und so hat meinen Bruder getödtet». Später pflegen dann die Hinterbliebenen und jene Zauberer[3] einander zu treffen und bringen ihre Angelegenheit vor. Werden jene Zauberer überführt, wird es ihnen wiederum durch Zauberei nachgewiesen, so wird entweder der Zauberer verbrannt, oder er muss mit zwölf Sclaven losgekauft werden: ferner hat er für Essen und Unkosten der Sprecher (bei der Verhandlung) und Unkosten des ausgesandten Boten drei Sclaven, im Ganzen also fünfzehn Sclaven, herzugeben. Hat der Betreffende selbst keinen einzigen Sclaven, so nimmt man seine Verwandten, im Ganzen fünfzehn Leute. Er geht hin und zahlt die Blutschuld des durch Zauberei Verstorbenen, ohne dass das Zeugniss irgend eines Menschen, der dies gesehen, vorhanden sei; der Beweis durch die Kunst des Zauberers genügt. So sehen wir, dass der Ursprung der Sclaverei im Innern sowohl wie an der Küste die masahibu sind.

Oder ihr Sultan machte Krieg mit einem anderen Sultan und es kam zum Kampfe und der eine wurde besiegt und von seinen Leuten wurden welche gefangen genommen und sein Eigenthum erbeutet, dann wurden die Kriegsgefangenen als Sclaven behandelt und verkauft.

Oder aber wenn die Leute im Innern sich in eine Sache einliessen, die Vermögen erforderte, sie selbst aber keins besassen, so verkauften sie ihre Kinder, um solches zu erhalten.

Oder es begaben sich Suaheli oder Araber in's Innere, um dort Handel zu treiben. Wenn sie im Lande, in welchem sie Handel treiben wollten, angekommen waren, erledigten sie zunächst den Elfenbeinhandel. Sobald dies geschehen, kauften sie Sclaven. Für einen Sclaven zahlten sie 6, 7 bis 10 doti[4], ein Bestimmtes gab es nicht, selbst bis zu 30 doti zahlten sie. Sobald der Kauf abgeschlossen, wurden sie auf Befehl der Sclavenbesitzer an die Kette gelegt, denn die Verkäufer sagten ihnen, «wenn ihr sie loslasst und sie laufen weg, so stehen wir für nichts ein, verlangt nichts von uns nachher, denn von dem empfangenen Erlös werden wir nichts zurück-

---

[1] uchawi suah. Zauberei.   [2] sihiri arab. Zauberei.   [3] der Zauberer, der ihn getödtet und seine Verwandten.   [4] ein doti Stoff ist 8 Unterarmlängen lang.

geben«. Denn wenn ein Sclave entfloh und dahin zurückkehrte, wo er her-
gekommen war, so war er nicht wieder zu bekommen. Darum war es nöthig,
die Sclaven gut zu fesseln, und wenn sie schliefen, wachte der Eigenthümer
selbst über sie. Er musste sich dieser Mühe unterziehen, bis die Karawane
ihren Rückweg zur Küste antrat. Wenn der Eigenthümer der Karawane
30 Sclaven gekauft hatte, so war es ein Glück zu nennen, wenn 20 übrig
blieben und an der Küste ankamen, die übrigen waren entlaufen und unterwegs gestorben. Läuft ein Sclave weg und wird von einem anderen einge-
fangen, so erhält dieser drei bis vier doti Zeug, wenn er ihn seinem Herrn
zurückbringt. Entläuft er jedoch in ein Land, das selbst mächtig ist, dann
bekommt man ihn nicht wieder. Wenn nun der Karawanen-Eigenthümer
zur Küste kommt, verkauft er zunächst sein Elfenbein, um zu Gelde zu
kommen, das er, als er in's Innere ging, entliehen und nun den Eigen-
thümern zurückerstatten muss. Reicht das Elfenbein nicht, um seine Schulden abzutragen, oder beabsichtigt er, in's Innere zurückzukehren, dann verkauft er einen Theil der Sclaven, andere setzt er vielleicht auf seine Pflanzung, um dieselbe zu bestellen.

Dies sind nun die Mittheilungen über die Sclaven, die auf eine Pflanzung geschickt werden: Ihre Arbeit besteht in der Bestellung derselben:
vier Tage arbeiten sie auf den Pflanzungen ihrer Herren, für den Lebensunterhalt sorgt ihr Herr; und drei Tage bebauen sie ihre eigenen Äcker,
das ist so Sitte. Früher, wenn sie selbst Eigenthümer geworden waren,
arbeiteten sie vier Tage für ihren Herrn, ohne Essen von demselben zu erhalten. Jeden Tag arbeiten sie von Morgens bis 12 Uhr Mittags, dann
erhalten sie Erlaubniss, ihrer eigenen Arbeit nachzugehen. Ist im Hause des
Herrn weder Wasser noch Brennholz vorhanden, so muss der Sclave dafür
sorgen, selbst wenn es an seinen freien Tagen ist.

Wenn ein Sclave sagt »gieb mir Erlaubniss, meiner eigenen Arbeit
nachzugehen, und setzen wir die Frist auf ein Jahr fest«, so kommt man
mit ihm überein auf ein oder zwei jisla[1] Negerhirse oder Reis und giebt
ihm Urlaub. Er hat dann für sich allein zu arbeiten. Kommt man der
Termin heran, so wird er entweder selbst kommen, oder sein Herr wird
ihn rufen lassen, und wenn er die Abgabe in Hirse oder Reis, wie sie ver-
einbart haben, oder Geld dafür bringt, so ist's gut, sein Herr nimmt es in
Empfang. Hat sein Herr jedoch weder Hirse noch Reis oder Geld erhalten,
dann schickt er ihn an seine Arbeit zu den anderen Sclaven zurück; denn
er hat ihn nun erkannt, dass er faul ist, er will umsonst leben, ohne zu
arbeiten. Sagt ihm die Arbeit nicht zu, so pflegt man ihn zu verkaufen
und einen anderen zu kaufen.

Andere Sclaven arbeiten nicht auf dem Felde, ihre Beschäftigung besteht im Kochen und Reinhalten des Hauses. Die Feldsclaven sind verschieden von den Haussclaven. Jeder Sclave ist für seine Arbeit da. Die
Haussclaven sind meist Frauen. Ihre Arbeit besteht darin, die Töpfe, Teller,
Schüsseln, Löffel und flachen Cocosnusslöffel zu waschen, die Cocosnuss

---

[1] ein jisla etwa 300 engl. Pfund.

zu schaben, die Töpfe mit Speisen aufzusetzen und mit ihrer Herrin zusammen zu kochen. Alsdann tischt die Sclavin ihrem Herrn auf und bringt ihm Wasser, damit er zuerst seine Hände wasche. Sobald er gegessen, räumt sie den übriggebliebenen Reis ab, stellt ihn warm und bringt Wasch- und Trinkwasser herbei. Dann bringt sie ihrem Herrn eine Dose mit Betel darin und kehrt zu ihrer Herrin in die Küche zurück. Sie trägt den übriggebliebenen Reis auf und isst nun mit ihrer Herrin zusammen. Sind sie fertig mit Essen, so bringt sie ihrer Herrin Wasser, holt dann die Betel- dose bei ihrem Herrn, um sie ihrer Herrin zu bringen, und reinigt nun alle Gefässe und deckt sie gut zu. Will ihr Herr sich später in sein Zimmer zurückziehen, so muss sie ihm Wasser in einem Gefässe bringen und ihm die Füsse waschen. Dann bringt sie Wohlgerüche (liwa, ein wohlriechendes Holz) und gute Öle, mit denen ihr Herr eingesalbt wird. Will ihr Herr schlafen, so massiren sie ihn zuerst, und wenn er schläft, dürfen sie sich zur Ruhe niederlegen[1].

Wenn ein Sclave in das Haus seines Herrn tritt, nimmt er seine Kopfbedeckung ab und behält sie in der Hand, das erfordert die Achtung. Trifft er seinen Herrn, so nimmt er gleichfalls die Mütze ab, das war früher schon so Sitte. Einen Turban trug er überhaupt nicht auf dem Kopfe, das war nie Sitte, noch zog er Sandalen an oder spannte gar einen Regen- schirm auf; denn der Turban sowohl wie Regenschirm und Sandalen kommen nur seinem Herrn zu. Auch die Sclavin trug keinen Schleier, noch bedeckte sie den Kopf mit einem Tuche, weil es nicht Sitte war.

Der Sclave muss seinem Herrn mit Achtung und guten Worten ent- gegentreten, und umgekehrt muss der Herr ihn gut behandeln und ihn nicht immer mit Arbeit quälen, ausser wenn er zu grosse Faulheit an den Tag legt, dann ist Strafe am Platze. Er muss seinen Sclaven in gebührender Weise verwenden; sagt er »ich bin müde«, so muss er ihm Erholung gönnen, damit er sich ausruhe; wenn er krank ist, muss er ihn von der Arbeit be- freien, bis er wieder gesund ist.

Handelt es sich um eine Hochzeit oder ein anderes Fest, und die Freudentrommel wird gerührt, dann gehen alle Sclavenmädchen hin und tanzen, und die jungen Leute, die Nichtsclaven, tanzen mit ihnen, ja sogar die Dorfältesten tanzen mit ihnen, wenn es sich um eine grosse Feier handelt. Die freien Frauen ärgern sich nicht darüber, denn sie ergötzen sich an ihrem Tanze innerhalb des Hauses oder im abgeschlossenen Hofe.

Wird eine Sclavin geboren, so wird sie grossgezogen, bis sie das fünfzehnte Jahr erreicht und dann an einen Mann ihres Standes verheirathet. Ihre Hochzeit ist verschieden von der einer Freien, ebenso ihr Brautgeld. Das Brautgeld einer Freien muss zehn Realen[2] betragen, das einer Sclavin fünf. Bei der Hochzeitsfeier erfreuen sich nur die Sclaven unter sich, ein Freier pflegt nicht hinzugehen.

---

[1] In jeder Suaheli-Familie, selbst in der ärmsten, spielt sich dies täglich genau in der hier angegebenen Weise ab.   [2] etwa 25 Mark. Es ist dies die ge- ringste Summe, die als Werbegeld gegeben wird, durchschnittlich beträgt dieselbe 50—80 Mark.

Erzeugen Sclavinnen, die von ihren Herren unter ihre Frauen aufgenommen wurden, Kinder mit ihnen, so werden sie sehr geehrt, denn sie
haben freie Kinder geboren. Lässt sich jemand mit ihnen in Zankereien
ein, dann ärgern sich alle Leute; beschimpft er sie, so hat er es mit seines
Gleichen, den Freien, auszufechten, denn diese Frauen geniessen grosse
Achtung bei allen Leuten. Die Zahl dieser Frauen ist gross, sie sind gar
nicht zu zählen.

Eine Sclavin, die ihrem Herrn gefällt, macht er zu seiner Nebenfrau.
Wenn sie bei ihm bleibt und einem Kind das Leben schenkt, wird sie frei;
sie erhält ihre Freiheit, da sie mit ihrem Herrn gezeugt hat. Sogar wenn
jenes Kind gestorben ist, bleibt sie frei, ob ihr Herr sie nun freischreibe [1]
oder nicht, das ist gleich nach den Sitten und Gebräuchen der Suaheli;
nur bei den Arabern, den Ibaditen, ist es anders, nach ihren Sitten bleibt
sie Sclavin. Ihr Herr hat das Recht, sie zur Arbeit zu verwenden; wenn
er aber gestorben ist, haben seine Erben keine Erlaubniss, sie zur Arbeit
anzuhalten, sie war nur Sclavin bei ihrem Herrn, mit dem sie Kinder erzeugt hat, nicht bei anderen Leuten. Eine Sclavin, die kein Kind mit ihm
gezeugt, deren Charaktereigenschaften jedoch gute sind, kann er frei lassen
und in rechtmässiger Ehe heirathen; Lebensunterhalt und Kleidung giebt er
ihr ebenso, wie einem Mädchen aus guter Familie.

Findet die Frau später, dass sie schlecht untergebracht ist, so sagt
sie zu dem, der sie freigelassen, »gieb mich frei, ich mag Dich nicht mehr,
denn Du hast es nicht gut mit mir gemeint«, alsdann lässt er sie gehen.
Erscheint nach ihrer Wartezeit ein anderer Mann, um sie zu heirathen, so
muss er zu ihrem Herrn gehen, der sie freigelassen hat, und zunächst das
übliche Geschenk geben. Dieser befragt nun selbst die Frau »da ist der
und der gekommen, willst Du ihn zum Manne?« Willigt sie ein, so ordnet
er Alles zur gesetzmässigen Ehe und verheirathet sie. Vergeht sich nun die
Frau ihrem Manne gegenüber, so geht dieser zu jenem, der sie ihm verheirathet hat. Derselbe ruft die Frau herbei und stellt sie zur Rede. Fällt
die Angelegenheit zu ihren Ungunsten aus, so erhält sie Strafe, damit sie ein
anderes Mal auf ihren Ehemann höre. Stirbt ihr Herr, der sie freigelassen,
und es passirt etwas, so gehen sie zu seinen Kindern oder Verwandten und
bringen die Sache genau so vor, wie bei dem verstorbenen Herrn.

Wenn Du mit einer solchen Sclavin als Frau ein Kind gezeugt hast,
später verheirathest Du sie mit einem Anderen und auch dieser zeugt ein
Kind mit ihr, so heisst dies Kind mustanlada von Deinem Kinde, d. h. beide
gelten als Geschwister.

Bringt eine Sclavin in Deinem Hause ein Kind zur Welt, so ist es
ein mzalia, d. h. ein im Lande geborener Sclave. Das Kind wiederum von
diesem mzalia geniesst grosses Ansehen bei seinen Herren. Seine Stellung
ist verschieden von der eines gewöhnlichen Sclaven, die Wohnung ist anders
und das Essen nimmt es gemeinschaftlich mit seinem Herrn ein, denn es
ist nicht als Sclave aus dem Innern gekommen.

---

[1] ihr durch die Behörde einen Freibrief ausstellen lässt.

Ein Sclave wird aus verschiedenen Gründen freigelassen. Zunächst wenn der Sclave dem Islam angehört und ein eifriger Anhänger desselben ist. Bekennt sein Herr sich auch zum Islam, so denkt er, es ist besser, dass ich auf diesen Sclaven verzichte und ihn freilasse, um Gutes von Gott dem Allmächtigen und seinem Propheten zu ernten.

Oder aber, Du wärest beinahe zu Kriegszeiten getödtet worden, wenn nicht Dein Sclave Mittel und Wege gefunden, Dich zu retten, und Du sagst Dir »wenn nicht mein Sclave gewesen wäre, wäre ich getödtet worden«; oder Du warst lange Zeit von einer Krankheit befallen, war es nun unterwegs oder zu Hause und jener Sclave stand Dir bei und pflegte Dich, bis Du wieder gesund wurdest, und Du, sein Herr, willst nun die Mühe, die Dein Sclave während jener Krankheit, als er Dich pflegte, an den Tag legte, belohnen, so schickt es sich, ihn freizuschreiben.

Erweist sich eine Sclavin als gut und ihr Charakter ist gut, so pflegen die Frauen sie freizuschreiben und sie zu ihrer Freundin zu machen. In allen Angelegenheiten befragen sie sie und hören auf ihre Worte. Sagt sie »das ist nicht gut«, so lassen sie ab davon und folgen ihrem Rathe. Auf dieselbe Weise kann auch ein Sclave freigelassen werden. Will er seinem Herrn als Freund folgen, so ist's gut; will er nicht, so kann er hingehen, wohin er will. Sein Herr fragt nicht weiter nach ihm. Wenn er zu seinem Herrn aus eigenem Antrieb zurückkehrt, um ihn zu besuchen, so ist es gut — kommt er nicht, so ist's auch gut.

Ferner eine andere Sache: Wenn ein Sclave entläuft und dann von einem anderen Manne unterwegs gesehen und ergriffen wird, so bringt sein Herr ihn zum Richter und verlangt, dass er ihn zur Strafe einsperre. Alsdann fragt er ihn »willst Du, dass ich Dein Herr sei?« Antwortet er »ich will Dich nicht, verkaufe mich«, so verkauft er ihn. Sagt jedoch jener Sclave »ich sehe Dich als meinen Herrn an«, so antwortet er ihm »ich glaube Dir nicht, da Du mir entlaufen bist; willst Du mich jedoch wirklich zum Herrn haben, so schwöre mir einen Eid, dass Du mir nicht wieder entlaufen willst«. Er schwört nun so, wie er es für gut hält. Nachdem er geschworen, wird er freigelassen und nicht weiter über die Sache geredet.

Entläuft ein Sclave in ein anderes Land und berührt den Turban des Ortsältesten, so verliert er damit die Sclaverei. Wird er unterwegs von anderen Leuten aufgegriffen und sein Herr erhält davon Nachricht, so geht er hin und einigt sich mit diesen, ob zwei oder drei Realen als Belohnung zu zahlen sind und nimmt alsdann seinen Sclaven mit. Wenn er sich in's Land der Wasaramo[1] begeben hat, ist er nicht wieder zu bekommen, sie machen ihn selbst zum Sclaven. Später geben sie ihm sogar ihr Kind zur Frau, in der Absicht, dass es nicht wieder wegziehe. Erzeugt er ein Kind, so ist dieses frei, sein Vater bleibt jedoch Sclave.

Ist sein Herr in Schulden gerathen, so pflegt er den Sclaven als Pfand zu geben, wenn jener Sclave selbst eingewilligt hat, verpfändet zu werden; weigert er sich, so schickt es sich nicht, ihn mit Gewalt zu zwingen.

---

[1] im Hinterland von Daressalaam.

Ist ein Sclave bekannt und hat die Erlaubniss, selbständig einzukaufen und er macht Anleihen bei Leuten, sein Herr hat ihm jedoch die Erlaubniss dazu gegeben, und es stellen sich, wenn er stirbt, Schulden heraus, so müssen dieselben bezahlt werden. Hat er nicht die Erlaubniss seines Herrn, noch weiss dieser, dass er Anleihen bei Leuten macht und es erscheint nun nach seinem Tode jemand in Betreff der Schulden und sagt »ich habe eine Forderung an Deinen Sclaven«, so bekommt er nichts, sondern erhält zur Antwort »ich habe ihm nicht geheissen, Anleihen bei den Leuten zu machen, warum hast Du es ihm gegeben, und mir, seinem Herrn, hast Du nichts davon gesagt? Du allein hast es ihm gegeben, Dein Eigenthum hast Du eigenhändig weggeworfen, von mir bekommst Du nichts«.

Nimmst Du einen Sclaven mit in's Innere, ohne dass sein Herr es weiss, und er stirbt, so hast Du Schadenersatz zu zahlen, denn Du hast ihn Dir nicht von seinem Herrn erbeten. Vergreift er sich an fremder Leute Eigenthum, so wirst Du, der Du ihn mitgenommen, bestraft; oder er hat jemand blutig geschlagen, so fällt dies Dir, der ihn mitgenommen, zur Last; oder er hat jemand getödtet, das fällt Alles Dir zur Last, seinen Herrn geht das nichts an, denn Du hast ihn nicht benachrichtigt, Du hast ihn auf listige Weise entführt. Alles, was er also thut, fällt Dir zur Last. Dies sind die Nachrichten von früher über die Sclaverei.

—

Was diese Zustände von früher, die wir hier niedergeschrieben haben, anbetrifft, so decken sie sich (zum Theil) mit den jetzigen, einige Veränderungen sind jedoch seit der Ankunft der Deutschen eingetreten.

Der Sclave hört nicht mehr auf seinen Herrn, er fühlt sich seinem Herrn gleichgestellt. Soll er zur Arbeit verwandt werden, so ist es nöthig, dass er es selbst gern thue, und wenn sein Herr ihn der Arbeit wegen mit harten Worten anfährt, läuft er weg und geht zum Bezirksamtmann und verleumdet ihn und weigert sich vor dem grossen Herrn[1] (zurückzukehren) und sagt »er möge mich verkaufen, ich mag meinen Herrn nicht«, oder er wird sagen »ich bin nicht sein Sclave, meine Geschwister, meine Eltern oder deren Vorfahren sind gestohlen worden«, er sagt dies nur, weil er die Sclaverei nicht liebt, er weiss, wenn ich dies sage, wird der grosse Herr auf mich hören, und mein Herr bekommt mich nicht zurück. Hierin unterscheiden sich die Sachen von früher und jetzt.

Den Turban tragen die Sclaven jetzt, sie fürchten sich gar nicht; auch Sandalen und Regenschirme tragen sie. Alles, was nur ihren Herren zukommt, das thun sie (auch), weil die Deutschen gekommen sind. Die Sclavinnen tragen den Kopfschmuck und dieselben Kleider wie ihre Herrinnen, da wir nichts dagegen sagen können, wir fürchten uns vor dem grossen Herrn, wir sind eben dasselbe wie die Sclaven. Wenn jetzt ein Sclave etwas am Meeresstrande aufliest, z. B. Schildpatt, so giebt er es nicht seinem Herrn, weil der grosse Herr da ist. Sie[2] sagen, das Ver-

[1] dem Bezirksamtmann.   [2] die Sclaven.

hältniss zwischen Freien und Sclaven ist gleich, und ihre Herren schweigen still, sie können nichts sagen, denn sie fürchten die Verleumdungen bei dem grossen Herrn[1]. Vielleicht sagt jener Sclave die Unwahrheit, dann wird sein Herr vom Richter zur Rechenschaft gezogen, und das fürchten sie eben. Sogar die Dorfältesten bekommen ihre übliche Abgabe aus dem Meere nicht mehr; selbst wenn ihr eigener Sclave etwas findet, giebt er es seinem Herrn nicht. Die Zustände von früher waren anders als die jetzigen sind, denn sie haben gesehen, dass der grosse Herr der Deutschen gekommen ist; von den früheren Gebräuchen sind sie ganz abgewichen. Auch hat der Sclave gar keine Furcht mehr vor dem Freien; gesetzt den Fall, dass Du ihm etwas gesagt hast, was ihm nicht gefällt, so geht er nach Daressalaam zum grossen Herrn, denn er liebt die Sclavenarbeit nicht mehr.

Und früher bestand die Beschäftigung vieler Leute darin, einander zu ergreifen und zu verkaufen, des Hungers wegen. Abends begaben sich ungefähr 10 bis 15 Leute auf den Weg, lauerten den Leuten auf, ergriffen sie und gingen hin und verkauften sie, um ihren Hunger zu stillen. Wurden Sclaven auf den Ortschaften bei Daressalaam ergriffen, so gingen sie hin und verkauften sie in Bagamoyo. Winde oder Kondutschi[2]; wurden sie dort auf den Dörfern Bagamoyos ergriffen, so wurden sie nach Daressalaam. Magogoni oder Mbuamadji[3] gebracht, damit sie nicht erkannt würden. Wenn die Diebe ergriffen wurden, wurden sie getödtet, oder man verkaufte sie, wie sie ihre Mitmenschen verkauft hatten.

Oder aber sie verkauften selbst ihre Kinder aus freien Stücken, um sich vor dem Hunger zu retten. Und wenn ein Mann das Kind eines anderen im Walde traf, ergriff er es und ging hin und verkaufte es. Und wenn sie den Dieb gewahrten, begaben sie sich an seinen Ort, ergriffen fünf oder sechs Leute und verkauften sie, wie er ihr Kind verkauft hatte; oder sie machten Krieg und kämpften mit einander wegen dieses Diebstahls.

Wenn jemand einer strafbaren Handlung überführt wurde, z. B. jemand, der seinem Mitmenschen die Frau weggenommen, der wurde für den Ehebruch mit der Wegnahme seines Vermögens bestraft, und wenn er kein Vermögen besass, verkauften ihn seine Eltern oder Verwandten und gaben (den Erlös) dem Hintergangenen. Und jener, der solches gethan, konnte sich mit seinem Verkauf zufrieden geben, da er sich an einer ordentlichen Frau vergriffen hatte.

Aber heut zu Tage, seit Ankunft der Deutschen, giebt es kein Einfangen der Leute mehr, noch Verkauf der eigenen Kinder des Hungers wegen, noch Diebstahl der Kinder; das Alles ist jetzt abgeschafft. Jedermann ist vernünftig geworden; hat er ein Anliegen, so geht er zu seinem grossen Herrn[4], der von den Deutschen eingesetzt ist, und bringt seine Sache

---

[1] Bezirksamtmann. [2] Winde liegt nördlich, Kondutschi südlich von Bagamoyo, beide Dörfer waren früher wegen Sclavenhandels berüchtigt. Kondutschi wurde während des Aufstandes zerstört; seine Bewohner sind jetzt fleissige Ackerbauer und Fischer. [3] Magogoni und Mbuamadji südlich von Daressalaam waren gleichfalls als Sclavenorte berüchtigt. [4] Bezirksamtmann.

vor. Handelt es sich um eine wichtige Angelegenheit, so geht er nach Daressalaam zum ganz grossen Herrn[1], der wird ihre Angelegenheiten in Ordnung bringen. Wenn jetzt jemand seines Weges allein geht, dem widerfährt nichts Böses, sei es Mann oder Frau; man kennt keine Furcht mehr unterwegs; selbst wenn es ein kleines Kind ist, geht es jetzt allein; es hat keine Angst mehr wie früher, die Unannehmlichkeiten (Unsicherheit) von früher sind jetzt zu Ende.

Von jenen Menschenfängern von früher sind viele in Noth gestorben, sie hatten keine Gelegenheit mehr, Leute einzufangen. Die noch Lebenden finden ihre Beschäftigung jetzt im Feldbau, sie fürchten sich, von dem grossen Herrn aufgehängt oder an die Kette gelegt zu werden. Auch empfindet jedermann jetzt Scham, einen anderen Menschen zu ergreifen und zu verkaufen; heut zu Tage verbergen sie den Thäter nicht mehr, selbst wenn es ihr eigener Bruder wäre; sie ergreifen ihn und bringen ihn zum grossen Herrn, denn sie fürchten die Verwüstung ihres Landes. Es passt ihnen nicht, für eines Mannes That Alle in Mitleidenschaft gezogen zu werden. Man liebt es nicht mehr, jemand zu sehen, der einen Menschen ergriffen hat, um ihn zu verkaufen, dazu geben die Leute ihre Einwilligung nicht mehr; sie sagen ihm »die früheren Gebräuche sind abgeschafft, lass ihn los, dass er seiner Wege gehe, oder wir werden Dich zum grossen Herrn bringen, damit er Dich an die Kette lege«. Genug — sie fürchten sich, die Sachen von früher machen sie nicht mehr. Vielleicht verkauft jetzt jemand seinen Sclaven; den er von seinem Vater oder seiner Mutter geerbt hat, den kann er verkaufen, aber einen Menschen zu verkaufen, der nicht sein Sclave ist, das kommt nicht mehr vor.

IV.

Dies sind die Mittheilungen über die Jumben (Dorfältesten).

Vor sehr langer Zeit gab es noch nicht viele Jumben. Wenn ein solcher starb, gelangte sein Sohn zu dieser Würde. Als nun den einzelnen Jumben viele Kinder geboren wurden und sie den Besitz von dem Orte bis zu dem Orte theilten, so dass jedes seinen Familienantheil erhielt und sie sich nun als Jumben einsetzten, wuchs die Zahl derselben.

Bei uns in Kendwa[2] wird der Oberste des Ortes Jumbe genannt, von Winde[3] bis Saadani nennt man ihn diwani, an anderen Orten heisst er shomvi, bei den Wasaramo[4] nennt man ihn pasi. Der an Rang dem Jumben nächststehende heisst shaha. Die shaha und Jumben sind in ihren Beziehungen zu einander, wie sie selbst sagen, wie Mann und Frau; der Jumbe

---

[1] Gouverneur. [2] die Bewohner von Kondutschi bis Mbuamadji (je 3—4 Stunden nördl. und südl. Daressalaam gelegen) werden nach der vor Daressalaam liegenden Inselgruppe Kendwa »die Leute von Kendwa« genannt. [3] nördl. Baganoyo. [4] im Hinterland von Daressalaam.

ist der Mann, der shaha die Frau; der Jumbe geht voraus, der shaha kommt
hinterher. Die shaha haben keine bestimmte erkennbare Beschäftigung in
der Berathungshalle des Jumben. Die Thätigkeit in derselben besteht im
shauri[1]: der Jumbe spricht und wendet sich an den shaha, dieser redet mal
sagt zum Jumben »das ist so« oder »es ist nicht so«: der shaha sagt nun
zum mwenyi mkuu[2] »was meinst Du, mwenyi mkuu, der Jumbe will eine
Antwort?« Der mwenyi mkuu spricht »ich habe keine Antwort, wenn Du,
shaha, redest, das genügt: vielleicht (hat) einer von den mwenyi mkubwa
(etwas zu sagen)«. Der mwenyi mkubwa sagt »oh! wir hören bloss zu, wir
würden Alles verderben, wollten wir antworten, das ist ihre Arbeit«.

Ein Jumbe, der von fern herkommt, wird nicht von seinem Collegen,
dem Jumben (des Ortes), gefragt, woher er komme; nur unter der Bedingung,
dass der shaha zugegen ist, darf dieser den Jumben nach den Neuigkeiten,
von wo er kommt, befragen, dann antwortet der Jumbe. Das ist Sache des
shaha, und der shaha übermittelt es seinem, dem ortsangesessenen Jumben.
Der Jumbe ist in seinem Bereich ein grosser Mann, er lebt mit seinen Sclaven;
die Sclaven bestellen das Feld, und er, der Jumbe, sitzt in seiner baraza
(Empfangshalle, Berathungszimmer) und regelt die Geschäfte seines Gebietes.

Wenn der Sohn eines Jumben sein Amt als Jumbe antreten will, muss
er zunächst Geld und Waaren herausgeben, Unkosten insgesammt ungefähr
für 500 Realen oder mehr. Dann werden Briefe überall hin geschrieben vom
Anfang bis an's Ende Kendwas. Und es treffen zusammen die shauvi und
ihre shaha, die Familie der mwenyi mkuu und die waziri, das Geschlecht
der mwenyi mkubwa und die aroba'ini (die kleineren Leute) und die besseren
Frauen, und er vertheilt Geld und Waaren unter sie. Nachdem dies geschehen, wird jener Jumbe sechs Tage lang in seinem Hause verborgen
gehalten. Am siebenten Tage kommen viele Leute zusammen und füllen
die Hallen, um den Jumben einzusetzen. Ist die Zeit der Amtseinführung
gekommen, dann wird eine Tragbahre gebracht und der Jumbe darauf gesetzt. Matratzen und Kissen sind auf derselben. Der Jumbe steigt nun
hinauf auf die Tragbahre zusammen mit einer schönen Sclavin, und die
Sclavin hat prächtige Kleider erhalten und trägt sie zusammen mit silbernen
Schmuckgegenständen, silbernen Fussspangen und Halsketten, jedoch gehören jene Gegenstände nicht ihr, man hat sie ihr geliehen; einen Schirm
hat sie in der Hand, mit welchem sie den Jumben beschützt; und die Leute
fassen jene Tragbahre hoch und tragen sie durch das ganze Dorf. Flinten
werden abgeschossen, und die Leute bereiten einen festlichen Empfang;
die Trommeln werden geschlagen, und alle Frauen und Männer gehen hin,
um sich zu erfreuen. Ist er in der Stadt herumgetragen worden, dann
bringen sie ihn zurück in sein Heim, in welchem er sieben Tage lang ver-
bleibt. Nun bringen die Leute ihre Angelegenheiten bei ihm vor, und zwar
solche Worte, die ihm seiner Jumben-Würde nach zukommen. Alsdann

---

[1] jede Besprechung und Berathung einer Sache nennt der Suaheli shauri.
[2] der mwenyi mkuu (wörtl. der vornehme Herr) und der mwenyi mkubwa (grosse
Herr) sind die besseren und begüterten Suaheli

erhebt sich sein Vezier und giebt Folgendes bekannt »Leute, die Ihr hier versammelt seid, der N. N. hat von jetzt ab seinen früheren Namen abgelegt, nun heisst er der Jumbe so und so; wer ihn beim früheren Namen nennt, der widerstrebt der Anordnung, die er befolgen sollte«. Ferner sagt er »habt Ihr Alle eingewilligt, dass er Euer Herrscher sei?«, und sie sind Alle einverstanden. Alsdann wird der Befehl gegeben, die ngoma[1] des Jumben zu schlagen. Jeden Tag tanzen die Leute und freuen sich, und es wird viel gegessen: Rinder und Ziegen werden geschlachtet; jeden Tag gehen sie zu dem von ihnen angenommenen Jumben zum Essen hin, und zwar sieben Tage lang. Ist dies zu Ende, dann begiebt sich jedermann nach Hause. Am siebenten Tage geht der Jumbe aus, um sich in der Stadt zu ergehen. Jeder, der den Jumben sieht, nimmt die Kopfbedeckung ab und sagt »hat der Jumbe gut geschlafen?« Er antwortet »gut geschlafen«. »Wie steht das Befinden?« Der Jumbe erwidert »gut, Gott sei Dank«. Darauf sagt der Jumbe »geht es euch gut zu Hause?« »Es geht uns gut, Jumbe.« Der Jumbe geht nun weiter, und der Betreffende setzt seine Kopfbedeckung wieder auf. Das ist so Sitte bei den Jumben.

Kommen Leute von fern her, um den Jumben zu besuchen, so muss er ihnen Geschenke in Geld oder Waaren geben; giebt er ihnen nichts, dann ehren sie ihn auch nicht nach unseren Sitten und Gebräuchen an der Küste. Hat er ihnen etwas gegeben, und sollte es auch nur ein pesa[2] sein, und sie haben ihn angenommen, so werden sie ihm Achtung erweisen; und ihre Ehrenbezeugung, wenn sie den Jumben sehen, besteht darin, ihn zu begrüssen und die Kopfbedeckung abzunehmen, und wenn sie mit ihm sprechen, nehmen sie gleichfalls die Kopfbedeckung ab. Das ist so Sitte.

Die üblichen Dinge, welche einem Jumben, dem Grossen des Landes, nicht fehlen dürfen, sind das Jumbenhorn, die Trommel und Flöten.

Das Jumbenhorn war ursprünglich ein kleineres Horn, aber ein früherer Jumbe sagte »dies kleine Horn passt nicht zu der Flöte, es ist besser, ihr nehmt einen dicken Stamm und höhlt den aus«. Darauf suchte man einen solchen, beschlug ihn und höhlte ihn aus[3]. Als er fertig war, nannte man das Instrument siwa, und es dient als Zeichen der Würde für den Jumben. Es trägt eine Mütze und einen Turban, wie der Jumbe. Wenn ein Jumbe stirbt, legen die übrigen Jumben, der Überlieferung gemäss, Mütze und Turban je 7 Tage ab, auch der siwa wird während dieser Zeit Mütze und Turban weggenommen. Setzen die Jumben ihre Kopfbedeckungen wieder auf, dann wird auch die siwa wieder mit Mütze und Turban bekleidet. Die erste dieser siwa liess der Jumbe Mintumueni Kigura Matakwa anfertigen; das Grab dieses Jumben ist in Mbuamadji, in der Nähe des Strandes. Er war ein Sohn des Grossjumben Gungurukwa und dieser ein Sohn des Muhamadi Shaali Mbarawi[4]. Dieser Mintumueni führte also die siwa ein. Es ist Sitte, die siwa zu blasen, wenn ein Jumbe stirbt, oder ein Jumbe ein-

---

[1] Trommel. [2] etwa zwei Pfennig. [3] das trichterförmige Horn ist etwa 1½ Meter lang, an dem spitzen Ende ist das Mundstück angebracht. [4] die drei grössten Jumbenfamilien sind die Barawi, Hatimi und Shirazi.

gesetzt wird, oder irgend ein Grosser aus einer Jumbenfamilie stirbt, oder
bei dem Hochzeitsfest des Jumben, oder seines Kindes, oder zu Anfang des
Monats ramaḍani[1] und zwar im Hause des Jumben, nicht in dem eines
anderen Mannes. Ferner wird sie am ersten Tage des ersten Monats nach
dem ramaḍani[2] und am neunten Tage des dritten Monats nach dem ramaḍani geblasen. Auch zu allen festlichen Gelegenheiten, zu denen die Jumben
geladen sind, werden siwa und Flöten während der Essenszeit gespielt.

Wird die grosse Trommel des Jumben geschlagen, so müssen die
Spieler ihre Mützen abnehmen, denn es ist das Spiel des Häuptlings. Er
selbst nimmt beim Schlagen die Mütze nicht ab. Die Spieler dieser grossen
Trommel müssen freie Leute sein, ein Sclave oder Leute aus dem Innern
haben kein Recht, sie zu schlagen. Die dem Spiel Beiwohnenden müssen
ihre Kopfbedeckungen abnehmen; auch wenn die Spieler die Kinder des
Jumben sind, legen sie Mütze und Turban ab, nur der Vezier des Jumben,
der sluha, behält die Mütze, den Turban legt er ab beim Spiel. Ist der
Jumbe selbst thätig, so folgen ihm zwei Sclavinnen und fächeln ihm zu:
diese werden die wapambe[3] des Jumben genannt.

Sei es nun, dass der Jumbe sich an einen anderen Ort begiebt, oder
es ist jemand gestorben und er geht hin, um mitzutrauern, oder es ist eine
Hochzeit und er ist zu derselben eingeladen, so unterlässt er es nicht, Horn
und Flöten mitzunehmen, und wenn er sich dem Orte, zu dem er sich begeben will, nähert, lässt er Horn und Flöten blasen, damit die Leute, die
in dieser Stadt sind, wissen, dass ein Jumbe kommt, und zwar aus dem und
dem Orte; und die Leute dieser Stadt blasen gleichfalls ihr Jumbenhorn und
Flöten und machen sich auf den Weg, den er kommt, bis sie einander
unterwegs treffen. Das ist die Ehrenbezeigung für die Jumben. Dann
nehmen sie ihn und führen ihn in die Stadt ein mit aller Achtung und Verehrung, und eine grossartige ngoma[4] wird veranstaltet, wie sie nur in üblicher Weise einem Jumben zukommen darf.

Ferner einige Mittheilungen über das Verhältniss des Jumben zum
Kaufmann. Es kommt ein Banyane, ein Kaufmann, in den Ort jenes Jumben.
Der Banyane ist ein vermögender Mann, er ist mit seiner Dhau[5] gekommen,
und die Dhau ist mit vielen Waaren beladen. Jener Banyane kommt nun
in die Stadt und begiebt sich mit seinen Waaren zum Jumben, denn er ist
der Oberste der Stadt und er verlangt von ihm ein Haus zu miethen. Nachdem er gemiethet, werden ihm die Sitten und Gebräuche des Landes mitgetheilt, damit er sie kennen lerne. Danach ist es nöthig, dass der Kaufmann für jedes Haus jährlich 12 Realen Miethe zahle, welche der Jumbe,
der Besitzer des Ortes, erhält. Das ist so Sitte von Anfang her. Auch
erhält er Kleider, je nachdem der Kaufmann dazu im Stande ist, jedoch ist
dies keine Sitte von früher.

---

[1] neunter Monat des muhammedanischen Jahres, in welchem die Suaheli von
Anbruch des Tages bis Sonnenuntergang fasten.   [2] ein grosser Festtag als Ende
der Fastenzeit.   [3] wörtl. die Geschmückten.   [4] Tanz.   [5] Segelschiff von 100 bis
200 Tonnen Tragfähigkeit.

Später, wenn sich der Banyane niedergelassen hat, um Handel zu treiben, begiebt sich der Jumbe mit seinem shaha und seinem mwenyi mkuu zum Banyanen und sagt ihm »was ist Dein Beschluss, Banyane?« Der Banyane sagt »ich weiss keinen Rath; seit meiner Abreise von Hause sagte man mir, wenn Du dorthin gehst, da ist viel Handel zu treiben, auch existirt da die übliche Abgabe an die Jumben; so willigte ich denn ein, herzukommen: gut, so sage mir nun, Jumbe, welches Dein übliches Geschenk ist, damit ich es Dir gebe«. Der Jumbe sagte »ich will mein mlango und mrabaha[1] haben«. Darauf zahlt der Banyane zehn Rupi für mrabaha und mlango, und der Banyane macht grosse Geschäfte.

Eines Tages nun schickt der Jumbe seinen Stock oder sein Messerchen, das zum Spalten der Mattenstreifen dient, zum Banyanen, und dieser erkennt sofort, dass es das Messer des Jumben ist und fragt den Überbringer »weshalb bist Du geschickt worden?« Er sagt »ich bin wegen zehn pishi[2] Reis geschickt worden«. Der Banyane übergiebt sie ihm, aber Geld bekommt er nicht. Und jener nimmt den Reis und bringt ihn zum Jumben. Das ist so des Jumben Art und Weise; wenn er irgend etwas haben will, schickt er seinen Stock oder sein Messer und erhält, was er gewünscht.

Ferner Mittheilungen über das Verhältniss des Jumben zu den Wanyamwezi[3]: eines Tages sind zwei Wanyamwezi zum Jumben gekommen und sagen »Jumbe, wir sind zu Dir gekommen, unser Karawanenführer kommt dort hinten«. Der Jumbe sagt »gut, ich habe verstanden«. Alsdann ruft er den shaha und den mwenyi mkuu, und sie folgen ihm und gehen zum Banyanen. Der Jumbe sagt (zum Banyanen) »ich will heute nicht bei Dir essen, gieb dem shaha und dem mwenyi mkuu Speise und Trank«. Der Banyane sagt »gut, Jumbe«. Und der Jumbe sagt »diese Wanyamwezi sind gekommen und das Elfenbein kommt bald nach, das gereicht Dir zum Vortheil«. Der Banyane freut sich und sagt ihm »was wünschest Du jetzt, Jumbe?« Der Jumbe antwortet ihm »kaufe prächtige Stoffe«. Und der Banyane kauft Anzüge. Der Jumbe sagt ihm »beeile Dich sehr, unsere Freunde wollen uns zuvorkommen«[4]. Dann sagt er ihm »voran, bringe jetzt die Waaren«. Dieselben werden genommen, und zwar gute Stoffe, Mäntel, Röcke, Wassergefässe und eiserne Töpfe, und die jungen Leute des Jumben, 15 an der Zahl, mit ihren Flinten, tragen die Sachen und gehen mit jenen beiden Wanyamwezi, bis sie bei der Karawane ankommen. Dort angelangt, schiessen sie vor Freude ihre Flinten ab und beschenken den Mnyamwezi, den Obersten der Karawane, ziehen ihm einen Tuchrock an und geben ihm alle Sachen und alle Stoffe. Der Mnyamwezi freut sich und seine Aufseher und Karawanenführer gleichfalls. Dann brechen sie auf

---

[1] mlango Thür, mrabaha Gewinn, sind specielle Ausdrücke für die Abgaben, die der Banyane dem Jumben zu zahlen hat. [2] Ein pishi = 4 Liter. [3] die von Eingeborenen geführten Karawanen sind meist Wanyamwezi-Karawanen, von Tabora herkommend. Im Folgenden werden die Gebräuche zur Zeit, als der Sultan von Zanzibar noch die Küste inne hatte, geschildert. [4] die Jumben von anderen Orten suchen natürlich die Karawane an sich zu ziehen.

und ziehen ihres Weges, bis sie ganz in der Nähe der Stadt ankommen, wo sie Halt machen. Die jungen Leute ziehen ab und kommen, vor Freude ihre Flinten abschiessend, zur Stadt zurück.

Am nächsten Morgen in der ersten Stunde brechen 30 vom Jumben befohlene Leute mit ihren Trommeln, und die Frauen gleichfalls mit Trommelklang auf, bis sie zum Lagerplatz des Mnyamwezi kommen; alsdann bekleiden sie ihn mit einem neuen Oberhemd, einem hübschen Turban und Lendentuch, Rock, Dolch und Schuhen, und er sowohl wie die besseren der Wanyamwezi freuen sich sehr. Die Frau des Karawaneneigenthümers bringen sie, wo die shangwe [1] der Frauen, die ngoma [1] ihrer Freundinnen, ist. Dann führen sie den Mnyamwezi mit seinen Leuten in die Stadt ein. Dort erhält er ein Haus in festen Besitz und von genügender Sicherheit, um sein Elfenbein unterzubringen. Am nächsten Tage kommt er zum Jumben, und das Elfenbein wird auf Befehl der Regierung (des Sultans von Zanzibar) gestempelt. Ist dies geschehen, so schreiten sie zur Erledigung des Handels. Der Mnyamwezi geht zum Jumben und sagt ihm »ich möchte den Handel beginnen«. Der Jumbe sagt »gut, gehen wir daran«. Dem Banyanen wird dann mitgetheilt »morgen kommen wir, um den Elfenbeinhandel zu betreiben«. Der Banyane erwidert »gut, bis morgen ist's nicht lange«. Am nächsten Morgen nehmen die Wanyamwezi zwei ihrer Zähne, zwei kleine Ballzähne und vier Stück Nashorn- oder Flusspferdzähne und geben sie dem Jumben und sagen »dies ist Dein Elfenbein als Abgabe in Deinem Gebiet«. Der Jumbe nimmt Alles in Empfang und bewahrt es auf. Darauf gehen die Wanyamwezi zum Banyanen zur Erledigung ihres Handels, und es dauert einen vollen Monat, bis das ganze Geschäft beendet ist.

Ferner muss der Mnyamwezi, wenn er mit einem Banyanen oder mit Indern Elfenbeingeschäfte abschliesst, für jedes Frasila [2] acht Re: len (Abgabe) und einen Reale, sogenannten jamvi [3], zahlen, zusammen neun Realen, welche der Jumbe von dem Fremden für die Regierung des Sultans einnimmt. Das ist ein alter Brauch. Nach Beendigung des Handels muss der Jumbe jenem Mnyamwezi zum Abschied Geschenke geben. Sind alle Geschäfte erledigt, so entfalten die Wanyamwezi ihre Karawanenfahne und ziehen ihres Weges.

Der Jumbe giebt nun jenen jungen Leuten, die sich abgemüht haben, vielleicht jene Stosszähne des Nashorn oder die Flusspferdzähne, damit jedermann zufrieden sei und sich freue. Er selbst verkauft seine Elfenbeinzähne und theilt (den Erlös) in vier Theile. Der grösste Theil gehört ihm, einen Theil erhält der shaha, einen kleinen Theil der mwenyi mkuu und einen ganz kleinen der mwenyi mkubwa und der waziri, ihr Theil ist zusammengethan. Das ist der Verdienst des Jumben.

Ausserdem erhält er nach der Abreise des Mnyamwezi von der Regierung drei Realen, von jedem Frasila geht er hin und nimmt drei Realen, das ist die Abgabe, die er auf Befehl des Sultans unbedingt erhalten muss.

---

[1] Tanz.   [2] 35 Pfund engl.   [3] wörtl. Fussmatte, Lagergeld.

Sind es 100 Frasila, so bekommt er 300 Realen von dem Gesammt-Elfenbein jenes Fremden. Das sind die Sitten von früher.

Mittheilungen über die Fischer, welche im Meere fischen: Früher kamen die Leute aus dem Innern mit Fischgift, um die Fische zu vergiften, damit dieselben sterben sollten und sie sie ergreifen könnten; gut, wenn sie nun in der Stadt anlangten, begaben sie sich zum Jumben und theilten ihm mit «wir sind hierhergekommen und haben Fischgift mitgebracht, unsere Absicht ist es, die Fische im nahen Flusse, oder die in der Nähe der Inseln des Meeres sind, zu vergiften». Sobald der Jumbe dies gehört, ertheilte er ihnen die Erlaubniss und sagte «es ist gestattet, geht hin und fischt»: dann gingen sie hin und legten das Gift für die Fische. Wenn sie Fische bekamen, mussten sie dem Jumben seinen Antheil abgeben, alsdann brachen sie auf und begaben sich nach ihren Wohnsitzen zurück. Das ist ein alter Brauch. Holten sie nicht zuerst die Erlaubniss des Jumben ein, sondern legten das Gift mit List, dann wurden ihnen die Fische auf Befehl des Jumben abgenommen.

Gleichfalls wenn die Fischer des Ortes viele Fische oder einen grossen Fisch, wie einen Hai, fangen, geben sie dem Jumben seinen Antheil. Ferner, wenn sie Fische räuchern und haben einen grossen Kreis[1] beisammen, so bringen sie dem Jumben welche zu seiner Zukost[2]. Das ist so Sitte.

Ferner hat jeder, der in dem Orte ein Stück Vieh schlachtet, sei es ein Fremder oder Einheimischer, dem Jumben den Höcker (des Thieres)[3] zu geben.

Mittheilungen über die Fischer mit grossen Netzen: Nach den Gebräuchen von früher, wenn sie mit ihren grossen Netzen kommen, fragen sie zunächst nach dem Jumben und theilen ihm mit «wir sind mit der Absicht gekommen, mit dem grossen Netze zu fischen, wieviel beträgt die übliche Abgabe?» Dann pflegt er zu sagen «die uns zukommende Abgabe bei der Netzfischerei ist, wenn ihr einen nguva fangt, Kopf und Schwanzstück, das ist das, was uns, wie üblich, zukommt». Nachdem die Fischer dies vorgebracht, bitten sie um ihr gewöhnliches Geschenk, dasselbe besteht in zwei pishi[4] Reis. Nach Empfangnahme des Reises beten die Jumben die fatiha[5] für sie, alsdann begeben sie sich an die Arbeit. Haben sie einen nguva gefangen, so nehmen sie Kopf und Schwanzstück und geben es dem Jumben. Manchmal theilen sie auch, wenn sie einen nguva finden, zur Hälfte.

Wird von den Fischern ein grosser Hai oder ein chewa-Fisch gefangen, und es finden sich in seinem Bauche Werthsachen, die er verschluckt hat, wie Fussspangen oder Halsketten oder andere Gegenstände, nämlich die ausgewachsenen Haifische oder chewa-Fische auf dem Meere fressen die Menschen, gut — werden sie nun ausgenommen und es kommen Werthgegenstände zum Vorschein, so theilt sich der Jumbe mit den Fischern (in den Fund). Das ist von jeher Brauch gewesen.

---

[1] die Fische oder von grösseren die Stücke werden in gespaltene Holzstangen befestigt und im Kreise rund um ein Feuer aufgestellt. [2] unter Zukost versteht man alle Zugaben, wie Fleisch, Fisch u. s. w., zu einem Reisgericht. [3] das beste Stück Fleisch des ostafr. Rindes. [4] ein pishi = 4 Liter. [5] die erste Sure des Korans.

Gebrauch, wie er von Alters her an der Küste der Suaheli herrschte:
Die Jumben wurden von ihren Unterthanen und ihren Leuten sehr gefürchtet.
Wurde ein Elfenbeinzahn im Walde gefunden, so musste er zum Jumben
in dessen Ort gebracht werden, damit er verkauft werde; der Finder erhielt irgend etwas als Finderlohn. Denn die Leute von früher, die Jumben,
betrachteten dieses Land für sich allein, es gab keinen Sultan, der mehr
war als sie, ausser den Sultanen von Zanzibar. Und er der Sultan[1] (von
Zanzibar) stand sehr gut mit ihnen, er war gutherzig und verzieh ihnen
gern; und wenn sie etwas Unrechtes gethan hatten, sandte er den Jumben
Nachricht, und sie begaben sich nach Zanzibar. Waren sie dort zur Begrüssung des Sultans eingetroffen, so ehrte er sie sehr, und hatte er sie einer
Angelegenheit wegen hinbeordert, dann befragte er sie in aller Ruhe, denn
er kannte genau den Charakter und die ängstliche Natur der Leute von
der Küste.

Stirbt ein grosser Jumbe, so herrscht eine sehr tiefe Trauer drei Tage
lang; der Jumbe wird noch nicht begraben, er liegt noch drin im Hause;
dann werden Briefe geschrieben, um die Leute zu versammeln, am vierten
Tage wird das Klagegeheul angeordnet und sie weinen, und die (anderen)
Jumben nehmen ihre Turbane und kleine Mützen ab und der shaha desgleichen, auch das Kleid, das die Schultern bedeckt, zieht dieser aus, es
bleibt nur das kanzu[2] übrig; der mwenyi mkuu legt seinen Turban, Mütze
und Oberhemd ab; nur der mwenyi mkubwa nimmt die Mütze ab und geht
barhäuptig, nur mit einem Stück Zeug um die Lenden bekleidet; alle gehen
barhäuptig, denn der grosse Herr (der Jumbe) trägt keinen Turban mehr;
und die jüngeren Leute gehen alle mit blossem Rücken, auch tragen sie
keine Kopfbedeckung; auch alle Sclaven, und zwar die Männer tragen nur
ein Tuch, sie dürfen nicht einmal einen Strick in der Hand halten. Dann
wird die Bahre genommen und in der Stadt herumgeführt. Nach ihrer Rückkehr wird der Leichnam hineingethan und weggetragen, um beerdigt zu
werden. Nun erscheinen die nächsten Nachbarn (des Jumben) und sagen
»der Jumbe darf nicht beerdigt werden, wir wollen zunächst unser übliches
Geschenk, gebt es uns und dann begrabt ihn«. Wenn sie ihr Geschenk erhalten haben, wird die Leiche weitergetragen, um in's Grab gesenkt zu werden.

Bei der Rückkehr vom Begräbnissplatz folgen die Leute hinter einander
mit Klagegeheul und weinen, die Einen sagen »Du unser Grossvater Du«,
die Anderen »Du unser Vater Du«, und sie weinen sehr. Beim Eintritt in's
Haus erhalten sie Wasser und werden im Gesicht abgewaschen, und sie
sagen sich »danket Gott! das ist der Lauf der Welt, heute Du, morgen
ich, keiner stirbt freiwillig, es sei denn durch den Willen Gottes«. Die
Jumben sagen »wir wollen jetzt unserer Wege gehen, der dem Verstorbenen
Nächststehende möge kommen, damit wir ihm unser Mitleid ausdrücken«.

Ist dies geschehen, dann wird die fatiha gelesen. Einer von den
Jumben sagt nun »heute ist die Trauerfeier«. Sobald der Abend herein-

<hr />

[1] Gemeint ist Sultan Said Bargasch, gest. 1888.   [2] ein bis zur Erde reichen-
des langes Oberhemd.

gebrochen, nimmt ein jeder seine Schlafmatte und begiebt sich zur Trauerfeier sieben Tage lang. Die Jumben bekommen ihr gewohnheitsmässiges Geschenk, njalemba genannt. Der Jumbe nimmt es, theilt es dort und giebt dem shaha und dem mwenyi mkuu ihren Antheil. Den Turban setzen sie jetzt wieder auf, der shaha bekommt die Erlaubniss, die Mütze zu tragen, ebenso die mwenyi mkuu, und die mwenyi mkubwa dürfen ihre Oberhemden wieder tragen, bleiben jedoch ohne Kopfbedeckung, und die gewöhnlichen Leute, Frauen wie Männer, tragen wieder zwei Kleider, die Sclaven ausgenommen, ihnen ist es noch nicht erlaubt. Nach weiteren sieben Tagen geben die shaha den mwenyi mkuu Erlaubniss, den Turban anzulegen, sie selbst haben schon ihre Turbane aufgesetzt. Nach den dritten sieben Tagen ertheilt ein Befehl des shomvi den mwenyi mkuu und den gewöhnlichen Leuten die Erlaubniss, Mütze und Oberhemd anzulegen. »jedes Stück Eurer Kleidung dürft ihr anziehen.« Frauen wie Männer, ausgenommen sind noch die Sclavenjungen«. Die Leute lassen sich nieder und schlagen die Trommel, die kishina wird getanzt, und sie singen, bis am letzten Tage die Trauerfeierlichkeiten aufgehoben werden.

Jetzt will der Jumbe die khitima[1] lesen lassen und sie rufen die fern Wohnenden herbeizukommen, und die Lehrer werden bestellt, um die khitima zu lesen. Ist dies geschehen, dann wird Essen gebracht und aufgetragen. Die Jumben geben es den shaha und diese den mwenyi mkuu bekannt. Haben die Jumben und alle Leute gegessen, so pflegt man zu sagen, es giebt keine Trauer mehr, heute ist die Trauer zu Ende. Der Leidtragende hebt die Trauer auf, und die Trauerfeier ist beendigt. Und sie danken Gott. Das ist ein alter Brauch. Die Trauerfeier eines grossen Mannes, z. B. eines Jumben, verursacht viele Kosten; vom Beginn der Begräbnissfeier bis Ende der Trauerfeierlichkeiten werden 500 Realen[2] und mehr verbraucht, denn die Trauer um einen Jumben dauert oft bis zu zwei Monaten, während die um einen geringeren Mann nur bis zu 15 Tagen währt.

---

[1] Koranlesung. [2] die Summe ist zu hoch gegriffen.

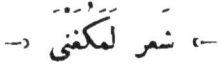

Sha'iri la Makunganya

min mu'allimu Mzee bin 'Ali bin Kidigo bin il-Qadiri min Zingibâr.

Das Makunganya-Lied.

Mit Erläuterungen und einer Übersetzung herausgegeben von

HANS ZACHE,

Dâr-es-Salâm.

Einleitung.

A. Wenn ich hiermit das »Makunganya-Lied« in die Swahili-Litteratur einführe, so geschieht es in der Hoffnung, mit demselben als meines Wissens erster Veröffentlichung, welcher ein Stoff aus allerneuester Zeit[1] zu Grunde liegt, ein besonderes Interesse zu finden; zeigt es uns doch ein Stück Seelenleben unserer ostafricanischen Eingeborenen, welches zu beurtheilen wir bisher noch nicht in der Lage waren: die Stellung der intelligenten Kreise an der Küste zu den politischen Vorgängen daselbst. Der etwa 23 Jahre alte Dichter Mzee stammt aus Zanzibar und ernährt sich in Dâr-es-Salâm theils durch Gelegenheitsstellungen — so war er eine Zeit lang Bauaufseher —, theils durch Stundengeben, wozu ihn seine oberflächliche arabische Bildung für hiesige Ansprüche genügend befähigt. Obwohl selbst Mswahili, versteht er — bis auf die leidige Orthographie — genügend Arabisch, um Qorân zu lehren.

Eigenartig ist die Entstehung des Gedichtes insofern, als Mzee, nachdem er mir mancherlei Proben seiner Kunst geliefert hatte, erklärte, nun keinen Stoff mehr zu haben. Daraufhin forderte ich ihn auf, die Ereignisse in Kilwa, von wo ich kurz vorher zurückgekehrt war, zu besingen, und gab ihm anheim, sich das Material durch Verkehr mit den Askaris, welche an der militärischen Expedition theilgenommen hatten, und den Europäer-Boys, welche zur Zeit mit ihren Herren in Kilwa gewesen waren, zu beschaffen. Diesen Rath hat er, wie vorliegendes Gedicht zeigt, befolgt.

---

[1] Aufstand des Hassan bin Omar im Süden des Schutzgebietes, niedergeschlagen im October 1895.

Zu Grunde liegt der Dichtung folgender Sachverhalt: B.

Hassan bin Omar, schon vor der deutschen Besitzergreifung ein Mann, dessen Einfluss sich weit in die Wayao-Gebiete hinter Kilwa hinein erstreckte, hatte es verstanden, sich, unterstützt von Sclavenräubern und anderem lichtscheuen Gesindel, das sich an der Küste nicht blicken lassen durfte, am oberen Mavuji einen Zustand völliger Unabhängigkeit zu schaffen. Von dort hielt er mit seinen zahlreichen Sclaven und Anhängern, die zeitweilig weit über 1000 Gewehre zählten, die Umgebung in Furcht und Schrecken [1], so dass fast wöchentlich Klagen über Raubzüge und Mordthaten einliefen. Dörfer wurden geplündert und verbrannt, die Einwohner in die Sclaverei geschleppt, selbst wenige Stunden von Kilwa entfernt war man nicht sicher; Karawanen mussten in weitem Bogen sein Gebiet umgehen. Er führte seine eigene Flagge und zwang mehrfach Häuptlinge, die deutsche Fahne durch die seinige zu ersetzen. Als er im September 1894 die Kühnheit hatte, mit mehreren tausend Mann die Feste Kilwa [2] anzugreifen [3], wo er sich allerdings nur blutige Köpfe holte, war seine Vernichtung beschlossen, konnte aber zunächst, weil die Schutztruppe durch die Wahehe-Expedition vollauf beschäftigt war, noch nicht durchgesetzt werden [4]. Den Gipfel erreichte aber die Frechheit des Rebellen, als er im September 1895 den Plan fasste, den auf einer Inspectionsreise begriffenen Gouverneur auf Kilwa Kisiwani aufzuheben [5]; als der Angriff erfolgte, hatte indess Hr. v. Wissmann schon die Insel verlassen [6].

Im October erfolgten dann unter Leitung des Oberstlieutenants v. Trotha die Operationen [7] gegen Hassan mit vier Compagnien (Nr. 3 Dàr-es-Salàm: Lieutenant Fonck 1., Nr. 6 Pangani: Lieutenant Böhmer, Nr. 8 Kilwa: Compagnieführer Fromm, Nr. 9 Lindi: Compagnieführer Ramsay), welche nach geringen Scharmützeln zur Einnahme der ausserordentlich festen Stellung der Aufrührer und kurz darauf zur Gefangennahme Hassan's durch Compagnieführer Fromm und der übrigen Rädelsführer führten [8].

Auf die Nachricht hiervon begab sich der Gouverneur und in dessen Gefolge als juristischer Beirath der Herausgeber nach Kilwa [9], wo ein Kriegsgericht zusammentrat. Dasselbe verurtheilte Hassan und acht sämmtlich gemeiner Verbrechen überführte Häuptlinge desselben zum Tode. Während der Gouverneur zur Regelung der Machemba-Angelegenheit nach Lindi ging, wurde mir die weitere Untersuchung übertragen. Wohl selten wird ein Untersuchungsrichter einen so dankbaren Gegenstand finden, wie diesen Rebellenhäuptling, der seine ganze, viele Jahrgänge umfassende hochver-

---

[1] Col.-Bl. 1894 S. 621 f., 1895 S. 540—543.
[2] Col.-Bl. 1895 S. 207.
[3] Col.-Bl. 1894 S. 572 ff.
[4] Vers 176—182.
[5] Col.-Bl. 1895 S. 539, 540.
[6] Im Gedicht Vers 108—131.
[7] Col.-Bl. 1896 S. 6 ff.
[8] Im Gedicht Vers 50—101.
[9] Col.-Bl. 1896 S. 69 ff. und S. 99 ff.

rätherische Correspondenz wohlverwahrt hielt, so dass dieselbe in einem grossen Koffer in die Hände der Truppen fiel. Die Entzifferung[1] forderte grosse Überraschungen zu Tage, die Untersuchung dehnte sich schliesslich auf mehr als hundert Personen aus und konnte erst nach sieben Wochen abgeschlossen werden. Todesurtheile wurden im Ganzen sechzehn vollstreckt[2].

Compromittirt war auch ein Theil der indischen Bevölkerung Kilwas. Die Anklage wurde erhoben theils wegen Pulverlieferungen und Spionage, theils nur wegen Unterhaltung unerlaubter Handelsbeziehungen zu den Aufrührern. Die vier Hauptverdächtigen, zugleich die angesehensten und wichtigsten Handelsherren der Stadt, wurden verhaftet[3] und zum Tode verurtheilt, später aber zu Freiheits- und hohen Vermögensstrafen[4] begnadigt. Der Stadt, die während der ganzen Zeit mit ihrer Sympathie auf Seiten Hassan's gestanden hatte, wurde eine Contribution auferlegt.

C. Diesen Stoff trägt uns nun der Dichter in folgender Anordnung vor:

I. Vers 1 und 2 enthalten die übliche, hier übrigens auffallend kurz gehaltene Anrufung Gottes.

Vers 3—10 sprechen den lehrhaften Zweck des Gedichtes aus und schliessen mit dem nun bei jedem Abschnitt auftretenden Kehrreim (Vers 9 und 10), der übrigens sehr üblich und vom Dichter entlehnt ist[5].

Vers 11—20 enthalten dasselbe in einer, der Sympathie des Verfassers für die deutsche Sache Ausdruck gebenden Form.

Vers 21—39 geben uns eine Übersicht über den Stoff, den der Dichter behandeln will.

Vers 40—49 rühmen die Tapferkeit der Deutschen.

II. Vers 50—76 sprechen sich im Gegensatz dazu verächtlich über Hassan aus und schildern die Ausrüstung der Askaris.

Vers 77—101 schildern den Kampf.

Vers 102—107. Hier ruht sich der Dichter aus, indem er sich mit der Hoffnung schmeichelt, seine Sache bisher gut gemacht zu haben.

III. Vers 108—131 erzählen nachträglich den Versuch Hassan's, Hrn. v. Wissmann auf Kisiwani abzufangen und bieten damit erwünschten Anlass, des Dichters Begeisterung für den Gouverneur zum Ausdruck zu bringen, welche nun noch vier volle Abschnitte umfasst, nämlich:

Vers 132—146, es werden die Friedensthaten gerühmt.

Vers 147—157, der Charakter wird gefeiert.

Vers 158—167, die Berühmtheit des Namens wird hervorgehoben.

---

[1] Die Briefe waren mit arabischen Buchstaben geschrieben. Die Übersetzung des weitaus grössten Theils wird Herrn Dragoman Velten verdankt.

[2] Im Gedicht Vers 266—284.

[3] Im Gedicht Vers 219—251.

[4] Im Gedicht Vers 252—265.

[5] Findet sich z. B. in dem Gedichte »Vita ya Saadani«, abgedruckt in den »Habari za Mwezi« (Monatsblatt der Universities' Mission in Magila, Bezirk Tanga) Nr. 11 und 12 (August- und Septemberheft 1896).

Vers 168—184, es wird erzählt, was der Dichter aus dem Leben
des Hrn. v. Wissmann weiss, zugleich wird auf das Thema zurückgeleitet.

Vers 185—218 erzählen das Zusammentreffen des Gouverneurs mit IV.
Hassan nach dessen Gefangennahme. Dieselbe hat stattgefunden, ist aber
selbstredend ganz anders verlaufen.

Vers 219—251 geben in ziemlich verworrener Darstellung die Ver- V.
haftung und Überführung der Inder. Richtig daran ist, dass ich drei der
Häuser zunächst durch je einen Europäer mit einigen Askaris besetzen
liess, um währenddessen im vierten selbst die Verhaftung und Beschlag-
nahme des Vermögens und der Bücher vorzunehmen, sowie, dass die Überführung der Angeklagten mit Hülfe der Geschäftsbücher stattfand. In denselben kehrte oft ein Posten wieder, bezeichnet als Lieferung an einen
»Mshenzi«[1]; in einem geheimen Notizbuche war ein Posten, der im Haupt-
buche als »Mshenzi« figurirte, auf Hassan bin Omar eingetragen.

Vers 252—265 erzählen, dass die Inder zu Geldstrafen verurtheilt
wurden. Oben ist gezeigt, dass das nur bedingt richtig ist.

Vers 266—276 geben eine Episode bei der Vollstreckung. Abdallah VI.
bin Omar war ein angesehener Regierungs-Akida in Kilwa, der das ihm
geschenkte Vertrauen gebrauchte, um seinem Bruder Hassan bin Omar
Spionendienste zu leisten.

Vers 277—284 sprechen von dem Eindruck der Vollstreckung auf die
Bevölkerung.

Vers 285—298 enthalten das fernere Schicksal der Inder. An der Kette VII.
waren sie nur von der Verurtheilung zum Tode bis zur Begnadigung, dann
büssten sie ihre Gefängnissstrafen in Dar-es-Salám ab.

Vers 299—319 schildern das traurige Los der Inder beim Bahnbau
in Tanga — leider ist das reine Phantasie des Dichters. Die Inder sind
in Dar-es-Salám. Wahrscheinlich stammt der Irrthum daher, dass 18 als
Theilnehmer Hassan's zu längeren Kettenstrafen verurtheilte Waswahili und
Wayao über Tanga nach der Kilima-Njaro-Station zur Strafverbüssung
transportirt wurden.

Vers 320—349 enthalten den Schluss: des Dichters Freude, dass das VIII.
Wespennest in Kilwa nun ausgeräuchert sei, die Schilderung der Situation,
in welcher er sein Lied gedichtet hat, und Angaben über seine Persönlichkeit.

Für sinngemässer würde ich folgende Anordnung der Verse halten:
1—20, 108—184, 50—76, 21—49, 77—101, 185—218, 266—284,
219—265, 285—349.

Das Versmaass ist aus folgendem Schema ersichtlich: ‿◡│◡‿◡‿│‿; D.
im Übrigen kann ich meine an anderer Stelle[2] nur als Hypothese ausgesprochene Ansicht über Swahili-Metrik nach hier angestellten vielfachen
Versuchen vollinhaltlich aufrecht erhalten, so dass ich hier nur darauf zu
verweisen brauche.

---

[1] Heide, jeder Eingeborene aus dem Innern.
[2] Seidel'sche Zeitschrift. Octoberheft 1895, bei Gelegenheit der Recension
der Büttner'schen Anthologie.

Nur schwach bestellt ist es mit den Reimen unseres Dichters. Regelrecht sind eigentlich nur die Zeilen 1—20, welche folgendermaassen zu lesen wären:

Strophe 1

bismillahi | aucali ‖ ya pili er|rahamani (Zeile 1 und 2)
ninataka | kutakallam ‖ na khabari | kuapani (Zeile 3 und 4)
umsishikue | na ghururi ‖ taftalini | jamaani (Zeile 5 und 6)
na shamba um|tapanduca ‖ umsingie | ujingani (Zeile 7 und 8)
leo umua|juta nini ‖ baa laku|jitakia! (Zeile 9 und 10)

Strophe 2

bassi mua|limkisema ‖ ashukapo | Jerimani (Zeile 11 und 12)
tutapiya | na jihadi ‖ kwa rehema | ya mannani (Zeile 13 und 14)
Jerimani | akashuka ‖ akangie | foratani (Zeile 15 und 16)
pasiee mu|tu kujibu ‖ ikawa ku|tak' amani (Zeile 17 und 18)
leo umua|juta nini ‖ baa laku|jitakia! (Zeile 19 und 20)

Hier ist also die Anlage recht kunstvoll:

$$a\ a\ a\ x,\ a\ a\ a\ x,\ \ldots\ldots$$

Aber schon mit Beginn der Strophe 3 verwechselt der Dichter das Ende der Ganz- und Halbzeilen und reimt yaqini, moyoni, baïni, mjini. utambou, mjini, fursani, shani, mjini, stimani, jermani, yaqini, sabe'ini, weza, tengeza, Raamza, haziria. Und in dieser Weise ziehen sich die Reime regellos durch das Gedicht, das sich somit aus einer Folge von Strophen in eine Kette selbständiger Halbzeilen auflöst, die sich mehr oder minder auf einander reimen.

Dem mangelhaften Reim, dem einfachen Metrum, dessen gleichmässiger Fluss nur durch den ziemlich regellos eingestreuten Kehrreim gehemmt wird, entspricht die, wie ich mich ausdrücken will, etwas burschikose Art der Diction, deren oft balladenhafte Kürze vielfach in grellem Widerspruche steht zu überladenen und wiederholenden Partien. Ich konnte mich auch beim ersten Lesen des Eindrucks nicht erwehren, dass bei unserem Dichter, der uns viel öfter sagt, was er thun will, als er es wirklich ausführt, das Wollen über das Können erheblich überwiegt. Indess habe ich Gelegenheit gehabt, die Dichtung Farbigen der verschiedensten Classen vorzutragen, neben dem hochgebildeten Slemân bin Nassr[1] in Dâr-es-Salâm und anderen Arabern auch Indern, Waswahilis, ja selbst einigen heidnischen Waseguha-Jumben und meinen Boys: überall mit durchschlagendem Erfolge, so dass

---

[1] Dem ich hierbei für manchen beachtenswerthen Fingerzeig meinen Dank sage.

ich die Dichtung trotz oder gerade wegen ihrer Mängel als ein echtes
Volkslied bezeichnen kann[1].

Diese, wie ich sagte, burschikose und, wie ich hinzufügen will, non-
chalante Art des Ausdrucks habe ich ohne Bedenken in der Übersetzung
nachgeahmt, um den Leser, der bei Überwindung der zahlreichen sprachlichen Schwierigkeiten leicht den flotten Ton verliert, in dem das Ganze gehalten ist und aufgefasst sein will, immer wieder daran zu erinnern, dass
er eine Dichtung im Stile von »Prinz Eugen, der edle Ritter« vor sich
hat. Ich hoffe überhaupt, dass die Übersetzung nicht nur die Arbeit des
Lesers erleichtern, sondern ihm auch vielfach Feinheiten des Originals nahe-
legen wird, die ihm ohnedem vielleicht entgangen wären.

Die angewandte Orthographie ist aus dem Vergleiche mit der
arabischen Niederschrift ersichtlich. In dieser habe ich die Worte arabischen
Ursprungs nach dem Lexikon·berichtigt. Ich bemerke, dass die Transscription nach dem Gehör erfolgt ist.

Die Anmerkungen erklären sich selbst; ich hoffe damit die Dichtung Allen zugänglich gemacht zu haben, denen die Grammatik des Kiswahili nicht fremd ist. Ohne Erklärung dürfte die Lectüre selbst einem guten
Grammatikkenner ebenso schwer, bez. ebenso unmöglich sein, wie dem
Schüler, der nur den attischen Dialekt gelernt hat, das Verständniss Homer's
ohne Speciallexikon. Die Verhältnisse sind vergleichsweise analog. Die
Erklärung der aus dem Arabischen entlehnten Worte wird Jedem willkommen sein, der nicht an der Oberfläche der Erscheinungen haften will
und sich in seiner eigenen Rechtschreibung nicht die Masse der halb-
gebildeten Waswahili zum Vorbilde zu nehmen entschlossen hat.

---

[1] Dafür spricht auch, dass ich bereits wenige Tage, nachdem ich das Lied
erhalten hatte, auf die von mir scherzhaft an einen Boy, der am Tage vorher von
seinem Herrn bestraft war, gerichtete Frage: *leo mnajuta nini?* richtig die andere
Hälfte des Kehrreims als Antwort erhielt. Wie ich mich überzeugte, kannte der
Junge schon das ganze vorliegende Gedicht.

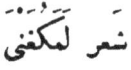

1—6

بِسم اَللَّه اَوَّلی — Bismillahi[a] awali[b]),

یَبْدِل الرَّحْمن — ya pili[a]) rahamani[b])!

نَتَاكَ كُنْتَكَلَّمْ — nataka kutakallam[a])

تَخَابَر كُوَّبَان — na khabari[a]) kwapani[b]),

اَمْـسـیـكُو نَعرور — msishikwe na ghururi[a]).

فَضْلِنِ جَمَعَان — tafaddalini[a]). jama'ni[b])

7—12

نَثَاب اَمْتَدِیُو — na shamba[a]) mtapandiwa

اَمْسِنَی اَجْفَان — msingie[a]) ujingani

بَلوُ اَمْنَجُوت نِین — leo mnajuta nini

بَآءَ لَكُجِكَی — baa[a]) la kujitakia[b])?

بَس مُوْلِكِسِیَم — bass mwalinkiswma[a]):

اَشُوگُ جَرِمَان — ashukapo Jerimani[a])

Mein Beginn im Namen Gottes,
den wir allbarmherzig nennen!
Kommt und lasset euch erzählen
und ein Beispiel euch berichten,
dass euch fernbleib' gleiches Unheil!
Dass ihr nicht, wie jene Thoren,

schrecklich eines Tags erwachet!
Hütet euch vor gleicher Thorheit!
Heute, was bereut ihr denn
Unheil, das ihr selbst euch wünschet?
Doch genug! Ihr sagtet kühnlich:
wo an's Land steigt der Germane,

1 [a]) ·im Namen Gottes· بِسم اَللَّه. [b]) ·mein erstes·, vom arabischen أَوَّل.

2 [a]) ya pili = ·zweitens·. [b]) رَحْمَان gnädig. von رحم. 3 [a]) نَكَلَّم, von كلم erzählen. 4 [a]) خَبَر Nachricht. [b]) Von kupa = geben: ku-wa-pani = euch zu geben. -ni bedeutet, ebenso wie -wa-; euch. Man denke an die Endung des Imperativ Pluralis: -ni (kupa, kupeni). Ebenso oder ähnlich: 6[a], 6[b], 108[a] u. s. w. 5 [a]) s. Vers 60[a].

6 [a]) فَضْل = bitte! von فَضَل; tafaddalini == (ich) bitte euch. Vergl. 4[b]. [b]) Von جمع = versammeln; ein Haufen Menschen. Nach Slemán bin Nássr ist die Bedeutung: ·ihr Leute·. Die Form ist wohl der arabische Dual. 7 [a]) Acc. absol. -auf der Schamba-, d. h. mitten bei der Feldarbeit werdet ihr überrascht werden. 8 [a]) msingie = msi-ingie. 10 [a]) baa = Übel; nach Slemán bin Nássr verstümmelt aus

بَلاَ (gesprochen bálwa) ·Prüfung· im Sinne von ·schwer geprüft·; Stamm: بلو. [b]) Wörtlich lautet der Kehrreim: heute, was bereut ihr das Übel ·des euch Wünschens·. 11 [a]) Zusammengezogen aus: mwalikuwa mkiswma. 12 [a]) jerimani vom englischen German ·der Deutsche·.

13—19

تُتَجَانَ جِهَاد	tutapigana jihadi[a]) —
كُوَ رَحَّةَ بَنَانْ	a)kwa rehema[b]) ya mannani[c])
جِرمَانْ أَكْنُوكَ	Jerimani akashuka
أَكْنِي فُرْضَانْ	akangia[a]) forḍani[b])
بَنِوِ أَمْتَ كِجِبْ	pasiwe mtu kujibu[a]), —
اكَاوَ كُتَالَ أَمَانْ	ikawa[a]) kutaka amani[b]).
لِوَ أَمْنَجْوْتَ نِنْ	leo mnajuta nini

20—26

بَاءَ لَكُجْكَى	baa la kujitakia?
تَوْبِ كُوَ يَقِينْ	ntawambia kwa yaqini[a])
نَوْبِ يَاغَ مِيُونْ	niwape yangu[a]) moyoni
نَسِيمْ كُوَ بَنْ	nitasema kwa baini[a])
وَلْوُودُوكَ مْجِينْ	waliwondoka injini
وَلْتَكُويْدَ أَتْبُونْ	a)waliokwenda utamboni[b])
كُلْوَ كَفْجَ مْجِينْ	Kilwa Kivinje a)njini[b])

werden wir die Schlacht ihm bieten.
Durch des Allerhöchsten Gnade
landet wirklich der Germane
und besetzt das feste Zollhaus:
wer denn stand ihm damals Rede?
Schimpflich batet ihr um Frieden!
Heute, was bereut ihr denn

Unheil, das ihr selbst euch wünschtet?
Lehren will ich lautre Wahrheit
und in's Herz mein Wort euch geben
und in wohlgesetzter Rede
künden, wie sie aufgebrochen,
die da zogen aus zum Streite
nach der Stadt Kilwa Kivinje.

---

13 a) جهَاد = Kampf, Streit von جهد. 14 a) Vers 14—17 enthält eine Einschachtelung: »Während ihr sagtet . . . « (Vers 11—13: man beachte, dass die ki-Form adversativ gebraucht wird!) . . . . »Da war schliesslich das Ergebniss, dass . . . . . « (Vers 18). b) رَحَّة = Gnade von رحم (s. oben 2 b). c) مَنَّان . »Wohl-thäter« von مَنّ. 16 a) akangia = aka-ingia. b) فُرْضَة = Hafen, Zollgebäude; bei demselben befindet sich an den meisten Küstenplätzen die Landungsstelle. 17 a) جَاوَب antworten, von جَاب. 18 a) »es (d. h. »das Ergebniss«) war, um Frieden zu bitten.« b) أَمَان in der Bedeutung »Friede« von أَمِن. 21 a) s. 199 a. 22 a) yangu, ergänze dazu: maneno. 23 a) In erster Lesart bayani; beides von بَيَان = Beredsamkeit; kwa baini (بَأْن) etwa = disponirt. 25 a) Eine Silbe zu viel: waliokwend | utamboni? b) Das m ist verschrieben oder phonetisch von قَمّ = Mühe, Arbeit, besonders des Krieges: tua'abuni »in den Krieg«. Man beachte, dass der Locativ hier auf die

27—32

نَوَتَاجَ فُرْسَان   ‎‎°)ntawataja°)
furxani^b),

وُوم وَنَاوُ شَان   waume wanao
shani°)

وَلَّوُودُوكَ مُجِين   walioondoka
mjini

وَكُنِّي سِتُمَان   wakangia°)
sitimani^b),

وَنَوُت وَكُرْمَان   watoto wa Ki-
jermani.

عَسْكَرِ يَقِين   ma'asikari°)
yaqini^b)

Nennen will ich sie, die Ritter
und die Männer hohen Ruhmes,
die ihr Standquartier verliessen,
um das Dampfschiff zu besteigen,
Söhne deutscher Art und Sitte.·
Doch die rüstigen Askaris

33—38

اَلْف تَسْبَعِين   °)elfu°) na^d)
sabe'ini^h):

كُوتَاجَ سِنَوِيز   kuwataja°)
sitaweza.

وَت وَت كُنْتِيز   watu wote
°)kuji-
tengeza^b):

اَمِير جِنْش رَاْمَن   amiri jeshi°)
Raamza^b)

اَنْدِي اَلِي حَذَرِي   °)ndiye aliye°)
haziria^b)

لِوُ اَمْنْجُوت نِين   leo mnajuta
nini

— tausendsiebzig an der Zahl —,
könnte ich sie einzeln nennen?
Kurz: sie standen kampfgewärtig
unter des Herrn Ramsay Führung.
dem der Feldzug anvertraut war.
Heute, was bereut ihr denn

Frage «wohin?» antwortet. 26°) Skandire: mujini. ^b) Die Anhänger Hassan's.
Eine Beschreibung der deutschen Partei im Folgenden.

27°) ku-taja = einzeln herzählen. ^b) فُرْسَان = Ritter. °) Sk.: furusani.

28°) شَان = Würde, Ansehen. Im Suahili adjectivisch gebraucht «hervorragend«.

30°) Aus wa-ka-ingia. ^b) sitima vom englischen steamer. 32°) عَسْكَرِي von عَسْكَر.

^b) s. 199°. 33°) اَلْف. ^b) تَسْبَعِين von سبع. °) Eine Silbe zu wenig. ^d) Die

Zahl 1070 ist nur dem Reim zu Liebe gewählt. Es waren kaum 500 Mann.
34°) Vergl. 27°. 35°) Eine Silbe zu viel. Im Original steht nur kutengeza. ^b) Inf.
absol. in der Bedeutung: «alle Leute waren bereit . . . . . 36°) Im Original steht:

عُمَر جِنْش, wahrscheinlich verwechselt mit اَمِير جِنْش «Heerführer« (von اَمر und

جَاش). ^b) Gemeint ist Compagnieführer Ramsay, zur Zeit Stationschef in Ujiji; wie
in der Einleitung gesagt, war amiri jeshi nicht dieser, sondern Oberstlieutenant
v. Trotha. 37°) Im Text, offenbar verschrieben: ndio alio. ^b) Nach meiner Meinung

von حَذَر = vorsichtig sein. Nach der Urschrift von حَضَر = gegenwärtig sein;

vielleicht حَاضَر = sich Jemand stellen, kämpfen? (Nach Wali Slemân bin Nâssr letzt-
teres.) °) Eine Silbe zu viel: ndiy' aliye | haziria?

39—45

بَاء لَكُجْتِكِی   *baa la kuji-takia!*

وَزُنْغُ ثَبِ مِنْمْ يَاوْ   *wazungu tha-biti*[a]) *miti-ma*[b]) *yao*[c])

بِلْكُو مَرْضِی   *yalikuwa ma-rudia*[a]).

وَلاء مَنْ خَوْفُ   [a]) *wala huina khofu*[b])

كُلّ حَرُوب مِنِی   [a]) *kulla*[a]) *ha-rubu*[b]) *hu-iugia*

فُرْحَة كُوَبَت   *na furaha*[a]) *kurapata,*

شِنْدُ وَكَلِكِی   *shindo*[a]) *wa-kilisikia*[b]),

46—52

نَبْدُوقِ مَكْنُون   *na hunduqi mikononi*

أَجْ وَكَاوَنِی   *mji wakau-wania*[a]).

لِوْ أَمْنَجْوَتَ نِنْ   *leo mnajuta nini.*

بَاء لَكُجْتِكِی   *baa la kuji-takia!*

كُوَ كُلّ نِنْ نَتِی   *kwa kulla neno*[a]) *utatia*

مَانَ لَكُفِی   *hapana laku-baqia*[a]):

خَار يَمَكْفَانَ   *khabari*[a]) *ya Makungan-ya*[b])

Unheil, das ihr selbst euch wünschtet?
Weisser Männer Kriegerherzen
sind bewusst sich ihrer Stärke;
fern ist ihnen feiges Zagen,
denn sie sind geborne Krieger,
denen wildes Kampfgetöse
schwellt den sturmerprobten Busen.

Die Gewehre in den Händen,
so erstürmten sie die Festung.
Heute, was bereut ihr denn
Unheil, das ihr selbst euch wünschtet?
Jedes Wörtlein will ich setzen
und kein einziges vergessen
im Bericht von Makunganya.

40[a]) ثَبَت = standhaft, tapfer. [b]) *mtima* ist das Herz als Sitz der Gefühle, besonders Furcht und Freude. Man beachte den Acc. absol. [c]) Drei Silben zu viel. Der Dichter las: *wazungu thabiti | mitima yao.* 41[a]) Von رضی ·befriedigt· = selbstbewusst. 42[a]) Eine Silbe zu wenig. [b]) خَوْف = Furcht, von خاف. 43[a]) كُلّ ganz, jeder. [b]) حَرُوب plur. von حَرْب = Krieg, Kampf, von حَرَب. [c]) Eine Silbe zu viel: *kull' kurubu?* Im Text stand: *kulla harubu ingia.* 44[a]) فُرْحَة = Freude, von فَرَح. 45[a]) Von *ku-shinda* = Kampf, Sieg. [b]) -und Freude erfasst sie (die Soldaten) im Augenblick, wo sie das Kampfgetöse hören-. Man beachte den Inf. absol. ·kurapata·. Im Text verschrieben: *wakalisikia.* 47[a]) Bewetteifern: Jeder wollte der erste in der Stadt sein. 50[a]) -Wort für Wort-. 51[a]) von بِقِی übrig sein = *baqia* übrig-. aus-lassen. 52[a]) خَبَر Nachricht. [b]) Soll im Kiyao -Herrscher- bedeuten.

53—58	59—64

سِكِزِين نَوَى   *sikizeni nta-wambia:*

اَلنز أَبتوف   *alianza upo-toru*)*

كُفَانَى مَاب ضَعِيف   *kufanya mambo da-ifu*)*

نوت كُتَرِيف   *na watu ku-ta'arifu*)*

كُفَانَى أَمتَكُوف   *kujifanya mtukufu*),*

كُوب كَينت ضَعِيف   *d)kumbe*) kijitu^b) da'ifu^c)*

مَثُون أَكَنكِى   *machoni, uki-mtokea*);*

وَزِيو أَكَوغُوز   *wenziwe aka-wayhuri*)*

بَيو وَكفكر   *pasiwe*) wa-kufikiri^b);*

وَكَنغِيو غرور   *wakangiwa*) na ghururi^b)*

وَكَاج وَكَاف زُور   *wakaja wa-kafa zuri*)*

حَتَى شَهَادَة كَتُو   *hatta shaha-da*) kutoa.*

hört! ich will es euch verkünden:
Er war's, der den Krieg begonnen,
übend frevelhafte Thaten
und ansagend allen Männern,
dass er sich zum König mache. —
Pfui! du jämmerliches Männchen,

so von Anseln, wie von Thaten! —
Der die eignen Mannen täuschte,
dass sie ganz von Sinnen wurden
und, beschlichen von der Thorheit,
kamen, um am Strick zu enden,
eh' sie ihr Gebet gesprochen.

54*) •Kampf•. 55*) ضَعِيف eigentlich: schwach, mangelhaft, von ضعف.
56*) Abgeleitet von عرف. Die Urschrift giebt كُتَرف = benachrichtigen. 57*) •Ein Grosser, Grande•. 58*) Ausruf der Verachtung und des Abscheus: •Pfui!•. ^b) Diminutiv von *mtu*: Menschlein. Demnach scheint die von Schleicher, Afric. Petrefacten, ausgesprochene Meinung, dass *m(un)tu* (so bei den Kaffern) aus *m* (Praefix)-*ni*(ich)-*tu* (nur) = •das alleinige Ich• entstanden, nicht haltbar; *mu-ja-tu* •das Wesen an und für sich•? °) Vergl. 55*. ^d) In der That war Hassan bin Omar ein unglaublich hässliches und schwächliches altes Männlein, ausserdem, wie seine sämmtlichen Grossen, in schmutzige Lumpen gekleidet. Es ging die Sage, dass er Hermaphrodit sei. Die nach seinem Tode vorgenommene ärztliche Besichtigung bestätigte das nicht. Immerhin hatte er ganz auffallend weiberartig entwickelte Brüste. 59*) •wenn du vor ihm erscheinst•, d. h. •ihn siebst•; wir würden sagen: wenn er vor dir erscheint. 60*) Von غر täuschen: غرور (Vers 62) = Täuschung. 61*) Ergänze: •*mtu*•. ^b) Von فكر. 62*) *wa-ka-ingiwa.* ^b) Vergl. 60*. 63*) Schlinge, von زَار (arabisch: زُور = Lüge). 64*) شَهَادَة Zeugniss. sodann (das muhammedanische) Bekenntniss — gleichbedeutend mit *neno la haqqi*, •das Wort der Gerechtigkeit, des Glaubens• —: *bi ikih illa 'lbih (wa Muhammad rasûl allah)* = es giebt keinen Gott ausser Allah (und Muhammed ist der Prophet Gottes); von شهد.

65 — 72

أكَالْ وَكِ كَمَا رَعَدْ *) ukali wake
kama ra'di[b])

جِرْمَانْ هَوَرُودْ Jerimani;
hawarudi[a]).

هُونِنْدَ كَمَا جَرَادْ *) huenenda
kama ja-
radi[b])

هَابْ وَتَنْبَكِّى hapo wata-
potokea.

عَنْكَرَ وَ جِرْمَانْ 'asikari[a]) wa
Jermani

اَنَّوْبَابْ كُوْ شَانْ *) anaro[b]) wa-
pamba kwa
shani[c])

فَاتْ فِنْكَ مِجُونْ ryatu riko
miguuni

نَمِنْتَ كُوْنُونْ na mabete[a])
kiunoni[b])

73 — 80

بَرْغَنْتَ مَجْنُونْ burangiti[a])
mgongoni[b])

جِنْسْ وَنْتَقَلْ yixi wanaco-
ralia[a]).

لِوْ اَمْنْجُوتَ نِنْ leo mnajuta
nimi

بَاءَ لَكُجْتَكِّى baa la kuji-
takia?

وَلْبَزِمْ فِنْتَ *) walipo-
'azim[b]) rita

كُوْ مَكْتَى كُفِنْكَ kwa Makunganya ku-
jika

حَتَّى وَلِمْشِيْنِكَ *) hatta wa-
lipomshika

نَوْتَ كُوْمِ نَسْتَ na watu kumi
na sita[a]):

Dessen Muth wie Blitzstrahl, nimmer
weicht er rückwärts, der Germane.
Wie Heuschreckenschwärme schrecklich
ist er, wenn zum Kampf er auszieht.
Trefflich rüstet aus zum Streite
seine Krieger der Germane;
mit den Schuhen an den Füssen,
um den Leib Patronentaschen

und Tornister auf dem Rücken
sind sie trefflich ausgerüstet.
Heute, was bereut ihr denn
Unheil, das ihr selbst euch wünschtet?
Als sie nun den Kampf beschlossen
und den Angriff auf den Häuptling
fortzusetzen, bis sie ihn nebst
sechzehn seiner Treuen fassten:

65 *) Der Vers enthält eine Silbe zu viel. [b]) رَعَدْ Blitz, Donner. 66 *) Wörtlich: seine Wildheit ist wie Blitz, die des Germanen; sie (die Germanen) reissen nicht

aus. 67 *) Eine Silbe zu viel. [b]) جَرَادْ = Heuschrecken, von جرد. 69 *) Vergl. 32*.
70 *) Eine Silbe zu viel. [b]) Vergl. 28*. *) Wörtlich: der sie ausrüstet in Schönheit.
72 *) Vom arabischen بَيْت = »Haus (der Patronen)«, d. h. Patronentaschen. [b]) »an
den Hüften«. 73 *) Bedeutet »Tornister«; umgeformt nach dem englischen blanket
(= blankêti); der Tornister des Askaris besteht aus einem Sack, der aber unter der
zusammengerollt darüberliegenden wollenen Decke (blanket) kaum sichtbar ist. [b]) Sk.:
mugongoni. 74 *) In der Art, wie sie ihn (den Tornister) anlegen (vaa). 77 *) Sk.:
walipoaz|imu rita. [b]) عزم = beschliessen. 79 *) Sk.: hatta walip|omushika.
80 *) سَنَة, von سَتّ.

81—89

هَانْ بَكْنُكِي	hapana pa-kutokea[a])
أَتِ وَكَثِنِوَ نِبْرُورْ	[b]) ote[b]) waka-tiwa nyororo
وَكَاوَ كَمَ وَتُورْ	wakawa ka-ma watoro
زِكَوَافَ رُوحْ زَاوْ	zikawafa[a]) roho[b]) zao
نَفْسِ زَاوْ كُبُتِي	nafsi[a]) zao kupotea.
وَتْ وَلِبْشَكَانْ	watu walipo-shikana[a])
فِتَ فَلِجَانْ	vita vilipo-pigana
مُجِنْ مُوَ مَكَنْتِي	[a]) mjini mwa Makunganya
وَتْ كُجْكَنْبِلِي	watu kuji-kimbilia[a])

90—98

وَبُومُو كُوَ وَغْوَانْ	[a]) watumwa kwa wang-wana :
هَانْ مَتْ كِنِيمْ	[a]) hapana mtu kusema
وَتْ وَتِكَنِي	wote wana-teketea[a])
وَتْ وَمَكَتِي	[a]) watu wa Makunganya
وَمَكُوفَ كَمَ بَنِي	wamekufa kama panya
جِنْ الْغَلِيوْ	gisi aliro-ngiliwa[a]).
بُومَ لَكَ لِكَفِنْجُوَ	boma lake likarunjwa
وَتْ وَكَ وَكَنِغِوْ	watu wake waka-nyongwa[a])
وَكِوْ وَكَبِنِي	wakewe wa-kapotea

Keiner konnte da entrinnen,
Alle kamen an die Kette
gleich entlaufnen Sclavenjungen.
Schon verwirket war ihr Leben,
und sie gaben sich verloren.
Denn als es zum Kampf gekommen
und sie sich einander fassten
in der Stadt des Makunganya:
wie sie aus einander stoben.

Sclaven, Freie durch einander!
Ehe sie es sich versahen,
waren sie bereits geliefert,
und des Makunganya Mannen
kamen kläglich um wie Mäuslein,
denn sie wurden überrumpelt.
Und geschleift ward seine Feste
und gehängt ihm die Genossen
und genommen ihm die Weiber.

----

81 [a]) »da war keine Möglichkeit herauszugehen (zu entkommen)«. 82 [a]) Eine Silbe zu viel. [b]) Gleich wote. 84 [a]) »und mit ihrem Leben war es zu Ende«, von وَقَ [b]) رُوحْ = Spiritus von راح. 85 [a]) نَفْس die Seele, das »Ich«, von ضْ 86 [a]) Wörtlich: »als sie sich zu fassen bekamen«. 88 [a]) Sk.: mujini mwa .... 89 [a]) Die Leute »drückten sich«. 90 [a]) Sk.: watumwa kwa | wanguana. 91 [a]) Sk.: hapana mu|tu kusema. 92 [a]) »zusammenstürzen«. Das in den Grammatiken spukende Causativum »teketeza« existirt nicht. 93 [a]) Eine Silbe zu wenig; watoto wa ....? 95 [a]) Statt walio-ingilwa. 97 [a]) ku-nyonya = hängen.

99—106		107—114	
تَاى تَنْزِنْ كَنِى	naye tanzini kangia[a]).	بَاء لَكُجَكَى	baa la kuji-takia!
لِوُ أَمْنَجْوْتَ بَيْنْ	leo mnajuta nini	خَبَرْ نَتَوَبَانْ	khabari nita-wapani[a])
بَاء لَكُجَكَى	baa lakuji-takia!	وَلُوْ أَنْدُوْكَ مِجِنْ	walio ondoka mjini
كُوْ حَبْ سِتَوِشْ	kwa hesabu[a]) sitawesha[b])	مَعْدُو وَ زَمَانْ	[a])ma'adui[b]) wa zamani[c])
وَغِنْ نَتَوَقِنْشْ	[a])wengine ni-tawabanqisha	وَلَكُوْنْدَ كَوْ كُشْوَانْ	[a])waliokwen-da Kilwa Kishwani[b])
وُتْ وَكِنْجُوْ يِنْشْ	[a])wote waka-piqwa picha[b])	كُمُوْنْدُو سَلْطَانْ	kumwondoa Sulutani[a])
بَيْنِوْ وَكَلِى	pasiwe wa-kusalia.	بِى بُوَانْ فْسْمَانْ	yeye bwana[a]) Vismani[b])
لِوُ أَمْنَجْوْتَ بَيْنْ	leo mnajuta nini	نَنْ نَجْفْمَانْ	[a])na tena na (iovmani[b]).

und ihm selber ward der Galgen. Unheil, das ihr selbst euch wünschtet?
Heute, was bereut ihr denn Jetzo lasset mich erzählen,
Unheil, das ihr selbst euch wünschtet? wie sie einstmals aufgebrochen,
Zählen kann ich sie nicht alle, diese unsre alten Feinde
darum will ich sie verschweigen; nach der Stadt Kilwa Kiswani,
wenn's euch Spass macht, möget ihr sie um den Herrscher abzufangen,
auf dem Lichtbild auch betrachten. ja ihn selbst, den Herrn Wissmann,
Heute, was bereut ihr denn ihn, der unser Gouverneur ist.

99 [a]) Statt akawingia utanzi = er ging in die Schlinge hinein. 102 [a]) حَبْ : im urspr. Text »kuhesabu«. [b]) Gleich: si-ta-wa-isha. nicht gleich == sitaweza. 103 [a]) Eine Silbe zu viel. 104 [a]) Der Dichter hat beobachtet, dass in Afrika wie zu Hause jede seltene Begebenheit von Liebhaberphotographen aufgenommen wird. Hier war es indess verboten worden. [b]) picha verstümmelt aus dem englischen picture. 108 [a]) (vergl. 6[b]) Hier ist »euch« zweimal ausgedrückt durch »wa« und »ni«. 110 [a]) Sk.: maadui. [b]) Plur. von عَدُو = Feind (عَدَل). [c]) Arabisch زَمَانَ von زَمَانْ = Zeit (زمن): »von Alters her«. 111 [a]) Mindestens zwei Silben zu viel. In den Rhythmus würde passen: walyokwenda | Kisiwani. [b]) Kilwa Kisiwani (= auf der Insel), das alte portugiesische Quiloa, mit gewaltigen Ruinen, jetzt ein mässiges Dorf. Es ist zurückgegangen auf Kosten des drei Stunden nördlicher gelegenen Kilwa Kivinje, Sitz des Bezirksamts, mit etwa 10000 Einwohnern. 112 [a]) سَلْطَانْ. 113 [a]) Sk.: yeye bwa|na .... [b]) Gouverneur v. Wissmann. 114 [a]) Eine Silbe zu

7[*]

115—121

سِتِمَ إِكُ طَيَّار	sitima iko tayari¹)
إِمْكُوتَى جِنْغِلِ	emekwisha jingilia²)
وَكِنْدَ وَسِمْوُن	³) wakenda wasimwone.
مَنِنْ يَاوُ وَسِسِمْ	⁴) maneno yao wasiseme
وَكَاوُ كَمَا وَجَان	wakawa kama waqane⁵)
هَاپْ وَابْ كُكَاء	hapa⁶) walipo kukaa.
ضَمِيرْ يَاوُ مِيوُن	damiri⁷) yao moyoni

122—128

وَمْبَتَ فُسْمَان	¹) wampate Vismani
بَانَ مْكُوبْوَ وَثَان	²) bana mkubwa wa shani⁵)
عَقِلْ نِيغْ كِشْوَان	aqili³) nyingi kichwani
أَمْثُوتْ وَكِرْمَان	⁴) mtoto wa Kijermani
امملك كفنج	ememiliki⁵) Kireinji
حَتَّى كِلْوَ كِشْوَان	hatta Kilwa Kishwani⁶)
نِغْ أَوَلْ يَنْد	tangu awah⁷) ya Lindi⁸)

Doch schon fertig lag das Dampfschiff,
hatte es bereits bestiegen,
so dass sie ihn nicht mehr trafen.
Standen wie die Kuh am Berge,
wussten nicht ein Wort zu sagen,
sie mit ihrem feinen Plane
Herrn Wissmann aufzuheben,

ihn, der Küste Landesoberst.
der so viel mal mehr im Kopf hat.
er, der Mann von deutscher Sitte
und von deutscher Art, der weithin
herrscht, von Kilwa auf der Insel
bis zur Stadt Kilwa Kivinje.
und vom fernen Lindi bis nach

wenig; besser stände auch metrisch: *govemori*. ᵇ) Offenbar nur dem Reim zu Liebe
statt *govemori*. Slemân bin Nâssr sagt dazu: *rukhsa kutunja masha'iri kidogo kwa
sababu ya iḫtiláf.*

115 ¹) طَيَّار = bereits, von طَار schnell sein, fliegen. 116ª) Von *ingia*, eigentlich: *amekwisha kujiingilia.* 117ª) Sk.: *wakaenda* .... 118ª) Eine Silbe zu viel.
119ª) Nach dem Dichter: = *wageni*, Fremde, Unwissende, Narren; nach Slemân bin
Nâssr = *mjani*, junger, schüchterner und unbeholfener Mensch (von جَان = Sünder.
Stamm جَنَى). 120ª) Nämlich auf Kilwa Kisiwani. 121ª) ضَمِير = geheimer Ge-
danke, von ضَمَر. 122ª) Fehlen zwei Silben: *wampate* | *Vismani?* 123ª) Sk.: *bana
mkubwa* .... ᵇ) s. 28ᴬ. 124ª) عَقَل Verstand, von عَقِل. 125ª) Sk.: *mtoto wa* ....
126ª) ملك herrschen: *amemiliki.* 127ª) Metrisch besser: *Kisiwani.* 128ª) Sk.:
tangu awralfi .... vergl. 1ᵇ. ᵇ) Lindi war bis zur Verlegung nach Mikindani, im
Januar d. J., das südlichste Bezirksamt. Unser Besitz endet bei Kyonga, südlich
des Rovuma.

129—136

حَتَّى نَغْ افْركَانْ	hatta Tanga Afrikani*)
لِيُو امْنَجُوتَ نِنِ	leo mnajuta nini
بَاءَ لَكُجتَكِيَ	bna la kuji- takia!
اُشَاهِد سِجَتُو	ushahidi*) sijatoa
سَاسَ نَوَيَاوَى	—*) sasa nnawaya- waya b) —:
بَندَر سَلَام الْاَيَة	d) Bandari*) Salama b) Ulaia c)
اُزُور وَمِرْبَار	uzuri wame- barbara*)
جِنس الْقَلِى	ginsi iliro- tulia.

137—144

زمكُوتَ سِيفَ زَكَ	zimekwisha sifa zake
فَمَن بِيك يَك	*) Wisman peke yake
وَلَا هَانَ مُوِز وَكَ	wala*) hana mwenzi wake
اَبَى كُمزِدَى	ambaye kumzidia*)?
كُوكُل بَين نَتَى	kwa kulla neno utatia*)
نكَن هَاب افْرِيك	ni kana hapa Afirika
وَلَا هَانَ مُشرك	wala hana mushirika*)
سكِزِن نتَوَى	sikizeni nta- waambia*):

Tanga's african'schem Boden.
Heute, was bereut ihr denn
Unheil, das ihr selbst euch wünschtet?
Eines will ich noch bezeugen:
— wenn's erlaubt ist, abzuschweifen —
seht, wie herrlich ist erstanden
jetzt des Friedenshafens Schönheit,
seitdem er die Herrschaft führet!

Ist damit der Ruhm zu Ende
des Herrn Wissmann, dieses Einz'gen.
dem von allen seinen Helfern
nicht ein einz'ger ist vergleichbar?
Nein! Ich will euch Alles künden,
wie auf african'schem Boden
er ist völlig ohne Gleichen.
Höret also meine Worte:

129*) Tanga (-in Africa-) ist das nördlichste Bezirksamt. Der nördlichste Platz von Bedeutung ist Mwoa. 132*) Zeugniss; Stamm: شهد. 133*) Sk.: ...an nina.... b) -unstät sein- (= hanyaika). hier: -abschweifen-. 134*b) بندر Seestadt, Hafen; bender-essalām sieht man ebenso oft geschrieben als دار السّلام. von دار (Haus, Niederlassung) und essalām سَلَام = Ruhe, Frieden, von سلم. c) Ulaia Herrlichkeit, Wunderland (Europa); die Ableitung führt auf das arabische وِلَايَة == -Bezirk eines Wali-, Statthalterschaft, Vilajet (Türkei) zurück. von ولى. d) Eine Silbe zu viel. 135*) mabarabara, plur. von barabara = breite Strasse; vom persischen رَبار, welches nach Slemán bin Nassr -gleichmässig- bedeutet. 138*) Eine Silbe zu wenig.
139*) وَلَا. 140*) zidia -grösser sein im Vergleich zu Jemand- = übertreffen. von زاد. 141*) Sk.: nitatia. 143*) Von شرك -Genosse-. 144*) Hier folgt höchst unmotivirt der Kehrreim. Die directe Fortsetzung folgt Vers 147.

145—153

لِيُ أَمْنْجُوتَ نِنِ   leo mnajuta
nini

بَاءِ لَكُجْتَكِى   baa la kuji-
takia!

يَبِى مْتُ تَرْتِيب   *)yeye mtu
turatibu[b])

هَكُوُمْبِوَ تَفْضَ   hakuumbwa
na ghadabu[a])

أَكَمْنُونَ مَرْب   ukimwona
mwarabu[a])

مَثُونْ أَكَمْنَكِى   machoni uki-
mtokea[a]);

أَمْوُبُو تَرْحَمَ   amwumbwa
na rehema[a])

أَمْفَى مَاب مِيم   amefanya
mambo mema

إِنْشِ زُوتْ كُتَى   inchi zote
kutengea

154—162

أَجُو سَانَ كُنِيم   ajua sana
kusema

كَنْوَحْلِ كَمُولِى   kiswahili[a])
kumwelea[b]).

لِيُ أَمْنْجُوتَ نِنِ   leo mnajuta
nini

بَاءِ لَكُجْتَكِى   baa la kuji-
takia!

نَوْشِين نَمْسِيف   niwacheni
nimsifu[a])

نَبِى أَمْتَ نَضِيف   *)na yeye
mtu nadifu[b])

نَتَانْ مَتَكُوفُ   na la tatu
mtukufu

رُوحْ يَاكَ هَانَ خُوفُ   roho[a]) yake
hana khofu[b]).

نِينَ أَمْتَ شُجَاعَ   *)tena mtu
shuja'a[b])

Heute, was bereut ihr denn
Unheil, das ihr selbst euch wünschtet?
Abgekläret und bedächtig
ist sein Geist und ohne Jähzorn,
auch im Äussern gleicht er völlig
schon Arabiens edlen Söhnen.
Gnädig ist sein Herz, des zeugen
laut für ihn die edlen Thaten,
die seine Regierung schmücken;

und er kennt des Landes Sprache,
die er mit Verständniss redet.
Heute, was bereut ihr denn
Unheil, das ihr selbst euch wünschtet?
Lasst mir noch ein Wort des Ruhmes
für den Herrscher, reines Herzens
und voll gottergebener Seele,
dessen Geist die Furcht nicht kennet.
Ja fürwahr! Ob seiner Kühnheit

147 *) Sk.: yeye mutu ....   [b]) تَرْتِيب; eigentlich Disposition, von رتب.

148 *) غَضَب Zorn. 149 *) عَرَب. 150 *) Wörtlich gleich Vers 59. 151 *) Vergl. 2[b]
und 14[b]. 155 *) سَاحَل. plur. سَوَاحَل = Meeresküste, von سحل. [b]) Wörtlich:
»ihm klar zu sein«, d. h. »er versteht es«. 158 *) Sk.: nimusifu. 159 *) Sk.: na
yeye mutu .... [b]) نَضِيف = rein. von نضف. 161 *) روح = Geist, Seele (رَاح).
[b]) Vergl. 42[b]. 162 *) Sk.: tena mutu ....; immerhin noch eine Silbe zu wenig.
[b]) شُجَاع tapfer, von شجع.

163—170

جِينْ لَكَ تُلِجُو *jina lake tulijua:*

غَ بُوانْ حَتَّى بَرْ *tangu pwani hatta barra*)

هَابْ اَسِى سِكِى *hapo asiyo sikia.*

لِيُو اَمْجُوتَ نِينِ *leo mnajuta nini*

بَاءَ لَكُجِتَكِيَ *baa la kuji-takia?*

كِبَادَ اَفْرِيكَ *kaipanda Afirika*

غَ نِيَازْ حَتَّى نِيكَ *tangu nyanza hatta nyika*

هَانْ اَسِپَفِيكَ *hapana asi-pofika*

171—178

بَرَ يُوتْ كُنْمِى *barra yote kutembea.*

اَمْزِيلُوَ بَرْلِينْ *amezaliwa Berlina*)

فَنْمَانْ اَمْتَ مُويِم *) Wismani intu mwema*

اَنَاىَ نِيعْ رَحَة *anaye nyingi rehema*)

وَتْ وَتْ وَجُو *watu wote wamjua*).

خَبَارْ هِى كُفِيكَ *) khabari hio kufika*),

وَلْبَاكَ كُنْشِيكَ *walipotaka kumshika*

مُوَاكَ وَ نُصْفْ كِيتْ *mwaka u nusu kupita,*

kennen All' wir seinen Namen:
von der Küste bis in's Innre
ist er unbekannt bei Niemand.
Heute, was bereut ihr denn
Unheil, das ihr selbst euch wünschtet?
Durch des dunklen Erdtheils Mitte
von den Seeen zu den Steppen
kühnlich ist er vorgedrungen;

alles Land zeigt seine Spuren
von Berlin, wo seine Wiege
stand, bis an die fernsten Grenzen.
Gross und weitberühmten Namens.
hat er doch ein Herz voll Gnade.
Als damals vor achtzehn Monden
von dem Aufstand kam die Nachricht.
ward sogleich der Kampf beschlossen.

---

164 *) ﺮ Festland; im Suahili: das Innere Africas. 172 *) Nach der Vorstellung des Dichters kommen alle »Regierungsleute« selbstverständlich aus Berlin;
Berlin ist indess nicht Hrn. v. Wissmann's Geburtsort. 173 *) Wismani mutu. 174 *) Ist
schon Vers 151 gesagt. Der Eindruck auf den Dichter ist wohl so stark, weil
gerade die später erwähnten Inder sehr gnädig behandelt wurden. 175 *) Sk.: wa-
mujua. 176 *) Der Zusammenhang der folgenden sechs Verse ist dieser: Als diese
Nachricht (von Makunganya's Übelthaten) kam und sie (die Deutschen) ihn fangen
wollten nach anderthalb Jahren (die Abwesenheit der Truppen durch den Wahehe-
Feldzug verhinderte sofortige Ausführung des Entschlusses), machte er (Wissmann)
in der Zwischenzeit (= während die Tage verflossen) den Kriegsplan und die
Rüstungen. b) Vergl. 4°. c) Inf. absolutus.

179—187

حَتَّى سِيكُ زَكِتَ	ḥatta siku zikipita
شَوُرِ أَكَفَنْيِزَ	[1])shauri[b]) akafanyiza
زَانَةَ أَكَتَنْيِزَ	na zana[a]) akatenyeza;
وَكِدَ وَكِفُوزَ	wakenda wakifunza[a]).
لِوُ أَمْنَجُوتَ نِنِ	leo mnajuta nini
بَا لَكُجَكِ	baa la kujitakia!
أَشَعِرِ نَسِيمَ سَانَ	usha'iri[a]) ntasema sana
سِيكُ وَلُوكُتَانَ	siku waliokutana
فَسِمَنْ نَكِمَقِ	[a])Wisman na Makunganya.

188—196

كُوزَ الْمَكَانَ	kwanza[a]) alimtukana
نَي كِنَمِي	na yeye kajinamia[a])
كَنْكَانَ مَنُونَ كُوكَ	kamtukana machoni kwake[a])
مَكُتَى نَوتَ وَكَ	Makunganya na watu wake
كَمُوني مُوانَ مْكَ	kamwambia: mwanamke,
نَانَ أَنَاي كُجُوَ	nani anayo kujua!
أَسِيمَ أَكَبُو	akisema akapwa[a])
كَتِنَ كَكَلِ	kitini kajikalia[a])
كُودُوكَ بَانَ مُيُو	[a]) kaondoka[b]) bana Mayoa[c])

Unablässig ward indessen
vorbereitet Kampfgeräthe
und des Kampfes Plan erwogen:
jetzt schlug man sie in die Winde.
Heute, was bereut ihr denn
Unheil, das ihr selbst euch wünschtet?
Nun will ich vom Tage singen,
wo sie vor einander traten,
Makunganya und Herr Wissmann.

Beugen musste Makunganya
sich vor Wissmann's herber Rede
und vor seinem Löwenblicke
Makunganya und die Seinen,
als er sprach: du bist der Hassan,
dieses Weib ist der Berühmte?
Sprach's und schwieg; und liess sich
nieder.
Und es stand der Oberführer
auf und sagte deutsche Worte,

---

180 [a]) Sk.: shauri ... [b]) شَوُر = Rathschlag, von شار. 181 [a]) Munition: arabisch زَانَة hat andere Bedeutung. Wurzel زِن. 182 [a]) Statt fururiza = sich nicht aufhalten, durchmarschiren. 185 [a]) Arabisch شِعْر Dichtung, Gedicht. 187 [a]) Eine Silbe fehlt. 188 [a]) Sk.: kwanza ... 189 [a]) Gleich aka-ji-inamia -und er verbeugte sich-. 190 [a]) Ein deutliches Beispiel, wie die Sprache augenblicklich die Umwandlung des Locativs zum Instrumentalis vornimmt. 194 [a]) poa = abkühlen; vielleicht tua = ruhig sein, sich setzen. 195 [a]) akajikalia von kaa -und er liess sich nieder-. 196 [a]) Eine Silbe zu viel. [b]) akaondoka. [c]) -bana Mayoa- (Major!) gewöhnliche Bezeichnung des Oberführers der Schutztruppe.

197—204

مَيْنِ أُسْكُتُو *maneno aki-*
*tongoa*ª)

كِزُغْ مِيكْنُولِي *ª) kizungu:*
hayaku-
*mwelea*ᵇ).

نَامِي كُوَ يَقَيْن *nitaambia*
*kwa yaqini*ª)

تحَّة نَبَانَ قَلْتِين *Sakha*ª) *na*
*bana Feltini*ᵇ)

وَكَسِيمْ كِنْوَحِل *wakasema*
kinwahili

وَت وُت كُكِي *watu wote*
kusikia:

بَأَنَ تحَّة كَمُومِي *bana Sakha*
kamwambia;

لِوُ أُمْنَجُوتَ نَبْن *leo mnajuta*
nini

205—212

بَأَ لَكُجْتَكِي *baa la kuji-*
takia!

بِيَان تَوَهْنْد *ª) Banyani*ᵇ)
*na Wahindi*ᶜ)

وَعَرَب تَوَشْحِير *ª) Wa'arabu*
na Wa-
*shihiri*ᵇ)

تَوَغَيْن وَسْوَاحِل *na wengine*
Waswahili

وُت وَكَنْكِي *wote waka-*
*itikia*ª).

مَكْتَقَ أُسِيمْ *Makunganya*
aniseme

وَكَنْيُوغُو وَت سَبْعَة *wakanyongwa*
*watu saba'*ª)

نَمُونِيُو أَنْدُ وَ نَان *ª) na mwen-*
yewe ndio
wa nawe,

die die Leute nicht verstanden,
doch es war zum Übersetzen
der Herr Zache und Herr Velten,
welche beide, sprachenkundig,
seine Worte übertrugen
und des Makunganya Mannen
und die ganze Stadt befragten:
Heute, was bereut ihr denn

Unheil, das ihr selbst gewünschet?
Die Banyanen und die Inder,
Araber aus jeder Gegend
und die Menge der Swahili
rief: wir haben wohl verstanden.
Da verstummte Makunganya,
und mit sieben der Genossen
wurde er des Henkers Beute

197 ª) *kutongoa* = künstlich fügen. 198 ª) Eine Silbe zu viel. ᵇ) Schreib-
fehler im Urtext: *hawakwelea*. 199 ª) يَقَيْن = sicheres, Wissenschaft von einer
Sache, Wahrheit, von يَقَن. 200 ª) Eine etwas gesuchte Arabisirung meines Namens,
übrigens vom Dichter nicht erfunden: تحَّة = Wohlergehen, Gesundheit, von صَحّ.
ᵇ) Gouvernements-Dragoman Velten. 206 ª) Sk.: *Baniani.* ᵇ) Heidnische Inder
(Kuhanbeter und Vegetarier), daher andere Lesart: *Makafiri.* Suaheli-Plural vom
arabischen كَافِر = Ungläubiger, Heide (كُفْر), zu deutsch: Kaffer. Im Gegensatz zu:
ᶜ) den muhammedanischen Indern. 207 ª) Eine Silbe zu viel. ᵇ) *ma arabu* oder
wa arabu sind stets die vornehmere Classe der Maskat-Araber; *washihiri* (شحر) sind
die Einwanderer aus den anderen Theilen Südarabiens (Küste von Hadramaut), durchweg kleine, wenig geachtete Händler und Handwerker. 209 ª) Nämlich: *-tumesikia*-!
211 ª) سَبْعَة sieben, von سَبْع. 212 ª) Eine Silbe zu viel.

213—221

هَابْ اِسْتِزَامْ	hapo asiotazama
وَبُومُو تُوعْوَانْ	⁴)watumwa na wangwana
وَكُوبُو حَتَّى فِجَانْ	wakubwa hatta rijana
وُتْ وَكْشُهْدَى	wote wakashuhudia:
لِيُو اُمْجُوتَ نِنِ	leo mnajuta nini
بَاءَ لَكُجَكِى	baa la kujitakia!
صَحَّ نِبَانْ مْزُورْ	⁵)Sahha ni bana mzuri
وَهِنْدِ اَكُوَنُورْ	Wahindi aka-washauri⁶)
وُتْ وَكِكَنِى	wote waka-jikania⁷).

222—230

بَانْ صَحَّ اَكْفِكَرْ	⁸)bana Sahha akafikiri⁹)
عَقَلْ اِكْمُوعِى	'aqili¹) ika-mwimgia
رُوحْ اِكْغَضَبْكَ	roho²) ika-ghadabika³)⁴)
كَرَكُونْ اَكْفِكَ	karakoni⁵) akafika
عَكَرْ اَكَوِتْ	asikari⁶) akawrta⁷)
وُتْ وَكْنِكِى	wote ⁸)waka-mtokea;
وَلِنْيُو بُوشُوعْ	walingiwa⁹) na uchungu
عَكَرْ بُوزُنْعْ	asikari¹) na wazungu
وُتْ وَكْمُونْدِى	wote wakam-wandamia²).

vor den Augen alles Volkes; Freie, Sclaven, durch einander, Alt und Jung, sie wurden Zeugen jetzt der Antwort auf die Frage: Heute, was bereut ihr denn Unheil, das ihr selbst euch wünschtet? Unterdessen war der Richter thätig beim Verhör der Inder, welche sich auf's Leugnen legten.	Als er sinnend dies bedachte, kam ihm ein Gedanke plötzlich, und im Herzen voll des Zornes stieg hinunter er zur Wache, die er eiligst alarmirte, und sie trat in die Gewehre. Zorn und Bitterniss im Herzen, brach er auf mit den Askaris und den Unterofficieren.

214 ¹) Sk.: watumwa na | wanguana. 219 ²) Sk.: ... ba|na mzuri. 220 ³) Ver-
hören. 221 ⁴) Von ka-kana: legten sich auf's Leugnen. 222 ⁵) Sk.: .... Sahh' a|ka-
fikiri. ⁶) فَكَرَ nachdenken. 223 ⁷) Vergl. 124⁴. 224 ⁸) Vergl. 161⁵. ⁹) Vergl. 148⁸.
ʳ) Der Dichter scheint nicht daran zu glauben, dass der Richter seines Amtes sine
ira et studio waltet. 225 ¹) karakon oder karakol, auch karakou ist an der
deutschen Küste allgemein üblich für -Militärwache- und -Gefängniss-. Das Wort
ist türkischen Ursprungs und durch die Sudanesen-Askaris eingeführt. 226 ²) Vergl.
32³. ³) akawa-itu. 227 ⁴) Sk.: .... waka|mutokea. 228 ⁵) wali-ingiwa. 229 ⁶)
Vergl. 32⁴. 230 ⁷) -folgen-.

231—238	
أَكَفْنِز نَظَارِ	akafanyiza nadari
)أَكَوِبْك وَت وَوِبْل	)akaweka wutu wawili
)مْزُغ نَمْكَر	)mzungu na 'asikari b)
نِيُوب مُوج كَنْمِي	nyumba moja kuninyojea
مَنِن تَوْكِيف	maweno) nitawakifu b)
زَكْنْش زُوت نِيُوب تَان	zikesha) zote nyumba tatu
)نِيَان نَتَوْبِى	)na yanne ntawambia
نِيمْب الى بَقِى	nyumba iliobaqia)

239—246	
نَحِين نَتَوْغَجِى	na jina ntawatajia)
يَهْنْد قَاسْم بِير	ya Muhinili Kasum Pira
بَان ضَّه أَكُودُوك	)bana Sakha akaondoka
ال نِيُوب أَكْنِى	ile nyumba akangia)
قَاب أَكَفْنْكُو	)ritabu akarichukua
أَمْفَكُون أَكْنِى	mfukoni akaritia.
أَكُوَنُور سَان	)akawashauri sana:
وَهْنْد وَان وَكَكَان	)Wahindi wanne wakakana,

Klüglich stellte er der Leute
zwei vor jedes Hauses Thüre,
einen Weissen, einen Schwarzen,
um ihn dorten zu erwarten;
sprach: genug sind es der Worte!
Da der Häuser drei besetzt sind,
will ich euch das vierte nennen,
wohin ich mich selber wende.

Dieses vierte ist das Haus des
reichen Inders Kassum Pira.
Sprach's und ging und trat in's Hauses des
reichen Inders Kassum Pira,
wo er des Geschäftes Bücher
sonder Zaudern in Beschlag nahm.
Bald begann das Kreuzverhör; doch
wieder leugneten die Inder.

232 *) Eine Silbe zu viel.   233 *) Sk.: *muzungu na* ....   b) Vergl. 32*.
235 *) Beginn directer Rede.   b) Hängt nach Slemân bin Nâssr entweder zusammen mit كَفَايَة == Genüge, von كِنِى, oder mit مَوْقُوف, von وَقَف == anhalten: -einstellen, auf sich beruhen lassen-.   236 *) *zikaisha*: man beachte den eigenartigen Gebrauch der -ka-Form mit folgendem *na* für *zilipokwisha* ohne *na*. Ein causales Satzgefüge ist in zwei coordinirte Sätze aufgelöst, von denen der eine futurisch ist, der andere die Vorvergangenheit durch die -ka-Form giebt. Ich habe öfter beobachtet, dass dieses Tempus durchaus nicht mehr auf den Ausdruck der fortführenden Handlung in der Vergangenheit beschränkt ist.   237 *) Sk.: .... *naitawambia*.
238 *) Vergl. 51*.   239 *) Vergl. 27*.   241 *) Sk.: .... *Sakh' alkûöndükü*.   242 *) *akaingia*.   243 *) Eine Silbe zu viel.   245 *) Sk.: *akawa-hafuri* ....   246 *) Eine Silbe zu viel.

247—254

اكتنو احمّ بَانَ   *)bana Ṣaḥḥa
akitonyoa[b])

اكتو قَابُ   ritabu aka-
ritoa:

وكَنِّي وت   ote waka-
jinamia[a]).

نِن اَمْنجوت لُوْ   lro mnajuta
nini

لكُنِّي بَاءِ   bau la kuji-
takia?

معلوم يوجو   *)tiramjua
ma'lĂm[b])

حُكم كُوْ احمّ بَانَ   *)bana Ṣaḥḥa
kira ḥukĂm[b]);

انويز حُكم   ḥukumu[a])
anaureza

255—262

كتنيز شَوْرِ   *)shauri ku-
itengeza:

فضّ كوْتُوْز نَاى   naye kawa-
toza[b]) fedda[a])

كتُوْلى وهْدِ   Wahindi kujitolea[b]).

وغ كاوْ توْهْدِ   ua Wahindi
Kihra wengi

نِغ فضّ وكتُو   wakatoa
fedda[a])
nyingi.

حسب تنفنيز   nitafanyiza
ḥesabu[a])

نتوْى خلف   *)halafu[b])
ntaieambia:

بَقِين كُوْ نجو   *)najua kira
yaqini[b])

Doch als ihnen jetzt der Richter
ihrer Bücher eigne Handschrift
zeigte, senkten sie die Köpfe!
Heute, was bereut ihr denn
Unheil, das ihr selbst euch wünschtet?
Ja, fürwahr, man hat erfahren,
dass der Richter seines Rechtes
Sätze kennt und es verstehet,

den Verbrecher zu verhören!
Alle wurden sie verurtheilt,
alle zu Vermögensstrafen,
und sie trennten schweren Herzens
sich von ihren Wucherschätzen.
Lasset mich ein wenig rechnen,
und dann will ich es euch sagen —
Richtig! schon hab' ich's gefunden:

247 *) Sk.: . . . . Ṣaḥḥ' a|kitonyou.   [b]) Vergl. 197*.   249 *) wa-ka-ji-inamia:
zum Zeichen des Geständnisses (dass sie überführt sind).   252 *) Sk.: tiramjua |
ma'alumu.   [b]) معلوم notorisch, gewiss, sicher, von علم.   253 *) Sk.: . . . . ḥukumu.
[b]) حَكُوْمَه oder حُكم Urtheil, Rechtsprechung.   254 *) Vergl. 253[b].   255 *) Sk.:
shauri . . . .: vergl. 180[b].   256 *) فضّ, eigentlich »Silber«, von فضّ.   256 [b]) und
257 [b]) Von toa: aku-wa-toza, am besten mit dem unmanierlichen Ausdruck »er
schindete es von ihnen heraus« wiederzugeben; ebenso kujitolea: »sie mussten (damit)
herausrücken«.   259 *) Vergl. 256*.   260 *) Vergl. 152*.   261 *) Sk.: halafu ni|tawrambia.
[b]) خلف = unchher.   262 *) Sk.: najua ku|wa . . . .   [b]) Vergl. 199*.

263—269		270—276	
نالْفِ عَشَرِينِ	*)ni elfu [b]) 'asherini[c])	مَكْنَغِي اُتْبِكُو	hakungujea azhikire,
حَسَبُ نَوُبُ	*)ḥesabu [b]) nawambia	مِنِوُ الْجُنْدَى	mwenyewe alijendea*)
نَوُتَاجِرِ مُبَلْ مُبَلْ	ni watajiri*) mbali-mbali[b]).	حَتَّى تَنْزِنْ كُنِيكَ	ḥatta tanzini kujika
نَوُسِيفُ مَحَدَارِ	*)niwasifu[b]) mahodari[c]):	نَشُغْ اَكْبِيْلَكَ	*)na shinyo akaipeleka
عَبْدَالله بِن عُمَّارِ	*)'Abdallah bin Omari[h]);	نَاَزْ الْكُنِي	na tanzi akajitia.
اَنْدَى اَلِي نَكِي	ndiye aliye-tokea,	نَوُتَ وَكُنْزَارَام	na watu wa-kamtazama
مَكْكَاء مُونْمْكَ	hakukaa mwanamke,	نَاى كِنَى مَكِيْمَ	naye kimya hakusema

zwanzigtausend der Rupien
zahlten sie — noch abgesehen
von den grossen Sonderstrafen.
Itühmen will ich jetzt den kühnen
Sohn des Omar, dich, Abdallah!
Ferne war ihm weibisch' Zagen,
wartete nicht der Ergreifung,

selber stieg er auf zum Galgen,
wo die Schlinge seiner harrte,
selber steckte er den Kopf in
die für ihn bereite Schlinge.
Und als schweigend Alles zusah,
stand er schweigend eine Weile
— plötzlich sprang er dann hinunter.

---

263 *) Eine Silbe fehlt. [b]) Vergl. 33[c]. [c]) عَشَرِينِ. 264 *) Sk.: .... naʃwra-

āmbia. [b]) Vergl. 102*. 265 *) تَأَجِر, von نجر, im Arabischen = Kaufmann, im Swa-

hili: Reicher. [b]) Allerdings! Die erwähnten 20000 Rupien sind nur Contribution: die
Einzelstrafen zusammen betrugen 106000 Rupien — beides zusammen etwa 150000
Mark. 266 *) Zwischen 265 und 266 müsste meines Erachtens der Kehrreim stehen.
[b]) Der Dichter kündet an, von mehreren tapferen Männern singen zu wollen,
spricht aber dann nur von Abdallah bin Omar: deshalb besser: nitamsifu | mu-

hodari. [c]) حَضَارِ, von حضر. 267 *) Sk.: Ăbdallahi .... [b]) Abdallah bin Omar

(عبدالله بن عمَّار), des Makunganya Hassan Bruder, Regierungsakida in Kilwa Kivinje, büsste sein jahrelanges Doppelspiel am Galgen, den er in der That mit
einem imponirenden Gleichmuth beschritt. Überhaupt zeigt sich der Fatalismus
der muhammedanisirten Bevölkerung Angesichts des Todes in überraschender Weise.
Die Washenzi zeigen ungleich mehr Todesfurcht. 271 *) ali-ji-endea sehr bezeichnen-
der Ausdruck: »zwang sich, versuchte zu gehen«. 273 *) Eine Silbe zu viel.

277—284

مَرَّة الْكَفَى	marra[a]) aka-janyukia[b])
خَبَارِ بَيْنَ وِبَان	khabari[a]) nisha[b]) wa-pani[c])
وُتْ مِيْنَ سِكِى	ole mesha[a]) sikia[b])
يَمَكْفَانِ كُوْوَاوْ	[a])ya Maku-nganya kumrawa
مِيجْ يُوتْ وَجُوْ	[c])miji yote wamejna
مُوزْ حَتَّى أَخْرَى	mwanzo [b]hatta akhiria:
لِيُوْ الْمَنْجُوْتَ نِيْنْ	leo mnajuta nini
بَاءَ لَكْنَجَّى	bau la kuji-takia!

285—292

وَهَنْدْ وَكَتِيُو نِيرْدُوْنْ	[a])Wahindi wakatiwa nyororoni
وَكُوِيكُو كَرَكُوْنْ	wakawekwa karakoni[a])
سِنِيمْ وَكَنَّى	sitima[a]) wa-kangojwa.
الْبَكُوْزَ وَكَبِكُوْ	[a])ilipokuja wakapakiwa
وُتْ كَنَّفَرَى	wote kuji-safiria[a]).
وَكَفِكْ بَنْدَرْ السَّلَامْ	wakafika Bender-Essalâma[a])
وُتْ وَكُوْنَكَانْ	wote waka-onekana
وَوُمُوْ كُوْ وَغُوَانْ	[a])watumwa kwa wa-ungwana

Damit wäre denn zu Ende
Alles, was ich künden wollte
von dem Tod des Makunganya.
Weit und breit in allen Städten
hörten es die Eingebornen
von dem Anfang bis zum Ende.
Heute, was bereut ihr denn
Unheil, das ihr selbst euch wünschtet?

Unterdess waren die Inder
im Gefängniss an der Kette
und erwarteten den Dampfer.
Darauf wurden sie verladen,
um die Reise anzutreten
nach der Stadt Dar-es-Salama,
wo sie täglich waren sichtbar
so den Freien wie den Sclaven;

277 [a]) مَرَّة. von مَر. [b]) a-ka-ji-angukia. Die Schilderung entspricht der Wahrheit. Als er auf dem Brette stand, wartete er das Umlegen der Schlinge und den Fall des Brettes nicht ab, sondern steckte den Kopf hinein und sprang hinab. 278 [a]) Vergl. 1[a]. [b]) nimekwisha. [c]) ka-wa-pa-ni zu euch zu geben, vergl. 4[b]. 279 [a]) wamekwisha. (Diese Verkürzungen von kwisha sind auch in der Umgangssprache durchaus üblich.) [b]) Richtiger und metrisch correcter: kusikia. 280 [a]) Eine Silbe zu viel. 281 [a]) Acc. absol.; Subject zu wamejua ist ein zu ergänzendes watu (katika) .... 282 [a]) Sk.: .... ḥatt' | ākhiria; dies steht für arabisch عَنْ آخِر = bis zu Ende (oder الْأَخِرْ). 285 [a]) Zwei Silben zu viel. 286 [a]) Vergl. 225[a]. 287 [a]) Vergl. 30[b]. 288 [a]) Zwei Silben zu viel. 289 [a]) Boshafter Ausdruck: sich auf die Strümpfe machen. 290 [a]) Zwei Silben zu viel. Metrisch richtiger wäre das gewöhnliche Dār-es-Salām. Worterklärung vergl. 134[a][b]. 292 [a]) Sk.: .... wanguana.

293—300

وُت وَكَوْ تَرَام	wote waka-watazama,
هَبَانْ أَسِوَانْ	hapana asi-waone [*)];
وَكْشُوكُو كَمَا وَتُومِوَ	[*)]waka-shukwa kama watumwa
كِنَّ الْقُوغِي	kette[*)] iliwo-wangia[b)].
لِيُوْ أَمْنَجُوتَ نِنِ	leo mnajuta nini
بَاءِ لَكُجِّي	ban la kuji-takia?
بَانْ حَحَ وُوجُو مَعْلُوم	[b)]bana Nahha twainjua ma'limu[b)]
أَجُوْ سَانْ حَكُم	ajua sana hukumu[a)]

301—308

كَوْفَعَ كُوْ سِيْكَ زَكْ	kawafunga kira[a)] siku zake
اِحْجُو مِاكَ بَاكَ	aijua myaka yake,
خَلَفَ أَوْفَنُوْ	[a)]halafu[b)] atawafungua;
حُكُمْ يَاوْ كِيْنَ	[a)]hukumu yao kabisa[b)]
مِاكَ سَبَّ اَكْفِكَ	myaka saba[a)] ikafika[b)]
وُت وَفَلِيُوْ	wote wata-fungulirwa[a)].
وَكَبِكُوْ سِتِمْ اِغِنْ	[a)]wakapaki-wa sitima[b)] inginc
نُكُوَاءِ وَكُوْن	na kwao[a)] wasikuone[b)]

Niemand gab es, der die Inder
nicht in ihrer Schmach gesehen.
Wie die Sclaven ausgeladen,
legte man sie an die Kette:
Heute, was bereut ihr denn
Unheil, das ihr selbst euch wünschtet?
Von der Rechtskenntniss des Richters
sind wir Alle überzeuget.

Hat er jetzo sie gefesselt
— wohlbestimmt nach Jahr und Tagen —,
wird er später sie entlassen.
Wenn die Thaten sind gesühnet
mit des siebenten Jahres Ablauf:
Alle wird er dann entlassen.
Doch jetzt führte sie der Dampfer
fern hinweg von ihrer Heimat.

294 [*)] Hier ist wohl zu lesen: hapan' asilyewaona. 295 [*)] Eine Silbe zu
viel. 296 [*)] Unser Wort -Kette- ist im Munde der Eingeborenen allgemein üblich.
[b)] iki-ryo-wa-ingia. Unserer Anschauung würde es mehr entsprechen zu sagen: sie
gingen in die Kette hinein. 299 [*)] Zwei Silben zu viel. [b)] Vergl. 252[b]. 300 [*)] Vergl.
253[b]. 301 [*)] Grammatisch zulässig und metrisch richtiger ist es, das kwa zu streichen.
303 [*)] Eine Silbe zu viel. [b)] Vergl. 201[b]. 304 [*)] Sk.: hukumu .... [b)] Von
كبس. 305 [*)] سَبْعَة, vergl. 33[b]. [b)] Wäre nur bei Kassum Pira eingetreten, wenn
im Unvermögensfalle die Umwandlung der Geldstrafe in Gefängniss hätte Platz greifen
müssen. 306 [*)] Die drei letzten Zeilen lauten wörtlich: -(Wenn) ihr Recht zu Ende
(ist) und es sind gekommen sieben Jahre, alle werden sie (von der Kette) losgemacht
werden-. Hier beachte man, dass die -ka-Form die Bedeutung des Futurum exactum
hat (vergl. 236[*]). Das -ka-Tempus ist im Begriff, sich zum Praeteritum für alle drei
Zeiten zu entwickeln. 307 [*)] Drei Silben zu viel! [b)] Vergl. 30[b]. 308 [*)] Wörtlich:

309—315

وَكَاوَ كَمَا وَجَانْ	wakawa kama wagane [a]),
تَاغْ وَكَكِلِى	Tanga waka- nikilia [a]).
وَكَتِيوَ كَنْكَ كَازْ يَجَارْ	[a]) Wakatwa katika kazi ya gari [b])
كُفَنْيِزَ هَوَجُوى	kufanyiza hawajui
وَهِنْدْ وَوُلِى	Wahindi wanaolia.
مُسَمِيزْ طَيَّارْ	[a]) msimamizi tayari [b])
يُوبْ كُوكُبِى	yupo kuwa- kopokea [a])

316—322

مَنْوُزْ مُجِفُتِى	machozi hujifutia
كَازْ وَكَنِّى	[a]) kazi waki- fanyia:
لِيُو اَمْنْجُوتَ نِينْ	leo mnajuta nini
بَاءَ لَكُجْتَكِى	baa la kuji- takia? [a])
قَدْ تَمَّتْ شَاعِرْ	qadi [a]) tama- ti [b]) sha'iri [c])
نِيمْشْ كُوبْ خَبَارْ	[a]) nimesha [b]) kuwapa khabari [c])
يَكْلُو الْبَحِيرْ	ya Kilwa iliyojiri [a])

unbekannt im Land, wie Thoren,
kamen endlich sie nach Tanga,
wo des Bahnbaus unbekannte,
ungewohnte, thränenreiche,
schwere Arbeit ihrer harret;
wo bereit des strengen Wächters
scharfes Aug', sie anzutreiben.

Fort jetzt wischen sie vom Auge
sich die Thränen bei der Arbeit.
Heute, was bereut ihr denn
Unheil, das ihr selbst euch wünschtet?
Damit ist das Lied beendet
und die warnende Erzählung;
was in Kiloa geschehen,

•bei ihnen• = •ihre Heimath• (sonst arabisch: وَطَنْ statt مَوْطِنْ). [b]) wakiwisone.
ku bezieht sich auf kwao.

309 [a]) Vergl. 119 [a]. 310 [a]) Ki-Amu (Lamu-Dialekt) = fikilia, von ku-fika. Ähnlich -ila = -ila und Anderes mehr. 311 [a]) Das •katika• ist zu viel. [b]) gari (la moshi) =
Eisenbahn. 314 [a]) Sk.: msimamilzi .... 314 [b]) Vergl. 115 [a]. 315 [a]) Im Text: huwa-
kopokea; ku-pokea = in brüsker Weise Jemand antreiben, •schinden•. 317 [a]) Eine Silbe
zu wenig. 319 [a]) Hier folgen — einschliesslich des Kehrreims — acht Zeilen, in denen
der Dichter versichert, gründlich nachgedacht zu haben, und verspricht, dass ich
einzig und allein dieses Gedicht bekommen soll. 320 [a]) قَدْ = schon, bereits.
[b]) Wie vielfach am Schluss von Briefen تَمَّتْ: ist zu Ende. [c]) Wohl gleich شِعْر.
321 [a]) Eine Silbe zu viel; im Original steht allerdings nimesha wapa khabari.
[b]) nimekwisha. [c]) Vergl. 4 [a]. 322 [a]) •geschehen, passiren•; eigentlich •fliessen•
جَرَى.

323—330

بُوت نمذكر *yote nimei-zukuri*[a])

سِين نلاچى *sina*[a]) *nililo-achia*

كُو خَبَار يَمكَفَى *)kwa kha bari*[b]) *ya Makunganya*

كُوُواو كِمَى كِمَى *kawrawa kimya-kimya*

فِتَ مَان تِن *fitina*[a]) *ha-pana tena*

كِلُو بَكُكَى ") *Kihca ya-kutokea*[b]).

نفنكر يِك بَاغ ") *nimefikiri*[b]) *peke yangu*

هَتُو رَحُون كُواغ *hatoa rohoni*[a]) *kwangu,*

331—338

مِيم نَبِيب يَاغ ") *mimi na bibi yangu*

نيَان مُحكَى ") *nyumbani tumejikalia:*

نَلب نكَادِيك ") *nilipo niki-andika*[b])

بِيب يَاغ أَنَبِيك *bibi yangu anapika*

حَتَى خَلَف ككِين *hatta halafu*[a]) *kikesha*[b])

غَكُول تُكَجِلى *chakula, tu-kajilia*[a]),

بُوت نمَادِكى ") *yote nime-yandikia*[b]).

وكَتَب حروف ") *wakataba-hu*[a]) *harufu*[b])

Alles hab' ich euch gekündet,
und ich hab' auch nicht vergessen,
euch des stolzen Makunganya
ruhmlos' Ende zu berichten:
Sorge ist nicht mehr um Kilwas
ränkeschmiedende Bevölkrung!
Dieses Lied, ich hab's ersonnen,
nenn' es meines Geistes Sprössling!

Sass ich doch mit meinem Liebchen
traulich in der Hütte, dass ich,
während sie uns Essen kochte,
dieses Liedlein niederschriebe.
Als das Essen auf dem Tisch stand,
stand mein Lied auf dem Papiere,
und wir setzten uns zur Mahlzeit.
Wer dies Liedlein wohl erdacht hat?

---

323 [a]) ذكر erzählen.   324 [a]) Ergänze *neno.*   325 [a]) Eine Silbe zu viel.
[b]) Vergl. 4[a].   327 [a]) فتة Verführung, Aufruhr, Bürgerkrieg, von فتن. 328 [a]) Eine
Silbe zu wenig.   [b]) Hier fehlt nach meiner Ansicht der Kehrreim.   329 [a]) Eine
Silbe zu viel.   [b]) Vergl. 222[b].   330 [a]) Vergl. 161[a].   331 [a]) Eine Silbe zu wenig.
332 [a]) Eine Silbe zu viel.   333 [a]) Die allerliebste Idylle von 333 bis 336 stand
in der ersten Niederschrift nicht.   [b]) Man beachte die doppelte Unterordnung durch
po mit der -*ki*-Form.   335 [a]) Vergl. 261[b].   [b]) *ki-ka-isha.*   336 [a]) -sich atzen-,
ein ärmliches Mahl einnehmen.   337 [a]) Hier folgen 83 Verse, in denen der Dichter
seiner Hingebung für den Verfasser Luft macht, ihm alles mögliche und unmögliche
Gute wünscht und auch nicht vergisst, einige Andeutungen eigener Hoffnungen einzu-
streuen. Dieselben sind mehr Arabisch als Swahili; in mancher Beziehung empfahl
es sich, sie wegzulassen.   [b]) (*khabari*) *nimeiandikia.*   338 [a]) وكتبه -und geschrieben
hat es-, wie so oft am Schluss arabischer Schriftstücke.   [b]) حروف Buchstaben,

339—343

وَكَتَبَ كُودِنْكَ	*)(wakata-bahu: kwandika)
أَشَاعِ أَمَكُوِيْش	— usha'iri*) umekwisha:
خَبَارِ يَمَكَفَانَ	khabari*) ya Makunganya
الِي كِيْزِ كِلْوَ	iliyo kujiri*) Kilwa
نَمَكُوِيْش كُوَنْ	*)nimekwisha kwambia. —

344—348

مِنِي كُودِنْكَ أَشَاعِ	mwenyi kwandika usha'iri*)
أَنَا مَعْلَ مُزَى	*)ana b) mw'a-limu c) Mzee d)
بِن مَعْلَ عَالِي	*)bin mw'alli-mu 'Ali
بِن كِنِيْج بِن الْقَادِرِ	*)bin Kidigo b) bin Ilqadiri
نَاء لَأَصُلِ زِغَارِ	*)na il uwili b) Zingibari.

Wer es säuberlich geschrieben?
Wer die traurige Geschichte
euch von Kiloa berichtet
und des Makunganya Thaten
sammt dem Ende, auch Herrn Wissmann's

Ruhm und Sieg — das wollt ihr wissen?
Ich, der Lehrer Mzee bin es,
Sohn des braven Lehrers Ali,
Sohns Kidigo's, Sohns Qadiri's,
stamme her aus Zanzibar. —

plur. von حَرْف. *) Hier beginnt eine verwickelte Construction: »Geschrieben hat es« — erste Parenthese: Erklärung des katabahu — zweite Parenthese: (denn) das Lied ist zu Ende, (weil) ich (nämlich) habe die Geschichte von Makunganya, die in Kilwa passirte, auserzählt — »der Schreiber des Gedichts, ich ....« (Vers 346).

339 *) Es ist nicht selten, dass ein Dichter seinen Swahili-Zuhörern so ein arabisches Wort erklärt. 340 *) masha'iri im Swahili: Verse, usha'iri: Gedicht; der Singular sha'iri bedeutet Vers und Gedicht. 341 *) Vergl. 4 ª. 342 *) Vergl. 322 ª. 343 *) Sk.: .... kuambia. 344 *) Vergl. 340 ª. 345 *) Sk.: ana mualimu Mzee. b) أَنَا. arabisch = »ich«. c) مَعْلَ, von عَلْ. d) »ßiu 'Oßesv: ....« 346 *) Eine Silbe zu wenig. 347 *) Sk.: .... bin Ilqadri. b) »Kleinchen«. Ähnlicher Spottname für Europäer: bana kifupi. 348 *) Sk.: na'luwuli | Zingibari. b) أصُول. pl. von أَصَل = Ursprung.

Rechtsbegriffe und Rechtshandhabung unter den Bantu.

Von P. H. Brincker.
Missionar a. D.

1. Verbalbegriffe der Worte für „richten, urtheilen; Gericht, Richter" u. s. w.

Mit der Jurisprudenz, Jurisdiction, der Rechtsnorm und daher auch mit
den Urtheilssprüchen steht es unter den Bantu, abgesehen von den dem
Islam mehr oder weniger ergebenen Suaheli, sehr schwach. Die gebräuchlichen Worte für obige Begriffe sind z. B. in einigen Dialekten folgende:
Otji-hérero (Damaraland): *oku-pángura*, scheiden, trennen, abscheiden;
　　omu-pángure, Scheider, Trenner = Richter:
　　o-mbangúriro, Scheidung, Trennung = Gerichtshandlung.
Oshindónga (Ovámboland): *oku-toköla*, abreissen, abtrennen, durch-
　　schneiden;
　　omu-toköli, Abtrenner, Durchreisser = Richter;
　　e-tokölo oder *e-toköleo*, Abtrennung = Gerichtshandlung.
Kafir-Sulu: *uku-téta-maidla*, eine streitige Sache besprechen:
　　ɣum'-téti, Sprecher = Richter:
　　ǀum'-ábi, Scheider, Theiler.

2. Wortbegriffe für „Recht, Gerechtigkeit".

Otji-hérero: *ou-sémba*, Geradheit, Rechtheit = Recht, Gerechtigkeit;
ɣ Oshiknánjama: *ou-viúki*. ǀ
ǀOshindonga: *uu-júki*. ǀ
　　Obige Begriffe und Worte zeugen von sehr primitiven Auffassungen
von Recht, Gerechtigkeit, richten, urtheilen u. s. w. Im Grunde genommen
kann dabei eigentlich gar nicht die Rede sein von einer Art Satisfaction bei
einem Urtheil in obigem Sinne, weder für den, der Unrecht gelitten, noch
auch für die menschliche Gesellschaft im Allgemeinen. Es kann daher bei
den Bantu gar nicht die Frage aufkommen, was eigentlich der Zweck juri-
discher Strafgerechtigkeit sei: ob moralische Besserung des Delinquenten,
oder politische bez. satisfactive Sicherung des Bestehens eines Gemeinwesens,
das durch Verbrecher gefährdet wird. Wo die Civilisation dem lockeren
Gemeinwesen heidnischer Stämme noch keinen Zwang auferlegt hat, werden
überhaupt unter den Bantu politische und moralische Verbrechen nur inso-

8*

weit gerichtlich behandelt und bestraft, als der Delinquent schwächer ist, wie der oder die Richter, und andererseits etwas besitzt, das ihm zu nehmen der Mühe lohnt, und endlich sein Anhang oder seine Verwandtschaft sich für Strafen nicht rächend auflehnen kann. Vornehme und einflussreiche Leute können überhaupt nicht vor ein Gericht gezogen werden.

Von Verbrechen haben die Eingeborenen ganz andere Ansichten wie der Europäer. Als ein Verbrechen κατ' ἰξοχήν gilt ihnen eigentlich nur Veneficium letale, überhaupt jeder böse Zauber, der Krankheit und Unglück herbeiführt. Diesen auszufinden ist das Geschäft der *ova-vetere* (wovon später mehr) der Ováhérero, des *ompúlile* der Ovámbo und des *injánga jokubúla* der Kafirstämme. Diese vielfach im Solde der habsüchtigen Häuptlinge stehenden Schurken bringen oft grosses Elend über ganz unschuldige Leute. Verbrechen, wie Mord, Ehebruch, böswillige Verlassung. Diebstahl u. s. w. sind z. B. bei den Ováhérero *ovi-píga*[1] (sing. *oṭji-poṭa*). wörtl. Lärmsachen = Streitsachen, denn bei den Verhandlungen derselben in einer Versammlung der Hauptmänner ist der dabei gemachte »Heidenlärm« die Hauptsache, so dass der Delinquent schon als genug bestraft gilt. wenn er diese Lärmtortur einen halben oder auch ganzen Tag ausgehalten hat. Mahárero, der verstorbene Oberhäuptling pflegte bei solchen Gelegenheiten, wenn Alle erschöpft waren, gutmüthig zu sagen (war der Übelthäter unbemittelt, oder hatte er sich an einem Europäer — *omutúd* — vergangen): *nambáno omundu ua uóka, mü éga, a ende*, jetzt ist der Mensch zahm, ihn lass, er möge gehen. Das war das Strafurtheil für Diebstahl.

Hat aber der Delinquent Vermögen und der Kläger besitzt Einfluss. dann kommt ersterer nicht mit der Belärmungsprocedur davon. denn die klagende Partei will bei dieser Gelegenheit ein Geschäft machen und verlangt im Falle eines Mordes 10 bis 20 Rinder und ebenso viele Schafe. im Falle eines erlittenen Diebstahls das Achtfache. bei Ehebruch (ausser der *oupánga*. der socialen Einrichtung einer Weibergemeinschaft zwischen Männern) mindestens fünf Rinder und fünf Schafe für den Kläger, oft auch noch mehr. Es hängt das ab von der Voraussicht eines guten Antheils für den Häuptling. Ungehorsam gegen den Häuptling und rebellische Wühlereien werden bei den Ovámbo schwer bestraft. wenn nicht durch Confiscirung der nöthigsten Existenzmittel (s. Dr. H. Schinz, »Deutsch-Südwestafrika«, S. 312 ff.), dann — und das geschieht gewöhnlich — durch Tod. Ein Menschenleben gilt den Ovámbo nicht so viel wie das eines Hundes, den sie doch noch essen. Der zu Tode gebrachte Mensch aber wird den Hyänen zum Frass in den Busch geworfen[2]. Das Wort *oku-tokóla*. für »richten, urtheilen«. entspricht also ganz der Praxis.

---

[1] Oshindónga: *ooṅtamánana*; Oshikuánjama: *reṅángu*; Kafir-S.: *amaṣala* in demselben Sinne.

[2] Portugiesen schleppen jedoch heute noch manches unglückliche Schlachtopfer. das oft nur des geringsten Versehens gegen den Häuptling sich schuldig gemacht und nun meistens gegen Agu'ardente, einen echten Negerrachenputzer. verkauft wird, in die Sclaverei, trotzdem in den portugiesischen Colonieen die

Heisst es bei den Ovakuáñjama in Nord-Ovamboland: *ohámba okué mu jamba*, rex eum in culpam reddit, dann ist's mit solchem armen Menschen, ob schuldig oder nicht, geschehen. Es wird dann gar keine gerichtliche Untersuchung über ihn gemacht, er ist dann bald nicht mehr. Die Bedeutung des Verb. *-jamba* und die Gelegenheit, bei der es fast ausschliesslich gebraucht wird, erinnert auffällig an das »sacer esto« der alten Römer, denn durch *-jamba* weiht der Häuptling Jemand dem Tode.

Ferner führt das *-jamba* noch zu einem äusserst wichtigen Probleme (wenn man so sagen darf), dass nämlich die Urform der Bantu für »Gott«: *Ndjámbi* in diesem Worte seine etymologische Erklärung findet. Es thut nichts zur Sache, dass diese Form am Kongo *Nzámbi* lautet, denn *j* und *z* sind dialektische Nuancen eines und desselben Urlautes *i-i*. *Ndjámbi* ist ein Nomen der vierten Classe mit Nominalpraef. *o-n-*, mit Wegfall des Anlautes *o*, von *jamba* gebildet, in welchem Falle *j* zu *dj* wird.

In Otjihérero hat *-jamba* die Bedeutung 1. Jmd. anschuldigen hinter seinem Rücken; diese Bedeutung ist aber nicht die ursprüngliche; 2. bei gewissen Gelegenheiten etwas, das als unverletzlich gehalten werden soll, irgendwo niederlegen, daher in der Relativform: *jambera*, dem Verstorbenen Opfer auf's Grab legen, die für denselben »dona sacra« seitens der Verwandten desselben sein sollen.

In Umbúndu (Angola) bedeutet *-jamba* einen »Zaubertrank (venelicium) mischen«[1].

In Chinjánga (Njassaland) wird mit *-jamba* die Bedeutung von »einen Anfang machen« verbunden.

Der Gott Ndjámbi (*i* causativ-active Auslautung des Nominalstammes) ist bez. war mithin den Bantu der Begriff von: schuldigend-richtendes, in den Naturkräften geheimnissvoll waltendes, aller Dinge Anfang seiendes, das Gute belohnendes (Otjih. *o-ndjámbi*, Lohn, Belohnung) Wesen. Alle diese Begriffe vereinigt das Nomen *Ndjámbi* in sich.

3. Praxis zur Ausfindung des κατ᾽ ἐξοχήν-Verbrechens: Bezauberung.

Die Bantu brauchten nach ihrer Ansicht eigentlich nicht krank zu werden noch auch zu sterben, wenn die böse Bezauberung seitens böser, mit bösen Geistern Verstorbener in Verbindung stehender Menschen nicht wäre. Diese richten allen Schaden und alles Unglück in der Welt an.

Sclaverei abgeschafft sein soll. Diesen fortgesetzten Sclavenhandel betreiben portugiesische Bastards (u. A. ein gewisser Kandimba aus Humbi = Oñkúmbi) in Süd- und Nord-Ovamboland unter empörender Behandlung der von den Häuptlingen verkauften Schlachtopfer. In der Provinz Mossamedes, wo sie hingebracht werden, erfahren sie nach glaubwürdigen Zeugen harte, oft unmenschliche Behandlungen.

[1] Hier möchte im Urbegriff ein Anklang an das »Hom« der Zend-Avesta liegen. Das Suchen nach einem Universal-Lebenselixir ist den Menschen gemein.

Sich dagegen zu schützen, die besessenen Menschen ausfindig und unschädlich zu machen, ist daher das Bestreben der Bantu-Heiden. Hierzu dienen folgende Faktoren:

a. Die oca-vétere[1] der Ova-hérero.

Der *omu-vétere* (pl. *ova-vétere*) ist ein professionirter Ausfinder von Geheimnissen. Er trägt unterm Knie einen ledernen Riemen, worauf eine Anzahl eiserner Kügelchen (*ozo-hanga*) gereiht sind. Diese sind dressirte Richter und Urtheilsprecher, sowie Offenbarer heimlicher Dinge; sie werden durch eine unsichtbare Macht regiert. Und merkwürdig, Schreiber dieses hat mehrere Fälle gesehen, wo sie z. B. Ankunft eines Kriegszuges der Nama, der den Augenblick noch nicht einmal aufgebrochen und noch acht Tagereisen entfernt war, für die richtige Zeit der Ankunft vorheranzeigten.

Der *omuvétere* nimmt in vorkommenden Fällen, wo ein Geheimniss ausgefunden werden soll, die Kügelchen vom Riemen, legt sie auf die flache Hand, haucht sie an, webt sie auf und ab und beobachtet ihre Tendenz der Bewegung. Linien in der Handpahne, ein gewisser Finger als Repraesentant für den Schuldigen dienen für Treffer der *ozohanga*-Medien. Strebt die Kugel zu dem betreffenden Finger oder verharrt sie auf der betreffenden Linie, dann ist der Gegenstand des Geheimnisses getroffen: es folgt der Ausspruch und die Enthüllung desselben. Oft kommt es aber auch vor, dass es heisst: *ozohanga za panda*, die Kugeln weigern sich, sind widerspenstig, was sie thun, wenn eine Person mit heterogenem Geist — etwa ein Missionar — zugegen ist. Die treffende Kugel erhält dann den Namen *oru-rio*, Messer, welche Bedeutung aus der Praxis der Ovámbo erhellt.

b. Der *ompúlile*[2] der Ovámbo.

Der *ompúlile* ist zugleich auch ein Haruspex, der aus den Knötchen an den Gedärmen geschlachteter Thiere (meist beim Hunde- und Ziegenopfer: *ozula jombúd-mbúá* und *ozula joshikómbo*) geheime Dinge, die bereits geschehen oder noch zukünftig sind, offenbart. Sein Ausspruch bedingt den Tod bez. Verkauf an die portugiesischen Sclavenhändler, wenn es den Getroffenen nicht gelingt, zu entkommen und sich bei anderen Stämmen zu retten. Nun muss man allerdings eins nicht vergessen, dass es hier und da unter den Eingeborenen raffinirte Bösewichte giebt, die in vielen bösen Künsten erfahren sind, besonders in der Bereitung von Gift und der Anwendung desselben, dass beständige Furcht davor zu den gewaltsamen Unterdrückungsmitteln geführt haben.

Der vom *ompúlile* schuldig Erklärte hat darauf die Procedur eines glühend gemachten Messers zu bestehen, das ihm auf die Haut gelegt wird. Verbrennen die Hauthaare, dann ist die Schuld bestätigt, wenn nicht, dann

---

[1] Von dem Verb. *oku-vétera, -e*. In dem Dialekt der Ovámbo *oku-njanékela* und *oku-janékela. -e*. Siehe des Verfassers Wörterbuch des Otjihérero u. s. w. S. 313.

[2] Von dem Verb *oku-púlila. -e*, aliquid fortiter investigare.

ist er unschuldig, und ein Anderer muss gesucht werden. Dieses Messer heisst in Oshindónga *omúéle p'eiúiko* und in Oshikuánjama *omükóndo p'ediko*, das Messer am Feuerherd. Die treffende Kugel des *omucétere* der Ovahérero heisst auch *orúcio*, Messer; aber ein Messer wird bei diesen nicht mehr angewandt, weil die Kugel für den Zweck genügend ist.

c. Der *injánga jokubúla* der Kafirstämme.

Unter den *ama-iulu* (= Zulu), *-xósa*, *-pondo*, *-suáži* (= Swázi) u. s. w. ist das System des »smelling out«, wie es die Engländer nennen, am stärksten ausgebildet und prakticirt, allwo auch die *iẓinjánga* (II. *oẓo-ngánga*), die Medicinmänner, noch das meiste Ansehen und den grössten Einfluss haben. Nicht allein einzelne, unter den Verdacht eines bösen Zaubers kommende Personen werden von ihnen ausgeschnüffelt (smelled out), sondern ganze Kraale werden von ihnen in den Zauberbann gethan und dann »caten up«, d. h. von stärkeren Häuptlingen oder angesehenen Männern aufgegessen, ausgeraubt, ausgemordet und zerstreut. Unsäglich viel Elend ist dadurch entstanden. Man kann sich ungefähr hieraus einen Begriff machen, welche Macht heidnischer Aberglaube hat, dass solche, verhältnissmässig starke Stämme ein Unwesen wie dieses so lange getragen. Wo das Christenthum Eingang gefunden und Englands Scepter herrscht, ist obige Praxis ein »non licet« geworden, eine Wohlthat, die kaum genug gewürdigt werden kann. Die Völker können jetzt friedlich sich zur Ruhe legen, ohne dass ein »Ausschnüffler« gleich einem ischariotischen Judas morgen eine Horde wüthender und beutehungriger Wölfe über einen Theil von ihnen anführen darf. Der Missionsarbeit kommt diese Wohlthat erst recht zu Gute.

Christenthum und Civilisation im Dienste desselben haben noch eine grosse Aufgabe vor sich: Die Bantu zu gesunden Begriffen und gesunder Handhabung von Recht und Gerechtigkeit — wofür ihnen zutreffende Worte fehlen — zu erziehen.

----

[1] Unter allen in das Gebiet der Capcolonie fallenden Kafirstämmen wird jetzt ein sogenannter *um'-takáti* oder böser Zauberpraktikant und ein *iεanúsi* oder der Jemand eines bösen Zaubers beschuldigende »outsmeller« mit zwei Jahren Zuchthaus mit Strafarbeit oder bis zu tausend Mark bestraft. Das wird äusserlich die Sache unterdrücken; innerlich kann nur ein gesundes, eindringendes Christenthum Wandel schaffen.

Der Obstreichthum der Insel Zanzibar.

Von Dr. G. Neuhaus.

*Zingibari bandari akhiari
kulla sha tayari.*
In Zanzibar, dem besten Hafenplatz, fürwahr,
Ist kein Ding rar.

Als der um die Erforschung des Suaheli, der lingua franca Ostafrikas, so verdienstvolle deutsche Missionar Rev. Dr. L. Krapf obiges geflügelte Suaheliwort in sein Sprachwerk[1] aufnahm, ahnte er nicht, in wie hohem Grade seine mühevolle und gewissenhafte Arbeit, unternommen im Dienste der Church Missionary Society in East Africa, seinem eigenen Vaterlande zu Gute kommen würde. Sie hat insbesondere alle späteren Suaheli-Publicationen angeregt und gefördert. Sprachkenner wie Steere, Tozer, Taylor, Shaw, Madan, Delaunay, Sacleux, von Saint-Paul-Illaire, Büttner u. A., sie alle sind bei ihren Arbeiten Krapf's grundlegenden Spuren gefolgt.

Nach einer beschwerlichen Dhaufahrt von Hafen zu Hafen, längs der ostafrikanischen Küste, hatte Krapf am Neujahrstage 1844 Zanzibar erreicht. Hier mochte das Wort, welches Zanzibar als die Perle der ostafrikanischen Hafenstädte preist, an sein Ohr gedrungen sein. Noch Mancher nach ihm hat es vernommen, oder doch wenigstens beobachtet, wie der im Innern weilende Küstenbewohner sich nach dem Inselland seiner Jugendträume, dem geliebten Unguja, sehnt.

Es erscheint erklärlich, dass gerade in diesem Centrum des ostafrikanischen Lebens und Verkehrs 45 Jahre später das deutsche Reichscommissariat seine Thätigkeit entfaltete, die, wenn auch in Zanzibar nur von kurzer Dauer, doch den Anfang bildete einer mächtigen deutschen Schutzherrschaft in Ostafrika. Ihre Ausbreitung fand in dem alten Culturelement der Araber den heftigsten Widerstand. Diese Eindringlinge aus der Nordostecke Arabiens haben nicht, wie ihre Stammesbrüder im Abendland, nur vorübergehend orientalische Sitten nach ihren neuen Wohnstätten gebracht, vielmehr als Ackerbaucolonisten dauernd in Ostafrika festen Fuss gefasst und die Bildung einer Mischrasse aus semitischem und hamitischem Blute veranlasst. Ihr Einfluss auf die Sprachbildung der Eingeborenen ist stärker gewesen, als bei dem eigenartigen Charakter der Sprache eines Naturvolkes begreiflich erscheint. Kein Wunder, dass das eine eigene Schrift nicht besitzende Volk der Ostafrikaner neben vielem Anderen auch die

---

[1] Dictionary of the Suahili Language with introduction containing an outline of a Suahili Grammar. London 1882.

ihm aufgedrungenen Schriftzeichen der Araber angenommen hat. Wenn auch die arabische Schrift für die Wiedergabe des vocalreichen Idioms der Suaheli nicht gerade besonders geeignet ist, so giebt andererseits der Umstand, dass die Sitte, in arabischer Schrift im Suaheli zu correspondiren, allgemein in Ostafrika verbreitet ist, den besten Beweis für die Fähigkeit des Eingeborenen, sich auch unter schwierigen Verhältnissen einem fremden Culturelement anzupassen. Diese ist immerhin nicht zu unterschätzen. Freilich darf man sich darüber keiner Täuschung hingeben, dass die lateinische Schrift, deren Verbreitung Missionare und deutsche Lehrer in Ostafrika sich angelegen sein lassen, den tiefeingewurzelten Gebrauch der arabischen Schriftzeichen so bald verdrängen werde. Bevor dies gewiss erstrebenswerthe Ziel erreicht sein wird, dürfte noch viel Wasser aus den ostafrikanischen Flüssen in den Indischen Ocean laufen. Bis dahin wird derjenige, welcher als Kaufmann, Missionar, Officier oder Beamter das Suaheli nicht allein im Worte beherrschen lernen will, dem Studium der Sprache im Gewande der arabischen Schrift seine Aufmerksamkeit nicht versagen dürfen. Hierdurch wird ihm insbesondere die Unterscheidung der Worte arabischen und afrikanischen Ursprungs wesentlich erleichtert werden.

Nachstehendes, in Typendruck wiedergegebenes Suaheli-Manuscript rührt aus dem Schreibrohr eines Eingeborenen der Insel Zanzibar her, dem ich auch mehrere der in meiner Sammlung[1] reproducirten Schriftstücke verdanke. Was seinen Inhalt anbelangt, so macht es keinen Anspruch auf eine erschöpfende Darstellung. Es lässt sich etwa als eine pomologische Skizze bezeichnen, die eine Reihe der beliebtesten, auf Zanzibar cultivirten essbaren Früchte beschreibt und zugleich eine Anleitung giebt für die Rechtschreibung der einheimischen Namen, die bei Engler[2] nicht überall einwandsfrei ist. Die zur Erläuterung beigefügten wissenschaftlichen Namen sind Sacleux[3] entlehnt.

Die Fruchtbarkeit Zanzibars, des grössten Korallenkalksteingebildes an der ostafrikanischen Küste, das an Areal die grösste deutsche Insel, Rügen, um mehr als die Hälfte übertrifft, ist ebenso alt, wie die Besiedelung Zanzibars durch die Araber. Sie haben die von der Natur in so hohem Maasse begünstigte Insel mit ihrer gleichmässig vertheilten Wärme und Feuchtigkeit, sowie das benachbarte Pemba zu hervorragenden Agriculturstationen der afrikanischen Tropen emporgehoben und einen Wettbewerb der bedeutendsten Bodenproducte dieser Inseln, Gewürznelken und Kopra, mit denen anderer Länder auf dem Weltmarkte ermöglicht.

Die Abschaffung der Sclaverei, sowie der wechselnde Curs der politischen Ereignisse im Sultanat, haben ungünstig auf die Productionsfähigkeit

---

[1] Suaheli-Manuscripte in photolithographirten Originalen für die Bibliothek des Seminars für Orientalische Sprachen gesammelt und erläutert. Berlin 1896.

[2] Deutsch-Ostafrika, Bd. V. Die Pflanzenwelt Ostafrikas und der Nachbargebiete. Berlin 1895.

[3] Dictionnaire Français-Swahili. Zanzibar und Paris 1891.

des Landes gewirkt. Aus diesem Grunde scheint die Regierung Ihrer Britischen Majestät der Plantagenwirthschaft der Araber ihre besondere Aufmerksamkeit zu schenken. Dies hat sie erst neuerdings bethätigt durch die Herausgabe der »Shamba«, einer in englischer und arabischer Sprache erscheinenden Monatsschrift, ein höchst anerkennenswerthes Unternehmen. Es sollen dadurch die gemeinsamen Interessen der arabischen Pflanzer besonders den europäischen Händlern gegenüber gewahrt, eine energischere und rationellere Cultur als bisher gefördert und der Anbau neuer, gewinnbringender Producte angeregt werden. Kenner Zanzibars haben wiederholt auf die Cultur der essbaren Früchte der Insel hingewiesen[1]. Bananen und Apfelsinen, die auf unserer Tafel so beliebten Südfrüchte, gedeihen unter der ostafrikanischen Tropensonne in vorzüglicher Qualität. Die Zanzibar-Apfelsine insbesondere steht der besten Messina- oder Jaffa-Apfelsine an Wohlgeschmack nicht nach. Selbst wenn eine Ausfuhr von Zanzibar-Apfelsinen nach Südafrika, Indien oder Aegypten der Länge des Transportweges wegen ausgeschlossen wäre, würde doch eine regelmässige Versorgung des ostafrikanischen Küstengebiets mit dieser begehrten Frucht einen lohnenden Gewinn abwerfen. Dasselbe gilt von den Mandarinen, Pompelmusen, Limonen, Citronen und anderen unten beschriebenen Früchten. Die Banane bildet bekanntlich in weiten Gebieten Afrikas ein Hauptnahrungsmittel der Eingeborenen. In getrocknetem Zustande würde sie selbst in Europa noch Absatz finden, wie die Ausfuhr Jamaikas nach England beweist. Granatapfel, Guyave, Jambose, Mango, Ananas und Tamarinde sind, zu Conserven verarbeitet, ebenfalls zur Ausfuhr nach Europa geeignet. Der Anbau dieser in Ostafrika meist verwilderten Früchte würde indessen nur dann rentabel sein, wenn gleichzeitig auf ihre Veredlung mehr Gewicht als bisher gelegt würde.

بِسْمِ اللهِ الرَّحْمَنِ الرَّحِيمِ ۞

مِي خَبَارِ يَمَّدْ بِكِسَوَ شُوغُوجَ مَنْ كَنْكَ كِسَوَ شُوغُوجَ كُوْنَ

مَّدْ غَنَا بِيْغِ سَانَ أَيْضَا كُوْنَ مَّدْ هَبْلُو الاَّ شَرَتْ بِيَبِكُو أَيْضَا كُوْنَ

مَّدْ هُوْلِوَ مِيْشِ هُوْلِوَ نَا يَكِيكُو أَيْضَا كُوْنَ مَّدْ مُخْتَصْ هُوْلِوَ بِلاَ كُوْيِكُوَ

أَيْضَا كُوْنَ مَّدْ طَعَامْ يُوْ وُشُوغُ أَيْضَا كُوْنَ مَّدْ طَعَامْ يُوْ وُكِل أَيْضَا كُوْنَ

مَّدْ طَعَامْ يُوْ وَتَامْ يُوْ بَسْ شَرَتْ وَيَجُو مَّدْ كُوْ غَنَا يُوْ وَاللهُ أَعْلَمْ

---

[1] Zanzibar's food products in »The Gazette for Zanzibar and East Africa«. Vol. V. Nr. 220 und Nr. 257.

أَيْضَا كُوْنَ مَتَدَ مِتْ يَوْ يِكُوسَامُ أَيْضَا كُوْنَ مَتَدَ مِتْ يَوْ يِكُوتَبَاء بَس شَرَتِ وُقَهَامُ وُتُوْتَالَد كُوْزُم كَتِبْكَ بَحَرِ يَمَيْنْ وَاللّٰهُ أَعْلَمْ ۵

(خَبَارِ يَمَجِنْ يَمَتَدَ تَفَسِيرِ بَطَعَامُ يَوْ)

أَيْضَا نُتَدَ لَكُوْزَ مَوْصُوْفْ كَتِبْكَ زِنْجَبَارِ أَوَّل مَوْصُـوْفْ نُتَدَ لَامِبْ ثَمَّا مِيْلِ وِمِبِ دُوْدْ وِمِبِ نْدُوْغْ أَيْضَا نَا وِمِبِ بَرْبُوْ أَيْضَا كُوْنَ وِمِبِ آمَارِ قَهَامُ كُوْبِ مَزِلِبُو مَنَ طَعَامُ يَوْ كَالَ أَيْضَا وِمِبِ دُوْدْ كُبُوْ أَيْضَا وِمِبِ بَرْبُوْ كُبُوْ وَلَاكِنْ غَالِي سَانَ أَيْضَا صُوْرَ يَامِبِ قَهَامُ وِمِبِ دُوْدْ كِمَجِنَ أَيْضَا وِمِبِ بَرْبُوْ صُوْرَ يَكِ مُخْتَلَفْ زِيْكِ يَكُـوْنْدْ تَكَمْجَانْ أَيْضَا تَزِيْكِ وِمِبِ بَرْبُوْ رَبْعُ ۲ كَمْجَانْ تَحَضَّرْنِجُ أَيْضَا زِيْكِ وِمِبِ بَرْبُوْ رَبْعِ يُوْبِ قَهَامُ أَيْضَا تَامِبِ نْدُوْغْ كَنَتَكَ وَاللّٰهُ أَعْلَمْ أَيْضَا كَتِبْكَ صُوْرَ يَامِبِ دُوْدْ قَهَامُ كُوْبِ رَبْعِ يَكِ مُوْجَ كِمَجَانْ أَيْضَا كَتِبْكَ صُوْرَ يَامِبِ آمَارِ كَذَلِكَ رَبْعُ مُوْجَ كِمَجَانْ أَيْضَا قَهَامُ كُوْبَ وِمِبِ آمَارِ شُغُوْلِ يَكِ وَتْ هُوْيَا مَثْوَزْ مَنَ كَالَ وَتْ هَوَوِيزِ كُـوْلَ وَاللّٰهُ أَعْلَمْ أَيْضَا قَهَامُ كُوْبَ مَتَدَ يَامِبِ ثَمَّا مُوْجَ زِكِبُوْ مِيْنِش وَلَاكِنْ قَهَامُ كُوْ وُدُوْغْ نَا وُكُوْبُوْ مَنَ صُوْرَ يَمَتَدَ يَامِبِ زِكِبُوْ مِيْنِش زُوْتِ هُوَ كِمَجَانْ أَيْضَا زِكِبُوْ مِينِفْ مُوْجُوْتَ رَبْعِ وَاللّٰهُ أَعْلَمْ أَيْضَا نُتَدَ لَامِبِ لِكِبُوْ يِتْشِ قَهَامُ كُوْبَ هُوَ كَالَ أَيْضَا نَا كُوْلَ كُوْكِ يَمَنَ نْدَنِ هُوَ كُوكُوْ كَا مِثِلِ يَجِبُوْ وَاللّٰهُ أَعْلَمْ أَيْضَا نُتَدَ لَامِبِ لِنَاحَرْفْ نْزُوْرِ سَانَ إِكِبُوْ مِيْنِفْ وَاللّٰهُ أَعْلَمْ ۵

(مِيو خَبَارِ يَمْتَد يَبْوَكُوِيتُو مَشُوغُو نَشِنَز وَاللَّه اَعْلَمْ)

اَيْضًا تُنْد لَلُوكُوِيتُو مَشُوغُو فَهَامْ كُوب هَلِبْكُو مُوِلْبُو يِيِش لَاكِنْ شَرَت
لِبُو بِيْف اَيْضًا اَوْ لِبُو بِيْف وَاللَّه اَعْلَمْ اَيْضًا صُوَر يَمْتَد يَبْوَكُوِيتُو مَشُوغُو فَهَامْ
كُوب صُوَر يَك عَمَّا مُوجَ يُوت هَبَانَ مَشُوغُو رَنْج ٢ اَيْضًا رَنْج يَمْشُوغُو كَمْنْجَانْ
بِكْبُو مَيِف اَيْضًا يَكْبُو مَيِش هُوَ رَنْج يُو كَمْجَانْ اَيْضًا يَكْبُو مَيِف كَمْجَانْ بِكْبُو مَثَانَخ
كَذَلِك وَاللَّه اَعْلَمْ اَيْضًا طَعَامْ يُو مَتَامْ وَلَاكِنْ كُوَ وُكَالَ كُدُوغْ نَيَاكُ بَعَض مَتَامْ سَانْ
لَاكِنْ شَرَتِ يُو مَيِف وَاللَّه اَعْلَمْ ٥

(اَيْضًا تُنْد لَلُوكُوِيتُو دَآزِ مُوجَ مِنْغِ مَدَآزِ)

اَيْضًا تُنْد لَدَآزِ قَوْل وَت هِيْنِ مَشُوغُو مَكَالَ وَلَاكِنْ جِينَ لُو مَدَآزِ
وَاللَّه اَعْلَمْ فَهَامْ كُوب تُنْد لَدَآزِ مثل يَتُوغُو لَاكِنْ قَصُور مُوغ يَمْشُوغُو لَيِّن
نَمُوغ بِمَدَآزِ سِ لَيِّن مَنُومْ كُدُوغ اَيْضًا نَا حَرْف يُو مُخْتَلِف كُدُوغ اَيْضًا طَعَامْ يُو
مَكَالَ سَانَ نَوَت هَوَل غَالِب هُفْيَا سِبْك وَكُوَّز فَهَامْ كُوب هُوِمْي مَاجِ يُو وَكَبْك
سِبْك وَاللَّه اَعْلَمْ ٥

(مِيو خَبَارِ يَمْتَد يَبْوَكُوِيتُو شِنَز اَيْضًا نَمَّا ٢ وَاللَّه اَعْلَمْ)

اَيْضًا تُنْد لَلُوكُوِيتُو شِنَز اَيْضًا صُوَر مُوجَ هَبَانَ صُوَر ٢ الّا شِنَز
كَنْفَاجَ صُوَر يَك مَثَال اَيْضًا شِنَز عَجَمْ صُوَر يَك گَا مَشُوغُو وَلَاكِنْ مُوغ يَك مَنُومْ

نَا مَغَانْدَ بَكْ مَبِنْ اَبْضَا طَعَامْ بَكْ تَامْ سَانْ اَبْضَا رَبْحْ بَكْ مْتَابَه وَمْثُوغُو نَاوُكُونُو

كَذَلَكْ كَمَ مْثُوغُو وَاللهُ اَبْضَا اَعْلَمْ تُنْدَ لَلْوُكُوِنِثُو عْنَزْ كَنْفَاجْ اَبْضَا تُنْدَ لَكْ

دُوغْ نَا مَغَانْدَ بَكْ مَغُومْ اَبْضَا طَعَامْ بَكْ وَتَامْ نُوكَالْ نَا رَبْحْ بَكْ اَكْبُو نْدُوغْ بَسَ شَانْتَ

هُوَ كْمْجَانْ اَبْضَا اَكْبُو بِيفْ هُوَ كْمْجَانْ كَذَلَكْ اَبْضَا اَكْبُو مَيِفْ هُوَ يِكُونْدُ وَاللهُ اَعْلَمْ ه

(اَبْضَا خَبَارْ يَتَّدْ لَلْوُكُوِنِثُو نْدِيمْ ثَمْنَا ٢ كَالْ نَتَامْ وَاللهُ اَعْلَمْ)

اَبْضَا تُنْدَ لَلْوُكُوِنِثُو نْدِيمْ تَامْ اَبْضَا تُنْدَ لَكْ لَنْثِيبَ شُوْغُو وَلَاكَنْ غَالْبْ

هُوَ كْمْجَانْ رَبْحْ بَكْ اَكْبُو شَانْتَ اَكْبُو بِيفْ كَذَلَكْ اَكْبُو مَيِفْ هُوَ رَبْحْ بَكْ كَنْجَانْ

وَلَاكَنْ كُوَ ووْبِ وَاللهُ اَعْلَمْ اَبْضَا طَعَامْ بَكْ اَكْبُو شَانْتَ هُوَ شُوْغْ اَكْبُو بِيفْ اَبْضَا

هُوَ شُوْغْ بَسَ تَامْ وَلَاكَنْ هُوَ نَا كْشُوْغُشُوْغْ مَنَ مَغَانْدَ بَكْ مْشُوْغْ شَرْتِ بَتَاكْ مْتْ

اَنِجُوَ كُومْبَا وَلَاكَنْ مْتْ اَسِجُوَ كُومْبَا هُوَ شُوْغْ مَنَ وَقْبُوَ وَكْ مْشُوْغْ سَانْ

اَبْضَا قَوْلِ وَتْ مُبِنْ دَوَا بِكُوْغْلِي اَبْضَا هُفَا وَتْ دَوَا بَحَرَارْ نَا وَتْ وَكْبُو نَا حُوْمْ

هُوْلَ بَسَ فَهَامْ وَاللهُ اَعْلَمْ ه

(اَبْضَا تُنْدَ لَلْوُكُوِنِثُو بَالْوَتَحْ فَهَامْ رَبْحْ بَكْ نَا طَعَامْ بَكْ)

اَبْضَا تُنْدَ لَبَالْوَتَحْ صُوْرَ بَكْ كَمَ نْدِيمْ تَامْ بَلَا تَثِيبَ وَلَاكَنْ تُنْدَ كُوْبُو سَانْ

لَبَاتَ رَطِلِ وَنُصْفِ لَكْبُو كُوْبُو اَبْضَا رَبْحْ بَكْ كَمَ نْدِيمْ وَلَاكَنْ زَيِدْ وُكُوْبُو

نَا طَعَامْ بَكْ كَذَلَكْ كَمَ نْدِيمْ اَبْضَا نْدَنْ بَكْ مُخْتَلَفْ نْدِيمْ مَنَ نْدَنْ ثَمْنَا ٢ مُوجْ هُوَ

بِكُوْنْدُ نَا مُوجْ هُوَ كَمَ نْدِيمْ لَاكَنْ رَبْحْ بَنْجْ كَمَ نْدِيمْ بَسَ فَهَامْ ثَمْنَا بَتْدَنِ بِكُوْنْدُ هُوَ

ثَمَّنَا يَكَ غَالِي نَا ثَمَّا يَكَ بِتَدَنِ يَؤُبْ مِثِل بَنْدِيْمْ هُوَ رَخِيصْ مَسَ غَالِبْ هُوَ شُوغُ ثَمِثِل يَكَ

كَمَا نَدِيمْ ثَمْ وَلَاكِنْ ثَنْدَ كُوْبُو وَاللهُ أَعْلَمْ ۰

(مِيهِ خَبَارِ يَتَّدَ ثَمَّنَا بُوْكَال بَلِيُوشِهِنَا بَنْشُوغُو)

أَيْضَا كُوْنَ ثَتَّدَ كَتِيكَ وُغُـوْجَ مَكَال وَتْ مَوِيزِ كُوْنَ الَّا كُوَ كِبْتْ

كَفِيوْ أَيْضَا مَوْصُوفْ ثُنْدَ كَال كَتِيكَ وُغُوْجَ نَدِيمْ كَال أَيْضَا صُوْرَ يَكَ شِبِهَ بَنْدِيمْ

ثَمْ وَلَاكِنْ ثَنْدَ دُوغْ كُلِكَ نَدِيمْ ثَمْ أَيْضَا نَا حَرْفْ يَكَ مُخْتَلَفْ كُلِكَ نَدِيمْ ثَمْ

أَيْضَا وَتْ هَوَل ثُوْبْ الَّا هُوُغِيَا مَنُوزْ كَتِيكَ كِنُوبُو نَا غَالِبْ وَتْ هُوْثِي كَتِيكَ

سَمَاكِ وَاللهُ أَعْلَمْ بِالصَّوَابْ ۰

(خَبَارِ يَتَّدَ لَلُوْكُوبِثُوْ لِمَاوْ ثُنْدَ كَال)

أَيْضَا ثُنْدَ لِلِمَاوْ وَتْ هَوَل ثُوْبْ الَّا كُوَ كِبْتْ كَمَا مِثِل بَنْدِيمْ وَاللهُ أَعْلَمْ مَعَ

ثُنْدَ كَال أَيْضَا صُوْرَ يَكَ كَمَجَانِ ثَمَّنَا يَكَ ثَمَّنَا يَكَ بَيْنَغ كُوْنَ كُوْبُو ثُنْدَ مِثِل بَنْدِيمْ

ثَمْ رَنَفْغِ يَكَ كَمَا مِثِل بَنْدِيمْ ثَمْ أَيْضَا هُوِثُوْ لِمَاوْ وَلَاكِنْ جِنَْ لَكَ شَحَاخَا أَيْضَا ثُنْدَ

لِلِمَاوْ كَال نْوُغْ يَكَ مَغُوْمْ مِثِل بِدَاتْز وَتْ هُوْفِي مَنُوزْ كَتِيكَ كِنُوبُو ۰ وَاللهُ أَعْلَمْ ۰

(أَيْضَا خَبَارِ يَتَّدَ لُوْكُوَاجْ فَهَامْ كُوبْ ثُنْدَ كَال مِثِل بَنْدِيمْ)

أَيْضَا ثُنْدَ لُوْكُوَاجْ مُخْتَلَفْ نَا مَثَّدَ مِثِل يَهَا بَلِيُوتَقُولِي فَهَامْ ثُنْدَ لُوْكُوَاجْ

صُوْرَ يَكَ كَمَا مِثِل يَكُوْنَد وَلَاكِنْ كُوْبُو ثَمَّنَ وَكِ كَذَلِكَ مَتْ مَكُوْبُو سَانِ رَنْجِ يَتَّدَ

لَوْكُوَاجْ كَا مِثِل يَمِجَان مَكَاف يَمِن صُوْرٍ بَك قَوْل مُيِن أَسْمَر وَاللهُ أَعْلَمُ أَيْضَا طَعَام
بَك كَال سَانَ مِثِل يَنْدِيمْ كَال وَتْ غَالِبْ هُوْفَي مُشُوزْ أَيْضَا دَوَاْ بَكُفُوْ أَيْضَا نَدَن
بَك مِثِل بَتْدَ نَكُوُكُوْ زَك يُوْس مُغِرِنْغْ بَتِبَت وَاللهُ أَعْلَمُ أَيْضَا هِزِ خَبَارِ زَمْتَدَ
مُخْتَلَفِ الْوَانِ كُوْنَ مَكَال كُوْنَ مَتَام تَفَبِر مَغِين يَلِوُثْبُوْ نَا يِلِوُرِدَ نَا يِلِوُحَرَ نَا يِلِوُيُوتَا
نَا يِلِوُبْشُوُيْبُوتَ تَفَبِر مَغِين فَهَام وُتُوْتَاكَ كُوْزِم كَتْبَك بَحَرِ يَمِين وَاللهُ أَعْلَمُ ۞

(خَبَارِ بَتْدَ لَلُوْكُوِبْتُو يَبَابَيْ)

أَبْضَا تُدَ لَيَابَيْ مِثِل بَك كَا تَز وَلَاكِنْ رَبِّج بَك كَمِجَان نَا تَز أَبْضَا
اِنَا كِفُ نَا يَابَيْ هَلَا كِفُ لَا مَقَانْد مِثِل يَبْطِخ وَلَاكِنْ مْتِبَهْ وَتَز كُوْ كِيمْ أَبْضَا
طَعَامُ بَك تَام هَلَا وُكَال نَا نَدَنْ بَك وَكُوْنْدُ أَبْضَا لَا كُوْكُوْ جُلَ يَمِن يِنْغ سَانَ
نْدُوغَنْدُوغْ مِثِل يَبْلِل مَنْغَ أَبْضَا لَكِبُوْ يِبِش هُوَ نَا دَام يَمِن وَتْ مُوْيِبِن وُتُوْتُفْ وُقَهَام
كُوْبَ وُتُوْتُفْ وَكِ مُوْبُب مِثِل يَمِزِبُوْ وَتْ مُوْيِبِن كُوْب طَبِع بَك رُطْب وَاللهُ أَعْلَمُ ۞

(خَبَارِ بَتْدَ لَلُوْكُوِبْتُو فِيبِي تُدَ كُوْبُوْ)

أَبْضَا تُدَ لَلُوْكُوِبْتُو فِيبِي تُدَ كُوْبُوْ سَانَ هُبَاتِ رَطِل نَانِ تَزِيد
لَكِبُوْ كُوْبُوْ أَبْضَا نَا يَكَ مَدُوْغْ رَبِّج بُوْ شَكَوِيتِ يَمِنِي رَبِّج بَكَمِنْجَان كَمْدُوْغْ نَا بَضِ
رَبِّج مُوجَ كَمِجَان ثْمَنَا بَك مِثِل يَمُودُوْلِي لَكِمِثِن أَبْضَا نَاصُوْرَ يَمُوِبِل وَكِ مَابَا أَبْضَا
لَا حَرُفُ سَانَ نَا حَرُفِ بَك بَضِ بُوتِ مُوْيِبِدَ نَا بَضِ هُوْشَكِي أَبْضَا نَدَنْ بَك لَاهُوْيَ
نَا بِج لَا مَقَانْد أَبْضَا كَاتِكَاتِ مُوْيَ نَا بِج مَقَانْد يَام يِنْ يَمُوْيَ نَا مَقَانْد أَبْضَا نَا يِنْ

يَامَ حَتَّى يَامَ مَنَا مزيز وَتْ هُوبْنِ سَنَاكَة فَهَامْ كُوبْ . مزيز بِكْ لَبِنْ سَانْ نَا يَامَ زَكَ
مَنِل يَتْفَاحَ لَكَرَابْ وَلَاكنْ نْفَاحَ صُورَ بِكْ يِكُونْدُ نَا فِبْنِي صُورَ بِكْ كَنْجَانْ أَبْضَا
نَا نَدَنِ بَيَامَ مَنَا كُوبُكُو مَنِل يَتَغْرَاو نْغُومْ سَانَ صُورَ بِكْ كُوبُكُو يُوبْ نَا وَتْ
مَسَكِينِ هُوِبْكَ وَكَلَا وَلَاكنْ فَهَامْ نُنْدَ لَفْبِنِي طَبَعَ بِكْ رِبَاحَ سَانَ نَا وَتْ هَوِبْنْدَ سَانَ
أَبْضَا غَالْبْ وَتْ مَتَاجِرِ هُوَوْبَا بِنْدَ مَنْ بِنْدَ هُوْلَا سَانَ وَاللهُ أَعْلَمْ ٥

(أَبْضَا خَبَارِ بِتْدَ لَلُوكُوبِتُو دُوربَانِ مَنِل يَفِنِي)

أَبْضَا نُنْدَ لَدُوربَانِ مَنِل يَفِنِي وَلَاكنْ دُوغْ كُلِكْ فِبْنِي أَبْضَا لَا بَا سَانَ
كُوشْنْدَ فِبْنِي مَنْ مِكَالِ سَانَ بَا بِكْ ثَمَّا بِكْ كَا فِبْنِي لَاكنْ مِرْبَعَ ٢ فِبْنِي
مَغِرِنْغْ نَالُو أَبْضَا لَا حَرُفْ سَانَ كُوشْنْدَ فِبْنِي أَبْضَا نُنْدَ لَدُوربَانِ غَالِي سَانَ
أَبْضَا نَا يَامَ زَكَ غَالْبْ هُوَ ؟ مَنَ بَاْنْدَ تَتْ كُلَّ وُبَاْنْدَ ٢ نَكُوبُكُو زَكَ مْتْبَهَ
وَكُوبُكُو زَفِبْنِي لَاكنْ كُوبُو وَاللهُ أَعْلَمْ ٠

(أَبْضَا نُنْدَ لَلُوكُوبِتُو سَتَفِلِ أَبْضَا ثَمَّا ٢ مُوجَ كُوبُو نَا مُوجَ نْدُوغْ)

أَبْضَا نُنْدَ لَلُوكُوبِتُو سَتَفِلِ ثَمَّا نِبْلِ ثَمَّا مُوجَ كُوبُو ثَمَّا مُوجَ نْدُوغْ
أَبْضَا ثَمَّا كُوبُو مْتْبَهَ وَدُوربَانِ وَلَاكنْ دُوربَانِ كُوبُو كَدُوغْ أَبْضَا نَا بَا بَدُوربَانِ
مِكَالِ سَانَ امِشْكَانَ سَانَ أَبْضَا بَا يَتَفِلِ مْبَالْمْبَالِ نَابُو سِمَكَالِ لَبِنْ سَانَ أَبْضَا
صُورَ بِكْ كَا مَنِل بَدُوربَانِ وَلَاكنْ دُوغْ كُلِكْ دُوربَانِ أَبْضَا مَغِرِنْغْ أَبْضَا رِفْرِفْ

أَيْضَا نْدَنْ كَا مِثِل يَابَابَ يَامْ زَكَ نْدُوغْدُوغْ يُوبْ سَانْ تَامْ تُنْدَ لَكْ أَيْضَا
كُوْكُوَ زَكَ مِثِل يَكُوْكُوَ زَتِند وَلَاكِنْ مَرِبَعْ ٢ بَتَبَتَ يُوْسْ أَيْضَا رَنْجِ بَكْ
كَمَجَانْ وَاللهُ أَعْلَمْ ٥

(أَيْضَا تُنْدَ لَلُوْكُوِيْثُوَ سِتَفَلْ مَنَ ثَنَا ٢ دُوْغْ)

أَيْضَا تُنْدَ لَلُوْكُوِيْثُوَ سِتَفَلْ مَوْصُوفْ كَتِبْكَ وُغُوجَ أَيْضَا تُنْدَ لَتَفَلْ
مَوْصُوفْ كَتِبْكَ كِسَوَ شُوغُوجَ أَيْضَا فَهَامْ كُوبْ تُنْدَ دُوْغْ كَا مِثِل يَشُوغُوَ أَيْضَا
صُوْرَ بَكْ كَمَجَانْ أَيْضَا مُوْغْ بَكْ قُدُوْغِ قُدُوْغِ مَغْومْ أَيْضَا نْدَنْ بَكْ كَا مِثِل بَتَفَلْ
لَلُوْتَوُلِيَ كُوْذُكُرِيَوْ نَكُوْكُوَ زَكَ كَذَلَكْ وَاللهُ أَعْلَمْ بِالصَّوَابْ ٥

(أَيْضَا خَبَارِ يِتَّدَ لَلُوْكُوِيْثُوَ نُوبِنُوبْ أَصِل بَكْ)

أَيْضَا تُنْدَ تُوبِنُوبْ أَصِل بَكْ تَفْصِل بَكْ كَتِبْكَ وُغُوجَ أَيْضَا تُنْدَ تُوبِنُوبْ
صُوْرَ بَكْ كَا مِثِل بَتَفَلْ دُوْغْ ثَنَا بَكْ أَيْضَا رَنْجِ بَكْ امتِي اَسْمَرَ كَدُوْغْ نَا نْدَنْ
مِثِل بَتَفَلْ وَلَاكِنْ تَامْ سَانَ أَيْضَا مِت وَكِ وَمَغُوْغْ وَاللهُ أَعْلَمْ بِالصَّوَابْ ٥

(خَبَارِ يِتَّدَ لَلُوْكُوِيْثُوَ طَّاحَ كَتِبْكَ وُغُوجَ مَوْصُوفْ)

أَيْضَا تُنْدَ لَلُوْكُوِيْثُوَ طَّاحَ كَتِبْكَ وُغُوجَ أَيْضَا فَهَامْ كُوبْ طَّاحَ مَوْصُوفْ
وُغُوجَ تُنْدَ لَكْ كَا مِثِل يَابَاي وَلَاكِنْ كُوْزُوَ كُلِبْكَ يَاي أَيْضَا رَنْجِ بَكْ يَكُوْنُدْ

أَيْضًا طَعَامْ بَك تَمْ وَلَاكِنْ لَنَا وُكَالْ وُكَالْ أَيْضًا كَدُوْغْ أَيْضًا نَدِنْ بَك مَنَا كُوْكُو مُوْجَ
مِلِ يَبُوْبُو وُكُوْبُو وَك وَاللَّهُ أَعْلَمْ ٥

(أَيْضًا نْتَ لَنْلُوْكُوِنْتُو يِرَ فَهَامْ كُوْبَ نَنَا ٢ يِرَ لَكَزُوْغْ لَكُوْغُوْجَ)

أَيْضًا نْتَ لَنْلُوْكُوِنْتُو يِرَ نَنَا مِنْلِ مُوْجَ لَكُوْغُوْجَ مُوْجَ لَكَزُوْغْ أَيْضًا مُخْتَصَ
يِرَ لَكُوْغُوْجَ أَيْضًا يِرَ لَكَزُوْغْ وَتْ هُوْبَيْنْ غُرَاب أَيْضًا نْتَ لَبِرَ مُشبَهَ وَك
مِلِ يَنْفَاحَ وَلَاكِنْ يِرَ غُـوْمْ نْفَاحَ لَنِ أَيْضًا نْفَاحَ جِكُوْنْد يِرَ رَنْج بَك نَنَا مِنْلِ
كُوْنَ نَنَا يِرَ جُوْبِ نَنَا يِرَ جِكُوْنْد يِمَ كُوْ نَدِنْ أَيْضًا رَنْج يَمُوْيِلِ وَيِرَ أَيْضًا
يُوْبِ إِمِي رَنْج يَمَنْجَانْ لَاكِنْ فَهَامْ كُوْبَ رَنْج لَيُوْفَ أَيْضًا لَكِيَوْ يِنْشَ رَنْج بَك
كَمَجَانِ وَاللَّهُ أَعْلَمْ أَيْضًا نَدِنْ بَك مَنَا كُوْكُوْ جُمْلِ مِنْلِ يَتَامَ كَنْبْكَ يَامَ بَك زِمْكَانَ
أَيْضًا وَتْ هُوْلَ يَمُوْجَ نَكُوْكُو مِمَنْ هَزُوْلِك وَلَاكِنْ نْتَ لَبِرَ طَبِعَ بَك رِيَاحَ
وَتْ هَوَيْنِدَ سَانَ كُوْ سَبَابَ رِيَاحَ وَاللَّهُ أَعْلَمْ بِالصَّوَابَ ٥

(أَيْضًا نْتَ لَنْلُوْكُوِنْتُو غُرَابَ أَيْضًا يِرَ لَكَزُوْغْ وَاللَّهُ أَعْلَمْ صَّوَابَ)

أَيْضًا نْتَ لَنْلُوْكُوِنْتُو غُرَابَ أَيْضًا بَك نَنَا بَك كَا مِنْلِ يَكْنُوْغُو أَيْضًا رَنْج بَك
مِنْلِ رَنْج يَكَمَنْجَانْ وَلَاكِنْ كُوْ وَوُبِ أَيْضًا نْتَ جَمَالِ سَانَ حَرْفَ بَك نْزُوْرِ سَانَ
مِنْلِ يَمَرَّى طَعَامْ بَك نْزُوْرِ سَانَ أَيْضًا نَدِنْ بَك كُوْكُو مُوْجَ مِنْلِ يَبُوْبُو أَيْضًا
مَوْجُود كُوْكُو مِنْلِ بَأَنْ كَنِبْكَ نَدِنْ أَيْضًا كَذَلِكَ مَوْجُود ٢ وَاللَّهُ أَعْلَمْ
أَيْضًا فَهَامْ كُوْبَ نْتَ هِنْلُو غَالِي كَنِبْكَ كِمَوْ نَوُغُوْجَ وَاللَّهُ أَعْلَمْ ٥

(خَبَرٍ يَتّدَ لَلُوكُوِيْتُوَ شُوكتُوكَ ثَنّدَ زُورٍ)

أَبّنَا ثَنّدَ لَلُوكُوِيْتُوَ شُوكتُوكَ ثَنّدَ زُورٍ سَانَ ثَمَّا بَك مِشل يِغْرَابْ

وَلَاكِنْ غْرَابْ مُوِبِل وَكَ لَبِن أَبّنَا شُوكتُوكَ مُوِبِل وَكَ مَغَوْمْ أَبّنَا ثَنّدَ لَك

لَا مَغَانِدَ مَغَوْمْ أَبّنَا لَأَمُوُيَا مِثل يِمَابَا أَبّنَا رَبّعِ بَك ثَمَّا ٢ كُونَ ثَمَّا مَوْجَ ثَنّدَ

كَنّجَانْ ثَمَّا مَوْجَ ثَنّدَ جِكَوّنّدَ أَبّنَا نَدِن بَك كُوكُوَ مِثل يِبَامّبَ هُوِلِيّوَ كُوّصُوَ

يَمَسِن هُوِفِبُوثُزُوَ ٥

Im Namen Gottes, des Gnädigen, des Barmherzigen.

Dies ist eine Beschreibung des Obstes der Insel Zanzibar. Es giebt nämlich auf der Insel Zanzibar sehr viele Sorten Früchte. Da sind zunächst Früchte, die nicht gegessen werden, es sei denn, sie müssten gekocht sein. Da sind ferner Früchte, die roh und gekocht gegessen werden. Da sind Früchte, die ausschliesslich ungekocht gegessen zu werden pflegen. Da giebt es Früchte von bitterem Geschmack, da giebt es auch Früchte von saurem Geschmack. Da giebt es endlich Früchte, die süss schmecken. Du musst also die Früchte ihrer Art nach kennen, und Gott weiss es am besten.

Da giebt es sowohl Früchte an aufrecht stehenden Bäumen, wie auch Früchte an kriechendem Holz. Also musst Du es Dir merken, der Du Dich versenken willst in das Meer der Gedanken, und Gott weiss es am besten.

Mittheilung über die Namen der Früchte, nebst Erklärung ihres Geschmackes.

Was die erste auf Zanzibar berühmte Frucht anbelangt, so wird zunächst gepriesen die Mangofrucht[1] in zwei Arten: die Dodo-Mango und die kleine Mango, ferner auch die Bourbon-Mango. Ausserdem giebt es bittere Mangos. Merke Dir, dass sie nicht gegessen werden; sie haben nämlich einen herben Geschmack. Sowohl die Dodo- wie die Bourbon-Mango ist gross, aber sehr theuer. Was das Aussehen der Mango anbelangt, so wisse: die Dodo-Mango ist grün, und die Bourbon-Mango sieht verschieden aus, es giebt rothe und gelbe. Auch giebt es zweifarbige Bourbon-Mangos: gelbrothbraune. Auch kommen hellfarbige Bourbon-Mangos vor. Merke Dir dasselbe auch von den kleinen Mangos, und Gott weiss es am besten.

---

[1] *Mangifera indica.*

Bezüglich des Aussehens der Dodo-Mangos wisse, dass Grün ihre einzige Farbe ist, und bezüglich des Aussehens der bitteren Mango, dass ebenfalls Grün ihre einzige Farbe ist.

Merke Dir ferner, dass die Verwendung der bitteren Mango darin besteht, man setzt sie der Sauce zu; sie ist nämlich herb, man kann sie nicht essen, und Gott weiss es am besten. Wisse auch, dass die Mangofrüchte von einer Art, solange sie unreif sind; aber mache einen Unterschied zwischen kleinen und grossen; nämlich die Mangofrüchte pflegen grün auszusehen, solange sie unreif sind, und ihre Farbe zu wechseln, wenn sie reif sind, und Gott weiss es am besten. Wisse ferner, dass die Mangofrucht sauer, solange sie unreif ist, und beim Verzehren derselben, d. h. inwendig, sich ein steinartiger Kern vorfindet, und Gott weiss es am besten.

Die Mangofrucht hat endlich ein sehr feines Aroma, wenn sie reif ist, und Gott weiss es am besten.

Dies ist die Beschreibung der Früchte, welche Apfelsinen[1] und Mandarinen[2] genannt werden, und Gott weiss es am besten.

Was die sogenannte Apfelsinenfrucht anbelangt, so wisse, dass sie nicht gekocht wird; sie pflegt roh gegessen zu werden, aber sie muss reif oder wenigstens ausgewachsen sein, und Gott weiss es am besten. Von dem Aussehen der sogenannten Apfelsinenfrüchte merke Dir, dass es durchweg von ein und derselben Art ist; es giebt keine zweifarbigen Apfelsinen. Die Farbe der Apfelsinen im reifen Zustande ist gelb; wenn sie unreif sind, pflegt ihre Farbe grün zu sein, grün auch, wenn sie ausgewachsen, desgleichen, wenn sie noch nicht ausgewachsen sind, und Gott weiss es am besten.

Ihr Geschmack ist süss, aber zugleich ein wenig sauer. Es giebt auch einige sehr süsse, die müssen aber dann reif sein, und Gott weiss es am besten.

Weiter die Frucht, welche »danzi«[3] (Pomeranze) in der Einzahl, »madanzi« in der Mehrzahl genannt wird.

Die Danzifrucht pflegt der Volksmund als »saure Apfelsine« zu bezeichnen, aber ihr eigentlicher Name ist Danzi, und Gott weiss es am besten. Wisse, dass die Danzifrucht der Apfelsine gleicht, aber nur wenig; die Schale der Apfelsine ist glatt und die der Danzifrucht rauh, dabei etwas hart. Auch ihr Aroma ist ein wenig verschieden; an Geschmack sind sie ferner sehr sauer, man isst sie auch gewöhnlich nicht, sondern bereitet daraus Essig zum Verkaufen. Merke Dir, dass man ihren Saft auspresst und zu Essig einkocht, und Gott weiss es am besten.

---

[1] *Citrus aurantium.*
[2] *Citrus nobilis.*
[3] *Citrus bigaradia.*

Dies ist die Beschreibung der sogenannten Cheuzafrüchte (Mandarinen), ebenfalls zwei Sorten, und Gott weiss es am besten.

Die Cheuzafrucht hat nur ein Aussehen; es giebt keine zwei Formen, abgesehen von der Kangaja-Mandarine; sie hat eine abweichende Form. Was die persische Mandarine anbelangt, so sieht sie aus, wie die Apfelsinen, aber ihre Oberfläche ist hart und ihre Schale ist dick. Ihr Geschmack ferner ist sehr süss, und ihre Farbe ähnlich der der Apfelsinen, und Gott weiss es am besten.

Was die sogenannte Kangaja-Mandarine anbelangt, so ist ihre Frucht klein und ihre Schale hart. Ihr Geschmack ist süsssauer und ihre Farbe, wenn sie noch klein, d. h. unreif ist, grün, wenn sie ausgewachsen, ist sie ebenfalls grün. Erst wenn sie reif ist, pflegt sie gelbroth zu werden, und Gott weiss es am besten.

Weiter die Beschreibung der sogenannten Ndimufrucht[1] (Limette), zwei Sorten, eine sauere und eine süsse, und Gott weiss es am besten.

Auch die Frucht, welche »süsse Limette«[2] genannt wird, ähnelt der Apfelsine. Aber gewöhnlich ist ihre Farbe grün, wenn sie unreif, desgleichen, wenn sie ausgewachsen ist. Wenn sie reif ist, pflegt sie sich gelb zu färben, aber hellgelb, und Gott weiss es am besten. Ihr Geschmack ist im unreifen Zustande bitter, wenn sie ausgewachsen ist, ist sie auch noch bitter, aber bittersüss, ihre Schalen sind nämlich bitter. Man muss sie zu schälen verstehen, aber wer sie nicht zu schälen versteht, für den schmeckt sie bitter, ihr Stiel ist nämlich sehr bitter. Der Volksmund bezeichnet sie auch als Milzmittel. Man bereitet auch ein Abführmittel daraus, und die Leute pflegen sie zu essen, wenn sie Fieber haben. Das merke Dir also, und Gott weiss es am besten.

Weiter die sogenannte Balungifrucht[3] (Pompelmuse), merke Dir ihre Farbe und ihren Geschmack.

Das Aussehen der Balungifrucht ist, wie das der süssen Limette, sonder Gleichen; aber es ist eine sehr grosse Frucht; sie erreicht 1½ Pfund, wenn sie gross ist. Auch ihre Farbe ist wie die der Limette, aber sie ist grösser und ihr Geschmack ist derselbe, wie der der Limette. Ihr Inneres ist verschieden von dem der Limette, nämlich zweifach; bei der einen Sorte ist es roth und bei der anderen so, wie das der Limette; aber die äussere Farbe ist so, wie die der Limette. Merke Dir, der Preis der inwendig rothen Sorte ist theuer und derjenige der inwendig weissen Sorte, ähnlich der Limette, billig; diese sind nämlich gewöhnlich bitter und gleichen der süssen Limette, aber es ist eine grössere Frucht, und Gott weiss es am besten.

---

[1] *Citrus limonum.*

[2] *Citrus limetta.*

[3] *Citrus decumana.*

Dies ist die Beschreibung der Früchte sauerer Art, die den
Apfelsinen gleichen.

Es giebt Früchte auf Zanzibar, die man nicht essen kann, es sei
denn, sie werden als Zuthat verwendet. Eine auf Zanzibar gepriesene
sauere Frucht ist die sauere Limette. Ihr Aussehen gleicht dem der süssen
Limette, aber sie ist eine kleinere Frucht als die süsse Limette. Ihr Aroma
ist verschieden von dem der süssen Limette. Man isst sie nicht allein,
setzt sie aber der Sauce zu als Zuthat. Gewöhnlich giebt man sie auch
zum Fisch, und Gott weiss es genau am besten.

Beschreibung der sogenannten Limaofrucht[1] (Limone), eine
sauere Frucht.

Man isst auch die Limaofrucht nicht allein, sondern nur als Zuthat, wie die Limette, und Gott weiss es am besten, nämlich die Frucht
ist sauer. Ihr Aussehen ist grün, ihre Arten sind zahlreich. Es giebt eine
grosse Frucht, ähnlich der süssen Limette, die auch in der Farbe der
süssen Limette gleicht. Sie wird zwar auch Limone genannt, aber ihr
eigentlicher Name ist »schikbakha«. Die Limaofrucht ist sauer und ihre
Schale hart, ähnlich derjenigen der Dnzi. Man verwendet sie als Zuthat
zur Sauce.

Beschreibung der Tamarindenfrucht[2]: merke Dir, dass es eine
wie die Limette sauere Frucht ist.

Die Tamarindenfrucht ist verschieden von den Früchten derart, wie
die vorhergehenden. Wisse, die Tamarindenfrucht sieht ähnlich aus wie
eine Kunde-Schote, aber sie ist grösser und wächst an einem sehr hohen
Baum. Die Farbe der Tamarindenfrucht gleicht derjenigen trockenen Laubes,
d. h. der Volksmund nennt ihr Aussehen »asmari« (braun), und Gott weiss es
am besten. Ihr Geschmack ist sehr sauer, ähnlich dem der saueren Limette.
Man verwendet sie gewöhnlich zur Sauce, auch als Brustmittel. Ihr Inneres
gleicht dem der Dattel[3], und sie hat paarweise, schwarze runde Kerne,
und Gott weiss es am besten.

Dies ist die Beschreibung verschiedenfarbiger Früchte, als da sind
sauere und süsse und andere, welche Schmerzen lindern und kühl sind und
überreif, die brennen und ätzen, und andere mehr.

Merke es Dir, der Du Dich versenken willst in das Meer der Gedanken, und Gott weiss es am besten.

Beschreibung der sogenannten Papayifrucht[4].

Die Papayifrucht gleicht der Cocosnuss[5], aber ihre Farbe ist grün.
Auch hat die Cocosnuss eine harte Schale, und die Papayi hat keine harte

---

[1] Citrus medica.
[2] Tamarindus indica.
[3] Phönix dactylifera.
[4] Carica papaya.
[5] Cocos nucifera.

Schale; sie hat eine Schale ähnlich der Melone, aber sie gleicht der Cocosnuss in der Form. Ihr Geschmack ist süss, nicht sauer, und inwendig ist
sie roth. Sie hat sehr viele kleine, dem arabischen Pfeffer ähnliche Kerne.
Sie enthält im rohen Zustande auch »Blut«; so nennen nämlich die Leute
den Saft. Wisse, dass sonst ihr Saft weiss ist, ähnlich der Milch, die
Leute behaupten, dass sie eine fleischnährbemachende Eigenschaft besitzt,
und Gott weiss es am besten.

Beschreibung der sogenannten Fenessifrucht[1] (Jackfrucht),
eine grosse Frucht.

Auch die sogenannte Fenessifrucht ist eine sehr grosse Frucht; sie
erreicht 8 Pfund und mehr, wenn sie gross ist. Es giebt auch kleine.
Ihre Farbe ist grün, ein wenig in's Gelbe spielend, einige sind auch ausschliesslich grün. Ihre Form ähnelt einer hölzernen Kalebasse. Sie hat ein
stacheliges Äussere. Sie verbreitet ferner einen starken Geruch; manche
Leute lieben ihn, manche verabscheuen ihn. Inwendig hat sie ein Samengehäuse und auswendig Schalen. Zwischen Samengehäuse und Schale befindet sich Fleisch, und zwischen dem Fleisch befinden sich Fasern, die
man »masanaka« nennt. Wisse, dass ihre Fasern sehr weich sind und ihr
Fleisch demjenigen des arabischen Apfels gleicht, aber sein Aussehen ist
roth und das der Fenessifrucht gelb. Im Innern des Fleisches befinden
sich kiesartige, sehr harte Kerne. Die Kerne sehen weiss aus, arme Leute
kochen und essen sie. Aber merke Dir, die Fenessifrucht hat eine stark
anfregende Eigenschaft, und die Leute haben sie nicht sehr gern. Reiche
Leute geben sie gewöhnlich den Eseln, die fressen sie nämlich sehr gern,
und Gott weiss es am besten.

Weiter die Beschreibung der sogenannten Duriyanifrucht[2].

Die Duriyanifrucht ähnelt der Fenessi, aber sie ist kleiner als die
Fenessi. Sie ist sehr stachelig, mehr als die Fenessi, und zwar hat sie
sehr scharfe Stacheln. Ihr Aussehen ist wie das der Fenessi, aber sie ist
dreieckig und die Fenessi rund. Auch hat sie einen stärkeren Geruch als
die Fenessi. Die Duriyanifrucht ist sehr theuer. Ihr Fleisch ist ferner gewöhnlich neunfächerig, nämlich jede der drei Seiten dreifächerig. Ihre
Kerne ähneln den Fenessikernen, sind aber grösser, und Gott weiss es
am besten.

Weiter die sogenannte Stafelefrucht[3] (Custard apple), auch
zwei Sorten, eine grosse und eine kleine.

Die sogenannte Stafelefrucht giebt es in zwei Sorten, eine grosse und
eine kleine. Die grosse Sorte gleicht der Duriyani; aber die Duriyani ist
ein wenig grösser. Auch sind die Stacheln der Duriyani sehr scharf, sie

---

[1] *Artocarpus integrifolia.*
[2] *Durio zibethinus.*
[3] *Anona squamosa.*

stehen sehr dicht; dagegen die Stacheln der Stafele stehen getrennt und
sind nicht scharf, sondern sehr weich. Ihr Aussehen gleicht ferner dem
der Duriyani, aber sie ist kleiner als die Duriyani, ferner länglich rund.
Ihr Inneres ähnelt dem der Baumwolle[1]; ihr spärliches Fleisch ist sehr
weiss, es ist eine süsse Frucht. Ihre Kerne gleichen den Dattelkernen,
aber sie sind schwarz und sitzen in zwei Reihen paarweise. Ihre Farbe
endlich ist grün, und Gott weiss es am besten.

**Weiteres von der sogenannten Stafelefrucht; es giebt nämlich
zwei kleine Sorten.**

Die sogenannte Stafelefrucht ist berühmt auf der Insel Zanzibar. Wisse,
dass es eine kleine, apfelsinengrosse Frucht ist. Sie sieht grün aus, und
ihre Schale ist höckerig und hart, und ihr Inneres gleicht dem der vorerwähnten Stafele und ihre Kerne desgleichen, und Gott weiss es genau
am besten.

**Weiter die Beschreibung der sogenannten Topetopefrucht[2]
und ihre Herkunft.**

Die Topetopefrucht hat ihren Ursprung und ihre Verbreitung auf
Zanzibar. Die Topetope sieht aus ähnlich wie die Stafele, sie ist klein in
ihrer Art. Ihre Farbe spielt ein wenig in's Gelbe, und inwendig gleicht
sie der Stafele. Aber sie ist sehr süss, und wächst an einem Strauch, Gott
weiss es genau am besten.

**Beschreibung der auf Zanzibar berühmten sogenannten
Toffahafrucht[3].**

Was die sogenannte Toffahafrucht anbelangt, so wisse, dass sie berühmt ist auf Zanzibar. Es ist eine eiähnliche Frucht, aber grösser wie ein
Ei. Ihre Farbe ist roth, ihr Geschmack süss, aber zugleich ein wenig sauer.
Im Innern befindet sich ein Kern von der Grösse einer Betelnuss[4], und Gott
weiss es am besten.

Weiter die sogenannte Perafrucht[5] (Guyave). Merke Dir, dass
es zwei Sorten giebt, eine europäische[6] und eine von Zanzibar.

Die sogenannte Perafrucht giebt es in zwei Sorten, eine von Zanzibar
und eine europäische Sorte. Die eine heisst ausschliesslich Zanzibarpera,
die europäische nennen die Leute auch »Ngorabu«. Die Perafrucht ähnelt
der Toffaha, aber die Pera ist hart und die Toffaha weich. Die Toffaha
ist roth und die Farbe der Pera von zweierlei Art, es giebt eine weisse und

---

[1] *Gossypium herbaceum.*
[2] *Anona Senegalensis.*
[3] *Eugenia Malaccensis.*
[4] *Areca catechu.*
[5] *Psidium pyriferum.*
[6] *Eugenia Jambosa.*

eine rothe Perasorte, d. h. bezüglich des Innern. Auch die äussere Farbe
der Pera ist hell, sie spielt in's Gelbe, aber merke Dir, dass es die Farbe
der Reife ist, im unreifen Zustande ist ihre Farbe grün, und Gott weiss es
am besten. In ihrem Innern befinden sich eine Menge kaffernkornähnliche
Kerne, sie sind mit ihrem Fleisch verwachsen. Man isst sie sammt den
Kernen, dieselben lassen sich nämlich nicht herausnehmen. Aber die Perafrucht hat eine aufregende Eigenschaft; man liebt sie nicht sehr, weil sie
aufregend wirkt, Gott weiss es genau am besten.

Weiter die Frucht, die Ngorabu (Rosenapfel) auch »europäische
Pera« genannt wird, und Gott weiss es am besten, wahrlich.
   Die Ngorabu hat eine Form, ähnlich der Zwiebel. Ihre Farbe ist etwa
gelb, aber hellgelb. Sie ist eine sehr schöne Frucht, hat ein sehr feines
rosenartiges Aroma und ihr Geschmack ist sehr gut. Inwendig hat sie einen
Kern, ähnlich der Betelnuss; es finden sich auch zwei Kerne, paarweise im
Innern der Frucht, desgleichen drei, und Gott weiss es am besten. Endlich
merke Dir, dass diese Frucht sehr theuer ist auf der Insel Zanzibar, und Gott
weiss es am besten.

Beschreibung der sogenannten Chokichokifrucht[1], eine feine Frucht.

   Was die Chokichokifrucht anbelangt, so ist es eine sehr feine Frucht.
Ihre Art ähnelt der Ngorabu, aber das Fleisch der Ngorabu ist weich und
dasjenige der Chokichoki hart. Die Frucht hat harte Schalen und trägt
stachelartige Haare. Ihre Farbe ist zweifach, es giebt eine gelbe und eine
rothe Fruchtart. Inwendig hat sie Kerne wie die Baumwolle. Die Kerne
werden genossen, d. h. ausgesaugt.

---

[1] *Eugenia jambolana.*

Zur Symbolik und Etymologie der Zahlwörter in fünf Dialekten der Lingua Banṭu.

Von P. H. Brincker,
Missionar a. D.

A. Andeutungen[1] zur Etymologie und zum Gebrauch der unter B
(vergl. Tabelle S. 145) gegebenen Formen der Zahlwörter.

a Von 1—5.

Ad 1. Die Propria *ka-fi* = *ke-fi*, *ma-si*, *m-ósi* (*ma-ósi*) in den betreffenden Dialekten für eine absolute Eins (Einheit) sind wahrscheinlich auf einen alten, ausser Gebrauch gekommenen symbolischen Eigennamen des kleinen Fingers an der linken Hand zurückzuführen. Die rad. nom. dieser Formen ist *si … fi*, welche durch das Nominalpraeformativum *ka* = *oka* (deminut.) und *-ma* (statu quendam esse denotat) nominalisirt sind. Die zweite Form *kefi* in K. wird mit *kafi* promiscue gebraucht und ist verwandt mit *-kifi*, dem *e-kifi* in Mb., und *omu-sisi* in H. und *m'-kiti* in Shi-njandja-Njassaland, welcher als der princeps mortis oder auch »spirit of a nobelman« gilt. Die bei den Bantu fast allgemein durch den kleinen Finger der linken Hand repraesentirte Zahl »Eins« muss also einen mythologisch-symbolischen Hintergrund gehabt haben (eine Ausnahme machen die Kafirn, bei denen sie auf fremde Einflüsse zurückzuführen ist), der in Beziehung stand zu *omü-fi* (K.), *omu-si* (Nd.) und *omu-ti* (H.) und dem Begriffe des Verbs *oku-fiá*. *oku-ṣá* = *oku-ṩá* = *oku-ṭá*, sterben, zu Schaden kommen. Es ist mithin die Bantu ein mythologisches Gesetz und nicht bloss Sitte, dass sie beim Zählen mit dem kleinen Finger der linken Hand beginnen, überhaupt die Finger beim Zählen gebrauchen. Von diesem Gesichtspunkte aus gewinnt die Sitte der l'Aau khoin (Bergdamara) einiges Licht. Diese besteht nämlich darin, dass sie sich das erste Glied des kleinen Fingers an der linken Hand amputiren lassen. Dieser Finger scheint ursprünglich als eine Art stellvertretendes corpus delicti, das auf eine, uns jetzt unverständliche Weise in Beziehung zum causator mortis stand, gegolten zu haben. Viele Dialekte haben mit dem Begriffe auch das Wort verloren. In H. ist noch ein Anklang daran in dem *ta, tu p' teki p'* - (wie: *mavi tu-* oder *mari teki p'eheke*, ihre — der *ori* — Zahl ist so (viel wie Sand) übrig geblieben.

---

[1] Diese Andeutungen sind absichtlich etwas aphoristisch und räthselhaft gehalten, um denkenden und forschenden, nicht Anderen nachschreibenden Banṭu-isten Spielraum zur weiteren Verfolgung dieses so wichtigen Themas und gründlicher Eingehung auf dasselbe zu lassen.

Die als ein Adjectiv gebrauchte Form -mǎé, die — wie auch die folgenden Wortformen bis fünf — den Pronominalcharakter des Nominalpraeformativums (Praefixes) des regierenden Nomens sich praefigirt[1], möchte ursprünglich zu dem Nomen für Finger: omu-nǎé (engl. geschrieben omunaé), pl. omi-nǎé in verwandtschaftlicher Beziehung gestanden haben.

In der Form -mǎé sind zwei Elemente und ursprünglich zwei Begriffe enthalten gewesen, nämlich ǹi (= ni-ni-a) mit einem causativen (i) und einem passiven (ǎá) Charakter, wovon das achronische a dem Charakter der Lingua Bantu gemäss, wegen des von omuniǎé gemachten Gebrauches in ein actives e verwandelt und ni in vielen Dialekten 'ausgestossen wurde (vergl. die Form für omuniǎé in Umbundu: omu-ina = omuina). In Isi-Sulu ist ni-ni-a = e zu ǹje niǐe contrahirt. Jeder Finger hatte ursprünglich ein gewisses Bild oder Vorstellung von einer Sache plastisch dem Gedächtniss einzuprägen; die Zahl ergab sich dabei von selbst. Eine ähnliche Bedeutung hat unsere Phrase: »Das kann man bei den fünf Fingern abzählen«.

Ad 2. Die für die Zahl zwei stehende Form ist in vorstehenden Dialekten der Hauptsache nach gleich. Die Abweichungen in Isi-Sulu sind nur dialektische Nuancen, indem e (n) zu b verdichtet (wie das Nominalpraefix o-ra- in diesem Dialekt demgemäss a-ba- lautet) und in bili? das a (in vali rari) dem i-forte consonirt ist. Diese consonificatio vocalium[3] ist ein Charakteristicum des Isi-Sulu, Oshi-ndonga und anderer Dialekte mehr.

Das Oshi-kǎǎnjama (nördliches Ovamboland) hat in ka-li (eig. ka-'ali) noch ein Proprium für den zweiten Finger der linken Hand nächst dem ka-fi = ke-fi bewahrt, gebraucht daneben aber auch -rali (bei dem Nominalpraefixe ee- [oo oze izi-] mbali) als ein Adjectivum. Die rad. nom. -ali (_ili, ini) mit dem abstractiven Charakter v _ b u (vergl. ubu- in Z.) möchte noch in dem Nomen omu-ali-kadi, eine Frauensperson (K.) und omu-ári (H.), Kosename für eine Kindermutter, zur Erkenntniss des ursprünglichen Begriffes dieses Wortes einigen Untergrund bieten. Mythisch betrachtet, hätten also die Ur-Bantu an dem zweiten Finger sich die Weiblichkeit plastisch in das sinnliche Begriffsvermögen einbilden lassen und dadurch uns eine Idee davon gegeben, warum dieser Finger der eigentliche Verlobungs- und Eheringfinger wohl bei den meisten Völkern ist. In Oshik. heisst der Daumen geradezu omu-lumé-nǎé, der Mann-Finger, und auch omu-luméňu, Mann = vir.

---

[1] Wie: omu-ndu = umǔ-ntu = omǔ-ňu ú-mǎé, Mensch er ein; ora-ndu re-rari (H.) = abá-ntu ba-bili (Z.) = ora-ňu ra-vali (K.) = aaǹja jaali (Nd.), Menschen sie zwei; o-ngombe = inkomo i-mǎé, Ochs er ein; ozo-ngombe (_izi-nkomo) mbari (= ezi-mbili), Ochsen sie zwei u. s. w.

[2] Die von Döhne u. A. gegebene etymologische Gliederung des bili in bi, separated, und ili, raised, ist unhaltbar. Dieses Wort leidet die jenem Lexikographen eigene anatomische Secirung der Wortformen nicht.

[3] Wie u-mu- anstatt o-mu-; a-ba- anstatt o-ra-, Nd. aa-; i-mi- anstatt o-mi-; ili- anstatt ali-; isi- = oshi-; ii- = oi- = oti- u. s. w.

Ad 3. In der Bezeichnung für die Zahl drei herrscht in oben genannten Dialekten wiederum eine auffallende Gleichheit, es muss daher
— so möchte man schliessen — der Urform derselben eine allgemein ge-
goltene Urbedeutung zu Grunde gelegen haben. Dieser Umstand lässt die
dem *tatu* in Isi-Sulu von europäischen Grammatikern beigelegte Bedeutung (von *tata*, to take, take hold of) sehr fraglich erscheinen, da die anderen Dialekte dem -*tata* diese Bedeutung nicht beilegen und doch *tatu* haben.
Ein einzelner Dialekt kann nur eine beschränkt-autoritative Geltung in
Bestimmung von Urbegriffen und ursprünglichen Wortformen beanspruchen.
Die charakteristisch-abstractive Endung *u* in *tatu* lässt sich, wenn *tata* des
Z. zu Grunde liegen sollte, schwer erklären. Dieses *u* ist offenbar der
Rest eines Verbalsuffixes[1], das zur Nominalbildung der jetzt verstümmelten
Urform von *tatu* verwandt wurde. Diese lässt sich nun freilich nicht mehr
vermuthen, da jeder Dialekt der B. dem *tata* verschiedene Bedeutung beilegt.
Der Gedanke aber, dass dem Ur-nomen für den hervorragenden Mittel-
finger ein ehrender und väterlicher Würdebegriff zu Grunde gelegen, möchte
sich sehr empfehlen.

Ad 4. Ausser Umbundu haben unsere Dialekte für vier ebenfalls
eine ganz gleiche Form. Diese hat den Zeigefinger der linken Hand zu
ihrem Zahlbilde, indem alle vier Finger zusammen an den Daumen der
rechten Hand gelegt werden. In *ňe* sind (wie in *omu-ňeé* s. ad 1) ebenfalls zwei Urbegriffe vereinigt, sc. *ni-ni* mit causativ-objectivem *e*, das den
Gebrauch der Urform, wovon *ňe* ein contrahirter Rest ist, kennzeichnete.
In *omu-ňeé* hat das *u* in *ňeé* einen passiven Charakter, der aber in *ňe* nicht
beibehalten werden konnte, weil *ňe* als die eigentliche rad. nom. des als
omu-ňeé κατ' ἐξοχήν geltenden Zeigefingers figurirte. Nach diesem Gesichtspunkte (oder etymologischen Gesetze) konnte das Umbundu, gemäss dessen
Form *omu-ina (omeina)* anstatt *omu-ňeé*, für *ňe* nur die Form *ku-ána* haben.

Ad 5. Die Zahl fünf muss der Daumen der linken Hand plastisch
darstellen, indem derselbe, während (z. B. bei den Ova-hérero) die vier
Finger an den Daumen der rechten Hand gelegt, an den Mund gehalten
wird. Die Form *tano = tanu* (in H. und Nd. ist die Endung *o* in der rad.
adj. nom. gleich *u* passiver Natur) mit scharf ausgestossenem *t* (*ť*), das in
Z. durch den Semiklick *hl* (beinahe wie *shl* gesprochen) gegeben wird, ist
der Rest eines obsolet gewordenen Nomens, das den Daumen in seiner
ursprünglichen symbolischen Bedeutung sinnlich-contemplativ bezeichnete.
Es ist noch zu bemerken, dass die Reste dieser einstigen, aus Hieroglyphen
entstandenen Nominum jetzt die Neigung haben, da, wo sie, ohne ein gewisses Subject zu begleiten, allein stehen, sich das ursprüngliche Nominalpraefix *i*-, anstatt *o*-, zu praefigiren, wie *i-měé*, *mbari (i-m-rari)*, *ndatu
(i-n-tatu)*, *i-ne* u. s. w.

Es ist schon erwähnt worden, dass dieses und jenes zu der Annahme
führt, der Daumen sei ursprünglich von den B. als eine Art symbolisch-
contemplativer und bildlicher Inbegriff der Männlichkeit (Mannsbild) be-

---

[1] Wie in -*u-ma*, -*u-na*, -*u-la* = *u-ra*, -*u-ka*.

trachtet worden, wie ja in K. der Daumen *omúlumé-ńué* (*omù-luméhu*). Manns-
finger, heisst, und Z. fig. *isi-tup-ana* (Dimin. von *isi-tupa*, Daumen) für »kleiner Mann«, »Däumling« hat (vergl. hiermit das ad 6 Gesagte). Da *tan-a*, *tan-
u-na tan-u-ka* in den verschiedenen Dialekten jetzt ganz verschiedene Bedeutung haben, lässt sich die ursprüngliche Bedeutung nicht mehr auffinden,
wenigstens nicht ohne das Wort auf eigene Hand anatomisch zu definiren.

Bis zu fünf stimmen unsere Dialekte also in der Form der betreffenden
Worte im Allgemeinen überein, auch darin, dass sie sich die Pronominal-
charaktere der diesen sich anfügenden Nominum praefigiren, was die Formen von sechs an nicht mehr thun, weil die Zahlwortformen in ihrer jetzigen
Gestalt combinirte Begriffe enthalten, die die betreffenden Nomina (als obsolet
geworden) nicht mehr zu modificiren brauchen. Es lässt sich von den Bantu
nicht sagen, dass sie »keine fünf zählen können«. Sie haben ihrer Zähl-
weise gemäss das Fünf- und Zehnersystem.

In den zwischen fünf und zehn liegenden, ja in allen folgenden Zahl-
formen herrscht grosse Verschiedenheit in den Dialekten B., weil die »sym-
bolische Bedeutung« der fünf Finger nicht mehr dabei in Betracht kommt,
sondern jeder Dialekt seine eigenthümliche Sprachrichtung und intellectuelle
Anlage bei Bildung der betreffenden Wortformen zur Geltung brachte.

b. Von 6—9.

Ad 6—9. Der Dialekt Otji-hérero geht, nach der Wortform zu
urtheilen, von der Ansicht aus, dass das hieroglyphische Mannsbild, der
Daumen der linken Hand, beim Weiterzählen — indem bei sechs der kleine
Finger (Weise der westlichen B.), bei sieben der Ringfinger, bei acht
der Mittelfinger, bei neun der Zeigefinger, hier alle vier zusammen, an den
Daumen der Linken gelegt werden — dieser die betreffenden Finger *hamba* —.
Dieses Verb. wird in H. für »Bespringen« von den Böcken des Kleinviehes,
und in Z. für die »Bewegung des Gehens, Fortschreitens«, überhaupt für
»Bewegung« gebraucht. Die Form *hambo-* ist durch die Endung *o* passiver
Natur. *hambo- = umúe. hambo-mbari, hambo-ndatu* würde also in H. bezeichnen: einen (sc. Finger, deshalb *u-múé*), zwei, drei, besprungen. Bei
neun hatten die Ova-hérero ovn-kuru (die alten H.) auch noch *hambo*
(*hambo-muciú*) in Gebrauch, ist aber jetzt ganz obsolet geworden, und das
Nomen *muciú* übrig geblieben. Demselben könnte der Begriff des Verb.
-*ciúra-ciula*, etwas Krummes gerade biegen, zu Grunde gelegen haben.

Oshi-ndonga (Süd-Ovamboland) hat anstatt *hamb-áno:* ꞇ*am-ano*,
wovon -*ano* (von -*ana*) durch *o* reciprok-semipassiver Natur ist. Die Formen
he-áli (*he-juali*), *he-tatu* haben in *he* ein diesem Dialekt fremdes Element,
sc. *h*, das nur in diesem *he* vorkommt, sonst wird aber immer dafür ꞇ gesprochen. Es lässt sich dieses *he* etymologisch nicht wohl deuten, es sei
denn, man nehme an, dass es gleiche Bedeutung mit dem veralteten *ha-ko*,
mit Pron. conjug. *he-ko*, concubare (*ko* = con-) in H. habe. In diesem Falle
würde es sich mit *hamba* decken (*hamba* vom Vieh und *ha*, *he* vom Menschen).

Das *omu-gii = omu-goji* ist in Bezug auf seine etymologische Deutung
dunkel. Die rad. nom. -*goji* ist durch *i* activ oder als etwas thuend zu begreifen.

Oshi-kaánjama (dialect paramount von dem nördlichen Ovambo-lande) macht es am einfachsten, aber auch am umständlichsten, vor Allem, wenn es erst sechs u. s. w. Zehner werden, wie das Paradigma zeigt.

Umbundu (Angola) hat für die Zahlen sechs bis neun u. ff. volle Nomina mit dem Nominalpraefix e-. Das e-pandu würde nach jetzigem Sprachgebrauch (von pand-u-ka) eine (gelöste) Fessel, Bande bedeuten. In e-pandu-rali findet das ad 2 Gesagte einige Bestätigung. Die Form für acht: e-shin'-ána (e-cinana) hat ein e-shina (?) und ana (von kŭana) vier. — Bei e-shia (e-cia) vergl. das Verb. -shija (-shia) (K.). quer vor etwas her-liegen, und die Bedeutung von shija in Z. Bei neun werden die Finger im Übergang zu zehn verlassen, wiewohl der Daumen die Zehn ist, und beide Hände zusammengeklappt.

Die Ama-sulu (Zulu-Kafirn) haben eine, von den westlichen Stämmen der B. ganz verschiedene, mehr ihrem von fremden Sprachelementen beein-flussten Idiom entsprechende Art des Weiterzählens von sechs bis neun, indem sie nicht bei 5 + 1 zu dem kleinen Finger, sondern zu dem Daumen der rechten Hand übergehen. Die Form -tat'-isi-tupa (nach den Erklärern von -tata, to take, und isi-tupa, the thumb) würde hiernach ·den Daumen nehmen· be-deuten. Eine andere Form für sechs: ta-ndatu lässt ein ta von tata aus und möchte als solche ·zweimal drei· bezeichnen. Dass jeder der Finger ursprüng-lich einen eigenen (hieroglyphisch-symbolischen) Eigennamen gehabt hat, zeigt isi-tupa (vergl. isi-tup'-ána, figürlich ein kleiner Mann (Däumling) und oka-kunda (H.) mit derselben Bedeutung und -ku-nda (H.) bei der Zehnerzahl. Die rad. nom. -komba, causat. -kombisa, relat. -kombila, -e in der Form für sieben bedeutet in Z.: ·hinweisen·, isi-kombile, etwas, das auf etwas hinweist oder zeigt, indem der Zeigefinger die betreffende Zahl dar-stellt. Bei acht wird der Zeige- und Mittelfinger eingebogen und zwei Finger bleiben übrig, daher shija-ngalo-mbili (-shija, übrig lassen, ngalo. Glied, Glieder, bili, zwei): übrig lassen Glieder zwei. Bei neun shija-ngalo-lunje, übrig lassen Glied einmal, welches bei der Zehnerzahl diese ausmacht, indem es in dieselbe übergeht. Sehr bequem möchte das Rechnen in diesem Dialekt auch nicht sein.

Die Zehnerzahl.

Otji-hérero und die Ovambodialekte Oshi-ndonga und Oshi-kaá-njama haben für zehn das Nomen der III. Classe: omu-rongo omü-longo. welches als ·der Zehner· anzufassen ist[1]. Die rad. nom. -rongo longo (durch Anlaut o Semipassivum) möchte dieselbe sein, wie in otji-rongo = oshi-longo in der Bedeutung von: ein Complex (= Zusammensein) von Wohnungen und anderen Dingen. Ferner hat das Verb. -ronga, -o longa, -o noch den Sinn von: Jemand zureden, ermahnen = Jemand die Ge-danken zusammenbringen. In einem Dialekt in Angola ist mu-longa Wort. Wenn die Ova-hérero beim Zählen die Fingerung beendet und zu zehn

---

[1] Wie: omu-rongo u-mue = Nd. omü-longo gumüe, Zehner er ein(e). omu-rongo vi-rari = omi-longo mbali = K. omil. i-rali, Zehner sie zwei u. s. w.

übergehen wollen, dann schlagen sie beide Hände zusammen, dass es dröhnt und sagen: *omu-róngo ua kundu*, die Zehner dröhnt, d. h. die Zehner ist voll. Die An-ndonga (Leute von Ondonga südlich Ovamboland) nennen die volle Zehner *omulongo e-kúñka* (*e-ku-ka* vergl. *e-kúi* in Mb.), oder auch *omúl. gua tika*, die Zehner läuft über (weil voll), und die Ova-kaánjama (nördlich Ovamboland) sagen: *omul. ue lu umba* (= *li-umba*), die Zehner wirft sich weg, d. h. man thut, als ob man die Zehner mit den zusammengeschlagenen Händen von sich würfe. Beim Weiterzählen heisst es *omur. na umúé. omur. na mbari. omur. na ndatu*, Zehner und ein, Zehner und zwei, Zehner und drei u. s. w., wobei die II. die Einerzahlen noch wohl mit *pehi* (— *na umúé pehi — na mbari pehi* u. s. w., d. h. und ein darüber, und zwei darüber) begleiten.

Die Form *e-kúi* (*e-kui*) in Umbundu könnte das Verb. -*kúi* (*kui*), bellen, II. laut rufen, zu ihrer rad. nom. haben und hätte dann den Begriff von: die bellende, laut rufende sc. *e-ke* (Mb. *e-ka*) Hand. Vergl. II. *omuromgo ua kundu*.

Dasselbe gilt von *i-shumi* (*eshumi*). Pl. *ama-shumi* in Z. Die anatomisirenden Erklärer geben die Bedeutung des Wortes durch *shu*, cause und *umi* (von *ima*, nicht *ma*), a stand, folglich die Aufrichtung der beiden Hände bei zehn. Diese Art anatomisirender Worterklärung bringt es zu Stande, das Nominalpraef. der I. Classe *omu... umu-* von dem Verb. -*ima* herzuleiten (das zu diesem Zweck zu *ma* gemacht wird), welches in den östlichen Dialekten -*to* stand erect, to be in a certain state, to move on-; in K. und Nd. aber: -wachsen von Baumfrüchten« (daher *oi-imi-ti*, Baumfrüchte) bedeutet.

Wenn eine etymologische Erklärung des *i-shumi* überhaupt möglich, dann wäre solche eher in dem Verb. -*shuma-jela* -laut sprechen- zu vermuthen. Die Form -*shuma-i* (-*ela* ist als Suff. rel. bei Bildung des activen Nomens *i-shumi* weggefallen) würde hierdurch geradezu gleichbedeutend sein mit *e-kúi* und a posteriori mit *omuromgo ua kundu*.

Alle genannten Dialekte zählen von Zehnern und Zehnern ab weiter mit der Copula *na*, *li na*, *la*, wie im Paradigma ersichtlich.

Die Zahlen 100 und 1000.

Von der Zahl hundert und erst recht von tausend haben unsere Eingeborenen eine recht unklare Vorstellung. Die Form *ēgere* (Pl. *oma-gere*) wird gewöhnlich für eine grosse Menge, *e-jovi : e-jouvi* (Pl. *oma-jovi*) aber für eine ausser dem Bereich der Zählbarkeit liegende Menge gebraucht. Erst der Rechenunterricht in der Schule hat den begrenzten Begriff von der betreffenden Zahlmenge mit den betreffenden Worten verbunden. Diese sind etymologisch undefinirbar, haben auch keine ursprüngliche Beziehung zu irgend einer symbolischen Anschauung.

Das Wort *oshi-ta* in Mb. wird in H. (*otji-ta*) für einen starken Regenschauer (sc. mit vielen *oma-ta*, Tropfen) und der Pl. *ori-ta* in H. für eine Raub- und Kriegesbande, für Feinde (*ova-na-rita*) und Feindschaft gebraucht. Die Bedeutung von *ori-ta*, Hunderte, mag dem jetzt in H. mit *ori-ta* verbundenen Begriffe zu Grunde gelegen haben.

Wie *egere* bezeichnet *i-ḳulu* (Pl. *ama-ḳulu*) in Z. ebenfalls eine »grosse
Zahl«. Die Form für tausend: *i-nḳulu* = *nguáne* ist durch das *i-nḳulu* :
i-ḳulu erweiternde Suff. *i-ngüáne* (*ingwáne*) merkwürdig, welches »ein«,
zusammengebogen« bedeuten soll. weil die Z. bei Zählung von zehn mal zehn
die Finger gebranchen und wenn damit zu Ende, diese einbiegen. Bezieht
man aber *i-nkulu-ngüáne* auf *um'-kulu-ngüáne* »bellendes Hundegeheul«,
dann nähert sich die ursprüngliche Bedeutung der von *e-kài* in Mb.:
bellende = laut rufende »grosse Zahl«, oder der von H. *omurongo ua kundu*.
Die »grosse Zahl« giebt durch die Hände allerlei Getön und Gedröhne.

Zum Schluss sei hier noch eine Demonstratio ad oculos gegeben, dass
nämlich ein zweiter Adam Riese nicht so leicht ein Rechenbuch in obigen
Dialekten schreiben wird, und dass das Rechnen überhaupt weder für unsere
Eingeborenen noch von ihnen erfunden zu sein scheint. Es stehe hier der
Satz, den die Eingeborenen nicht kürzer geben können: der sechste Tag
des Monats Januar im Jahre 1896 in:

Otji-hérero.

E-*juca ri-tja   hamboumue   r-omueẓe   ua Januari m'ombura i-tja*
Tag er sagt sechs (sechste) des Monats von Januar im Jahre es sagt

ejovi   ri-mue   n'omaẕerre   hambondatu n'omirongo muriu na hamboumue
Tausend ein(e) und Hunderte   acht   und Zehner neun und   sechs
(*pehi*).
darüber.

Oshi-ndónga.

E-*ḷiiku   e-ti   χamano   ljomuéẕi   gua Januali   m'omümvo omü-ti*
Tag er sagt sechs des Mondes von Januar im Jahre es sagt

ejovi (ejuài) limüe   n'omaẕele   hetatu n'omilongo omügüi na χamáno.
Tausend ein(e) und Hunderte acht und Zehner neun und sechs.

Oshi-küänjama.

E-*fiku   e-ti   tano na limüe   lohani   ja Januali m'omüdo omü-ti*
Tag er sagt fünf und ein des Mondes von Januar im Jahre es sagt

ejovi   limüe   n'omafele   atano na atatu   n'omilongo   itano   na   ne
Tausend ein und Hunderte fünf und drei und Zehner sie fünf und vier.

na   atano   na   limüe.
und sie fünf und er ein.

U-mbundu.

E-*teke lirpandu   luosái   ja Januali lóondjandja(?) johuké (johukae)*
Tag er sechs des Mondes von Januar im Jahre (Zeit) des Tausend

(*imue*) la   ocita   vieshinana la   aküi-eshia   la epandu.
ein und Hunderte sie acht und Zehner neun und sechs.

Isi-sulu (Z.).

U-*suku   lu-si   tat'-isitupa   luenjanga   ja Januali ja n'onjak-éni je-si*
Tag er sagt sechs des Mondes des Januar er Jahr in es sagt

inkulunguáne   li   n'amakulu   amashijangalombili ja namashumi aishijangalolunje
Tausend und Hunderte   acht   und Zehner   neun

ja   namatat'isitupa (namatandatu).
und   sechs.

B. Formen der Zahlwörter in den Dialekten der Lingua Bantu.

	Ogji-hérero (H.)	Oshi-ndónga (Nd.)	Oshi-kuánjama (K.)	U-mbindu (Mb.) Angola	Ini-ñilu (Z.) Zulu-Kafr
		maxi propr., - muê adj.	kuñé = kẹñ propr., - muê adj.	maxi pr., -mie = mu' adj.	- i - njé = inye (iñi - njé)
1	- muê (ì - muê)	- oali (mbúili)	kúili, - oali	- rali	- bili (Xeua: bini)
2	- viri (mbári)	- tátu (ñátu)	- kátu, ñátu	- tátu	- tátu (mlatu)
3	- tátu (mláitu)	- né	- né	- ka - iua (kerima)	- né
4	- né (íne)	- táno, ñáno	- táno, ñáno	- tánu	- hlánu (spr. shlánu)
5	- táno (ntáno)	- tano na - muê, ñáno na - muê	-tano na - rali, ñano na mbali	e - páolu	i - tat' - ixi - tápa, ta - ndátu
6	hambo - úmuê	χamino	-tano na-rali, ñano na mbali	e - pandu - rali	- kombile, ixi-kombile
7	hambo - mbári	he-áli (hẹáili)	- tano na - tatu, ñano na ñatu	e - shimina (ecináua)	- ahija - ngalo - mbili
8	hambo - ndátu	he - tátu	- tano na ne, ñano na ne	e - shia (ecia)	- ahija - ngalo - lunje
9	(hambo -) mu - ríu	omù - gui (omu - gúji)	omù - lóngyo	e - kui (ekui)	i - shúmi
10	omu - rónyo	omù - lóngo	omù - lóngyo	e - kui la - mué	ishumi li na - nye
11	omu - r. na - mué	omù-l. na - mué	omù - l. na - mué	e - kui la - oali	- - mbili (mbiua)
12	- - rari	- - oali (mbali)	- - oali (mbali)	a - kui (nakui) a - rali	ama - shumi ama - bili
20	omi - rónyo vi - rari	omi - longo mbali	omi - longo i - rali	a - kui arali la - mué	ama - sh. ama - bili (li) na - nje
21	omi-r. viruri na - mué	omi-l. mbali na - mué	omi-l. irali na - mué	a - kui a - tatu	ama - shumi ama - tatu
30	omi-rónyo vi-latu	omi-longo ñátu	omi-longo i - latu	oahi - la (oci - la)	i - kulu
100	- étre ri-mué	e - gite li - mué	e - jéte li - mué	oahi - ta la - mué	i - kulu li na nje
101	r-é. rimié na - mié	e - ś. limie na mué	e - f. limie na - mué	oci - ta ci - rali	ama - kulu ama - bili
200	oma - gere jr - rari	omi - gele gaali	oma - fele a - rali	oci - ta ci - rali	i - ñkulu - ngaine
1000	r-jóri (vjúri) ri-mué	e - jori (ejui) li - mué	- joei li - mué	o - hukái (ohukri)	iñkulu - nguine li na nje
1001	r-j. rimie na - mué	e - j. limie na - mué	e - j. limie na - mué	o - hukri la - mué	izi - ñkulangwine izi - mbili
2000	oma - juri je - mué	omujori gaali	oma - jori a - rali	olo - hukri ci - rali	izi - ñkulungwine izi - shumi
10000	omaj. omurónyo	omaj. omúlongo	omaj. omúlongo	omaj. omúlongo	

Das ù bedeutet kurzer u.—Übersetzlag zu ù, r, é, ö und ist im Druck durch eine kleine Type gegeben. Engländer schreiben diesen Laut mit v, wie in ekiví = ekví, ingraine = inguine, kvá = kid, kvóina = kidnu u. s. w.

Kissukūma,

die Sprache der Wassukūma, speciell der Dialekt der am Speke-Golf und Smith-Sund gelegenen nordwestlichen Stämme.

Von C. Herrmann.

Hauptmann und Compagniechef in der Kaiserlichen Schutztruppe für Deutsch-Ostafrika.

Kissukūma ist eine Bantu-Sprache einfachster Art und mit den Sprachen der Watakáma und Wagälagánsa, d. h. der beiden Hauptstämme der Waniamwesi, verwandt. Die Sprache, welche mit dem Kiniamwesi die durch die Trägerverhältnisse und somit Handelsbeziehungen am meisten verbreitete Sprache Ostafrikas ist, ist bei den über ein grosses Areal ausgebreiteten Stämmen sehr verschieden; die im Osten und Südosten anstossenden Hamiten haben einen Theil ihrer rauhen Töne, z. B. das gutturale *gh*, in das Kissukūma übertragen, während im Westen Mischung mit Kisindya (einer Wahuma-Sprache) stattgefunden hat. Eigenthümlichkeiten des Kissukūma sind folgende:

1. Explosivconsonanten. Die Consonanten *p*, *k*, *t* und in einigen Fällen auch *tsh* werden in einer grossen Anzahl von Worten explosiv hervorgestossen, so dass zwischen ihnen und dem nachfolgenden Vocal eine kleine Pause entsteht. Man hört das hauptsächlich bei psychischer Erregung.

2. Nasaliren. Die Buchstaben *n* und *h* werden oft durch die Nase gesprochen (Bezeichnung *ñ*, *h̃*). Es ist dies jedoch nicht der echte Nasallaut, wie z. B. im Spanischen, sondern ein Blasen der Luft durch die Nase, als ob der Sprecher an Stockschnupfen leidet (ähnlich im Kigogo).

3. Die Angewohnheit, *s* wie *j*, *ss* wie *sh*, *r̃* wie *d̃*, *ï* wie *ë*, *a* wie *a* auszusprechen.

4. Die Gewohnheit, *b* so undeutlich auszusprechen, möglichst ohne die Lippen dabei zu schliessen, dass es wie *v*, *w*, oft nur wie ein durch die Nase gestossener, dumpfer Laut klingt.

5. Die letzte Silbe der Worte wird meist mit Vehemenz herausgestossen, wobei der Schlussvocal kurz wird.

6. Die Betonung ist sehr deutlich, nachdrücklich, gleichsam als wollte man den Angeredeten von der Wahrheit der Worte überzeugen (wie Kigogo).

Rechnet man noch dazu, dass die Wassukūma fast alle eine tiefe Stimme haben und in ihre Rede reichliche *r̄r̄h* und *ǖǖh* einflechten, so ergiebt sich Kissukūma als eine ausserordentlich undeutliche, nachlässige, nuschlige, rüpelhafte Sprache, wie dies auch dem ganzen Volkscharakter entspricht. Kissu-

kûma bildet das eine Extrem der inneren ostafrikanischen Bantu-Sprachen;
Kiganda, die deutlichste, klarste und vornehmste Sprache, das andere.
Während man im Stande ist, die Rede eines Mganda, auch ohne der Sprache
mächtig zu sein, sofort niederzuschreiben, bedarf es bei Kissukûma längerer
Zeit, ehe man sich klar wird, ob man den gehörten Laut mit *b, n, h, w, ñ, v*
u. dergl. bezeichnen soll, z. B. *bûbi*, die Schlechtigkeit, könnte mit allen
möglichen Anfangsconsonanten geschrieben werden, doch ist wohl *b* am
besten, da es analog vielen anderen Bantu-Sprachen ist, die alle ihre Abstracta mit dem Praefix *bu-* bilden.

Die bekannten euphonischen Consonantveränderungen, die sich auch
im Kisuaheli finden und die dadurch bedingt sind, dass bestimmte Consonanten oder Vocale nicht zusammen gesprochen werden können, finden
sich auch hier.

Da die Wassukûma viel reisen, besonders zur Küste, so haben sie eine
Menge Fremdworte in ihre Sprache aufgenommen, die sie nach ihrer Be-
quemlichkeit umformen: aus *assikári* (Soldat) machen sie z. B. *áshiköle*. In
Nachstehendem sind n u r Originalworte aufgezeichnet. Die katholische Mission
Bukumbi, welche bereits den Katechismus und Gebetbücher in tadelloses
Kissukûma übersetzt hat, hat natürlich eine Menge Abstracta, für die Wörter
fehlen, theils anderen Sprachen entlehnen, theils neubilden müssen. Eine
von Père Brard verfasste Grammatik-Skizze deckt sich mit meiner fast vollständig. Ausserdem existirt dort ein von Père Lévesque verfasstes sehr um-
fangreiches Lexikon, welches, wenn nochmal revidirt, von hohem Werth
ist. Leider ist Alles nach französischer Orthographie geschrieben. Beide sind
noch nicht dem Druck übergeben. Ich habe überall die amtliche (inter-
nationale) Schreibweise angewandt.

Das Material wurde in den Jahren 1893 und 1897 in der Art gesammelt, dass zunächst Alles mit Hülfe von drei des Kisuaheli mächtigen
Wassukûma niedergeschrieben wurde, unter Beihülfe eines des Kissukûma
vollständig mächtigen Suaheli-Dolmetschers. Nachher wurde Alles nochmals mit drei anderen Wassukûma durchgegangen; ausserdem wurden noch
Fachleute zu Rathe gezogen, z. B. bei den Fischen ein Fischer, bei den
Arzeneien ein Medicinmann u. dergl.

Da Kissukûma nach denselben allgemeinen Regeln aufgebaut ist wie
Kisuaheli, wie überhaupt alle ostafrikanischen Bantu-Sprachen, so kann ich
eine allgemeine Einführung in die Grammatik übergehen.

Substantiva

zerfallen in 10 Classen, die sich durch die Praefixe unterscheiden.

I. enthält nur lebende Wesen. Praefix: Sing. *mu* (*mw* vor Vocalen), *n,*
oder das Praefix fällt ganz weg; Pl. *ba* (*wa*). *b* (*w*). *ban* (*wan*): *mûñhu* Mensch.
Pl. *bâñhu*: *mwîri* Dieb. Pl. *bîri*; *ndâwa* Karawanenältester. Pl. *baudâwa*; *ssâdyi*
Schmied, *bassûdyi*.

Viele Plurale enthalten euphonische Consonantveränderungen: *mâmbi*
Töpfer, Pl. *bawâmbi*; *nugûti* Eisenschmelzer, Pl. *barugûti* u. s. w.

II. Praefix: Sing. *m* (theilweise *mu* vor Vocalen), *n*, oder fällt ganz weg: Pl. *mi*: *mkīra* Schwanz. Pl. *mikīra*; *mudndu* Baobab, Pl. *miándu*; *ñ* Baum. Pl. *miti*.

Ausser dem *mi*-Plural werden noch 2 andere auf *ma*- und *mami* (Doppelpraefix) gebildet: diese Formen gehören dann zur IV. Classe. Bei Bäumen, Sträuchern etc. wird die *mami*-Form der einfachen mit *mi*- vorgezogen: die *mi*- und *mami*-Formen bezeichnen dann die Mehrzahl des Baumes, die *ma*-Form die der gleichnamigen Früchte; z. B.: Sing. *nssúngwi* Name eines Strauches und Name der essbaren Frucht, Pl. *missúngwi* II. *mamissúngwi* IV. Mehrzahl des Strauches; *massúngwi* IV. Mehrzahl der Früchte.

Durch euphonische Eigenthümlichkeiten sind folgende, unregelmässig scheinende, Beispiele bedingt: *nangále* Name eines Baumes; Pl. *milangále*; *horóto* Name eines Strauches, Pl. *mamikoróto*; *inúma* Name eines Baumes. Pl. *mamirdma*; *nhóntwa* Name eines Strauches. Pl. *mamitóntwa*; *mánga* Name eines Baumes. Pl. *miwánga* u. dergl.

III. Praefix: Sing. *ki*, *tshi*, *tsh*; Pl. *shi*, *sh*, *bi* (*wi*), *ssi*, *tshi*; *kínhu* Ding. Pl. *shínhu*; *tshūga* Huf. Pl. *shūga*; *kisséme* Gefäss, Pl. *ssisséme*; *kigúku* Brustbein, Pl. *tshigúku*.

Man darf die Singularpraefixe dieser Classe nicht mit den ersten Silben von Wörtern verwechseln, deren eigentliches Praefix fehlt, die aber nicht zur III. Classe gehören; z. B. nicht alle mit *ki* anfangenden Wörter gehören zu III: *kimbili* Kreuz ist II; Pl. *mikimbili*; *kibyira* Kröte ist IV. Pl. *makibyira*.

Es giebt noch eine zweite Pluralform auf: *mashi*, die zur IV. Classe gehört: dieselbe hat vielfach eine verächtliche Bedeutung: z. B. *shínhu* Dinge, *mashinhu* altes Gerümpel, Schund.

IV. Praefix: Sing. *i*, *li*, *l*, *m*, *n*, oder das Praefix fällt ganz weg, was besonders bei *i* meist stattfindet; Pl. *ma*, *m*: *igi* Ei, Pl. *mdgi*; *līno* Zahn. Pl. *mīno*; *liūru* Nase, Pl. *mūru*; *mbóni* Augenstern, Pl. *mabóni*; *ndūru* Galle. Pl. *madūru*; *tshánso* Nest, Pl. *matshánso*. Beim Plural sehr viele euphonische Veränderungen des ersten Consonanten: z. B. *n-hīma* Hoden, Pl. *ma-fīma* (statt *ma-hīma*).

Zu dieser Classe gehört auch das Augmentativ: Praefix: Sing. *li*, Pl. *ma*: *ñti* Baum II. Cl., *línti* ein grosser Baum. Pl. *mánti*.

Pluralia tanta sind folgende Wörter: *mínsé* Wasser, *mawére* Milch u. dergl.

Es herrscht das Bestreben, die Plurale aller Classen mit *ma* zu bilden: diese Formen gehören dann natürlich zu IV. Selbst von den lebenden Wesen der I. Classe kommen solche, meist eine Missachtung ausdrückenden Pluralformen, vor z. B.: *mamúnhu* schlechte Menschen, Bande, Gesindel.

V. Praefix: Sing. *ru*, *rw*; Pl. *n*, *m*, vielfach mit Consonantveränderungen: *rôshu* Messer, Pl. *ñshu*; *rúkui* Feuerholz, Pl. *ñhui*; *runiónya* Sesam, Pl. *niónya* (hier fällt ein *n* weg); *rutindégo* Erbsen-Gemüse, Pl. *nhindégo*; *rugúku* Bohnen, Pl. *gúku* (*n* wird ganz verschluckt); *rwinsī* Brunnen, Pl. *nwinsī*; *rūpi* Ohrfeige, Pl. *nihi*.

Das *r* des Praefixes wird in allen Abstufungen vom härtesten Zäpfchen-*r* bis zum weichsten *l* ausgesprochen.

Auch diese Classe bildet Plurale mit *ma* (IV. Classe), und zwar auf 2 Arten: mit dem Singularpraefix *ru*, ohne das Singularpraefix *ru*, sodass einzelne Worte 3 Plurale bilden, z. B.: *rugáno* Erzählung, Pl. *mgáno* V. *magáno* IV. *marugáno* IV.

Auch hier haben die *ma*-Formen oft eine verächtliche Bedeutung: *maríshu gáko* deine schlechten Messer.

Von manchen Worten existiren nur *ma*-Pluralformen.

VI. Praefix: Sing. *ka*. Pl. *tu*: *kasncīyo* Küchlein. Pl. *tusncīyo*. Die Mehrzahl der zu dieser Classe gehörenden Wörter sind Diminutive; z. B.: *ti* Baum, *kánti* ein kleiner Baum, Pl. *tínti*. Bezeichnet das Diminutiv einen Menschen, so bildet es den Plural besser nach der I. Classe: *myánda* 1 Jüngling, *kaydnda* VI Knabe; den Plural *tuyánda* gebraucht man nicht, sondern sagt *baydnda*, was gleichzeitig auch der Plural von *myánda* ist.

Auch hier kann ein Plural mit *ma* gebildet werden, z. B.: *kawaniemēru* klein geflochtener Becher, Pl. *mawaniemēra*. Man achte darauf, ob *ka* Praefix oder 1. Wortsilbe! So sind z. B. *kassúku* grauer Papagei. *kāno* Platz unterm Dach nicht VI., sondern IV. Classe.

VII. Praefix: Sing. und Pl. *bu*, *bw* (*wu*, *w*); hierher gehören hauptsächlich die Abstracta: *búbi* Schlechtigkeit, *bwīsa* Schönheit.

Worte, die keine Abstracta sind, bilden noch einen zweiten Plural auf *mawu*: z. B.: *bussáru* Perle, Pl. *bussáru* VII. *mawussáru* IV.

Auch die Ländernamen gehören hierher, doch ist es richtiger, diesen das Praefix *u* statt *bu* zu geben, also: *Ussukúma* statt *Bussukúma*, *Usindya* statt *Busindya* u. s. w.; letztere Formen entsprechen mehr dem Gebrauch der Wahúma-Völker.

VIII. Praefix: keins. Singular und Plural gleich. *ngómbe* Rindvieh, Pl. *ngómbe*.

Diese Classe umfasst die meisten Thiere; diese bilden auch den Plural auf *ma* (IV. Classe), der dann mehr die Bedeutung »viele einzelne« hat, z. B.: *ngómbe* Rindvieh im Plural, überhaupt allgemein Rindvieh *mangómbe* Rindvieh, viel, aber bestimmtes an Ort, Zahl, Art und dergl.; sagt man z. B. »giebt es in jenem Lande Rindvieh?«, so gebraucht man *ngómbe*; sagt man aber »dies sind die Ochsen des Häuptlings«, so gebraucht man *mangómbe*. In der Thierfabel werden die Thiere oft zur 1. Classe gerechnet.

IX. Praefix: Sing. und Pl. *ku* (*kw*, *k*). Hierher gehören die substantivirten Infinitive: *ku-gúra* Handel treiben, *kugúra* Geschäft. Alle Infinitive können substantivisch gebraucht werden, sowohl im Activ, wie im Passiv, wie in den abgeleiteten Formen; öfters decken sich diese Substantiva dann mit denen, die aus dem Verbstamm mit *bu*. VII. Cl. gebildet werden (s. hinten über Bildung der Worte), z. B.: *kw-īa* stehlen, *kwīa* das Stehlen, der Diebstahl, *bwīvi* das Stehlen, der Diebstahl. Auch hier kann ein Plural mit *ma* gebildet werden, z. B.: *makugúra*, der dann IV. Cl. ist. Man achte auch hier, ob *ku* Praefix oder 1. Wortsilbe ist.

X. Zu dieser Classe gehört nur das eine Wort: *hānhu* der Ort. Platz:
Pl. dasselbe. Es giebt auch einen Plural mit *ma*: *mahānhu*, derselbe gehört
jedoch ausnahmsweise nicht zur IV. Cl., sondern bleibt bei X.. z. B. diese
Orte: *mahānhuca ha* und nicht etwa *mahānhucáya*.

Declination.

Eigentliche Declination giebt es nicht. Dativ und Accusativ sind
gleich dem Nominativ. Der Genitiv wird durch die Partikel *a* gebildet
mit Praefixen, die sich nach der Classe des vorangehenden Substantivs
richten.

I. Classe: *mánhu wa ntémi* der Mensch des Häuptlings
    bánhu ba ntémi Menschen des Häuptlings. aber *mamánhu ga* —

II. » *nti gwa ntémi* Baum des Häuptlings
    miti ya ntémi Bäume des Häuptlings. aber *mamiti ga* —

III. » *kinhu kia ntémi* Ding des Häuptlings
    shinhu sha ntémi Dinge des Häuptlings. aber *mashinhu ga* —

IV. » *lino lia ntémi* Auge des Häuptlings
    mino ga ntémi Augen des Häuptlings

V. » *rúshu rwa ntémi* Messer des Häuptlings
    nshu dja (oder *sa*) *ntémi* Messer des Häuptlings. aber *marúshu
    ga* —

VI. » *kánti ka ntémi* kleiner Baum des Häuptlings
    túnti twa ntémi kleine Bäume des Häuptlings. aber *bayánda
    bwa* — und *mawaniemēra ga* —

VII. » *búbi bwa ntémi* Schlechtigkeit des Häuptlings
    bussdru bwa ntemi Perlen des Häuptlings. aber *mawussáru
    ga* —

VIII. » *ngómbe ya ntémi* Ochs des Häuptlings
    ngómbe dja (oder *sa*) *ntémi* Ochsen des Häuptlings. aber *ma-
    ngómbe ga* —

IX. » *kugúra kwa ntémi* Geschäft des Häuptlings. aber *makugúra ga* —

X. » *hānhu ha ntémi* Ort des Häuptlings
    mahānhu ha ntémi Orte des Häuptlings. und nicht etwa *ga*.

Locativ

giebt es 3 Arten, die durch die Praefixe *mū, ku, ha* gebildet werden.

    Praefix *mū* antwortet auf die Frage: wo? wo drin? wo hinein?
    » *ku* » » » wohin? (Richtung)
    » *ha* » » » wo? an welchem Ort? (im
        weiterem Sinne).

    münúmba im Hause drin, oder in's Haus hinein. *kunúmba* in der Rich-
tung auf das Haus zu. *hanúmba* an dem Orte des Hauses.

    Praefix *ha* antwortet auch auf die Frage: wann? zu welcher Zeit?
habuyánda bwāne zur Zeit meiner Kindheit.

Substantiva.

Dieselben sind nach der Methode Gabelentz nach Arten geordnet.

Gott (guter) *liûwa* I (wenig gebräuch-
lich), *mulûngu* I ist Fremdwort
Zauberer *mrûgi* I
Gespenst, Geist Verstorbener *msimu* II,
issámrwca IV
Zauberhüttchen *nâmba ya issámrwca*
Amulett an Hals oder Arm *rupigi*, Pl.
mhîgi V
Amulett an Hals oder Arm als Hörnchen
mhêmbe. Pl. *mapémbe* IV
Amulett an Kopf *ishêya* IV
Fetisch im Haus. Zauberhörner *mhûli*,
Pl. *mapúli* IV
Himmel (der sichtbare) *igúru* IV (Para-
dies, Hölle u. s. w. unbekannt)
Wolke *irúnde* IV
Sonne *lîmi* IV
Mond *mwêsi* II. zunehmender Mond
m. gwafunûre (des Zunehmens), Voll-
mond *m. ntâle*, abnehmender Mond
m. gwawirudyûka (des Abnehmens),
Neumond *m. gwatsha* (des Sterbens)
Stern *issânda* IV. grosser Bär *ndímira*
(oder Orion) VIII, Abendstern *ki-
tangáfugo* VIII. Morgenstern *han-
gûya* VIII
Westen *nidnsa*
Osten *homídyi*
Südosten *nkîya*
Nord *muhânga*
Süd *malimbe*

sind keine eigentlichen
Himmelsrichtungen,
sondern locale, nur den
am See wohnenden Leu-
ten bekannte Richtun-
gen; zugleich Bezeich-
nung der betreffenden
Winde

Tag *russiku* V oder *siku* VIII
Nacht *bussiku* VII oder *ussiku*, Pl.
ssiku VIII; *bussiku bwîra* oder *ussiku
wîra* die Nacht kommt
Morgen *dîru* VIII
Mittag *limintwegáti* (*lîmi* Sonne, *ntwe*
Kopf, *gáti* Mitten) IV
Abend *mhinde* II
Jahr *murdka*, Pl. *midka* II
Monat *mwêsi* II
Namen der Monate: *mwêsi liambâro*
viel Regen, *m. mhûli* viel Regen

(Aussaat), *m. ssâtu* wenig Regen
(Aussaat), *m. ûnê* kein Regen, *m.
ssâno* viel Regen, *m. ssassâtu* kein
Regen, *m. pungâti* kein Regen, *m.
nâne* wenig Regen, *m. kawódya* oder
kénda viel Regen, *m. nkûmi* wenig
Regen (Getreideernte), *m. liâna* kein
Regen, *m. iwîta* kein Regen
Krieg *burûgu* VII
Friede *itshîmu liassirîre* (der Speer
hörte auf)
Wind, Sturm *nidga* II
Wirbelwind *kashurûru* VI
Windstille *gwatshâga nidga* (Wind starb)
Kälte, Schatten *mbâho* II
Erdbeben *niahinga* VIII (geschieht,
wenn irgendwo ein Sultan stirbt)
Donnern *ikurumdya* IV
Blitz *rukúba*. Pl. *ñhúba* V
Wetterleuchten *rurâbi*, Pl. *ndúbi* V
Regen *mhúla*, Pl. *mavúla* IV
Thau *rûme* V, Pl. meist *marûme* IV
Nebel *grûri* VIII
Erde (allgemein) *ñssi* VIII, lehmig-
sandige *massáru* IV, Töpferthon
iwâmba IV, rothe *ngûra* VIII,
schwarze, sumpfige *témbe* IV
Feld *ngúnda* II, bebautes Land (all-
gemein) *bulîme* VII, Feld von Ba-
nanen *ngúnda gwa ndóke*
Steppe, Ebene *mbúga* IV
Dorf *kâia* IV
Residenz *ikúru* IV
Grenze *rurimbi*, Pl. *mimbi* V oder
marurimbi IV
Weg *nsira*, Pl. *maîra* IV; Kreuzweg
nsira ya mâka; breiter Weg *ikûwa* IV
la nsira; von Hecken dicht einge-
zäunter Weg *ipînda* IV; Hohlweg
lîma, Pl. *môma*
Berg *rugúru*. Pl. *ngúru* V oder *maru-
IV
Hügel *katumbi* IV

Thal *nssirīri* IV
Wald *ikúngu* IV = Wilduiss
Gestrüpp *issáka* IV
Grab *kigíra*, Pl. *bi-* III
Loch in der Erde *lína*, Pl. *mīna* IV
Loch im Felsen, Höhle *mpilinga* IV
lange Höhle, unterirdischer Gang *rucūya*, Pl. *icūya* V
kleines Loch *mpúroro* IV
Insel *isinga* IV
Strand, Hafen *mwāro* II
Stein *nce*, Pl. *māuce* (allgemein); grosser Felsen *kigánya* III; kleine Steinchen *massignce* IV; Schleifstein *inūro* IV; Mahlstein, der obere *isho* IV, der untere *nce* IV; kl. Stein zum Schärfen der Mahlsteine *komángo* oder *homándjo* IV; schwarze, runde Steinchen zum Brettspiel *russóro* V, *bussíro* VII
Sand (reiner), Düne *russéni*, Pl. *nsséni* V oder *maru-* IV
Staub *rubūbu*, Pl. *nbūbu* V oder *maru-*IV
Schlamm *témbe* IV
Eisen *tshūma* III oder IV, Pl. *mashūma* IV oder *shūma* III
eisenhaltiges Gestein, Erz *mbāre* IV
Messing *tshūma tshāpe*
Kupfer *tshūma tshāsa*
Salz *mūñhu* II, Pl. *mamiūñhu* IV
Quarzit, *massorūro* IV
Feuer *móto* IV
Rauch *liūtshi*, Pl. *maliūtshi* IV
Asche *ihíga* IV
Kohle *kára* IV
Wasser *minsi* IV
Meer *niánsa* oder *niándsa* IV
Fluss *móngo* II, Pl. II oder IV
kleiner Fluss *kamóngo*, Pl. *tumuóngo* VI
Regenbach *ihúrurú* IV
Regenriss *korúngo* IV
Quelle *tshúngu* IV
Brunnen *rwinsi*, Pl. *nswinsi* V
Teich, Tümpel *itáwa* IV
verfilzte, tragende Grasdecke über tiefem Wasser *itengéra* IV

Welle *ihúli* IV
Baum *nti* II   Holz
grosser Baum *linti* IV
kleiner Baum *kánti* VI
Blume, Blüthe *wāsso* IV
Blatt *dútu* IV
Frucht *bumíra* VII
Ast *támbi* IV
kl. Zweig *katámbi* VI
Wurzel *itína* IV
kl. Wurzel, Wurzelfaser *mdyi* II
Dorn *līhwa*, Pl. *mīhwa* IV
Samen *rubíhu*, Pl. *mbíhu* V oder *ma-wīhu* VI
Rinde *igúra* IV
Bambus *nángi*, Pl. *milángi* II
Bananenstamm *itūwa* IV; -blatt *idāra* IV; -bast *liāhi*, Pl. *māhi* IV; -traube *idūke* IV; -hain *madōke* IV; -sprössling (noch kurz) *nayána* IV; -Wurzelstock, der nach dem Umhacken stehen bleibt *ishiki* IV; -wein *námba* VIII (süss); *mbáhi* stark berauschend VIII
Bananensorten: *mhónswa*, Pl. *makúnswa* IV (zum Rösten); *iḧúntu*, Pl. *matúntu* IV (zum Wein); *ńtshwa*, Pl. *mátshwa* IV, *ssakála* IV (zum Rohessen)
Gras *ísswa*, Pl. *másswa* IV (allgemein): Unkraut *ngésse* VIII; frisch *masswa mabissi*; trocken *masswa mūmu*; lang, grob *sswēa* IV; sehr lang und dick *nheréngu*, Pl. *materéngu* IV; kurz *rugúku* V, Pl. V und IV; lang mit Rispen *buntúruru* VII; kurz mit stachligen Rispen *iramáta* IV; mit losen Stacheln *ihúruru* IV; scharf, kleine Früchte mit Stacheln *shokóro* IV
Batate *námbu* IV, -blätter *irándo* IV
Maniok *ilúra* IV, -blätter *madútu ya-*
Kürbis zum Essen *itánga* IV; zu grossen Flaschen *kissáwe*, Pl. *bi-* III, zu kleinen Flaschen *kirēre*, Pl. *bi-* III (so heissen auch die Flaschen selbst); essbar, lang *múngu*, Pl. *mamiúngu* II;

essbar, gross *ssinde* IV; essbar.
klein *gógo* IV; essbar. klein *limbe*
IV

Mais *līpo*, Pl. *māpo* IV

Pfeffer. wilder *burukédya* VII. *pilipili*
IV (Fremdwort)

Bataten mit Ranken *itúgu* IV (Kiswaheli: *viasi vikúu*)

Schilf *russánsa*, Pl. *ssánsa* V

Rohr *idēte* IV. *ibingo* IV

Zuckerrohr *igūha* IV

Eleusine-Korn *rurēgi* V, Pl. V und IV
oder *burēgi* VII

Wele-Korn *ruvēre* V. Pl. V und IV
oder *buvēre* VII

Mtama-Korn (*sorghum vulgare*) allgemein: *rusnīya* V, Pl. V und IV; *bu-
snīga* VII; -stoppeln *iberēre* IV; -blät-
ter *idāra* IV

Mtama. rother *rukúra* V oder *bukura*
VII; weisser *rupóro* V oder *bupóro*
VII; ganz weisser *ruēssa* V oder
buēssa VII; weisser *ruēru* V oder
buēru VII mit ausejnander fallender
Ähre

Erdnüsse *rupánde*. Pl. *mhánde* V oder
IV (Kis.: *njugu maue*): *rukaránga*,
Pl. *nharánya* V oder IV (Kis.: *njugu
Niassa*)

Feuerholz *rúkwi* V. Pl. *nhwi* V oder
mākwi IV

Kaffee *mwāni* IV. nur die importirten
Früchte bekannt

Tabackpflanze *tumbáti* II; -rolle *ru-
shibo*. Pl. *nshibo* V oder IV; -prise
bugóro VII

Bohnen *rushīri* V. Pl. V und IV; *iha-
ráye* IV; *rugūku* V. Pl. V und IV

Schiroko (Gemüse) *rudúru* V. Pl. V
und IV

Mhasi (Erbsen) *rutindégo* V. Pl. *nhindégo* V oder IV

Sesam *runiónya* V. Pl. V und IV

Gemüse in Ranken mit rothen Früchten *rukahendarúgo* V, Pl. V und
IV

essbare Kolokasie *idéke* IV

Rhicinus *mbóno* IV

Schlingpflanzen *ssaliúngu* IV. *kabindi-
ridji* IV. *burúnga* VII mit rothen
und schwarzen Früchten

Gemüse, essbare Unkräuter *ikónda*
IV; *mvóya* II. Pl. *mamióga* IV;
mgagáni II. Pl. IV mit weissen
Blüthen

Unkraut *igungúlu* IV mit blauen Blüthen; *kassekéra*, Pl. *massekéra* IV
mit weissen Blüthen

Klee *karángo* IV

Hanf *nyēmu* IV

Papyrus *ifúnso* IV

Ambatsch *mrindi* II

Wolfsmilcheuphorbie *runára* V. Pl. V
und IV

Candelabereuphorbie *nangále*, Pl. *milangále* II

kurze Euphorbie *himbēgu*, Pl. *mamihi-
mbēgu* IV

Sträucher:
ikwle IV zum Hofeinfassen
rudyaminse V. Pl. V u. IV } zum
tanwrangósso IV { Hütten-
wkóma II. Pl. II u. IV { bau ge-
kówu II. Pl. II u. IV } braucht
igéhe IV mit krummen, scharfen
Dornen
nkóle II, Pl. II und IV. Rinde zu
Stricken verarbeitet
nssingwi II. Pl. *mami-* IV, mit
horóto. Pl. *mamikoróto* IV säuerlichen Früchten
uhóntwa. Pl. *matóntwa* IV mit Dor-
nen und essbaren, rothen Früchten
ssésse. Pl. *mami-* IV mit Dornen
ssóma. Pl. *mami-* IV Akazienstrauch
mit krummen Dornen
ssússu, Pl. *mami-* IV zum Hofeinfassen

Acacia fistula *ssamangómbe* IV

Aloë *kónge* IV liefert vorzügliche
Stricke. *igáka* IV. *gakasima* IV

Bäume gehören sämmtlich im Singular zu II. Plural *mi*- II oder *mami*-
IV: Plural mit *ma*- IV bedeutet Plural der Früchte, wenn solche vorhanden.

wilde Ficus *mkûhe* grossblätterig, *nu-*
mbaiga kleinblätterig
Phoenixpalme *kashosika*
Borassuspalme *nhûma*
Schirmakazie *ingu*
Miombo *intûndu*
Ebenholz *gémbe*
Tamarinde *mshishi*
Affenbrodbaum *mwându*
andere Arten Bäume:
   mîra mit elastischen Ranken, die
   zum Vogelfangen benutzt werden
   nkûyu gross, heller Stamm
   nanga grossblätterig
   nindye (Pl. *mamilindye*) } Schatten-
   grossblätterig } bäume
   ssungurûru grossblätterig
   muwu grossblätterig
   nkûra festes Holz zu Bauten
   nsûle zum Bootsbau
   ntungûru eigentlich ein gr. Strauch
   mbuguisswa mit gr. Dornen, Früchte
   essbar
   ssûhwa mit gr. weissen Dornen
   inima (Pl. *mamirama*) zu Zauberhüttchen
   ssûria zu Stricken, Früchte essbar
   kagûha hartes Holz

mgongwa hartes Holz, roth-schwar-
   zer Kern
motshangôko mit Dornen
ssessebarika Früchte essbar (wie Sesam)
kassinda hart, mit rothem Kern
mwininga hart
msuêno mit rauhbehaarten Blättern,
   die zum Frottiren der Kehle bei
   Halskrankheit benutzt werden.
muhangâte für Ruder
nsimia hart, zu Bauten
mwâsi für Holzkohlen der Schmiede
mwâtia } zum Bootsbau
pagôro }
minga sehr hartes Eisenholz
kondwamhûri hartes Eisenholz
mgûmwa Früchte essbar
tintwanbûyo
nsûnsu mit Dornen, Bauholz
ndyu Bauholz
ningwêûre Bauholz
hungûmpo mit stark riechenden Blättern, mit denen man die Moskitos
   vertreibt
nturasôngo mit giftigem weissen Saft
mpûru Früchte essbar
kombitale grossblätterig, weisses Holz
gongogôngo mit kantigem Stamm.

Weitere Sträucher- und Bäumennamen s. bei den Arzneien.

Thier (allgemein) *nyâma* VIII; fast
alle Thiernamen gehören zu
VIII, wenn nicht besonders
andere Classe angegeben: Pl.
VIII und IV: beim Pl. IV viele
Consonantveränderungen
Thier der Wildniss *ndûwu* (Pl. IV
malîmu)
Herde *idâra* IV
Wildschwein *nhûmba* VIII (Pl. IV *ma-*
tûmba
Warzenschwein *ngiri*
Hund *mwa*; kleiner Hund *kawânda*

Ratte, Haus- *ngôsso*; grosse Wald-
rupûli V: Feld- *katûle*
Fledermaus, gross *tinge*, *mdimûnia*:
   klein *kabugwcugu*
Rindvieh *ngômbe*
Stier *ssagâmba* (Pl. IV *mayagâmba*)
Ochse *nsêko* (Pl. IV *mayêko*)
Kuh, die noch nicht gekalbt hat *ka-*
dogûssa
Kuh mit Milch *hoyôma*
Kuh unfruchtbar *ndûssa*
Kalb *kadâma* VI; männlich *k. kakima*,
   weiblich *k. kayagamba*, Pl. VI und IV

Ziege mbūli; -bock kaguliáti; weiblich
kakíma
Zicklein kanakámbuli VI
Schaf mhóro (Pl. IV makúro): -bock
āhúndi (Pl. IV makúndi); weiblich
nhíma
Lamm kanakamhóro VI
Katze niāmu
Löwe ssímba
Löwin niarnuēre
Leopard ssúei
Fischotter fícīna
Hyäne mbíti (allgemein); mrúru klein;
nhāūa gross (Pl. V matāūa)
Schakal niamhāūa, mhōge (Pl. IV mapōge)
diverse Katzen: kimbúlu gross; nirēri
gefleckt: katshónsa Art Iltis; nēgére
(Pl. IV mategére) grosse Wildkatze;
mūngu gross, roth
diverse Dächse, Ameisenbäre, Insec-
tenfresser: īssa IV mit langem
Schwanz; nāma: brúge; nhúnge (Pl.
IV matúnge) ganz klein; ngéye (Pl. IV
madéye); nhára (Pl. IV makára); hūna
Springer mit kurzen Vorderfüssen
Igel kirungumūhtca
fliegender Hund kawúndi
lehnemmon kadyororo
Klippschiefer mhímbi (Pl. IV mapímbi)
Schuppenthier ndēmabúli (Pl. IV male-
mabúli)
Stachelschwein nūngu oder kinanúngu
Hase ssayāyi
Esel nsúre (Pl. IV mayúve)
Affen: Meerkatze nhumbíri (Pl. IV ma-
tumbiri); Hundsaffe, gross, schwarz
ngúkú: Hundsaffe klein, gelblich
karúre
Elephant mhúli (Pl. IV mapúli); ohne
Zähne mdēri
Nashorn mhīra (Pl. IV mapēra)
Nilpferd ngúru
Giraffe ūhuriga (Pl. IV matweiga)
Zebra dūrū
Büffel mbúgo
Gnu mbushi

Antilopen: mhára (Pl. IV mapára)
Swalla: dāra (Pl. IV marāra) Swalla
mit weissen Seitenstreifen; ssuwīa,
ūdya Gazelle: ndūmi gross, lange
Hörner; mhūri (Pl. IV makīri) rothes
Hartebeest; horóngo (Pl. IV mako-
rongo) Gemsbock; nhāmo (Pl. IV ma-
tāmo) gr. ohne Hörner; nhandára
(Pl. IV matandara) lange Hörner;
gurugúru klein: pónyo gross; nsúbe
(Pl. IV mayúbe) gross, Wasserbock;
mbóku gross, ohne Hörner
Vogel nōni
Flügel nána IV
Feder ruōya V (Pl. wūya) oder lúya IV
(Pl. mayúya)
Ei ūji IV (Pl. mági)
Nest tshánso IV, Pl. mashánso
Huhn (allgemein) kóko oder góko
Hahn hungrūme (Pl. IV makungrūme)
Henne gúko mhīma
Küchlein kassaríyo VI
Hahnenkamm issúnsu IV; -sporn ipán-
do IV; -kehllappen irēm IV
Papagei, grauer kassúku; grün, klein
nhwénye (Pl. IV makwénge); grün,
klein nhwénge ndaráhano (andere Art)
Taube, Haus- ūhánda (Pl. IV mapúnda);
wilde nhíndili (Pl. IV matíndili) mit
schwarzen Halsstreifen; wilde ken-
gésse roth, klein: Turtel- nhúru
(Pl. IV makúru)
Schreiseeadler nhuyúgu (Pl. IV ma-
kuyúgu)
Aasgeier bēshi
gr. Rabe niamkúro schwarz, weisser
Hals
Fischadler kassáka weisser Bauch
Stösser húngwe
kl. Hühnerhabicht ruwára V
Adler ūhána (Pl. IV makúna), kipata-
kúli
Uhu giūhi
kleiner Rabe hungúru (Pl. IV makun-
gúru)
Kormoran ssósu

bunte Wildgans *nsôyo* (Pl. IV *mayôiyo*)
gr. schwarze Sporengans *ssékwi*
Pfauenkranich *ñhônholi*
Storch *kipánga*
Secretär *kimilansóka*
Wasserhuhn *furuncẽsi*
Eisvogel *mróbi*
Möwe *nhúnga* (Pl. IV *makúnga*)
Ziegenmelker *rubundádyi* V
Perlhuhn *ñhánga* (Pl. IV *makánga*)
Frankolin *ñhwále* (Pl. IV *makwále*)
wildes Huhn *girigita*
Madenhacker *shemídi*
Schwalbe *múñhámbi*
Bachstelze *niamassére*
Specht *ñhománge* (Pl. IV *makománge*)
Ibis *niawáua*, schwarzer.
Ibis *tshogihenya*, schwarz-weisser
Kuhreiher *nẽra* (Pl. IV *mayẽra*)
wilder Truthahn? *guñhungóma*, nicht
  essbar
Steppenkranich *igála* IV, sehr gross.
  Heuschreckenvertilger
kleiner Reiher *rwáwe* V, schwarz,
  weisse Brust
Webervogel *ssóme*
Honigsauger *nsánsu*
diverse kleine Vögel, Finken u. s. w.:
  ssénse, schwarz, in grossen Colonien; *djirĩri* schwarz, Männchen mit
  langen Schwanzfedern; *tódyo* hell,
  schwarzer Hals: *kitoráussiriri*; *déde*;
  djúlji
Strauss *nímgu*
Eidechse (allgemein) *kuli*; kleine Arten:
  säle vielfarbig, *nóle* weisser Bauch,
  igurumúki gefleckt
Leguan *mbúru* (Pl. IV *mawúru*)
Krokodil *mcĩna*, *katíti*, *mbirése* (3 Arten an Grösse, Form und Zeich-
  nung verschieden)
junges Krokodil *kassansagwĩna* VI, Pl.
  aber IV *massan-*
Schlange (allgemein) *nsôka* (Pl. IV
  mayôka)

Arten, giftige:
mhimbidyi Hornviper, spuckt
tshampándino klein, schwarz
kipíli Sandotter, sehr gefährlich
howóko (Pl. IV *makowóko*) Baumschlange, hell, lang
ssimbi grau, klein
ntumiráhawili (Pl. IV *makirumiráha-
  wili* Ausnahme) klein, grau, beisst
  vorn und hinten, gefürchtetste
  Schlange
komámhuli grün und schwarz, wenig
  giftig
nsúbi (Pl. IV *mayúbi*) Wasserschlan-
  ge, gross, sehr giftig

  Nicht giftige:
pámbi braun
ssáto Riesenschlange
kangarúkwi klein, graubraun
rússwa grüne Baumschlange, dünn
shána klein, braun
mulinga klein, röthlich
mgóye fabelhafte Riesenschlange, sa-
  genhaft
Frosch (allgemein) *dánya*; *tshúra*
  Wasserfrosch; *kamárwa* gefleckter
  Laubfrosch; *kibyúra* Kröte
Schildkröte *ipúru* IV Wasser-, *ifuru-
  góbe* IV Land-
Krabbe *kalagáta*
Chamaeleon, klein *niawarúswi*; gross
  wámbo
Fisch (allgemein) *ndẽro*
Schuppen *gímba* IV
Flossen *issánda* IV Rücken-; *nkóno* IV
  Seiten-; *nkíra* IV (Pl. IV *mamínkíra*)
  Schwanz-
Gräte *igúha* IV die grossen: *líhwa* IV
  (Pl. *mĩhwa*) die kleinen
Fischblase *ibóndo* IV
Rogen *ĩye* IV (Pl. IV *mwúge*)
Kiemen *ilakúla* IV innere; *igwákwa* IV
  äussere
Bartfäden *irésu* IV

Fischarten:

hunguruture (Pl. IV makun-) sehr gross; Seegespenst, zerbrichtBoote

garála gross, spitzköpfig

múmi grosser Wels

pūfu (Pl. IV mabūfu) desgl., heller

nssáto klein, guter Räucherfisch

némbe mittelgross, ohne Schuppen

ssūga, ssarári klein, silbern

ningu, kirówe mittelgross

mbáte mittelgross, mit überstehendem Oberkiefer

ngeágee Stichling

mámba bis mannsgross, Kopf und Brust flach, Bauch dick, an den Kiemen Stacheln

furu fingerlang

kinguyu (Pl. mashinguyu) kleinerWels

ssirúnge nicht essbarer Aal

nssúndji grosser Wels mit kleinem Kopf

kirangamūrwa ganz klein

Insect (allgemein) shīno IV (gehören alle Sing. u. Pl. zu IV)

Fliege (allgemein) ñgi IV, Pl. mági; ibúburu IV, mbára Stechfliege; kassuwikúngi Stechfliege, klein; igiliáū-ssaro (Pl. magigáūssaro) Stechfliege, erzeugt Maden in der Wunde

Mosquito mbu

Mücke, ganz klein, in Riesenschwärmen issaimi

Zecke, Haus- nhúndia (Pl. mak-); Vieh- mbarabúra

Biene nsūki (Pl. mayuki) klein; kūuanhíngu grosse; ndjíndji (Pl. mawundj-) ganz klein, in Felsen

schwarze Wespe rúgwi gross; karukaraísha (Pl. mawukaraísha) klein; Schlupf- niawawúmba gross

Hummel, gross, schwarz isúsu oder issusumíra

Schmetterling barabápu

Spinne (allgemein) rubūbi; rugáka grosse im Walde

Libelle kirondóra (Pl. makiron-)

Floh kirobóto (Pl. maro-)

Wanze ñhongíni (Pl. makon-)

Laus, Kleider- nda (Pl.máda); Kopf-miyi

Tausendfuss igongóro harmlos

Hundertfuss yánga klein, roth u. giftig

Skorpion ñhómi (Pl. makómi)

Schnecke nwinga

Muschel buyūya, ngaráta; Kauri- shimbi von der Küste importirt

Sandfloh mpúnsa (Pl. mawúnsa) erst kurze Zeit bekannt

Raupe en unsse, Art Heerwurm igíno

Heinchen kiénse

Grille kahonandúyu

Getreidekäfer tshiwúngi (Pl. mashi-)

Heuschrecke nshíge (Pl. mayíge) die verwüstende; nshinene eine essbare; ñhúmbi (Pl. makúmbi), zerfällt in folgende Unterarten:

1. nicht essbar:

kirambamáshi

2. essbar:

nsóro

kipíndira

búngu

niga (Pl.makáya)   an Grösse,

ssúte

búru   Farbe

ginda   und Geschmack

kitorabugúñho   verschieden

niamúnhu

gúture

Ameise, weisse, Termite, geflügelt, draussen ñsswa (Pl.mamísswa); nicht geflügelt, im Hause mútshwa (Pl. mútshwa); rothe shinágwe beisst, gross; schwarze yángo beisst, gross; mbíssu, bushíshi kleine rothe; bugúñho kleine rothe, in Bäumen; buyukirúdyi kleine rothe

Die Insecten, welche Singular mit ru- bilden, können auch zur V. Classe, die mit bu- im Singular auch zur VII. Classe gerechnet werden, die mit ka- im Singular auch zur VI. Classe.

Mensch *mûñhu* I, Pl. *báñhu, wáñhu* I
oder *mamúnhu* IV
Mann *mgósha* I
Weib *kīma* I
Volk, Stamm (existirt kein besonderes Wort)
Vater *bábā*, I Pl. *báwābā*, jedoch in der Verbindung mit dem Possessivpronomen (mit Ausnahme der 1. Person Sing.)
ssū dein Vater
īsse sein Vater
ssússwe unser Vater
ssếnwe euer Vater
ssáwo ihr Vater
báisso deine Väter
wīsse seine Väter
bassússwe unsere Väter
bassếnwe euere Väter
bassáwo ihre Väter;
aber: mein Vater: *bába wāne* u. s. w.
Schwiegervater *bábāwūko* I, Pl. *bāwābāwūko*
Mutter *māyo* I. Pl. *bamāyo*; jedoch analog dem Obigen:
nóko deine Mutter Pl. *banóko*
nīna seine Mutter u. s. w.
ninésswe unsere Mutter
ninénwe euere Mutter
nináwo ihre Mutter
Schwiegermutter *máyowūko* I
Kind *mwānā* I (allgemein); *kerēre* I, Pl. *berere* Säugling: *kadūnhwa* I und VI. Pl. *badūnhwa*, wenn es anfängt zu laufen
Knabe *kayánda* I und VI. Pl. I; im Sing. auch: *myánda* I
Mädchen *kassamándi* I und VI, Pl. I
Jüngling *kassúmba* I und VI. Pl. I
Jungfrau *mûuhia* I, Pl. *búnhia*
Enkel, Enkelin *msíkúru* I
Schwiegersohn *kwelíwa* I
Schwiegertochter *hrínga* I, Pl. *mínga* I
Schwager, Schwägerin *kwera* I
Ehemann *ngóshi* I
Ehefrau *mīke* I (Pl. *búke*)

Wittwer, Wittwe *nssímbe* I
Waise *mpína* I
Bruder *ndúgu* I (allgemein); wenn älterer, so wird dies durch: -mein grosser- ausgedrückt:
mkuruāne (= *mkúru wāne*) mein älterer Bruder
mkurúyo dein älterer Bruder
mkurúye sein älterer Bruder
mkuruíswe
mkuruínwe
mkuruāwo
Pl. *bakuruāne* u. s. w.
jüngerer Bruder: *nsúna* I
Schwester *rúmbu* I oder V, Pl. *barúmbu* I; ältere *rúmbu ntáile*; jüngere *rúmbu ñdo*
Vaters Geschwister: Onkel *bābā* (= Vater); Tante *sséngi* I
Mutters Geschwister: Onkel *māmi* I. Pl. *bamāmi*; Tante *māyo* (= Mutter)
Vetter *bulīra* I
Base *irúmbu* I (Pl. *barúmbu*)
Herr = Vater
Herrin = Mutter
Sclave *mssésse* I
Freier *mwāna wa bañhu* (Kind der Leute)
Kebsweib *múnia* I Pl. *bánia*
Hure *mwīmia* I Pl. *búnia*
Greis *namhára* I Pl. (*banam*-)
Greisin *mkikuru* I
Häuptling *mtếmi* I oder *ssáwa* I oder *wanídma* I (Pl. *banídma*)
Häuptlings Frau *ngōre* I (Pl. *bagōre*)
Häuptlings Geschwister und Kinder (Prinzen) *manángwa* I (Pl. *banángwa*
Freund *mwāni* I. Pl. *banwāni* = Blutsfreund, meist nur in Verbindung mit dem pron. poss.; *mwānwāne* mein Freund u. s. w., wird oft auch *nwáni* ausgesprochen
Gefährte, Kamerad (nur in Verbindung mit dem pron. poss.)
mtshāwe mein Gefährte
mwíyo dein Gefährte

mwīye sein Gefährte
mwikiswce unser Gefährte
mwitshinwe euer Gefährte
mwitshāwo ihr Gefährte
Pl. bitshāne meine Gefährten
bwīyo deine Gefährten
bwīye seine Gefährten
bwikiswce unsere Gefährten
bwitshinwe euer Gefährten
bwitshawo ihre Gefährten
Gast, Fremdling mgēni 1
Feind mwanishi 1 (Pl. banishi)
Krieger rugarūya 1
Zwerg kawambonerāhā 1 und VI. Pl. bawambo- 1
Gigerl mwitshāmi 1. Pl. bitshāmi 1
Schimpfwörter:
dīdi 1. Pl. madīdi IV verächtlicher Ausdruck für Leute anderer Stämme, schlechte Leute u. s. w.
mshūna 1 Spitzname für die Wasindya
mwanakīya 1, Pl. banak- Bauer, Flegel, Dummkopf u. s. w.
kätshe stirb!
ulinúru du bist schlecht
tombanóko begatte deine Mutter
mwanawāmwa Hundesohn
komanwka die Schlange möge dich beissen
kimbúta kindwa rumámbo stirb, das Zauberholz möge dich erschlagen
mawobrogoko dein Penis!
Grosser, Chef = Prinz (mawangwa)
Geschäftsträger, Minister u. s. w. namhāra (= Alter, Greis)
Einwohner, Bürger mbita 1
Schmied mssidyi 1 oder mssúsi 1
Töpfer mūmbi 1. Pl. bawūmbi
Handwerker (allgemein) mpūnsi 1
Bootsbauer mpúnsi wa liātu
Eisenerzschmelzer nugúti 1, Pl. barugúti
Fischer tīgi 1 (allgemein), mkokósi 1 mit dem Schleppnetz

Korbflechter nūki 1, Pl. barāki
Seiler dōshi 1
Schneider ndóti 1, Pl. badóti
Gerber mpūdyi 1 für grobe Arbeit; mssassāwi 1 für feine Arbeit, der das Fell ganz weich macht
Hirt ndīmi 1, Pl. badimi
Jäger tāndu 1, mwāshi 1 (Pl. bāshi) nur mit Pfeil und Bogen
Arzt, Zauberer mfúmo 1
Diener des Häuptlings mgānsi 1
Grossminister nangōma 1, Pl. banang.
General mtwāre 1
Karawanenführer ndāra 1, Pl. bandāra = Kaufmann
Karawanenführer des Häuptlings mtōngi 1
Träger (allgemein) mútsha 1, Pl. bawútsha; in der Karawane mpagáti 1;
Reserve-, Relais-, Aushülfs- myombidji 1
Ruderer mūgi 1, Pl. bawūgi
Bootssteurer (Capitän) mgóbi 1. Pl. bagóbi
Melker mshēmi 1
Mundschenk msūya 1
Henker munikuru 1, Pl. banikúru
Räuber mpāmia 1
Dieb mwēri 1, Pl. bēri
Flüchtling mhēmi 1
Bettler mhābi 1
Europäer, Blassgesicht mwrēre 1, Pl. berēre
Besitzer mwrnekiri 1, Pl. benekiri
Bote mtūmwa 1
Posten, Wache nindidyi 1, Pl. balindidyi
Bräutigam, Braut minga 1, Pl. mawinga 1 und IV
Gefangener ndūmwa 1, Pl. badūmwa oder mtūnge 1
ein Gewisser (dessen Name man augenblicklich nicht weiss) mbati 1
Ackerer, Bauer mlīmi 1

Der Bewohner einer Landschaft wird bezeichnet, indem man vor den Landnamen mwāna (Kind) setzt, z. B. Bukumbi Name der Landschaft, mwāna,

Pl. *bwāna Bukumbi* ein Mann aus Bukumbi; bei grossen Ländern und Völkern, indem man vor den Stamm ein m. Pl. *ba*, *wa* 1 setzt, z. B. *U*-*ssukūma* Land. *m*-*ssukūma* 1 Bewohner.

Kopf *ïtwe* II. Pl. *mītwe*
Hinterkopf *ñhóni* IV. Pl. *makúni*
Schläfe *rukére* V. Pl.V u. II (*mirukere*)
Scheitel *rundüsi* V. Pl. IV *marundosi*
Stirn *tshēni* IV
Gesicht *būsho* IV
Haar *rwiwēle* V. Pl. *nswēle* V
Glatze *rwánga* V. Pl. *mawánga* IV
Auge *līsso* IV. Pl. *mīsso*
Augenstern *mbóni* IV; -brauen *kumbïsso* IV; -wimpern *rugóhe* V. Pl. *ngóhe* V u. *maru* - IV
Mund (= Lippen) *nōmo* II. Pl. *mirōmo* II
Kinn *kirēso* III. Pl. *shirēso*
Bart *rurēso* V. Pl. *marēso* IV
Haar unter dem Arm, an der Scham *wüsso* IV. Pl. *mawüsso*
Zunge *rulïmi* V. Pl.V oder IV
Zahn *lïno* IV. Pl. *mīno*; -fleisch *rūyu* V oder *būyu* VII
Backzahn *igīko* IV
Zahnlücke (wenn einer fehlt) *ihóngo* IV natürliche Lücke zwischen den beiden oberen Vorderzähnen *mwansalīma* II. Pl. *miansalīma* gilt als Schönheit beide obere Vorderzähne spitz zugefeilt *ihérire* IV oder *kaherīre* VI
Wange *mtśima* IV
Nase *lüuru* IV. Pl. *mūru*; -loch *nïndö* IV; -wurzel *mómbū* II. Pl. *miwómbo*
Ohr *kutu* IV. Pl. *mwitu*; -knorpel, über dem Ohrläppchen *begïsswa* IV
Hals *ñhíngo* IV. Pl. *makíngo*
Kehle *nūro* IV
Nacken *mgihū* II
Adamsapfel *rokoróko* IV
Rumpf, Körper *mwīli* II. Pl. *miwíli*
Leichnam *mfū* I. Pl. *bāfu*
Brust *kikúwa* III. Pl. *tshikuwa*
Brüste *rwwēre* V. Pl. *mbēre*
Bauch *nda* IV. Pl. *mïda*

Nabel *kúndi* II. Pl. *mik*-; -strang *rwēra* V. Pl. *ndēra*
Schulter *iwēga* IV
Achselhöhle *mángwa* IV
Rücken *gúngo* II. Pl. *mïg*.
Gesäss *idúko* IV
After *rushindo* V. Pl.V u. IV
Schwanz *mkira* II
Penis *kissúngo* III. Pl. *ssissúngo*
Glans *mhāli* IV. Pl. *mapāli*
Vorhaut *issússu* IV
Hoden *nhīma* IV. Pl. *matïma*; -sack *igūssi* IV
weibliche Scham *ŭnio* IV. Pl. *mánio*
Schamlippen, äussere *itáma* IV; innere *shino* IV
Clitoris *russúgu* V. Pl.V u. IV
Leisten *ibambáru* IV
Arm *nkóno* II; Ober- *ssapáni* IV; Unter- *nkúno*
Ellenbogen *igokóra* IV
Hand *kigánsa* III; Pl. *tshi*-; -gelenk *kigúngwa* III, Pl. *tshi*-
Faust *nhúnsi* IV. Pl. *tshikïnsi* III
Finger, Zehen *rwāra* V. Pl. *nswāra*
Daumen, grosser Zeh *rwāra rugósha* kleiner Finger, kleiner Zeh *kadoromásso* IV. Pl. *makad*- (die anderen 3 Finger haben keinen Namen)
Nagel an Finger oder Zeh (= Klaue) *liāra* IV. Pl. *nāra*
Huf *tshīga* III. Pl. *shūga*
Bein *kúguru* IV. Pl. *maku*-
Oberschenkel *itángo* IV; Unter- *nŭndi* II. Pl. *mirïndi* = Schienbein
Hüfte *rukánu* V. Pl. *ñhúnu*
Kreuz *kimbíli* II. Pl. *mikim*-
Fuss *rupumbára* V. Pl. V oder IV (*mambára*)
Wade *russáku* V. Pl. *ssáku* V
Knöchel *kigúngwa* (= Handgelenk)

Kniescheibe īnei IV, Pl. mánei -kehle
itimba IV
Ferse issigina IV
Haut kinsa IV (vom Vieh)
Knochen igúha IV
Rippe rubásu V, Pl. mbásu
Brustbein kikúgu III, Pl. tshi-
Schulterblatt rúpi V, Pl. mhi
Fleisch nyima IV
Muskel itimba IV
Ader mhándji II, Pl. miándji
Herz mhóro IV, Pl. makóro
Leber tima IV
Niere ssígo IV
Milz mpi IV, Pl. mápi
Lunge búpu IV, Pl. mab-
Galle ndúru IV, Pl. mad-
Magen ípu IV, Pl. mápu
Darm rúra V, Pl. maeúra IV
Harnblase rugóna V, Pl. V und IV
Blut mininga II ⎫
Milch maeëre IV ⎪
Speichel mäte IV ⎬ Pluralia tanta
Harn mīne IV ⎭
Schweiss ruiro V
Koth Ïshi IV, Pl. mäshi
Thräne kississdyi III, Pl. snississdyi
Eiter buhíra VII
Wunde ntóndo IV, Pl. mat-
Same wīne IV, maeīne
Menstruation kufukúma IX
Nachgeburt iháki IV beim Menschen
Nachgeburt igónya IV beim Vieh
Krankheit lunuïrre VII
Arznei bugúta VII, Pl. maeugóta IV
Pocken ndúei IV

Windpocken rueánda V, Pl. V und IV
Syphilis kasneénde VI
Tripper kassokóno VI
Blutharn kissambále III
Schanker ndjaueúdjiko VIII
spiralförmige Verdrehung des Penis
témbe IV
Hodenentzündung rudúma V
Fieber nsseiaa VIII
Kopfschmerzen mieándji II
Leibschmerzen nsöka VIII
Augenentzündung mässo IV (= Augen)
Finger- und Zehenfäule mbídji II
Ohnmacht kiungádji III
Aussatz buniōro VII
Ausschlag am ganzen Körper buhéle VII
Ausschlag (anderer Art) kaeángulo VI
Heiserkeit mátshiei IV
Krämpfe russáiro V
Schnupfen ifúñha IV
Verrücktheit ussáii VIII
Bubonen ieimba IV
Hysterie massámiea IV
Mangobeulen būte VII (Furunkel)
Schluckauf kissakambúle III
kleine Geschwüre issénga IV
Pigmentschwund tshikaráeo III
Buckel rufúmba V, Pl. maru- IV
Beule oder Loch im Kopf (von Schlag)
rugúma V, Pl. mgúma
Seitenstechen rúñhu V
Gähnen kuyayamúla IX
saures Aufstossen biduki III
Husten kikoróro III
Rülpsen kubisúka IX

Von sämmtlichen obigen Krankheiten u. s. w. wird kein Plural gebildet, sondern die Worte collectiv angewendet.

Stotterer hahátidya I
Tauber atiyágner ·= er hört nicht
Taubheit ndjñee VIII
angewachsene Zunge =. Stummheit
kúta VIII
Blinder mbóku I

Albino mbulimeëru I
Castrat assorurire ihm ist weggenommen
ein Lahmer, Krummer nēma I. Pl.
banēma

Arzeneien und Zaubermittel, meist Decocte oder Pulver getrockneter Wurzeln u. s. w. von Bäumen und Sträuchern, werden nur von Zauberern bereitet, von denen jeder seine eigenen Specialitäten hat.

ñhungamassuga Baumwurzeldecoct mit Salz, innerlich gegen Diarrhö

gipiänawayónda desgl. gegen Gliederanschwellungen, äusserlich, erst Einschnitte gemacht, dann eingerieben

ssúha desgl. gegen Kopfschmerzen, in Einschnitte am Kopf eingerieben

mssissi desgl. innerlich gegen Hodenanschwellungen

nguyúno
ikúmbo } desgl. zusammen, innerlich, gegen Tripper

kararwañhúwa
ntúndwa } desgl. zusammen, innerlich mit Bier, gegen Unfruchtbarkeit

myóngwa
nyowóle } desgl. zusammen, innerlich mit Bier, gegen Unfruchtbarkeit

nkóra zwei kleine Wurzelstückchen davon um den Leib gebunden, gleichzeitig Blätterabsud innerlich; gegen Kreuzschmerzen

nyansatshäro gepulverte Baumwurzel in Mehlbrei, innerlich, gegen Husten

nyomoampíli · · mit dem Penis eines Ziegenbocks zusammen gekocht, in Einschnitte vorn und im Kreuz eingerieben, gegen männliche Schwäche

mrindirúndi für dasselbe, zusammen mit Obigem, innerlich, Wurzeldecoct

mëyo
núnyu
niwamhímbi } gepulverte Wurzel zusammen in einem Topf mit kaltem Wasser, dann werden heisse Steine hineingeworfen, der Kranke, in eine Decke gehüllt, beugt sich darüber und athmet den Dampf ein; gegen Hysterie, Verrücktheit u. s. w.

mkóra
igëye } Früchte dieser Bäume mit dem Kinnbackenknochen einer Ziege zusammen gekocht und mit etwas Fett gemengt; wird von Zauberern denen auf die Backe gestrichen, die von einem Gespenst geohrfeigt wurden

karakára gepulverte Wurzel mit Blut vom Bauche eines Rhinoceros in Mehlbrei, innerlich, gegen Dysenterie

ntúdya gepulverte Wurzel in Mehlbrei von Eleusine-Korn, innerlich; gegen Erbrechen

nyakáma Blätter gekocht, auf den Kopf gelegt, gegen Kopfschmerzen

ikávia gepulverte Wurzel / innerlich gegen

igurumóki eine kleine Eidechse, getrocknet, gepulvert } Schluckauf

nssëra gepulverte Wurzel mit Mehl und Fett auf den Körper geschmiert, gegen Verrücktheit

sässi Wurzeldecoct, kalt in die Nase eingezogen, gegen Nasenbluten

minswandëmi gepulvertes Wurzeldecoct / zusammen gekocht, innerlich,
Schwanz eines Warzenschweins \ gegen Impotenz
· · Skorpions

korogóñhwa gepulvertes Wurzeldecoct } zusammen gekocht, mit Fett in Einschnitte auf Brust und Rücken gerieben; gegen Herzklopfen, Athemnoth, Beklemmungen
ñhíni kleine Eidechse
etwas Erde, die auf Felsen liegt

ssanseánbéke Wurzeldecoct, Einathmen des Dampfes, gegen eine Art Gesichtsreissen mit zufallenden Augenlidern

ñkúma 8 Stücke Wurzeln zugespitzt, in das gekochte Blut eines Hahnes getaucht und mit geschlossenen Augen an dem Zaun des Gehöftes in die Erde geschlagen; hilft gegen bösen Zauber Nachts

kafurungúsha gepulverte Wurzel, innerlich im Essen, erzeugt Erbrechen; gegen Gift, Zauber u. s. w.

nhagírca Wurzel oder Rinde |
nhúma · · · } tödtliche, starke Gifte
sumangíse · · · |

paraniónga Wurzel in Schafurin getaucht und auf einem Wege, Thürschwelle u. s. w. vergraben; macht den darüber Gehenden verrückt

pilimíssi Wurzel |
malaganína · } zusammen vergraben; Irrwurz

upándia Samen des Baumes
winga ein Insect am Strand; | zusammen auf Wegen u. s. w. ein-
am Wege aufgelesenes Menschenhaar } gegraben; erzeugt bei dem darüber
mrinse Wurzel, gegraben unter verhalte- | Schreitenden geschwollene Beine
nem Athem

ngansatsháro | Wurzeldecocte zusammen; äusserlich eingerieben; hilft gegen
nádji } geschwollene Beine

mshéka Blätterabsud mit roher Kuhmilch getrunken erzeugt Erbrechen, gutes Gegengift

ngujúno gepulverte Wurzel | zusammen in kaltem Wasser; innerlich, wenn
nungunúngu · · } die Nachgeburt nicht heraus will

irámba Wurzel; eine Weile an der Thür, eine Weile unterm Bett vergraben; erzeugt Krankheit

tungúru Wurzeldecoct |
ihurúra · } zusammen zum Baden; Gegenmittel gegen *irámba*

iyaragádyi Früchte in Menstruationsblut getaucht, getrocknet, gepulvert, auf die Bettstelle gestreut; erzeugt Fingerfäule

kámu gepulverte Wurzel |
nugúyu · · } gemischt, auf die Thürschwelle oder dem Schla-
Nachgeburt eines Schafs } fenden in's Gesicht gestrichen; erzeugt Blindheit

mtundássucia Wurzeldecoct mit Bananenwein, innerlich; Gegenmittel gegen verzauberten (d. h. geschwollenen) Hodensack

wima gepulverte Wurzel, äusserlich, aufgestreut, gegen Schanker

migansúra Wurzel | zusammen in die Harnblase (*ruhágo*) einer Gazelle
Regenwasser aus dem Topf eines | (*soóyo*) gefüllt; diese wird dann aufgeblasen, zu-
Regenzauberers | geschnürt und im Hause aufgehängt. Mittel gegen
etwas Sand unter dem Fuss weg | Diebstahl; der Dieb wird genöthigt, das Gestohlene
| zurückzubringen

yemvcambúra Wurzel |
sváhca · | in einem ganz neuen Körbchen gesammelt, gepulvert
suxúme · | und mit Wasser und je einem Bergkrystall in 2 Töpfe
gurúnga · } gethan; einer wird gekocht, der andere bleibt kalt.
karurvañhúba · | Der Zauberer bläst dann mit einem Röhrchen abwech-
nyónca · | selnd in beide, so dass die Luftblasen stark bubbeln;
shingísha · | **Regenzauber**

11*

kurúngu gepulverte Borke
kumbúdja • Wurzel
Herz eines Hartebeests
búbu ein kleiner Vogel, geröstet

} zusammen mit Fett auf den Körper gerieben macht liebenswürdig und zieht das andere Geschlecht an

ein eben geborener, noch blinder Hund, Kopf eines Schakals zusammen gekocht, mit dem Brei wird die Gerte eines *mtshangóko*-Strauchs eingeschmiert; wenn man dann mit der Gerte zur Erde schlägt, verwandelt sie sich in eine Schlange und tödtet die gewünschte Person

nyombeyahássi gepulverte Wurzel mit Tabak gegessen: gegen Schlangenbiss

mssarirangáro Stückchen von der Wurzel
Wolfsmilch-
euphorbin • • • •
ssóma • • • •

} verschluckt, gegen Schlangenbiss; wenn kochend Wasser in der Nähe, besser, wenn man den Decoct trinkt; erzeugen alle Erbrechen; sehr gute Mittel

gémbe Wurzel
Magen eines Stachelschweins

} zusammen gekocht und gemischt mit dem Absud der Blätter des *gémbe*; auf frische Wunden, heilt dieselben schnell

niawanúgwa Wurzel
Koth eines schwarzen Hundes
ein Stück eines, von einem Rhinoceros umgerissenen Strauches oder Baumes
alte gebleichte Knochen
ein alter, weggeworfener Fellfetzen

} zusammen gekocht und in die Hände gerieben; wenn man dann Jemand mit diesen Händen anfasst, wird er von seinem Grund und Boden vertrieben werden

srungurúru. Stück von diesem Baum mit dem Messer abgeschlagen, während man ein Fell, in dem sonst ein kleines Kind auf dem Rücken der Mutter getragen wird, um die Hüften gebunden hat. Das Stück Holz wird dann auf offenem Feuer ausserhalb des Hauses angebrannt; 2 abgeschnittene Stückchen davon werden zusammen mit Federn des Vogels *kino* auf ein Schnur gereiht und als Amulet getragen; hilft gegen steifen Arm, Rheumatismus u. s. w.

Rindviehkoth gekocht, aufgedrückt: gegen Wundenblutung

inunguníngu Wurzeldecoct, auf einen flach gehöhlten Stuhl gegossen: bei schwerer Geburt setzt sich die Frau dann in die Flüssigkeit, und die Geburt erfolgt glatter

kaurrére-Wurzel
Elephantenrüssel

} zusammen gekocht und damit die vorderste Last einer Karawane bestrichen; zugleich wird an diese noch ein Stückchen *kaurrére*-Wurzel befestigt; bringt der Karawane Glück, gute Geschäfte; keine Belästigung, Beraubung u. s. w. unterwegs

tshungúdji. Stückchen Holz davon, auf den Weg gelegt; wenn eine Karawane darüber geht, verliert sie Alles, hat kein Glück im Geschäft oder dergl.

mtshangóko. Wurzelstückchen auf eine Schnur gezogen, die aus der Haut der gr. Waldeidechse *harámbi* gemacht ist; als Armband von Elephantenjägern getragen; je höher dieser es am Arm heraufschiebt, also je fester es anliegt, desto mehr verliert der verfolgte Elephant seine Kraft

Name *lína*, Pl. *malína* IV; *lína liáko* Dummheit *butshūru* VII; ein Dumm-
nâni? wie heisst du? kopf *mtshīru* 1
Stimme *ilaka* IV Tapferkeit *bukáli* VII; ein Held *nkáli* l.
Unterhaltung *kuhóya* IX; Versamm- Pl. *bakáli*
lung *ruhóyo* V. Pl. *maruhóyo* IV Alter *bunamhára* VII; ein Alter (s. oben)
Stimmengewirr *kuránduma* IX Jugend *bunegine* VII
Wort *mhâto* II; Rathsversammlung Schmutz *bwihéni* VII; Schmutzfink
mihâto II oder *mamihâto* IV *mwihéni* 1, Pl. *bwihéni* 1
Flüstern *ihwähwä* IV Schönheit, Güte *bwīsa* VII (oder *wīsa*)
Lärm *kuyǒga* IV oder *yǒmbo* IV; Faulheit *bwūro* (oder *wūro*) VII
Kriegsgeschrei, Alarmruf *mwāno* II, Geiz *butúncu* VII oder *bwīmi* VII
Pl. *miāno* Diebstahl *bwēri* VII; Dieb (s. oben)
Neuigkeit *mhóra* II Schwäche *lugokúro* VII
Gelächter *russéko*, Pl. *nssēko* V Grösse *butáre* VII
Freude *kutógwa* IX; Trauer *rúfu* V, Stolz *budōshi* VII
Pl. *marúfu* IV Lüge *budīmi* VII; Lügner *ndimi* 1, Pl.
Erzählung *mgáno*, Pl. *magáno* IV oder *badīmi*
rugáno V, Pl. *marug-* IV Aufschneiderei *buromáromo* VII
Streit *kumánha* IX Wahrheit *ñhána* VIII; *ya ñhána* ganz
Fluch *kreitónga* IX gewiss
Ding *kinhu* III, Pl. *shinhu* Überfluss *budōshi* = Stolz; ein Protz
Besitz, Gut *ssdico* IV *ndōshi* 1, Pl. *badōshi*
Stück, Theil *ipánde* IV (s. weiter hin- Hungersnoth, Hunger *nsára* IV, Pl.
ten bei: halb) *mayára*; Durst *niota* IV
Leute *kushisha* IX Proviant *mhámba* IV, Pl. *mapámba*
Geschäft *kugára* IX Ration *pósho* IV (dem Kis. entlehnt)
Glück *mhóla* II; ein Glücklicher *múñhu* Menschenmenge *mbita* IV, Pl. *mabita*
ca mhóla Liebe *bugánsi* VII; ein Günstling *ngánsi*
Arbeit *uimo* II, Pl. *mwilīmo* II 1. s. Diener des Häuptlings
Markt *idōka* IV Liebkosung *kwipugára* IX
Last *nīyo* II, Pl. *milīyo* II Luft *hūro* VIII
Last von Stoffen *támba* II (dem Ki- Geschenk *kugáwa* IX
suaheli entlehnt) Anfang *bufumūre* VII
Trägerstange, um ½ Last vorn, ½ hin- Ende *bukalikiro* VII
ten zu tragen *ndára* II, Pl. *midára* Blase *budōshi* VII, Pl. *mawud-* IV, Luft-
Trägerstange für 2 Mann, Last in der blase im Wasser
Mitte *utáwo* II, Pl. *mitáwo* Blase *rugóna*, Pl. *ngóna* V, vom Darm,
Graskranz auf dem Kopf, um eine Harnblase u. s. w.
Last darauf zu tragen *ngáta* IV, Pl. Schaum *ifúro* IV
magáta Gruss *kuqísha* IX
Verstand, Schlauheit *massáru* IV (plu- Furcht *bwóba* VII; Feigling *mwóba*, Pl.
rale tantum) *bóba* 1
Schlechtigkeit *burūru* VII oder *búbi* Gottesgericht *bufúmo* VII
VII; ein Bösewicht *nūru* 1, Pl. *ba-* Zauberei, Gift *burūgi* VII
rūru oder: *mbi* 1, Pl. *bábi* Lohn *kupérwa* IX
Anstand *igáto* IV

Regenbogen *italiawáshi* IV. Pl. *mata-*
gawáshi (d. h. Bogen des Bogen-
schützen)
Geheimniss *kwissīga* IX
Vortheil, Profit *kubiardnya* IX
Nachtheil. Verlust *kudjimēdja* IX
Sitte, Gebrauch *ngīro* II, Pl. *migīro*
Dunkelheit *gīti* VIII
Helligkeit *hápe* VIII
Schulden *ssángo* II
Trockenheit *būmu* VII
Theuerkeit *burámbu* VII
Billigkeit *bunógu* VII
Hochzeit *ssinse* IV oder *bukómbe* VII
Tropfen *itwína* IV

Haufen *issūgo* IV
Art, Sorte *ntíndo*, Pl. *mitíndo* II
Farbe *ssómbo* IV
Zeichen, Stempel, Erkennungszeichen
an Geräth, Gewehren *rumēñho* V,
Pl. *mēñho* V; auf Wegen *kimanēkidyo*
III. Pl. *tshīm-*; an den Feldern,
Grenzrain *ruwímbi*, Pl. *mímbi* V;
auch zum Zeichen, dass man von
einem Stück Wildniss Besitz er-
griffen hat
Tätowirung auf Stirn und Nase *mkan-*
gúra II. bei Männern und Weibern;
auf der Backe *ikomángwa* II. Pl.
mik-; auf dem Bauch *ukomúra* IV.
Pl. *mawuk-*, nur bei Weibern

Von den anderen Abstracta mit *bu-* kann man auch noch Substantiva
der 1. Classe neu bilden. doch sind dieselben weniger gebräuchlich.

Haus *nómba* IV; kleines Hüttchen
kanómba VI
Haus nach Art der Wassukuma *ha-*
góle IV. Pl. *mapagále*; mit Grasdach
bis zur Erde *idúku* IV
Dach *gurúmba* IV; Wand (allgemein)
ndúgu IV, Pl. *madúgu*
Seitenwand *kindási* IV = das Haus-
innere
Thür, d. h. der Thürrahm *niángo*, Pl.
miliángo II
Thür, d. h. die bewegliche zum Verschliessen *rwīge* V. Pl. *marwīge* IV
Grundriss einer Hütte:
iwíndo IV der äussere Ring. dient für
Feuerholz, Vorräthe. Töpfe u. s. w.
kindási IV das ganze Innere
butúngo VII Platz am Eingang
kumbēle IX Mittelgang
kuwurīre IV. Pl. *mawurīre* Schlafplatz
halīko IV, Pl. *malīko* Feuerplatz,
Küche
Querwand in der Hütte *ssénge* IV
Platz unter dem Dach zum Aufheben
von Vorräthen *kāno* IV
Küchenstein *ihīga* IV
Dachspitze *kikúngu* III. Pl. *tshi-*

der mittelste Hauspfeiler *nhínge* IV,
Pl. *makínge*
Dachring *rugíto* V. Pl. *magíto* IV; der
oberste Ring *kigóko* III. Pl. *tshi-*
Wall, Mauer, Zaun, Befestigung *ru-*
gútu V, Pl. *marug-* IV
Thür darin: *mīla* II, Pl. *miwíla*; wenn
niedrig zum Durchkriechen: *kishe-*
rēre III. Pl. *shi-*
Bettstelle *buríri* VII. Pl. *ma-* IV
Matte *mkéka* II, Pl. II oder *mamikéka*
IV
Mattensack von der Küste *isensēre* IV
Fell zum Schlafen *ndíri* IV. Pl. *madíri*
Kopfkissen. d. h. Klotz Holz *sságö* II
Matte aus Stöckchen *bukangára* VII,
Pl. IV
Sack, Tasche *mhínda* IV, Pl. *mapínda*
Stuhl *issúmbi* IV
Schirm *ibáho* IV
Hecke um das Feld *igóbe* IV; um das
Haus *rugútu*, s. oben
Apparat zum Verrammeln einer Thür
mit Balken *russínso* V, Pl. *nssínso*
der eigentliche Riegelbalken dazu *iko-*
mero IV
Brett *ihára* IV

Dornen zum Verschliessen einer
Heckenthür *issánsu* IV
Pflock *rumámbo* V. Pl. *mamámbo* IV
eiserner Nagel *mgáta* IV. Pl. *mamgáta*
Hof *rúwa* IV
Vorbau über der Hüttenthür *kishássi*
III. Pl. *maki-* IV, bei den Wassu-
kúma selber nicht gebräuchlich
Tembe (wie z. B. bei den Waniamwesi)
témbe IV
Schiff, Boot (europäisches) *ngaráwa*
IV. Pl. *may-*
Kanoe *liáto* IV, Pl. *máto*; grosses zur
Flusspferdjagd *iniága* IV
Floss aus Ambatsch zum Fischen
mhánsa IV. Pl. *mapánsa*
Kiel *igóngo* II. Pl. *mig-*
Planke *mháro* IV. Pl. *mapáro*
Ruder *mgáhi* IV; Ruder-Bank *nháwe*
IV. Pl. *matáwe*
Gefäss zum Ausschöpfen des Wassers
ssawúdyo IV
Schnabel *rurími* V. Pl. *maru-* IV
Querholz daran *ipémbe* IV
Gras zum Zusammennähen der Plan-
ken *rugóye* V. Pl. V und IV
hinterste Ruderbank, Sitz des Steuer-
manns *bugowééro* VII. Pl. IV
Bootscapitän, Steuermann *mgóbi* I
Ruderer *mbúgi* I oder *mági* I. Pl. *ba-
wúgi*, der hinterste *mkashímbo* I
Waffe (allgemein) *kidímo* III. Pl. *tshi-*
Stock *nánga* II. Pl. *miránga*
Keule *buhíli* VII. Pl. IV
Bogen *úta* VII. Pl. *mawúta* IV; -enden
nssúro IV. Pl. *massáro*; -sehne *rúge*
V. Pl. *marúge* IV
Lederarmband zum Schutz gegen die
Bogensehne *mhúru* IV. Pl. *matúru*
Pfeil (allgemein) *ssónga* IV; -schaft
ikúmbo IV; -schaftfedern *rúya*. Pl.
nsúya V: -kerbe *nágo*. Pl. *matágo*
IV
Pfeilarten:
vergiftete:
russúngu V. Pl. *mawussúngu* IV

nicht vergiftete:
mit Lancettspitze ohne Widerhaken
rupúru V. Pl. *maru-* IV
mit einem grossen Widerhaken *nyónsa*
IV. Pl. *magówa*
mit vielen kleinen Widerhaken *ssóno* IV
Spitze nur ein geschärfter Nagel *ngéta*
II. Pl. *miyéta*
Spitze aus Holz, im Feuer gehärtet
kissénge III. Pl. *ssissénge*
Köcher *mtána* II
Speer *itshímu* IV; -schuh *ssomeéke* IV
Harpune zur Flusspferdjagd *ndówo* IV.
Pl. *madónco*
Schild *rumúda* V. Pl. *maru-* IV; -griff
idímiro IV
Angelhaken *irówo* IV; -schnur *rufúmbo*
V. Pl. *mawufúmbo* IV
Legangel mit vielen Haken *ngímso* II.
Pl. *migónso*
Köder *shámbo* IV
Hammer *nándo* IV
Hacke *igémbe* IV
Zange *idímiro* IV (Schildgriff)
Dexel *mbíso* IV. Pl. *mabíso*
Rohrsplitter, scharf, als Messer benutzt
taránge IV
Messer *róshu* V. Pl. *úshu* V oder *ma-
rúshu* IV; gross. Art Axt mit
krummem Eisen *mhóro* II; Rasir-
rugémbe V. Pl. *maru-* IV
Beil. Axt, zum Bäumefällen *mbássa* IV.
Pl. *mabássa*; klein, zur Zierde ge-
tragen *ssínso* IV
Kamm *ssassuríro*
Besen *ikúmbo* IV; kleiner feiner, zum
Abfegen der Mahlsteine *tshéo* III.
Pl. *shéo*
Spiegel *iríle* IV
Fackel, aus geflochtenem dürren Grase
tshénge IV; d. h. brennendes Stück
Holz *rumúli* V. Pl. *maru-* IV
Trommel: *ngóma* IV. Pl. *magóma* grosse
Topftrommel: *kigánda* III. Pl. *shi-* III
oder *mashi-* IV kleine Karawanentr.;
kitomba III. Pl. *shi-* klein, unten

offen; *ngaráwa* IV. Pl. *may-* schmal und sehr lang

diverse Tänze:

für beide Geschlechter zusammen:

buyōka VII eine Art Contre

kahāna VI Hüpftanz

ndónya VIII Tanz der Viehhirten

ilāwo IV Contre

ssaréuge VIII mit Sandalen zu tanzender Stampftanz

buhīria VII Contre

fínea VIII Maskentanz. als Trommel dient ein Holzklotz

kadigi VI Contre

buyēye VII Contre im Sitzen

für Weiber allein:

nsinse VIII
bembénya VII } Bauchtänze im Kreise

Rohrclarinette mit Grifflöchern *ndēre* IV. Pl. *madēre*: ohne Grifflöcher *mhémbe* IV. Pl. *mapémbe*

Trompete aus Antilopenhorn *kiúhirari* IV. Pl. *mak-*

Zither. Guitarre mit 6 Saiten. in den Händen gehalten *kíta* III. Pl. *tshíta*; mit 6 Saiten. wird auf eine leere Rindenschachtel als Resonanzboden gesetzt *nánga* IV; mit 1 Saite, lang *ngúhu* IV. Pl. *magúbu*; mit 1 Saite. kurz *ndóno* IV. Pl. *madóno*

Handpfeife, d. h. Pfiff auf den zusammengefalteten Händen *mhémbe ya makóno*

Gewehr *góñho* IV; -lauf *nómo gwa góñho*; -schaft *nti gwa góñho*; -kolben *kissindi* III. Pl. *shi-*; -hahn *itanána* IV

Zündhütchen *mito* II. Pl. *mióto*

Abzug *teuta* IV

Pulver *barúti* (Kiswaheli?)

Piston *fisso* IV. Pl. *misso*

Schloss *lita* IV. Pl. *mita*

Vorderlader. kurz *makóssa* IV. Pl. *mamak-*; lang *sserére* IV

Hinterlader *góñho ya kuniónya*; *góñho ya kurinsa* (zum Knicken)

Kugel *issássi* IV aus Blei: eiserne für Elephanten *polopólo* IV

Schrot *iyagiro* IV

Perlen. von der Küste importirt (allgemein) *bussáru* VII. Pl. *marw-* IV

Perlenarten:

ibūre IV. Pl. *marwārr* grosse, blane, in Ringform

tshopríle IV. grosse. grün und bunt

magánga IV. Pl. *mamag-* gross, röthlich

ixóna IV weiss. erbsengross

kadyryéye IV roth. erbsengross

mrāra IV. Pl. *mañrāra* weisse. kleine

kaniēnye IV *mañrāra* blaue. kleine

dedrdéle IV blaue. kleine Kugeln

isseke IV lange. weisse

ssénga IV erbsengross, kupferne

limboyére IV. Pl. *mamb-* grosse. weisse

ipisso IV grosse. weisse

Perlen. die im Lande selber hergestellt werden:

rupingu V. Pl. *maru-* IV aus Muschelschalen, dreieckige

mhāra marúngu IV. Pl. *mpära m* Muschelschalen. kleine runde

issánga IV aus Straussseneierschalen gemachte Ringe

ingashida IV blau. aus einer Art durchsichtigen Steines. sehr kostbar: werden jetzt nicht mehr gemacht. vererben sich in den Häuptlingsfamilien

Hausgeräth. Gefäss (allgemein) *ksénie* III. Pl. *ksissénne*

Topf (allgemein) *níngu* IV

Topfarten:

rūno V. Pl. *marúno* IV zum Wasser holen. mittelgross

mengēro IV sehr gross. zum Aufbewahren des Hirsebiers

ssabukídyo IV klein. zum Kochen des Hirsebiers

fūyo IV zum Mehlbreikochen. mittelgross

shínye IV zum Fleischkochen. klein

nhólio IV, Pl. makólio Tasse zum Wassertrinken

ruésso V, Pl. mar- IV flach, Art Teller

rukaraweiro V, Pl. maruk- IV, klein, zum Fettaufheben

ruābia V, Pl. nābia V u, mar- IV, klein, zum Milchaufheben

Melkeimer aus Holz ñhúnda IV, Pl. matúnda; schmal u. lang tshánsi IV

Butterfass kirára III, Pl. shi- III oder mashi- IV, d. h. eine grosse Kürbisflasche, die geschüttelt wird

Wasserschöpfer, Kelle kikúru III, Pl. shi- III od. mashi- IV

Löffel kirikö III, Pl. shi- zum Essen; ndinhö II, Pl. mid- zum Rühren. Rührholz

Körbe:

kifúma III, Pl. mafúma IV sehr gross, zum Aufbewahren des Getreides

inyanhawika IV, Pl. many- sehr gross, zum Aufbewahren des Getreides
(aus Gras geflochten)

ikiriridyo IV gross, wenn gefüllt, noch tragbar, zum Aufbewahren des Getreides

geinana IV klein

rugéga V, Pl. maru- IV länglich, aus kleinen Gerten

kleiner Teller z. Essen ussónsso IV

- Becher z. Biertrinken idetéro IV

grosse Flasche - mit engem Hals mtshwa II, Pl. mamit- IV
(aus Gras geflochten)

Becher z. Biertrinken, lang und schmal kawaniemrra VI, Pl. mawa- IV

Bierfilter, geflochten, isswisiwo IV

Reuse aus Stöcken ndiwa IV, Pl. madiwa; -korb ngóno II, Pl. migóno

für das Ufer; ihongóla IV für die hohe See

Netz kassáwa IV, Pl. mak-

Trog, Mörser itóli IV oder itwangiro IV

Mörserstampfer píni II, Pl. mi- II oder mami- IV

Schwinge ruhúngo V, Pl. maru- IV

Kleidung ssisswáirwa IV

Stoff, von d. Küste importirt mwénda II, Pl. miénda

Fell(zur Kleidung) ngóbo IV, Pl. magóbo

Hemd kasswénhe VI, Pl. mak- IV

Hose - ka magúru

Rock igóti IV (Kiswaheli)

Hut, der importirte kofira IV (Kiswaheli); grosser aus Getflecht.

Schutz gegen Regen issánsso IV

Gürtel kandúra II, Pl. mik-; der Weiber aus Perlen iwúte IV

Schnur, Strick, geflochten aus Gras rugóye V, Pl. ngnye V oder maru- IV; aus Luftwurzeln von Bäumen irandára IV

Schurz (Stoff mit Perlen gestickt) ssámbi IV

Halsband rugissa V, Pl. ngissa V u. magissa IV

Armband, geflochtener dünner Draht rudódi V, Pl. mawudódi IV; aus Gras ilingwa IV

Beinband, geflochten aus dünnem Draht runierére V, Pl. mawunierére IV; mit Glöckchen, zum Tanz húnda IV, Pl. makinda

Glocke, gross, zum Tanz und am Halse des Rindviehs iwúnguru IV; klein, zum Tanz karudjégi VI, Pl. maru- IV; länglich, zum Tanz und am Halse der Ziegen kinda IV ya missámwa

Ring ssíri IV

Sack fúko II, Pl. mami- IV (Kisw.)

Für die diversen Arten Stoffe, Tauschartikel u. s. w. werden meist die im ganzen ostafrikanischen Handel gebräuchlichen Worte des Kiswaheli gebraucht.

Fass *fipa* IV
Kiste *ihurêta* IV   } (Kisuaheli)
Knopf *kifúnyo* III, Pl. *shi-* III oder *mashi-* IV
Amboss *ure* IV, Pl. *mâure*
Blasebalg *ngúba* II, Pl. *miguba*
Blasebalgstöcke *mpini* IV, Pl. *mampini*
Blasebalg, Thonröhrchen vorn *nhâro* IV, Pl. *makâro*
Uhr, unbekannt
wann kommen wir an? *kushika* (an-kommen) *limikinâhā*? (Sonne wo?)
Pfropfen *kandikidjo* IX, Pl. *mak-* IV
Ecke, Winkel *ipémbe* IV
Zelt *ihēma* IV
Thonscherbe *rūdjo* V, Pl. *marudjo* IV
Scherbe vom Flaschenkürbis *issâre* IV
Tabakspfeife *isséke* IV; Hanfpfeife *ikónora* IV
Pfeifenrohr *idéte* IV
Ort, Platz *hânhu* X
Sandale *kirâtu* III, Pl. *shi-*
Sandalenbänder *nkôra* II, Pl. *mikôra*
Bao (Brettspiel) *issóro* IV

Steinchen dazu *bussóro* VII od. *russíro* V
Stiel *kipínde* III, Pl. *tshi-*
Honig *bāki* VII, Pl. *mavōki* IV
Bienenstock *mkúnyu* II
das kleine Gepäck und Geräth des Karawanenträgers *gúlogólo* IV
Hinderniss! Ruf der Träger b. Stockungen *gugóro* IV
Ohrfeige *rupi* V, Pl. *nhi* V
Tritt *irâmbi* IV
Schlinge *tshūru* IV, Pl. *mashūru*
Knoten *igúndo* IV
Scheibe (zum Schiessen) *bndāra* VII
Ball aus Holz (zum Spielen) *nhâga* VIII
Essen *kilūca* III, Pl. *tshi-*
Mehlbrei *ugâli* VII, Pl. *mavugáli* IV;
dünner - zum Trinken *hâmba* VIII
gekochtes Getreide *mássángu* IV (plur.t.)
Gemüse *ikúri* IV
Fleisch *niâma* IV
Zuspeise (allgemein) *nâni* VIII
Sauce *ssódji* II; Pl. *missódji*
Salz *mûnhu* (s. oben)
Fett, Butter *magúta* IV (plur. tant.)

Adjectiva

sind, wie in allen ostafrikanischen Bantudialekten, spärlich und werden vielfach durch Zuhülfenahme von Verben, Substantiven oder ganzen Sätzen umschrieben; sie nehmen die Praefixe der dazu gehörigen Substantiva an, dabei zahlreiche Unregelmässigkeiten.

Das Adverb wird dadurch gebildet, dass das Adjectiv das Praefix *ki-* erhält. Fängt der Adjectivstamm mit einem Vocal an, so wird der Endvocal des Praefixes ausgelassen, z. B. *miugi* statt *ma-ügi*, doch finden auch Ausnahmen statt.

gross -*tale*; muñhu ntale; nti ntale, sonst regelmässige Praefixe
lang, hoch, tief -*lēhu*; I *nēhu*, balēhu;
II *nēhu*, milēhu; III kilēhu, shilēhu;
IV ilēhu, malēhu; V rulēhu, ndēhu;
VI kalēhu, tulēhu; VII bulēhu; VIII
mlēhu, mlēhu; IX kulēhu; X halēhu
stark -*dúma*
dick -*yínu*
alt, bei Sachen -*kurukuru*; bei Personen -*namhúra*

schwer -*dito*
klein -*do*; I muñhúndo, bañhu *bnido*;
II ntindo, mído u. s. w., wird also im Singular theilweise mit dem Substantiv zusammengezogen; aber z. B. *kiñhu kido*
enge, schmal, dünn, leicht -*búpu*
kurz -*gúhi*
neu -*pia*; eine Ausnahme: *micénda mhia*, nicht *mpia* neue Stoffe
rund -*iriringo*

scharf -*ūgi*

scharf, tapfer, böse -*káli*

stumpf -*dūmĭnu*

weich, locker, lose -*núgu*

weiss -*āpe*; I *nıcāpe*, *wāpe*; II *gıcāpe*, *yāpe*; III *tshāpe*, *shāpe*; IV *liāpe*, *gāpe*; V *rıcāpe*, *sāpe*; VI *kāpe*, *twāpe*; VII *bıcāpe*; VIII *yäpe*, *sāpe*; IX *kıcāpe*; X *hāpe*, hat also theilweise Praefixe wie ein Pronomen

schwarz -*āpi*|
roth -*āsa* } bilden Formen wie -*āpe*

grün *guruménda* ist Adverb

warm, heiss -*ısĕbu*

nass *mínseminse* ist Adverb

reif -*hīre*

unreif -*bĭssi*

süss -*nŏnu*

sauer, bitter -*rŭru*; aber I *nŭru* Sing.; II *nŭru* Sing., sonst regelmässig

verfault, verrottet, wird durch den Genitiv des Verfaultseins ausgedrückt; Verb nicht im Infinitiv, sondern mit verändertem Stamm -*ıcorīre*; also I *aıcorīre*, *baıcorīre*; II *guıcorīre*, *yaıcorīre* u. s. w.

krank (desgl. wie oben) -*ruīre*; I *mruīre*, *baruīre* u. s. w., aber VIII *ndıcīre*

blind -*bŏku*

taub, wird umschrieben: *atshĭrīre mātu* er verstopfte die Ohren (s. oben Tauber)

gut -*fŭra* oder -*sŏga*

schön, Genitiv des Substantivs Schönheit -*a ıcĭsa*; also z. B. ein schöner Mensch *muñhu ıca ıcĭsa*

faul -*ōro*

nackt -*dŭhu*; I u. II Sing. *ndŭhu*, sonst regelmässig

todt -*fu*, im Sing. vielfach mit dem Substantiv zusammengezogen; I *muñhŭfu*, *bañhu bŭfu*; VIII *nsorĕfu*, *magŏre mŭfu* u. s. w.

gesund, ganz -*pănga*

fleissig, tüchtig -*komēsu*

dumm -*tshīru*; Sing. VIII *nhīru*

verschwenderisch -*īra*; I *nıcīra*, *ıcīra*; II *nıcīra*, *mīra*; VIII *nīra*, *mīra* (für *ma*-*īra*) u. s. w.

geizig -*īmi*; I *mıcīmi*, *bīmi*; II *nĭmi*, *mĭmi* u. s. w.

wild, widerspenstig, ungehorsam -*dāki*

feig -*ŏıca*; I *mıcŏıca*, *bŏıca*; II *nŏıca*, *mŏıca* u. s. w.

schlecht -*bi*; I *mmi*, *bábi*; II *ēmi*, *mĭbi*; IV *īri*, *mŏbi*; VIII *ĕmbi* (Sing.); VI Pl. *mbi*, sonst regelmässig

leer *drăli* ist Adverb = umsonst, vergebens, grundlos

gleich *kıcikora*|
ganz *hăna* } sind Adverbia

trocken -*ūmu*

reich, ein reicher Mann *muñhu ıca nsăıco* Mann des Reichthums; *m. alina nsăıco* hat Reichthum

theuer -*rámbu*

billig -*nŏgu*

Eigentliche Comparative und Superlative giebt es nicht; sie werden umschrieben, z. B. der Comparativ mit mehr, der Superlativ mit sehr.

muñhŭyu *nēhu* *ısămoıra* *noyūyu* dieser Mann ist länger als dieser
dieser Mann lang mehr als dieser

Zahlen.

I -*mo* mit Praefixen je nach der Classe des Substantivs; ein abstractes Zählen giebt es nicht, sondern die Zahl muss sich immer auf ein bestimmtes Substantiv beziehen. I *ūmo* (*muñhŭmo* zusammengezogen); II *gımo*; III *kĭmo*; IV *lĭmo*; V *rúmo*; VI *kŭmo*; VII *búmo*; VIII *gĭmo*; IX *kŭmo*; X *hămo*

2 -wili; I bawili; II iwili; III shi-wili; IV awili; V iwili; VI tuwili; VII buwili; VIII iwili; IX kuwili; X hawili

3 -dátu

4 -ne

5 -táno

6 -tandátu } mit Praefixen wie 2

7 -pungáti

8 -näne

9 kénda

10 ikúmi } unveränderlich

11 ikúmi na-. die Einer mit Prae-fixen; I ikumi nōmo; II ikumi na gumo u. s. w.

12 ikumi na I bawili; ne II iwili u.s.w.; das na (und) wird vor Vocalen in ne verwandelt

13 ikumi na -dátu u. s. w.

20 makumi awili, unveränderlich

21 - awili na -:mo. Einer mit Praefixen u. s. w.

30 makumi adátu

40 - áne u. s. w.

70 - mpungáti (nicht apungati)

90 - kenda

100 igána unveränderlich

101 - I nōmo; II na gumo u. s. w.

110 igána nikúmi límo

111 - nikúmi I nūmo (nicht nōmo) II na gumo u. s. w.

120 igána na makumi awili u. s. w.

200 magána awili

300 magána adátu u. s. w.

999 magána kenda na makumi kenda na kenda

1000 kihámbi (unveränderlich)

2000 shihámbi shiwili u. s. w.

10000 kiku (unveränderlich)

20000 shiku shiwili u. s. w.

100000 shihámbi shitabárire (wenig bekannt)

Ordinalia.

Erste, wird durch den Genitiv von utóngi ausgedrückt: der erste Mensch I muñhu wa utóngi; II gwa utóngi u. s. w.

Die übrigen sind wenig gebräuchlich; man drückt sie durch den Genitiv der Cardinalia aus, welche von 2—8 das Praefix ka erhalten, also:

der zweite I wa kawili; II gwa kawili u. s. w. | kenda erhält also das Praefix ka nicht!

der dritte I wa kadátu u. s. w. | der zehnte I wa wikumi; II gwa wikumi

der neunte I wa kenda u. s. w.; | u. s. w. (weiter wird nicht gerechnet)

$\frac{1}{2}$, $\frac{1}{3}$, $\frac{1}{4}$ u. s. w. sind unbekannt; für $\frac{1}{2}$ kann man gebrauchen: bei Getreide u. s. w. das Substantiv itinda IV = Theil; bei Holz u. s. w. das Substantiv igáhe IV = Stück, doch brauchen dann die beiden Theile nicht gleich zu sein.

einmal rūmo oder kamo | zehnmal kakumi (weiter nicht angewendet)

zweimal kawili; bis 8 das Praefix ka- |

neunmal kenda | -ein anderes Mal- heisst hángi

Pronomina.

Persönliche.

Nominativ: ich nēne oder nānä wir bísswe (ísswe ist Kiniamwesi!)

du bábä oder wäwä ihr ínwe

er mwānä sie bánä oder wábo

Werden allein gebraucht; wenn in Verbindung mit einem Verbum:

ich *ni*, *n*   wir *tu*

du *o* (*u*), *u*   ihr *mu*, *m*, *mw*

er. sie. es *a*. (*ya*). *gu*. *ki*. *li*. *ru*.   sie *ba* (*b*), *i*, *shi*, *ga*, *si*, *tu*, *bu*,

ka. *bu*, *i*, *ku*, *ha*   *dji*(*si*) *ku*. *ha*. S. bei den Verben.

Dativ und Accusativ (nur in Verbindung mit einem Verbum):

mir. mich *ni*   uns *tu*

dir, dich *ku*   euch *m*, *mu*, *mw*

ihm, ihn I *n* (*m*); II *gu*; III *ki*; IV *li*   ihnen, sie I *ba*; II *i*; III *shi*; IV *ga*;

V *ru*; VI *ka*; VII *bu*; VIII *i*; IX *ku*;   V *si*; VI *tu*; VII *bu*; VIII *dji* oder

X *ha*   *si*; IX *ku*; X *ha*

Hinweisende.

Es giebt 3:

1. dieser, d. h. der hier bei uns ist;

2. jener, d. h. der dort nicht weit entfernt ist;

3. jener, d. h. der sehr weit weg oder gar nicht sichtbar ist.

Sie werden mit dem Substantiv zusammengezogen und sind so unregelmässig, dass sie an Beispielen vorgeführt werden müssen:

                                                    also das Pronomen allein

1.   I *muñhúyu*. *banhwáwa* (Mensch)   *húyu*, *hwāwa*

     II *ntúyu*. *mitīeyi* (Baum)   *uyu*, *ēyi*

     III *kipindiki*. *tshipindishi* (Stiel)   *iki*, *ishi*

     IV *lintūli*. *mantúiya* (grosser Baum)   *īli*, *aya*

     V *rushúru*. *nshwēdji* (Messer)   *uru*, *ēdji*

     VI *kantáka*, *tuntiútu* (kleiner Baum)   *aka*, *utu*

     VII *bukalikiroūuru* (Ende)   *ūuru*

     VIII *nsōwrīye*, *nsiwēdji* (Esel)   *īye*, *ēdji*

     IX *kumanhúku* (Streit)   *uku*

     X *hanhwáiha* (Ort)   *aha*

Das 1. Demonstrativ kann durch eine Art Verdoppelung verstärkt werden, um auszudrücken: »gerade dieser hier, der hier vor uns steht« u. dergl. Die Formen lauten dann:

I *yenúyu*, *wenáwa*   VI *kenáka*, *hcenútu*

II *yenúyu*, *yenéyi*   VII *wunūwu*

III *tsheniki*, *shenishi*   VIII *yenīye*, *djenidji* (*senisi*)

IV *lenīli*, *yenáya*   IX *kwenúku*

V *runúru*, *djenidji* (*senisi*)   X *henáha*

2. Mit denselben Beispielen:

                                                    also das Pronomen allein

I *muñhúyo*, *bañhwāwo*   *huyo*, *hwāwo*

II *ntúyo*, *mitiyo*   *uyo*, *iyo*

III *kipindiko*, *tshipindisho*   *iko*, *isho*

IV *lintilo*, *mantúiyo*   *ilo*, *ayo*

V *rushūro*, *nshwēdjo*   *ūro*, *ēdjo*

VI *kantáko*, *tuntilo*   *ako*, *ulo*

also das Pronomen allein

VII	bukalikiro úwo	úwo
VIII	nswrēyo. nsovēdjo	ēyo, ēdjo
IX	kumanhúko	uko
X	hanhwáho	aho

also das Pronomen allein

3.	I muñhu huyu, bañhwākóko	huyūko. hwakūko
	II ntūyuko, mitiyūko	uyūko. iyūko
	III kipindikūko, tshipindishūko	ikūko, ishūko
	IV linti ilúko, manti ayōko	ilūko. ayōko
	V rushurūko, nshwedyūko	urūko. edyūko
	VI kantakuko, tuntutūko	akūko, utūko
	VII bukalikiro ūwūko	ūwūko
	VIII nswrēyūko, nsovēdjūko	ēyūko. ēdjūko
	IX kumanhukūko	ūkūko
	X hanhwahūko	ahūko

Besitzanzeigende.

mein	-āne	unser	-isswe
dein	-āko	euer	-īnwe
sein	-ākwe	ihr	-āwo

mit den entsprechenden Praefixen, z. B.: I wāne, wāne; II gwāne, yāne; III tshāne, shāne; IV liāne, gāne; V rwāne, sāne; VI kāne, twāne; VII bwāne; VIII yāne, djāne (oder sāne); IX kwāne; X hāne und die anderen ebenso.

Die Pluralform der 3 Classen kann auch allein stehen (zu ergänzen shiñhu) und bedeutet dann z. B. shāne meine Sachen, mein Hab und Gut, mein Besitz u. s. w.

Fragende.

wer? nāni

was? ki; mit vorgesetzten Praefixen heisst dies: was soll der (das)? z. B. bāki? was sollen diese? (bezogen auf I. Cl. Pl.); tshāki? was soll das? (bezogen auf III. Cl. Sing.) u. s. w.

wie viele? -ñga mit Praefixen: I banga; II yinga; III shinga; IV ganga; V djinga; VI tunga; VII bwunga;

VIII djinga (singa); IX kunga; X hanga?

was für ein? (heisst auch: welcher?) ein an das Substantiv angehängtes ki: I miñhúki, bāñhúki; II ntiki, mitiki u. s. w. Der Accent fällt also auf die letzte Silbe des Substantivs und der Endvocal wird kurz.

Ich füge hier gleich eine Anzahl Redensarten in Frageform bei:

kulinākí? was giebt es? ʒlināki? was hast du?

kilikúki? was für ein Ding (III) giebt es?

balinākí? was wollen diese? (Menschen z. B. I)

nditakinàhi? was fange ich an? witakindhi? was fängst du an? u. s. w.

akuwonáki? was wird er sehen? d. h. erhalten: wie wird es ihm ergehen? was wird man mit ihm machen?

alihàli? wo ist er? } I u. s. w. balihàli? wo sind sie? }

wie lang ist es? wird ausgedrückt durch: »seine Länge erhältst du

was?. *bulīhu bwākwe buyelilāhā?*
(besser: *bugirirāhā?*)
nōni alihanidngo! wer ist an der Thür?
udjirāhā! wo gehst du hin?
ukuhāiaga kināhā! was sagst du?
bubiarīrn bwākwe wagerakināhā! (d. h.
Geborenwerden seins erhältst du
was?) wie alt ist er?

linaligerirāhā? (d. h. das Loch es erhält was?) wie tief ist das Loch?
dies oder jenes? *aliki ne kiki!*
was soll das heissen? — kosten? *kināhā!*
willst du auch davon? soll ich dir auch was geben? *nakwinēnaho?*

Relativa.

Eigentliche Relativa giebt es nicht; über eine Art von Relativsätzen s. weiter unten.

Sonst löst man den Relativsatz in einen einfachen Satz auf: z. B. »der Mann, welcher kommt« = »der Mann, er kommt«, oder »der Mann, er ist, er kommt«, mit Hülfe von »sein«.

Andere Pronomina, Adverbia, Praepositionen, Conjunctionen etc.

anderer *-ngi* mit Praefixen:
I *wángi, bángi;* II *gángi, yingi;* III *tshingi, shingi;* IV *lingi, gangi;* V *ranyi, yingi;* VI *kangi, tungi;* VII *bwungi;* VIII *yingi, djingi (singi);* IX *kungi;* X *hanyi; hángi* steht auch für sich allein und heisst dann:
»wieder, ein anderes Mal«
warum? *kúki!*
wo? wohin? *hǎli!*
woher? angehängtes *hǎi!*
wann? *nanáli!*
alle *-ōsse;* I *wōsse;* II *yōsse;* III *shōsse;* IV *gōsse;* V *sōsse;* VI *tōsse;* VII *bōsse;* VIII *djōsse (sōsse);* IX *kōsse;* X *hōsse*
viele *-ngi,* nicht zu verwechseln mit *·ngi* anderer»; I *bingi;* II *mingi;* III *shingi;* IV *mingi;* V *ningi;* VI *twingi;* VII *bwingi;* VIII *ningi;* IX *kwingi;* X *hingi*
wenige *·do;* I *bádo;* II *mido;* III *shido;* IV *mádo;* V *ndo;* VI *tádo;* VII *bádo;* VIII *ndo;* IX *kádo;* X *hádo*
wenig *kido*
ganz wenig, nur eine ganze Kleinigkeit *kádo*
alle zusammen *pī* (unveränderlich, z.B. *bańhu wōsse pī*)

einzeln, allein für sich *-yēne;* I *mūńhu iyēne, biyēne;* II *gwiyēne, iyēne;* III *tshiyēne, shiyēne;* IV *liyēne, yiyene;* V *ruyēne, siyēne;* VI *kiyēne, tuyēne;* VII *buyēne;* VIII *iyēne, djiyēne (siyēne);* IX *kwiyēne;* X *hiyēne*
wie oft? *kánga!*
selbst *-ānǎkiri, mwānǎkiri* I, z. B. ich selbst *nǎnā m. n. s. w.,* Pl. *bānǎkiri* I; II *gwānǎkiri, yǎnā;* III *tsh-sh-;* IV *liǎ-y-;* V *rw-s-;* VI *k-tw-;* VII *bw;* VIII *y-dj-(s);* IX *kw-;* X *h-*
zusammen *-lihámo;* I *balihámo;* II *i-;* III *shi-;* IV *ga-;* V *si-;* VI *tu-;* VII *bu-;* dji *(si)-;* IX *ku-;* X *ha-*
gestern *igōra;* vorgestern *masōri*
heute *lálo*
morgen *ntóndo;* übermorgen *ntóndo wángi*
immer *siku syósse*
jetzt *hahāha*
jetzt, sofort, gleich *hahahēyi*
bald, schnell *wángu ,* meist doppelt gebraucht
langsam *kádo*
zuerst *tongáya*
zuletzt *kupōma,* heisst auch: hinten, hinter, rückwärts

ausgenommen *busáyo* (oder mit dem Verb -lassen- ausgedrückt)

anderenfalls, andererseits *kôngi*

einst, ehemals *kále* (*kálekále*)

nachher, später *hanúma*

darauf, daraufhin *hánä*

rechts *búlio*

links *bumóxxo*

neben, nahe *híhï*; nahe bei ... *híhì na*...

hier, her *áha*, *kúno*, verstärkt: gerade hier *henáha*, *kukúno*: komm her *nsñáha*; kommt her *nsñnkukúno*

da, dort *húko*: wenn sehr weit: *húkó*

jenseits *kúnkiru*

diesseits *kúnkiru kúnu*

fern, weit *küle*: sehr weit *kuláno*

nur *kwike*

vorn, vor, vorwärts *kubutímgi*

hoch, über, ober, hinauf *kuigália*

zu, nach Hause *käia* (d. h. Dorf)

herab, unten *háăxxi*

aus, aussen, ausserhalb *hánxe*

zwischen *hagáti*

in, darin *mgáti*

so *gëki* oder *gïki*

vielleicht *hámá*

gewiss, wirklich *hána*, *hánahána*

hoffentlich *liüwa lihko* (d. h. Gott ist da)

sehr *nno*; mehr *snmewa*

genug *hóiagá*

ja *e* oder *tsháne* oder *tsháne tsháne iki* oder *alitshäne* (so ist es)

nein *kü* mehrfach, wiederholt: oder *hũi*, oder *yáya*

gewiss nicht *yáya hánahána*

nicht? nicht so? *ssi!*

umsonst, vergeblich *dráli* (- dem Adjectiv -leer-)

noch nicht *nhári* oder die betreffende Form des Verbs

oder *hámo*

aber *nhuñyo* oder *ambúno* wenn *úlu* (s. beim Verb)

bis (räumlich) *kúko*

um zu, einfacher Infinitiv: *nädya kuntúla* ich kam, um ihn zu schlagen

zu, nach *kv*, *kwa* oder, speciell bei Ortsnamen, nichts

mit, vermittels, durch, von (beim Passiv) *na*, kann auch fortgelassen werden

auch *rúru* wie, als *kína*

weil *ishi*

wie, ebensowie *kiti*, *kina*

dass, Futurum oder Conjunctiv: ich weiss, dass er kommt = er wird kommen: ich will, dass du gehst -- du mögest gehen

aus, von, z. B. wir kommen aus —, wird nicht übersetzt

während, z. B. dieser Tage = diese Tage

und *na*; *n* vor Vocalen

von, über, z. B. sprechen von Jemand, *ku*

zu, zum Gebrauch, z. B. Augen zum Sehen -- Augen des Seheus

für   Dativ: hole für mich -- hole mir

na und in Verbindung mit dem Pron. pers.:

náne mit mir

náho mit dir

náhei mit ihm 1, *nago* II, *natsko* III, *nalio* IV, *naro* V, *nako* VI, *nabo* VII, *nadjo* VIII, *nako* IX, *naho* X

nïsmce mit uns

nïmce mit euch

nábo mit ihnen 1, *nayo* II, *nasho* III, *nago* IV, *nadjo* V, *nato* VI, *nabo* VII, *nadjo(naso)* VIII, *nako* IX, *nako* X

Diese Form in Verbindung mit dem Hülfszeitwort -sein- drückt den Besitz aus (stärker als bloss: -haben-) und bildet eine Art Relativsatz: der Mann, den ich besitze *muñhu ndi náhei* (der Mann ich bin mit ihm); das Messer, das ich besitze *rúshu ndi náro*; das Messer, das ich besass *rúshu nâli nâro*; das Haus, das du hast *numba uli nâdjo*; das Haus, das wir besassen *numba turali nâdjo* u. s. w.

Die Form kommt auch mit anderen Verben vor als Ersatz für Relativsätze. z. B.:

der Mann, mit dem ich ging *mônhu nâdya nâhwi* (der Mann, ich ging mit ihn) Den drei Locativen des Substantivs entsprechen die drei Localpartikel:

1. *mu, mo, ūmo* wohinein, worin
2. *kv, ko, uko* wohin (Richtung)
3. *ha, ho, aho* wo (Ort, Platz)

z. B. (ich gehe) nach Hause (d. h. zu mir) 1. *mùmwâne*
2. *kumwâne*
3. *hamwâne*

z. B. (das Haus) wohin er ging 1. *umoaliwddya*
2. *ukoaliwâdya*
3. *ahoaliwâdya*

z. B. (der Ort) wo er ist 1. *alimo*
2. *aliko*
3. *aliho*

Diese letzte Form heisst auch: er ist da, es ist da; sie lautet durch alle Classen: I *alimo, balimo*. verneinend *atimo, batimo*; II *gulimo, ilimo* u. s. w.; III *kilimo, nhilimo* u. s. w.; IV *lilimo, galimo* u. s. w.; V *rulimo, djilimo* u. s. w.; VI *kalimo, tulimo* u. s. w.; VII *bulimo* u. s. w.; VIII *ilimo, djilimo* (*nilimo*) u. s. w.; IX *kulimo* u. s. w.; X *halimo* u. s. w. und ebenso für *-ko* und *-ho*.

Die Ortspartikel können auch verdoppelt werden, zur Verstärkung des Begriffs, z. B.: (das Loch), wo drinnen ist (eine Schlange) 1. *mulimô*, 2. *kulikö*. 3. *halihö* (natürlich unveränderlich).

Interjectionen.

warte! *dindâge*
genug! lass sein! *hôayd*, Pl. *hôagi*
komm näher! *igêraya*, Pl. *igêrâgi*
wenn man an eine Thür klopft, ruft man: *mwilimômu!* (d. h. seid ihr da?)
herein! *tulimo* (d. h. wir sind da)
nimm Platz *gâshaga*
halt! *imêra!* wer da? *nâni?*
vorwärts! lasst uns gehen! *djâga* oder *tüdje*
Kriegsgeschrei od. Warnungs-(Alarm-) ruf ist der Schrei des Käuzchens, bez. der Hyäne: *ū — wi* (tief hoch aussprechen)
Anruf eines weit entfernten Menschen: *huuuuû* (Ton steigt)

auf Anruf wird geantwortet: *rôma*; Kinder antworten: *yä*
danke schön *wassingâya* oder *wabêsa*
wie geht's? was giebt es Neues? *mhôrâki!* (d. h. welche Neuigkeit?)
geht es dir gut? *olitshisa!*
mir geht es gut, ich bin wohl *nâli mpxinga*, Pl. *tûli wapânga*
Ausruf des Ärgers *ūh* oder *ūuh*; der Verwunderung *ä* oder *mâyo* (Mutter); desSchmerzes *ish*; der Trauer *āā*
Grüsse:
guten Morgen *wangaruka*
guten Tag *wadira*
guten Abend *yâgwa*
gute Nacht *magwissâina*

zum Häuptling sagt man ebenfalls | stille! ruhig! *rēkaga* (Pl. *rēkági*) *yómbo!*

obige Grüsse; Ausdrücke wie: *ka-* | oder *furekága!* Pl. *furekági*

ssūre rugáwa, kashinge mrúngi sind | Friede! Ruhe! *yashirága!*

der Sprache der *Wasindya* entlehnt | Platz da! *ngága.* Pl. *ngági*

lebe wohl! *ulího.* Pl. *mríhu* | doch, als Verstärkung beim Anruf:

Begrüssung Zurückkehrender *hicíhuka.* | *bá* (angehängt) z. B.: so komm doch

Pl. *micíhuka* | endlich! *nsīgubá!*

bist du verrückt? *ulinssádyi?* | gieb mir auch davon! her damit! *ni-*

lass das sein! hör auf damit! *rēkaga!* | *hágenane!*

heisst auch: du sollst nicht. z. B.: | Vorsicht! aufgepasst! *magagóro!* (d. h.

du sollst nicht tödten (5. Gebot) | Hindernisse; Ruf der Karawanen-

urēkaga kubúla báñhu | träger)

Verba.

Dieselben bestehen aus einem veränderlichen Stamm mit dem Endvocal *a* und bilden den Infinitiv alle mit dem Praefix *ku-* (*kw-, k-,* vor
Vocalen) z. B.: *ku-tūla* schlagen, *kw-ímba* singen, *k-ōga* baden. Ausser
diesem einfachen Stamm hat jedes Verb noch einen anderen, durch Anhängung der Silbe *-ga* gebildeten, z. B.: *-tūlaga, -ímbaga, -ōgaga,* wobei der
Ton auf der früher vorletzten Silbe bleibt, also nunmehr auf der drittletzten
ruht. Dieser neue Stamm bildet eine Art -angewandte Form- und ist im
Gespräch üblicher als der rohe, einfache Stamm; er kann in allen Formen
angewendet werden, mit Ausnahme derer natürlich, wo der einfache Stamm
sich so wie so ganz ändert (z. B. *-tūla* in *-turīre*); er muss in einigen
Formen angewandt werden, die die Beispiele zeigen werden.

Die Bildung der Formen der Verba geschieht:

1. durch Praefixe.
2. » Änderung des Endvocals *a* in *e* oder *i*.
3. »   »   - Stammes, indem statt des End-*a* die Silbe
-*īre* tritt (manchmal -*ile* gesprochen).
4. durch Combinirung obiger drei Arten.

Alles andere ergiebt sich aus folgendem Conjugationsschema der vier
Verben: *ku-tūla* schlagen, *kú-lia* essen, *kw-īsa* kommen, *kw-īnha* geben;
letzteres kommt nur in Verbindung mit dem Pron. pers. im Dativ vor, da
der Neger sich das abstracte -ich gebe- nicht vorstellen kann, sondern
sich immer eine Person dabei denkt, der er etwas giebt. (Die Formen
des pron. s. dort.) Bei den Wendungen jedoch -ich gebe mir, du giebst
dir, er giebt sich, wir geben uns u. s. w. wird nicht das Pron. pers.
angewandt, sondern das reflexivum *yī*; dasselbe gilt natürlich auch für die
anderen Verba, z. B. ich schlage mich.

Infinitiv. Praefix *ku-kw-k* (s. wann). Der Infinitiv bildet in der
Erzählung, im Märchen zugleich das Narrativum, das sich im Deutschen
am besten durch das Imperfectum mit vorangehendem -und- wiedergeben lässt, z. B.: *kwīsa, kubōna, kuháia* und er kam, und er sah, und
er sagte.

Praesens 1 bezeichnet den dauernden Zustand bez. die Gewohnheit, die betreffende Thätigkeit auszuüben. Praefix: 1. Pers. Sing. *di* (*d*), sonst *li* (*ri*, *r*):

n-di-tula ich schlage

$\left.{o \atop u}\right\}$-lî-tula du schlägst

a-lî-tula er schlägt

(bez. statt *a* für die anderen Classen andere Praefixe; s. beim Pron. pers.)

tu-lî-tula wir schlagen

mü-lî-tula ihr schlagt

ba-lî-tula sie schlagen

(statt *ba* ebenso wie oben)

n-dî-lia ich esse

o-rî-lia du isst

a-rî-lia er isst

tu-rî-lia wir essen

mü-rî-lia ihr esset

ba-rî-lia sie essen

Nicht alle Verben nehmen in dieser Form den Accent auf die drittletzte Silbe, wie *ndîtula*, sondern nur die, bei denen es sich bequem aussprechen lässt.

n-d-îsa ich komme

o-r-îsa du kommst

a-r-îsa er kommt

tu-r-îsa wir kommen

mü-r-îsa ihr kommt

ba-r-îsa sie kommen

(ndîsa u. s. w. ist zusammengezogen aus

n-dî-îsa)

n-di-kw-ínha ich gebe dir

o-li-kw-ínha du giebst dir

aber:

o-li-mw-ínha du giebst ihm

a-li-kw-ínha er giebt dir

tu-li-kw-ínha wir geben dir

mü-li-kw-ínha ihr gebt dir

ba-li-kw-ínha sie geben dir

Praesens 2 bezeichnet, dass die Thätigkeit gerade in diesem Augenblicke stattfindet; es wird in der Erzählung überall da angewendet, wo nicht das Narrativum steht, also im Deutschen besser durch das Imperfectum wiedergegeben (s. hinten bei den Erzählungen). Praefix *ā* (Veränderung der Pron. der 1. Cl. theilweise).

n-ā-tula ich schlage

w-ā-tula du schlägst

y-ā-tula er schlägt

tw-ā-tula wir schlagen

mw-ā-tula ihr schlagt

b-ā-tula sie schlagen

n-ā-lia ich esse

w-ā-lia du isst

y-ā-lia er isst

tw-ā-lia wir essen

mw-ā-lia ihr esset

b-ā-lia sie essen

n-îsa ich komme

w-îsa du kommst

y-îsa er kommt

tw-îsa wir kommen

mw-îsa ihr kommt

b-îsa sie kommen

Hier fällt das Praefix *a* überhaupt fort, da sich n-ā-îsa schwer aussprechen würde.

n-ā-kw-ínha ich gebe dir

w-ā-kw-ínha du giebst dir

y-ā-kw-ínha er giebt dir

tw-ā-kw-ínha wir geben dir

mw-ā-kw-ínha ihr gebet dir

b-ā-kw-ínha sie geben dir

Imperfectum. Praefix *alu* und Muss-Anwendung des verlängerten Stammes.

n - alu - túlaga ich schlug   n - alu - ĩaga ich ass
u - alu - túlaga du schlugst   u. s. w.
y - alu - túlaga er schlug   n - alu - ĩaga ich kam
tu - alu - túlaga wir schlugen   u. s. w.
mu - alu - túlaga ihr schluget   n - alu - ku - ĩnhaya ich gab dir
b - alu - túlaga sie schlugen   u. s. w.

Perfectum. Praefix *a* und Änderung des Stammes.

n - a - turĩre ich habe geschlagen   n - a - lĩre ich habe gegessen
u - a - turĩre du hast geschlagen   u. s. w.
— a (kein y!!) turĩre er hat geschlagen   n - a - ĩnĩre ich bin gekommen
tu - a - turĩre wir haben geschlagen   u. s. w.
mu - a - turĩre ihr habt geschlagen   n - a - ku - mhĩre ich habe dir gegeben
b - a - turĩre sie haben geschlagen   u. s. w.

Plusquamperfectum ist ebenfalls eine Art Narrativum; dabei wird in der Erzählung das Pronomen der I. Classe, 3. Pers. Pl. *ba* in *bu* verwandelt. Praefix: in der 1. Pers. Sing. *ha(h)*, sonst *ka(k)*.

ha - túla ich hatte geschlagen [1]   hā - lia ich hatte gegessen
u - ka - túla du hattest geschlagen   u - ka - lia du hattest gegessen
a - ka - túla er hatte geschlagen   a - kā - lia er hatte gegessen u. s. w.
tu - ka - túla wir hatten geschlagen   h - ĩsa ich war gekommen
mü - ka - túla ihr hattet geschlagen   u - k - ĩsa du warst gekommen
ba - ka - túla sie hatten geschlagen   a - k - ĩsa er war gekommen u. s. w.

ha - ku - ĩnha ich hatte dir gegeben
u - ka - ku - ĩnha du hattest dir gegeben
a - ka - ku - ĩnha er hatte dir gegeben
u. s. w.

Das Plusquamperfectum kann auch mit dem Hülfszeitwort -sein- umschrieben werden. z. B.: ich hatte geschlagen = ich war, ich schlug (2. Praesens) : nali natúla.

Futurum. Praefix: in der 1. Pers. Sing.: *da(d)*, sonst *ra(r)* und Änderung des Namen-Endvocals *a* in *ĕ*.

n - da - túlĕ ich werde schlagen \ Hier kann der   n - dā - liĕ ich werde essen
u - ra - túlĕ du wirst schlagen   / Accent auch   u - rā - liĕ du wirst essen
a - ra - túlĕ er wird schlagen   (auf die 3. letzte   a - rā - liĕ er wird essen
tu - ra - túlĕ wir werden schlagen (Silbe kommen,   tu - ra - liĕ wir werden essen
mü - ra - túlĕ ihr werdet schlagen \ wie beim   mü - rā - liĕ ihr werdet essen
ba - ra - túlĕ sie werden schlagen / 1. Praesens.   ba - rā - liĕ sie werden essen

[1] In der 1. Pers. Sing. fällt das Pron. fort, bez. ist in dem *ha* (für *n-ka*) schon mit enthalten.

n - d - īsē ich werde kommen
u - r - īsē du wirst kommen
a - r - īsē er wird kommen
tu - r - īsē wir werden kommen
mü - r - īsē ihr werdet kommen
ba - r - īsē sie werden kommen

n - da - kw - īnhē ich werde dir geben
u - ra - kw - īnhē du wirst dir geben
a - ra - kw - mhē er wird dir geben
tu - ra - kw - īnhē wir werden dir geben
mü - ra - kw - mhē ihr werdet dir geben
ba - ra - kw - īnhē sie werden dir geben

Conditionale 1 giebt es eigentlich nicht; ich führe hier eine Form an, die eine Art Conditionale zu sein scheint, deren Richtigkeit ich aber nicht garantiren kann. Praefixe ni und a, dazwischen das Pronomen.

ni - n - a - tüla ich würde schlagen
ni - u - a - tüla du würdest schlagen
ni - u - a - tüla er würde schlagen
ni - tu - a - tüla wir würden schlagen
ni - mu - a - tüla ihr würdet schlagen
ni - b - a - tüla sie würden schlagen

ni - n - ā - lia ich würde essen
u. s. w.
ni - n - īsa ich würde kommen
ni - u - īsa du würdest kommen (hier
fällt a weg)
u. s. w.

ni - n - a - kw - īnha ich würde dir geben
ni - u - a - kw - īnha du würdest dir geben
u. s. w.

Conditionale 2 entspricht einem deutschen Satz mit: wenn, ob, sobald. Praefix: ulu (uru, ru; letzteres ru das gebräuchliche) und Futurum-Form. Beachte hier: in der 1. Person Sing. und im ganzen Plural steht das Praefix voran und nicht das Pronomen!

ru
uru -n-dā-tulē
ulu

wenn ich schlage
ob ich schlagen werde
sobald ich geschlagen haben
werde

u - ru - rā - tulē
a - ru - rā - tulē
ru
uru - tu-ra-tulē
ulu
ru - m - rā - tulē
ru - ba - rā - tulē

u. s. w.

ru - n - dā - liē wenn ich esse
u - ru - rā - liē wenn du isst
a - ru - rā - liē wenn er isst
ru - tu - rā - liē wenn wir essen
ru - m - rā - liē wenn ihr esset
ru - ba - rā - liē wenn sie essen

ru - n - d - īsē wenn ich komme
u - ru - r - īsē wenn du kommst
a - ru - r - īsē wenn er kommt
ru - tu - r - īsē wenn wir kommen
ru - m - r - īsē wenn ihr kommt
ru - ba - r - īsē wenn sie kommen

ru - n - da - kw - īnhē wenn ich dir gebe
u - ru - ra - kw - īnhē wenn du dir giebst
a - ru - ra - kw - īnhē wenn er dir giebt
ru - tu - ra - kw - īnhē wenn wir dir geben
ru - m - ra - kw - īnhē wenn ihr dir gebet
ru - ba - ra - kw - īnhē wenn sie dir geben

Conjunctiv. Von diesem ist nur das Praesens vorhanden, gebildet durch Änderung des Endvocals a in ē.

na - túlé { ich möge, soll, darf schlagen
dass ich schlage, lasst mich schlagen

${o \atop u}$ } - *túlé* du mögest schlagen

a - túlé er möge schlagen

tu - túlé wir mögen schlagen

mü - túlé ihr möget schlagen

ba - túlé sie mögen schlagen

ná - liễ ich möge essen

ū - liễ du mögest essen

ā - liễ er möge essen

tū - liễ wir mögen essen

mà - liễ ihr möget essen

bá - liễ sie mögen essen

n - īsé ich möge kommen

w - īsé du mögest kommen

w - īsé er möge kommen

tw - īsé wir mögen kommen

mw - īsé ihr möget kommen

b - īsé sie mögen kommen

na - kw - īnhé ich möge dir geben

u - kw - īnhé du mögest dir geben

a - kw - īnhé er möge dir geben

tu - kw - īnhé wir mögen dir geben

mü - kw - īnhé ihr möget dir geben

ba - kw - īnhé sie mögen dir geben

Imperativ. Singular: der verlängerte Verbstamm: *túlaga!* schlag! *liaga!* iss! *nsō!* komm! (ist unregelmässig) *nīnhaga!* gieb mir! *yīnhaga!* gieb dir! *mwīnhaga!* gieb ihm! u. s. w.

Plural. Änderung des End-*a* des verlängerten Stammes in *i*: *tulági!* schlagt! *liági!* esst! *nsōgwi!* kommt! (ist unregelmässig). *mwīnhági!* gebt ihm!

Die Mittelform: lasst uns schlagen, essen, kommen, geben ist gleich der 1. Person Plur. des Conjunctivs, also: *tutúlé* lasst uns schlagen, *túliễ* lasst uns essen, *twīsé* lasst uns kommen, *tumwīnha* lasst uns ihm geben.

Verneinende Formen

giebt es nur:

Für Praesens 1 und 2. Praefix: 1 Pers. Sing. *hu (h)*, sonst *tu (t)*:

n - hú - tula ich schlage nicht

u - tú - tula du schlägst nicht

a - tú - tula er schlägt nicht

tu - tú - tula wir schlagen nicht

mu - tú - tula ihr schlaget nicht

ba - tú - tula sie schlagen nicht

n - h - īsa ich komme nicht

u - t - īsa du kommst nicht

a - t - īsa er kommt nicht

tu - t - īsa wir kommen nicht

mu - t - īsa ihr kommet nicht

ba - t - īsa sie kommen nicht

n - hú - lia ich esse nicht

u - tú - lia du isst nicht

a - tú - lia er isst nicht

tu - tú - lia wir essen nicht

mü - tú - lia ihr esset nicht

ba - tú - lia sie essen nicht

n - hu - kw - īnha ich gebe dir nicht

u - tu - kw - īnha du giebst dir nicht

a - tu - kw - īnha er giebt dir nicht

tu - tu - kw - īnha wir geben dir nicht

mü - tu - kw - īnha ihr gebet dir nicht

ba - tu - kw - īnha sie geben dir nicht

Für Imperfectum, Perfectum, Plusquamperfectum. Praefix: 1. Pers. Sing. *ha (h)*, sonst *ta (t)* und Änderung des Stammes:

n - ha - turīre ich schlug nicht

u - ta - turīre du schlugst nicht

a - ta - turīre er schlug nicht

n - ha - līre ich ass nicht

u - ta - līre du assest nicht

a - ta - līre er ass nicht

u. s. w.

n - h - iṅre ich kam nicht

u - t - iṅre du kamst nicht

a - t - iṅre er kam nicht

n - ha - kw - īnha ich gab dir nicht

u - ta - kw - īnha du gabst dir nicht

a - ta - kw - īnha er gab dir nicht

u. s. w.

Für Futurum, 1. Conditionale und Conjunctiv Praesens: Praefix: 1. Pers. Sing. *hiṅu (hiṅ)* oder *hiṅa (hiṅ)*, sonst *tiṅu (tiṅ)* oder *tiṅa (tiṅ)*:

n - hiṅu - tula
(ich werde nicht schlagen
) ich würde nicht schlagen
) ich soll nicht schlagen
(ich möge nicht schlagen

n - hiṅū - lia
(ich werde nicht essen
) ich würde nicht essen
) ich soll nicht essen
(ich möge nicht essen

u - tiṅu - tula du wirst nicht schlagen

a - tiṅu - tula er wird nicht schlagen

u - tiṅū - lia du wirst nicht essen

a - tiṅū - lia er wird nicht essen

u. s. w.

n - hiṅ - īṅa ich werde nicht kommen

u - tiṅ - īṅa du wirst nicht kommen

a - tiṅ - īṅa er wird nicht kommen

n - hiṅu - kw - īnha ich werde dir nicht geben

u - tiṅu - kw - īnha du wirst dir nicht geben

a - tiṅu - kw - īnha er wird dir nicht geben

u. s. w.

Für Conditionale 2: vorige Form mit vorangehendem *ulu (uru, ru)*, wobei wiederum in der 1. Pers. Sing. und im Plural das *ru (uru, ulu)* vor dem Pronomen steht.

Imperativ. Hierfür werden die Formen des Conjunctiv gebraucht, also: schlage nicht = du mögest nicht schlagen u. s. w.

Das Passiv wird dadurch gebildet, dass man in sämmtlichen Formen des Activ vor den Endvocal (*a, e, i*) ein *w* einschiebt, z. B. *túlwa, túlwē, túlagwa, túlágwi, turīrwe* u. s. w.: oft wird vor das *w* noch ein *i* gesetzt, der leichteren Aussprache wegen, z. B. *-linha, -linhwa* (statt *-līnhwa*); *-man-* wird durch die 3. Pers. Plur. ausgedrückt.

Besondere Formen.

-noch nicht- wird ausgedrückt durch das Praefix: 1. Pers. Sing. *hāli*, sonst *tāli (tāri)*.

n - hāli - túla ich habe noch nicht geschlagen, ich schlage noch nicht

u - tāli - túla du hast noch nicht geschlagen, du schlägst noch nicht

a - tāli - túla er hat noch nicht geschlagen, er schlägt noch nicht u. s. w.

n - hārī - lia ich habe noch nicht gegessen

u - tārī - lia du hast noch nicht gegessen

a - tārī - lia er hat noch nicht gegessen u. s. w.

n - hāli - kwīṅa ich bin noch nicht gekommen: hier behält das Verb noch sein Infinitiv-Praefix *ku-* bei

u - tāli - kwīṅa du bist noch nicht gekommen

a - tāli - kwīṅa er ist noch nicht gekommen u. s. w.

n - hāli - kw - īnha ich habe dir noch nicht gegeben

u - tāli - kw - īnha du hast dir noch nicht gegeben

a - tāli - kw - īnha er hat dir noch nicht gegeben u. s. w.

»schon« wird umschrieben vermittels des Verbs *kw-imála* beendigen.
ich schlage schon   ich beendige zu schlagen = *n-d-imála ku-túla*
ich schlage schon (2. Praesens)   *n-imála ku-túla*
ich habe schon geschlagen   ich habe beendet zu schlagen = *n-alw-imálaya ku-túla* (Imperfectum) u. s. w.

(*kw-imála* wird conjugirt wie *kw-ĩsa*)

Hat das Verb noch ein Pronomen im Dativ oder Accusativ bei sich, so steht dies direct vor dem Verbalstamm, wie schon aus den vorangehenden Beispielen mit »geben« ersichtlich.

Kommen 2 Pronomina zusammen, eins im Dativ, das andere im Accusativ, so steht letzteres vor ersterem, z. B.:

ich gebe es (III. Cl.) ihm: *n-di-ki-mw-ĩnha*

Also die Reihenfolge ist immer: Pronomen im Nominativ, Praefix des Verbs, Pronomen im Accusativ, Pronomen im Dativ, Verbalstamm.

Einzige Ausnahme: Conditionale 2 (s. oben).

Das reciproke »sich« wird durch *yi* (*y* vor Vocalen) ausgedrückt; z. B. ich schlage mich *n-di-yi-túla* (s. auch Bemerkung vorn über »ich gebe mir« u. s. w.).

Hülfszeitwort.

Es giebt nur eins: *kú-bi* (*wi*) sein; daraus bildet man »haben« = sein mit *kú-bi na* (*n* vor Vocalen).

Praesens 1.

ń-di ich bin		*tú-li* wir sind	
ú } *-li* du bist		*mú-li* ihr seid	
u			
á-li er ist		*bá-li* sie sind	

Praesens 2. ist hier eigentlich das **Imperfectum.**

n-ā-li ich war	*tw-ā-li* wir waren
w-ā-li du warst	*mw-ā-li* ihr waret
w-ä-li er war	*b-ā-li* sie waren

Perfectum und Plusquamperfectum.

ká-li ich bin, war gewesen
u-ká-li du bist, warst gewesen
a-ká-li, tu-káli, mú-ká-li, ba-ká-li er ist, war gewesen

Futurum.

n-dá-bi ich werde sein
u-rá-bi du wirst sein
a-rá-bi er wird sein u. s. w.

Conditionale 1, zweifelhaft.

u-ná-wi ich würde sein	*ni-brá-wi* wir würden sein
ni-wá-wi du würdest sein	*ni-mwá-wi* ihr würdet sein
ni-wá-wi er würde sein	*ni-bá-wi* sie würden sein

Conditionale 2.

ru ⎫
uru ⎬ -n-dá-bi wenn, ob, sobald ich sein werde
ulu ⎭

u-ru-rá-bi wenn, ob, sobald du sein wirst
a-ru-rá-bi wenn, ob, sobald er sein wird
ru-tu-rá-bi wenn, ob, sobald wir sein werden
ru-m-rá-bi wenn, ob, sobald ihr sein werdet
ru-ba-rá-bi wenn, ob, sobald sie sein werden

Conjunctiv Praesens.

né-wi ich möge sein, dass ich sei   tú-wé wir mögen sein, dass wir seien
ú-wé du mögest sein, dass du seiest   mú-wé ihr möget sein, dass ihr seiet
á-wé er möge sein, dass er sei   bá-wé sie mögen sein, dass sie seien

Imperativ, der vorigen Form entnommen, also: úré sei! túré lasst
uns sein! múré seid!

Verneinende Formen.

1. Praesens.

ń-hi ich bin nicht   tú-ti wir sind nicht
ú-ti du bist nicht   mú-ti ihr seid nicht
á-ti er ist nicht   bá-ti sie sind nicht

2. Praesens, Imperfectum, Perfectum und Plusquamperfectum = Praesens 2 bejahend plus Praesens 1 verneinend:

naliñhi ich war nicht = ich war, ich bin nicht
walúti du warst nicht (= wáli úti) du warst, du bist nicht
waláti er war nicht (= wáli áti) er war, er ist nicht
twalitúti wir waren nicht = wir waren, wir sind nicht
mwalimúti ihr waret nicht = ihr waret, ihr seid nicht
balibáti sie waren nicht = sie waren, sie sind nicht

Futurum, Conjunctiv Praesens.

n-hū-bi ich werde, möge nicht sein   tu-tú-wi wir werden, mögen nicht sein
u-tú-wi du wirst, mögest nicht sein   mu-tú-wi ihr werdet, möget nicht sein
a-tú-wi er wird, möge nicht sein   ba-tú-wi sie werden, mögen nicht sein

Imperativ: der vorigen Form entnommen: utúwi sei nicht! tutúwi
lasst uns nicht sein! mutúwi seid nicht!

Conditionale 2.

ru ⎫
uru ⎬ -n-hū-bi wenn u. s. w. ich nicht sein werde
ulu ⎭

u-ru-tú-wi wenn u. s. w. du nicht sein wirst
a-ru-tú-wi wenn u. s. w. er nicht sein wird
ru-tu-tú-wi wenn u. s. w. wir nicht sein werden
ru-m-tú-wi wenn u. s. w. ihr nicht sein werdet
ru-ba-tú-wi wenn u. s. w. sie nicht sein werden

»noch nicht«:

> n-hali-bi ich bin, war noch nicht
> u-tali-wi du bist, warst noch nicht
> a-tali-wi er ist, war noch nicht   u. s. w.

»schon«: wie bei den Verben; z. B.: n-alw-imálaga kúbi ich war schon
= ich beendete zu sein — es ist, es giebt (das französische il y a) kwina.

Aus den Verben können durch Änderung des Stammes neue Verba gebildet werden: natürlich nicht bei allen und dann auch nicht alle Formen.

Man unterscheidet folgende abgeleitete Formen, die sowohl im kiswaheli, wie in den anderen ostafrikanischen Bantusprachen sich ähnlich wiederfinden:

1. Die angewandte Form. Schon die oben mehrfach erwähnte Stammverlängerung durch das angehängte -ya muss als eine schwache Art der »angewandten Form« betrachtet werden. Stärker ist die durch Änderung des End-a in -íra oder -ēra gebildete Form: ku-gúra kaufen, ku-gurúra für Jemand kaufen; kū-gwa fallen, ku-gwíra auf etwas hinfallen; ku-pēra weglaufen, ku-perēra vor Jemand weglaufen; ku-sénga bauen, ku-sengēra für Jemand bauen.

2. Die causative Form bezeichnet, dass die im Stammverb ausgedrückte Thätigkeit veranlasst wird; sie wird gebildet:

a) durch das Passiv: ku-linha heraufsteigen, ku-linhūca heraufheben;

b) durch das Passiv der abgeleiteten Form: ku-tōgwa lieben (abgeleitete Form: togēra unregelmässig); ku-togērwa gefallen;

c) durch Verwandlung der letzten Silbe in tsha (hauptsächlich bei den Verben auf ka): ku-wīka herunterkommen, ku-wīthsa herunterwerfen:

d) unregelmässig: ku-fúma herausgehen, ku-fúnia herauswerfen.

3. Die neutrale Form bezeichnet, dass die im Stammverb ausgedrückte Thätigkeit geschehen ist, also den nunmehrigen Zustand: sie wird gebildet durch Änderung des End-a in -ika: ku-rinsa brechen, ku-vinsika zerbrochen sein; ku-buta schneiden, ku-butika zerschnitten sein; ku-mána erkennen, ku-manika erkennbar sein.

Dabei giebt es auch Unregelmässigkeiten: ku-igúra öffnen; ku-igika (statt igurika) geöffnet sein.

4. Die reciproke Form bezeichnet, dass die im Stammverb ausgedrückte Thätigkeit zwischen mehreren Individuen gegenseitig stattfindet; sie wird gebildet durch Änderung des End-a in ana: ku-túla schlagen; ku-tulána sich gegenseitig schlagen   kämpfen.

Diese Form ist selten; sie darf nicht mit der, mit dem rückbezüglichen yi gebildeten, verwechselt werden, z. B.: baliyitúla sie schlagen sich, d. h. Jeder schlägt sich selbst; balitulána sie schlagen sich, d. h. gegenseitig, sie fechten.

In einigen Fällen wird die reciproke Form nicht vom Stammverb selbst gebildet, sondern von einer anderen, abgeleiteten Form desselben, z. B.: ku-bóna sehen; einander sehen müsste -bondna heissen,

was jedoch nicht existirt, sondern man sagt -bonekána, abgeleitet von der neutralen Form -boneka (die für sich aber auch nicht existirt). Dies bonekána heisst dann zugleich: einander sehen (reciproke Form) und: sichtbar sein (neutrale Form).

Bei allen 4 Arten von abgeleiteten Verben kann natürlich der Stamm auch noch um die Silbe ga verlängert werden; also: -gurîraga. -linhûcaga. -celshaga. -fimiaga. -rinûkaga. -tulánaga, -bonekánaga u. s. w.

abhauen -bàta
abhäuten -uága
abreissen -tándura oder -tandûla
abwehren -ádya
abwischen -hiagûra
anbrennen (z. B. eine Hütte) -twima
anfangen -ándya
anklopfen -komagûra
anblicken, drohend -biúra
anrühren -dima
anschwellen k-okára
ansehen k-orúra
anstreichen -cira
anschnauzen -dyáha
antworten (auf eine Frage) -kánya
• (auf einen Anruf) -idîka
antreffen -ssánga
anmlken -iméra
anziehen -scára
anzünden (Herd u. s. w. -feuer) -pémba
• (z. B. ein Haus) -fura
arbeiten -tumáma
athmen -itsha oder -eshéma
aufpassen -linda
aufgeregt sein -kônakôia
auftreten -pánda
aufgehen (von der Sonne) -fúma
aufstehen -wúka
aufklappen -tananûra
aufhalten, sich unnütz -dira
aufrollen -linga
aufsetzen (einen Hut) -scúra
auffangen -ssápa
aufheben -wútsha
auffinden -ssánga
auslachen (Jemanden) -ssékera
ausser Athem sein -fura
die Augenbrauen heben (als geheimes Zeichen) -shimúra
die Augen im Zorn aufreissen -biúra

auskeilen -pánda irámbi
ausbreiten -tananûra
ausladen (z. B. ein Kanoe) -itsha
ausgiessen -ita
auslöschen -djima
auslösen (mit Lösegeld) -komóra
aushülsen -yupúra
ausruhen -ifúra
ausbreiten (Wäsche zum Trocknen) -anikira
baden k-óga
bauen -sénga
Ball spielen -kára nhága
begrüssen -gisha
befehlen -ssoméra
betrügen -rémba
begehren -háia
beissen (trans.) -gurádya
• (intr.) -rúma
sich betrinken, betrunken sein -kórwa
befühlen, berühren -dimadima
Beischlaf vollziehen -tómba (seminem immittere: -béta)
begegnen -mánia
begleiten, den Gast aus Höflichkeit ein Stück Weges -shindikira
sich beugen -imáma
bedecken -kundikidya
beendigen -imála
• , eine Erzählung -kalika
Beute machen -shisha
beschwören -itónga
bekommen -inhwa (Passiv von -inha geben)
begraben (einen Todten) -fulira
betrachten k-orúra; komm und sieh! nsorúre! kommt und seht! nsomróre!
sich bessern k-óya burúru
besiegen -tinda
bellen -móka

bezahlen - *liha*
  ,, lassen, sich bezahlt machen -*lipira* .
bewachen - *linda*
bitten - *rómba*
biegen - *kùna*
binden - *tònga*
blasen - *fùra*
blinzeln - *kébia*
bleiben - *ikára*
blank machen - *kùnca*
blinken - *éra*
bohren (Loch in einen Gegenstand) - *tshiwùra*
borgen - *hàha*
brauchbar sein - *wédya*
brechen - *oìssa*
braten (im Topf) - *karánya*
brennen - *twima*
bringen - *éñha*
Brautgeld zahlen - *kwa*
danken - *amiridya* oder - *ssima*
desertiren - *hèma*
donnern - *rùma*
drehen, sich im Schlaf auf die andere Seite - *garùka*
dursten - *bóna nióta* (Durst sehen)
durchbohren - *tshiwùra*
sich ducken - *wànda*
ehren - *kùdya*
eifrig sein - *kònakòna*
eingiessen - *ssùka*
einladen - *hika* (Ladung in ein Kanoe u. s. w.)
eintreten - *ingùra*
eintauchen (z. B. Getreide in Wasser) *k-orowéka*
einwickeln - *tùnga*
erinnern - *isokidya*
erschrecken - *ikàngwa*
sich erbrechen - *rùka*
erigiren - *imia*
erreichen - *shika*
ertrinken - *twira*
ertränken - *iwidja*

erwischen, ertappen - *ssiha* oder -*di-maùshiha* (- *dima bushiha*)
erstechen (einen Menschen) - *tshùna*
erwürgen - *niga*
erhalten - *inhwa*
essen - *lia*
fallen - *gwa*
fällen - *gwisha*
Falle stellen, in einer Falle fangen - *téga*
fegen - *piagùra*
fehlen (z. B. beim Schiessen das Ziel) - *fùdya*
fertig sein - *imàla*
fechten - *tulàna*
festhalten - *dima*
finden - *ssòra*
fischen, mit Netz oder Angelhaken - *róva*
fischen, mit Reusen - *téga*
flüstern - *hwéhwéta*
fluchen - *itònga*
flössen - *eréra*
fliegen - *ràla*
fliessen - *sseréma*
flechten - *rùka*
folgen - *rondéra*
fouragiren - *iyénsa*
fortgehen - *rumbulira*
fortlaufen (aus Furcht) - *péra*
fragen - *wùdya*
freuen - *tùgwa*
fürchten - *oyòha*
füttern - *lisha*
füllen *k- okádja*
führen - *tùnga*
gähnen - *yayamula*
gebären - *biùra*
geboren werden - *biàrwa*
geben - *inha*
gehen - *dya*
  ,, im Zickzack oder die Küste entlang - *baràma*
gehen auf den Fussspitzen - *ssùnañhìta*
gehen auf die Jagd - *hwima*
  ,, spazieren - *pinda*

glänzend sein - *éra*

graben *ssimba*; gr. ein Loch - *dyukúra*

greifen - *dima*

grüssen - *gisha*

Handel treiben (kaufen und verkaufen) - *gúra na - sindya*

hängen - *ssunga*

hassen - *rúmva*

hauen - *búta*

heben - *wútsha*

helfen - *gúna*

heirathen - *tóra*

henken - *núga*

herumschnüffeln - *núñhia*

herausstürzen, hervorbrechen - *páma*

heraufsteigen - *linha*

herabsteigen - *wíka*

sich herumdrehen - *i̅ - yungúra* (für: *ku-yi̅ - yungúra*)

herumgehen - *pínila*

herumschicken - *pindya*

heulen - *ána*

heilen (trans. und intr.) - *pira*

hinausgehen - *fúma*

hinauswerfen - *fúnia*

hinfallen - *gwa*

hinwerfen - *gwisha*

sich hinlegen - *wundála*

sich hinknieen - *itúdya*

hinlegen (etwas) - *kindika*

hinken - *tshigíra*

hineinsehen (in ein Loch) - *kengéra*

hören - *úgwa*

hocken - *igásha*

» um's Feuer herum *k - óta*

hochheben - *wútsha*

holen - *éñha*

hungern (d. h. Noth leiden) - *bóma nsúra*

hungrig sein - *tíwa*

husten - *korúra*

hüpfen - *ikindíka*

hüten (Vieh) - *déma*

jäten (Unkraut) - *limíra ngésse*

jagen - *hwíma*

kämpfen - *tulána*

kalfatern - *nínya*

Karawanenhandel treiben - *kwáwa*

kauen - *takína*

kaufen - *gúra*

kennen - *mána*

kitzeln - *negánega*

klettern - *linha*

knieen - *itúdya* (auf einem oder beiden Knieen)

kneifen - *shína*

knurren - *ñañára*

kochen - *súga*

können - *mána*

kommen - *ísa*

kosten - *ródya*

kratzen *shinagúra*

kriechen - *agúra*

küssen - *bípa*

lachen - *sséka*

lächeln - *ssékasséka*

lauden - *i̅ka*

 - (eine Ladung) - *i̅thsa*

lärmen - *yómba*

 - wie ein Verrückter - *ána*

lassen, in Stich lassen - *réka*

lästern - *dúka*

lauern - *wánda*

laufen - *péra*

lecken - *rámba*

legen - *kindíka*

lernen - *irángwa*

lehren - *iránga*

lieben - *tógwa*

liegen - *wúndála*

liebkosen - *ipugúra*

löhnen - *périca*

lösen (Thür, Deckel u. s. w.) - *igúra*

 - (Stück, Knoten u. s. w.) - *tungúra*

lügen - *hā̃ia budimi* (= Lüge sagen)

mahen - *itá*

mahlen - *shá*

Mangel leiden - *bóna nsúra*

martern - *kánya*

menstruiren - *fukáma*

messen - *gíma*

mischen - *ssúndya*

nachdenken - *isúka*

nachschleifen - *gwéssa*
Nachtheil erleiden - *djimédja*
nähen - *ssíma*
nähren *k-óñha*
nehmen - *indʒa*
niesen - *itshámtsha*
Nothdurft verrichten - *nia*
nothzüchtigen - *póndia*
von Nutzen sein - *wédya*
öffnen (eine Thür u. s. w.) - *igúra*
  - (Knoten u. s. w.) - *tungúra*
ohrfeigen - *túla ìnhi*
in's Ohr sagen - *issíga*
pariren - *ádya*
perplex sein - *ssamára*
pfeifen - *rúra*
Profit machen - *biaránya*
pusten - *fúra*
putzen (reinigen) - *kúwa*
sich putzen - *árula*
rasiren - *móga*
rein sein - *éra*
riechen (intr.) - *núñha*
  - (trans.) - *núñhia*
richten (schiedsr.) - *fúnga miháw*
  - (Urtheil sprechen) - *rámula*
rösten (am offenen Feuer. z. B. Fleisch) *k-útsha*
rufen - *itána*
rudern - *ríya*
ruhen - *ifúra*
rülpsen - *béxuka*
säen - *wíra*
sagen - *wíra*; geheimnissvoll sagen - *issíga*
satt sein - *igáta*
saugen, säugen *k-óñha*
schaben - *pára*
sich schämen - *bóna nssóni*
schenken - *gíra*
schälen - *pínsa*
schicken, senden (einen Gegenstand) - *twára*
schicken, senden (einen Boten) - *túma*
schiessen - *túla*
schimpfen - *dúka*

schiedsrichten - *fúnga miháw*
schlafen - *xhitúra* oder -*rála*
schleppen, schleifen (z. B. Kanoe auf's Land) - *tungánia*
schlagen - *túla*
Schluckauf haben - *ssakambúla*
schmatzen - *bípa*
schmerzen - *tomídja*
schmieden - *ssúla*
schneiden - *rúta*
schmalzen - *iganisha*
schreien - *líra*
schweigen - *furíka*
schwitzen - *yíra*
schwimmen - *djíha*
schwingen (den Speer) - *ssundédya*
schütteln (z. B. einen Menschen. Baum u. s. w.) *ssingásha*
schütteln (Staub vom Kleide u. s. w.) *piagúra*
seufzen - *ishóra*
sehen - *bóna* (-*wóna*)
sich setzen - *igdsha*
singen - *imba*
sitzen - *igásha*
spazieren gehen - *pinda*
spielen - *wína*
  - (ein Kinderspiel) - *igúsha*
sprechen - *háia*
spucken - *sswa*
springen - *ikindíka*
stehen - *eméra*
stellen - *kindíku*
stehlen - *iwa*
sterben - *tsha*
stampfen mit den Füssen - *pandegána*
von sich stossen (z. B. die Frau) - *pédya*
stossen - *shindíka*
stolpern, straucheln - *igúma*
stumpfsinnig sein - *ssamára*
suchen - *kúwa*
sündigen - *húbia*
tätowiren - *ssamínga*
tanzen - *wína*
tauschen - *kóba*
theilen - *gúra*

thun - *itá*
toben - *ána*
träumen - *róta*
tragen - *wútsha*
trauern - *bóna rúfu*
treffen - *ssánga*
treten, einen Tritt versetzen - *pánda*
   irámbi
trinken - *nica*
trippeln - *sséssa*
tröpfeln - *teína*
torkeln (wie ein Betrunkener) *täratára*
übertreffen - *tínda*
umkehren, umdrehen (das Oberste zu
   unterst) - *garútsha* oder -*garúla*
umkehren, umdrehen (seitwärts) -*pi-
ndúla*
umkehren (zurückgehen) - *shóka*
Unsinn, Unfug treiben - *igúsha*
untergehen (von der Sonne) -*gwa*
uriniren - *tunddga*
urtheilen - *rámula*
verachten - *gäia*
verbergen - *wissa*
verbieten - *réma*
verborgen - *háha*
verderben - *kenagúra*
verfaulen - *bíra*
verfehlen (Ziel beim Schiessen z. B.)
   -*fúdya*
verfolgen - *rondéra*
verführen - *sinya*
vergeben - *shira*
vergessen - *ewa*
verheimlichen - *wissa*
sich verirren - *húba*
verkaufen - *sindya*
verklagen - *réga*
verleumden - *ssigwa*
verlieren - *djimíra* oder - *djimidja*
   einen Weg - *húba*
verlassen - *réka*
verladen - *hika*
Verlust haben (im Geschäft) - *djimidja*

verschliessen (Weg durch daraufge-
   legten Zweig) - *tshiwa*
verschliessen (Flasche u. s. w.) - *tshibíra*
verschweigen - *wissa*
versichern - *itónga*
sich versammeln - *iwilinga*
verspotten - *iméra*
verstopfen - *tshiwa*
versuchen - *géma*
vertreiben - *pédya*
verweigern - *réma*
verwüsten - *kenagúra*
verzögern - *díra*
verstecken - *wissa*
voll werden *k-okára*
Vortheil haben - *biaránya*
wählen - *ssorúnia*
wachsen - *soa*
wachen, wach sein - *misha* oder - *wúka*
warten - *linda*
waschen (Zeug) - *túra* oder - *kánsa*
   sich die Hände - *karába*
   sich Gesicht oder Körper -*óya*
wecken - *mishnca*
wegnehmen - *túidya* oder *nidya*
werfen - *pónya*
wetzen - *nóra*
winken - *shinédja*
wollen, wünschen - *háia*
sich wundern - *kumia*
zählen - *wára*
zeigen - *róta*
zerstören - *kenagúra*
zerstreuen - *wíwa* oder - *itagúra*
ziehen - *túta*
zornig werden, sein - *ssáia*
zittern - *sugúma*
zürnen - *rúmea*
zubinden -*túnga*; einen Topf mit einem
   Blatt - *kundikídja*
zupfropfen - *tshibíra*
zurückkommen - *shóka*
zurücktreten zum Anlauf - *issinda*
zusammenscharren - *ríringa*

Über Bildung der Worte.

Die Verbalstämme sind in vielen Fällen auch die Stämme neu zu
bildender Substantive der I. und VII. Classe: dies geschieht auf folgende Weise:

1. Das Substantiv der I. Classe, welches die im Verb angedeutete
Thätigkeit ausübt, wird gebildet, indem das End-*a* sich in *i* verwandelt:
ku-lima ackern; *mlĩmi* der Ackersmann;
ku-suŭla schmieden; *msŭlsi* der Schmied (mit Consonantveränderung);
ku-tuláma einander schlagen: *ntulũni* der Raufbold

2. Das Substantiv der I. Classe, an dem die im Verb angedeutete
Thätigkeit ausgeübt wird, wird gebildet:
a) durch das Passiv: *ku-tũma* senden; *mtũmwa* ein Bote.
b) durch Verwandlung des End-*a* in *e*: *ku-tánga* binden; *mtánge*, ein
Gefesselter, Gefangener.

3. Das Substantiv der VII. Classe, das die vom Verb angedeutete
Thätigkeit, bez. den daraus hervorgehenden Zustand bezeichnet, wird gebildet durch Änderung des End-*a* in *e* oder *i*: *ku-lima* ackern; *bulĩme* das
bebaute Land; *ku-íva* stehlen; *bwĩvi* der Diebstahl.

Aus den Adjectivstämmen bildet man Substantiva der I. und VII. Classe
ohne Stammänderung: -*ĩmi* geizig; *mwĩmi* ein Geizhals; *bwĩmi* der Geiz; -*ruŭre*
krank: *mruŭre* ein Kranker; *buruŭre* Krankheit; -*káli* tapfer; *nkáli* ein Held;
bukáli Tapferkeit.

Der Name eines Landes, seine Bewohner und seine Sprache werden
bezeichnet durch folgende Praefixe vor dem Stamm, z. B. Stamm -*keréwe*:
Name des Landes: *U-keréwe* VII (Praefix *Bu* statt *U* ist importirt, wird aber
vielfach angewandt); Name des Bewohners: *m-keréwe* I; Name der Sprache:
ki-keréwe III (bedeutet auch: nach Art der Wakerewe oder: stammend von
Ukerewe u. s. w.).

Erzählungen.

I. *kammassayáyi nãmnambiti   nãne   bukassánga*
das eingeschobene — *mno* — ist poetische Licenz | *bu* an Stelle von *ba*, Erzählungssül
eigentlich: *ku suayuyi na mbiti* | eigentlich: *ba-ku-manga* Hyäne zur I. Classe gerechnet
ein Häslein und Hyänen   acht   sie trafen es

maripilinga.   batuláyica mbúla.   bukassánga
Locativ | oder *batúlwa na* | *ba-ku-aánga*
in einem Felsloch, sie wurden geschlagen vom Regen. sie trafen es,

kapembáya moto.   hanŭma wŭta moto.   bukawĩra
ba-z̃a | *ba-ku-wĩra*
es zündete an Feuer. darauf sie hockten [am] Feuer. sie sagten ihm:

rēkatukámke   tukŭlŭ   kuhãiagiki: dinãgi
rēka tu-kámke | *tu-ku-lŭ* | Narrativum *ku-hãia-giki*
lass uns uns trocknen, wir wollen dich essen. und es sagte so: fasst

ũre,   likutugicĩra.   budĩma.   uhãia:
| (abgeleitete Form von *ku-gira*) *li-ku-tu-gicira* | *ba-dĩma* | *ku-hãia*
den Fels, er wird auf uns fallen. sie hielten. und es sagte:

nakassinsa   ŭhinge,   yarumbulira.   kurumbulira   rūru
.. an-ku-ssinsa   -ka-   ku   Narrativum
und ich werde schlagen Pfeiler, es ging fort.   und es ging dann

nambiti   djikára.   djidimile.   djikára   siku idátu
       (hier mbiś zur VIII. Classe) Perfectum
und die Hyänen sie blieben, sie haben gehalten. sie blieben 3 Tage.

djūtsha.   kushŏka kamnaxsayáyi.   kuwassānga
        Narrativum   — ka-ssayayi   mbiti wird hier zur I. Classe gerechnet
                                              eigentlich: ku-dji-ssānga
sie starben. und das Häslein kam zurück.   und es traf sie,

wātsha.   kussika rūru: mwaruhâia kândia;   mwātsha.
                                    ru bezieht sich hier auf rugáno Erzählung
oder djūtsha   mwa-ru-hâia
sie starben.   und es lachte dann: ihr sagtet es, mich zu essen; ihr starbt.

II. kalikayánda   kalinadjŭdjŏngo kuŭhwŭnha   mamáye.
     ka-li-   ka-li-na-   Narrativum
                           es war mit
     es war ein Kind (Junge), es hatte Honig, es gab seiner Grossmutter.
                                           (Name der Märchensprache)

mamáye   ŏguliā.   kushŏka,   kunŏmba.   kussánga,
                   [als das Kind zurückkam, fordert es von
                     der Grossmutter den Honig zurück.]
seine Grossmutter ass ihn. es kam zurück, es bat sie, als es ankam,

wawuliūga.   kulipirwa   bussiga.   kuwūtsha
richtig: ba-gu-   hier Passiv!
sie hatte ihn gegessen. sie musste zahlen Korn. es (das Kind) trug fort
                                                   (mtama)

bussiga.   kŭdya kukadyissánga ngŏkŏ   suhŏya.   udjiwŭra
                                                              richtig: ka-dji-
das Korn. es ging und es traf Hühner, sie hockten zusammen. es sagte

ngŏkŏ: giki   mkihâiaya;   wŭsse   tuliwāli.   kuwŭnha
                     śi bezieht sich hier etwa auf kitu   tu-li-
den Hühnern: so ihr sagt (rühmt euch): wir, wir sind Vielesser. es gab

bussiga,   bubulūa.   bubumára.   kuwalŏmba   rūru
          { ba-bu- oder: { ba-bu- oder: hier wird ngoko zur
richtig: { ku-bu-lia   { ku-bu-mora   I. Classe gerechnet
          { euphonische Liecua
das Korn.   sie assen.   sie beendeten.   es bat sie   darauf
          [sie assen alles auf.]   [das Kind verlangte sein Korn zurück]

náwo   hutīpa   ūgi limo.   nakŭdya   rūru,   kukabassánga   badŭmi,
         statt ku-   hier wird -und- einmal durch na, das andere Mal
         oder ba-   durch ka- ausgedrückt
und sie zahlten ein Ei.   und es ging darauf, und es traf Hirten.

wakukáraga nhâga.   kuwawŭra giki: ŭha   narŭle
                                                ŭnha
sie spielten Ball.   es sagte ihnen so: gieb, ich möge besehen.

bukŭnha,   kuwawŭra   rūru giki: mkukáraga   yawŭbi
bu-ka-inha   ya-wŭbi
                                                     Genitiv des Substantivs
                                                       als Adverb
und sie gaben, es sagte ihnen darauf so: ihr spieltet schlecht,

kuwŭnha ūgi,   kuwawira   giki: karagiāne ya wŭlsu
ku-wa-inha   karági nhâga āne. Genitiv als Adverb
es gab ihnen das Ei, es sagte ihnen so: schlagt meinen [Ball] schön,

poniāgi   līnhwe.   *bulikára   liūfa.   kuwalimba*
    richtig } *ginwe oder
              dinwe*
werft weg eure (Bälle).   sie schlugen es (Ei), es zerbrach. es (Kind) bat sie.

ninigi   īgi liāne,   nádje.   buhāia   giki   yafáya,
                                                          ya bezieht sich auf ahiga
                                                          sonst li-fága
gebt mir mein Ei, ich möchte gehen. sie sagten so: es zerbrach.

kuwawira   giki: nilipági.   bukīnha   nánga;   kũdja
es sagte ihnen so: bezahlt mich.   sie gaben Stöcke; es ging (Kind)

kukasljissánga   mhíili,   kudjiwīra;   īnhwe wanamhuli   mkihāiaga
ku-ka-dji-   hier zur 1. Classe
                                                 gerechnet.
und es traf Elefanten, es sagte ihnen: ihr Elefanten ihr sagt es

giki: tulinangúsu,   nadjo   djusúnia.
                tu-li-na-
so: «wir haben Stärke», und sie, sie antworteten (bestätigten).

udjuwīra   giki: guyu nánga gwāne mwinse,   naguwinswa.
statt ku-dju-
es sagte ihnen so: «diese meine Stöcke brecht», und sie wurden zerbrochen.

kuwalomba: nilipagi   nánga   gwāne,   nádyu   dyuhāia:
hier Elefanten I. Classe
es bat sie: «bezahlt mir meine Stöcke», und sie, sie sagten:

    waliwatugāiaya ngúsu.   nádyu   dyulipa,   bumhīnha
    wā-li-wa-ta-
«du warst du verhöhntest uns die Stärke», und sie, sie zahlten, sie gaben ihm
    [du verhöhntest unsere Stärke]

rúshu.   hūna kúdya,   kukawassánga bamúnhu,   bakuwáyaya
                                        statt hánhu
ein Messer, und darauf es ging, und es traf Menschen, sie häuteten ab

ngómbe,   bakuwayiraya   matardnge.   kuwawira
                angewandte Form (mit   na ist hier fortgelassen)
einen Ochsen, sie häuteten ihn ab mit Rohrsplittern, es sagte ihnen,

līnwe   ya wūbi,   poniúgi.   kuwīnha rúshu rwākwe.   buwayira
bezieht sich
auf ihewange
eures ist schlecht, werft weg, er gab ihnen sein Messer, sie häuteten ab,

burutūra   ikúnsa.   kuruwíssa,
bu-ru-   «bei» ist hier   ku-ru-
                    nicht ausgedrückt
sie legten es bei Seite (d. Messer) bei der Haut, es (Kind) versteckte es (Messer).

kuwalomba   nināgi rúshu rwáne,   nabukóba   haniáma.
                                                              Locativ
es bat sie: «gebt mir mein Messer», und sie sahen nach beim Fleisch.

kuwawira   nilipági.   būlipa   nkira.   nakúdya.
es sagte ihnen: «zahlt mich», sie zahlten den Schwanz, und es ging fort.

kukassánga témbe ya ngómbe.   kudjīka   nkira   mutémbe.   kulídja
                                                              Locativ
und es traf Kuhdreck, es steckte den Schwanz in den Dreck, es rief
(d. h. eine versumpfte Stelle,
wo lange Vieh gestanden hat)

miwáno,   hūna wīsa,   bukassánga,   kamūragaho
den Alarmruf, und darauf sie kamen (Menschen), sie trafen es, es stand dort

nakuwawira: nályáge ngómbe yāne,   yaremērnya mutémbe.
                                                    hier ngombe zur 1. Classe gerechnet
und es sagte ihnen: «holt heraus mein Rindvieh, es steckt fest im Dreck».

budíma wösse,   na   budúta   na   gwingámo.
                                               gu - inga - mo
sie fassten an Alle, und sie zogen und er kam dort heraus (der Schwanz).

kuwawira: ngómbe yáne   mwibutíramo,   kuwawira
                              i eingeschoben aus euphonischen Gründen
                              mw - butira - mo
                              angewandte Form von ku - buta
es sagte ihnen: mein Rind habt ihr hier zerrissen. es sagte ihnen:

nilipágı.   nabulipa   nyómbe.   wánhu   waligána
                                                 wa - li - igana
bezahlt mich. und sie zahlten Rindvieh. Menschen. sie waren 100.

wösse wulipa.   dyushika   ngómbe igána.   huna
bu -
Alle zahlten. es kamen zusammen Rindvieh 100. und dann wurde es (Kind)

kuwikatémi.
kw - wi Infinitiv
ein kleiner Häuptling (wegen seines Viehreichthums).

III. xxaydyi   na   mbiti iwili   watshiwanáywa.   kassayyiä
                        richtig: iwiłi   richtig: wa - yi -
                        oder djiwili
ein Häslein und 2 Hyänen stritten sich (um ein Weib). das Häslein

kuwatinda   náwo budjíra ñhāni.   náwo wokawira:
                                                statt bu - ka -
                                                euphonische Licenz
besiegte sie. und sie. sie gingen [mit] Gewalt. und sie. sie sagten ihm:

tuyukúlia   náko   kassayayi   kuwütsha ngíwo ya sximba,
-wir wollen dich essen-. und nun das Häslein, es nahm eine Löwenhaut,
                   oder dort

kwiswāra   kungíwyo   kúdya   kulinkima,   kukawända
kw - yi -   Locativ   kinkima   Augmentativ von nhima
es legte sie sich auf den Rücken, es ging zu der Frau, und es duckte sich

hansira ya māka.   sídsa   mbiti iwili,   sikwimbáya.   bukassánya
Locativ   oder dji -
auf einem Kreuzweg. sie kamen die beiden Hyänen. sie sangen. sie trafen

kassayáyi,   kabandúle   náko   kuwúka,
das Häslein, es hatte sich versteckt. und dort fuhr es in die Höhe.

kuwakánga   kina ssimba.   kubapédya,   náwo   bupéra
hier ist Hyäne zur I. Cl. gerechnet
es erschreckte wie ein Löwe. es vertrieb sie, und sie. sie liefen fort.

bukingira   mwinxū,   kassayáyi   kushika   hañáwū   kudsūra
              mu - owo   Locativ
              Locativ
sie gingen in eine Höhle. das Häslein kam an. an der Höhle. es zog aus

ngíwo,   kukundika kuwóya.   hunakúdya
                kw - wóya (Plural)
die Haut, es bedeckte (den Höhleneingang) mit der Haarseite. darauf ging es.

kúdya   kulinkima,   kukantóra,   kusénya na kāia.   mbiti
          Locativ   kw - ka - n - beachte hier die Stellung des na und!
                                        auch im kiswaheli üblich
es ging zu der Frau und es heirathete sie, es baute ein Dorf. die Hyänen

dyumāra   siku itáno.   sushíkwa nsára,   húna
hier Hyäne zur VIII. Classe   su - ... dyu -
blieben   5 Tage. sie wurden ergriffen [vom] Hunger, und darauf

djiuīra giki: mveitshāne   tvawurdgwa nsdra,   hănā
sie sagten so: mein Gefährte, wir werden getödtet [vom] Hunger, und darauf

   djakengēra   hansira.   dyipóndia.   urundaku-
dja dji = dyu = su = si Locativ *dyu-yi-pondia.* *uru nda-ku-*
sie blickten hinein in den Weg. sie ergriffen sich. =wenn ich dich hin-
(d. h. in den Ausgang der Höhle)

  tulūdji   *hūliĕ*   *ūngi nāhce uhāia: nāne*
       na-kĕ-lĕ   *kuhāia*
werfen werde, ich möge dich essen.= die andere und sie sagte: =und ich,

 =ūru urantulidjdge   *unīliĕ.*   *nahūgwa   ūmo.*
u-ra-n-tulidjaya   _ kwgwa*
wenn du mich hinwirfst, du mögest mich essen=. und es fiel hin eine.

  umwīra giki: *nakūliĕ*   *wahāssi urēma,*
                    Genitiv
                    mbiti zu ergänzen
sie sagte ihr (der anderen) so: =ich möge dich essen=. die andere verweigerte.

uhāia: *tushīshe kawili.*   *nawuwūka hūua*
                     na bu-
                     : ka 1 Cl.
sie sagte: =wir wollen ringen zweimal=. und sie standen auf, darauf

wipóndia   *hăugi.*   *ugwrishāra ūngi,*   *nāhce*
}*bu*
}*ba*   {*-dji-pondia*
dju u. s. w.
sie fassten sich ein anderes Mal. sie wurde hingeworfen die andere, und sie

uhāia: *tushīshe kawili.*   *dyurēma giki:*
sagte: =wir wollen zweimal ringen.= sie (die erste) verweigerte so:

twatūwăgă   *liūniya.*   *ushīga iyēne.*   *umāra siku idătu, widsa*
ganz verdrehte Form
=wir hungern=. sie ass sie. sie blieb übrig allein. sie blieb 3 Tage, sie kam.

ukengēra   *uliwōna*   *lilihŏ.*   *uhāia giki:*   *nali-*
u .. wu -. bu u. s. w.   *li repraesentirt die IV. Cl.,*
             trotzdem Haut zur VIII. gehört
sie sah hinein   sie sah sie, sie war da. sie sagte so: =ich will ihn
(in den Ausgang der Höhle)   (die Löwenhaut)

păme,   *kwismundassōnda*   *naupăma*   *rūru,*   *naupēra,*
herausstossen=. sie trat zurück und sie stiess heraus darauf und sie lief weg.
(den Löwen)   (zum Anlauf)

nawwimēra,   *naushōkanya*   *hūna widsa,*   *urūra ngŏwo.*
na u-imara
und sie blieb stehen und sie kehrte zurück darauf, sie kam, sie sah die Haut

uhāia giki: *kanankūwidjĕ;*   *ukakassánya kasĕnya kăia; ukassánga*
sie sagte so: =ich will ihm folgen=; sie traf es, es baute ein Dorf; sie traf
(dem Häulein)

  kawīka nindidji,   *nsŏka himbidji.*   *upédywa*
es hatte Posten ausgestellt. die Schlange Himbidji. sie wurde vertrieben
                (Hornviper)

  na nsŏka.   *nayo yukalika.*
durch die Schlange. und dort ist sie beendet.
        (die Geschichte)

          --

Sprichwörter.

wabonāmbia , wapónia ilāsso,
du sahst das Neue, du warfst weg das Alte.

waūhu batarámbaga.
die Leute lobten nicht: Undank ist der Welt Lohn.

yiki nawonāga lēlo, hutshāne
so ich sehe heute, das ist meins; besser ein Spatz i. d. Hand u. s. w.

lēlo hūna lēlo.
heute ist heute.

bwiyángu kilídja   wawūbi.
*   bwangu   Genitiv*
die Eile, die Eile, der Schlechtigkeit; die Eile ist vom Übel.

ssūmewa nindēhu.
besser lang; man kommt besser auf Umwegen an's Ziel.

nādje   nimánile.
ich möge gehen, ich habe verstanden; ein Verständiger thut vor der
Reise Geld in seinen Bentel. (Kisuaheli: *hakiba kibindoni.*)

nūru tshawūbi, hutshāne.
wo etwas schlecht ist, ist es meins; ich Unglücksmensch soll immer
an Allem Schuld sein.

Kriegslied.

Solo: *barūgarūga wakabúna kamassússi.*
       die Krieger sehen die Kugeln.

Chor: *ūho, ūho.*

Solo: *tunganidya mkúndo,   māyo,   kungómbe!*
       umstellt [mit dem] Speer, o Mutter, auf, zu den Ochsen!

Chor: .   .

Solo: *kambuliāne.*   Chor: *ē mawuto.*
       meine kleine Ziege.   o Kriegerschar.

Gesang der Arbeiter.

bāwuliwāna wīssure , twinhāge ruhūsa tóndo,   twakumbulīre   tādje
bāwē - uki - hwana
du bist unser Herr, gieb uns Urlaub morgen, wir sehnen uns, lass uns

kāia ,   kuwamwanímke   ssāwa.
nach Hause, nach den Weibern, Herr.

Loblied.

wāñwa Gissūra ,   munērūmu,   kúli nkwilima
*   mu - Nera - ma*
Kind des Gissura, dort in Nera, du bist der Schwiegervater

Kumalidya,   akuhāaga,   lendāyi tāme na mwīle mranguhúfuma
*   twangūha, kw-fuma*
des Kumalidya, er sagte dir, wartet erst und sage ihm, geht schnell heraus

ūhāmbi,   nóru mkapānge mwaliantungi   mwansāna wa Makongúllo.
aus dem Lager, bis ihr lagert bei Liautungi, dem Bruder des   M.

Text zum buyōka-Tanz.

bŭssce kuñwantŭngi   tuberīre   yagámba   kuwángwa , hĩ.
wir bei Ntungi wir möchten gern einen Ochsen beim Prinzen, he.

Spottlied auf die Europäer.

yāli   hāmbuhámbu   kále   wxarukína ,   yalissiwrĕrire,
                                              yali - nami - gwĩrire
es war   schöner   einst   bei Rukona,   es war ein schönes Land

nawanhagára   wxatẽmi   wxa Bukuwbi.   kŭnxe
und bei Nbagára   beim Häuptling   von Bukumbi.   die ganze Welt

yàswxa mīhwxa,   twilīkwxa: »banángwxa wāpi!«
ist mit Dornen verdorben.   wir werden gerufen: wo sind die Grossen?
(Der Europäer schnauzt uns immer gleich an: ruft mir mal den Häuptling her!)

nakagasságuga   maliámbo,   massuwxakẽri,   mashigámo,   maxsalamalikwxa.
und ich traf   die yambo.   die subalkheir.   die sxkāin,   die salaam aleikum
(Grussformen der fremden Soldaten).

hawxuyánda wáne   nalinhināgawxúna   mashinhu
in meiner Kindheit   ich war nicht, ich sah sie   die Leute (eig.: die Dinge)

maruru,   akatulíga   wxáñhu.   kŭnxe yàswxa mīhwxa, twilīkwxa
die schlechten, sie schlagen   die Menschen.   die ganze Welt ist u. s. w.

»banángwxa wāpi«.

Erklärung einiger ostafrikanischer Ortsnamen[1].

Von C. Velten.

Bagamoyo: watu wakifunga mali zao kwenda chuma barra — hupigwa labda na vita kule, huuyauganywa mali yale, huona wanataka kuuawa, roho zao huwa zimeshughulika kwa nafsi zao na mali zao, wakifika pwani — hubuwaga[2] mioyo yao.

In's Innere ziehende Karawanenleute sind allen Gefahren an Leib und Eigenthum ausgesetzt, kommen sie nun glücklich zur Küste zurück, so sind ihre Herzen beruhigt (buwaga mioyo)[2].

Behobeho[4]: pana baridi, udipo wakisema Wasaramo behobeho. Wegen des kalten Klimas (beho[5]) so von den Wasaramo benannt.

Buyuni: zamani watu walipokuja kujenga hapa pana mibuyu mikubwa, tenna hatta sasa iko.

mibuyuni unter den Affenbrotbäumen (mit Weglassung des Praefixes).

Daressalaam[6]: ma'ana yake hendari ya salaama[7].
Hafen des Friedens.

---

[1] Ich gebe diese Erklärungen der hauptsächlich aus dem Bezirk und Hinterland von Daressalaam stammenden Ortsnamen in der Absicht, zu ähnlichen und ausgedehnteren Sammlungen in den Küstenbezirken und, falls möglich, auch im Innern anzuregen. Es wird für jeden des Suaheli einigermaassen Kundigen ein Leichtes sein, derartige Erklärungen aus dem Munde der Eingeborenen zu erfahren. Grossen Anspruch auf Wissenschaftlichkeit können dieselben freilich nicht erheben.

[2] buwaga im Kisaramo noch -beruhigen-.

[3] Einige Orte, die denselben Namen Bagamoyo führen, haben ihn dem Hauptorte entlehnt, z. B. das kleine Fischerdorf am Strande von Daressalaam, Bagamoyo bei Tanga und ein kleiner Ort am Geringeri; Sultan Kwawa von Uhehe gab den beiden durch einen Fluss getrennten Stadttheilen seiner Hauptstadt Kwiringa (d. i. in der Festung) die Namen Unguja (Zanzibar) und Bagamoyo.

[4] Auch Rubehobeho genannt.

[5] Kisaramo: Wind, Kälte.

[6] So von dem Sultan Seyid Majid genannt, der diesen Ort seines vorzüglichen Hafens wegen zur Residenzstadt machen wollte. Vordem hiess der Ort Msisima (vergl. Maisima weiter unten).

[7] Von den Eingeborenen meist Benderessalaama genannt. Die Araber, wenn sie unter sich sind, reden gern von Benderthuluma (vom arab. thulum Bosheit, Unrecht), d. i. wazungu huthulumisha watu (mit Kettenarbeit, Prügel- und Geldstrafen chicaniren uns die Europäer).

Dege[1]: vyombo hutoka Unguja vinakwenda Simbauranga kwa waqati wa kusi, huenda ndani wakitia nanga rasini, walipojenga watu hapa wakasema hapa Dege, sababu vile vyombo mfano wao kama ndege wa bahari wanaokuja kupunzika ajili ya ta'abu.

Die von Zanzibar herkommenden Fahrzeuge sehen, vom Lande aus gesehen, wie Vögel (ndege) aus, die herangeflogen kommen, um hier bei starkem Südostmonsum vor Sturm und Wetter Schutz zu suchen.

Djikalieni: watu walihama wakatafuta mahali pa kujengea; kufika hapa waknona pazuri,   lakini si pahali pa kutoshea watu wote; akawambia mkubwa wao: jikaeni nyie, sisi tunakwenda tafuta pengine.

Eine Anzahl Leute waren ausgezogen, um einen neuen Wohnsitz zu suchen.   Als sie hier anlangten, merkten sie, dass der Platz zur Ansiedelung für Alle nicht reichte, weshalb ihr Oberhaupt zu einem Theile seiner Leute sagte: Ihr bleibt hier, wir suchen uns einen anderen Platz.

Djuadje: mwenyi kujenga hapa kwanza alisema: nani ajnaye kama hapa pema ao pabaya pa kukaa, mimi sijui — ni mungu anaijua tu.

Wer weiss es (ajnaye), sagte der erste Ansiedler, ob es mir gut oder schlecht hier ergehen wird — Gott allein weiss es.

Guwazo: ma'ana yake nji ulio mbali katika mguwazoni[2], hatta kiswaheli cha zamani mgwazo, ma'ana nji ulio pekeyake — pembeni.

Ein Ort, der ganz versteckt in einer Ecke (nguwazoni) liegt.

Kanitosha: mahala hapa pemenitosha[3] mimi kuketi, sababu maji mazuri na inchi nzuri ya kupandia mpunga na muhogo na ninazi na mieube yote pin.

Mir genügt es (pemenitosha), meinte der erste Ansiedler, denn ich finde hier Alles zu meinem Lebensunterhalt.

Kaule: ma'ana yake; kalole[4] mambo haya.

Sehan her (kalole) unserer Mühe Lohn, sagten die ersten Ansiedler.

Kidete: zamani pelikuwa na midete, watu huenda wakikata ile midete, wakajenga waketa kidete.

Als die ersten Leute sich hier niederliessen, fanden sie midete-Sträucher[5] vor und benannten den Ort hiernach.

Kifumangao: wazee wetu walisema kama hivi, sababu watu wa inchi hii walipigana zamani sana na Mafiti, na selaba zaa fuma na ngao.

Die Bewohner dieses Ortes hatten früher vielfach Kämpfe mit den räuberischen Mafiti zu bestehen; ihre Waffen bestanden aus fuma (kurzer Speer) und ngao (Schild).

Kikwadjuni: palikuwa na mti jina lake mkaju, wakijenga watu waketa hapa kikwajuni.

---

[1] Gewöhnlich Ras (Cap) Dege genannt.

[2] Kisaramo; im Suaheli veraltet.

[3] Für pamenitosha, wie emetosha und wemetosha an der Küste häufig für ametosha, wametosha; auch enetosha für anatosha ist gebräuchlich.

[4] Veraltet = katazame.

[5] Deren Holz hauptsächlich zu Fischnetzen (Körben) verwandt wird.

Als die ersten Leute sich hier niederliessen, fanden sie Tamarinden-
bäume vor und nannten den Ort unter den Tamarinden.

Kilossa: pana mto qaribu, huwambia: njoo unirose [1].
Setz mich über (unirose), an der kleinen Übergangsstelle (kirosa).

Kimbidji: ni mji osiopatikana, uliojificha, ulio ndani, uliojikimbia.
Der Ort liegt versteckt, daher die sich verlaufen hat (jikimbia) [2].

Kisaki: watu wamesaki [3] kukaa hapa.
Die Niederlassung, Ansiedelung.

Kisangire: palikuwa panatoka sandarusi ndogondogo, Wasaramo huita
kisangire [4].
Von den Wasaramo so benannt nach der hier aufgefundenen Ko-
palsorte.

Kitshangani: ma'ana yake mahali panapo tifu la mchanga jingi na
mchanga mwingi sana.
Im Sande, man findet überall groben und feinen Sand.

Kivukoni: An der Fähre.

Kola: pelikuwa na makora mengi, ndio paketwa kora.
Die Schnecke, nach der hier viel vorkommenden Schneckenart
benannt.

Kondutshi: zamani pelikuwa mahali pana udongo mwekundu, wakasema
hapa Kondutshi, ma'ana na kondu ni ule udongo mwekundu, na tshi ni
inchi — nyekundu inchi.
Rothe Erde, so benannt nach dem hier vorkommenden röthlichen
Lehm.

Kongoramboto: pana kilima jina lake gongo, na yule mwenyewe
mwenyi mji na mwenyi shamba lake zamani jina lake Ngoto, bassi waketa
watu gongo la Ngoto.
Der Berg des Ngoto — ein früherer Besitzer des Ortes und Berges
hiess Ngoto.

Kwale: iko ndege jina lake kwale; zamani walipojenga watu, wakiona wale ndege wengi wakisema kama hapa jina lake Kwale.
Wachtel, nach der Menge der hier vorkommenden Wachteln [5] früher
benannt.

Magogoni: mti uliokatwa, tenna uliokauka — gogo; na watu walio-
taka kujenga hapa zamani walikata mwitu wakaacha magogo.
Unter den Baumstümpfen; die ersten Ansiedler rodeten den Wald
aus und fällten die Bäume, liessen aber die dickeren Baumstümpfe stehen [6].

---

[1] Kisaramo = njoo univushe.
[2] Könnte auch heissen »Was versteckst du dich« (kimbiaje).
[3] ar. sakan wohnen, sich niederlassen im Kisar. saki gebräuchlich.
[4] Kisaramo: Kopal.
[5] In Aussehen und Geschmack unserem Rebhuhn ähnlich.
[6] Ein Mann aus Magogoni theilte mir mit, dass die in den umliegenden
Orten wohnenden Eingeborenen von ihnen sagen »watu hawa kama magogo, diese
Leute sind wie die Baumstümpfe«, nämlich Dummköpfe, sie gelten unter ihren Mitmenschen so viel wie der Baumstumpf unter den Bäumen.

Mbegani: wameneua wazee wetu: ukitoka Bagamoyo ao mahali pengine umechukua mzigo kwa kichwani — lazima ukifika hatta hapa, utaweka na begani mzigo wako.

Schon unsere Vorfahren sagten: Wenn du mit einer Last auf dem Kopf von Bagamoyo herkommst, wirst du sie hier auf die Schulter (begani) nehmen müssen.

Mbesi: pelikuwa na nyama wengi majina yau huitwa ndezi, bassi walipojenga watu wakisema hapa ndezi, na vijana wakasema Mbezi.

Die ersten Ansiedler fanden hier in der Gegend viele ndezi, dem Ichneumon ähnliche Thiere, vor und benannten hiernach den Ort.

Mbuamadji: pelikuwa zamani na mbua[1] wa maji, watu walikwenda jenga wakijenga ndaui ya maji.

Im Sumpf gebaut, nach den noch heute den Ort umgebenden Sümpfen benannt.

Mdjimpya: Der neue Ort.

Mdjimuema: Der schöne Ort.

Mgeninani: ma'ana yake mgeni hapa nani? wenyewe siye, hapana mwingine illa sisi wenyewe.

Wer ist der Fremde, der sich hierher verlaufen wird?

Mbweni: palikuwa zamani mbwe, wakenda watu kutwaa mbwe, wengine wakakaa wakajenga majumba papo hapo — paketwa mbwe, na khalafu wakakatiza vijana wakasema Mbweni hapa.

Bei den mbwe[2]-Steinchen, die hier in Menge vorkommen.

Mkamba: watu wa zamani waliokuwa wakapigana, majina yao Wamakamba, walijenga khalafu katika inchi, waketa watu Mkamba.

Nach den Wamakamba, einem kriegerischen Stamme, der sich hier niedergelassen, früher so benannt.

Mkondoa: hawa watu waliojenga kwanza hapa wakaona kama walipita watu wengi sana, wakiona mkondo, wakasema hapa Mkondoa.

Der grosse Pfad, nach dem von den ersten Ansiedlern vorgefundenen ausgetretenen Karawanenweg so benannt.

Mlingotini: Beim Mastbaum.

Mohoro: ma'ana huja shindo la fitina la vita, bassi wale wenyi mji hufanya kinyoro, bassi huitwa watu Manyoro, ma'ana Muhoro kuingia kinyoro.

Die Stadt der Ängstlichen; bei einem falschen Alarm geriethen die Leute in solche Angst, dass sie von ihren Nachbarn die Mahoro (Manyoro) und der Ort selbst Muhoro genannt wurde[3].

Msasani: palikuwa zamani miti mingi, miti hiyo jina lake msasa[4], wakakata watu wakajenga majumba waketa Msasani.

---

[1] mbua veraltet für ziwa.

[2] Kleine weisse Steinchen, die mit Vorliebe auf Gräber gestreut zum Schmuck derselben Verwendung finden.

[3] Die Erklärung dürfte etwas gesucht sein, denn wir haben einen Fluss gleichen Namens dort.

[4] Ein Baum mit sehr rauhen Blättern.

Bei den msasa-Bäumen, welche die ersten Ansiedler in grosser Menge hier vorfanden.

Msindadji: mkubwa wao akiwapeleka kwenda pigana, wale vijana wakishindwa kule vitani, waliporudi wakisema: tumeshindwa; akiwambia: m meshindwaje?

Wie, ihr seid besiegt? Die jungen Leute des Ortes wurden von ihrem Oberen zum Kriege ausgeschickt; sie wurden besiegt und bei ihrer Rückkehr mit den Worten: »Wie, ihr seid besiegt« empfangen. Von da ab behielt der Ort diesen Namen.

Msisima: ma'ana yake mji mzima.

Ein ganzer Ort[1].

Mtakudja: wakaja watu kuketi hapa; wengine walitaka kukaa, wengine wakaondoka, wakawambia: jamn'a, mbona mwaondoka, tunatuma'i mtakuja tena.

Ihr kommt wieder! Von den ersten Ansiedlern liess sich ein Theil hier nieder, während die Anderen weiterzogen; die Zurückbleibenden sagten ihnen alsdann: Warum zieht ihr weg, ihr könnt doch wieder.

Mtoni[2]: ma'ana mji qaribu na mto.

Am Fluss gelegener Ort.

Mugundani[3]: Auf der Pflanzung.

Pugu: mji huu uko bondeni kama pugu la kanda; kanda likipasuka, mchele hutokea papo.

Der Ort, in einem Thalkessel gelegen, gleicht einem Loch in einem Sacke, aus dem der Reis hervorquillt.

Pumbudji: ma'ana yake kitu kilichopotea kilicholiwa na watu, kisichopatikana.

Hier geht es verloren; wie die Zustände früher dort waren, wurde Einer leicht seiner Habseligkeiten beraubt.

Puna: ma'ana yake waqati wa kuvuna hujifuna[4] kwa shibe kuwa nyingi, na marra waqati wa njaa hujikuna.

Der Ort der Prahler. Zur Erntezeit prahlen die Bewohner dieses Ortes gern mit ihrem Reichthum, jedoch hält das nicht lange an, denn der Hunger hält bald wieder seinen Einzug bei ihnen.

Rufu: pana mamba tele, watu hutaka kwenenda bassi wale nyama huwarukia; yakimrukia mtu akifanya »ruf«.

Die dort zahlreich vorhandenen Krokodile geben, wenn sie auf einen Gegenstand losschiessen, ein Geräusch wie »ruf« klingend von sich.

Shole: Von Banyanen so benannt, die von hier aus den in Kilwa an die Behörden des Sultans von Zanzibar zu zahlenden Zoll zu umgeben wussten. sholi in ihrer Sprache etwa List, Hintergehung.

---

[1] Msisima der frühere Name für Daressalaam. Noch jetzt heisst die Umgebung des Gouverneurspalastes so. Ein ganzer Ort ist so zu verstehen, dass die einzelnen, weit aus einander liegenden Theile des Ortes als zusammengehörig bezeichnet wurden.

[2] Orte dieses Namens giebt es viele.

[3] mgunda (veraltet) das Ackerland, dafür heute shamba gebräuchlich.

[4] funa = puna sind veraltet; heute sifu gebräuchlich.

Shungubweni: shungi ni kitu kirefu, na bwe ao jibwe ni jiwe.
Am spitzen Fels, nach dem in der Einfahrt von Shungubweni
liegenden Felsen benannt.

Shangwahera: kitu hichi kitakachokuwa changu akhera (akheri).
Mir gehörig bis an's Ende.

Ukutani: zamani walipokwenda jenga wakiona ukuta wa mawe wa
watu wa zamani, waketa hapa ukutani.
An der Mauer: die jetzigen Bewohner fanden noch Überreste alter
Mauerwerke dort vor, als sie sich anbauten.

Ununio: ma'ana yake ununi mbaya, watu wa mji huu humnunia
mtu ao mwenzio.
Der Ort der Falschheit, d. h. ihr freundliches Entgegenkommen
ist nur äusserlich, in Wirklichkeit sind sie falsch.

Bibliographische Anzeigen.

P. H. Brincker, Deutscher Wortführer für die Bantu-Dialekte Otjihérero, Oshindónga und Óshikñánjama in Südwest-Afrika; mit Anhang: Thesen und Hypothesen über Art und Wesen der Clicks in den Dialekten der Kafir-Bantu und Hottentotten. Elberfeld 1897, Druck und Verlag von R. L. Friderichs & Comp. Preis 40 Mark.

Der Wortführer bildet eine Ergänzung zu des Verfassers Wörterbuch des Otjihérero und wird hauptsächlich unseren unter den Bantu-Völkern Südwest-Afrikas weilenden deutschen Landsleuten von grösstem Nutzen sein. Die den deutschen Worten beigefügte lateinische Bedeutung verleiht dem Buche internationalen Werth. Das reichhaltige und gewiss zuverlässige Material, welches der Verfasser hier zusammengetragen hat, wird vermöge der genauen Lautbezeichnungen und Angaben des Wortaccentes die Brauchbarkeit des Werkes für wissenschaftliche Untersuchungen nur erhöhen.

C. Velten.

G. Viehe, Grammatik des Otjihérero nebst Wörterbuch, Band XVI der Lehrbücher des Seminars für Orientalische Sprachen. Stuttgart und Berlin, W. Spemann. 1897. Preis 12 Mark.

In kurzer übersichtlicher Form gehalten, ist die Grammatik eine praktische Anleitung zur Erlernung des Otjihérero, die sich gewiss Allen, welche sich diese Sprache zum praktischen Gebrauche anzueignen wünschen, nützlich erweisen wird. Das kleine angefügte Wörterbuch wird der vorzüglichen Auswahl der Wörter wegen für den gewöhnlichen Gebrauch genügen. Die Überwachung des Druckes und das Lesen der Correcturen hatte Herr Missionar Bernsmann in Herborn bereitwilligst übernommen, wofür ihm an dieser Stelle Dank gesagt sei.

C. Velten.

» Berichtigung: S. 16 Note 9 lies pers. نيَار bereit.

Geschäftliche Mittheilung.

1. Der Preis jedes Jahrganges der »Mittheilungen« (bestehend aus drei Abtheilungen: 1. »Ostasiatische Studien« 2. »West-asiatische Studien«, 3. »Afrikanische Studien«) beträgt 15, der Preis der einzelnen Abtheilung 6 Mark.

2. Die »Mittheilungen« sind durch alle Buchhandlungen des In- und Auslandes zu beziehen.

3. Die für die »Mittheilungen« bestimmten Zuschriften, welche in Deutscher, Französischer, Englischer oder Italienischer Sprache abgefasst sein können, wolle man an die Seminar-Direction, Berlin C., Am Zeughause 1, oder an die einzelnen Redacteure adressiren.

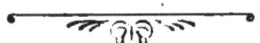

⊰✦ Mittheilungen

des

Seminars

für

Orientalische Sprachen

an der

Königlichen Friedrich Wilhelms-Universität

zu Berlin

Herausgegeben

von

dem Director

Prof. Dr. EDUARD SACHAU

Geh. Regierungsrath

Jahrgang II

—⊰➤✦ Dritte Abtheilung ✦➤⊱—

Afrikanische Studien

Commissionsverlag von W. Spemann

Berlin und Stuttgart

1899

Mittheilungen

des

Seminars

für

Orientalische Sprachen

an der

Königlichen Friedrich Wilhelms-Universität

zu Berlin

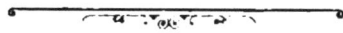

Herausgegeben

von

dem Director

Prof. Dr. EDUARD SACHAU

Geh. Regierungsrath

Jahrgang II

Commissionsverlag von W. Spemann

Berlin und Stuttgart

1899

Seit 1

Seminar-Chronik für die Zeit von Ostern 1898 bis Ostern 1899.

Das Seminar zählte:

a) im Sommer-Semester 1898: 111 Mitglieder. Ausserdem besuchten als Hospitanten den amtlichen Seminar-Unterricht 6, einen für Kaufleute eingerichteten nichtamtlichen Cursus im Russischen 43 und einen solchen im Spanischen 18 Personen:

b) im Winter-Semester 1898/99: 179 Mitglieder. Ausserdem besuchten als Hospitanten den amtlichen Seminar-Unterricht 5, einen für Kaufleute eingerichteten nichtamtlichen Cursus im Russischen 89 und einen solchen im Spanischen 60 Personen.

Der Lehrkörper bestand:

a) im Sommer-Semester 1898 aus 18 Lehrern und 8 Lectoren. Mit dem Anfang des Semesters kehrte Herr Dr. Julius Lippert von seiner im Auftrage des Königlich Preussischen Unterrichts-Ministeriums unternommenen Studienreise in Tunis und Tripolis zurück und eröffnete unter Assistenz des neuengagirten Haussa-Lectors Muhammed Beschir aus Tripolis den Haussa-Unterricht am Seminar:

b) im Winter-Semester 1898/99 aus 18 Lehrern und 8 Lectoren. Mit dem Anfang des Sommer-Semesters 1898 trat der ausserordentliche Hülfsarbeiter an der hiesigen Königlichen Universitäts-Bibliothek, Herr Graf N. von Rehbinder, als Bibliothekar in den Seminar-Dienst.

Der Unterricht erstreckte sich:

a) im Sommer-Semester 1898 auf 14 Sprachen: Chinesisch, Japanisch, Guzerati, Hindi, Hindustani, Arabisch (Syrisch, Aegyptisch, Marokkanisch), Persisch, Türkisch, Suaheli, Herero, Haussa, Russisch, Neugriechisch, Spanisch

und 4 Realienfächer:

wissenschaftliche Beobachtungen auf Reisen, Tropen-Hygiene, tropische Agricultur und Landeskunde der Deutschen Westafrikanischen Colonien;

b) im Winter-Semester 1898/99 auf 13 Sprachen: Chinesisch, Japanisch, Guzerati, Hindustani, Arabisch (Syrisch, Aegyptisch, Marokkanisch), Persisch, Türkisch, Suaheli, Herero, Haussa, Russisch, Neugriechisch, Spanisch und 4 Realienfächer:

wissenschaftliche Beobachtungen auf Reisen, Tropen-Hygiene, tropische Agricultur und Landeskunde der Deutschen Westafrikanischen Colonien.

Der Unterricht wurde ertheilt:

a) im Sommer-Semester 1898 zwischen 7 Uhr Morgens und 9 Uhr Abends:

b) im Winter-Semester 1898/99 zwischen 8 Uhr Morgens und 9 Uhr Abends.

Während der Herbstferien 1898 fanden Feriencurse vom 15. September bis 15. October, während der Osterferien 1899 vom 15. März bis 15. April statt.

Zum statutenmässigen Termin brachten im Sommer-Semester 1898 die nachstehend verzeichneten Mitglieder des Seminars durch Ablegung der Diplom-Prüfung vor der Königlichen Diplom-Prüfungs-Commission ihre Seminarstudien zum Abschluss:

1. Paul Hoebel, Oberleutnant a. D., aus Hannover, im Chinesischen:
2. Walter Neitzel, Referendar, aus Pommern, im Chinesischen:
3. Hugo Daumiller, Dr. jur., Referendar, aus Württemberg, im Chinesischen:
4. Erich Wagenführ, Dr. jur., Referendar, aus Prov. Sachsen, im Chinesischen:
5. Fritz Weiss, stud. jur., aus Rheinprovinz, im Chinesischen:
6. Carl Schäfer, cand. jur., aus Hessen-Nassau, im Aegyptisch-Arabischen:
7. Hans Müller, Referendar, aus Westpreussen, im Aegyptisch-Arabischen:
8. Georg Wolff, stud. jur., aus Hessen-Nassau, im Aegyptisch-Arabischen;
9. Hermann Müller, stud. jur., aus Prov. Sachsen, im Marokkanisch-Arabischen;
10. Walter Kleemann, stud. jur., aus Prov. Sachsen, im Türkischen:
11. Otto Bünz, stud. jur., aus Schleswig-Holstein, im Suaheli:
12. Wilhelm von Weickhmann, Dr. jur., Referendar, aus Pommern, im Suaheli;

13. Christian Schrader, Dr. jur., Referendar, aus Schleswig-Holstein, im Suaheli;
14. Hermann Hesse, Referendar, aus Prov. Sachsen, im Suaheli.

Soweit vom Seminar aus festgestellt werden konnte, haben die hier aufgeführten früheren Mitglieder des Seminars während der Zeit vom Februar 1898 bis Ostern 1899 in den Ländern Asiens und Afrikas Amt und Stellung gefunden:

1. Heinrich Betz, Dr. jur., Referendar, aus Mainz, als Dolmetscher-Eleve bei dem Kaiserlichen General-Consulat in Shanghai;
2. Gustav Specka, Dr. jur., Referendar, aus Marienwerder, desgl. bei der Kaiserlichen Gesandtschaft in Tokyo;
3. Hermann Ensinger, Dr. jur., Referendar, aus Hasloch a. M., desgl. bei der Kaiserlichen Gesandtschaft in Peking;
4. Helmuth Listemann, Dr. jur., Referendar, aus Magdeburg, desgl. bei der Kaiserlichen Gesandtschaft in Teheran;
5. Heinrich Brode, Dr. jur., Referendar, aus Schwerz, Prov. Sachsen, desgl. bei dem Kaiserlichen Consulat in Zanzibar;
6. Heinrich Bergfeld, Dr. jur., Referendar, aus Demmin, desgl. bei der Kaiserlichen Botschaft in Constantinopel;
7. Julius Loytved, Dr. jur., Referendar, aus Beirut, Syrien, desgl. bei dem Kaiserlichen General-Consulat in Constantinopel;
8. Ernst Bessert-Nettelbeck, Dr. jur., Referendar, aus Cöln, desgl. bei dem Kaiserlichen Gouvernement in Kiautschou,
9. Erich Wagenführ, Dr. jur., Referendar, aus Egeln, Prov. Sachsen, desgl.;
10. Walter Neitzel, Referendar, aus Falkenberg, Pommern, desgl.;
11. Otto Günther, Assessor, aus Friedrichsfelde bei Berlin, in privater Eigenschaft in Kiautschou;
12. Johannes Schloifer, Oberleutnant, aus Oldenburg, als Officier der Kaiserlichen Schutztruppe für Deutsch-Ostafrika;
13. Joseph Bischoff, Leutnant, aus Schlesien, desgl.;
14. Karl Kannenberg, Oberleutnant, aus Pommern, desgl.;
15. Robert Buddeberg, Leutnant, aus Westfalen, desgl. für Kamerun;
16. Leopold von Münchhausen, Leutnant, aus Prov. Sachsen, desgl. für Deutsch-Ostafrika;
17. Felix Graf von Stillfried-Rattonitz, Leutnant, aus Schlesien, desgl. für Deutsch-Südwest-Afrika;
18. Wilhelm Preil, Leutnant, aus Königreich Sachsen, als Mitglied der Grenzregulirungs-Commission in Togo;

19. Max Hildebrandt, Dr. med., aus Prov. Sachsen, als Arzt
  der Kaiserlichen Schutztruppe in Deutsch-Ostafrika;
20. Rudolf Plehn, Forstassessor, aus Westpreussen, als Beamter
  des Kaiserlichen Gouvernements in Kamerun:
21. Leo Schmidt, Postprakticant, aus Ostpreussen, als Postbeamter in Deutsch-Ostafrika;
22. Wilhelm Rothe, Ober-Postsecretair, aus Hannover, desgl. in
  Kamerun;
23. Adolf Frischauf, Postassistent, aus der Rheinprovinz, als
  Postbeamter in Deutsch-Ostafrika;
24. Karl Lünnemann, Postassistent, aus Hannover, desgl.:
25. Friedrich Kreissig, Postprakticant, aus Schlesien, desgl. in
  Constantinopel:
26. Walter Billib, Zollprakticant, aus Berlin, als Beamter bei
  dem Kaiserlichen Gouvernement in Deutsch-Ostafrika;
27. Paul Gadski, Gerichtsactuar, aus Pommern, desgl.:
28. Adolf Doneker, Gerichtsactuar, aus Hessen-Nassau, desgl.:
29. Gustav Behmer, Gerichtsactuar, aus Berlin, desgl.;
30. Peter Geist, Geometer, aus Grossherzogthum Hessen, als
  Messgehülfe, desgl.;
31. Christian Hedde, Landwirth, aus Schleswig-Holstein, als
  Gärtner bei dem Kaiserlichen Gouvernement in Deutsch-
  Ostafrika.

Von den Lehrbüchern des Seminars ist im Herbst 1898 der
Band XVIII erschienen: Märchen und Erzählungen der Suaheli
von C. Velten.

Berlin, den 26. August 1899.

Der Director,
Geheimer Regierungsrath
SACHAU.

Mittheilungen

des

Seminars für Orientalische Sprachen zu Berlin

Dritte Abtheilung

Afrikanische Studien

Redigirt

von

Dr. C. Velten   Dr. G. Neuhaus   Dr. J. Lippert

1899

Commissionsverlag von W. Spemann

Berlin und Stuttgart

Inhalt.

Grundriss einer Grammatik der Kondesprache.

Von C. Schumann.

Vorwort.

Die nachstehende Arbeit über die Kondesprache schliesst sich den bereits vorhandenen Darstellungen ostafrikanischer Bantusprachen nach dem von Steere in seinen Swaheli-exercises zuerst angewandten Verfahren an. Es ist bei Abfassung der Grammatik das nach der Steere'schen Weise zusammengestellte »Hülfsbüchlein für den ersten Unterricht in der Suaheli-Sprache« von C. G. Büttner« (2. Aufl., Leipzig, T. O. Weigel) zu Grunde gelegt worden. Dadurch wird allen denen, die sich ausser mit dem Konde auch mit dem Suaheli beschäftigen müssen, die Benutzung beider Arbeiten neben einander möglich gemacht.

Das Material zu der Arbeit ist in den Jahren 1891—1896 von den Missionaren der Mission Berlin I und der Brüdergemeinde gesammelt worden und mit Hülfe des Pastors Carl Meinhof in Zizow bei Rügenwalde bearbeitet worden. Wir haben es vermieden, einen wissenschaftlichen Ton anzuschlagen. Sollte trotzdem hier und da sich die Darstellung als schwerverständlich zeigen, so möge man bedenken, dass die an sich sehr klaren Gesetze der Kondesprache unserer Denkweise so fern liegen[1].

Als Schriftsprache ist die Sprache der Ebene festgehalten worden mit um so grösserem Rechte, als die Sprache der Berge mehr oder weniger zum Dialekt herabzusinken scheint. Immerhin wird eine gründliche Erforschung auch der Bergdialekte dazu helfen, Licht in manches Dunkel zu bringen, weil dort viele Formen sich noch in ursprünglicher Gestalt erhalten haben. Die Orthographie ist im Wesentlichen streng phonetisch. Nur in Bezug auf das *b* und *k* weicht sie von der Regel ab, da diese beiden Consonanten einen verschiedenen lautlichen Werth haben, je nachdem sie allein oder in Verbindung mit *m* bez. *n* stehen. Sonst wird das Consonantensystem kaum einer Correctur bedürfen; im Vocalsystem gehen in Bezug auf *u* und *i* die Meinungen noch aus einander. Wir haben deshalb, auf Meinhof's Vorschlag hin, die Zeichen *û* und *i* dort eingeführt,

---

[1] Wer sich für eine wissenschaftliche Darstellung der Lautlehre und der grammatischen Elemente interessirt, den verweisen wir auf die ebenso erschöpfende, als klare und gediegene Arbeit des Pastors Meinhof: »Grundriss einer Lautlehre der Bantusprache«. Erscheint unter den Abhandlungen der Deutschen Morgenländischen Gesellschaft im Laufe dieses Jahres.

wo die Sprechweise es nicht klar heraushören lässt, ob ein *u* bez. *i* oder ein *o* bez. *e* gemeint ist.

Die Kenner der Kondesprache und die, welche nachstehende Arbeit zur Aneignung der Kondesprache benutzen wollen, bitten wir, uns ihre Ausstellungen und Zweifel, sowie ihre neuen Entdeckungen mitzutheilen, da wir davon überzeugt sind, dass unsere Arbeit in mancher Hinsicht noch unvollkommen ist und der Verbesserung bedarf. Aber auch in dieser Gestalt möge sie dazu helfen, dass wir Europäer die Konde besser verstehen und sie uns, wenn wir in ihrer Sprache von irdischen und von göttlichen Dingen reden und schreiben.

Berlin, den 6. April 1898.

C. Schumann,
Missionar der Mission Berlin I.

1. Im Konde werden die Wörter meist nicht durch die Endungen, sondern durch die Vorsilben gebeugt.

2. Die Hauptwörter werden nach ihren Vorsilben in eine Anzahl **Classen** geschieden. Einer bestimmten Vorsilbe in der Einzahl entspricht immer eine gewisse Vorsilbe in der Mehrzahl. Die Silbe, welche auf die Vorsilbe folgt, nennen wir Stammsilbe.

3. Hauptwörter, welche in der Einzahl mit *iki* anfangen, verwandeln diese Silbe in der Mehrzahl in *ifi*:

ikitili der Hut	*ifitili* die Hüte
ikitala die Bettstelle	*ifitala* die Bettstellen
ikikota der Stuhl	*ifikota* die Stühle

4. Die Hauptwörter, welche mit *úm* beginnen, gehören zwei verschiedenen Classen an; zu der ersten gehören alle Wörter, welche Personen bezeichnen, zu der zweiten die Bezeichnungen von Pflanzen und anderen leblosen Dingen.

5. Wenn ein mit *úm* anfangendes Wort ein lebendes Wesen bezeichnet, so bildet es die Mehrzahl mit der Vorsilbe *aba*:

úmposi der Schmied	*abaposi* die Schmiede
úmbine der Kranke	*ababine* die Kranken

Merke: *úmúndu* der Mensch, *abandu* die Menschen.

6. Wenn ein mit *úm* anfangendes Wort eine Pflanze oder ein anderes lebloses Wesen bezeichnet, bildet es die Mehrzahl mit *imi*:

úmpiki der Baum	*imipiki* die Bäume
úmpaka die Grenze	*imipaka* die Grenzen

7. Aussprache der Vocale: a, i, u klingen wie im Deutschen; *e* ist gleich ä; *o* ist gleich a im englischen *all*; *e* ist gleich e in ehren, o gleich o in Ofen, i klingt fast wie deutsches i, u fast wie deutsches u.

8. **Aussprache der Consonanten:** *b* nach einem *m* klingt wie das deutsche *b*; sonst wird das *b* weicher als im Deutschen ausgesprochen und ohne Aspiration. Versucht man in »Stab« das *b* nicht wie *p*, sondern wie unaspirirtes *b* zu sprechen, so kommt man der richtigen Aussprache nahe. Man lasse es sich genau von Eingeborenen vorsprechen; *k* hat zweierlei Aussprache. In der Stammsilbe klingt es wie das deutsche *k*. Es hat aber noch (wie *b*) eine unaspirirte Aussprache; *l* klingt ähnlich dem *r* im englischen *very*; *ñ* ist gleich dem mittleren *ng* im englischen *singing*; *s* ist immer scharf gleich dem deutschen β; *u* ist wie das englische *w* mit offen bleibenden Lippen, also wie ein kurzes unbetontes *o* (*u*) zu sprechen; *y* wie kurzes unbetontes *i*; *d*, *f*, *g*, *h*, *j*, *m*, *n*, *p*, *t* klingen wie im Deutschen.

9. Der Ton liegt meist auf der Stammsilbe. Bei mehrsilbigen Wörtern bekommt die drittletzte Silbe auch einen Ton.

In dem folgenden Verzeichniss sind die Hauptwörter angeführt, welche *üm* und *iki* in der Einzahl als Vorsilbe haben. In § 10 folgen diejenigen der Menschen- und Baumclasse, welche die Vorsilbe *ün* haben, in §§ 55. 59 diejenigen Hauptwörter, deren Stammsilbe mit einem Selbstlaut beginnt.

Abstammung von der Frau *ikikikulu*
  · vom Mann *ikinyambala*
Ähnlichkeit *ikiwani*
Ameisen *iminyegesi*
Anfang der Regenzeit *ümpengo*
Arbeiter *ümbombi*, *ümbofi*
Arm *ikiboko*, Pl. *amaboko*
  · linker *ikimama*
  · rechter *ikilasilo*, *ikililo*
Armer *ümfieje*
Armschmuck aus Draht *ikimanya*, *iki-
  sondela*
Arzenei gegen Verführung *ikilimbo*
Asche *ümfuandilo*
Bambusstange, als Warnungstafel auf-
  gestellte *ikibila*
Bambusbecher *ikitana*
Bananenstaude *ikijindja*
Banner *ikilongola*
Baobab *ümbuju*
Barmherzigkeit *ikisa*
Baum *ümpiki*
Baumstamm *ikipiki*
Baumstumpf *ikisingiti*
Bein *ikilundi*, Pl. *amalundi*
Besen, kleiner *ikisajilo*
Bettstelle *ikitala*
Bierflasche, grosse *ikifulu*
Blinder *ümfuamasu*

Brantwerber *ümfusya*
Brot aus Mais *ikisyesye*
Brühe *ümpösi*
Brunnen *ikisiba*
Brustkasten *ikipambaga*
Dachspitze bei Hütten *ikisonge*
Deckel *ikikupikililo*
Ding *ikitendeko*
Dolde von Bananen *ikipambo*
Draht *ikikuba*
  · aus Kupfer *ikibungu*
Eisenspitze am Speerschaft *ikigela*
Ekel *ikinyanyasi*
Ente, wilde *ikipula*
Erbarmen *ikisa*
Erbe, das *ikilingo*
Erde *ümfu*
Erkennungszeichen *ikimanyilo*
Faust *ikibuli*
Feindschaft *ikilugu*
Fell, trockenes *ümpapa*
  · frisches *ikikanda*
Ferse *ikitende*
Feuerscheit *ikisinga*
Flicken *ikigamba*
Fluch *ikigune*
Freigebiger *ümpe*
Freund *ümbwesi*, *ümbija*
Furt *ikiloboko*

Geschlecht (Herkommen) *ikikolo*
Getränk, *ikinuegwa, ikinuego*
Glatze *ikipala*
Gönner *umbwesi, umbija*
Grasdickicht *ikikome*
Grasfläche, die nach einem Brande übrig geblieben ist *ikisugujila*
Grausamkeit *ikipahu*
Grenze *umpaka*
Grossmäuligkeit *ikiboha*
Gruppe von Menschen *ikikose, ikibugutila*
Gummi *umpīla*
Haarbeutel *ikimondo*
Hälfte, quer getheilt *ikipimbi*
  - lang - *ikibalali*
Hand *ikiboko*, Pl. *amaboko*
Haufe von Menschen *ikikose*
Heer *ikilundīlo*
Herkommen *ikikolo*
Herd *lkipembelo*
Hof (fürstlicher) *ikitanyalala*
Hohlheit *umpalanga*
Hügel *ikigima*
Hühnerkorb *ikipagasa*
Hütte (Feldhütte) *ikitembe*
Hut *ikitili*
Jäger *umfwimi*
Jam *ikitugu*
Kehle *ummilo*
Kinn *ikile fu*
Kinnbacken, der obere *ikilega*
Knochen *ikifupa*
Knöchel *ikiputo*
Knoten *ikipungunyu*
  - aufgelöster *ikifundikillo*
Körper *umbili*
Korb, grosser *ikituba*
  - Trag- *ikitundu*
Krankheit der Rinder aus Inzucht *ikitasya*
Kreuz *ikikohekano*
Kriegsgerücht *ikipuji*
Kugel *ikipolopolo*
Lärm, blinder *ikipofu*
  - böser *ikiboha*

Laib *umpipi*
Leber *ikinie*
Leere *umpalanga*
Leib *umbili*
Leiche *umfimba*
Loch, gebohrtes *ikitubulo*
Maiskorn *ikllombe*
Mais *ifilombe*
Matte, weitmaschige *umpuku*
  - ihr Anfang *ikipeto*
Mensch *umundu*, Pl. *abandu*
  - vielwissend *umpelenenye*
Messer *ummage*
Milch, die erste *ikisenga, ikitwa*
Mitgefühl, Mitleid *ikibabelesi*
Nacht *ikilo*
Nahrung *ifindu*
Nest der Hühner *ikitele*
  - - Vögel *ikifumbwa*
Nichtiges *ikitogo*
Oberkiefer der Kuh *ikikeno*
Ort, verlassener *ikisame*
Pfad *umpuso*
Pfahl, im Stall, zum Anbinden der Rinder *ikikingi*
Prahlerei *ikiboha*
Puppe *ikilamu*
Rasenstück *ikikuga*   ·
Raum, festgetretener *umpulo*
Regenbach *umpwesi*
Regenzeit, die schwere *ikisiku*
Reis *umpunga*
Saite (aus Sehne) *ikisipa*
Salz (Glaubersalz) *ikilambo*
Schatten (kühler Ort) *ikipepo*
Scheu *ikitengusi*
Schlucken *ikimbe fu*
Schlüssel *ikigalilo, ikigulilo*
Schmarotzerpflanze *ikisaguka*
Schmutzstreifen am Körper *imikululu-kila*
Scholle *ikimenya*
Schrecken *ikitengusi*
Schreckenerregendes *ikipepo*
Schuh *ikikato*
Schulter *ikibeja*

Schwanz (bei Schafen und Ziegen) *ûmpepe*
Sehne (Rücken-) *ikisipa*
Solosänger beim Chorgesang *ûmpali*
Spass *ikitogo*
Speer, grosser *ikikosa*
Spiegel *ikimomweta*
Spur *ûmpuso*
Stachelschwein *ikilungu*
Stall *ikibaga*
Stamm zu Fischreusen *ikigi*
Stampfblock *ikituli*
Steuermann *ûmpengi*
Stottern *ikitabu*
Strasse im Dorf *ûmpulo*
Stufe *ikipobo*
Stuhl *ikikota*
Sturm *ûmbelo*
Tenne *ikipalo*
Teich *ikisiba*
Thaleinschnitt *ikikoga*
Thier *ikinyamana*

Thor *ikipata*
Thüröffnung *ikifigo*
Töpfer *ûmbumbi*
Traglast *ikitwalo*
Treppenstufe *ikipobo*
Trommel *ikimbimbi*
Unreiner *ûmbwapofu*
Unterthan *ûmpina*
Vergesslichkeit *ikibwa*
Verjüngung am Fischkorb (Fänger) *ikifwambilo*
Verrücktheit *ikigili*
Wabe *ikipepele*
Wachs *ûmpulya*
Wahnsinn *ikigili*
Waise *ûmfwile*
Wind, starker *ûmbelo*
Wittwe *ûmfwile*
Wunde *ikilonda*
Wurzelknolle *ikibundyabundya*
Zugetheiltes *ikijabu*

10. Vor Wörtern, deren Stammsilbe mit einem *g, k, l, t, n, j, s* beginnt, lautet die Vorsilbe *ûn* statt *ûm*, aus *ûn + j* wird *ûndj*, aus *n + l = nd*; vor *h* und *ñ* lautet sie *ûñ*. Das *n* in *ng* und *nk* ist eigentlich auch *ñ* (s. § 8), doch schreiben wir nur *n*.

Abtheilung *ûnkungu*
Ältere, der, von Brüdern *ûnkulu*
» die, » Schwestern *ûnkulu*
Ahn *ûnsyuka*
Ameise, weisse *ûnswa*
Antheil *ûngelo*
Armer *ûndondo*, Pl. *abalondo*
Arzt *ûnganga*
Arzenei *ûnkota*
Ausländer *ûngalinga*
Aussätziger *ûnkoma*
Bast der Banane *ûndesi*, Pl. *imilesi*
Baumarten:
    Fettbaum *ûnsyunguti*
    Krokodilbaum *ûngwina*
    Wollbaum *ûntunda*
    Feigenbaum *ûnkuju*
    Songua *ûnsongwa*
Bienenkorb *ûñoma*
Blei *ûntofu*

Bündel *ûnsigo*
Cousin für Mann *ûntani*
Cousine für Frau *ûntani*
Dieb *ûñheji*
Doppelmeter *ûnkwamba*
Dröhnen der Fusstritte *ûndindo* (St. *lindo)*
Ebene *ûntebela*
Entfernung *ûntambo*
Erwachsener *ûnkusi*
Erz *ûntapo*
Europäer *ûnsungu*
Feind *ûndugu*, Pl. *abalugu*
Feuerschein *ûndangalila*
Firstfette *ûntaliko*
Fischer *ûndobi*, Pl. *abalobi*
Fischmedicin *ûnkondo*
Fremder *ûñhesya*
Führer *ûndongosi*, Pl. *abalongosi*
Furche *ûnkolofwa*

Garten *úngunda*
Gatte *úndume*. Pl. *abalume*
Gatte einer Häuptlingstochter *úndenga*, Pl. *abalenga*
Gattin *únkasi*
Geist der Abgeschiedenen *únsyuka*
Geruch des Leibes *únkekesi*, *únkusyulu*
Gestank *únkirenyenye*, *únkusyulu*
Graben *únkololo*, *únkylofwa*
Greis *únkangale*
Halbaraber *úndungwana*, Pl. *abalungwana*
Haus, abgebranntes *úndangalila*, Pl. *imilangalila*
Hemd *únselekesye*
Hirt *úntimi*
Hüfte *únsana*
Hure *úngwembele*, Pl. *abangwembele*
Hurer *úndogwe*, Pl. *abalogwe*, *únkwakwa*
Jäger *úndumba*, Pl. *abalumba*
Jüngere, der, von Brüdern *únnuguna*
  . die, . Schwestern *únnuguna*
Jüngling *úndumyana*, Pl. *abalumyana*
Jungfrau *únsungu*
Kind *únkeke*
Knabe *úndumyana*, Pl. *abalumyana*
Kopf *úntu*
Kronprinz *únsoka*
Kropf *únsokelo*
Kürbisschale *únkelulilo*
Leiter, die *únkwelelo*, *úntandalilo*
Lippe *úndomo*, Pl. *imilomo*
Löffel, grosser Rühr- *úntinyo*
Mädchen *úndindwana*, Pl. *abalind.*
  . halberwachsenes *úndjufya*
Mann *únnyambala*
Mensch, genauer (geiziger) *úndyobi*, Pl. *abalyobi*
Mensch, uralter *únkohwa*, *únkulusika*
  . vor Alter wankend *úngololo*
Moos *únkulyu*
Most *únkese*
Nagel *úndunda*, Pl. *imilunda*, *únsomali*

Pansen *úntundubili*
Priester, Priesterin *únnyago*
Prinzess *únsyala*
Prophet *únsololi*, *únkunguluka*
Regenlauf *únkololo*
Regenschauer *únkungu*
Reicher *únsito*, *únkabi*
Reihe wandernder Menschen *únsoga* (Menschenstrom)
Salz, feines *úndasi* (St. *lasi*)
Sand *únsanga*
Schatten *únsyungulu*
Schaum *úntotofula*
Schwanz, langer *únkwimbili*
Schwager für Mann *úndamu*, Pl. *abalamu*
Schwiegersohn *únko* (*únko mwana*)
Schwiegertochter *únkamwana*
Schwiegervater für die Frau *únkamwana*
Schwiegervater für den Mann *únko* (*únko tata*)
Schwiegermutter für den Mann *únko* (*únko juba*)
Spreu *únkupili*
Stock, langer spitzer *únso*
Sünder *úntulanongwa*
Tumult *úndjwewo*
Unfruchtbarer, Unfruchtbare *úngumba*
Untreue Frau, die dem Mann fortläuft *únsimesi*
Unverheiratheter, Unverheirathete *únkendja*
Urenkel, Urenkelin *únnyenya*
Urgrossmutter, Urgrossvater *únnyenya*
Verwandter *únkamu*
Vorsänger *únkomi*
Weib *únkikulu*
Weissagender *únsololi*, *únkunguluka*
Winde (Pflanze) *únkylondi*
Wurzel *únsi*
  . kleine *úndela*, Pl. *imilela*
Zug (Heuschrecken-) *únkungu*
Zugemessenes *úngelo*

11. Die **Eigenschaftswörter** nehmen dieselbe Vorsilbe an wie die regierenden Hauptwörter.

úmúndu úntali der lange Mensch　　abandu abatali die langen Leute
úmpiki úntali der lange Baum　　imipiki imitali die langen Bäume
ikitala ikitali die lange Bettstelle　　ifitala ifitali die langen Bettstellen

12. Das Eigenschaftswort steht meist hinter dem regierenden Hauptwort, vor demselben steht es, wenn es besonders hervorgehoben werden soll.

13. In der folgenden Liste von Eigenschaftswörtern ist immer nur die Wurzel angegeben, vor welche je nach dem regierenden Hauptwort die Vorsilbe úm, ún, aba, imi, iki, ifi treten muss, wenn das Wort eine Bedeutung haben soll. Der Konde kann sich ein Eigenschaftswort ohne Beziehung auf ein Hauptwort gar nicht denken.

alt *kulu*
angenehm *nyagalufu*
anhänglich *lelesi*
berühmt *fumuke*
bestäubt *bolofu*
bitter *kali*
bloss *tupu*
böse *gasi*
breiig *sololofu*
breit *tlefu* (geräumig) *papate*
dick *nywamu*
dünn *yafu*, *lafu* (mager), *sekele* (schmal)
dumm *konyofu*
eben *tengamu*, *gwala*
eng *finye*
ergraut *kangale*
erregt *kinyufu*
erwachsen *kusi*
faul *olo*
feige *oga*
feucht *bundafu*
flach *galamu*
frech *golofu*
frisch (zart) *tejateja*
- (von Milch) *pyu*
ganz *tuluba*
geizig *imi*
gelbgereift *fufu*
gemahlen (fein) *tine*
- (grob) *penye*
gerade, gerecht *golofu*, *tambalefu*
gesund *tundulufu*
gewitzt *komu*
gierig *pafu*, *lofu*
glatt *tenenefu*
gross *kulumba*, *nywamu*

grün (nicht reif) *teta*
gütig *olulo*
gut *nunu*
hart *kafu*
hinfällig (bröcklich) *bugujufu*
hoch (der Lage nach) *inufu*
hübsch *nunu*
irgend etwas *libe*
jung *tubwa*
keusch *tambalefu*, *golofu*
klein (wenig) *nandi*
- (winzig) *nini*
krumm *niongafu*
kurz *pimba*
lang *tali*
lau *fukefu*
lebendig *ůmi*
leicht *pepe* (Gewicht)
- (zu handhaben) *engo*
leutselig *tengamoja*, *pepufu*, *jeelufu*
locker (Erde) *tikinyifu*
mager *gafu*, *lafu*
mürbe (Fleisch) *tikinyifu*
muthig *kifu*
neu *pya*
niedrig *telamu*
reinlich *tenenefu*
roth *fubefu*, *kesefu*
sanft *tengamoja*, *tembelefu*
sauber *tenenefu*
sauer *kali*
scharf *ůgi*
schief *sendemafu*
schlank *ogelefu*
schlaff *katafu*
schlau *komu*

schlecht *bibi*	süss *nyafu*
schmal *sekele*	tief *solofu*
schmutzig *nyali*	treu *lelesi*
schnellfassend *engo*	unreif *teta*
schön *nunu*	unzüchtig *loganigwe*
schön schmeckend *nyafu*	verfault *bofu*
schräg *sendemafu*	verschlossen *kiliminyile*
schwach *onywa*	warm *pyu*
schwächlich *sendemafu*	weich *tepefu*, *kobefu*, *tofu*, *takanyifu*
schwarz *titu*	weichlich *tepefu*
schwer *sito*	weiss *elu*
schwierig *palapala*	weit *tali*
streng *kali*	willig *tengamu*
stumpf *sofu*	zart *tejateja*

Anmerkung: *tupu* allein, nur; *kito*, *tendeko* das betreffende, können mit den Classenvorsilben wie Eigenschaftswörter verbunden werden.

14. Das Fragewort *linga* wieviel? richtet sich ebenso, wie die Eigenschaftswörter mit seiner Vorsilbe nach der Classe des Hauptwortes, auf welches es sich bezieht; jedoch wird der anlautende Vokal fortgelassen; s. auch §. 15.

> *abandu balinga?*   wie viele Menschen?
> *ifikota filinga?*   wie viele Stühle?
> *imipiki milinga?*   wie viele Bäume?

15. Von den **Zahlwörtern** nehmen die Zahlen von 2—5, wie die Eigenschaftswörter, die Vorsilbe an, welche der Classe des regierenden Hauptworts entspricht, doch ohne den Anfangsvocal, s. § 14. -*mo* 1 lautet in der Menschenclasse *jùmo*, in der Baumclasse *gùmo*, in der *Iki*-Classe *kimo*. Die Zahlen von 6—9 werden zusammengesetzt: 6 = 5 + 1, 7 = 5 + 2, 8 = 5 + 3, 9 = 5 + 4. 10 heisst *mlongo*, na heisst »und«. *jùmo*, *gùmo*, *kimo* haben keine Nebenformen.

1 -*mo*	4 -*na*	7 -*hano* na -*beli*
2 -*beli*	5 -*hano*	8 -*hano* na -*tatu*
3 -*tatu*	6 -*hano* na -*mo* oder *ntandatu*	9 -*hano* na -*na*

z. B. *ùmùndu jùmo* ein Mensch
> *ikikota kimo* ein Stuhl
> *imipiki mitatu* drei Bäume
> *abandu bahano nababeli* sieben Menschen
> *imipiki mihano na mina* neun Bäume
> *ifitili mlongo* zehn Hüte

Betont man die Zahl mehr, als den Gegenstand, so können *jùmo*, *gùmo* und *kimo* auch vor dem Hauptwort stehen: *ùmùndu jùmo* ein Mensch, *jùmo ùmundu* ein Mensch (einer, nämlich ein Mensch).

16. Wenn sowohl ein Eigenschaftswort wie ein Zahlwort mit dem Hauptwort verbunden ist, so folgt die Zahl dem Eigenschaftswort oder umgekehrt, je nachdem Zahl oder Eigenschaft näher mit dem Hauptwort verbunden sein soll:

abandu ababibi babeli zwei schlechte Menschen

imipiki mitatu iminunu drei schöne Bäume

17. Die Zahlen über 10 werden so gebildet, dass das blosse Nebeneinandersetzen der Zahlen eine Multiplication bedeutet. Zu addirende Zahlen werden mit *na* = und verbunden. 20 heisst *ûtûlongo tûbeli*, 30 *ûtûlongo tûtatu*, 40 *ûtûlongo tûna*, 50 *ûtûlongo tûhano*, 60 *ûtûlongo ntandatu*, 70 *ûtûlongo tûhano na tûbeli*, 80 *ûtûlongo tûhano na tûtatu*. 90 *ûtûlongo tûhano na tûna*.

11 *mlongo na -mo*			16 *mlongo na -hano na -mo*	
12	»	» *beli*	17 » » » » *-beli*	
13	»	» *-tatu*	18 » » » » *-tatu*	
14	»	» *-na*	19 » » » » *-na*	
15	»	» *-hano*	21 *ûtûlongo tûbeli na -mo*	

26 *ûtûlongo tûbeli na -hano na -mo*

77 *ûtûlongo tûhano na tûbeli na -hano na -beli*

18. Die **Fürwörter** im Konde, welche etwa unserem deutschen dieser und jener entsprechen, beziehen sich immer auf die örtliche Entfernung der bezeichneten Dinge von dem Sprechenden. Sie müssten eigentlich im Deutschen immer mit: dieser hier und jener dort übersetzt werden.

19. Die Fürwörter richten sich ebenfalls immer nach der Classe des Hauptwortes. Zu ihrer Bildung werden gewisse, den einzelnen Classen entsprechende **Classensilben** verwandt, welche man sich sehr genau einprägen muss, weil dieselben auch noch vielen anderen Formen zu Grunde liegen.

Der Classe von *ûmûndu* Mensch entspricht die Classensilbe *jû*

»	»	» *abandu*	Menschen	»	»	»	*ba*
»	»	» *ûmpiki*	Baum	»	»	»	*gû*
»	»	» *imipiki*	Bäume	»	»	»	*gi*
»	»	» *ikitûli*	Hut	»	»	»	*ki*
»	»	» *ifilili*	Hüte	»	»	»	*fi*

Soll auf ein Hauptwort besonders hingewiesen werden, so treten diese Silben noch vor die Vorsilbe des Hauptwortes: z. B. *jû mûndu* gerade der Mensch, *ki kikota* gerade der Stuhl, *gû mpiki* gerade der Baum, *ba bandu* sie die Menschen, *fi fikota* sie die Stühle, *gi mipiki* gerade die Bäume.

20. Um das Fürwort dieser da zu bilden, wird vor diese Classensilbe eine neue Silbe gesetzt, bestehend aus dem Vocal der Classensilbe selbst oder einem verwandten Vocal. Also:

aus *jû* wird *ûjû* aus *ba* wird *aba*

» *ki* » *eki* » *fi* » *efi*

» *gû* » *ûgû* » *gi* » *egi*

ûmûndu ûjû dieser Mensch *abandu aba* diese Leute

ûmpiki ûgû dieser Baum *imipiki egi* diese Bäume

ikikota eki dieser Stuhl *ifikota efi* diese Stühle

21. Um das Fürwort jener dort zu bilden, wird an die genannte Classensilbe ein *la* angehängt, also *jûla, bala, gûla, gila, kila, fila*.

ûmûndu jûla jener Mensch   *abandu bala* jene Leute
ûmpiki gûla jener Baum   *imipiki gila* jene Bäume
ikikọta kila jener Stuhl   *ifikọta fila* jene Stühle

22. Wenn ein Fürwort und ein Eigenschaftswort zusammen zu einem Hauptwort gehören, so stehen beide hinter dem Hauptwort, aber in verschiedener Reihenfolge, je nachdem das Eigenschaftswort oder das Fürwort näher mit dem Hauptwort verbunden sein soll.

ûmûndu ûmbibi ûjû dieser schlechte Mensch
abandu aba ababibi diese Menschen, die schlechten
imipiki imibọfu egi diese verfaulten Bäume

23. Lässt man von einem Hauptwort den Anfangsvocal (*a, i, û*) weg, so ist es zu übersetzen: »das ist« (praedicativ): *mûndu* das ist ein Mensch, *bandu* das sind Leute.

Dasselbe gilt von Eigenschaftswörtern:

ûmûndu ntali der Mensch ist lang
mûndu ûntali das ist ein langer Mensch
ikikọta kinunu der Stuhl ist schön
fikọta [1] *finunu* das sind Stühle, sie sind schön
fitili ifipepe das sind leichte Hüte
imipiki misitọ die Bäume sind schwer
mpiki ûnsitọ das ist ein schwerer Baum
mpiki [1] *usitọ* das ist ein Baum, ein schwerer

Das praedicative Eigenschaftswort kann auch vor dem Hauptwort stehen, z. B.: *mbibi ûmûndu* schlecht ist der Mensch.

In diesem Falle hat das Eigenschaftswort den Ton. Merke folgende Formen in Verbindung mit dem Fürwort:

dieser schlechte Mensch *ûmûndu ûmbibi ûjû* oder *ûmûndu ûjû ûmbibi*
dieser Mensch ist schlecht *ûmûndu ûjû mbibi* oder *mbibi ûmûndu ûjû*

Bemerkung: Für den Vocativ braucht man diese praedicative Form: *balumyana!* Knaben! *ndindicana!* Mädchen!

Wenn aus einem Hauptwort ein Eigenname wird, so wirft es den anlautenden Vocal ab, z. B. *Kyamba* (aus *ikyamba* Berg). Im übrigen werden die Eigennamen stets nach der Menschenclasse behandelt.

24. **Persönliche Fürwörter.** Die Formen der persönlichen Fürwörter im Konde sind:

ûne ich   *ûgwe* du   *uswe* wir   *ûmwe* ihr

Neben diesen Formen giebt es noch vollere Formen

jûjûne gerade ich   *jûjûswe* gerade wir
jûjûgwe gerade du   *jûjûmwe* gerade ihr

In Verbindung mit *na-* »und, auch, mit« heissen sie:

naninę oder *ninę* und ich, auch ich, mit mir
nanûngwe » *nûngwe* » du, » du, » dir
nanûswe » *nûswe* » wir, » wir, » uns
nanûmwe » *numwe* » ihr, » ihr, » euch

---

[1] Substantiv und Adjectiv können also beide neben einander praedicativ gebraucht werden.

25. Für die 3. Person in der Einzahl und Mehrzahl werden die hinweisenden Fürwörter der betreffenden Classen gebraucht. Ausserdem giebt es für die 3. Person noch folgende vollere Formen:

jújŭjŏ oder *jŭjŏ* gerade er   *gŭgŭgŏ, gŭgŏ* gerade es
bababŏ • *babŏ* • sie   *gígígyŏ, gígyŏ* • sie
kikikyŏ, kikyŏ • es   *fífífyŏ, fífyŏ* • sie

In Verbindung mit *na* •mit• heissen sie:

nagŭe mit ihm   *nabŏ* mit ihnen
nagŏ • •   *nagyŏ* • •
nakyŏ • •   *nafyŏ* • •

26. Der Satz: •er ist gross• wird nach § 23 einfach ausgedrückt durch das Eigenschaftswort mit Weglassung des Anfangsvocals; •er, sie, es ist, sie sind• wird also in diesem Falle nicht übersetzt, z. B.

nkulumba er ist gross (nämlich der Mensch)
fikulumba sie sind gross (z. B. Bettstellen)
ntali er ist lang (Mensch oder Baum)
mitali sie sind lang (Bäume)
batali sie sind lang (Menschen)
(praedicativer Gebrauch)

27. Die persönlichen Fürwörter in Verbindung mit einem **Zeitwort** werden durch eine vorgesetzte Silbe ausgedrückt:

n ich   *tu* wir
u du   *mu* ihr
a er, sie, es   *ba* sie
gŭ • • •   *gi* •
ki • • •   *fi* •

Wir haben hier in der 3. Person wieder die Classensilben der hinweisenden Fürwörter aus §. 19 vor uns, mit Ausnahme von *a*. Diese Silben bilden in Zusammensetzung mit *li* das Zeitwort •sein•. Dabei wird *n-li* zu *ndi*.

ndi ich bin   *tuli* wir sind
uli du bist   *muli* ihr seid
ali er, sie, es ist   *bali* sie sind
gŭli es ist   *gili* • •
kili • •   *fili* • •

Anmerkung: Diese Vorsilben kann man Subjectspronomina nennen im Gegensatz zu den Objectspronominibus § 48 f.

Über den Gebrauch dieser Formen merke Folgendes: •ich bin, du bist, wir sind, ihr seid• wird stets durch diese Formen ausgedrückt. Hauptwort und Eigenschaftswort stehen in Verbindung mit ihnen in praedicativer Form. Die 3. Person in der Einzahl und Mehrzahl nimmt meist statt dieser Formen die in den §§ 23, 26 beschriebene Bildung an. Nur wo sich diese nicht anwenden lässt, also wo kein Anfangsvocal ausfallen kann, gebraucht man die Formen mit *li*, also bei Fragepartikeln, bei Umstandswörtern des Ortes, bei *linga*, bei Zahlwörtern, bei einer Reihe praefixloser apokopirter Eigenschaftswörter, bei Umstandswörtern der Art und

Weise, die adjectivisch gebraucht werden, z. B. *ali mbọlambọla* er ist langsam, *bali nọnọ* sie sind sehr.

Von praefixlosen apokopirten Eigenschaftswörtern merke Folgende:
sụẹ weiss. schneeweiss. *fī* schwarz, kohlrabenschwarz, *ṅẹ* schmutzig, *kẹ*
roth, blutroth, *pọ* steinhart, *myé*, *jọndjọlọ* still, mäuschenstill, *kịnunu* stumm,
myá alle, nichts vorhanden, *katumu* abgeschnitten, *malẹkanọ* fertig, *sata*, *sala*
gerade, schnurgerade, phlegmatisch.

> *ikịtịlị kịlị fī* der Hut ist ganz schwarz
> *ụndumyana ali ṅẹ* der Knabe ist schmutzig
> *ụmpịki gúli sata* der Baum ist schnurgerade

NB. In der 3. Person muss immer auf die Classe des Hauptwortes
Rücksicht genommen werden, auf welche das Fürwort sich bezieht. Dagegen wird auf das natürliche Geschlecht, auf welches wir im Deutschen
und in vielen anderen Sprachen immer so viel Rücksicht zu nehmen gewohnt sind, im Konde gar nicht geachtet. »Er«, »sie« und »es« werden
immer gleich ausgedrückt, und auch von den Hauptwörtern können
die meisten sowohl auf Männer wie auf Frauen bezogen werden, so bedeutet z. B.:

> *ụnkulu* der Ältere, sowohl unter Brüdern, wie unter Schwestern
> *ụnnugụna* der oder die Jüngere
> *ụnkangalẹ* der Greis und die Greisin
> *ụnkẹndja* der oder die Unverheirathete
> *ụmwanịkẹ* der kleine Knabe oder das kleine Mädchen (§ 55. 59)
> *ụmpína* der Unterthan, ob Mann oder Frau, u. s. w.

28. Eigenschaftswörter, die sich auf »ich, du« beziehen, nehmen die
Vorsilbe *ụm* (*ụn*), die sich auf »wir, ihr« beziehen, die Vorsilbe *aba* an.
Doch merke:

jọ unẹ das bin ich	*jọ jújunẹ* das bin gerade ich
jọ ugụẹ das bist du	*jọ jújugụẹ* das bist gerade du
jọ usụẹ das sind wir	*jọ jújusụẹ* das sind gerade wir
jọ umụẹ das seid ihr	*jọ jújumụẹ* das seid gerade ihr

Aber: *tụẹ babọ* wir sind die betreffenden (und andere nicht)

> *mụẹ babọ* ihr seid »   »
> *bọ babọ* sie sind »   »

29. Wenn mit besonderer Betonung gesprochen werden soll, so
kann (ähnlich wie im Französischen moi, toi) die volle Form des persönlichen Fürwortes dem Praedicat angehängt oder dem Zeitwort vorangesetzt
werden:

ndi nnunu unẹ ich bin schön	*unẹ ndi nnunu* ich bin gut
uli mbibi ugụẹ du bist böse	*ugụẹ uli mbibi* du bist schlecht

30. Bei der Beugung der Zeitwörter wird *n* »ich« mit dem
Anfangsconsonanten des Zeitwortes verschmolzen. Dabei werden folgende
Regeln befolgt: *ng* und *nk* = *ng*, *nl* und *nt* = *nd*, *nb* und *np* = *mb*, *nj* =
ndj. Vor *f*, *h*, *m*, *n*, *ṅ*, *s* fällt *n* aus.

Bei Zeitwörtern, die mit einem Vocal anfangen, gelten folgende Regeln:

n bleibt unverändert   a fällt immer aus
u wird gw, vor o, o, u: g   ki wird ky, vor i: k
gü » » » » » » » »   gi » gy, » i: g
tü » tw » » » » t   fi » fy, » i: f
mû » mw » » » » m

Man beachte, dass die Selbstlaute u und i der Fürwörter vor verwandten Selbstlauten ausfallen, also u vor o, o ü, i vor i, vor den nicht verwandten aber sich in eine Semivocalis verwandeln, also u vor a: wa, i vor a: ya.

31.

gana lieben	ona ausschütten
nganile ich habe geliebt	nomile ich habe ausgeschüttet
uganile du hast »	yonile du hast »
aganile er hat »	onile er hat »
yûganile » » »	gonile » » »
kiganile » » »	kyonile » » »
tuganile wir haben geliebt	tonile wir haben ausgeschüttet
muganile ihr habt »	monile ihr habt »
baganile sie haben »	bonile sie haben »
giganile » » »	gyonile » » »
figanile » » »	fyonile » » »
aga finden	juba reden
nagile ich habe gefunden	ndjobile ich habe geredet
gwagile du hast »	ujobile du hast »
agile er hat »	ajobile er hat »
gwagile » » »	yûjobile » » »
kyagile » » »	kijobile » » »
twagile wir haben gefunden	tujobile wir haben geredet
mwagile ihr habt »	mujobile ihr habt »
bagile sie haben »	bajobile sie haben »
gyagile » » »	yijobile » » »
fyagile » » »	fijobile » » »
iba stehlen	ûla kaufen
nibile ich habe gestohlen	nûlile ich habe gekauft
gwibile du hast »	gûlile du hast »
ibile er hat »	ûlile er hat »
gwibile » » »	gûlile » » »
kibile » » »	kyûlile » » »
twibile wir haben gestohlen	tûlile wir haben gekauft
mwibile ihr habt »	mûlile ihr habt »
bibile sie haben »	bûlile sie haben »
gibile » » »	gyûlile » » »
fibile » » »	fyûlile » » »

32. In diesen Formen ist ile eine Endung, durch deren Anfügung an den Stamm des Zeitwortes die Handlung als eine abgeschlossene angezeigt wird (Perfect). Das a, auf welches die Zeitwörter endigen, wird vor die-

sein *ile* abgestossen. Die Beugung nach den einzelnen Personen geschieht durch die Fürwörter aus § 27. Diese Fürwörter müssen immer beim Zeitwort stehen, auch wenn das Subject noch anderweitig ausgedrückt ist.

ngetile	ich habe gesehen	von	*keta*	sehen	
ndondile	» » gesucht	»	*londa*	suchen	
ndumile	» » geschickt	»	*tuma*	senden	
mbolile	» » geschnitten	»	*bola*	schneiden	
mbutile	» » geblasen	»	*puta*	blasen	
'fuile	» bin gestorben	»	*fua*	sterben	
'hombile	» habe bezahlt	»	*homba*	bezahlen	
'malile	» » vollendet	»	*mala*	vollenden	
'nwile	» » getrunken	»	*nwa*	trinken	
'nobile	» » geleckt	»	*inoba*	lecken	
'simbile	» » geschrieben	»	*simba*	schreiben	

Einige ein- und zweisilbige und alle mehrsilbigen Zeitwörter bilden das Perfectum unregelmässig, z. B.:

pa geben		*bona* sehen	
mbele ich habe gegeben		*mbwene* ich habe gesehen	
upele du hast »		*ubwene* du hast »	
apele er hat »		*abwene* er hat »	
u. s. w.		u. s. w.	
tumula abhauen		*angala* sich amüsiren	
ndumwile ich habe abgehauen		*nangele* ich habe mich amüsirt	
utumwile du hast »		*gwangele* du hast dich »	
atumwile er hat »		*angele* er hat sich »	
u. s. w.		u. s. w.	

Näheres s. § 47.

33. Fragewörter. Die folgenden Fragewörter bleiben unverändert: *ndeli?* wann? *fiki?* was? *poki?* wo? *kugu?* wohin, woher? *moki?* worin, wohinein? *bule, bulebule?* wie?

Merke: *ndi nafiki?* was ist mir? was fällt mir ein? *uli nafiki?* was fällt dir ein? *ali nafiki? tuli, muli, bali nafiki?*

34. *Ani?* wer? bildet folgende Formen:

nyani? wer bin ich?	*twe bani?* wer sind wir?
gwani? wer bist du?	*mwe* » wer seid ihr?
jwani? wer ist er?	*bo* » wer sind sie?

Merke: *nani?* mit wem? und wer? auch wer?

Aliku? welcher? bildet folgende Formen:

ümundu aliku? welcher Mensch?	*abandu baliku?* welche Menschen?
ümpiki gûliku? welcher Baum?	*imipiki giliku?* welche Bäume?
ikikota kiliku? welcher Stuhl?	*ifikota filiku?* welche Stühle?

(*aliku?* ist entstanden aus *ali kugu?*)

35. *ki?* was für einer? bildet:

ümûndu nki? was für ein Mensch?	*abandu baki?* was für Menschen?
ümpiki nki? was für ein Baum?	*imipiki miki?* was für Bäume?
ikikota kiki? was für ein Stuhl?	*ifikota fiki?* was für Stühle?

36. Wenn das Hauptwort auch nicht ausdrücklich hinzugefügt ist, so muss sich doch die Form des Fürworts immer nach der Classe des Hauptwortes richten, welches man im Sinne hat, z. B.:

nki? was für einer? (Mensch)   filiku? welche? (Stühle)
güliku? welcher? (Baum)   baki? was für welche? (Menschen)
kiki? was für einer? (Hut)

37. Die Fragewörter, ausser ani? und fiki?, stehen stets hinter dem Zeitwort oder Wort, zu dem sie gehören, z. B.:

isile ndeli? wann ist er gekommen?
mpiki nki ügü? was für ein Baum ist dieser?
ani isile? wer ist gekommen? neben isile ani?
fiki efi? was ist dies?
efi fiki? dieses hier, was ist es?

38. Wenn auf das Fragewort noch ein hinweisendes Fürwort folgt, so muss das Bindewort »sein« ergänzt werden.

findu fiki efi? was für Dinge sind dies?
jwani üjü? wer ist dies?
jwani ünkangale üjü? wer ist dieser Greis?
nki üjü? was für einer ist dieser?
ünkikulu unnunu aliku? welches schöne Weib?
nnunu ünkikulu aliku? welches Weib ist schön?
nkikulu aliku ünnunu? welches Weib ist das schöne?

Achte auch hierbei auf den Wegfall des Anfangsvocals (s. § 23). An der Wortstellung wird in der Frage nichts geändert. Der Frageton ist anders wie im Deutschen.

39. Die verschiedenen Zeiten des Zeitworts werden dadurch ausgedrückt, dass gewisse Silben zwischen das regierende Fürwort und den Stamm gesetzt werden.

40. iku wird zwischen Fürwort und Stamm geschoben, um auszudrücken, dass die Handlung gegenwärtig ist. Man beachte die Verschmelzung der persönlichen Fürwörter mit iku:

nikugana ich liebe   tukugana wir lieben
kugana du liebst   mukugana ihr liebt
ikugana er liebt (Mensch)   bikugana sie lieben (Menschen)
gukugana » » (Baum)   gikugana » » (Bäume)
kikugana » » (Stuhl)   fikugana » » (Stühle)

Vor o, o, u fällt das u von iku aus, vor den übrigen Vocalen wird es zu w:

nikwaga ich finde   nikwna ich schütte aus
nikwiba ich stehle   nikwla ich kaufe

41. Durch das Perfectum wird ausgedrückt, dass die Handlung vollendet ist; s. § 31.

42. linku wird zwischen Fürwort und Stamm geschoben, um das Eintreten einer Handlung in der Vergangenheit zu bezeichnen. Tempus historicum. Über die Bedeutung von li s. § 27.

ndinkugana ich liebte   *tulinkugana* wir liebten
ulinkugana du liebtest   *mulinkugana* ihr liebtet
alinkugana er liebte (Mensch)   *balinkugana* sie liebten (Menschen)
gúlinkugana ·   · (Baum)   *gilinkugana* ·   · (Bäume)
kílinkugana ·   · (Hut)   *filinkugana* ·   · (Hüte)

Ähnlich wird gebildet:

ndipakugana ich bin dabei zu lieben, ich liebe
ndikukugana ich bin im Begriff zu lieben.

Über das *ku* vor Vocalen s. § 40.

43. *isaku* wird zwischen Fürwort und Stamm geschoben, um die Handlung als zukünftige zu bezeichnen. Die Fürwörter werden behandelt wie in § 40, mit Ausnahme der 2. Person der Einzahl. Auch über das *ku* vor Vocalen s. § 40.

nisakugana ich werde lieben   *tusakugana* wir werden lieben
kusakugana du wirst   ·   *musakugana* ihr werdet   ·
isakugana er wird   · (Mensch) *bisakugana* sie werden   · (Leute)
gùsakugana · · · (Baum)   *gisakugana* ·   ·   · (Bäume)
kisakugana ·   · · (Hut)   *fisakugana* ·   ·   · (Hüte)

44. Im Wörterbuche ist nur der Stamm des Wortes nachzusehen, z. B.:

nganile suche *gana* oder *kana*   *nikwaga* suche *aya*
mbondile · *ponda*   *nikoga* · *oga*

45. Der Lernende muss sich von vornherein gewöhnen, die Fürwörter der 3. Person immer mit Beziehung auf die Classe des gedachten Hauptwortes zu nehmen, wenn er nicht arge Missverständnisse erwecken will. Er darf nie von einem Baum oder einer Sache so reden, als ob es ein Mensch wäre, oder umgekehrt.

46. Der Infinitiv wird durch Vorsetzen von *úkù* vor den Stamm des Zeitwortes gebildet.

47. Von den folgenden Zeitwörtern ist immer nur der Stamm angegeben, welcher zugleich die 2. Person der Einzahl des Imperativs ist. Die in Klammern beigesetzte Form ist das Perfectum; wo dieselbe nicht beigefügt ist, ist das Perfectum regelmässig nach § 31, 32. Man lerne zunächst nur die Zeitwörter mit regelmässigem Perfectum, weil nur diese zunächst in den späteren Übungen in Betracht kommen.

abnehmen (weniger werden) *naganika* | anzünden *kosya* (*kosisye*)
(*naganike*) | arbeiten *bomba*
abreissen (trennen) *tafula* (*tafucile*), *lenga* | athmen *futa*, *tuja*
abwischen (Staub) *pyasila* (*pyasile*), | anflinden *tola*
pyagisya (*pyagisye*) | aufgehen (Sonne) *soka*
anfangen *anda*, *tala* | aufheben *sala*
anhaben (Zeug) *fwala* (*fwele*) | aufpassen *enelela* (*enelile*)
ankommen *fika* | · (am Wege) *sigila*, = auflauern *tendela*
anlehnen, sich *egama* (*egeme*) | anrollen *nienga*
anmachen (Feuer) *kosya* (*kosisye*) | aufsetzen (Hut) *fwala* (*fwele*)
anrühren *palamasya* (*palamasisye*) | aufstehen *sumuka* (*sumwike*)
antworten *amula* (*amwile*), *busya* (*busisye*) |

aufstellen *emika* (*emike*)
ausbreiten *alisya* (*alisye*)
ausstrecken *golosya* (*golwisye*)
auswählen *sala*
baden *oga*
bauen *jenga*
bedecken *kupikila*, bekleiden *fwika*, einwickeln *niembetelela* (*niembetelile*), *nienga*
beendigen *mala*
befehlen *lagila* (*lagile*)
begegnen *ayanila* (*ayanile*)
beissen *luma*
bellen *kena*
berühren *palamasya* (*palamasisye*)
beschmutzen *nyasya* (*nyasisye*), schwarz machen *inisya* (*inisye*)
beten *iputa*
betrügen *syoba*
betrunken werden *gala*
beugen, biegen *gondja*
beugen, sich nach vorn *inama* (*ineme*)
bewirthen *tanga*
bezahlen *homba*
binden *pinya*
bitten *suma*
blasen *puta*
blöken *meta* (Schaf), *buna* (Rind)
brennen (intr.) *pya* (*pile*), vom Feuer (trans.) *okya* (*okīkye*)
bringen *twala* (*twele*)
brüllen *tama*, *buna*, *lila*
danken *gwa ûlûpi*, *bunguluka* (*bunguluike*)
drohen *finga*
dursten *ûmilwa* (*ûmilwe*)
ehren *emika* (*emike*), *tufya* (*tufifye*)
eintauchen *jubika* (*jubike*)
eintreten *ingila* (*ingile*)
erhalten *ambilila* (*ambilile*)
sich erinnern *kumbuka* (*kumbwike*)
ermahnen *funda*
erreichen (Menschen) *aya*, (Ort) *fika*
erschaffen *pela*
erschrecken *nyomoka* (*nyomwike*)
ertrinken *milwa* (*mililwe*)

erwachen *lembuka* (*lembwike*)
essen *lya* (*lile*)
fallen *gwa*
fangen *kola*
fegen *pyagila* (*pyagile*)
finden *aga*
fischen *loba*
flechten *luka*
fliegen *pululuka* (*pululwike*)
fliehen *bopa*, *jonga*
fliessen *kelalika* (*kelalike*), stark fliessen *kulika* (*kulīke*)
fluchen *guna*
flüstern *heha*
folgen *konga*
fragen *lalusya* (*lalusisye*)
sich freuen *sekela* (*sekile*)
fröhlich sein *sala*, *sanya*
führen *longola* (*longwile*)
füllen *isusya* (*iswisye*)
fürchten, sich *tetema* (*tetime*) *tila*
füttern *swela*
gackern *ana*
gähnen *ajula* (*ajwile*) *ûmwaju*
gebären *papa*, *tela*; (Vieh) *beka*
geben *pa* (*pele*), *ninga*
gebieten *komelesya* (*komelisye*)
gehen *enda*, *buka* (hingehen)
gerne haben *igana*
giessen, in *sululila* (*sululile*), ausgiessen *ona*, begiessen *onelela* (*onelile*)
glänzen *langala* (*langele*)
glauben *itika* (*itīke*)
graben *kumba*, begraben *syela*
greifen *kola*
grüssen *ponya* (*ponīsye*)
hängen *syuta* (intr.), anhängen *kobeka* (*kobike*)
halten *kola*
hassen *benga*
hauen *koma*, abhauen *tumula* (*tumwile*)
heilen *bumbulusya* (*bumbulwisye*), *gangula* (*gangwile*)
hinabsteigen *suluka* (*sulwike*), *ikilila* (*ikilile*)
hinaufsteigen *fyuka*

hocken *jusumala* (*jusumele*)
hören *pilika* (*pilike*)
hoffen *sobila* (*sobile*)
holen *ega*
hüten *tima*
hungern *fira indjala*
husten *koxomola* (*koxomuile*)
irren *soba*
jäten *ipila*
kauen *tafuna* (*tafuine*), *memena* (*memine*)
kaufen *ula*, verkaufen *ula* (*ula* eigentl. tauschen)
kennen *manya* (*menye*)
kitzeln *nyegexya* (*nyegüxye*)
klettern *kicela*
knarren *lila*
knieen *fugama* (*fugeme*)
kochen *peja*
kommen *isa*
kosten *nogelesya* (*nogelüxye*)
krank werden *bina*
kratzen, *tuna*
— vom Huhn *upa*, *palaxa*
— mit Krallen *ñxalafula*
lachen *seka*
lärmen *jicega*
lassen *leka*
laufen *bopa*
lecken *myanda* (*ñoba*)
lehren *linganya* (*linyenye*)
leugnen *kana*
lieben *gana*
liegen *lambalala* (*lambalele*)
loben *pala*, *tufya* (*tufifye*)
löschen = ausgehen *sina*, auslöschen *simya* (*simüxye*)
lösen = auflösen *abula* (*abuile*), auslösen, einlösen *banya*, Knoten auflösen *fundula*
lügen *tungulupa* (*tungulwipe*)
machen *tendekesya* (*tendeküxye*) (= zurecht machen)
mahlen *sya* (*sile*)
meckern *meta*
meinen *gamba*, *bala*

messen *gela*
mischen *onganya* (*ongenye*)
mittheilen *bula*
nachdenken *inogona* (*inogwine*)
nähen *sona*
nähren *swela*
nahen *segelela* (*segelile*) (sich nähern)
nehmen *ega* (herholen)
niesen *tyemula* (*tyemwile*)
öffnen (Thür) *igula* (*igwile*), (Flasche) *matula* (*matwile*)
pariren, abwehren *epa*
rauchen *kuexa*
reden *joba*
reiben *figixa* (*figüxe*), = quirlen *puguxa* (*pugwixe*)
retten *poka*, helfen *tula*
richten *longa*
rösten *kasinya*
rudern *figa*
rufen *bilikila* (*bilikile*)
ruhen *tuxya* (*tuxüxye*), *gona*
sagen *bula*, *ti*
säen *sopa* (werfen)
sammeln *bunyanya* (*bungenye*)
satt sein *ikuta* (*ikwite*)
schälen *uba*, abschaben *pala*, aushülsen *patula* (*patwile*)
schaffen, erschaffen *pela*
schelten *umana* (*umene*)
scherzen *sünga ixünga*
schicken *tuma*
schimpfen *tuka*
schlachten *bola*, *koma*
schlagen *koma*
schleifen *pyaxya* (*pyaxixye*)
schlucken *mila*
schmerzen *baba*
schneiden *buta*, *bola*
schöpfen = Wasser holen *nega*, *teka*
schreien *lila*, *kuta*
schreiten *enda*
schütteln *sukanya* (*sukenye*)
schweigen *batama* (*bateme*)
schwellen *ixula* (*ixwile*)
schwimmen *oyela* (*ogile*)

schwitzen *tunganyila* (*tunganyile*)
sehen *keta* (hinsehen), *bona* (erblicken) (*bwene*)
senden *tuma*
singen *imba*
sitzen *tugala* (*tugele*)
sorgen *ijaja*, *inogona* (*inogwine*)
speien *swa* .
spielen *angala* (*angele*)
sprechen *joba*
stampfen *tika*
stechen *sogosola* (*sogoswile*), mit dem Speer *lasa*, durchbohren *tubula*, (*tubwile*)
stehen *ema*
stehlen *iba* (heimlich nehmen), *heja*.
steigen *fyuka*
stellen *beka*
sterben *fwa*
strafen *funda*
streiten *lwa*, sich streiten *kanikana* (*kanikene*)
suchen *londa*
tanzen *fina*
tauschen *wanya* (*wenye*)
theilen, vertheilen *jaba*, *menya*
tödten *goga*
träumen *goywa indjosi*
tragen *pimba*
trauern *mulumanya* (*mulumenye*)
treffen, mit Speer *lasa*
treiben, vertreiben *kaga*
treten *kanya*
trinken *mwa*, *kunda*
tröpfeln *tonya*
übergeben, sich *teka*
überschreien, übertönen *simanya* (*simenye*)
übrig bleiben *syala* (*syele*)
umkehren *luja*, *gomoka* (*gomwike*)
untergehen (Sonne) *jonga*
unterrichten *linganya* (*lingenye*)
verachten *henula* (*henwile*), *syokela* (*syokile*)
verbergen *fifa*, *fisa*, sich verbergen *ibilila* (*ibilile*)

verbieten *singa*
verderben *onanga*
vereinigen *komanya* (*komenye*)
vergeben *swa*
vergehen *jayanika* (*jayanike*)
vergessen *ibwa* (*ihibice*)
vergleichen *fwanya* (*fwenye*)
verkündigen *bula*
verlassen *lekelela* (*lekelile*)
verloren gehen *soba*
vernehmen *pilikisya* (*pilikisye*)
verschliessen (Thür) *igala* (*igele*). (Flasche) *matila* (*matile*)
verstopfen *sindila* (*sindile*)
versuchen *gesya* (probiren) *gesisye*
 (verlocken) *pefya* (*pefifye*)
verweigern *sita*, *kana*
Vieh unterbringen *fufya* (*fufifye*)
voll werden *isula* (*iswile*)
wachsen *kula*
wälzen (Stein) *kilula* (*kilwile*)
warten *linda*, *gula*
waschen *suka*, sich waschen *sukusula* (*sukuswile*)
weben *luka*
weglegen, wegstellen *beka*
weinen *lila amasosi*
wenden, umdrehen *sanusya* (*samwisye*), *galabula* (*galabwile*)
winken *kopa*
wissen *manya* (*menye*)
wohlschmeckend sein *noga*
wohnen *gona*
wünschen *londa*, *iyana*
wundern, sich *swiga*
zählen *bala*
zeichnen *simba*
zeigen *nangisya* (*nangisye*)
 mit dem Finger *sosola*
zittern *tetema* (*tetime*)
ziehen *kwaba*, *lusa*
zürnen *kalala* (*kalele*)
zusammenkommen *bungana* (*bungene*), *komana* (*komene*)
zustimmen *itika* (*itike*)

48. Wenn das Object durch ein Fürwort ausgedrückt wird, so wird dasselbe im Konde dicht vor den Stamm des Zeitworts und hinter die andern Beugungssilben gesetzt.

49. Die Fürwörter für das Object sind gleich den Fürwörtern für das Subject (s. § 27), mit Ausnahme der 2. Person Singularis und Pluralis und der 3. Person Singularis der Personenclasse. Das Object kann im Deutschen durch den dritten und vierten Fall wiedergegeben werden.

mir, mich *n, m*,	vor Vocalen *ny,* vor *f, h, m, n, ñ, s* fällt *n* aus (vergl. § 30)				
dir, dich *ku*,	»	»	*kw*,	» *o̱, o, ú: k*	
ihm, ihn *m, n,* vor *h: ñ*,	»	»	*mw*,	» *o̱, o, ú: m*	
es *yû*	»	»	*yw*,	» *o̱, o, ú: y*	
ki	»	»	*ky*,	» *i: k*	
uns *tu*	»	»	*tw*,	» *o̱, o, ú: t*	
euch *ba*	»	»	*b*		
ihnen, sie *ba*	»	»	*b*		
yi	»	»	*yy*,	» *i: y*	
fi	»	»	*fy*,	» *i: f*	

sich (selbst) heisst *i-*, vor Vocalen *ij*.

Man beachte den Unterschied in der Bildung von Formen mit *n, m* »mich« und *n, m* »ihn«; *n, m* »mich« ruft die in § 30 aufgeführten Veränderungen des folgenden Consonanten hervor, z. B.:

andondile er hat mich gesucht von *londa*
andumile er hat mich gesandt von *tuma*

m, n »ihn« ruft dieselben Veränderungen hervor wie in § 5 und § 10.

andondile er hat ihn gesucht von *londa*
antumile er hat ihn gesandt von *tuma*

Vergleiche auch § 31.

āngomile er hat mich geschlagen,	ankomile er hat ihn geschlagen		
ānganile » » » geliebt,	anganile » » » geliebt		
āmbapile » » » geboren,	ampapile » » » geboren		
āmbolile » » » geschnitten,	ambolile » » » geschnitten		
āfundile » » » gestraft,	amfundile » » » gestraft		
anyayile » » » gefunden,	amwayile » » » gefunden		
anyegile » » » geholt,	amwegile » » » geholt		
anyibile » » » gestohlen,	amwibile » » » gestohlen		
anyonile » » » ausgegossen,	amonile » » » ausgegossen		
anyulile » » » gekauft,	amulile » » » gekauft		

ayulondile er hat ihn (den Baum) gesucht
aywayile » » » » » gefunden
ayulile » » » » » gekauft
akilondile » » » (den Stuhl) gesucht
akyyayile » » » » » gefunden
akibile » » » » » gestohlen
akyulile » » » » » gekauft

u. s. w.

ikungana er liebt mich	*ikutugana* er liebt uns
ikukugana » » dich	*ikubagana* » » euch
ikungana » » ihn	*ikubagana* » » sie (die Menschen)
ikugûgana » » ihn (den Baum)	*ikugigana* » » sie (die Bäume)
ikukiyana » » ihn (den Stuhl)	*ikuflgana* » » sie (die Stühle)
ikwigana er liebt sich	*ikwijaga* er findet sich

Merke: *āndǫndile* er hat mich gesucht, mit gedehntem *ā*, *andǫndile* er hat ihn gesucht, mit einfachem *a*. Ähnlich *ikūngana* er liebt mich, *ikungana* er liebt ihn.

Merke ferner: wenn das Fürwort der 1. Person Singularis »*n*« als Subject vor die Fürwörter des Objects tritt, so wird *n* + *m* (*n*, *mw*): *num* (*nun*, *numw*), *n* + *ba*: *mba*, *n* + *gû*: *ngû* (spr. *ñgû*), *n* + *gi*: *ngi* (spr. *ñgi*), *n* + *ki*: *nki* (spr. *ñki*), *n* + *fi*: *mfi*, *n* + *ku* (*kw*, *k*) »dir, dich« wird *ngu* (*ngw*, *ng*): *ngulwcene* ich habe dich gesehen.

50. Bei den Hauptwörtern ist es meist nur aus der Stellung im Satz zu sehen, ob sie im ersten oder im vierten Falle stehen. Das Subject steht gewöhnlich vor, das Object hinter dem Zeitwort.

51. Im Konde wird oft auf das Object, wenn es durch ein Hauptwort ausgedrückt ist, noch durch ein Fürwort vor dem Zeitwort hingewiesen.

ikunkoma ûmûndu er schlägt den Menschen
ikula ifilombe er kauft Mais
ikugûtumula ûmpiki er fällt den Baum
ikutumula ûmpiki er fällt einen Baum

52. Wenn das Object durch ein hinweisendes Fürwort ausgedrückt ist, so muss auf dieses immer durch das persönliche Fürwort hingewiesen werden.

ikunkǫna er schlägt ihn | *ikugûtumula* er fällt ihn (den Baum)
ikunkǫna jûla er schlägt jenen | *ikugûtumula ûgû* er fällt diesen

53. Bei den Wörtern der Menschen- und Baumclasse, welche mit einem Selbstlaut anfangen, heisst die Vorsilbe statt *ûm* (*ûn*): *ûmw*, vor *ǫ*, *o*, *u*: *ûm* in der Einzahl.

54. Die Vorsilbe *aba* heisst vor Vocalen *ab*; die Vorsilbe *imi* wird vor Vocalen *Imy*, vor *i*: *im*.

55. Hauptwörter, die mit einem Selbstlaut anfangen, mit ihrer Mehrzahl:

Ameisen, schwarze *imyungulu*	Fischkorb *ûmǫnǫ*, *imyǫnǫ*
Araber *ûmwalabu*, *abalabu*	Gähnen, das *ûmwaju*, *imyaju*
Athem *ûmûji*, *imyûji*	Gemüth *ûmǫjǫ*, *imyǫjǫ*
Baumart: Muale *ûmwale*, *imyale*	Gestank *ûmwenye*
Besen *ûmwejǫ*, *imyejǫ*	Grossvater, Grossmutter *ûmwisukulu*,
Bruder der Mutter *ûmwipwa*, *abipwa*	*abisukulu*
Dorn *ûmwifwa*, *imifwa*	Hauch *ûmwaju*, *imyaju*
Enkel, Enkelin *ûmwisukulu*, *abisukulu*	Haar der Pflanzen *ûmwaje*, *imyaje*
Eingeborner *ûmwilema*, *abilema*	Häuptling *ûmalafyale*, *abanyafyale*[1]
Feuer *ûmǫtǫ*, *imyǫtǫ*	Häuptlingsfrau *ûmwehe*, *abehe*

---

[1] Unregelmässig.

Himmel, der durch Wolken schimmernde úmwela
Käufer úmuli, abuli; úmusi, abusi
Kind úmwana, abana
Knabe, Mädchen úmwanike, abanike
Mensch, ordentlicher, verständiger, künstlerischer úmwifyusi, abifyusi
Milch, frisch geronnene úmwalo
Mond, Monat úmwesi, imyesi
Muafitrank úmwafi, imyafi
Rüssel úmwenge, imyenge

Salz úmunyu, imyunyu
Schwesterkind (für Mann) úmwipwa, abipwa
Seele úmojo, imyojo
Sohn úmwana úndumyana
Tochter úmwana úndindwana
Überschwemmung úmwelesyo, imyel.
Unlust úmwenywa
Verheiratheter úmwegi, abegi
Zeug úmwenda, imyenda
Zuckerrohr úmuba, imyuba.

56. Eigenschaftswörter, welche mit einem Selbstlaut anfangen:

breit -elefu
faul -olo
feige -oya
geizig -imi
geschickt (etwas zu thun) -engo
gütig -ololo
lebendig -úmi

leicht zu handhaben -enyo
scharf úgi
schnellfassend -engo
schwach -gwywa
viel -ingi
weiss -elu

57. Die Vorsilben iki und ifi werden vor Stämmen, die mit einem Vocal beginnen, zu iky und ify, vor i zu ik und if.

58. Einige Nachbarstämme sprechen statt iki: itshi. Es sei hier nur darauf hingewiesen.

59. Hauptwörter mit iki und ifi, die mit einem Selbstlaut anfangen, mit ihrer Mehrzahl:

Ameise, weisse ikyulu
Berg ikyamba, ifyamba
Brei ikyindi, ifyindi
 - aus Bananenmehl ikyanyangwa, (sc. ikyindi)
Brunnen ikina, ifina
Durst ikyumilwa
Eisen ikyela, ifyela
Erde (Welt) ikisu, ifisu
Feueranzünder ikyokelo, ifyokelo
Fischreuse ikyelo, ifyelo
Frosch ikyula, ifyula
Furt ikyambuko, ifyambuko
Gartenland, mehrere Beete umfassend ikyalo, ifyalo
Handel ikyusi
Handfläche ikyandja, ifyandja
Hochmuth ikilo

Huf ikyuga, ifyuga
Jahr ikyendja, ifyendja
Kauf ikyusi
Klaue ikyuga, ifyuga
Korb, kleiner ikibo, ifibo
Nagel, am Finger und Zeh ikyala, ifyala
Pfeifenkopf ikyana, ifyana
Reichthum ikyuma, ifyuma
Schröpfhorn ikyubi, ifyubi
Stampfholz ikyusi, ifyusi
Standort für Rinder ikyemo, ifyemo
Stiel ikyaka, ifyaka
Stirn ikyeni, ifyeni
Tabaksrest ikyambilo, ifyambilo
Welt ikisu, ifisu
Wohlgeruch ikyokelo
Zweikampf ikyumbi

60. Soll ausgedrückt werden, dass eine Handlung noch nicht vollendet war, als eine andere eintrat, so schiebt man zwischen Fürwort und Stamm den Vocal -a-. Man kann diese Form im Deutschen mit dem Im-

perfectum übersetzen, häufiger aber ist sie durch den Conjunctiv Imperfecti zu übersetzen: »ich würde« § 89.

Auch bei den Formen in § 42 kann zwischen Fürwort und *li* die Silbe -*a*- eingeschoben werden. Über die Bedeutung s. § 63.

61. Um auszudrücken, dass die Handlung in der Vergangenheit vollendet war, schiebt man in der Form § 31 (*nganile*) zwischen Fürwort und Zeitwort die Silbe -*a*- ein, vor Vocalen und vor dem persönlichen Fürwort des Objects der ersten und dritten Person. Sing. *ali* (Plusquamperfectum).

62. Vor solchen mit Selbstlauten anfangenden Silben wie -*a*-, -*ali*- verändern sich die regierenden Fürwörter ebenso wie vor Vocalstämmen in § 30. Nach denselben Regeln wie in § 57 wird -*ali*- vor Vocalen *aly*, vor *i*: *al*.

63. *nagana* ich liebte, ich würde lieben
  nalinkugana ich war im lieben
  nalipakugana ich war gerade dabei zu lieben
  nalikukugana ich war auf dem Wege zu lieben,
  ich wollte lieben (sehr seltene Form)

64. | | | |
|---|---|---|
| *naganile* ich hatte geliebt | *ticaganile* wir hatten geliebt | |
| *graganile* du hattest » | *micaganile* ihr hattet » | |
| *aganile* er hatte » | *baganile* sie hatten » | |
| *graganile* » » » | *gyaganile* » » » | |
| *kyaganile* » » » | *fyaganile* » » » | |
| *nalyagile* ich hatte gefunden | *nalindondile* ich hatte ihn gesucht | |
| *nalihile* » » gestohlen | *nakulondile* » » dich » | |
| *nalyulile* » » gekauft | *nabalondile* » » sie » | |

65. Um das auszudrücken, wozu wir den **Genetiv** gebrauchen, wird zwischen den Wörtern für das Besessene und den Besitzer eine Silbe gesetzt, gebildet aus der Classensilbe (§ 19) der Classe des Besessenen, wie sie vor einem Vocal gebraucht wird, und einem *a* (vergl. § 30). Für die Einzahl der Menschenclasse braucht man *gra*. So hat:

ûmûndu	*gra*	*ûmwana gra nkikulu* das Kind der Frau
abandu	*ba*	*abakasi ba balume* die Frauen der Gatten
ûmpiki	*gra*	*ûmpiki gra malafyale* der Baum des Häuptlings
imipiki	*gya*	*imipiki gya nsungu* die Bäume des Europäers
ikikota	*kya*	*ikikota kya bakendja* der Stuhl der Junggesellen
ifikota	*fya*	*ifikota fya nkangale* die Stühle der Greise

66. Zu beachten ist, dass die Wörter, welche der Genetivsilbe folgen, den Anfangsvocal abwerfen. Die Wortstellung muss immer dieselbe bleiben wie in obigen Beispielen. Die Classe des Besitzers hat auf die besitzanzeigende Vorsilbe keinen Einfluss.

Anmerkung. Die Fragewörter *ani?* (§ 34) und *ki?* (§ 35) werden auch mit der Genetivsilbe verbunden, die Verbindungen mit *ani?* entsprechen unserem wessen? wem gehört? die mit *ki?* unserem wozu?

  grani ûnkikulu ûjû? wessen ist dies Weib?
  bani ababombi bala? wem gehören jene Arbeiter?
  ûmpiki ûjû grani? wessen ist dieser Baum?

imipiki gila gyani? wem gehören jene Bäume?

kyani ikitili eki? wessen ist dieser Hut?

ifitili efi fyani? wem gehören diese Hüte?

unkomile gwaki? wozu hast du ihn (den Menschen) geschlagen?

bisile baki? wozu sind sie gekommen?

gwaki ûmpiki ûgû? wozu dieser Baum?

ne gwaki une? ich wozu ich? (d. h. weshalb bekümmert, sorgt ihr euch um mich?)

ukyulile kyaki ikitili? wozu hast du den Hut gekauft?

fyo fyaki ifitili, fyo ambele! wozu (erwähnt ihr) die Hüte, die hat er mir gegeben!

Zu unterscheiden hiervon ist der Genetiv von *fiki?* was? *gwa fiki ûmpiki ûgû?* zu welchem ganz besonderen Zwecke ist der Baum? *kya fiki ikitili?* wozu der Hut? (für welchen besonderen Zweck?)

67. Um die **besitzanzeigenden** Fürwörter zu bilden, hängt man an die in § 65 erwähnten Silben folgende:

-*ngu* mein	-*etu* unser
-*ko* dein	-*enu* euer
-*ke*, -*kwe* sein, ihr	-*bo* ihr

68. Vor dem -*etu* und -*enu* der ersten und zweiten Person der Mehrheit fällt das *a* der Vorsilbe aus.

69. Diese Fürwörter stehen wie der Genetiv meist hinter dem regierenden Hauptwort. Wenn sie vorgesetzt werden, so sind sie substantivirt und nehmen den vocalischen Anlaut an, den sie als Praedicat wieder verlieren nach § 23.

ûmûndu gwangu, gwako, gwake (gwakwe), gwetu, gwenu, gwabo (mein, dein u. s. w. Mensch)

abandu bangu, bako, bake (bakwe), betu, benu, babo (meine, deine u. s. w. Leute)

ûmpiki gwangu, gwako, gwake (gwakwe), gwetu, gwenu, gwabo (mein u. s. w. Baum)

imipiki gyangu, gyako, gyake (gyakwe), gyetu, gyenu, gyabo (meine u. s. w. Bäume)

ikikota kyangu, kyako, kyake (kyakwe), kyetu, kyenu, kyabo (mein u. s. w. Stuhl)

ifikota fyangu, fyako, fyake (fyakwe), fyetu, fyenu, fyabo (meine u. s. w. Stühle)

ûmûndu gwangu mein Mensch

ûgwangu (ûmûndu) der meinige (nämlich Mensch)

gwangu ûmûndu der Mensch ist der meinige, der Mensch gehört mir.

70. Anmerkung. Im Konde richtet sich das besitzanzeigende Fürwort der dritten Personen nicht nach der Classe des Besitzers; in anderen Bantusprachen sind auch hier verschiedene Formen, entsprechend den Classen.

71. Bei Zeitwörtern wie binden, schlagen, reiben u. dergl., wo meist nur ein einzelner Theil der Person, an welcher die Thätigkeit ausgeübt

wird, betroffen wird, pflegen die Konde die leidende Person durch das persönliche Fürwort noch besonders zu bezeichnen, z. B.:

alinkungoma ikiboko er schlug mir die Hand, statt: er schlug meine Hand. Sinn: er schlug mich, und zwar auf die Hand *alinkumpinya ikilundi* er band ihm das Bein, er band ihn, und zwar das Bein.

In diesem Falle wird das besitzanzeigende Fürwort nur selten gebraucht.

72. Die Wörter *-osa* jeder, ganz, alle, *-ene* selbst, allein, *-ngi* ein anderer, müssen dieselben Vorsilben, je nach der Classe, auf welche sie sich beziehen, annehmen, wie die Fürwörter (§ 19); vergl. auch § 30. In der Einzahl der Menschenclasse hat *-osa*: *guesa* und heisst ganz, *-ene*: *muene*, *-ngi*: *jungi*.

ûmûndu guesa der ganze Mensch	*inipiki gyene* allein die Bäume
abandu bosa alle Menschen	*ikikota ikingi* ein anderer Stuhl
ûmpiki guene der Baum allein	*ifikota ifingi* andere Stühle

-ngi »ein anderer« wird ganz wie ein Eigenschaftswort behandelt, *-osa* und *-ene* dagegen wie die Zahlwörter.

73. Bei der ersten und zweiten Person in der Mehrzahl sind bei *-osa* besondere Formen:

usue tuesa wir alle	*tuende tuesa* lasst uns zusammen gehen
umue muesa ihr alle	*muende muesa* ihr möget zusammen gehen.

74. *-ene* bedeutet auch »besitzend«, mit folgendem Object des Hauptwortes. Wird das Besessene durch ein Fürwort ausgedrückt, so wird es durch *na* angefügt (§ 24. 25). In dieser Bedeutung wird *-ene* wie ein Substantiv behandelt, in praedicativer und attributiver Stellung.

ûmuene kitangalala der Eigenthümer des Hofes
ûguene mani der Blätter besitzt (nämlich Baum)
ikyene malundi der (Stuhl) Beine hat
ûmuene nague sein Besitzer (Menschenclasse)
»   *nago*   »   » (Baumclasse)
ûmuene nagyo ihr   »   (»   »)
»   *nakyo* sein   »   (*iki*   »)
»   *nafyo* ihr   »   (»   »)

75. Merke:
ûmuene kisu der Eigenthümer des Landes, Landesherr
ûmuene nyumba der Hausherr
ûmuene nkikulu der Gatte; der ein Besitzrecht hat an die Frau
ûmuene nombe der Eigenthümer der Kuh
ûmuene fua der Repraesentirende bei der Todtenklage
ûmuene kilingo der Erbe
ûmuene nongua der Kläger; der eine Sache hat
ûmuene buite der ein Recht hat, Krieg zu führen.

76. *ene* in Verbindung mit den persönlichen Fürwörtern bildet folgende Formen:

nimwene ich allein   *twibene* wir allein
gwimwene du »   *mwibene* ihr »
mwene er » (Mensch)   *bene* sie » (Menschen)
gwene » » (Baum)   *gyene* » » (Bäume)
kyene » » (Stuhl)   *fyene* » » (Stühle)

nimwene, gwimwene, twibene, mwibene heisst auch ich selbst, du selbst,
wir selbst, ihr selbst. Die übrigen Formen nehmen in der Bedeutung
selbst den anlautenden Vocal an.

    ûmwene er selbst   *abene* sie selbst
    ûgwene » »   *igyene* » »
    ikyene » »   *ifyene* » »

Auch für unsere betonten persönlichen Fürwörter nimmt man diese
letzteren Formen; z. B. wer kommt? er! *ûmwene.*

77. Ein besonderes **Relativum** giebt es nicht, man gebraucht dafür
das hinweisende Fürwort *ûjû, jûla, aba, bala* nach § 20, 21.

  ûmûndu, ûjû akomile der Mensch, welcher geschlagen hat
  abandu, aba babopile, bali kugu? die Menschen, welche geflohen
  sind, wohin sind sie?
  ûmpiki, ûgû gûgwile der Baum, welcher umgefallen ist
  imipiki, gila gisile jene Bäume, welche gekommen sind; die Bäume,
  welche da gekommen sind
  ikikota kyake, eki kifwile sein Stuhl, welcher entzwei gegangen ist
  ifikota, fila fyafwile die Stühle, welche damals entzwei gegangen sind

78. Statt dieser Relativformen wird bei besonderer Betonung des Wortes,
auf das sie sich beziehen, auch das in § 25 aufgeführte hinweisende Fürwort *jûjo, babo* u. s. w. als Relativum gebraucht.

  ûnkikulu, jûjo alisile das Weib, gerade welches gekommen war
  ikikota, kikyo kyafwile gerade der Stuhl, welcher entzwei gegangen war

79. Die Relativsätze können in jeder Verbalform stehen. Die Schwierigkeit beim Gebrauch des Relativums liegt in der richtigen Anwendung der
Fürwörter. Man vergegenwärtige sich stets, dass *ûjû* zugleich »dieser«,
jûla »jener«, *jûjo* »der, von dem die Rede war«, bedeutet.

80. Beispiele:

  ûmûndu, ûjû ikwenda der Mensch, welcher geht
  » » *isakwenda* » » » gehen wird
  » » *enda* » » » ging
  » » *abukile* » » » gegangen ist
  ûmpiki, gûla gûgwile der Baum, jener da, welcher gefallen ist
  imipiki, gila gyagwile die Bäume, jene da, welche gefallen waren
  ikikota, kikyo kikwisa der Stuhl, gerade der, der ankommt
  » » *kisa* » » » » ankam
  » » *kisile* » » » » angekommen ist
  » » *kyalisile* » » » » angekommen war
  ifitili, ifi fisile die Hüte, welche gekommen sind
  » *fila fyalisile* die Hüte, welche damals gekommen waren

81. Ausser den bisher angeführten hinweisenden Fürwörtern giebt es noch folgende Formen:

ne das bin ich   *tee* das sind wir
gee das bist du   *mee* das seid ihr
jo das ist er   *bo* das sind sie
go . . .   *gyo* . . .
kyo . . .   *fyo* . . .

Diese stehen stets mit folgendem Hauptwort, Eigenschaftswort, Fürwort (aber derselben Classe) oder Satz, also nie allein. Die auf diese Fürwörter folgenden Sätze sind im Deutschen meist durch das Relativ übersetzt (vergl. auch § 29).

jo abukile der ist fortgegangen, das ist der, welcher fortgegangen ist
ne mûndu ich bin ein Mensch, ich, der ich ein Mensch bin
tee babeli wir sind unser zwei, wir, die wir unser zwei sind
kyo kiftile (sc. *ikikota*) der ist entzwei, der ist es, welcher entzwei ist
mee bakonyofu ihr seid es, die Dummen oder Vocativ: ihr Dummen
ne nnunu une ich bin gut; ich bin es, der Gute, ich
gee mbibi ugee du bist schlecht; du bist es, der Schlechte, du
gee und *mee* auch vocativisch für *ugee* und *umee* vergl. § 23. Achte auf die verstärkten Formen (vergl. § 19)

jo jû mûndu das ist er, der Mensch
go gû mpiki das ist er, der Baum
kyo ki kitili das ist er, der Hut

82. Als **Verdoppelung** der einfachen hinweisenden Fürwörter merke folgende Formen:

Einfache	Verdoppelte	Einfache	Verdoppelte
ûjû (§ 20) dieser	*jûjûjû* gerade dieser	*jûla* (§ 21) jener	*jûlajûla* gerade jener
aba	*bababa*	*bala*	*balabala*
ûgû	*gûgûgû*	*gûla*	*gûlagûla*
egi	*gigigi*	*gila*	*gilagila*
eki	*kikiki*	*kila*	*kilakila*
efi	*fififi*	*fila*	*filafila*

jûjo (§ 25) der erwähnte   *jûjûjo* gerade der erwähnte
babo   *bababo*
gûgo   *gûgûgo*
gigyo   *gigigyo*
kikyo   *kikikyo*
fifyo   *fififyo*

83. Die in § 81 erwähnten hinweisenden Fürwörter *ne*, *gee*, *tee*, *mee* werden zum Ausdruck des Relativum gebraucht, wenn es sich auf die erste oder zweite Person bezieht.

une ne nganile ich, der ich geliebt habe
ugee gee uganile du, der du geliebt hast
umee tee tuganile wir, die wir geliebt haben
umee mee muganile ihr, die ihr geliebt habt

Ist das Verbum des Relativsatzes eine Form von »sein«, so wird sie nicht übersetzt:

une ne mündu ich Mensch; ich, der ich ein Mensch bin
ugwe gwe nkulumba du bist gross; du, der du gross bist
uswe twe banyambala wir Männer; wir sind Männer; wir, die wir Männer sind
umwe mwe bakikulu ihr Frauen; ihr seid Frauen; ihr, die ihr Frauen seid

84. Das Object im Relativsatz wird regelmässig nach § 48—54 behandelt.

une ne nunkomile ich, der ich ihn schlug
ugwe gwe ukyulile du, der du ihn (Stuhl) gekauft hast
uswe twe twgibalile wir, die wir sie (Bäume) gezählt haben
umwe mwe mubatukile ihr, die ihr sie geschimpft habt

85. Wenn das Relativum selbst Object ist, so wird oft die demselben entsprechende Classenvorsilbe als Object vor das Verbum gesetzt; das Relativum selbst bleibt unverändert. Undeutlichkeit dieser Ausdrucksweise kann nur durch den Zusammenhang aufgeklärt werden.

NB. Nie dürfen zwei Objectspronomina vor einem Verbum stehen.

ümündu, üjü nalimbwene der Mensch, welchen ich gesehen hatte
abandu, aba nikubapinya die Menschen, welche ich binde
ümpiki, gûla ngûtumwile jener Baum, welchen ich gefällt habe
imimage, egi isakukupa die Messer, welche er dir geben wird
ikitili, eki ukyulile der Hut, welchen du gekauft hast
ifikota, efi kufileka die Stühle, welche du lässt

86. Ähnlich wie die Fürwörter in § 81 sind die **3 Umstandswörter des Ortes** *mo, po, ko* entstanden (vergl. § 122—125); *mo* entspricht etwa dem deutschen »in«, *po* »bei, auf, an«, *ko* »hin, her«. Sind die beiden Dinge, von denen die Rede ist, in einander, so sagt man *mo* (innerster Kreis), an einander, so sagt man *po* (mittlerer Kreis), ausser einander, so sagt man *ko* (äusserster Kreis). Der Redende kann sich selbst als eins der beiden Dinge, von denen die Rede ist, betrachten.

alimo er ist drin (im Hause)   *alipo* er ist hier (dicht bei)
ndimo ich bin »   »   »   *ndipo* ich bin hier »   »
     aliko er ist vorhanden (ich sehe ihn aber nicht)

Weitere Beispiele siehe beim Imperativ § 88.

NB. Der Gebrauch dieser drei Ortsbezeichnungen, welcher durch alle Bantusprachen durchzugehen scheint, ist etwas Eigenthümliches dieser Sprachfamilie, und es fällt uns Europäern sehr schwer, uns in diese Gedanken und Sprechweise hineinzudenken; aber nur dann werden wir die Eingeborenen wirklich verstehen und wir uns selbst ihnen verständlich machen können, wenn wir bei dem Gebrauch der Worte *mo, po, ko* immer an die drei Kreise denken, in welchen der Eingeborene die Dinge vorgehen sieht.

87. Die Ortspartikel *po* wird oft in der Bedeutung »dann« gebraucht zur Einführung des Nachsatzes (temporales *po*):

po nisakukukoma dann werde ich dich schlagen
po nisakulila dann werde ich weinen

88. Ein Befehl an eine Person wird durch den Stamm des Zeitwortes gebildet. Diese Form kann nur mit dem objectiven Fürwort der ersten Person Sing. verbunden werden (vergl. § 90) *mba!* gieb mir! *mbula!* sag mir! In Verbindung mit der dritten Person Sing., ersten und dritten Person Plur. lautet die Befehlsform: *mbule* sage ihm, *tubule* sage uns, *babule* sage ihnen, *ṇka!* gehe hinaus! *gana!* liebe! *londa!* suche!

Bei einem Befehl an mehrere Personen wird der Conjunctiv genommen (s. § 90).

Mit der Befehlsform werden die drei Ortspartikel *mṇ, pṇ, kṇ* häufig verbunden: *ṇkakṇ!* gehe hinaus! *mbapṇ!* gieb mir! *bekamṇ!* lege drin nieder! *bujakṇ!* kehre von dort zurück! *mbulapṇ!* sage mir davon etwas!

89. Um die Absicht des Redenden auszudrücken, bildet man einen Conjunctiv, der aber nur in dieser einen Form vorkommt und im Deutschen durch verschiedene Zeiten übersetzt werden kann. Er wird gebildet, indem man das Fürwort aus § 27 vor den Stamm setzt und das Schluss-*a* in *e* verwandelt.

ngane	damit ich lieben möge, möchte, soll, sollte		
ugane	» du »	mögest, möchtest, sollst, solltest
agane	» er »	möge, möchte, soll, sollte
gigane	» » »	» » » »
kigane	» » »	» » » »
tugane	» wir »	mögen, möchten, sollen, sollten
mugane	» ihr »	möget, möchtet, sollt, solltet
bagane	» sie »	mögen, möchten, sollen, sollten
gigane	» » »	» » » »
figane	» » »	» » » »

Das deutsche »damit« wird durch diese Form selbst ausgedrückt und darf nicht noch besonders übersetzt werden.

Das deutsche »dass, so dass« und »damit« übersetzt man mit Formen des Verbums *ukuti* und folgendem Conjunctiv. Dieses *ukuti* steht aber auch in Verbindung mit allen anderen Verbalformen und hat dann die Bedeutung des deutschen »nämlich« oder »folgendes«.

bikumbula ukuti afwile sie sagen mir, dass er gestorben ist
mbule ukuti ise sage ihm, dass er komme
 sage ihm, nämlich: er möge kommen
balinkunkṇma ukuti afwe sie schlugen ihn, dass er sterbe, nämlich: damit er sterbe

90. Diese Form wird, allein für sich, gebraucht, um eine Aufforderung, einen Befehl in einer höflicheren Form auszusprechen; ferner kommt sie in Anwendung in Verbindung mit dem objectiven Fürwort:

tubuke lasst uns gehen   *undonde* suche ihn!
usṇke gehe hinaus   *ubakṇne* schlage sie!

Wird ein Befehl an mehrere Personen gegeben, so muss diese Form gewählt werden: *mugone* ruhet! *mubuke* gehet! *musṇke* gehet hinaus!

91. Man kann vor diesen Conjunctiv noch ein *a* setzen, um den Wunsch, Befehl, die Aufforderung auszudrücken, wenn die Handlung nicht sofort geschehen soll:

a nyane ich will mal lieben, ich möchte nachher lieben u. s. w.

a ugane du willst etc.

a agane er will etc.

a gûgane

a kigane

a tuyane wir wollen etc.

a mugane ihr wollt etc.

a bayane sie wollen etc.

a gigane

a figane

NB. *a mu* für den Befehl in der Mehrzahl häufig: *a mulonde* suchet, *a musoke* gehet hinaus.

92. An alle bisher vorgekommenen Verbalformen, mit Ausnahme des Perfectum und Plusquamperfectum, kann eine Silbe angehängt werden, um der Handlung eine gewisse Dauer, einen gewissen Nachdruck zu verleihen. An die mit *a* endigenden Formen hängt man *ya*, an die mit *e* endigenden *ge*. Das Zeitwort *ti* sagen (§ 120) bildet *tigi*. (In einigen Mundarten wird der Conjunctiv auf *aye* statt auf *eye* gebildet.)

> *nikulondaga* ich suche ja
> *nalondaya* ich würde suchen, ich suchte
> *nisakulondaga* ich werde schon suchen
> *komaga!* schlage doch!
> *a mugonege* so ruhet wohl
> *ndondeye* damit ich suchen möge
> *a ubukeye* so mögest du dann gehen
> *ndinkundondaga* ich suchte ihn

Mit diesen Formen werden die drei Ortspartikel *mo*, *po*, *ko* gern verbunden, sie bewirken aber dabei, dass vor das *g* der Endsilbe *ya* oder *ge* ein *n* tritt: *londangako* suche dort. *usokengemo* gehe hier heraus. *tsalekangapo* wir hätten darauf gesetzt.

Der Conjunctiv in Verbindung mit *ge* wird nach *pala*, *palapala* »damals als« als erzählende Form gebraucht:

> *pala ndondeye* damals als ich suchte
> *palapala mueiseye* als ihr kamet
> *pala numpeye ümunyu* damals als ich ihm das Salz gab
> *palapala bambinyeye* damals als sie mich banden

93. Um zu bezeichnen, dass erst eine Zeit verstreichen oder dass man erst hingehen muss, um eine Handlung auszuführen, setzt man im einfachen Conjunctiv und im Conjunctiv mit vorgesetztem *a* (§ 91) zwischen das Fürwort und das Zeitwort die Silbe *ka* (ka der Bewegung, ka movendi); dieses *ka* unterliegt der Regel § 30.

So sagt beim Abschied der Konde zu dem, welcher bleibt, *ugone* »du mögest ruhen«. Die Antwort an den Fortgehenden lautet *ukayone* »du mögest ruhen«. Oder, wenn man einen späteren Termin im Auge hat: *a ugone* »so mögest du denn ruhen« und die Antwort: *a ukayone* »mögest du dann ruhen«.

Vor Zeitwörtern, die mit einem Selbstlaut anfangen, lautet die Silbe *k*.

gwangaleye sagt der Besuch
ukangaleye sagt der Wirth
ukeye ûmmage gûla hole doch jenes Messer
ukiseye du mögest (nach einiger Zeit) kommen
ukoge bade (nach einiger Zeit)

94. Ausser der in § 43 aufgeführten Form des Futurums werden noch eine Reihe futurischer Formen gebildet; von denselben giebt es auch meist Conjunctiv-Formen, um auszudrücken, dass eine Handlung erst in der Zukunft geschehen soll, möchte, könnte.

a. Indicativ	*b.* Conjunctiv	*c.* mit *ka* (§ 93)
1. *nisakugana*	*nsengane*	*nsengagane*
s. § 43	*gwisuyane*	*gwisukagane*
	isagane	*isakagane*
	gwisegûyane	*gwisegûkagane*
	kisekiyane	*kisekikagane*
	twisetugane	*twisetukngane*
	mwisemugane	*mwisemukagane*
	yiseyiyane	*yiseyikagane*
	fisefiyane	*fisefikagane*
2. *nikwisakugana*	*nisenyane*	*nisengagane*
kwisakugana	*gwimyane*	*gwisukagane*
ikwisakugana	u. s. w. wie oben 1 *b*	u. s. w. wie oben 1 *c*
gûkwisakugana		
kikwisakugana		
tukwisakugana		
mukwisakugana		
bikwisakugana		
yikwisakugana		
fikwisakugana		
3. *isanikugana*	*isengane*	*isengagane*
isakugana	*gwisuyane*	*gwisukagane*
isaikugana	*isagane*	*isakagane*
isagûkugana	u. s. w. wie 1 *b*	u. s. w. wie 1 *c*
isakikugana		
isatukugana		
isamukugana		
isabikugana		
isayikugana		
isafikugana		
4. *nikwakugana*	5. *nisakwakugana*	
kwakugana	*kusakwakugana*	
ikwakugana	*isakwakugana*	
gûkwakugana	*gûsakwakugana*	
kikwakugana	*kisakwakugana*	

tukwakugana	*tusakwakugana*
mukwakugana	*musakwakugana*
bikwakugana	*bisakwakugana*
gikwakugana	*gisakwakugana*
fikwakugana	*fisakwakugana*

4. und 5. haben keinen Conjunctiv und deshalb auch keine Form mit *ka*.

Vorstehende Formen sind zum Theil mit Hülfe von *isa* (1—3), zum Theil mit Hülfe von *kwa* (4), zum Theil mit beiden (5) gebildet; *isa* geht sicher auf das Zeitwort *ukwisa* -kommen- zurück, *kwa* wahrscheinlich auf das Zeitwort *ukuja* (§ 201), das im Konde -sein, werden-, in verwandten Sprachen aber allgemein -gehen- bedeutet. Die ursprüngliche Bedeutung beider Zeitwörter scheint noch heute maassgebend für den Gebrauch der durch sie gebildeten Formen zu sein.

95. Ausser den bisher genannten häufigen Formen giebt es im Konde noch einige s e l t e n e r a n g e w a n d t e Bildungen, von denen hier nur Folgendes erwähnt sei: *a*. Es werden z. B. eine Anzahl Formen mit dem im § 91 erwähnten *a* gebildet, welches mit dem im vorigen Paragraphen erwähnten *kwa* einer Abstammung zu sein scheint:

1. *a* tritt vor das Präsens § 40

    anikulonda ich mache mich auf, zu suchen

    akulonda du machst dich auf u. s. w.

    aikulonda er macht sich auf u. s. w.

2. Ähnlich wie die Form *ndiukulonda* in § 42 wird folgende Form gebildet:

    nankulonda ich machte mich auf zu suchen; ich würde suchen

    gwankulonda du machtest dich auf u. s. w.

    aukulonda er machte sich auf u. s. w.

    twankulonda   statt *li* steht hier *a*

    mwankulonda

    bankulonda

3. Vor die Form nd 2 wird noch einmal *a* gesetzt:

anankulonda ich würde im gegebenen Fall mich aufmachen zu suchen

agwankulonda

aankulonda   u. s. w.

b. Einige Formen sind mit Hülfe der Vorsilbe *i* gebildet, welche wohl zu unterscheiden ist von dem *i* des Reflexivs § 49, aber zusammenfällt mit dem *i* in *iku* des Präsens (§ 40) und mit dem *i* im Imperativ der einsilbigen Zeitwörter (§ 193). Diesem *i* kann noch das *ka* aus § 93 vorgesetzt werden, das mit ihm zu *ki* zusammenschmilzt:

ukilasaga schiesse nur, von *lasa*

akibujamo er wird wohl nun abstehen (von irgend einer Sache), von *buja*.

96. Um auszudrücken, dass man das Eintreten einer Handlung voraussetzt oder wünscht, fügt man ein *lē* dem Fürwort hinzu, *n-lē* wird *ndē*. Für den Gebrauch dieser Formen merke man folgende 3 Fälle:

1. *ulēmbapǫ!* gieb mir doch! (ich setze voraus, dass du mir giebst)
   alēbatama! wenn er doch schwiege! (ich wünsche, dass er es thut)
2. *ulēudasa!* (von *lasa* stechen) stich mich nur noch (ich setze voraus,
   dass du mich stechen wirst, wenn du mit dem Speer spielst)
   ulēndita! (*tita* kneifen) du wirst mich noch kneifen (d. h. im Ernst
   wirst du mich noch kneifen, bisher thatest du es im Scherz)
3. *balēntwala ûmûndu* sobald, sowie sie den Menschen bringen (nach
   meiner Voraussetzung muss es bald geschehen)
   ulēkantwale bringe ihn doch hernach (du wirst es doch thun?)
   Das deutsche »sobald, sowie« wird in diesem Falle also nicht
übersetzt.

»Wenn«, »sobald« wird durch diese Form nur dann ausgedrückt,
wenn man voraussetzt, dass die Handlung geschehen wird. Ist der Voll-
zug der Handlung zweifelhaft, unwahrscheinlich oder geradezu ausgeschlossen, so muss man die im folgenden Paragraphen besprochenen Formen
wählen.

97. Das »wenn« in **Bedingungssätzen** übersetzt man durch *linga*
(*ilinga, nangi, ᵹnga*), z. B.:

linga nikunkǫma, ikulila wenn ich ihn schlage, so weint er;
linga nisile kukaja, nisakukubilikila wenn ich nach Haus gekommen
bin, werde ich dich rufen.

Stehen die Zeitwörter in Bedingungssätzen im Conjunctiv (franz.: Con-
ditionel), so wird »wenn« oder der Conjunctiv ebenso wie oben übersetzt;
der Nachsatz aber wird eingeleitet mit *nya, anga, ngali* oder *angali* und
angaja. Die Zeitwörter in beiden Sätzen stehen im Indicativ.

linga nankǫnaga, anya ikulila wenn ich ihn geschlagen hätte, so
würde er weinen; wenn ich ihn schlagen würde, so weinte er;
würde ich ihn schlagen, so weinte er
linga nalisile kukaja, angali numbulile wenn ich nach Hause gekommen wäre, so hätte ich es ihm gesagt; wäre ich nach Hause
gekommen, so hätte ich es ihm gesagt.

98. Die **Verneinung** des Präsens wird gebildet, indem man *tiku*
zwischen das Fürwort und den Stamm des Zeitwortes stellt. In der 1. Person
der Einzahl entsteht so (nach § 30) *ndiku*.

ndikugana ich liebe nicht	*tutikugana* wir lieben nicht
utikugana du liebst »	*mutikugana* ihr liebt nicht
atikugana er liebt »	*batikugana* sie lieben »
gûtikugana » » »	*yitikugana* » » »
kitikugana » » »	*fitikugana* » » »

Anmerkung: *tiku* ist offenbar entstanden aus der Negation *ta* (§ 99
Anm.) und dem *iku* des Präsens (§ 40).

Auch zur Verneinung des Futurum wird, wie im Präsens, ein *t* nach
dem Fürwort eingeschoben.

ndisakulǫnda ich werde nicht suchen *ndiwisakwiba* ich werde nicht stehlen
utisakulǫnda du wirst nicht suchen *utiwisakwiba* du wirst nicht stehlen
u. s. w. u. s. w.

isindikula ich werde nicht kaufen
isiutikula du wirst »   »
isatikula er wird »   »
     u. s. w.

udikwakwangala ich werde mich nicht
amüsiren
utikwakwangala du wirst dich nicht
amüsiren

atikwakwangala er wird sich nicht amüsiren
     u. s. w.

ndisakwakuyana ich werde nicht lieben
utisakwakugana du wirst »   »
atisakwakuyana er wird »   »
     u. s. w.

99. Durch Einfügung der Negation *ka* zwischen Fürwort und Zeitwort entstehen folgende Formen (über die Veränderung des *ka* bei der
ersten Person Sing. s. § 30):

ngagana ich habe nicht geliebt, ich liebte nicht
ukagana du hast »   » du liebtest nicht
akagana er hat »   » er liebte nicht
gukagana » »   »   »   »   »   »
kikagana » »   »   »   »   »   »
tukagana wir haben nicht geliebt, wir liebten nicht
mukagana ihr habt »   »   »   »   »
bakagana sie haben »   »   »   »   »
gikagana » »   »   »   »   »   »
fikagana » »   »   »   »   »   »
ngaganile ich hatte nicht geliebt
ukayanile du hattest nicht geliebt
     u. s. w.

Bei Zeitwörtern, die mit einem Selbstlaut anfangen und bei folgendem
persönlichen Objectsfürwort der ersten und dritten Person Sing. (*m, n*) fügt
man statt *ka kali* (*kaly*) ein (s. auch § 61).

ngalyayile ich hatte nicht gefunden
ukalyagile du hattest »   »
akalyagile er hatte »   »
     u. s. w.

ngalindondile ich hatte ihn nicht gesucht
ukabalondile du hattest sie »   »
akatulondile er hatte uns »   »
tukagilondile wir hatten sie »   »
mukalindondile ihr hattet mich (ihn) nicht gesucht
bakalindondile sie hatten »   »   »   »

Anmerkung: Dialektisch wird für *ka* auch *ta* gesagt.

100. Die Verneinung des Imperativs und der ihm verwandten Wunsch-
formen (s. §. 88—90) wird gebildet durch Einfügung von *nga* zwischen Fürwort und den Stamm des Zeitwortes. Die erste Person Sing. ist unregelmässig. Vor Stämmen, die mit einem Selbstlaut anfangen, fällt das *a* bei
nga aus. Die in § 92 erwähnte Silbe *ga* ist bei dieser Form sehr gebräuchlich.

nangagana(ga) ich möge, soll nicht lieben
ungagana(ga) du mögest, sollst »   »
angagana(ga) er möge, soll »   »

gûngagana(ga) er möge, soll nicht lieben
kingagana(ya) » » » » »
tungagana(ya) wir mögen, sollen nicht lieben
mungagana(ga) ihr möget, sollt » »
bangayana(ya) sie mögen, sollen » »
gingagana(ya) » » » » »
fingagana(ga) » » » » »
nangiha(ya) ich möge nicht stehlen
ungiha(ga) du mögest » »
augiba(ga) er möge » » u. s. w.
nangula(ga) ich möge nicht kaufen
ungula(ya) du mögest » »
angula(ga) er möge » » u. s. w.

Auch zur Verneinung des Conjunctives Futuri wählt man das *nga* (vgl. § 98).

nangisakulonda ich möge nicht dazu kommen zu suchen
ungisakulonda du mögest » » » » »
angisakulonda er möge » » » » »
gûngisakulonda » » » » » » »
kingisakulonda » » » » » » »
tungisakulonda wir mögen » » » » »
mungisakulonda ihr möget » » » » »
bangisakulonda sie mögen » » » » »
gingisakulonda » » » » » » »
fingisakulonda » » » » » » »

101. Die aufgeführten Formen der Verneinung werden in jeder Art von Satz (Bedingungssätze, Hauptsätze, Relativsätze) gebraucht. Andere Formen kommen nicht vor.

102. Die Formen, welche im Activum auf *a* endigen, bilden das **Passivum**, indem sie das *a* in *igra* verwandeln.

nikugana ich liebe
ndikugana ich liebe nicht
nagana ich liebte
ngagana ich liebte nicht
» ich habe nicht geliebt
ndinkugana ich liebte

nikuganigra ich werde geliebt
ndikuganigra ich werde nicht geliebt
naganigra ich wurde geliebt
ngaganigra ich wurde nicht geliebt
» ich bin nicht geliebt worden
ndinkuganigra ich wurde geliebt.

Ebenso *ndipakugana,* Passiv *ndipakuganigra*
       ndikukugana, » *ndikukuganigra*
       nisakugana, » *nisakuganigra*
       ndisakugana, » *ndisakuganigra*
       ndégana, » *ndéganigra* u. s. w.

Die Praeposition »von«, »durch« bei der Leideform wird durch *ku* übersetzt, bei Personen *kra*.

103. Die Formen auf *ga* setzen dasselbe hinter die Passivendung:

nikulondaga — *nikulondigraga*
nalondaga — *nalondigraga*
nangalondaga — *nangalondigraga* u. s. w.

104. Das Perfectum und Plusquamperfectum streicht die Endung *ile* ab und setzt dafür die Endung *īgwe*, um die Leideform zu bilden. Das *i* des *igwe* hat hier den Ton.

nganile ich habe geliebt	*nganīgwe* ich bin geliebt worden
naganile ich hatte geliebt	*naganīgwe* ich war geliebt worden
nyaganile ich hatte nicht geliebt	*ngaganīgwe* ich war nicht geliebt worden
nalyagile ich hatte gefunden	*nalyagīgwe* ich war gefunden worden

105. Die Conjunctiv-Formen auf *e* (s. § 89 f.) bilden die Leideform, indem sie statt *e: igwe* anhängen. Der Ton geht hier auf die drittletzte Silbe (cf. § 104). An diese Formen kann auch die Endung *ge* angehängt werden (§ 92).

106. Die Leideform kann auch von solchen Zeitwörtern gebildet und gebraucht werden, welche das Object im Deutschen im dritten Fall zu sich nehmen. Man merke folgende Redensarten:

> *nikubuligwa* mir wird gesagt
> *nikupegwa* mir wird gegeben
> *mbeligwe* mir ist gegeben worden

107. Eine Anzahl Zeitwörter sind nur ihrer Form nach Passiva, weichen aber auch in der Perfectbildung von der regelmässigen Leideform ab (Deponentia).

ilwa vergessen, *nikwilwa* ich vergesse,		Perf. *nibilwe* oder *nibwilwe*
pondwa etwas nicht erlangen, *nikupondwa*,		» *mbondilwe*
komwa wahrsagen, *nikukomwa*,		» *ngomilwe*
kubilwa jemandem schlecht ergehen, *nikukubilwa*,		» *nyubilwe*

108. Bei folgenden Zeitwörtern dieser Art ist das Perfectum in Klammern daneben gesetzt.

abgeschnitten werden *tumukilwa* (*tumukilwe*)	rathlos werden *jejelwa* (*jejilwe*)
angeschimmelt werden *fufilwa* (*fufilwe*)	satt werden *fukwa* (*fukilwe*)
aufgeregt werden *tutwa* (*tutilwe*)	träumen *gogwa* (*gogilwe*)
bettelarm werden *ojelwa* (*ojilwe*)	unentschlossen sein *ilamwa* oder *silamwa* (*ilemwe, silemwe*)
sich erbarmen *susilwa* (*susilwe*)	verschimmelt sein *bubilwa* (*bubilwe*)
ertrinken *milwa* (*mililwe*)	sich verschlucken *lakilwa* (*lakilwe*)
gähren *tutwa* (*tutilwe*)	wittern *pumbwa* (*pumbilwe*)
Günstling werden *kundwa* (*kundilwe*)	zurückgeblieben sein *tusukilwa* (*tusukilwe*)
Gunst verlieren *kimwa* (*kimilwe*)	
nicht reichen *agilwa* (*agilwe*)	
nichts erreichen *kunwa* (*kunilwe*), *putwa* (*putilwe*)	

Merke noch *sulwa*, welches nur negativ gebraucht wird und dem deutschen »ja nicht, durchaus nicht« entspricht.

109. Durch die Vorsilbe *ka* bildet man das **Umstandswort** der Zahlwörter:

kamo einmal, *kabili* zweimal, *kahano nakamo* sechsmal, *kahano nakatatu* achtmal. Merke: *kalinga* wie oft? *kanunu* gut, *kabibi* schlecht.

110. Umstandswörter der Zeit.

gestern *majǫlǫ*
vorgestern *pakijǫlǫ*
heute *umusi ûgú, iñsuba ñññ*
morgen *kilabǫ*
übermorgen *palübundju*
morgens, morgen früh *nǫlübundju*
vormittags *nesanya*
mittags *pamusi*
zur Mittagszeit *ndyemǫ*
nachmittags *mwilunduko*
abends *namajǫlǫ*
die Nacht hindurch *bûkyę*
immer *bwila, bwilabwila*
jetzt *leling* (mit Präsens)
bald, schnell *mbebembebe*
alsbald, sogleich *nakalinga, leling bunǫbunǫ*

ein ander Mal *linga siku*
gleich erst *ngani* mit dem Relativ des Zeitwortes s. § 208
soeben (vorhin) *lelinǫ* (mit dem Perfectum) *lelinǫ bunǫbunǫ*
langsam *mbǫlambǫla*
vorlängst, schon *ñtasi, pītasi*, (betont) *pa pītasi*
jemals *siku*
dereinst, ein ander Mal *linga siku*
niemals *nasiku*
damals *pala, pálapala*
nach langer Zeit *kû bûbǫ, mbûsapala*
nach langer, langer Zeit *kǫ kû bûbǫ*
zunächst, warte! warte erst! *tasi*

111. Umstandswörter des Ortes:

rechts *kùkilìlǫ*
links *kùkimama*
neben, daneben *kùmbali*
seitwärts *pambali*
an der Körperseite *mùmbali*
nahe *papipi, kifuki*
diesseits *ixelya eñ*
jenseits *ixelya ñla*
da *-pǫ*, an's Zeitwort gehängt
fern, weit *patali*
her *-kǫ*, an's Zeitwort gehängt
vorn *nkyeni*
hinten, hinter, auf dem Rücken *panyuma, kùnyuma, mùnyuma*
nach hinten, rückwärts *kyanyumanyuma* mit Relativ
oben *pamwanya, kùmwanya*
unten *pasi*
unter *kùsi*
aussen *pandja*
zwischen *pakati, nkati*

oberhalb *kùlulu, kwigima*
unterhalb *kwitǫngǫ, kwijala*
ûmú hier drin
ùkù dort
apa hier
mùnǫ hier drin
kùnǫ hierher
mùnǫmùnǫ gerade hier drin
kùnǫkùnǫ gerade hierher
papapa gerade da
mùla dorthinein
pala dort
kùla dorthin
mùmǫ dadrin
papǫ ebenda
kùkǫ eben dahin
mùmùmǫ gerade darin
papapǫ gerade eben da
kùkùkǫ gerade eben dahin
s. auch § 123.

112. Umstandswörter der Art und Weise:

ja *ęna, ęnamwa, ę*
so *bunǫbuno*
vielleicht *pamǫ, kingamǫ*
wirklich, gewiss *mùmǫ, nalǫli*
sehr *fijǫ*

nein *mma, hemma*
zusammen, zugleich *pamǫpęnę, lûmǫ*
mit dem Relativ des Zeitwortes
wieder *kangi* (auch ausserdem)
unsonst, nur *itǫlǫ*

113. Einige im Deutschen vorkommende Umstandswörter kann man im Konde nur durch Zeitwörter wiedergeben, z. B.:

spät (vormittags) durch *bükile*	hinauf durch *fyuka* hinaufgehen
» (nachmittags) » *bwilile*	herab » *suluka, ikillla* hinabgehen
zuerst durch *tala* anfangen	umher » *syungufila* umgeben
zuletzt » *malekinya* beenden	zurück » *buja, gomoka* zurück-
entlang » *kunya* folgen	kehren

»Genug« durch Wiederholung des Zeitwortes, z. B.: hast du genug getrunken? '*nwile* ja genug; oder man bedient sich des im § 25 erwähnten Fürwortes:

babo es sind genug (Menschen)	mehr durch *ongela* hinzufügen
gûgo es ist genug (Salz)	weniger » *nenulapo* fortnehmen
fifyo » » » (*ifindu*) *papo* und	vergeblich durch *pondwa, pohwa, kuniwa*
po papo	

Merke: »noch nicht« wird wiedergegeben durch die Verneinung des Zeitworts »sein« *li*:

ngali ich noch nicht mit dem Infinitiv des Zeitworts
ukali du   »   »
akali er   »   »
gûkali »   »   »
kikali »   »   »
tukali wir   »   »
mukali ihr   »   »
bakali sie   »   »
gikali »   »   »
fikali »   »   »
akali ûkwewa er ist noch nicht gekommen

114. Als einfache **Praepositionen** erscheinen im Konde:

na »mit«   *pa* (vor Personen *pa*) bei
kû (vor Personen *kwa*) durch, nach, von   *mû* (»   »   *mwa*) in
(*kû, pa, mû* verwandt mit den Localpartikeln § 86.)

Für die Verbindung dieser Praepositionen mit Hauptwörtern gelten folgende Regeln. Der anlautende Vocal der Hauptwörter fällt vor *mû, pa, kû* aus. Wenn auf *mû* ein einfacher Consonant folgt, wird es mit demselben verschmolzen nach den Regeln für *m* in § 49; *ny* gilt als einfacher Consonant. Folgt auf *mû* ein Doppelconsonant wie *nd, ng, nk, mb, mp, ndj,* so bleibt es unverändert, z. B. *mûmpiki* im Baum. *na* »mit« wird mit dem anlautendenVocal (Nominalpraefix) verschmolzen, und zwar giebt *na + a = na, na + i = ne, na + u = no* (doch s. § 197).

Werden diese drei Praepositionen mit den hinweisenden Fürwörtern verbunden, so nehmen sie noch ein *li* an: *mûli kila* in jenem, *kûli aba* zu diesen, *pali jûla* bei jenem. Hierzu gehören auch aus § 81 die Formen *ne, gwe, bwe, mwe; pali ne mundu* bei mir, der ich ein Mensch bin, aber *pamundu* beim Menschen. (Über die Verbindung mit persönlichen Fürwörtern s. § 118.)

115. Die Umstandswörter des Ortes in § 111 sind fast alle entstanden durch Zusammensetzung der eigentlichen Praepositionen mit Hauptwörtern.

Sie können durch Wiederholung der ihnen zu Grunde liegenden Praeposition zu Praepositionen werden.

kúkiŝilọ kúmundu rechts vom Menschen
kùmbali kịca Mịcankẹndja neben Muankendja
apa pamalafyalẹ hier beim Häuptling
múla nkịbaga dort in dem Stall

    nkyẹni mu   *kúlulu kúno* hier oben
    panyuma pa   *kịrijala kûla* dort unten
    pamịcanya pa   *pakati pa*
    kùmịcanya kú   *nkati mù*
    kùsi kù   *papipi pa*
    pasi pa   u. s. w.

116. Vielfach werden Ausdrücke, zu deren Bildung wir Deutschen Praepositionen gebrauchen, im Konde nur durch das Zeitwort und dessen Formen bezeichnet.

»bis« wird durch *fika* »ankommen« bezeichnet
»von« » » *fuma* »herkommen« »

Das Übrige s. § 208.

117. Merke noch folgenden Gebrauch der einfachen Praepositionen, vergl. auch § 111.

ikugọnapọ pa Mịcankẹndja er wohnt bei Muankendja
asọkẹko kúkibaga er soll aus dem Stalle herausgehen
bekamọ nkibaga bringe in den Stall
lnịjakọ kûla kehre zurück von dorther
ikugọnamọ mọki? Wo schläft er?

118. Wenn die Praepositionen *mù, pa, kú* mit den persönlichen Fürwörtern verbunden werden, so werden dafür die besitzanzeigenden Fürwörter aus § 67 gebraucht, vor welche die Silbe *mya* bez. *my* tritt: *mù* wird *m*.

pamyangu bei mir, bei mir zu Hause
pamyakọ » dir, » dir daheim
pamyakẹ (pamyakịcẹ) bei ihm, bei ihm daheim
pamyẹtu bei uns
pamyẹnu » euch
pamyabọ » ihnen
kûmyangu zu mir hin, von mir fort nach Hause
kûmyakọ u. s. w.
mmyangu in mir, zu Hause, in meinem Besitzthum (Heimat)
mmyakọ u. s. w.

Über die Verbindung des *na* »mit« mit den persönlichen Fürwörtern vergl. § 24. 25.

Anmerkung: Statt *pamyangu, kùmyangu, mmyangu* u. s. w. kommt auch *pamịcangu, kùmịcangu, mmịcangu* u. s. w., vereinzelt auch *pangu, pakọ, pakẹ* vor.

119. In vielen Fällen ist es im Konde nicht nöthig, die Verbindung der Sätze durch besondere **Conjunctionen** zu erläutern. Wir haben vorhin

schon Formen der Zeitwörter gelernt, die zugleich gewisse Conjunctionen ausdrücken. So ersetzt der Conjunctiv in vielen Fällen »dass, damit« (§ 89), die *li-*Form (§ 96) »sobald, sowie«.

»Damit, um zu« kann auch durch den Genetiv des Infinitivs ausgedrückt werden.

ifindu fya kulya Nahrungsmittel (d. h. Nahrungsmittel, um sie zu essen) *amesi ga kunwa* Trinkwasser (Wasser, um zu trinken) vergl. auch § 208.

Bei allen diesen Fällen wäre es unnöthig, noch eine Conjunction hinzuzusetzen.

120. Im Folgenden sind einige Conjunctionen gegeben, welche im Gebrauche sind.

und, auch *na*	auch wenn *na papo linga*
aber *loli*	obschon *na papo*
dann ja *po loli*	ja dann, und nun, und dabei, da ja
denn, weil *buno, papo*	doch *ndimba, ngimba*
während, als *bo*	da ja, weil ja *namanga*
damals als *pala, palapala*	darum auch *fyobene, fyamenye, kyobene,*
dass *ûkûti*	*kyamenye*
wie *bo, bo apa, bo papo*	darauf, dann *po papo*
auch *-ope*	sodann, und dann, nun *lelo*
ob, wenn *linga*	

Durch das Zeitwort *fika* »ankommen« kann allenfalls die Conjunction »bis dass« ausgedrückt werden. Am besten sagt man *ûkûfika kûno* mit Verbum, z. B. *nikunkola nikufika kûno nikumpinya* ich halte ihn fest, bis dass ich ihn binde.

Ähnlich kann man »seitdem« durch *ûkûfuma* »herkommen« ausdrücken. »daraufhin« durch *enda noku.*

na »und, auch« in Verbindung mit Fürwörtern s. § 24, 25; mit Hauptwörtern wird es so verbunden wie *na* »mit« s. § 114.

-ope »auch« wird wie die Fürwörter mit den Klassensilben gebraucht.

jope auch er	*gope* auch er (Baum)
bope auch sie	*gyope* auch sie (Bäume)
kyope auch er (Stuhl)	
fyope auch sie (Stühle)	

ûkûti »dass« ist eigentlich der Infinitiv des **Zeitwortes** *ti* **sagen**. Es können auch andere Formen, ausser dem Infinitiv, für das deutsche »dass, ob« gebraucht werden, z. B. »er fragt, ob« *ikulalusya ikuti*; »er sagt, dass« *ikujoba ikuti* oder nur: *ikuti*, »sie sagte mir, dass« *bikumbula bikuti* oder *bikumbula ûkûti*. Der Konde leitet also den deutschen »dass«-Satz ein durch eine entsprechende Form von *ti* sagen. Er sagt nicht »er fragt, ob«, sondern »er fragt, er sagt«; nicht »sie berichten mir, dass«, sondern »sie berichten mir, sie sagen« oder »sie berichten mir zu sagen«.

Das Zeitwort *ti* sagen (auch: »machen, thun, wünschen, denken«) bildet folgende Formen:

nikuti ich sage, denke

kuti du sagst, denkst

ikuti er sagt, denkt

yukuti ▸ ▸ ▸

kikuti ▸ ▸ ▸

tukuti wir sagen, denken

mukuti ihr sagt, denkt

bikuti sie sagen, denken

gikuti ▸ ▸ ▸

fikuti ▸ ▸ ▸

nisakuti ich werde sagen, denken

kusakuti u. s. w.

isakuti

gusakuti

kisakuti

tusakuti

musakuti

bisakuti

gisakuti

fisakuti '

ndinkuti ich sagte, ich dachte

ulinkuti du sagtest, du dachtest

alinkuti er sagte, er dachte

gulinkuti ▸ ▸ ▸ ▸

kilinkuti ▸ ▸ ▸ ▸

tulinkuti wir sagten, wir dachten

mulinkuti ihr sagtet, ihr dachtet

balinkuti sie sagten, sie dachten

gilinkuti ▸ ▸ ▸ ▸

filinkuti ▸ ▸ ▸ ▸

nikwakuti ich werde sagen, denken

kwakuti u. s. w.

ikwakuti

u. s. w.

ndile, ndye ich habe gesagt, gedacht

utile, utye u. s. w.

atile, atye

gutile, gutye

kitile, kitye

tutile, tutye

mutile, mutye

batile, batye

gitile, gitye

fitile, fitye

natile, natye ich hatte gesagt, gedacht

gwatile, gwatye u. s. w.

atile, atye

gwatile, gwatye

kyatile, kyatye

twatile, twatye

mwatile, mwatye

batile, batye

yyatile, gyatye

fyatile, fyatye

Für ▸was? wie?◂ in Verbindung mit ti sagen nimmt man ubule!, welches mit den obigen Formen völlig verschmilzt, so dass folgende Formen entstehen:

nikutubule? was sage ich?

kutubule? was sagst du?

ikutubule? was sagt er?

u. s. w.

ndinkutubule? was sagte ich?

nisakutubule? nikwakutubule? was werde ich sagen?

ndyubule? was habe ich gesagt?

utyubule? was hast du gesagt?

natyubule? was hatte ich gesagt?

gwatyubule? was hattest du gesagt?

Von der Form mit ubule? was? wie? giebt es auch einen Conjunctiv.

ndubule? was soll ich sagen? wie soll ich sagen, thun?

utubule? was sollst du sagen? wie sollst du machen?

atubule? was soll er sagen? wie soll er machen?
gûtubule? u. s. w.
kitubule?
tutubule?
mutubule?
batubule?
gitubule?
fitubule?
natubule? wie sagte ich? was soll ich gesagt haben?
gwatubule? u. s. w.   u. s. w.
ātubule?
gwatubule?
kyatubule?
twatubule?
mwatubule?
bātubule?
gyatubule?
fyatubule?

Ebenso *natyubule?* was hätte ich gesagt? wie soll ich gesagt haben?
Diese Conjunctivformen hängen gern noch ein *ye* an, vergl. § 92: *ndu-buleye? mwatubuleye?*

Merke noch folgende Formen:

ndi ich soll so machen   *nati* ich dachte, ich wollte, ich wünschte
uti du sollst so machen, mache so   *gwati* u. s. w.
ati u. s. w.   *āti*
yûti   *gwati*
kiti   *kyati*
tuti   *twati*
muti   *mwati*
bati   *bāti*
yiti   *gyati*
fiti   *fyati*

ndigi ich will so machen. ich will sagen, ich möge lieber sagen
utigi u. s. w.
atigi
yûtigi
kitigi
tutigi
mutigi
batigi
gitigi
fitigi

Vereinzelt merke: *bāti!* denke mal! Ferner in Verbindung mit *bo* »so« braucht man nie *ti*, sondern das in § 94 erwähnte *ja* (§ 197): so sage ich *bo nikuja*, so sagte ich *bo ndinkuja*; so habe ich auch gesagt *bo ndjile*.

Schwierigkeit bereitet manchem Europäer der Gebrauch des *ti* für das deutsche »dass«. Der Deutsche lässt auf das »dass« die indirecte Rede folgen, der Konde indess die directe auf das *ti*. Der Konde lässt die durch das *ti* eingeführte Person eine directe Rede halten. So entstehen Formen wie

ûmpiki gûlinkuti ngu̧ȩ der Baum wollte fallen (eigentlich der Baum sagte: ich falle)

ndinkundalusya ndinkuti: unko̧milȩ ûmûndu! Ich fragte ihn, ob er den Menschen geschlagen hätte

ûmu̧ȩsi bo gutyȩ ninilȩ als der Mond gekommen war

Merke: In Verbindung mit *bo* »so, also« tritt überall für *ti ja* ein *bo nikuja, bo ndjȩgȩ, bo najaya, bo nisakuja, bo ndjilȩ, bo najilȩ nati* ich dachte, hatte den Wunsch, aber er ist unerfüllbar *ndyȩ* ich habe beschlossen, ich will, und es ist erfüllbar *ndjilȩ* ich habe es recht gemacht § 190.

121. Ausser den bisher behandelten Classen der Hauptwörter (*ûmûndu, ûmpiki, ikikọta*) giebt es nun noch mehrere andere, solche, welche in der Mehrzahl ihre Form nicht ändern, und solche, welche die Einzahl mit *iĺi, ûĺu, ûbû, aka* beginnen, die Infinitive und die Ortsbezeichnungen.

122. Die Classensilben des Fürworts für die **Ortsbezeichnungen** sind *mû, pa, kû*. Diese Silben werden nun ebenso gebraucht wie die Vorsilben *ûm-aba, ûm-imi, iki-iĺi*, die wir bisher behandelt haben.

Eigene Hauptwörter für diese Classe giebt es im Konde nicht, doch siehe das NB. in § 123. Der Begriff: »Ort« wird durch diese Classensilben bezeichnet.

123. Eigenschaftswörter, welche sich auf diese Ortsbezeichnungen beziehen, nehmen also als Vorsilbe *mû, pa, kû* an, vergl. § 11—13. Wenn der Stamm des Eigenschaftswortes mit einem Vocal anfängt, so wird *pa* zu *p, kû* und *mû* zu *kw* und *mw*, vor *o, ọ, u* zu *k, m* (s. § 86).

mûkulumba gross in Bezug auf eine Stelle (§ 11—13)

pakulumba	»	»	»	»	»	»	»
kûkulumba	»	»	»	»	»	»	»
mu̧ȩlefu	breit	«	»	»	»	»	»
pȩlefu	»	»	»	»	»	»	»
ku̧ȩlefu	»	»	»	»	»	»	»
mo̧nyu̧ca	schwach	»	»	»	»	»	
po̧nyu̧ca	»	»	»	»	»	»	
ko̧nyu̧ca	»	»	»	»	»	»	

mûlinga wie viel hierdrin? (§ 14)   mûmọ in einer Stelle (§ 15)

palinga wie viel hier?   »   pamọ an einer Stelle   »

kûlinga wie viel daher, dahin? »   kûmọ nach einer Stelle »

(aber mûmọ, pamọ »vielleicht« s. § 112)

ûmû hierdrin, opa hier, da, ûkû dahin, daher (§ 20)

mûla dort hinein, pala dort, kûla dorthin, dorther (§ 21)

Die Classensilben *mû, pa, kû* werden auch nach § 19 zur Verstärkung vorgesetzt, *mu munda* gerade im Innern, *pa pantu* gerade auf dem Kopf, *kû kwa Muankendja* gerade nach Muankendja.

mûmo gerade dadrin, *papo* gerade da, *kûko* gerade dorthin, gerade dorther (§ 25. 82) und noch verstärkter *mûmûmo, papapo, kûkûko*; *ûmo* in dem (erwähnten) Ort, *apo* an dem (erwähnten) Ort, *ûko* nach dem (erwähnten) Ort.

pakukyelile apa es gefällt dir hier (§ 30)
mpaganile apa ich liebe diesen Ort (§ 49)
mûtomyile mûno es hat hierdrin getropft
kûsitile kûno es will hier nicht
moki? wodrin? *poki?* wo? *kûgu?* wohin? woher? (§ 35)
mosa oder *mosamosa* überall drin (§ 72)
posa ˮ *posaposa* überall
kosa ˮ *kosakosa* überall hin, überall her

mwene hierdrin allein (§ 72)   *pamopene* nur an einem Ort
pene hier allein, nur hier   *kûmokwene* nur nach einem Ort
kwene hierhin allein, hierher allein   ˮ   nur von einer Stelle
            (über *pamopene* »zugleich« s. § 112)
mûngi in einem anderen Ort (§ 72)
pangi an ˮ   ˮ   ˮ
kûngi nach, von einem anderen Ort
ûmwene namo der Besitzer des Ortes (§ 74)
ûmwene nako ˮ   ˮ   ˮ   ˮ
ûmwene napo ˮ   ˮ   ˮ   ˮ

mo das ist drin (§ 81)   *kûkûkû* gerade dahin, daher
po das ist da   *mûla, mûlamûla* dort drin
ko das ist daher, dahin   *pala, palapala* dort
mûmûmû gerade hierdrin (§ 82)   *kûla, kûlakûla* dorthin, dorther
papapa gerade hier

In Verbindung mit »sein« *li* (§ 27) lauten die Formen:
mûli hierdrin ist
pali da ist
kûli dorthin, dorther ist
mûli na, pali na, kûli na es ist mit = es hat
            Siehe auch § 114—118.
mope auch drin, *pope* auch da, *kope* auch dorther, dorthin

Die Bildung des Relativs geschieht nach den Regeln, die in § 77 f angegeben sind, nur dass hier die Classensilben der Ortsbezeichnungen genommen werden müssen.

apa mpabwene (die Stelle), welche ich sah
kûno abukile (die Stelle), zu welcher (wohin) er gegangen ist
mûmo ayonaya (die Stelle), in der er schlief

NB. Einige Begriffe sind mit Hülfe von *mu, pa, ku* entstanden und müssen demgemäss behandelt werden.

munda das Innere, der Bauch, das Gemüth
nkanwa die Mundhöhle, der Mund
kûmaso das Gesicht
mwiko es ist Unrecht

pamilo die Kehle

nlûtati die Länge, Langweiligkeit

munda mmyangu in meinem Innern

munda mûkubaba Bauchschmerzen haben

nkanwa mûkasile schlechten Geschmack im Munde haben

124. Die **Infinitive** haben immer die Vorsilbe *ùkù* und werden im Konde auch als Hauptwörter gebraucht, wie es auch im Deutschen gebräuchlich ist; Eigenschaftswörter, Fürwörter u. s. w. können mit ihnen, ganz wie mit Hauptwörtern, verbunden werden.

> *ùkùfwa* das Sterben   *ùkùpona* das Entkommen
>
> *ùkùtila* das Fürchten u. s. w.

Doch nehmen die Infinitive das von ihnen abhängige Objectsfürwort zwischen die Vorsilbe und den Stamm.

> *ùkùngoma* mich zu schlagen   *ùkùgilonda* sie zu suchen
>
> *ùkùnkoma* ihn zu schlagen   *ùkùfitaga* sie fortzuwerfen

Verneint wird der Infinitiv dadurch, dass man das Wort *ùkùsita* == sich weigern, vor ihn setzt. Doch wird diese Form selten gebraucht, und man liebt es nicht, die Rede so zu wenden, dass die Verneinung des Infinitivs nöthig erscheint.

125. Die Silbe für die Bildung der **Fürwörter** u. s. w., welche sich auf Infinitive beziehen, ist *kù*. Von dieser werden die übrigen Formen nach den bekannten Regeln gebildet.

> *ùkùfwa ùkùnunu* ein schöner Tod (§ 11)
>
> *ùkùfwa kùbibi* (§ 23) das Sterben ist schlecht
>
> *ùkùtila ùkù* (§ 20) dieses Fürchten
>
> *ùkwisa kwake kùmbabile* (§ 67 f) dein Kommen schmerzt mich
>
> *ùkùbopa kwako kùkùngaya* (§ 30) dein Fliehen vertreibt mich
>
> *nkùmenye ùkwiba kwako* (§ 48) ich kenne dein Stehlen

Diese Vorsilbe *ùkù* wird also genau so behandelt, wie die übrigen Vorsilben der Hauptwörter und wechselt mit *kù* nur unter denselben Bedingungen wie *iki* mit *ki* (§ 19—23). Nicht zu verwechseln ist hiermit die Vorsilbe *kù* (nicht *ùkù*) der Locativa in § 122. Die sämmtlichen Fürwörter sind für beide Formen gleich.

Merke: *uli nafiki ùkwisa!* Was fällt dir ein in Bezug auf das Kommen? d. h. warum kommst du nicht? *bali nafiki ùkùtugnga?* Warum tödten sie uns nicht? (Siehe hierzu § 34.) Dagegen heisst: warum kommst du? *kwisa fiki?* Warum tödten sie uns? *bikùtuguga twe baki?* oder: *bikùtugogela fiki!* (Siehe hierzu § 66 Anm.)

Merke ferner: *ùkwisa ko isile!* Was das Kommen anlangt, so ist er gekommen! *ùkùbabyna ko mbabweye* was das Sehen anlangt, so habe ich sie gesehen.

126. Die **Hauptwörter**, welche die Einzahl mit der Vorsilbe *ili* (vor Vocalen *ily*, vor *i il*) bilden, haben in der Mehrzahl die Vorsilbe *ama* (vor Vocalen *am*). Von vielen Wörtern dieser Classe wird die Einzahl selten oder gar nicht gebraucht.

In praedicativer Stellung (s. § 23) lautet die Vorsilbe der Einzahl *i* vor Consonanten (statt *li*), vor Vocalen regelmässig *ly* bezügl. *l*. Indess wird diese abgekürzte Form auch gebraucht anstatt der längeren Form.

127. Zu dieser Classe gehören eine Anzahl Pluralia tantum, z. B.:

amaudja Achselzucken (Gebärde des Nichtwissens)	*amapuli* Schwerhörigkeit
amahala Anstand, Weisheit	*amatn* Speichel
amahoina, *amafuna* Betrübniss	*amatengele* Wald, Wildniss
amafila Eiter	*amesi* Wasser
amatingo Hochmuth	*amamyoso* Kälberschleim
amalando Jähzorn	*amanga* Erkenntniss der Zauberei
amaka Kraft, Stärke	*amatüse* Ohrdrüsenanschwellung
amasulu Molke	*amalumbo* Lobpreis
amafuku Schweiss	*amasasa* Katarakt u. a.

Von Verben abgeleitete Pluralia tantum werden ähnlich wie Abstracta gebraucht. z. B. *amahala*, eigentlich »weise Handlungen«, *amatingo* »hochfahrendes Thun und Benehmen«, *amahelu* »unanständiges, flegelhaftes Wesen«.

Auch eine Anzahl Glieder und Körpertheile, die dualisch sind, sowie Ausscheidungen des Körpers gehen nach dieser Classe:

amateyo krumme Beine	*amafila* Eiter
ilibele-amabele weibliche Brust	*amatiti* Eiter in den Augen
ilipiko-amapiko Flügel	*ilipu* Eiterbeule, Geschwür
amaso Gesicht	*ilyulu* Furunkel
ilitanga-amatanga Gesäss	*ilifumbi-amafumbi* Ei
ilifundo-amafundo Kniee	*amasusu* Hühnermist
amabayaja Lunge	*amasesi* Pickel auf dem Kopf
amakosi Nacken	*amafuku* Schweiss
ilino-amino Zahn	*amata* Speichel
amanona, *amanyatila* Zwerchfell	*ilisosi-amasosi* Thräne u. a.

Hierher gehören auch *amaboko* die Hände, Arme und *amalundi* die Beine, mit unregelmässigem Singular *ikibuku* und *ikilundi*.

Von einer grossen Anzahl von Wörtern lässt sich nicht mehr mit Sicherheit angeben, warum sie für diese Classe gewählt sind.

Die Vorsilbe dieser Classe wird in der Einzahl statt der Vorsilbe anderer Classen gebraucht, um etwas als ausserordentlich hinzustellen im guten oder schlechten Sinne. Die Wörter, welche auf diese Weise gebildet sind, nehmen aber nicht den Plural dieser Classe auf *ama*, sondern den Plural der Baumclasse *imi* an (§ 6), z. B.:

> *ilyanike eli* dieser (infame) Junge, Pl. *imyanike*
>
> *ilikongobe lila* jener (prächtige) Hahn
>
> *imisungu egi* diese (alten) Europäer

Unregelmässig sind:

> *ulifumu* der Rathgeber, Pl. *amafumu*
>
> *ulilumbu* Schwester (für den Bruder), Pl. *abalumbu*
>
> •   Bruder (für die Schwester), •   •

In der folgenden Liste steht hinter den Wörtern, die nur in der Einzahl vorkommen, Sing. t. und hinter denen, die nur in der Mehrzahl vorkommen, Pl. t. Sonst ist die Mehrzahl regelmässig zu bilden, sie ist nur hinzugesetzt, wo ein Irrthum möglich ist.

Achselhöhle *amapa* Pl. t., aber nur *mmapa* Locat.

Achelszucken mit vorgehaltenen Händen; Gebärde des Zweifels oder der Ungewissheit, des Nachgebens *amandja* Plur. t.

Abend *amajọlọ* Pl. t.

Abgabegebühr bei Begräbnissen *ilyọkẹlọ*

Adler *ilipula*

Anstand *amahala* Pl. t.

Bambus *ililasi*

Banane *ilitọki*

Bann *amaja* Pl. t.

Batatenranke *ilibẹju* Sing. t.

Baumsaft *amalembọ* Pl. t.

Baupfahl *ilijengọ*

Beete, eine Reihe von *ilitẹgẹ*

Bein, der untere Theil beim Vieh *ilibọndọ*

Beine, krumme *amatẹgọ*

Bekümmerniss *amahọma* Pl. t., *amafuna* Pl. t., *amaja* Pl. t.

Biersatz *amasika*

Blase (Brand-) *ilituhundu*

Blatt der Banane *ilyani*, Pl. *amani*

·, allgemein *ilipalapata*

·, trockenes *ilipalakata*

Blut *ililọpa* Sing. t.

Boden *ilijulu*

Bremse *ilisasi*, *ilitẹnẹnẹ*

Bruder im Gegensatz zur Schwester *ulilumbu*

Brust (der Frau) *ilibẹlẹ*

Bucht *ilikunda*, *ilituhri* (Pfütze)

Deckel aus Blättern *ilifininḡẹ*

Dividende beim Begräbniss *ilyọkẹlọ*

Ei *ilifumbi*

Eiter *amafila* Pl. t.

·, im Auge *amatiti* Pl. t.

Eiterbeule *ilipu*

Ende der Regenzeit *amakyẹ* Pl. t.

Ente *ilibata*

Erdhaufen in Gärten *ilikuka*

Erdnuss *ilisyabala*

Erkenntniss der Zauberei *amanga* Pl. t.

Feder *ilijọja*

Fessel (beim Rind) *ilikẹnọ*

Festung *ililinga*

Fett *amafuta* Pl. t.

Fische, todte *amatupa*

Fleck *ilibata*

Fledermaus *ilipulumusi*, grosse *ililẹma*

Flegelei *amahẹlu* Pl. t.

Flöte *ililọnḡẹ*

Flügel *ilipikọ*

Furunkel *ilyulu*, Pl. *amulu*

Gans *ilisẹkwa*

Garn *ilisapa*

Gerede *ilijajọ* Sing. t.

Geschwür *ilipu*

Gesicht *amasọ* Pl. t.

Gleichgültiges *lyambẹpa* Sing. t.

Glocke *ilibangala*

Gnade *ilipyana* Sing. t.

Grab *ilipumba*

Gras *ilisu*, (allgemein) Sing. t., *ulyundu* (das lange, dicke) Sing. t.

Habicht *ilyẹbẹ*

Hacke *ilikumbulu*

Hagelkorn *ilibicẹ lya fula*

Hain *ilisyẹtọ*

Happen *ilisırilẹ*

Harz vom Baum *amanyagọ* Pl. t.

Herdstein *ilifiga*

Heuschrecke *ilipasi*, *ilipalalila*

Hinterbacke *ilitanga*

Hirsekorn *ililẹsi*

Hochmuth *amatinḡọ* Pl. t.

Hochofen *ilitẹndẹ*

Hühnermist *amasusu* Pl. t.

Hülse *ilikandi*

Hyäne *ilipatama*

Jähzorn *amalandọ* Pl. t.

Käfer *ilibubusi*
Kafferkorn, weisses *amapemba*
Kartoffelart (Knollenfrucht) *ilisimbi*
Katarakt *amasasa* Pl. t.
Klugheit *amahala* Pl. t.
Knie *ilifundo*
Kniekehle *ilikeno*
Kohle (Schmiede-) *ilibabu, ilisimya*
Kohlenglnth, glühende Kohlen *ililota*
Kraft *amaka* Pl. t.
Kürbis *ilyungu*, Pl. *amungu*
Kürbisschale *ilikela*
Landzunge *ilikunda*
Latte *ililatikilo*
Leopard *ilibole*
Lob *amalumba* Pl. t.
Lunge *amabayaja* Pl. t., *amahahamwa* Pl. t.
Macht *amaka* Pl. t.
Magen *ilitundubili*
Milz *ilibengwe*
Missmuth *ilyajo* Sing. t.
Molke *amasulu* Pl. t.
Nabel *ilitumbu*
Nachtragen *ilibya* Sing. t.
Nacken *amakosi* Pl. t.
Narbe *ilikoko*
Nasenbluten *ilinoge*
Ohrdrüsenanschwellung *amatuse* Pl. t.
Ohrfeige *ilipi*
Öl *amafuta* Pl. t.
Pallisade *ililinga*
Palme *ilibale* (Art Palme)
Panther *ilibole*
Perlhuhn *ilikanga*
Pfeife *ilitika*
Pfütze *ilitebe*
Pickel am Kopf *amasesi*
Prophetie *amanga* Pl. t.
Rabe *ilikungulu*
Rathgeber *ulifumu*, Pl. *amafumu*
Rauch *ilyosi* Sing. t.
Raupe *ilifilifili*
Rinde *ilikandi*
Rindenzeug *ilyabi*, Pl. *amabi*
Ring (Leib-) *ilinyeta*

Risse am Fuss *amagagana*
Schale *ilikandi*
Schirm *ilibaleka*
Schlacke *ilipondelo*
Schleifstein *ilipyasyo*
Schleim am Kalb *amamyoso* Pl. t.
Schluck *ilikuli*
Schmetterling *ilikolokotwa*
Scholle *ilimoma*
Schote *ilikuba*
Schuppe *iligayana, ilikakala*
Schnittstelle *ilibungila*
Schwabe *ilijendje*
Schweiss *amafuku* Pl. t.
Schwerhörigkeit *amapuli* Pl. t.
Schwester (im Gegensatz zum Bruder) *ulilumbu*, Pl. *abalumbu*
Schwiele *ilikofi*
Seelenruhe *ilyajo* Sing. t.
Sieb *ilikeleko*
Sonne *ilisuba*
Speichel *amata* Pl. t.
Spinat *iliseke* Sing. t.
Spur *ilikata*
Stall *ilihebe*
Stein *ilibwe*
Stimme *ilisyu*
Strudel *ilitubwi*
Tausendfuss *ilijongolo*
Thräne *ilisosi*
Tollkühnheit *ilitunga* Sing. t.
Tropfen *ilitonyelo, ilitondobya*
Tsetseliege *ilisasi, ilitenene*
Unkraut auf verlassenen Höfen *amalulusya*
Unterhaltung, Unterhaltungsort *ilibasa* Sing. t.
Viehweg * iligulumbilo*
Wagen *iligeleta*
Wald, Wildniss *amatengele* Pl. t.
Wand *ilimata*
Wasser *amesi* Pl. t.
Wasserbock *ilipuba*
Wasserlache *ilitebe*
Weisheit *amahala* Pl. t.
Welle, grosse *ilisongu, ilijiga*

Welle, kleine *ilijefira*   Ziegel *ilipamba*

Wespe *ilikonda*   Zündhütchen *ilinenge*

Wildniss, Wald *amatenyele* Pl. t.   Zufluchtsort *ilitweli*

Winterzeit, kalte Zeit *amapepo* Pl. t.   Zukost *ilisekc* Sing. t.

Wolke *ilibingù*   Zwerchfell *amanoma* Pl. t., *amanyatila*

Wort *ilixyu*   Pl. t.

Wuth *ililaka* Sing. t.   Zwillingspaar, Zwillingsgeburt *ilipasa*

Zahn *ilino*, Pl. *amino*   Zwischenwand *ilibalrka*

Nahrungsmittel nach dieser Classe:

ilisimbi Taro   *ililesi* Kafferhirse

ilixyabala Erdnuss   *ilipemba* Kafferkorn, weisses

ilijabujabu Maniok

128. Eigenschaftswörter, welche mit Hauptwörtern dieser Classe verbunden sind, nehmen in der Einzahl die Vorsilbe *ili* (vor Vocalen *ily*, vor *i il*), in der Mehrzahl die Vorsilbe *ama* (vor Vocalen *am*) an.

Ebenso werden die Zahlen § 15 mit Hauptwörtern dieser Classe verbunden, doch vergl. § 23.

> *ilibingù ilititu* eine schwarze Wolke
> *amesi amanyafu* wohlschmeckendes Wasser
> *iligulumbilo ilikulumba* ein grosser Viehweg
> *amafumbi amapya* frische Eier
> *ilino ilyelu* ein weisser Zahn
> *amapuba amoga* furchtsame Wasserböcke

Über den praedicativen Gebrauch dieser Vorsilben s. § 23 und § 126.

> *ililatikilo isito* die Latte ist schwer
> *ilinoma lyonywa* die Scholle ist zerbrechlich
> *ikoko ilikulu* es ist eine alte Narbe
> *ikoko ikulu* es ist eine Narbe, sie ist alt

129. Die Classensilbe der Fürwörter für diese Classe ist in der Einzahl *li* und in der Mehrzahl *ga*.

Von diesen werden die hinweisenden Fürwörter nach der in § 18—21 beschriebenen Weise gebildet: *eli*, *lila*; *aga*, *gala*.

> *ilibire eli* dieser Stein   *ilibire lila* jener Stein
> *amabire aga* diese Steine   *amabire gala* jene Steine

130. Die Fragewörter dieser Classe werden nach den Regeln § 14 und § 34. 35 gebildet, vergl. auch § 126 die praedicative Stellung.

> *amabire malinga!* wieviel Steine?   *ilibire iki!* was für ein Stein?
> *ilibire liliku!* welcher Stein?   *amabire maki!* was für Steine?
> *amabire galiku!* welche Steine?

131. Die Fürwörter für die verschiedenen Zeitformen werden für diese Classe von den Silben *li* und *ga* ebenso wie die der übrigen Classen gebildet.

132. Diese Silben werden ebenso wie die übrigen Classensilben zur Bildung der verschiedenen Zeitformen benutzt (§ 31. 40 ff.):

> *ilisekwa lilundile* die Gans hat gesucht
> *amasekwa galondile* die Gänse haben gesucht

ilyebe likulonda der Habicht sucht

amebe gikulonda die Habichte suchen

ilibwe lisakugwa der Stein wird fallen

amabwe gisakugwa die Steine werden fallen

ilibwe lyagwile der Stein war gefallen

amabwe gagwile die Steine waren gefallen

u. s. w.

133. Ebenso werden sie gebraucht, wenn das Fürwort Object ist (§ 49):

ùndumyana aligugile ilifumbi der Knabe hat das Ei entzwei gemacht

ababombi bagapimbile amabwe die Arbeiter haben die Steine geschleppt

134. Vor einem Selbstlaute lautet die Vorsilbe *ya: g* und *li: ly* vor *i: l* (§ 62).

ndyagile ilifumbi ich habe ein Ei gefunden

nyayaga amafumbi ich habe nicht Eier gefunden

ulibile ilitoki du hast eine Banane gestohlen

mugulile amalesi? habt ihr die Hirse gekauft.?

135. Um den Genetiv zu bezeichnen, welcher von einem Hauptwort dieser Classe abhängt, wird in der Einzahl *lya* und in der Mehrzahl *ga* der Bezeichnung des Besitzers vorgesetzt; vergl. § 65. Durch eben dieselben Silben wird das besitzanzeigende Fürwort gebildet; vergl. § 67.

ilipamba lya usungu der Ziegelstein des Europäers

amapamba ga nsungu die Ziegelsteine des Europäers

ilisyu lyangu meine Stimme   *amabwe getu* unsre Steine

  » *lyako* deine »   » *yenu* eure »

  » *lyake* seine »   » *gabo* ihre »

136. Jeder, alle, ganz: Einzahl: *lyosa*, Mehrzahl: *gosa*; besitzend: Einzahl: *ilyene*, Mehrzahl: *agene*; sebst: Einzahl: *lyene*, Mehrzahl: *gene*.

ilibwe lyosa der ganze Stein

amafumbi gosa alle Eier

ilipasi lyene die Heuschrecke allein

amapasi gene nur die Heuschrecken

ilyene nalyo er (der Rabe) es (das Ei) besitzend

agene nago sie (die Raben) sie (die Eier) besitzend

137. Das Relativum dieser Classe wird bezeichnet durch das hinweisende Fürwort *eli* und *lila* (s. § 77) für die Einzahl, *aga* und *gala* für die Mehrzahl. Die in § 81 erwähnten hinweisenden Fürwörter lauten in dieser Classe *lyo* und *go* und die Formen für die Verdoppelungen lauten:

  lilili eben dieser   *yalayala* eben jene

  gagaga eben diese   *lilyo* eben die erwähnte

  lilalila eben jener   *gago* eben die erwähnten

ilibwe, eli lifwile der Stein, welcher entzwei gegangen ist

ilibwe, lila gwatagile jener Stein, welchen du fortgeworfen hattest

lyo lyangu das ist der meine

amafumbi, aga nulile die Eier, welche ich gekauft habe

amafumbi, yala nalǫndaga die Eier da, welche ich suchte
iꞁeyu ꞁlyǫ ujǫbeye gerade das Wort, das du (eben) sprachst
aminǫ yagǫ gambabeye gerade die Zähne, die ihn (früher) schmerzten
138. Die verneinten Tempora für diese Classe sind regelmässig.
iꞁibnce ꞁitikugwa der Stein fällt nicht .
amabnce gatikugwa die Steine fallen nicht
iꞁipuba ꞁtisakujǫnga der Wasserbock wird nicht fortlaufen
amapuba gatisakujunga die Wasserböcke werden nicht fortlaufen
ilyebe ꞁkakǫla der Habicht hat nicht ergriffen
amebe yakakǫla die Habichte haben nicht ergriffen
iꞁbata ꞁikalyegile die Ente hatte nicht genommen
amabata gakalyegile die Enten hatten nicht genommen
ꞁngaywaga iꞁifumbi das Ei möge nicht fallen
gangajǫngaga amapuba die Wasserböcke mögen nicht fliehen
ilyani, eꞁ ꞁitikutemigwa das Blatt, welches nicht abgeschnitten wird u. s. w.

139. **Hauptwörter**, welche mit *in* (vor Selbstlauten *iny*) beginnen, verändern ihre Form **nicht** in der Mehrzahl.

| *inyumba* das Haus | *inyumba* die Häuser |
| *indekǫ* der Topf | *indekǫ* die Töpfe |

Anmerkung: Es ist zu beachten, dass es im Konde nur durch den Ausfall der eigentlichen Vorsilben dieser Classe geschehen ist, dass die Formen für Einzahl und Mehrzahl nicht mehr zu unterscheiden sind. Ursprünglich sind die Formen dieser Classe in der Einzahl *jin* und in der Mehrzahl *sin*. Diese ursprünglichen Formen kommen auch im Konde bei der Bildung der Fürwörter zum Vorschein.

140. Der Buchstabe *n* dieser Classe **verschmilzt** mit dem ersten Buchstaben des Stammes, woraus sich folgende **Lautverbindungen** ergeben. Vergl. hierzu die Regeln für die Veränderungen von *ûm* (§ 10), die von den nachfolgenden Regeln abweichen, und die Regeln über die 1. Person Sing. des Perfectums (§ 30), die mit den folgenden Regeln übereinstimmen.

141. *n + k = ng, n + y = ng* (statt *ṅg* schreiben wir *ng*, s. § 10).

| *ingambaku* (Stamm *kambaku*) Bulle | *inyubǫ* (St. *gubǫ*) die Haut |
| *ingisi* (St. *kisi*) die Finsterniss | *ingwata* (St. *gwata*) das Kalb |

142. *n + t = nd, n + l = nd, n + j = ndj.*

indwanga (St. *twanga*) das Beil *indata* (St. *lata*) die nicht kalbende Kuh
indǫndwa (St. *tǫndwa*) der Stern *indjala* (St. *jala*) der Hunger
indama (St. *lama*) die Färse *indjûni* (St. *jûni*) der Vogel

143. *n + p = mb, n + b = mb.*

imbepǫ (St. *pepǫ*) der Wind *imbwa* (St. *bwa*) der Hund
imbungǫ (St. *pungǫ*) die Krankheit *imbeju* (St. *beju*) die Sämerei

144. Vor *f, h, m, n, ṅ, s* fällt *n* aus (s. § 30). Vor Vocalen steht *iny*.

ifubu das Nilpferd *isendjehele* das Zebra
inǫngwa Sache, Schuld, Verhandlung *inyatǫ* die Zitze
iṅǫmbe das Rind *inyuma* der Rücken
iṅǫsi das Schaf *inyumba* das Haus
isǫfu der Elephant

145. In diese Classe, welche wir die *n.* oder *nyumba*-Classe nennen, gehören vor allem viele Thiere und viel gebrauchte Gegenstände, auch einige Abstracta, wie *imbungǫ* Krankheit, *indengǫ* Sanftmuth, *inǫngǫa* Sache.

146. Über die Bildung der hinweisenden Fürwörter dieser Classe s. § 172.

147. Wörter der *nyumba*-Classe. Einige Wörter kommen nur im Singular vor, wir setzen ein Sing. t. hinter ein solches Wort; einige sind nur als Plurale im Gebrauch, sie sind durch Pl. t. gekennzeichnet.

Aal *ingûnga*

Ackerbestellung, Art mit Aschendüngung *indǫfu* Sing. t.

Affe, schwarzer mit weisser Schulter *imbega*

Amulet *ixiba*

Armring, gedrehter *indilu*

Arznei, flüssige *imbǫnya* Sing. t., pulverartige *imbondanya* Sing. t.

Asche, fliegende *indululukila* Sing. t.

Ausschlag, schorfiger *imbęlę* Sing. t.

Baber (Welsart) *ingumba*

Bachstelze *imbyabyafila*

Bann (Fluch) *imbamba* Pl. t.

Beil *indwanga*

Beule *indundu*

Beutel *inyambi*

Blindschleiche *indumulakǫsa*, *inyelesi*

Blitz *indjaxi*

Blutegel *ixundǫ*

Brocken *inyuxulilǫ*

Brosamen *imbululukixya*

Brotlaib *ingupi*

Büffel *imbǫgǫ*

Bulle *ingambaku*

Dialekt *indjobelǫ*

Drohne *imbwęmbwę*

Ecke *ingutǫ*

Einschnitt *ingęxę*

Einschnitt, Berg- *ingende*

Elephant *isǫfu*

Epilepsie *inyiki* Sing. t., *ixilixili* Sing. t.

Eule *ingwciwa*, Ohreule *ifufuma*

Fackel *ingǫka*

Färse *indama*

Fallsucht *inyiki* Sing. t., *ixilisili* Sing. t.

Feder am Hahnenschwanz *ixasa*

Fell *ingubǫ*

Fettgeschwulst *indępa*

Finsterniss *ingisi* Sing. t.

Fisch *ixwi*, praedicativ: *nxwi*

Fischotter *imbayǫ*

Fleisch *inyama* Sing. t.

Fliege *imbwęlę*

Floh *imbani*

Frucht des Ölbaums *indilǫlǫ* Sing. t.

Galle *inyǫngǫ* Sing. t.

Geier (Aasgeier) *ingmbǫ*

Gerede *indulungǫ* Sing. t., *imbasa* Sing. t.

Geschirr *indęlęma*

Gewehr *induxu*

Gold *indalama*

Gras, junger Auswuchs *indęka* Sing. t.

Grille *ingubi*

Haar der Kuhquaste *ixandja*

Hammer *imbǫndęlǫ*, *ixyanilǫ*

Hamster *ifukǫ*

Harz *imbęnga*

Haus *inyumba*

 - , Aussenseite, Veranda *imbęnu*

Haut *ingubǫ*

Herz *indumbula*

Heuschrecke, essbare *indafu*

Höhle *imbakǫ*

Huhn *inguku*,

Hahn *ingongǫbę*,

Henne, junge *indęmba*, alte *ingǫlǫkǫkǫ*

Hund *imbwa*

Hunger *indjala* Sing. t.

Ingwer *imbwiga*

Jähzorn *ingimbukǫ* Sing. t.

Jäthaken *ingwrabǫ*

Junges vom Vieh *imwana*, Pl. *ibana*

Kafferkorn, rothes *imbila*

Kalb *ingwata*

Katze, wilde *indjúsi*
Kelch *ifinga*
Kehle *ingolomelo*
Kinder, junges Volk *imbumba* (als Nachkommenschaft)
Kniescheibe *ingata*
Knopfkirri *imbigobigo*
Kohle, glühende *ingalabuga*
Krabbe *ingwehe*
Krankheit *imbungo* Sing. t.
  • , schwere *indamwa* Sing. t.
Krokodil *ingwina*
Kürbisflasche zum Melken *ingonga*
  • , lange, zum Aufbewahren der Milch *indalingo*
Kuhmist *indope* Sing. t.
Laus *ingolo*, Buschlaus *ingulupi*
Leguan *imbulu*
Lehmkugel *imbuli*
Löffel *indundu*
Löwe *ingalamu*
Made *ifwingili*
Magen der Vögel *inganyasyungu*
Mücke *imbwele*
Mundart *indjobelo* (Dialekt), *indjobele* (Provinzialismus)
Muschel *ingombe*
Muttermal *ingosyo*
Nachkommenschaft *imbumba*
Nachtheuschrecke *indeni*
Name *ingamu*
Nase *imbulo*
Nilpferd *ifuhu*
Ohr *imbulukutu*
Pallahantilope *bwcela*
Pocken *indubi* Pl. t.
Proviant *ifuko*, *imbopo*
Provinzialismus *indjobele*
Puder, rother *imbale*
Pupille *imboni*
Ratte *imbeba*
Rebhuhn *ingwale*
Regen *ifula* Sing. t.
Regenlauf *ingululu*
Ricinusöl *inekele*
Riesenschlange *bota*

Rind *ingmbe*, Färse *indama*, Kuh *ingolombe*, Bulle, Ochse *ingambaku*, nichtkalbende Kuh *indata*
Ruder *ingafi*
Rücken *inyuma*
Saat, Sämerei *imbeju*
Sache *ingngwa*
Sack *inyambi*
Salbe *inyemba*
Sanftmuth *indengo*
Saum *ingokola*
Schaf *inosi*, Mutterschaf *biosi imbeki*, Schafbock *inosi imbongo*
Schale, dicke *ingandabuga*
Scham *isoni* Pl. t.
Schelle, kleine *indjesi*, Fussschelle *imbwayalala*
Scherz *iwunga*, *indjalesya*
Schiff *ingalaba*
Schild *ingulu*
Schirr-Antilope *imbabala*
Schlange *indjoka*
Schlafraum in der Hütte *lsofu*
Schnabelstock *isoso*
Schnecke *ingulwa*
Schwalbe *imbelebemca*
Schwanzrübe *imbikipiki*
Schwein *inguluhe*, Warzenschwein *ingili*
Seeadler *ingwasi*
Sense *isenyo*
Speer *ingwcego*
Stirn *indondwa*
Stock *ingili*
Streitfall *inongwa*
Strieme *indunduli*
Strudel *ingulyo*
Sünde *inongwa*, *imbibi*
Tabak *ingambo* Sing. t.
Tag *ingulila*
Thau (Morgenthau) *indungwa*
Taube *ingungubrja*
  • , zahme *ingunda*
Topf *indcko*, Wassertopf *ingumbe*
Todtenklage *ifwa* Sing. t.
Tragring *ingata*

Traum *indjọsi* Pl. t.

Treffen *inyanyọ* Sing. t. (Gegensatz in-
    duku Sing. t.)

Trompete *ingangabwitẹ*

Uhu *ingwitwa*

Unsinn *indọgọlọ*

Verhandlung *inọngwa*

Vogel *indjûni*

Vormittagszeit *isanya*

Wachtel *lmbesi*

Wade *ifumbalọ*

Waffe *ingwegọ*

Wanze *ingunguni*

Wasserfall *isalala*

Weg *indjila*

Wegzehrung *imbọpọ*

Welle, kleine *indjefwẹla*

Wels *ingumba*

Wind *imbẹpọ*

Wunde, Hiebwunde *ingẹsẹ*

Wunderbares *isilûbili*

Wurzelknolle *indẹndẹ*

Zahnlücke, natürliche *imbagi*, sonst
    ingẹndẹ

Zange *ingwina*

Zebra *isendjẹbelẹ*

Ziege *imbẹnẹ*, Mutterziege *imbẹnẹ* im
    beki, Ziegenbock *imbẹnẹ imbọngọ*

Zitze *inyatọ*

Zorn *ingalalesi*

Zusammenfluss *inyaganọ*

148. Die Eigenschaftswörter, welche mit Hauptwörtern der
nyumba-Classe verbunden sind, verändern den Anlaut ihres Stammes nach
denselben Regeln, die über die Hauptwörter in § 141 ff. gegeben sind.

inọmbẹ inditu eine schwarze Kuh   *imbẹnẹ inyẹlu* eine weisse Ziege

inọsi ifubefu ein rothes Schaf   *inyama inyafu* gutschmeckendes Fleisch

149. Im Folgenden ist eine Liste einiger Eigenschaftswörter,
sowohl solcher, welche mit einem Mitlaut, als auch solcher, welche mit
einem Selbstlaut beginnen, in der Form, wie sie mit Wörtern dieser Classe
verbunden werden müssen.

kulu alt — *ingulu*

lelesi anhänglich — *indelesi*

kali streng — *ingali*

gasi böse — *ingasi*

nywamu dick - *inywamu*

finyẹ eng — *ifinyẹ*

ẹlefu breit — *inyẹlẹfu*

ọlọ faul — *inyọlọ*

bundafu feucht — *imbundafu*

gọlọfu gerecht — *ingọlọfu*

pyu warm — *imbyu*

imi geizig — *inyimi*

tenẹnẹfu glatt — *indenẹnẹfu*

nunu gut — *inunu*

ugi scharf — *inyugi*

bibi schlecht — *imbibi*

nyali schmutzig — *inyali*

sitọ schwer — *isitọ*

ẹlu weiss — *inyẹlu*

150. Die Zahlwörter, welche mit Wörtern der *nyumba*-Classe verbunden werden, nehmen in der Einzahl die Vorsilbe *ji*, in der Mehrzahl
die Vorsilbe *i* an, ohne indess den Stammconsonanten zu verändern, also
1 *jimọ*, 2 *ibeli*, 3 *itatu*, 4 *ina*, 5 *ihanọ*.

151. Die Fürwörter werden für diese (*n*-) Classe in der Einzahl von der Silbe *ji*, in der Mehrzahl von der Silbe *si* gebildet; vergl.
§ 19 ff.

152. Stehen die Hauptwörter und Eigenschaftswörter in praedicativer Stellung, so fällt das anlautende *i* weg.

inọmbẹ nyẹlu die Kuh ist weiss   *nọsi jila* das dort ist ein Schaf

·   · die Kühe sind weiss   *mbẹnẹ esi* das hier sind Ziegen

153. Mit diesen Silben (*ji, si*) werden die verschiedenen Formen für das Zeitwort gebildet.

iṇ̃ombe̥ jikwisa das Rind kommt
iṇ̃ombe̥ sikwisa die Rinder kommen
iṇ̃ombe̥ jisakwisa, jisile̥ das Rind wird kommen, ist gekommen
iṇ̃ombe̥ sikisa die Rinder sind nicht gekommen
u. s. w.

154. Ebendieselben geben das Fürwort als Object (§ 49).

ujikomile̥ du hast es (das Rind) geschlagen
musikomile̥ ihr habt sie (die Rinder) geschlagen

Merke:

ndjiganile̥ ich habe es (das Rind) geliebt
nsiganile̥ • • sie (die Rinder) •

155. Vor einem Selbstlaut (vergl. § 62 ff.) verwandelt sich *ji* und *si* in *j* und *sy*; *si* vor *i* wird *s*.

ujagile̥ du hast es (das Rind) gefunden
ujegile̥ • • • • • geholt
ujulile̥ • • • • • gekauft
usyagile̥ • • sie (die Rinder) gefunden
usibile̥ • • • • • gestohlen
usyulile̥ • • • • • gekauft

156. Die hinweisenden Fürwörter dieser (*n*-)Classe sind, nach den Regeln in § 19 ff., für die Einzahl *eji* und *jila*, für die Mehrzahl *esi* und *sila*.

inyumba eji dieses Haus   inyumba esi diese Häuser
inyumba jila jenes •   inyumba sila jene •

157. Die fragenden Fürwörter dieser Classe sind folgende: *jiliku?* welcher? *siliku?* welche? *ingi?* was für einer? *ingi?* was für welche? § 34. 35.

158. Der von Hauptwörtern der *nyumba*-Classe abhängige Genetiv wird durch *ja* beziehentlich *sya* bezeichnet. Von denselben Silben werden auch die besitzanzeigenden Fürwörter gebildet (§ 65 ff.).

inyumba ja malafyale̥ des Häuptlings Haus
inyumba sya • • • Häuser

iṇ̃ombe̥ jangu, jako, jake̥, jetu, jenu, jabo meine, deine, seine, unsre, eure, ihre Kuh; iṇ̃osi syangu, syako, syake̥, syetu, syenu, syabo meine, deine, seine, unsre, eure, ihre Schafe.

Wenn die Fürwörter *syangu, syako, syake̥* u. s. w. oder sonst Fürwörter dieser Classe ohne Hauptwort stehen, so ist *inongwa* »Sache« zu ergänzen.

syo syangu nimwene̥ das ist ganz meine Sache
syo sya fiki esi? was soll das? wozu das?

159. Ebenso werden auch nach den Regeln der §§ 73 ff. die Wörter -*osa* und -*ene̥* für diese Classe gebildet: •

inyumba josa das ganze Haus   inyumba jene̥ das Haus allein, selbst
inyumba syosa alle Häuser   inyumba syene̥ die Häuser allein, selbst
      ijene̥ na, isyene̥ na besitzend

160. Das Relativum dieser (*n*-)Classe wird bezeichnet durch das hinweisende Fürwort, also in der Einzahl durch *eji* und *jila*, in der Mehrzahl durch *esi* und *sila* (vergl. § 137).

inyumba, *eji jagwaga* das Haus, welches fiel

ịnọmbẹ, jila jibineye jenes Rind, das krank war

inọsi, *eji nulile* das Schaf, welches ich gekauft habe

indekọ, jila gwagọgile jener Topf, welchen du entzweigebrochen hattest

161. Beispiele für die verneinten Formen:

inyumba jangu jikagwa mein Haus ist nicht eingefallen

inyumba ingulu sila sitikwima bununu jene alten Häuser stehen nicht gut

linya gwakọmile imbwa jangu, *anga jikalile ifindu fyakọ* wenn du meinen Hund geschlagen hättest, so hätte er nicht deine Nahrung gefressen

162. Hauptwörter, welche in der Einzahl mit *ülü* beginnen, verwandeln dies *ülü* in der Mehrzahl in *in*, *iny*. d. h. sie bilden denselben Plural wie die *nyumba*-Classe. § 139 ff.

163. Auch die Vorsilben dieser Classe erleiden je nach dem Anfangsbuchstaben des Stammes öfters Veränderungen, jedoch immer den bekannten Regeln gemäss.

164. *ülü* wird vor *a*, *e*, *e*, *i* zu *ülw*, vor *ọ*, *o*, *u* zu *ül*. *ülwambọ* die Perle, *ülwelọ* das Netz, *ülwimbọ* der Gesang, *ülọbe* der Finger, die Zehe, *ülugi* die Strenge.

165. Das *n* der Mehrzahl verändert den folgenden Mitlaut oder fällt aus vor einem folgenden Mitlaut nach den für die vorige (*n*-)Classe in § 140 ff. gegebenen Regeln. *In* vor einem Selbstlaut wird *iny* (vergl. § 140 ff.).

ülwambọ die Perle	*inyambọ* die Perlen
ülwigi die Thür	*inyigi* die Thüren
ülọbe der Finger	*inyobe* die Finger

166. Der Plural dieser Classe fällt mit dem Plural der *nyumba*-Classe zusammen. In dieser Classe ist also der Plural ursprünglicher, als der Singular. Die Classe bezeichnet Gegenstände, welche meistens oder zunächst im Plural beachtet oder genannt werden. Der Singular *ülü* bezeichnet dann das einzelne Stück solcher Gegenstände. Hierher gehören also die meisten Nahrungsmittel, Collectiva, wie Brennholz, Rohr, Haar, ferner Thiere, die massenhaft auftreten, wie Biene, Fliege u. s. w.

indima Bohnen	*ülülima* die einzelne Bohne
indete Rohr	*ülütete* ein einzelnes Rohr
indefu Bart	*ülülefu* das Barthaar
imbwele Fliegen	*ülüpwele* eine einzelne Fliege

NB. Von dem Singular der *nyumba*-Classe werden aus dem vorstehenden Grunde häufig Wörter auf *ülü* gebildet, um den Gegenstand hervorzuheben als ein einzelnes, besonderes Stück, z. B. *ingili* der Stock, *ülükih* der Stock (mit dem ich etwas thue).

Achtung *úlucemeko*
Ader *úlúkole*
Ähnlichkeit *úlúkope*
Angel *úlúwpulilo*
Angst *úlútende*
Anpetzung *úloho* (von *ohela*)
Arm *úlúkongi*
Ast *úlúsamba*
Augenbraue *úlúkiga*
Augenwimper *úlúsiye*
Ausschlag am Körper *úlúfuko*
Auskehricht *úlúfumbo*
Backe *úlúsaja*
Band der Zunge *úlúlila*
Barthaar *úlúlefu*
Batate *úlúbatata*, *inbatata*
Bauch *úlucanda*
Beet, langes *úlúgomba*
Beete, viele *úlúpaka*
Begierde nach *úlútotomelo*
Betrübniss *úlucikimo*
Biene *úlújuki*
Blattrippe *úlúfungubo*
Bohne *úlúlima*, *indima*; kleine Bohne *úlúnandala*, *inandala*
Brücke *úlúlalo*
Bund *úlúfingo*
Butter *úlúketa*
Chamaeleon *úlucifi*
Dämmerung (Abend-) *úlúndabandaba*
Dauerlauf *úlúbilo*
Dickicht *úlúsingi*
Dose (Schnupftabaks-) *úlútendele*
Draht *úlúsambo*
Drohung *úlúfingo*
Dunkelheit *úlúkisi*
Durst *úlúlaka*
Eidechse *úlúsakani*
Ellbogen *úlúkongi*
Euter *úlúsese*
Fallstrick *úlútambo*
Faser *úlúlengasi*
Fels *úlucalabue*
Felswand *úlúpanga*
Finger *úlobe*
Flamme *úlúlapi*

Fluss *úlucesi*
Freude *iseko*
Friede *úlútengano*
Friedensschluss *úlútenganyo*
Frucht *úlúseke*
Fuss *úlújajo*
Gebot *úlúlagilo*
Gedächtniss *úlúkumbuko*
Geruch *úlucenye*. *úlúnusi*
   • von Fleisch *úluma*
Gesang *úlucimbo*
Geschick *úlucese*. *úluceke*
Geschlecht *úlúko*, *úlújungu*
Gewohnheit *úluciho*
Glück *úlúsako*
Grasarten: *úlúsandje* langes, *úlúsanu* breites
Grasbrand *úlúpya*
Gruss *úlúponyo*
Haar, einzelnes *úlúnyuili*. Barthaar *úlúlefu*, Haar der Thiere *úlúnyoja*, Haar am Körper des Menschen *úlúpama*
Halm *úlúsegube*
Handvoll *úlúkofi*
Harm *úlucikimo*
Haut *úlúgubogubo*
Hitze *úlumu*
Hofraum *úlúbingilo*
Holzscheit *úlúbahu*
Honig *úlúki*
Horn *úlúpembe*
Hügel (langer) *úlútananda*, *úlútali*
Husten *úlúkosomolo*
Kamm des Hahnes *úlúhuhu*
Keim *úlúfyogo*
Kiel *úlucalo*
Kieselstein *úlúsangalabue*
Kinnbacken *úlúgego*
Köder *úlúpekefyo*
Kopf, glattrasirter *úlúpuju*
Korb aus Bambus *úlúselo*
Krankheitszeit *úlúbine*
Kranz *úlútumbulilo*
Kürbisflasche *úlúpale*
Küsel *úlúndosi*

Lachen *lueko*
Lästerung *ûlûbi*
Leichtfüssigkeit *ûlûbilo*
Licht *ûlûmuli*
Löffel *ûlwiko*
Lüsternheit *ûlûtotomelo*
Mahlstein *ûlwalo*
Markstein *ûlûpigi*
Matte, kleine *ûlûtefu*
Melkkalabasse *ûlûkekwa*
Messer *ûlûbo*
Milch *ûlûkama*, dickeMilch ohneMolke
  ûlûwuje, *ûlûkafukafu*, Milch nach
  dem Kalben *ûlûmyoso*
Mitleid *ûlûpakesyo*
Nebel *ûlûbefu*
Netz (Fischer-) *ûlwelo*
Niere *ûlûfigo*
Ohnmacht *ûlûwyungulu*
Perle *ûlwambo*
Pfad *ûlûsopo*
Quelle *ûlwibuko*
Rand *ûlûgenge*
Rasirmesser *ûlwembe*
Reifen *ûlûtumbulilo*
Riemen *ûlûkoba*
Ringkampf *ûlûsindano*
Rippe *ûlûbafu*
Ritze *ûlûlendemusi*
Rohr *ûlûtete*
Sahne *ûlûketa*
Schädel *ûlûpaja*
Schärfe (vom Menschen) *ûlugi*
Schein *ûlûmuli*
Scherbe *ûlûjo*
Schienbein *ûlûsongolo*, *ûlwilange*
Schilf *ûlûgugu*
Schlachtbeil *ûlûpopo*
Schlafraum in der Hütte *ûlûpeto*
Schlinge *ûlûtambo*
Schmerz am Nabel *ûlûndu*
Schmiede *ûlûpondo*
Schneide (Messer-, Speer-) *ûlwembe*
Schwatzhaftigkeit *ûlûkeke*

Sehne *ûlûkole*
Seite *ûlûbafu*
Siebkorb *ûlûpetelo*
Sitte *ûlwiko*
Sparre *ûlûkonyolelo*
Speerschaft *ûlûti*
Spinne *ûlûbubi*
Sohle *ûlwajo*
Stachel der Biene *ûlûlila*
Standort des Viehs im Stall *ûlwama*
Staub *ûlûfumbi*
Stirnband *ûlûkiga*
Strauchbohne *ûlûpange*, *imbange*
Strenge *ûlugi*
Streitfall *ûlûkani*
Strick, gedrehter *ûlûpote*, allgemein
  ûlûgoje
Strieme *ûlûbunusi*
Stütze *ûlwego*
Sumpf *ûlûjingija*, *ûlûtapatapa*
Tabakspflanzen, kleine *ûloko*
Thal *ûlûsoko*
Thür *ûlwigi*
Topf zum Essen *ûlwangabya*
Ufer *ûlûpanga*
Umkehr *ûlûpenduko*
Unüberwindlichkeit *ûlûtobe*
Verbot *ûlûsingo*, *ûlûkomelesyo*
Versuchung *ûlûpefyo*
Vorsicht *ûlwieke*, *ûlwese*
Walddickicht *ûlûsingi*
Warze *ûlûsundo*
Weideplatz *ûlûkubo*
Wirbel (auf dem Kopf) *ûlûndosi*
Wirbelsäule *ûlûkongolomya*, der
  Schlange *ûlûgesa*
Wüste *ûlûngalangala*, *ûlûbwe*
Zahn des Elephanten *ûlûpembe*
Zankapfel *ûlûnyende*, *ûlûngokola*
Zaun *ûlûpaso*
Zehe *ûlobe*
Zorn *ûlûkalafisyo*
Zunge *ûlûlimi*
Zweig *ûlûsamba*

167. Eigenschaftswörter, welche mit Hauptwörtern dieser *ûlû*-
Classe verbunden sind, nehmen in der Einzahl die Vorsilbe *ûlû* (vor Vo-

calen *úkc*, *úl*) an, und in der Mehrzahl richten sie sich nach den Regeln der *nyumba*-Classe § 148 ff.

Die Classensilben für die Bildung der Fürwörter dieser Classe sind in der Einzahl *lú* (*l*), in der Mehrzahl *sí* (*sy*, *s*), die Genetive *lira* — *sya*, die hinweisenden Fürwörter *úlú* — *esi*, *kúla* — *sila*, *lǫ* — *syǫ*, die Verdoppelungen *lúlalúla* — *silasila*, *lúlǫ* — *sisyǫ*.

In Verbindung mit -*ǫsa* und -*ęnę* lauten die Formen *lǫsa* — *syǫsa*, *lwęnę* — *syęnę*, *úlwęnę* — *lsyęnę*. Zur Bildung der Verbalformen braucht man die Silben *lú* und *sí* (*lw*, *sy*).

Merke: *ndúganilę* ich habe sie (die Perle) geliebt, aus *n-lúganilę*, und *nsiganilę* ich habe sie (die Perlen) geliebt.

168. Mit der Vorsilbe *úbú*, vor Vocalen *úbw* bez. *úb*, wird eine weitere Classe der Hauptwörter gebildet. Die meisten Wörter nach dieser Classe sind Abstracta und haben keinen Plural. Diese Abstracta werden meist von Eigenschaftswörtern, Zahlwörtern, Zeitwörtern und Hauptwörtern gebildet (vergl. deutsche Hauptwörter auf -keit und -heit). Einige wenige Concreta, die nach dieser Classe gehen, bilden den Plural mit der Vorsilbe *imí* (bez. *imy*, *im*), also ebenso, wie die *úmpiki*-Classe § 6. Einige Concreta kommen nur in der Einzahl vor.

I. Abgeleitete Hauptwörter.

a. von Eigenschaftswörtern:

úbúnunu das Gute, das Schöne   *úbútitu* die Dunkelheit
úbúgǫlǫfu die Gerechtigkeit. Geradheit   *úbúgasi* die Strenge
                                            úbwęlu die Helligkeit

b. von Zahlwörtern:
úbúbeli die Zweiheit   *úbúhanǫ na bútatu* die Achtheit

c. von Zeitwörtern:
úbúgǫnǫ der Schlafplatz   *úbúbekǫ* der Ort zum Hinlegen
úbúbǫpelǫ der Zufluchtsort   *úbwcangalilǫ* das Sich-amüsiren

d. von Hauptwörtern:
úbúnynfyalę die Häuptlingsschaft
úbúlǫsi die Zauberei
úbúpǫsi das Schmiedewesen
úbúsungu die Mannbarkeit der Mädchen

II. Concreta, die einen Plural bilden:
úbúlili die Matte   Pl. *imilili*
úbwatǫ das Boot   » *imyatǫ*
úbúsirigala der Schwanz   » *imisirigala*

III. Concreta, die nur im Singular vorkommen:
úbúkǫma Aussatz   *úbwitę* Krieg
úbula Eingeweide   *úbúlęngę* Blüthe

Es sind nur Beispiele von allen Arten gegeben. In der folgenden Liste bedeutet Subst. vom Hauptwort abgeleitet, Adj. vom Eigenschaftswort, Verb. vom Zeitwort abgeleitet, Pl. bildet die Mehrzahl, Sing. t. bildet keine Mehrzahl.

Abhaltung *ubúfumbuçe* Sing. t.
Anhänglichkeit *ubúlelesi* Adj.
Aussatz *ubúkoma* Sing. t.
Beschäftigtsein *ubúfumbuçe* Sing. t.
Bier *ubwalwa* Sing. t.
Blatt des Speers, Messers *ubwembe* Pl.
Blüthe *ubúlenge* Sing. t.
Boot *ubwato* Pl.
Bogen *ubúpendo* Pl. (Pfeil *untipulo*)
Eifersucht bei Frauen *uboñ* Sing. t.
Eigenartiges *ubúsisya* Adj.
Eingeweide *ubula* Sing. t.
Feigheit *ubogga* Adj.
Frauenart *ubúkikulu* Subst.
Freigebigkeit *ubúpe* Verb.
Freundschaft *ubúmanyani* Verb.
Gefallen *ubwigane* Verb.
Gehirn *ubonggo* Sing. t.
Geiz *ubwimi* Verb. Adj.
Gemeinheit *ubúgalagala* Adj., *ubúkomu* Adj.
Greisenalter *ubúkanyale* Subst.
Güte *ubolulo* Adj.
Gunst *ubúkundwe* Verb.
Häuptlingsschaft *ubúnyafyale* Subst.
Helle *ubwelu* Adj.
Herrlichkeit *ubúsisya* Adj.
Herrschaft *ubútwa* Subst.
Hurerei *ubúlogwe* Verb.
Jungfernschaft *ubúsungu* Subst.
Kindesalter *ubúkeke* Subst.
Klette *ubútota* Sing. t.
Krieg *ubwite* Sing. t.

Kürbiskern, nach Art des *ubújungu* Subst.
Lärm *ubwefu* Sing. t.
Leben *ubúmi* Sing. t.
Loch *ubwina* Pl.
Mannesalter, Mannesart *ubúnyambala* Subst.
Matte *ubúnyasa* Pl., *ubúlili* Pl.
Mattigkeit *ubuka* Sing. t.
Mehl *ubúfu* Sing. t.
Mutterleib *ubúgogo* Sing. t.
Öffnung *ubwasa* Sing. t. (offen *bwasi*)
Pilz *ubogga* Sing. t.
Pulver *ubonga* Sing. t.
Rauchplatz *ubúfuka* Verb.
Säuglingsalter *ubúfyele* Subst.
Schlafstelle *ubúgono* Verb.
Schlauheit *ubúkomu* Adj.
Schwanz *ubúswigala* Pl.
Sehnsucht *ubúsyukwe* Verb.
Seite beim Fell, Fleischseite *ubúnyama* Subst., Haarseite *ubúsyoja* Subst.
ohne Stiel sein *ubúsopo* Verb.
Strauchwerk *ubúsyandju* Pl.
Tag (als Zählung, eig. Nacht) *ubúsiku* Sing. t.
Treue *ubúlelesi* Adj.
Verschmachten, das *ubuka* Sing. t.
Verwandtschaft *ubúkamu* Subst.
Zauberei *ubúlosi* Subst.
Zeit des Mangels, schlechte Zeit *ubúsake* Verb.

Merke noch die Verwandtschaftsbezeichnungen:

ubúko die Schwiegervaterschaft
ubwipwa die Verwandtschaft von Seiten des Bruders der Mutter
ubúlamu die Schwagerschaft
ubwifi die Schwägerinschaft

ubúlumbu Verwandtschaft von Seiten des Bruders oder der Schwester
ubútani Verwandtschaft von Seiten des Neffen

vergl. hierzu § 183.

169. Die Eigenschaftswörter, welche sich auf Hauptwörter dieser Classe beziehen, erhalten die Vorsilbe *ubú* (bez. *ubw*, *ub*) in der Einzahl. Die Classensilbe für die Bildung der Fürwörter ist *bú* (*bw*, *b*) für die Einzahl.

> *ubwite bwisile* Krieg ist gekommen
> *ubúlili ubúnunu* die schöne Matte
> *mbwagile ubútwa* ich habe die Herrschaft erhalten

170. Das Zeichen eines von einem Worte der *úbú*-Classe abhängigen Genetivs oder besitzanzeigenden Fürwortes ist *bwa*.

úbúswigala bwa ngambaku der Schwanz des Ochsen
úbololo bwakę seine Güte

171. Die hinweisenden Fürwörter sind *úbú* dieser, *búla* jener, *bo* das ist. *búbúbú* gerade dieser, *búlabúla* gerade jener, *búbo* gerade das erwähnte. *úbwato úbú, búla* dieses, jenes Boot.

Das Fragewort welcher? heisst *búliku?* was für einer? *búki!*

In Verbindung mit *-osa* und *-ęnę* lauten die Formen *bosa* ganz, *bwęnę* allein, selbst. *úbwęnę* besitzend.

Die Bezeichnung des Relativs für die *úbú*-Classe geschieht auch regelmässig durch die hinweisenden Fürwörter *úbú* und *búla*.

úbúgono, úbú mbwagilę die Schlafstelle, welche ich gefunden habe
úbúkoma, búla búngogęgę jener Aussatz, der ihn tödtete

Beispiele für die verneinten Formen:

úbwalwa bútikunoga das Bier schmeckt nicht
úbúpę búngamalikaga die Freigebigkeit möge nicht ein Ende nehmen
úbúmi bwa bwilabwila bútisakumalika siku das ewige Leben wird niemals ein Ende nehmen
úbwitę búkalwa der Krieg hat nicht gekämpft
úbúkomu búkalintulilę Schlauheit hatte ihn nie verlassen

Über die Bildung des **Plurals** aller dieser Formen siehe den **Plural** der *úmpiki*-Classe. § 6.

172. **Verkleinerungswörter**, Diminutiva, bildet man von Hauptwörtern anderer Classen, indem man das Praefix der anderen Classen weglässt und statt dessen *aka* (vor Vocalen *ak*) für die Einzahl, *útú* (*útu, út* vor Vocalen) für die Mehrzahl vorsetzt. Man beachte dabei besonders, dass der anlautende Stammconsonant, welcher durch *ín* der *nyumba*-Classe verändert wurde, nach *aka* wieder seinen **ursprünglichen** Klang annimmt. Die Classe entspricht also den deutschen Wörtern auf *-chen*, *-lein*.

akalumyana das Knäblein	Pl.	*útúlumyana*
akapiki das Bäumchen	»	*útúpiki*
akafúli der kleine Hut	»	*útúfúli*
akabwę das Steinchen	»	*útúbwę*
akatęko das Töpfchen	»	*útútęko*
akalama die kleine Färse	»	*útúlama*
akakambo etwas Tabak	»	*útúkambo*
akatętę das Röhrlein	»	*útútętę*
akanyasa die kleine Matte	»	*útúnyasa*
akañosi das Schäfchen	»	*útúñosi*
akafubu das kleine Nilpferd	»	*útúfubu*
akasofu der kleine Elephant	»	*útúsofu*
	u. s. w.	

Merke: *íngombę* Rind bildet *akagombę, útúgombę*. *úbula* Eingeweide bildet nur den Plural *útula*. *úlúkama* Milch bildet auch nur den Plural *útúkama*. Die Pluralia tantum bilden natürlich das Diminutiv nur auf *útú*: *amesi*

Wasser, *ûtwesi* etwas Wasser, *amasulu* Molke. *ûtûsulu* ein wenig Molke, *amafuta* Fett. *ûtûfuta* etwas Fett u. s. w.

173. Die Eigenschaftswörter dieser Classe nehmen in der Einzahl *aka* (*ak*), in der Mehrzahl *ûtû* (*ûtic*, *ût*) an. *linga* und die Zahlwörter nehmen *ka* und *tû* an.

akana akanunu ein schönes Kindlein   *ûtûpiki tûbûî* zwei kleine Stämme
akabue kamo ein Steinchen   *ûtûkili ûtûtali* lange Stöckchen

Beachte jedoch, dass *ka* bei den Zahlwörtern auch die Bedeutung der Verbaladverbia hat (§ 109).

174. Die Classensilbe für die Bildung der Fürwörter lautet für die Einzahl *ka* (*k*), für die Mehrzahl *tû* (*ttc*, *t*).

Einzahl:	Mehrzahl:
akamage kangu mein Messerchen	*ûtûmage tteangu*
aka dieses	*ûtû* diese
kala jenes	*tûla* jene
kaliku? welches?	*tûliku?* welche?
kaki? was für eins?	*tûki?* was für welche?
kosa das ganze	*tosa* alles
kcne es selbst, allein	*ttcene* sie selbst, allein
akene na besitzend	*ûtcene na*
akana ka nkikulu das Kindlein	*ûtcana tcea nkikulu* die Kinderchen
der Frau	der Frau
kalakala gerade jenes	*tûlatûla* gerade jene
kakaka gerade dieses	*tûtûtû* gerade diese
ko das ist	*to* das sind
kako gerade das erwähnte	*tûto* gerade die erwähnten

175. Die Bildung der Verbalformen geschieht regelmässig durch *ka* für die Einzahl und *tû* für die Mehrzahl.

    akapene kaftrile die kleine Ziege ist gestorben
    ûtûkama tûmalike die Milch ist ausgegangen
    akagile akanike er hat das Knäblein gefunden
    tutregile ûtwesi wir haben das Wasser genommen
    katikwisa akalindicana das Mädchen kommt nicht
    tûkula ûtula wir haben nicht Eingeweide gekauft

Merke: *nkalondile* ich habe es gesucht, *ntûlondile* ich habe sie gesucht.

In folgender Liste sind Hauptwörter angeführt, die ausschliesslich in der Diminutivform gebraucht werden.

Adamsapfel *akapembemilo*	Erdbeben *akasenyenda, akajugandete*
Ameise *akanyegesi*	Fabel *akasuno*
Angenehmes *akakyo*	Fieber *akakinya*
Antilope, kleine Art *akasya*	Gnitze *akasunya*
Arbeit *akabomba*	Grübchen in der Wange *akabyondo*
Beleidigung *akafiyi*	Knöchelchen *akapolomondo*
Bosheit *akabini*	Knoten *akapungunyo*
Bussard *akabelele*	Last *akatundu*
Dorf *akaja*	Märchen *akasuno*

Nähnadel *akasonelo*	Schlaf *útúlo*
Neid *akabimi*	Schlafstätte in der Hütte *akapetra*
Nippsachen *útreita*	Schnupfen *akakinya*
Palme, eine Art *akayendwa*	Soor *útúnyranynra*
Schakal *akambwe*	Verzierung *útúndu*
Schildkröte *akajamba*	Wirbelwind *akafulafumbi*

176. Einen durch *ni* gebildeten **Locativ**, wie das Swaheli, hat das Konde nicht. Statt desselben treten die in § 122ff. behandelten Vorsilben *mú*, *pa*, *kú* ein, und zwar als Praefixe. (Vergl. auch § 86 *mo*, *po*, *ko* und was dort über die 3 Kreise gesagt ist, an welche der Eingeborene bei Benutzung von *mú*, *pa*, *kú* denkt.)

>*panyumba pamyangu* bei mir, bei meinem Hause
>*pa nyumba jangu* bei meinem Hause

Bei Eigenschaftswörtern und Zeitwörtern hat die angehängte Silbe *po* eine einschränkende Bedeutung.

>*ankomilepo* er hat ihn wenig geschlagen
>*nunupo* ein wenig gut
>*úmmage yúsúkilepo* das Messer ist etwas stumpf geworden
>*talipo* etwas lang
>*ambelepo panandi* er hat mir nur wenig gegeben
>*patalipo pala* es ist etwas weit dort

Merke: Die dem -*po* vorhergehende Silbe bekommt einen Nebenton.

177. Man kann im Konde ein Hauptwort mit einem als selbstverständlich ausgelassenen Hauptwort verbinden, indem man das Praefix des ausgelassenen Hauptwortes vor dasselbe stellt. Die Bildung erinnert an die der Eigenschaftswörter § 11—13. Vor allen Dingen lassen solche Bildung zu die 3 Hauptwörter *kikulu* für weiblich, *nyambala* für männlich, *mwana* für Junges:

>*ingmbe ingikulu* eine Kuh, ein weibliches Rind
>*imbwa inyambala* ein männlicher Hund
>*imwana* ein Junges Pl. *ibana*
>*ilyebe ilikikulu* ein weiblicher Habicht
>*ikipiki ikinyambala* ein Stamm vom männlichen Baum
>*inyipyasyo* der Weg am Schleifstein

ilipyasyo, der Schleifstein, ist verbunden mit dem Praefix des ausgelassenen Wortes der *nyumba*-Classe *indjila* Weg. Bei diesem Wort ist sogar das eigene Praefix noch erhalten.

178. Was wir im Deutschen durch ein Eigenschaftswort ausdrücken, wird im Konde oft durch einen Genitiv ausgedrückt (§ 65).

>*úgwá-ndumi* der Gesandte (der der Gesandtschaft)
>*úgwá-mahala* der Verständige (der des Verstandes)
>*úgwá-matúngo* der Hochmüthige
>*abá-inyu* die Redenden, die reden können, Menschen von Wort
>*úgwá-mapuli* schwerhörig
>*úgwá-kúbúkulu* ein Uralter
>*úgwá-kimama* linkshändig

Auch das Praefix der *iki*-Classe kann zur Übersetzung eines Eigenschaftswortes benutzt werden.

> *kyọ kisungu* so ist es europäisch
> *ikilungwana* die Art der Araber
> *kyọ kikesi* so machen es die Kesi
> *ikinyakyusa* Art, Sprache der Nyakyusa
> *ikikinga* Art, Sprache der Kinga
> *ikibundugula* Sprache der Konde

179. Auf dieselbe Weise werden die **Ordinalzahlen** mit Hülfe der *ubu*-Classe gebildet. Unregelmässig ist *untasi* der erste.

> *umúndu úntasi* der erste Mensch
> *inyumba ja bûbeli* das zweite Haus
> *imípiki gya bûtatu* die dritten Stämme
> *únkọta gwa bûna* die vierte Arzenei
> *ilûbwẹ lya bûhanọ* der fünfte Stein
> *ikibaya kya bûhanọ nabûmọ* der sechste Stall
> *úbwatọ bwa mlọngọ* das zehnte Boot
> *ùnyambala gwa tûlọngọ tubeli* der zwanzigste Mann

Das Praefix *ubû* dient auch dazu, das Land eines Volkes zu bezeichnen, so dass man folgende Formen unterscheidet:

> *únkinga* der Kinga
> *ikikinga* die Art, die Sprache der Kinga
> *ûbûkinga* das Land der Kinga

180. Es giebt im Konde **sehr wenige** Eigenschaftswörter. Man hüte sich vor Neubildungen! Sehr häufig wendet der Konde ein Zeitwort an, wo wir ein Eigenschaftswort benutzen.

> *indẹkọ jikwisula* der Topf wird voll
> *indẹkọ jiswile* der Topf ist voll
> *indẹkọ jikisula* der Topf ist nicht voll

So auch:

betrunken werden	*gala*		ruhig •	*batama, gọna* (vom
demüthig	•	*tọka*		See)
ernst	•	*sulumanya*	satt •	*ikuta*
faul	•	*bọla*	schimmelig werden	*bubilwa*
fett	•	*tupa*	schlüpfrig •	*telemuka*
gar	•	*pya*	schwarz •	*ina*
gelähmt	•	*lẹmala*	sichtbar •	*bọnẹka*
gesund	•	*gọna*	stark •	*kaka*
hell	•	*eluka, kya*	still •	*kiba*
krank	•	*bina*	theuer •	*li nontẹngọ* (billig
mager	•	*ganda*	werden Negation davon)
müde	•	*katala*	traurig werden	*sulumanya*
offen	•	*iguka*	trocken •	*uma*
reif	•	*befwa*	versengt •	*bwẹsa*
rein	•	*tenẹnẹka*	verloren •	*sọba*

voll   werden *isula* | wohlschmeckend werden *noga*

weniger   -   *naganika* | zornig werden *kalala*

weiss   -   *çluka*

»Mehr« wird ausgedrückt durch *ongęla*.

Man mache es sich zur Regel, deutsche Eigenschaftswörter soviel wie möglich durch ein Zeitwort wiederzugeben. Selbst von den in § 13 angegebenen Eigenschaftswörtern lassen sich viele verbal wiedergeben, so: berühmt durch *funuka*, bestäubt durch *boloka*, eben *tęngama*, ergraut *kangala*, erwachsen *kula* u. s. w.

181. Wörter, welche in der Einzahl kein Praefix haben, namentlich **Fremdwörter**, gehen nach der Menschenclasse und bilden die Mehrzahl auf *ba*, nicht auf *aba*. (Fremdwörter, die sich eingebürgert haben, haben sich auch für die Einzahl das Praefix einer bestimmten Classe angeeignet, der sie dann auch in der Mehrzahl folgen.) Ebenso werden die Nomina propria behandelt.

Abendstern *kajúlụ*		
Affe, kleiner *salila*	Pl.	*basalila*
Ameisenbär *mwimba*	-	*bamwimba*
Buch *kalata*	-	*bakalata*
Feile *tupa*	»	*batupa*
Feinde *tuta*		
Gott *Kyala*	-	*ba Kyala*
Katze *nyalu*	-	*banyalu*
Kröte *tufyẹ*	-	*batufyẹ*
Mahlstein, der obere *sabuẹ*	-	*basabuẹ*
Nyassa *sumbi*		
Papier *kalata*	-	*bakalata*
Pavian *kaki*	-	*bakaki*
Rhinoceros *pembęlẹ*	-	*bapembęlẹ*
uneheliches Kind *sigwana*	-	*basigwana*
Soldat *únsikali*	-	*basikali*
Muankendja *Mwankendja*	-	*ba Mwankendja*

182. Eine eigene Beugung haben die **Verwandtschaftsbezeichnungen** *tata* mein Vater, *jüba* meine Mutter, *ũmwinangu* mein Freund, mein Verwandter und *ũmwana* Kind, Sohn, Tochter. Man muss sich die einzelnen Formen merken.

tata mein, unser Vater	*jüba* meine, unsere Mutter
ũgusọ dein Vater	*ũnnyọkọ* deine Mutter
ũgwisẹ sein Vater	*ũnna* seine Mutter
batata meine, unsere Väter	*bajüba* meine, unsere Mütter
abagusọ deine Väter	*abanyọkọ* deine Mütter
abagwisẹ seine Väter	*abanna* seine Mütter
ũgwisẹmwẹ euer Vater	*ũnnẹmwẹ* eure Mutter
abisẹmwẹ eure Väter	*abannẹmwẹ* eure Mütter
ũgwisabọ ihr Vater	*ũnnabọ* ihre Mutter
abisabọ ihre Väter	*abannabọ* ihre Mütter

ûmicinangu	mein Freund	abinangu	meine Freunde
ûnninǫ	dein	»	abaninǫ	deine	»
ûnninę	sein	»	abaninę	seine	»
ûmicinetu	unser	»	abinetu	unsere	»
ûmicinenu	euer	»	abinenu	eure	»
ûmicinabǫ	ihr	»	abinabǫ	ihre	»
ûmicananǫu	mein Kind	abananǫu	meine Kinder
ûmicanakǫ	dein	»	abanakǫ	deine	»
ûmicanakę	sein	»	abanakę	seine	»
ûmicanetu	unser	»	abanetu	unsere	»
ûmicanenu	euer	»	abanenu	eure	»
ûmicanabǫ	ihr	»	abanabǫ	ihre	»

tata und jûba bleiben stets unverändert, im Plural lauten sie stets ba-
tata, bajûba, die anderen Formen indess lassen den anlautenden Vocal in
praedicativer Stellung weg: bisęmicę das sind eure Väter, nnabǫ das ist ihre
Mutter, micanangu das ist mein Kind.

Merke: tata gicetu unser Vater, wenn »unser« besonders hervorgehoben
werden soll, tata tręsa unser aller Vater.

183. Die anderen Verwandtschaftsbezeichnungen verbinden sich regelmässig mit dem besitzanzeigenden Fürwort. Nur bei der 2. Person Sing. wird
das besitzanzeigende Fürwort in verkürzter Form an das Hauptwort angehängt.

ûnkǫ Schwiegervater, Schwiegermutter, Bruder des Schwiegervaters,
Schwester der Schwiegermutter,
Nebenfrau des Schwiegervaters (im
Verhältniss zum Schwiegersohn)
ûnkǫ Schwiegersohn
ûnmicipica Bruder der Mutter (für die
Kinder letzterer), Schwesterkind
(für den Bruder). Schwesterkind
für die Schwester ist micana. Bruderkind für den Bruder ist micana
ûnkasi Gattin, auch die Schwester der
Gattin (für den Gatten)
ûndumę Gatte, auch Bruder des Gatten
(für die Gattin)

ûndamu Schwager, Bruder der Gattin
(für den Gatten)
gicifi Schwägerin, Schwester des Gatten (für die Gattin)
ûlilumbu Schwester (für die Brüder),
Bruder (für die Schwestern). Vetter
(für die Basen), Base (für die Vettern)
ûntäni Neffe (für den Onkel), Nichte
(für die Tante)
ûnkulu der ältere unter Brüdern oder
die ältere unter Schwestern
ûnnuguna der jüngere unter Brüdern,
die jüngere unter Schwestern

Also:

ûnkǫ gicangu mein Schwiegervater
ûndumę gicakę sein Gatte

ûntäni gicetu unser Neffe
ûnkulu gicenu euer älterer Bruder

Aber: ûnkǫgǫ dein Schwiegervater, ferner ûmicipicagǫ, ûnkasigǫ, ûndu-
megǫ, ûndamugǫ, gicifigǫ, ûlilumbugǫ, ûntänigǫ, ûnkulugǫ, ûnnugunagǫ.

Merke: ûmicipica und gicifi bilden den Plural abipica, abifi (s. die Liste
zu § 168).

184. Einige Verwandtschaftsbezeichnungen nehmen noch eine Form
hinzu zu näherer Bezeichnung, die aber nicht gebeugt wird, sondern nur
einen Zusatz bildet.

jûba senga Schwester des Schwiegervaters (für den Schwiegersohn).
Tante (Schwester des Vaters; Schwester der Mutter ist einfach
jûba)

ûmwana senga Bruderkind (für die Schwester; Schwesterkind ist
für die Schwester einfach *mwana*)

ûndjemba mwinangu nennt der Schwiegervater der Braut den Schwiegervater des Bräutigams

In obigen Formen wird *senga* nicht mitdeclinirt, also

jûba senya meine Tante	*bajûba senga* unsere Tanten
ûnna senya seine Tante	*ûnnemwe senya* eure Tante

Merke: *a.* zu *ûnko* fügt der Konde manchmal der näheren Bezeichnung wegen noch *tata, jûba* oder *mwana* hinzu. In solchem Falle werden
beide Formen selbständig gebeugt.

ûnko tata mein Schwiegervater
ûnko jûba meine Schwiegermutter
ûnko mwana Schwiegersohn
abako benu abisemwe eure Schwiegerväter
ûnkogo ûnnyoko deine Schwiegermutter
ûnko gwenu ûmwanenu euer Schwiegersohn u. s. w.

b. *abeganini* Männer, welche Schwestern zu Frauen haben

ûnsakulwa die jüngere Schwester der Gattin, falls sie auch Gattin
wird desselben Mannes

ûnsasi die Schwester, welche als Ersatz für die verstorbene Schwester
Gattin eines Mannes wird

ûgwa myetu mein, unser Bruder (Schwester)
ûgwa myenu dein, euer Bruder (Schwester)
ûgwa myabo sein, ihr Bruder (Schwester), vergl. auch § 178

c. Das in § 35 angeführte Fragewort *ki?* wird auch gebraucht, um
nach dem Verwandtschaftsgrade zu fragen. Achte auf die 2. Person Sing.

nki gwangu! wie ist er mit mir verwandt?
nkigo? . . . . dir »
nki gwake? . . . . ihm »
nki gwetu, gwenu, gwabo.

In *tuli bûki!* ist *bûkamu* »die Verwandtschaft« zu ergänzen. also: in
welchem Verwandtschaftsgrade stehen wir? Ebenso *muli bûki! bali bûki!*

d. *nka nongi* Frau jemandes
kana nongi Tochter einer Frau
mwa » Sohn » »
mwana gwa nongi Tochter eines Mannes
ûnya nongi Sohn eines Mannes

185. Eine eigentliche **Comparation** der Eigenschaftswörter giebt es
im Konde nicht.

Wo wir den Superlativ allein gebrauchen. gebraucht der Konde nur den
Positiv des Eigenschaftswortes. welches dann gewissermaassen im absoluten
Sinne genommen werden muss.

jwani ûnnunu! wer ist der beste? (eig. der absolut gute)

186. Wenn es durchaus nothwendig ist, Positiv und Superlativ (oder Comparativ) neben einander zu stellen, so kann man den letzteren durch *fijǫ* »sehr« auszeichnen.

> *nnunu ûjû, loli jûla nnunu fijǫ* dieser ist gut, aber jener ist besonders gut (der beste)

Der Comparativ kann auch durch Gegenüberstellung ausgedrückt werden oder durch die Praeposition *kû* (*kwa*)

> *ûnkikulu ûjû na jûla ngolǫ fu ani?* diese Frau und jene, wer ist die gerechte?

> *ngolǫ fu ûjû kûli jûla* diese ist gerechter als jene (eig. diese ist gerecht [im Vergleich] zu jener)

Man kann endlich zur Umschreibung von Comparativ und Superlativ das Zeitwort *kenda* »übertreffen« benutzen:

> *ûnkikulu ûjû akendile ûbûgolǫ fu kûli jûla* diese Frau ist gerechter denn jene (eig. diese Frau übertrifft, was Gerechtigkeit anlangt, jene)

187. Das **Hülfszeitwort sein** kann in seiner gegenwärtigen Zeit auf viele Weisen ausgedrückt werden.

1. Man kann dafür die praedicative Form des Hauptwortes und Eigenschaftswortes wählen (§ 23).

> *mîpiki* das sind Bäume

> *lmipiki egi mikulumba* diese Bäume sind gross

2. Durch das hinweisende Fürwort auf *ǫ* (§ 81).

> *ûntwa gwangu jǫ Mwankendja* mein Herr ist Muankendja

3. Durch das unregelmässige Zeitwort *li* sein (§ 27). Dieses Zeitwort muss angewandt werden, wenn das Subject in der 1. und 2. Person steht. Bei der 3. Person wird es angewandt bei den Fragepartikeln *moki? poki? kûgu? bule? bulebule?* (§ 33) und deren Positionen (vergl. auch § 27).

ndi nkulumba ich bin gross	*gili moki?* wo sind sie?
muli bagolǫ fu ihr seid gerecht	*bali apa* sie sind hier
bali poki? wo sind sie?	*yili mûla* sie sind dort drin

4. In der Verneinung nimmt man das durch *ka* (§ 99) negirte *ja* »werden«.

ngaja ich bin nicht	*twkaja* wir sind nicht
ukaja du bist nicht	*mukaja* ihr seid nicht
akaja er ist nicht	*bakaja* sie sind nicht
yûkaja · · ·	*gîkaja* · » ·
kikaja · · · u. s. w.	*fikaja* · · · u. s. w.

> *ngaja nkulumba* ich bin nicht gross

> *mukaja balumyana* ihr seid keine Knaben

> *yîkaja mitali* sie sind nicht lang

Das *ja* kann auch wegfallen und *ka* erhält dann den Hauptton:

> *akâ nkulumba* er ist nicht gross

> *fikâ fitofu* sie sind nicht weich

188. **Ja** und nein wird entweder dadurch ausgedrückt, dass die Frage bejaht oder verneint wiederholt wird, oder es wird ja durch *ena, enamwa,*

e, nein, durch *mma, hemma* (§ 112) gegeben. Man kann auch beide Arten
verbinden:

> *ubọmbile? mbọmbile* hast du gearbeitet? ja
> *alipọ? akajapọ* ist er da? er ist nicht da
> *babukile? mma. bakabuka* sind sie fortgegangen? nein
> *bisile! e, bisile* sind sie gekommen? ja

Zu § 188 noch: *mma* wird gern mit den in § 81 erwähnten hinweisenden Fürwörtern eng verbunden, z. B.:

> *nẹmma* ich nicht   *twẹmma* wir nicht
> *gwẹmma* du nicht   *mwẹmma* ihr nicht
> *jọmma* er nicht   *bọmma* sie nicht

Ähnlich: *kyọmma — fyọmma, gọmma — gyọmma, jọmma — syọmma*
(§ 139 f.), *pọmma, kọmma, mọmma* (§ 122 f.), *lyọmma — gọmma* (§ 126 f.) u. s. w.

189. Wenn im Satze irgendwie eine Ortsbezeichnung vorkommt, so
hängt man häufig an das Verbum noch eine der Ortspartikeln *mọ, pọ, kọ* an.

> *sọkakọ!* gehe hier heraus!
> *isẹke simẹlilepọ pampiki* die Früchte sind am Baume gewachsen
> *unyasimepọ ûmmage* borge mir ein wenig das Messer

Der Konde liebt es, diesen Formen einen gewissen Nachdruck zu
geben (vergl. § 92), nur dass er vor *mọ, pọ, kọ* an die mit *a* endigenden
Formen *nga*, an die mit *e* endigenden *nge* hängt.

> *usọkengẹpọ* gehe doch hier heraus
> *utuhulẹngepọ* sage uns ein wenig
> *fisangamọ mûla* verstecke es dort drin

190. Die Formen des **Zeitworts »sein«** werden für die Vergangenheit
von *li* für die Zukunft von *ja* gebildet.

> *nali* ich war   *nisakuja* ich werde sein
> *gwali* du warst   *kusakuja* du wirst sein
> *ali* er war   *isakuja* er wird sein
> u. s. w.   u. s. w.

Das Perfectum von *ja ndjile, ujile, ajile* bedeutet: ich habe es recht
gemacht (vergl. § 120 Anm.).

191. Die Formen der dritten Personen richten sich natürlich immer
nach der Form des regierenden Hauptworts.

> *imipiki gyali mikulumba* die Bäume waren gross
> *iṅọmbe sisakuja nyingi* die Rinder werden viele sein

192. Beispiele für diese Formen in Relativsätzen:

une, ne nali ich, der ich war   *uswe, twe twali* wir, die wir waren
ugwe, gwe gwali du, der du warst   *umwe, mwe mwali* ihr, die ihr waret
ûjû āli welcher war   *aba bāli* welche waren
ûgû gwali   •   •   *egi gyāli*   •   •
eki kyāli   •   •   *efi fyāli*   •   •

193. Die **einsilbigen Zeitwörter** bilden eine Anzahl Formen unregelmässig. 1. Im Imperativ nehmen sie die Vorsilbe *i* oder die Endsilbe *ga*
an: stirb! *ifwa!* oder *fwaga!* trink! *inwa! nwaga!* rasire! *inwa! mwaga!*
2. *pa* geben bildet das Perfectum auf *pele*. Alle anderen einsilbigen Zeit-

wörter bilden das Perfectum regelmässig. 3. *pa* bildet das Passivum auf *peyca* (Perf. *pegigice*), *lya* essen auf *legica* (Perf. *legilice*).

Die übrigen bilden das Passivum von einer Nebenform (§ 204 f.).

194. Man achte auf folgende Formen, in denen die Verneinung als selbstverständlich ausgelassen ist:

ua jûmo auch nicht einer	*nojûmo* nicht ein einziger	
na kimo » » »	*nekimo* » » »	
na gûmo » » »	*noxûmo* » » ».	
na bamo keine Leute	*nabamo* keine einzigen	
na yimo » (Bäume)	*neyimo* » »	
na fimo » (Stühle)	*nefimo* » »	
ua simo » (Rinder)	*nesimo* » »	

na pamo nirgends, *na kûmo* nirgendshin, -her
na maxo nicht einmal vor die Augen gekommen

Vergleiche das französische *pas* Schritt und *point* Punkt: *ne-pas*, *ne-point*; *pas du tout* (eig. Schritt von allem) durchaus nichts. Ähnlich *jamais*: *à jamais* für immer, *jamais* niemals. Die Negation tritt aber sofort zum Vorschein, sowie obige Formen einen Satz einleiten: niemand ist gekommen *na jûmo akisa*.

195. Es giebt im Konde kein besonderes Wort für haben. Dieses wird immer durch die Umschreibung: »sein mit etwas« ausgedrückt: *ndi na* ich bin mit.

ndi na	ich habe	*tuli na*	wir haben
uli na	du hast	*muli na*	ihr habt
ali na	er hat	*bali na*	sie haben
yûli na	» »	*sli na*	» »
kíli na	» »	*yali na*	» »
		glli na	» »
		fili na	» »
nali na	ich hatte	*twali na*	wir hatten
gwali na	du hattest	*mwali na*	ihr hattet
ali na	er hatte	*bali na*	sie hatten
ywali na	» »	*syali na*	» »
kyali na	» »	u. s. w.	
nisakuja na ich werde haben		*tusakuja na* wir werden haben	
kusakuja na du wirst »		*musakuja na* ihr werdet »	
isakuja na er wird » u. s. w.		*bisakuja na* sie werden » u. s. w	

196. Die verneinten Formen lauten:

nyaja na	ich habe nicht	*tukaja na*	wir haben nicht
ukaja na	du hast »	*mukaja na*	ihr habt »
akaja ua	er hat »	*bakaja na*	sie haben »
	u. s. w.		u. s. w.
nyali na	ich hatte nicht	*tukali na*	wir hatten nicht
ukali na	du hattest »	*mukali na*	ihr hattet »
akali na	er hatte »	*bakali na*	sie hatten »
	u. s. w.		u. s. w.

ndisakuja na ich werde nicht haben *tutisakuja na* wir werden nicht haben
utisakuja na du wirst　•　•　*mutisakuja na* ihr werdet　•　•
atisakuja na er wird　•　•　*batisakuja na* sie werden　•　•
　　　　　　u. s. w.　　　　　　　　　u. s. w.

197. Wenn auf das Wort •haben• der Ton gelegt ist, dass es soviel als •besitzen• bedeutet, so bleibt das *a* von *na* erhalten vor folgendem Vocal und der folgende Vocal fällt aus: *ndi na mwana* ich habe ein Kind, *ngaja na ṅombe* ich habe kein Rind.

Legt man den Ton auf das, was man besitzt, oder ist der Besitz nur ein zufälliger, vorübergehender, so wird das *a* mit dem folgenden Vocal verschmolzen nach § 114.

198. Wenn das Object zu -haben• ein Fürwort ist, so werden die in § 24. 25 aufgeführten *na*-Formen gebraucht: *ndi naywe* ich habe ihn, *ngaja nakyo* ich habe ihn (den Stuhl) nicht, *muli nasyo* ihr habt sie (die Rinder). Man setzt auch gern Fürwort und Hauptwort zusammen: *ali najo iṅombe* er hat ein Rind, *ali nabo abana babeli* er hat zwei Kinder.

Beispiele für •haben• in Relativsätzen:

　iṅombe, eji ndi najo die Kuh, welche ich habe (eig. welche ich bin mit) *amalasi, aga ngali nago* die Bambusstangen, welche ich nicht hatte *imyenda, egi nisakuja nagyo* das Zeug, welches ich haben werde *ikitili, eki ndi nakyo* der Hut, den ich habe

Merke: 1. Statt *jwani ali nekitili kyangu?* kann man auch sagen: *ikitili kyangu kili nani?* Der Konde sagt also sowohl: wer ist mit meinem Hut? als auch: mit wem ist mein Hut? *indwanga jangu ali najo ündumyana* mein Beil hat der Knabe, und: *indwanga jangu jili nondumyana* mein Beil ist mit dem Knaben. Ähnlich: *gwe nnine nani?* mit wem bist du gleich? d. h. du hast keines Gleichen, du stehst ohne Gleichen da.

II. Man kann auch im Konde eine Art Gerundium und Gerundivum bilden, indem man den substantivirten Infinitiv (§ 124) in ein Genetivverhältniss bringt zu den Verben •sein• und •haben•, sowie zu den in § 81 erwähnten hinweisenden Fürwörtern, in denen ja auch das Verbum -sein• liegt:

　ne gwa küjenga ich bin einer, der bauen muss
　gwe gwa kükomigwa du bist einer, der geschlagen werden muss
　iṅombe eji ji ka ja künhomba ümwinetu mit dieser Kuh darf unser Freund nicht bezahlt werden
　übütili übü bwa kula diese Matte ist zu verkaufen
　nkisu münu müka mwa küjengamo in diesem Lande kann man sich nicht anbauen (§ 122)

199. Auch die Locative § 122 können in gleicher Weise durchconjugirt werden.

müli na, pali na, küli na drin, drauf ist mit
mwali na, paali na, kwali na drin, drauf war mit
müsakuja na, pisakuja na, küsakuja na drin, drauf wird sein mit

mükaja na ist nicht mit	*mukali na* war nicht mit
pakaja na • • •	*pakali na* • • •
kükaja na • • •	*kükali na* • • •

mûtisakuja na es wird nicht sein mit

patisakuja na • • • • •

kûtisakuja na • • • • •

mûnyumba mûli nengisi im Hause ist es dunkel (eig. hat es Finsterniss)

pali nontambo es ist dort weit (ist mit Entfernung)

kûmwanya kûno kûli nokufwa hier oben ist Sterben vorhanden

kûkaja na malafyale kûno hier ist kein Häuptling vorhanden

mûtisakuja nengisi pakilo? wird es Nachts nicht dunkel werden?

Anmerkung: Auch an diese Formen wird häufig ein *mo*, *po*, *ko* angehängt, um der Rede einen grösseren Nachdruck zu geben.

mûnyumba mûlimo nefindu im Hause sind Nahrungsmittel

ulikọ̆ kûgu! wo bist du denn?

kûkajakọ̆ na malafyale kûno hier ist nicht ein Häuptling vorhanden

ndikọ̆ na ngwego ich habe einen Speer

200. Das in § 190 behandelte Zeitwort *li* »sein« haben wir bereits zur Bildung von Verbalformen verwandt in § 42 und 61. Mit diesem Hülfszeitwort werden noch folgende Verbalformen gebildet:

1. *ndisakulọnda* ich bin einer, der suchen wird

    ulisakulọnda

    alisakulọnda

    u. s. w.

2. Conjunctiv davon:

    ndise ndọndę ich soll einer sein, der suchen wird

    ulise ulọnde

    alise alọndę

    u. s. w.

3. Conjunctiv mit *ka*:

    ndise ngalọndę ich soll einer sein, der einmal suchen wird

    ulise ukalọndę

    alise akalọndę

    u. s. w.

201. Auch das in § 190 f. erwähnte Zeitwort *ja* bildet eine Anzahl zusammengesetzter Verbalformen:

1. *najile* (meist *najye*) *kulọnda* ich war hin suchen gewesen

    gwajye kulọnda

    ajye kulọnda

    u. s. w.

    (*jile* ist Perfectum von *ja*)

2. *naja kulọnda* ich war suchen, ich würde hin suchen gehen

    (vergl. § 63), ich werde hin suchen gehen

    gwaja kulọnda

    aja kulọnda

    u. s. w.

Diese Form gilt für Imperfectum und Futurum, vergl. noch § 63 *nampọnya* ich grüsste ihn und ich werde ihn grüssen, ferner *mbukilę* ich bin gegangen für: ich gehe jetzt.

3. Dieselbe verneint:

ngaja kulonda ich habe nicht gesucht und will auch nicht suchen
ukaja kulonda
akaja kulonda
u. s. w.

202. Wie in allen Bantusprachen, so können auch im Konde von den Stammzeitwörtern eine Reihe **abgeleiteter Zeitwörter** nach bestimmten Regeln gebildet werden.

203. Es giebt eine gewisse Form des Zeitwortes, um auszudrücken, dass die Handlung desselben in **Beziehung auf Jemand oder etwas steht.** Wir gebrauchen im Deutschen dafür eine Reihe von Praepositionen für, wider, wegen, anstatt, zu u. dergl., auch den blossen Dativ. Der Zusammenhang muss ergeben, was gemeint ist. Es gehört einige Übung dazu, diese Formen richtig anzuwenden und ihre Anwendung richtig zu verstehen. Man muss versuchen, sich in die Denkweise des Konde zu versenken.

Man nennt die Form gewöhnlich die **relative.**

204. Diese Form wird gebildet, indem man das schliessende *a* des Stammzeitwortes abwirft und statt dessen *ila* oder *ela* anhängt. Wenn der Vocal des Stammes *a, i, î, û, u* ist, so wählt man *ila*, ist er *e, o*, so wählt man *ela*. Bei den einsilbigen Zeitwörtern findet sich ausser diesen Endungen noch *ela* ohne feste Regeln.

Man bildet also:

von *taga — tagila*	ferner von *fwa — fwela*	
» *kinda — kindila*	» *swa — swela*	
» *fuma — fumila*	» *twa — twela*	
» *kinda — kindila*	» *gwa — gwela*	
» *ûla — ûlila*	» *hwa — hwila*	
» *londa — londela*	» *nwa — nwela*	
» *enda — endela*	» *kwa — kwela*	
	» *mwa — mwela*	

bikunyega sie holen mich, *bikunyegela* sie holen mir, *bikutulonda* sie suchen uns, *bikutulondela* sie suchen für uns.

205. Einsilbige Zeitwörter, welche auf *ya* endigen, werfen ausser dem *a* auch das *y* vor der Relativ-Endung ab.

lya essen Rel. *lela*   *pya* brennen Rel. *pela*
kya hell werden Rel. *kela*

Doch vergl. § 225 und 228.

Aber *kanya* treten: *kanyila.* Eine Ausnahme bildet *okya* rösten, welches die relative Form auf *okela* bildet.

206. Das **Perfectum** der Relativa wird gebildet, indem man *île* statt des *ila, ela, ela* setzt. Man beachte, dass das *i* in *île* lang ist. Die einsilbigen bilden das Perfectum regelmässig nach § 31.

taga fortwerfen	*atagile* er hat fortgeworfen
tagila für etwas fortwerfen	*atagile* er hat für etwas fortgeworfen
londa suchen	*tulondile* wir haben gesucht
londela suchen für	*tubalondile* wir haben für euch gesucht

fwa sterben   *'fwile* ich bin gestorben
fwela für jemand sterben   *atufwelile* er ist für uns gestorben

207. Das Passivum dieser Zeitwörter wird mit der Endung *eligwa* gebildet, wenn der Vocal des Stammes ein *e* oder *o* ist, sonst mit der Endung *eligwa.*

komeligwa (von *koma* schlagen) geschlagen werden für
angaleligwa (von *angala* sich amüsiren) zum Besten gehalten werden

208. Merke für den Gebrauch dieser Formen noch Folgendes:

1. nach den Adverbien *kimo* zugleich (§ 112), *ngani, nganila, kyangani.* *kyanganila* zunächst, erstmal (vielgebrauchtes Flickwort), *kyanyumanyuma* rückwärts, nach hinten, steht stets die relative Form, sowie nach *fiki?* in der Bedeutung: wozu, zu welchem Zwecke?

2. Der Infinitiv der relativen Form wird öfters im Genetiv Hauptwörtern zugefügt, um näher zu bestimmen, wozu sie dienen:

amapamba ga kujengela inyumba Ziegelsteine, ein Haus damit zu bauen
akabombo ka kukabila ikyuma Arbeit, um Reichthum damit zu erwerben

3. Für Praepositionen tritt vielfach die relative Form ein.

aluka sich erheben   *alukila* sich erheben gegen Jemand
küla halten   *külela* für Jemand halten
ima stehen   *imila* bei Jemand stehen, d. h. Jemand beistehen

4. Beispiele für besonderen Gebrauch der Formen:

igala zuschliessen   *igalila* ausschliessen, einschliessen
taga fortwerfen   *tagila indope* düngen
ja werden   *jila* aufpassen auf, fürsprechen für, helfen
                                 anila borgen von
                                 mogela schön thun, einherstolziren
                                 bonela sagen, wo jemand ist

209. Man kann auch die Relativ-Endung doppelt anhängen, um mehrfache Beziehungen auszudrücken. Viele Zeitwörter bekommen in dieser Form iterative (wiederholte) und intensive (verstärkte) Bedeutung.

enda gehen, *endelela* schnell zugehen
anda anfangen, *andilila* immer wieder von Neuem anfangen
gwema sich lange aufhalten, *gwemelela* betteln
enelela aufpassen
itoga sich setzen auf, reiten auf, *itogelela* sich gegenübersitzen beim Gruss

Die relativen Formen des Zeitwortes werden, wie alle anderen Ableitungen, nach den bekannten Regeln conjugirt (§§ 39—52).

Es giebt Relativa, die ihre eigene Bedeutung haben:

nwela saufen
kwela dem Schwiegervater Vieh zahlen für die Frau
otela an der Sonne sich wärmen

210. Die Endung -*ana*, einem Zeitworte zugefügt, bezeichnet unser deutsches »einander« (reciproke Form), »sich gegenseitig«.

aga finden, *agana* einander finden, d. h. zusammenkommen
yana lieben, *ganana* einander lieben, sich gegenseitig lieben

211. Merke den eigenthümlichen Gebrauch der Fürwörter in folgenden Verbindungen:

unre naninę tulinkukǫmana, neben *tulinkukǫmana naninę* und *tulinkukǫmana*: du (er) und ich sind zusammengekommen

Merke auch folgende Formen, in denen die reciproke Bedeutung schwer zu erkennen ist:

mimda mûkupejana im Innern kocht es, d. h. das Herz brennt
ilyǫsi lipinyenę ûkûti kisaka der Rauch hat sich gebunden wie ein Bündel, d. h. der Rauch bildet eine Säule
ûbualǫ bûtualenę das Canoe ist gleichförmig auf beiden Seiten
ambana amaxyu dazwischenreden (*amba* in anderen Dialekten = reden)
ikihǫ kitumukęnę pǫkati der Korb ist ganz voll
lunatana fest an einander halten (Kämpfende)
· *aminǫ* Zähne zusammenbeissen

212. Das Perfectum verwandelt *ana* in *ęnę*, das Passivum, wenn es vorkommt, *ana* in *anigua*.

manyana Freund sein   Perf. *manyenę*
ganana einander lieben   · *ganenę*
ningana sich gegenüberstehen   · *ningenę*
kǫlanigua beschäftigt sein, ·festgehalten sein·

213. Einige Verba bilden eine **intransitive** Form auf *ęka*, *ika*, z. B.:

von *bǫna* sehen *bǫnęka* zu sehen sein Perf. *bǫnîkę*
· *mala* beenden *malika* alle sein   · *malikę*

214. Eine Anzahl Verba auf *ka* ist offenbar von **Hauptwörtern** oder **Eigenschaftswörtern** abgeleitet (**denominative** Verba), z. B.:

gluka weiss werden von *ęlu* weiss
bulika mit der Faust (*ikibuli*) schlagen
ûfika eifersüchtig sein von *ûbûfi* Eifersucht

(Über die Perfectbildung s. § 224.)

Bemerkung: Vereinzelt kommt auch *pa* statt *ka* vor in gleicher Bedeutung: *tungulupa* lügen von *ûntungulu* der Lügner, *kalipa* sauer, scharf werden von *-kali* scharf.

215. Mit der Endung *la* werden in ähnlicher Weise Zeitwörter von Hauptwörtern bez. Eigenschaftswörtern abgeleitet, welche aber eine **Thätigkeit** und nicht einen Zustand, wie die auf *ka*, bezeichnen.

sapula einen Weg treten von *ûlûsapu* Pfad
ǫkǫla junge Pflanzen zum Verpflanzen herausnehmen von *ûlǫkǫ* kleine Tabakspflanzen

216. Verba, welche eine **Stellung** bezeichnen, pflegen auf *ama*, Perfectum *ęmę*, zu endigen.

galama auf dem Rücken liegen   Perf. *galemę*
kupama · · Bauche ·   · *kupęnę*
ęgama sich hinten anlehnen (überbeugen)   · *ęgęmę*
gundama sich vorn überbeugen   · *gundęmę*
fugama knieen   · *fugęmę*
sulama abschüssig sein   · *sulęmę*

telama eben sein	Perf. *teleme*
pengama seitwärts gerichtet sein	· *pengeme*
batama schweigen	· *bateme*
kumbama ausgehöhlt sein	· *kumbeme*

u. s. w.

217. Verba, welche auf *ala*, Perfectum *ele*, endigen, bezeichnen etwas Ähnliches, wie das griechische Medium, eine Thätigkeit, die für das redende Subject ausgeübt wird, z. B.: *fwala* sich anziehen, *angala* sich unterhalten, *twala* tragen (nämlich auf seinem Kopfe). Auch werden häufig körperliche Eigenschaften dadurch bezeichnet. Solche Verba übersetzt man im Deutschen am besten mit einem Eigenschaftswort: *lemala* lahm werden, *pupala* verschleierten Auges werden, *bundala* feucht werden. In sehr vielen Fällen muss man es im Deutschen durch ein Intransitivum wiedergeben.

>*kalala* zornig werden, eig. sich erzürnen
>*langala* glänzen
>*lagala* abfallen (von Blättern)
>*xyala* zurückbleiben

218. Einige Verba auf *ama* und *ala* (§ 216. 217) bilden **Transitiva** mit der Endung *ika* und *eka* (**Causativa**); *ala* fällt hierbei aus, während *ama* stehen bleibt und zu *amika* wird.

>*lambalala* liegen, *lambalika* hinlegen
>*egama* sich anlehnen, *egamika* etwas anlehnen

Auch kommt die Endung *ika* als Causativum noch sonst vor: *lundika* etwas aufhäufen, *lembika* etwas stehen lassen (Früchte am Baum).

219. Die Verba auf *ûla* und *ûka*, *ola* und *oka* verwandeln die Bedeutung des Grundverbums oder eines abgeleiteten Verbums in das **Gegentheil** (**Inversiva**); *ûla*, *ola* steht in transitiver, *ûka*, *oka* in intransitiver Bedeutung, z. B.:

>*igala* (s. § 217) zuschliessen
>*igûla* öffnen, *igûka* offen sein
>*fwala* sich anziehen (s. § 217), *fwaka* (§ 218) Jemand bekleiden
>*fula* (für *fwûla*) ausziehen, Jemand etwas
>*twala* auf dem Kopfe tragen, *twaka* (§ 218) auf den Kopf heben,
>>*tula* (für *twûla*) von dem Kopfe nehmen
>*kweka* die Hacke in den Stiel stecken
>*kûla* (für *kwûla*) aus einem Stiel ziehen
>*sayama* in Ästen liegen, *sayûla* von den Ästen nehmen, *sayûka* von den Ästen fallen

Über das Perfectum s. § 224.

220. Einige Verba auf *ola*, *oka* haben nicht inversive, sondern intransitive Bedeutung: *soka* herausgehen, *sokoka* herauskommen, *sokola* herausholen; *lusa* ziehen, schleppen, *lusûka* nachziehen, schleppen (intr.); *fuma* herkommen, *fumûka* bekannt werden (eig. aus Allem hervorkommen).

221. Ausser diesen Bildungen kommen noch seltenere Bildungen vor, deren Bedeutung noch nicht genügend klar ist:

a. *ata* in *fumbata* die Hand schliessen

   • *inyunyata* Arme über Kreuz auf die Schulter legen

b. *ba* in *ŋloba* weich werden

c. *ga* in *kologa*, wovon die Form *kologanya* »rühren« erhalten ist

d. *na* in *tafuna*, *memena* kauen

e. *ma* in *lunduma* donnern, *tetema* zittern

f. *nga* in *ikemenga* brummen, in sich hinein schimpfen

   • *ikanyanga* für sich treten, verlegen mit den Füssen treten

g. *nda* in *pumunda* ein Dach glatt decken, einen Acker gerade ackern

h. *mba* in *pelemba* einen Strick drehen, winden

   • *fukumba* Mehl haufenweise mahlen

i. *la* in *pemela* vollständig verschwinden

222. Die Ableitungsendungen aus §§ 202—221 werden in der mannigfaltigsten Weise mit einander verbunden. Merke besonders:

1. relativ-reciproke Form:

lumbanila das Ultimatum verhandeln (*lumba* in feierlicher Weise etwas verkündigen, predigen)

tyganila sich beim Grusse gegenübersitzen

2. *ana* und *ika* (§ 213). Intransitiva:

juganika schwanken

komanika listig sein (von *nkomu* der Schlaue)

tajanika zerschmettert, zerstossen werden

takanika   •   •   ·

xajanika   •   •   •

lilanika beklagen, lange weinen (von *lila* weinen)

jiganika schwören in starker Weise

3. Zusammensetzungen mit *ala*:

toṭbala kraftlos werden

giginala finster aussehen

tundumala erhaben werden, hochstehend werden

4. Zusammensetzungen mit *ika* (§ 218). Transitiva:

lambalika hinlegen

egamika anlehnen

223. Durch theilweise oder vollständige **Verdoppelung des Stammes** werden ebenfalls Zeitwörter gebildet, welche meistens bezeichnen, dass eine Handlung fortgesetzt geschieht, besonders in tadelndem Sinne.

sosola mit dem Finger weisen   '*ketaketa* immerzu sehen

kuñunda ausklopfen, klopfend schütteln   *telatela* unstät sein, trippeln

sukasuka hin- und herschütteln   *kembakemba* sich unbehaglich fühlen

224. Die **unregelmässigen Perfecta** werden in folgender Weise gebildet: man setzt das *i* der Perfect-Endung *ile* vor den letzten Consonanten des Zeitwortes und verändert den Schlussvocal in *e*, das *l* von *ile* verschwindet ganz. Das Zusammentreffen der Vocale vor dem Schlussconsonanten wird in folgender Weise vermieden: $a + i = e$; e, e, $i + i = i$; o, *o*. *û* $+ i = ui$. Unregelmässig sind:

1. Sämmtliche abgeleiteten Zeitwörter (§ 203 — 222), mit Ausnahme der mit *nya*, *nda* und *mba* gebildeten Zeitwörter.

2. Folgende Verba, die heute als einfache Verba erscheinen, aber auch ursprünglich abgeleitete Verba sind *bona* sehen, Perf. *buene*, *manya* kennen, Perf. *menye*.

Regelmässig sind alle übrigen und die (in § 223) durch Verdoppelung entstandenen Verba, sowie die mit *nda*, *la*, *nya* und *mba* gebildeten Verba und die Relativa aus einsilbigen Verben.

tagila	Perf. tagile	ayana	Perf. agene (aus againe)
fwela	» fwelile	galama	» galene (» galaine)
eluka	» elwike	angala	» angele (» angaile)
tungulupa	» tungulwipe	igula	» igwile
fumbata	» fumbete	oloba	» olwibe
tafuna	» tafwine	kemenya	» kemenyile
pelemba	» pelembile	pumunda	» pumundile
pemela	» pemelile	sosola	» sosolile
kununda	» kunundile	ketaketa	» ketaketile
tendela	» tendelile	juganika	» juganike
lumbanila	» lumbanile		

Man lerne nunmehr aus der Liste der Zeitwörter § 47 diejenigen Zeitwörter, bei denen das Perfectum in Klammern beigefügt ist, mit Ausnahme der auf *sya* und *nya* endigenden.

225. Die meisten Verba bilden eine **causative** Form mit der Endung *ya*. Dieselbe bedingt mannigfache Veränderungen der vorhergehenden Consonanten:

1. *ma* + *ya* bleibt *mya*, *na* + *ya* bleibt *nya*.
2. *pa*, *ba* und *mba* verschmelzen mit *ya* zu *fya*.
3. Alle übrigen Consonanten und Consonanten-Verbindungen werden mit *ya* zu *sya*.

1. *sima* ausgehen vom Feuer   *simya* auslöschen
   komana zusammenkommen   *komanya* zusammenbringen
2. *tungulupa* lügen   *tungulufya* zum Lügen veranlassen
   oloba reich werden   *olofya* reich werden lassen
   puba sich gewöhnen   *pufya* Jemand gewöhnen an
   bomba arbeiten   *ambofi* der Arbeiter
3. *soka* hinausgehen   *sosya* hinausthun
   buja zurückkehren   *busya*
   gela messen   *gesya* versuchen
   sata schmerzen, weh thun   *sasya* Schmerzen bereiten
   enda gehen   *esya* gehen lassen
   jamga entlaufen   *josya* entfliehen lassen

Dieses *ya* kann an alle intransitiven Verba, mit Ausnahme der Relativa, angehängt werden.

Bei dem Zusammentreffen von *ana* und *ya* wird *ya* selbst dann hinter *ana* gesetzt, wenn die reciproke Bedeutung die spätere und die causative die frühere ist. Doch muss in diesem Falle der vor *ana* stehende

Consonant nach den obigen Regeln verändert werden unter Auslassung des y, z. B.:

sǫba verloren gehen	caus. sǫfya	caus. recipr. sǫfanya
sǫba „ „	recipr. sǫbana	recipr. caus. sǫbanya
aga alle werden	caus. asya	caus. recipr. asanya
aya finden	recipr. agana	recipr. caus. ayanya

Anmerkung: In der Form anika ist ika intransitiv zu den Verben auf anya (ana + ya).

naganya wenig machen	naganika wenig werden
juganya schütteln	juganika sich bewegen
tajanya zerschmettern trans.	tajanika zerschmettern intrans.

226. Die causative Form drückt aus, dass eine Handlung veranlasst wird. Will man ein Causativum von einem transitiven Verbum bilden, so hängt man die Endung esya, isya an, die auf eka, ika (§ 213) und ya zurückgeht.

tuma senden   tumisya zuschicken

Verba auf na und mba bilden auch meist das Causativum auf esya und isya.

gǫna ruhen	caus.	gǫnesya
bǫmba arbeiten	„	bǫmbesya
kana sich weigern	„	kanisya

Einige Verba auf ama und ala bilden das Causativum nicht auf amika und ika, sondern auf amisya und alisya; letztere Form ist natürlich aus amika und alika entstanden.

batama schweigen	caus.	batamisya
kalala zornig werden	„	kalalisya

227. Die Verba auf anya (ana + ya, bez. ya + ana) werden häufig gebraucht, um ein Hin und Her, ein Durcheinander oder eine besonders gesteigerte Handlung auszudrücken.

busanya hin und her gehen, an einem Tage zurückkehren, von
    buja zurückkehren
lilänya stimmen (von Glocken) von lila schreien, tönen
sagisanya aufeinander legen von sagika legen auf
langulanya ein Gewehr abschiessen von languka laut rufen
kesanya vorbeigehen an von kenda vorübergehen
lobosanya einen Fluss mehrmals, oder mehrere Flüsse überschreiten
    von lobǫka über einen Fluss gehen
bugujulanya zerbröckeln etwas von bugujula zerbröckeln intr.

228. Die Relativa zu den Causativen auf ya werden nicht nach der Regel § 204 f. gebildet, sondern durch Einfügung von ke nach einem e und ǫ des Stammes, ki nach einem a, i, ü des Stammes vor sya und fya.

sǫka herausgehen	caus. sǫsya	caus. relat. sǫkesya
tüpa dick werden	„ tüfya	„ „ tükifya
jǫnga fortlaufen	„ jǫsya	„ „ jokesya
aga alle werden	„ asya	„ „ akisya
kenda vorübergehen	„ kesya	„ „ kekisya
buja zurückkehren	„ busya	„ „ bukisya

und so auch *fimbelenya* zwingen, *fimbelekinya* zwingen für. in Bezug auf; *tungulufya* zum Lügen veranlassen, *tungulukifya* zum Lügen veranlassen für Jemand oder Etwas; *tendekenya* bereiten, *tendekekenya* bereiten für.

229. Die Causativa auf *ya* bilden das Perfectum nach folgenden Regeln:

a. Die zweisilbigen auf *sya* bilden *sisye*: *susya — susisye*.

b. Die zweisilbigen auf *fya — fifye*: *fufya — fufifye*.

c. Die zweisilbigen auf *nya — nisye*: *anya — anisye*.

d. Alle übrigen bilden nach der Regel § 224, nur dass die Regeln in § 225 zugleich beobachtet werden.

angasya	Perf. *angesye*	(von *angala-angele*)
aganya	• *agenye*	(• *aga-agana*)
asanya	• *asenye*	(• *aga-asya*)
sofanya	• *sofenye*	(• *soba-sofya*)
tendekesya	• *tendekisye*	
golosya	• *golwisye*	(• *goloka-golwike*)

230. Von den mehrsilbigen auf *esya*, *üsya* haben die auf *eka*, *üka* zurückgehenden *sisye*: *endesya — endesisye*, *lalüsya — lalüsisye*. (Die auf *ela*, *üla* zurückgehenden haben *isye* s. oben.)

Einige wenige bilden unregelmässig, z. B. *palamasya* berühren hat *palamasisye*.

Man lerne nunmehr aus § 47 die Zeitwörter auf *sya* und *nya* mit beigefügtem Perfect.

231. Merke noch folgende unregelmässige Perfecta:

ibwa vergessen   Perf. *ibibwe* oder *ibwibwe*

okya rösten   • *okikye*

befwa reif werden   • *befifwe*

232. Von Interjectionen merke folgende:

a. des Absehens *se*, *hase*;

b. der Verwunderung *ohó*, *heje*, *e tata*, *jüba*, *joko*;

c. der Aufmunterung *oko* auf, *nduko* vorwärts;

d. der Zustimmung *enala*, *gwe kanyä gwegwe* und davon der Plural *mwe tunyä mwemwe*, *eninya* ja doch, *mminya* nein doch;

e. schallnachahmende: *naligiti* klatsch! auf den Boden, *nakubwa* patsch! ins Wasser, *naka* krach! *nandi* Ton des Gelächters.

233. Zum Schluss mögen noch einige Redensarten hier Platz finden:

ükübeka külüsaja hinter die Ohren schreiben

ükübwela übüfu Nichts erwidern können (eig. Mehl geschluckt haben)

üküja mnwanya nicht bei der Sache sein (eig. oben sein)

ükwesya kümakosi über die Köpfe reden

üküja pansana auf den Fersen sein

üküsyula inongwa ingulu alte Sachen wieder vorbringen (eig. ausgraben)

ükünega amesi, *ükuteka amesi* Wasser holen

ükokola ümoto Feuer holen

Anhang.

Märchen mit wörtlicher Übersetzung.

1.

Aka ndjobela (Kartoffelart).

Das (sc. Märchen) der Ndjobela.

Babuka kûkwega indjobela balinkuloboka pahwesi. Balinkukumba
Sie gingen zu holen Ndjobela sie gingen über einen Fluss. Sie gruben
balinkukumba balinkukumba balinkwitweka balinkubuka kûkaja.
sie gruben sie gruben sie holen es auf den Kopf sie gingen nach Hause.
Baga ûhwesi hwiswile. »Jwani atuloboswege?« Kilinkwisa
Sie fanden den Fluss angeschwollen. »Wer soll uns übersetzen?« Er kam
ikyula kilinukbalobosya abakeke, abakulumba kilinkuti: mulobokege
der Frosch er setzte über die Kleinen, die Grossen er sagte: gehet über ihn
mwibewe. Lelo jûmo ûndindwana alinkumilwa. Bo bapilîke nkaja bali-
ihr selbst. Nun ein Mädchen ertrank. Als sie hörten daheim machten
nkusumuka abanyambala, balinkwega ûlûlasi balinuktoteka mmesi
sich auf die Männer, sie nahmen einen Bambus sie festigten ihn im Wasser
balinkûti: »fynkaga!« Po papo alinkufywka balinkûnyomoka
sie sagten: »steig herauf!« Darauf stieg es heraus, sie sahen zum Schreck,
atolobondwile palubafu papo alambalalîle. Ûnnyambala jûjo
es ist morsch an der Seite gerade da es gelegen hatte. Der Mann gerade der
alimfyulile alinkubuka nagwe kûkaja alinkumfisa kûsofu.
es herausgeholt, er ging mit ihm nach Hause, er versteckte es in der Kammer.

Ûnnuguna loli alinkupilika kûno alabile ûnkulu,
Die jüngere Schwester aber hörte wohin gegangen die ältere Schwester,
alinkwisa kûnnyambala alinkwingila nnyamba nkûsuma ûmoto. Ûnnyambala
sie kam zum Mann sie ging hinein ins Haus zu bitten Feuer. Der Mann
alinkungubila alinkuti: »ûgwako gûsimile!« Alinkuti: »gûsi-
fuhr sie an er sagte: »Das deine ist es ausgegangen!« Sie sagte: »es ist
mile, nalyibibwe ûkongelapo imbabu«. Bo ikukelenganya ambo-
ausgegangen, ich vergass nachzulegen Brennholz«. Als sie umhersah, erblickte
na ûnkulu, alinkwenda nokulila amasosi. Ûnnyambala ali-
sie die ältere Schwester, und darauf weinte sie Thränen. Der Mann er
nkuti: »kulila fiki?« Alinkuti: »mma, ndikulila, li lyosi
sagte: »Du weinst weshalb?« Sie sagte: »nein, ich weine nicht, er der Rauch

likūmbaba mmaxo̱, po̱ papo̱ amaxo̱xi yikulengeteka«. Alinkuko̱la ûnu̱tu̱
schmerzt im Auge, daraufhin die Thränen sammeln sich«. Sie nahm Feuer
alinkubuka kûkaja alinkumbula ûgicise̱. Po̱ papu̱ ûgicise̱ alinkusu-
sie ging nach Hause sie sagte es dem Vater. Darauf der Vater er machte
muka alinkwakufika kûnnyambala alinkuti: »mbapo̱ ûmwananyu«. Alinkuti:
sich auf er kam an zum Mann er sagte: »gieb mir mein Kind«. Er sagte:
»*twalaya utigi iûo̱mbe̱ utigi ingambaku utigi ino̱si utigi imbe̱ne̱ utigi iû-*
»bringe her sag ein Rind   einen Ochsen   ein Schaf   eine Ziege   eine
kumbulu«. Alinkutwala, po̱ papo̱ alinkunninga ûmwana, alinkubuka xagwe̱ û-
Hacke«. Er brachte, darauf er gab ihm das Kind, er ging mit ihm der
gwcise̱. Bo̱ axunwike̱ ûgicise̱, ûnnyambala alinkuti: »mwande̱
Vater. Als er sich aufgemacht der Vater, der Mann er sagte: »nehmt euch
ge̱ ûkûndo̱ndela imiko̱ta ûmwana, munyanswelaga n-
in Acht zu suchen Arzneien für das Kind, ihr mögt nicht es nähren mit
findu, ko̱pe̱ nakabo̱mbo̱ atangabo̱mbaya, nikwisaya jûjûne̱.
Nahrung, auch   Arbeit es möge nicht arbeiten, ich komme ich selbst.
ndiko̱ jûjûne̱. Balinkwakufika kûkaja. Le̱lo̱ bufigisaya amale̱si:
ich bin da[1] ich selbst. Sie kamen nach Hause. Nun rieben sie Kafferkorn:
ûnnuguna bo̱ akato̱le̱ alinkumbula ûnkulu
die jüngere Schwester als sie müde war sagte sie der älteren Schwester
alinkuti: »ulefigisaya nunu̱ce̱; kwanyalaga bwila!«   Unku-
sie sagte: »reibe doch du auch; willst du unthätig sein immer!«   Die ältere
lu alinkusita alinkuti: »ne̱mna!«.   Ûnnuguna alinkuti:
Schwester weigerte sich sie sagte: »ich nicht«. Die jüngere Schwester sagte:
»*figisa!«   Po̱ papo̱ alinkwe̱ya amale̱si   ûnkulu   alinkuti: fi-*
»reibe!«   Darauf nahm sie Hirse die ältere Schwester sie meinte: ich will
gise̱. Le̱lo̱ po̱ papo̱ balinkunyomoka ikwipe̱la mesi,
reiben. Nun darauf sahen sie mit Schreck sie verwandelt sich in Wasser.
baya ite̱be̱ ito̱lo̱ nnyumba. Kampye̱nyule̱!
sie fanden eine Wasserlache nur im Hause. Es ist aus!

2.

Nakajamba neso̱fu.
Und Schildkröte und Elephant.

Kajamba ikwaganila neso̱fu mûndjila. »Gire̱ so̱fu ugwe̱ kuti:
Schildkröte begegnet dem Elephant am Wege. »Du Elephant du sagst:
ndi ukulumba nimwe̱ne̱, o̱?«   »E, ugwe̱ ukambo̱ma?«
ich bin gross ich allein, ja?«   »Ja, du hast du mich nicht gesehen?«

---

[1] Ich bin da als derjenige, der Rath weiss und bringen wird.

»O, uli ukulumba?« »E, fiki?« »Ugúbucene ûntu gwako
»So, du bist gross?« »Ja, weshalb?« »Du ihn gesehen Kopf deinen
ûgú?« »E?« »Linga nyelile ngilenye.« »Ugwe?!«
diesen?« »Was?« »Wenn ich springe, springe ich darüber weg.« »Du?!«
»E, une.« »Gwe unandi itulo?« »E, gwe.« »Oko lelo tuwige
»Ja. ich.« »Du kleiner nur?« »Ja, du.« »Zu dann, wir mögen wundern uns
lelo, bo pakutolile.« »Mina, papo ngatele lelino, buno 'funile
nun, wie du nicht kannst.« »Nein, da ich müde bin heute, denn ich komme her
kúbútali.« »Uwige lelo ûbútungulu!« »Kuti ndi
weither.« »Wundere dich nun über die Aufschneiderei!« »Du denkst ich bin
ntugulu?« »E, uli ntungulu, kulabaxya fiki
Aufschneider?« »Ja, du bist ein Lügner, du suchst Ausflüchte weshalb
udimba umenye úkúnyela?« »Isaga lelo: ukise kilabo ukeme papapa,
da du doch kannst laufen?« »Komm denn: komme morgen stehe gerade hier,
kusakuswiga úkúnyela une.« »Po papo isofu jilinkubuka! Úmicene
du wirst dich wundern springen ich.« Darauf Elephant er ging. Sie
kajamba alinkupenda úlúbilo úkwakumwega únkasi alinkumfisa
die Schildkröte lief Dauerlauf zu holen ihr Weib sie versteckte es
ntúsyandju twa múndjila. Bo bútye: ngile, aleji
im Gebüsch das am Wege. Als (der Tag) sagte: ich werde hell, da er
isofu jikwisa. »Isaga!« jo kajamba. »Enamwa.«
der Elephant er kommt. »Willkommen!« so sie die Schildkröte. »Ja.«
»Gwisile xofu!« »Ena, nisile ndye: nga-
»Bist du gekommen Elephant!« »Ja, ich bin gekommen ich sagte: ich will mich
swige kajamba úkúnyela.« »Isaga mbali gweme papapa.« Po
wundern Schildkröte (wie) laufen.« »Komm Herr stehe gerade hier.« Dar-
papo jilinkwema pakati isofu: jo kajamba kúno jo nkasi
auf stand er in der Mitte der Elephant; sie die Schildkröte hier, es das Weib
kúla jo ji sofu pakati. »Oko lelo kajamba nyelaya!«
dort, er der Elephant in der Mitte. »Nur zu denn Schildkröte springe!«
»Hi-i!« jo kajamba kúnokúno ikufwana ikunyela.
»Hopp!« so sie die Schildkröte auf dieser Seite sie scheint sie springt.
»E-he!« jo nkasi kúlakúla. Ijene isofu jikuti
»Ehe!« so es das Weib auf der andern Seite. Er der Elephant denkt
ngete kúlakúla jikwaga naloli kajamba aliko. »Joko,
ich will sehen dorthin er findet wirklich die Schildkröte ist da. »Der Tausend,
ndelindeli, uleandisyaga, buno ngakulinganya
wann so schnell, fange doch noch einmal an, denn ich habe dich nicht erkannt
búnunu.« Po papo únka kajamba kúlakúla ikuti: »hi-i!« Isofu jikuti
gut.« Darauf Frau Schildkröte dort sagt: »hopp!« Der Elephant denkt
ngete mbibimbibi kúnokúno jikwaga: »e-he!« Alújú kajamba
ich will sehen schnell hierher er findet: »ehe!« Da ist sie die Schildkröte

kangi! Pɔ papɔ   isɔfu jilinkuti: »mma   nitikę   lelɔ, akasumɔ aka
wieder! Darauf der Elephant sagt: »nein ich glaube jetzt, dies Stück dieses

kɔ   undolile.   Lɔli ûkûbopa ûlûbilɔ   kɔ   ngukendilę
darin bist du mir über. Aber laufen Dauerlauf darin übertreffe ich dich

itɔlɔ   pɔ papɔ«. Ûmicęnę   kajamba   alinkuti: »ndesi,   pamɔ
nur so wirklich«.   Sie die Schildkröte sagte: »ich weiss nicht, vielleicht

kopę   ngafumękɔ«.   »Okɔ   lelɔ!«   »Pɔmma lelinɔ bunɔ
auch dies ich möge versuchen«.   »Nur zu denn!«   »Nicht hier jetzt denn

ngatelę   amalundi   · ûkûnyęla.   Lɔli linga
ich bin müde (in Bezug auf) die Beine (durch) das Springen.   Aber wenn

ywisaga   kilabɔ.«   »Pɔp 'inya, panunu!«   »Ukalabilęę   lelɔ
du kämest morgen.«   »Auch da doch. gut dann!«   »Mache dich früh auf denn

ûkwisa   papapa,   bunɔ pɔ   tukufumaya   papapa   ûkûbɔpa
zu kommen gerade hier. denn hier mögen wir ausgehen gerade hier zu laufen

ûlûbilɔ.«
Dauerlauf.«

Pɔ papɔ lelɔ   pakilɔ   kajamba   alinkwakwęya nabanakę   na-
Darauf dann in der Nacht Schildkröte sie nahm die Kinder und

batani   nabakanu   bosa itɔlɔ.   alinkubafixa   mûndjila   ûjû
Vettern und Verwandte alle nur, sie versteckte sie am Wege den einen

apa   ûjû   apa.   Alinkuti: mukakętę lelɔ   linga   mwayilę   isɔfu
hier den andern da.   Sie sagte: sehet zu denn wenn ihr findet der Elephant

jisilę   pɔ papɔ   mukafwanę   mukubopa   mûndjila   muku-
ist gekommen dann macht so (als ob) ihr laufet auf dem Wege (als ob)

finganila   najɔ.
ihr wettlaufet mit ihm.

Nɔlûbundju lelɔ.   kûtyę   ngyęgę   kûbûkyę pɔ papɔ ji-
Morgens dann, es sagte ich werde hell des Morgens darauf er

linkubonęka   isɔfu   jilinkuti: »kajamba!«   Kajamba alinkuti:
wurde sichtbar der Elephant er sagte: »Schildkröte!«   Schildkröte sagte:

»hea!«   »Ulipɔ!«   »Ndipɔ!«   »Isaga   tubopę   lelɔ.«   Pɔ papɔ
»hier!«   »Bist du da?«   »Ja!«   »Komm, wir wollen laufen denn.«   Darauf

isɔfu   nandi   ndi   ndi   ûkûbopa   ûlûbilɔ.   Agilę lelɔ abɔ-
der Elephant trabb trabb trabb zu laufen Dauerlauf.   Er fand dann er ist

pile   ûntambɔ,   pɔ papɔ alinkuti   ngętę   ba   wundę-
gelaufen eine Strecke. dann denkt er: ich möge sehen wie ich zurück-

kęlilę   kajamba,   alinkukɔlęla alinkuti: »kajamba!«   Alinkunyę-
gelassen die Schildkröte. er rief er sagte: »Schildkröte!«   Er hörte zum

mɔka: »hra!«   kajamba   jûla nkyęni.   »Jûba!«   Kaugi ali-
Schreck: »hier!« die Schildkröte dort vorne. »Tausend ja!« Wieder nahm

nkwipimba alinkubopa alinkubopa alinkubopa.   Lelɔ kûkyęni kûla alinkuti
er Anlauf er lief er lief er lief.   Nun vorne dort denkt er

ngete *bo* *nundekelile* *lelo* *ûmwinangu,* *alinkuti:*
ich will sehen wie ich zurückgelassen nunmehr meinen Freund, er sagte:
- *Kajamba!* - *Hea!* - *jûla* *nkyeni.* *Bwila itolo* *bû-*
- *Schildkröte!* - *Hier!* - (tönt es) dort ist er vorne. Immer nur in dieser
bûbo. *Jilinkwenda* *nukujitoba* *isofu.*
Weise. Und so fiel es aus zu Ungunsten des Elephanten.

Inhalt.

(Die Zahlen weisen auf die Paragraphen hin.)

Beiträge zur Völkerkunde des Togo-Gebietes.

Von Dr. phil. Rudolf Plehn.

Mit 2 Tafeln und 1 Karte.

Allgemeines.

Das Gebiet, in dem ich völkerkundliche Untersuchungen betrieben habe, deckt sich ungefähr mit dem Verwaltungsbezirk der Station Misahöhe. Es beginnt im S. bei $+ 6° 20' \phi$, geht im NW. am Volta hinauf bis zur Mündung des Asuokoko ($\phi = $ etwa 7° 20'); im NW. bildet dann der Asuokoko die Grenze bis etwa zum 8° ϕ. Die N.-Grenze bildet dann der breite Wildnissstreifen zwischen Kebu und Akposso und Adeli. Im NO. ist Atakpame die äusserste zugehörige Landschaft, und im O. bildet der Mono die ungefähre Grenze.

Wir finden in diesem Gebiet die Wohnstätten einer Anzahl kleiner Stämme von ausgesprochener Eigenart, auf die von allen Seiten starke Macht- und Cultureinflüsse eindringen.

An den Rändern des Gebietes und an den Verkehrsadern haben diese Einflüsse schon viel nivellirt und ausgeglichen, während in seinem Innern noch scharf individualisirte Stämme leben. Bei meinen Untersuchungen habe ich vorzugsweise diese kleinen Stammindividuen, über die bisher nur wenig bekannt war, zum Gegenstand gewählt.

Um das sich darbietende Völkerbild leichter verständlich zu machen, gebe ich in gröbsten Umrissen und rein morphologisch eine Beschreibung der Terrain-Gestaltung des Gebietes.

Die Streichrichtung der Gebirge zwischen Volta und Mono geht in der Hauptsache von SW. nach NO. In der Mitte ziehen sich als Hauptzug die sogenannten Fetischberge hin, die in einzelnen Punkten über 1000 m hoch ansteigen und die in Akposso und Deine kleine Hochplateaus von etwa 900 m Höhe bilden.

Die Fetischberge sind die Wasserscheide zwischen dem Volta einerseits und dem Mono und seinen unbedeutenden Parallelflüssen Haho und Sio andererseits. Sie sind an einzelnen Stellen von tiefen, bis fast zum Niveau der angrenzenden Ebene hinabreichenden Erosionsthälern durchschnitten und stürzen an vielen Stellen schroff und felsig nach O. und W. ab. Sie sind reich an nie versiegenden Quellen und Bächen und haben grosse Strecken äusserst fruchtbaren Landes.

Sie sind in vielen Theilen sehr schwer zugänglich und reich an steilen
Schluchten und Klüften. Nach N. zu, im Land der Kebu und Akposso,
verbreitern sie sich zu einem 30—40 km breiten Plateau, nach SW. setzen
sie sich zum Volta hin in schmäleren, allmählich niedriger werdenden
Kämmen fort.

Parallel mit den Fetischbergen laufen im W. des Gebietes, in der
Nähe des Volta, die Bergzüge von Buëm und Nkunya. Es sind dies die
Züge von Borada, Santrekofi, Lavanyo, Nkunya, Worawora, Tapa und
Nyasekang, deren höchste Erhebungen im Nkunya-Berg und im Obogunng
800 m nicht übersteigen. Dicht am Volta laufen unbedeutende Hügelreihen
diesen Bergen parallel. Von den Fetischbergen sind die nächsten dieser
Gebirgsketten durch eine etwa 15 km breite Ebene geschieden.

Diese Bergzüge, unter sich nicht zusammenhängend, haben einen
weniger unwegsamen und wilden Charakter und sind weniger wasserreich.
Gutes fruchtbares Land ist auch in ihnen reichlich vorhanden.

Östlich von den Fetischbergen, und im N. durch eine Bergkette mit
ihnen verbunden, zieht etwa 15 km von ihrem O.-Rand entfernt eine unregelmässige Hügelreihe mit Unterbrechungen bis zum etwa 1000 m hoch ansteigenden Stock des Agu-Gebirges. Der höchste Gipfel dieser Reihe, der
Lohoto im S. von Atakpame, erreicht eine Höhe von nicht über etwa 500 m.

Der ganze SW.-Theil bis fast zum Agu hin ist völlig unbewohnt, obwohl er genügend bewässert ist und fruchtbare Landstriche enthält.

Von den Gipfeln dieses Bergzuges aus verliert sich der Blick nach
O. weit über den Mono hinaus in eine weite, sanft gewellte Ebene, aus
der in verschwimmender Ferne einige kleine zuckerhutartige Kegel scheinbar
zusammenhanglos auftauchen.

Das Agu-Gebirge selbst ist steil und schluchtenreich, überaus stark
bewässert und fast durchweg sehr fruchtbar.

Die zwischen diesen parallelen Bergzügen liegenden Ebenen haben
ebenfalls grosse Strecken gut bewässerten und fruchtbaren Landes.

Diese Beschaffenheit des Landes, seine natürliche scharfe Gliederung
und die Unzugänglichkeit einzelner Theile scheint mir die Bildung bez. Erhaltung dieser vielen kleinen Stämme begünstigt und dieselben vor einem
Zerreiben und Aufsaugen durch die mächtigeren Nachbarstaaten, so besonders
Ashanti und Dahomeh, geschützt zu haben.

Die Traditionen vieler der Stämme deuten darauf hin, dass sie dereinst als Splitter oder Trümmer eines grösseren Stammes aus ihren alten
Wohnsitzen durch einen mächtigeren Feind (es handelt sich fast stets um
die Ashanti und die Dahomeh) vertrieben sind und in diesen Bergen ihre
Zuflucht gesucht haben.

Leider ist es ungemein schwer, aus der Geschichte der einzelnen
Stämme Zuverlässiges zu erfahren, ihre Tradition reicht meist nicht weiter
zurück als zwei bis drei Generationen, und frühere Ereignisse sind nur in
ganz verschwommenen, sagenhaften Umrissen überliefert.

So ist es auch nur in einzelnen Fällen möglich, die Erinnerungen
dieser Stämme an Ereignisse früherer Zeit mit der ja etwas sichereren und

weiter zurückreichenden Geschichte von Dahomeh und Ashanti in Verbindung zu bringen.

Gleichwohl bildet die Erinnerung an die Einfälle dieser beiden Völkerschaften und die Furcht, die vor denselben herrschte, den Haupttheil aller Tradition.

Die Vermuthung, dass die Besiedelung des Gebietes zum Theil durch verfolgte flüchtende Stämme und Stammsplitter geschehen ist, die in den unwegsamen Gebirgen Zuflucht suchten, wird durch viele Merkmale wahrscheinlich gemacht.

Es ist unzweifelhaft, dass die Bewohner zuerst auf den unzugänglichsten Bergen sassen; hierfür sprechen die vielen alten Dorfanlagen auf den höchsten Gipfeln, die zum grossen Theil bereits verlassen sind. Viele von diesen Dorfanlagen, so in Avalime, Nkunya, Agome, Buëm, Akposso, Kebu und auf dem Agu, weisen primitive Befestigungen durch cyklopische Steinwälle auf, und um alle diese Stätten webt die Sage Geschichten von Stämmen, die sich dort gegen ihre Verfolger mit oder ohne Erfolg vertheidigt hätten. Erst allmählich bei ruhigeren Zeiten wurden die anliegenden Ebenen besiedelt. Überall tragen die hochgelegenen Dörfer den Stammnamen, und die in der Ebene gelegenen werden als Farmen (Evhe-kofe) derselben bezeichnet.

Auch die Cultusstätten befinden sich in den Bergdörfern; selbst wo dieselben schon längst verlassen sind, werden die Fetischfeste noch auf ihren Stätten gefeiert, ein Zeichen, dass die Eingeborenen in ihnen noch ihre alten Stammsitze anerkennen.

Besonders verlockend musste den ersten Einwanderern das Besiedeln der Gebirge noch durch den Umstand werden, dass dieselben ihnen neben dem Schutz gegen die Feinde auf grossen Strecken auch Wasser und fruchtbares Land im Überfluss darboten.

Dass es bei der Besitzergreifung der einzelnen Gebiete nicht ohne heisse Kämpfe abgehen konnte, liegt auf der Hand, und es würde der vielen Sagen nicht bedürfen, die darauf hinweisen.

Irgend ein System in dieses Wirrwarr von Völkergeschicken nach den Erzählungen der Leute zu bringen, ist nicht möglich, man muss daher die Geschichte jedes einzelnen Stammes, soweit sie sich verfolgen lässt, einzeln betrachten.

Charakteristisch dürfte es jedoch sein, dass die Tradition die Richtungen aller Einwanderungen von allen Seiten der Windrose nach diesen Bergasylen zusammenstrahlen lässt.

So lässt sich auch eine Einwanderung von S., von der Küste und zwar von der Mündung des Volta her, bei einigen Stämmen, wie den Agotime, Avatime, Boviri, constatiren.

Wenn wir also annehmen, dass in jenem Theil Afrikas die Völkerströme im grossen Ganzen die Küste erstreben, so haben wir es hier bereits mit einem Rückstauen derselben zu thun, das, wie die gerade hier noch sehr lebendige Tradition angiebt, in Kriegen und Zwistigkeiten der Stämme, die die Küste erreicht hatten, seinen Grund hatte.

Diese Kriege sind wohl zweifellos in der Concurrenz um Grund und
Boden entstanden, und dass eine solche Concurrenz an der Mündung des
Volta, dem natürlichen Endpunkt dieser Völkerwanderungen, ganz besonders
entstehen musste, ist verständlich genug.

Was die Geschichte der Stämme nach ihrem Festsetzen in ihren jetzigen Domicilen betrifft, so haben die Einfälle der Ashanti und Dahomeh
einen grossen Einfluss auf dieselbe gehabt. Wenn auch die bergige, unwegsame Beschaffenheit ihrer Wohnsitze sie vor einer Vernichtung oder Ver-
treibung schützte, so sind sie doch oft schwer durch dieselben geschädigt
worden. Auch unter sich waren die Stämme beständig in Fehde. Ihre
Kriege unter einander waren zwar meist wenig oder gar nicht blutig und
bestanden mehr in gelegentlichem Wegfangen und Ausrauben von Leuten
und Karawanen, höchstens zuweilen dem Verwüsten einzelner Ortschaften,
aber die beständige Zwietracht hemmte Handel und Wandel, beschränkte
die Eingeborenen auf ihre eigenen Gebiete und störte somit einerseits den
Culturfortschritt und begünstigte andererseits die Erhaltung der Stammes-
eigenthümlichkeiten.

Erst in neuerer Zeit, nach der Niederwerfung der Ashanti und Dahomeh und seitdem der Wegelagerei der einzelnen Stämme durch die Innen-
stationen gesteuert wird, beginnt der Handel sich zu heben und damit der
Culturfortschritt ein schnelleres Tempo anzuschlagen. Von ganz ungemeinem
Einfluss ist hierbei auch das Gummi-Bereiten, das in jenen Gegenden erst
in neuester Zeit begonnen worden ist und das auch den uncultivirtesten Busch-
stämmen einen werthvollen Handelsartikel in die Hand giebt, um dessent-
willen es sich schon lohnt, zur Küste oder zu den Märkten im Innern
zu gehen.

Leider werden mit dem Fortschreiten der Cultur auch die interessanten Eigenarten der einzelnen Stämme rasch vernichtet.

Ich lasse nun folgen, was ich über die einzelnen Stämme, ihre Geschichte u. s. w. in Erfahrung zu bringen vermochte. Grundsätzlich bringe
ich nur das, was ich von den Stammesangehörigen selbst an Ort und Stelle
hörte bez. dort selbst sah.

Ich schicke dabei voraus, dass ich von einer Beschreibung des im
südlichen und mittleren Togo ja weitaus überwiegenden Evhe-Stammes absehe, sondern besonders von den abweichenden Eigenschaften der kleinen,
abweichende Idiome sprechenden Stämmen handeln will. In Bezug auf den
ersteren verweise ich auf Ellis (Ewe-speaking peoples), die Berichte der
Missionare, von Herold u. A.

Den übereinstimmenden Traditionen aller Stämme nach haben am
längsten von allen die Akposso und Kebu ihre jetzigen Sitze inne. Sie
gelten für Autochthonen (-Gott hat sie in die Berge gesetzt-). Bei den
Akpossos lässt sich innerhalb ihres jetzigen Gebietes eine kleine Schiebung
von etwa 25 km nach N. feststellen. Der grösste Theil von ihnen soll früher
bei Gbelle im jetzigen Sodo gesessen haben und erst später weiter nach N.
gezogen sein. Nur die Bewohner der beiden jetzigen Sodo-Dörfer seien
damals zurückgeblieben.

Diese Wanderung wird mit einem früheren Ashanti-Einfall in Verbindung gebracht.

Die gänzliche Verschiedenheit des Sodo-Dialektes von dem der übrigen Akpossos, die sich doch nur in mehreren Menschenaltern herausbilden kann, scheint mir dafür zu sprechen, dass diese Wanderung sehr weit zurückliegt.

Die Akpossos und Kebus, die viel Ähnlichkeit mit einander haben, sind die ursprünglichsten, uncultivirtesten Stämme des Misahöher Bezirkes. Sie haben ihre Stammeseigenarten am reinsten bewahrt.

Beeinflusst worden sind sie am meisten durch die Pessi- und Atakpame-Leute, die culturell viel höher stehen als sie. Der Einfluss von W., von Buëm her, hat sich auf die Lithiine-Abtheilung an den Westhängen der Fetischberge beschränkt. Gegen Einflüsse von N. und S. sind sie durch breite Wildnissstreifen geschützt geblieben. Vor den Einfällen der Ashanti und Dahomeh sind sie durch die unwegsame Beschaffenheit ihrer Wohnsitze und ihre Armuth bewahrt geblieben. Es geht die Sage, dass die Dahomeh bei ihrem letzten Einfall in Atakpame (im Jahre 1840) Kundschafter nach Akposso und Kebu geschickt hätten; dieselben hätten Proben der kleinen Erbsenart (Kebu *osie*, Akposso *ane*), die die Hauptnahrung der Einwohner bildet, zurückgebracht. Der Anführer der Dahomeh habe hierauf erklärt, dass der Einfall in ein so armseliges Land die Mühe nicht lohne.

Die Kebu und Akposso sind unter sich nicht befreundet, und auch zwischen den einzelnen Abtheilungen der beiden Stämme schweben beständig Palaver und Zwistigkeiten, die sich endlos hinziehen und Handel und Fortschritt hemmen. Eine politische Einheit bildet keiner der beiden Stämme, und speciell die Akpossos sind wegen ihrer Uneinigkeit bekannt. »Akposso hat 100 Dörfer, aber keinen Mann, dem zwei Dörfer gehorchen«, lautet ein Evhe-Sprichwort.

Nur zuweilen gelingt es einem besonders energischen Mann, eine grössere Anzahl Dörfer sich gehorsam zu machen. So war der Häuptling Aüpa von Bato († 1897) bei den nordöstlichen Akpossos sehr gefürchtet und hatte einen fast unbeschränkten Einfluss.

Was die Tracht der beiden Stämme betrifft, so unterscheidet sie sich wenig von der der übrigen, doch trifft man hier viel häufiger als anderswo Leute, die bis auf ein Suspensorium völlig nackt gehen. Eine eigenartige Kopfbedeckung habe ich nur hier gesehen: sie besteht aus einem runden Stück Fell von einem röthlichen langhaarigen Affen. In die Mitte desselben wird ein Loch geschnitten, durch das der obere Theil des Kopfes gesteckt wird. Das Kopfhaar geht scheinbar in das Affenhaar über, das wie eine Mähne nach allen Seiten starrt und dem Träger ein wildes Aussehen verleiht. Die Leute behaupten, sie trügen es zum Schutz gegen die Schweissfliegen. Mützen aus Bastgeflecht ohne Schirm habe ich hier auch viel gesehen, doch kommen diese auch in Buëm vor.

Als Waffe wird hier wie überall hauptsächlich Gewehr und Haumesser getragen, Bogen und Pfeile sind gar nicht mehr in Gebrauch. In den SO.-Theilen von Akposso tragen die Männer ausserdem eine Anzahl (oft 5—6) jener eigenartigen kleinen Atakpame-Dolche mit Lederscheide im Schurz, und hier wird auch ein primitiver, etwa 2 m langer Spiess mit roher Eisenspitze getragen, der zum Harpuniren der Fische dient.

Die ursprüngliche Hüttenform der Kebu ist die mit rundem, der Akposso die mit quadratischem Grundriss, beide mit Kegeldach (s. unten). Ausserdem hat vereinzelt auch das Haus mit Oberstock Eingang gefunden. In Akposso Lithime sieht man auch viele Lehmkastenhäuser, die von Buëm aus eingeführt sein mögen.

Über den Cult der beiden Stämme vermochte ich nicht viel zu erfahren. Der Schlangencult, der in der Verehrung des als Schlange gedacht n Regenbogens gipfelt, ist auch hier verbreitet, wenn auch nicht in dem Maasse ausgebildet wie in Atakpame.

Ein eigenartiges Fetischzeichen habe ich nur hier gefunden: es besteht aus Unterkiefern von Wild, die an einer Schnur aufgereiht oder an einem senkrecht in die Erde gesteckten Stock aufgeschichtet werden. Es ist ein Fetisch der Jäger und heisst in Akposso *aluku* ᴗ – –.

In A. Sodo sah ich das Dorf in etwa 2 m Höhe mit einer Schnur umspannt, an der Fetischzeichen hingen. Es soll dies ein Schutz gegen das Hereinkommen von Krankheiten sein.

Die Kebu und Akposso sind wie die übrigen Togoneger in der Hauptsache Ackerbauer, sie bedienen sich zum Bestellen des Feldes des Haumessers und einer gebogenen Holzhacke, an deren Ende zuweilen eine schmale Eisenklinge angebracht wird. Die Nationalfrucht ist ausser der oben erwähnten Erbse eine kleine Bohnenart (K. *abambeie* ᴗ ᴗ ± ᴗ, A. *elune* ᴗ – ᴗ und eine kleine Halmfrucht (K. *ofagbo* – – ᴗ, A. *ora* ᴗ ᴗ); dieselben werden zermahlen und ein Brei (K. *orare* – ᴗ ᴗ. A. *nisilecoa* – ᴗ – – ᴗ) daraus hergestellt. Nach der Ernte werden sie in kleinen ringförmigen Schobern (K. *dele* ± ᴗ, A. *eiya* ± ᴗ) von etwa 3 m Durchmesser etwa 2 m hoch aufgeschichtet. Yams wird nicht überall gebaut, mehr verbreitet ist die Kassada. Reisbau wird augenblicklich in grösserem Umfang nur in A. Lithime getrieben, doch dringt er von Jahr zu Jahr weiter vor.

Kebu und Akposso sind die einzigen Landschaften des Misahöher Bezirkes, in denen Tabak (*tabao* – ± –) gebaut wird, wahrscheinlich ist er von N. eingeführt. Die Blätter werden zerstampft und dann in der Sonne getrocknet. Die Qualität des Tabaks ist schlecht; wer es irgend vermag, kauft sich Tabak aus den Factoreien.

Was die Viehhaltung betrifft, so wird Rindvieh nur in einigen Dörfern in geringer Zahl gehalten. Es ist wohl sicher aus Atakpame und Pessi importirt. Schafe, Ziegen, Hühner, Hunde wie bei den übrigen Stämmen, dagegen kommen sehr viele Schweine vor, für die man besondere Koben (K. *camule* – – ± ᴗ) baut. Diese Koben sind den Wohnhäusern analog construirt, natürlich jedoch viel kleiner, die Lehmwand ist entweder durch Pfahlgitter ersetzt oder es sind in der Höhe des Rüssels runde Löcher durch die Wand geschlagen.

Die Schweine besorgen die Strassenreinigung mit den Aasgeiern um die Wette.

Es giebt in beiden Landschaften sehr viel Wild vom Elephanten bis zur Zwergantilope abwärts und dem entsprechend viele Jäger. Auch Fische sind in den Bächen häufig, sie werden, wie von den übrigen Togo-Stämmen, gefangen, indem man die Bäche durch Wehre anstaut und dann ein Gift in's Wasser streut; die Fische kommen an die Oberfläche und werden erbeutet. Feuer wird von den Kebu und Akposso angezündet, indem sie auf einen Stein Pulver schütten und Stroh darüber legen. Durch Funkenschlagen mit einem Haumesser auf dem Stein wird dann Pulver und Stroh entzündet. Oder es wird ein Feuerstein in eine stark ausgetrocknete Palmblattrippe geklemmt; mit einem anderen Stein werden Funken geschlagen, die die Blattrippe entzünden.

Zu erwähnen sind noch die alten cyklopischen Maueranlagen wenige 100 m nördlich von Kebu-Palave und auf den Wegen von hier und von Akposso Bato nach Adeli. Es scheinen Vertheidigungswälle gewesen zu sein. Spuren von Dorfanlagen habe ich dabei nicht gefunden. Die Tradition weiss von der Bedeutung derselben nichts mehr. («Gott hat sie gemacht!»)

Die östlichen Nachbarn der Akpossos sind die Atakpame, ein eigenartiger Stamm mit hochstehender Cultur.

Die Atakpame gehören zweifellos zum grossen Stamm der Yoruba, dessen Sprache sie auch mit geringen dialektischen Abweichungen sprechen, obwohl sie sich selbst dieser Zugehörigkeit nicht bewusst sind. Ausser der Sprache sprechen noch andere Merkmale dafür: sie lieben es, sich in grössere Städte zusammenzudrängen, sind fleissige Ackerbauer, Gewerbetreibende und Händler und haben manche Ähnlichkeit mit den Haussas (s. Ratzel, Völkerkunde. II. Theil. S. 359). Mit Letzteren haben sie z. B. die Kunst des Rothgerbens von Ziegenleder und eine grosse Fertigkeit im Herstellen von feinen Arbeiten, Jagdtaschen, Dolch- und Messerscheiden, Dolchen mit Fischhautgriff, geflochtenen Hüten und dergl. gemein.

Ihrer eigenen recht lebhaften Tradition nach kommen die Atakpame-Leute von Osten.

Man zeigte mir im O. in etwa 50—70 km Entfernung einen Gebirgsstock, um den herum sie früher zeitweise gesessen hätten. Von dort seien sie durch die Dahomeh nach mehreren blutigen Kämpfen verdrängt worden. Weiter reichte ihre Überlieferung nicht zurück.

Die Zeit ihrer Einwanderung legen sie selbst zehn Generationen zurück, doch ist eine Zeitrechnung der Neger bei so langen Zeiträumen stets unsicher.

Sie seien damals unter Zurücklassung ihrer Rinderherden in diese Berge geflohen und hätten den Akpossos das Gebiet ihrer jetzigen Wohnsitze abgekauft. Sie hätten sich neues Vieh aus Pessi und Tshantsho besorgt und seien allmählich wieder zu Wohlstand gelangt.

Von den Dahomeh sind sie auch später noch mehrfach heimgesucht worden, und die Furcht vor den Einfällen derselben bewog den ganzen Stamm, beisammen in der Stadt zu wohnen, die damals die ganze weite von W. nach O. ziehende Thalmulde einnahm. Zahllose Spuren deuten auf die Richtigkeit der Angabe und die frühere grosse Ausdehnung der Stadt, die 3—4 km lang gewesen sein muss. Die Stadt sei von einer hohen Lehmmauer mit Schiessscharten umgeben gewesen, und auch auf die Richtigkeit dieser Angabe deuten Spuren.

Weiter im O. sich anzusiedeln, in der fruchtbaren Ebene des Mono, hätten sie aus Furcht vor den Dahomeh damals nicht gewagt, nur einzelne Farmen seien dort gewesen. Ausser der Hauptstadt auf dem Rücken des Bergzuges seien nur noch einige Dörfer im W. desselben gewesen.

Über die ersten Einfälle der Dahomeh waren nur Sagen im Umlauf. von grosser Bedeutung scheinen dieselben nicht gewesen zu sein. Man zeigte mir einen alten Baumwollbaum, an dem in früheren Zeiten der Orts-fetisch 2000 Dahomeh, die die Stadt überfallen wollten, vom Erdboden habe verschlingen lassen.

In schrecklicher Erinnerung war dagegen noch der letzte Einfall, der ohne Zweifel identisch ist mit dem von Ellis (Ewe-speaking peoples p. 311) erwähnten im Jahre 1840. Die alten Leute der Stadt hatten als Kinder denselben noch mit erlebt, und ein alter Mann schilderte ihn mir mit so drastischer Lebendigkeit, dass die ungefähre Wiedergabe seiner Erzählung lohnend erscheint:

Die Dahomeh, die ein Palaver zum Vorwand ihres Einfalles genommen hätten, seien viele Tausende stark von O. her in einer der in die Mono-Niederung hinabführenden flachen Thalmulden herangekommen. Die Atak-pame hätten hinter der Lehmmauer gesessen und gefeuert. Die Dahomeh hingegen seien ohne Kriegsruf und ohne einen Schuss abzufeuern, trotzdem viele von ihnen fielen, gegen die Mauern herangestürmt und hätten sie über-klettert. Erst als sie in der Stadt waren, hätten sie zu feuern begonnen. In wenigen Augenblicken sei Atakpame in ihrer Gewalt gewesen, sie hätten geplündert und gebrannt und Alles niedergemetzelt, was sie erreichen konnten.

Was nicht fiel oder gefangen wurde, sei geflohen, ein Theil zu den Nachbarn, so den Akpossos, die sich im ersten Schrecken ihrer Flucht an-schlossen, ein Theil hätte sich in den angrenzenden Bergen und Schluchten verborgen gehalten, bis die Dahomeh abgezogen waren.

Der Mann erzählte ferner, dass einige der herumstreifenden Dahomeh von den Atakpames im Busch erschossen worden seien und schilderte das Erstaunen, als man in einigen der gefallenen Krieger Weiber erkannt hätte.

Die Dahomeh hätten nun lange in Atakpame gesessen und alles Vieh u. s. w. theils aufgezehrt, theils nachher mitgenommen. Vor ihrem Abzug hätten sie die Gefangenen getödtet und ihr Fleisch mit Schaffleisch zusammen gekocht und in Töpfen zurückgelassen. Als die Atakpames, die rings umher im Busch herumlagen, ausgehungert in ihre zerstörte Stadt zurückkehrten, hätten sie das Fleisch ihrer eigenen Landsleute gegessen und dies erst ge-merkt, als sie Hände und Füsse in den Töpfen fanden. Der Mann schloss seine Erzählung mit den Worten: »Die Dahomeh sind schlechte Kerle; wenn ein Dahomeh als Fremder in's Land kommt, so soll ihm nicht einmal Wasser gegeben werden«.

Seit jenem Einfall ist das Hauptdorf von Atakpame, eigentlich ein Complex von mehreren Dörfern, nicht mehr in der früheren Grösse aufgebaut worden. Diese Grösse verdankte es ja auch hauptsächlich dem Zusammendrängen des ganzen Stammes zum Schutz gegen die Dahomeh. Nachdem diese Gefahr beseitigt war, rückte der Schwerpunkt mehr von den Bergen hinunter in die fruchtbare Ebene des Mono, wo allmählich gegen dreissig blühende Dörfer entstanden, die zum Theil das Hauptdorf (jetzt etwa 800 Hütten) an Grösse übertreffen.

Charakteristisch für die Entstehung der Dörfer ist es, dass auch die grösseren von ihnen als Farmdörfer bezeichnet werden.

Was die Anlage des jetzigen Hauptdorfes betrifft, so ist jedes Gehöft mit Lehmmauern oder Zäunen, die an die Wände der Gebäude anschliessen, umgeben. Es ist eine förmliche Stadtanlage mit engen gewundenen Gassen.

Viele der Häuser sind verlassen und befinden sich in allen Stadien des Verfalls. Alles deutet auf ein Zurückgehen des Ortes.

Die ursprüngliche Bauart der Atakpame ist das runde Haus mit Kegeldach, ähnlich dem der Kebus, doch meist erheblich grösser. Die zahlreichen eigenartigen Häuser mit Oberstock, Satteldach mit geschlossenem Giebel und einer Halle im Erdgeschoss sind wohl zweifellos auf europäischen, wahrscheinlich portugiesischen Einfluss zurückzuführen (s. unten).

Über die Bevölkerung ist Einiges bereits oben erwähnt worden. Die Atakpame stehen auf einer verhältnissmässig hohen Stufe, kriegerisch scheinen sie wenig zu sein.

Unter sich halten sie leidlich Frieden, doch stehen sie mit ihren Nachbarn, so namentlich den Akpossos, in beständiger Fehde.

Die Zwietracht geht so weit, dass von den meisten Nachbarstämmen Fremde zu Handelszwecken überhaupt nicht in das Dorf kommen, aus Furcht, weggefangen zu werden. Es sind deshalb in einiger Entfernung von der Stadt in verschiedenen Richtungen vier Marktplätze angelegt worden, auf denen alle vier Tage Märkte abgehalten werden. Diese Märkte werden von allen Stämmen beschickt, und es herrscht eine Art Gottesfrieden über denselben, der merkwürdigerweise eingehalten wird.

Im Hauptdorf Atakpame lebt neben der Hauptbevölkerung der Wutu-Stamm, der einen Evhe-Dialekt spricht und nur wenige hundert Köpfe stark ist. Dieser Stamm soll vor den Atakpame-Leuten, ebenfalls von O. kommend, hier eingewandert sein. Er hat insofern Bedeutung, als er im Besitz des Hauptfetisch ist und die Priesterkaste aus seiner Mitte hervorgeht.

Innerhalb der Landschaft Atakpame kommen ausserdem noch drei Dörfer mit Fö-Leuten (Hauptdorf Atakfeme) vor (s. Skizze), die mit der Hauptbevölkerung in gutem Einvernehmen leben, ohne von ihr abhängig zu sein.

Was die Tracht der Bevölkerung betrifft, so kommen häufig Haussa-Kleidungsstücke vor, ferner eine Art phrygischer Mütze. Bei dem Häuptling fiel mir eine Art faltiger Gaze-Haube auf. Sonst ist nichts Besonderes darüber zu sagen.

.   Bei der Bewaffnung ist zu erwähnen, dass Bogen und Pfeile (A. Bogen *ŏlŏ* ∠ -, Pfeil *ofa* ◡ -, Köcher *agbo* ◡ ∠) noch im Gebrauch sind, wenn das Gewehr als Schusswaffe auch bei Weitem überwiegt. Dolche werden auch viel getragen. Atakpame fertigt sehr hübsche, mit Affenfell bezogene Patronentaschen an, die auch viel getragen werden.

Ich sah in den Händen eines Mannes eine kurze, schlanke, rothpolirte Keule, die an der Treffstelle mit einem eisernen Ring eingefasst war. Dieselbe war Dahomeh-Ursprungs und wurde mehr als Trophäe wie als Waffe getragen.

Die Atakpame sind sehr fleissige sorgfältige Ackerbauer, sie betreiben den Ackerbau geradezu gartenartig. Gebaut werden alle Früchte, die in diesem Theil Afrikas überhaupt Gegenstand der Cultur sind. Tabakanbau habe ich nicht gefunden. Aus dem Mais und der Hirse werden zwei verschiedene Arten Bier gebraut. Das Getränk ist hier mehr beliebt als der überall vorkommende Palmwein.

Rindviehzucht wird in grösserem Umfange betrieben, und die Herden bilden den Hauptreichthum der Atakpame. Selbst in den kleinen Farmen sieht man Herden von 40 bis 50 Stück. Es ist eine kleine, glatte, stämmige, meist schwarze Rasse. Milch- und Käsebereitung wird wenig getrieben. Viehkrankheiten sollen in den letzten Jahren häufig gewesen sein.

Pferde sieht man nur ganz vereinzelt, Schafe, Ziegen, Schweine, Hühner wie überall.

Die Atakpame sind, wie oben erwähnt, geschickte Lederarbeiter, ausserdem gute Schmiede.

Mit der Küste stehen sie schon seit sehr langer Zeit in reger Handelsverbindung.

Feuer machen sie mit Feuerstein und Stahl, der Funken wird in trockener Baumwolle aufgefangen.

Über den Cult kann ich nur Vereinzeltes berichten:

Die Sage von der Regenbogenschlange ist bei ihnen sehr ausgebildet. Wenn sie sich zum Himmel aufbäumt, heisst es, lässt sie als Excremente die blauen Atakpame-Perlen fallen, über die weiter unten noch gehandelt werden soll.

Analog nennen sie die hier zahlreichen Meteoriten Excremente der Sonne, die sie sich auch als Person vorstellen.

Der Hauptfetisch ist, wie bereits erwähnt, in der Hand des Evhe sprechenden Wutu-Stammes. Die Priester und Priesterinnen werden bei denselben sorgfältig ausgebildet, ihre Lehrzeit dauert drei Jahre. Ein Coelibat besteht nicht. Einem Fetischtanz, der nur von Weibern aufgeführt wurde, wohnte ich bei:

·   Zuerst erschienen die bereits Eingeweihten und traten vor eine Anzahl Männer, die Trommeln und Klingeln handhabten. Die Weiber waren am ganzen Körper mit bunten Tüchern phantastisch behangen, die Führerin des Reigens schwang eine Reiterpistole von uralter Form, über deren Herkunft Niemand etwas verrathen wollte.

Die Trommeln und Klingeln setzten leise ein, und während die Musik allmählich stark anschwoll, sprangen und tanzten die Weiber unter Gliederverdrehungen bis dicht vor die Trommler, tanzten eine Weile vor ihnen herum und zogen sich, während die Musik sich abschwächte, in gleicher Weise wieder zurück. Dies wurde viele Male hinter einander gemacht. In den Pausen erschienen die Novizen, die von den Hüften abwärts mit weissen Tüchern behangen waren. Der Schädel war glatt rasirt und der nackte Oberkörper mit blauen Perlenschnüren behängt. Sie sprangen nach dem Trommelschlag tanzend im Kreise herum.

Über die Todtenfeiern in Atakpame konnte ich Einiges in Erfahrung bringen. An eine natürliche Todesursache glaubt man nicht, stets nimmt man an, dass der Tod durch irgend einen anderen Menschen verschuldet worden sei. Das Schiessen und Singen bei der Leiche wird, wie überall in Togo, so auch hier bis nach der Beerdigung fortgesetzt; ausserdem wird die Leiche, der man einen Stock in die Hand drückt, von den Priestern und Priesterinnen zweimal durch alle Strassen der Stadt getragen. Auf wen die Leiche angeblich zeigt, der ist verdächtig, an dem Tode schuld zu sein, und muss sich der Trankprobe unterwerfen.

Nachdem der Todte beerdigt ist, wird von den Priesterinnen noch der Kopf eines Vogels unter Singen mehrere Male herumgetragen, auch hierbei werden meist noch einige Personen als verdächtig bezeichnet. Ich habe zweimal einen solchen Zug gesehen, das eine Mal bei Sonnenaufgang, das andere Mal bei Sonnenuntergang; der Gesang lautete: »(Es giebt) viele Schlangen, (aber nur) einen Regenbogen«.

Nachdem man eine Anzahl »Verdächtige« beisammen hat, beginnt die Trankprobe. Dieselbe findet im Busch an einer bestimmten Stelle statt, die man mir um keinen Preis zeigen wollte. Es liegen dort, wie mir erzählt wurde, zwei grosse Steine in etwa zehn Schritt Entfernung einander gegenüber. Auf den einen wird eine grosse Kalebasse, die den Gifttrank (eine Abkochung aus einer Baumrinde) enthält, gestellt. Der Verdächtige tritt mit einem kleinen Kürbisschälchen an den anderen Stein. Auf ein Zeichen des Priesters geht er auf die Kalebasse zu, schöpft die Schale voll, trinkt sie aus und kehrt auf seinen Platz zurück. Dies muss er dreimal wiederholen. Wirkt das Gift, so soll der Tod unter heftiger Athemnoth und Krämpfen in wenigen Minuten eintreten, die Person war dann eben »schuldig«, ihr wird das Herz herausgeschnitten und sie an Ort und Stelle verscharrt (die Beerdigung findet sonst, wie überall in Togo, in den Häusern statt). Bricht die Person den Trank aus, so ist sie »unschuldig« und wird ihren Angehörigen übergeben. Die Gefahr soll nach dem Vomiren noch nicht beseitigt sein, und der Tod soll oft noch nachher erfolgen, wenn die Person einschläft. Man stellt sie daher an eine Wand aufrecht hin und hält sie durch Püffe und durch Schreien 24 Stunden wach. Danach soll keine schädliche Wirkung mehr zu fürchten sein.

Dass diese Trankprobe den Priestern eine ungeheure Macht giebt, braucht wohl kaum erwähnt zu werden, sie werden durch dieselbe geradezu zu Herren über Tod und Leben. Bei einem Todtenfest sollen oft mehrere Personen dem Gift zum Opfer fallen. Als ein gutes und häufig angewandtes Mittel, um ein sofortiges Ausbrechen des Giftes herbeizuführen, wurde mir das Trinken von Palmöl genannt.

Das Unwesen wird sich durch die deutschen Behörden trotz aller Bemühungen nur allmählich ausrotten lassen.

Was die oben erwähnten blauen Perlen anbetrifft, so herrscht über deren Herkunft noch völlige Dunkelheit. Es sind mattblaue Röhren, allem Anschein nach eine Art Glasguss.

Die vielen neueren Glasperlen, die von Europa importirt werden, werden von den Kennern scharf von den echten Atakpame-Perlen getrennt, welch letztere ziemlich theuer bezahlt werden.

Sie kommen nur aus Atakpame und Pessi und sollen, wie die Eingeborenen angeben, an einer bestimmten Stelle zwischen beiden Landschaften aus der Erde gegraben werden.

Ich konnte Näheres über den Platz nicht erfahren, da die Atakpame-Leute ausserordentlich misstrauisch sind und das Geheimniss ihrer Perlen eifersüchtig hüten. Leider wurde meine Aufmerksamkeit auch erst etwas spät auf diesen interessanten Punkt gelenkt.

Dass die Perlen künstlich hergestellt sind, ist wohl zweifellos, ebenso unzweifelhaft ist, dass sie jetzt nicht mehr importirt werden, sondern dass sie jetzt nur aus Pessi und Atakpame kommen.

Es bleiben also nur die beiden Möglichkeiten übrig, dass sie entweder von den Eingeborenen jetzt noch hergestellt werden oder dass aus früheren Zeiten noch grössere Mengen dieser künstlichen Perlen irgendwo aufgespeichert liegen.

Was die erste Hypothese betrifft, so traue ich den Atakpame-Leuten die Intelligenz und die Geschicklichkeit, die zur Glasbereitung erforderlich ist, recht wohl zu.

Die Anregung könnten sie einerseits von N., von der Mittelmeerküste aus, mit der diese Theile Afrikas seit undenklicher Zeit in, wenn auch indirecter, Handelsverbindung stehen, erhalten haben. Andererseits könnte sie aber auch von der Guineaküste aus zu ihnen gelangt sein.

Auf die Guineaküste haben ja Jahrhunderte lang die Cultureinflüsse der Portugiesen gewirkt, und höchst wahrscheinlich ist es, wenn auch schwer nachweisbar, dass schon die Punier und vor ihnen die Phoenicier hier Niederlassungen und somit Culturherde gegründet haben. Wenn diese Culturherde auch schon lange erloschen sind, so sind sie doch gewiss nicht spurlos erloschen!

Trotzdem glaube ich es nicht, dass die erste Hypothese viel Wahrscheinlichkeit für sich hat. Soweit ich die Neger kenne, traue ich ihnen nicht so viel Discretion zu, dass sie im Stande wären, eine derartig wichtige Kunst lange Zeit hindurch als Geheimniss eines einzelnen Stammes zu bewahren.

Wenn wirklich Glasfabrication dort noch geübt würde, so wäre sicher die Kunde davon über die Grenzen von Atakpame hinaus gedrungen, um so mehr, als Atakpame seit langer Zeit eine Handelsstadt ist und viel von Fremden besucht wird.

Wahrscheinlicher scheint mir, dass irgendwo auf einer jetzt verlassenen Culturstätte grosse Massen dieser Perlen aufgehäuft liegen, die früher dort hergestellt wurden oder dorthin importirt wurden und die von der jetzigen Generation jetzt an's Tageslicht befördert werden. Dafür sprechen die Erzählungen der Leute, und auch die Sage von der Regenbogenschlange, die die Perlen fallen lässt, lässt sich damit in Einklang bringen. Man könnte ja an alte Grabstätten denken.

Mehr Licht liesse sich einmal durch eine genaue Untersuchung dieser eigenartigen Perlen in die Sache bringen. Dann wäre es für Jemand, der sich längere Zeit in Atakpame aufhält, wenn er in geeigneter Weise vorgeht, wohl sicher möglich, die Fundstätten der Perlen zu erfahren. Ein Aufenthalt von mehreren Monaten könnte dazu freilich nöthig werden.

Im SW. von Akposso liegt Buëm, das politisch unter dem Häuptling Apanya ausser der Akposso-Abtheilung Lithime augenblicklich folgende Landschaften in sich vereinigt: Buëm im engeren Sinne mit dem Hauptdorf Borada, Worawora, Tapa, Apafu, Boviri, Santrekofi.

Gesondert könnte man ausserdem noch die beiden Dörfer Apesso, die einen Tshi-Dialekt sprechen, erwähnen. Dieselben liegen im NO. von Worawora auf dem Rücken des Oprama-Bergzuges. Die Bewohner sind ihrer Tradition nach von O. eingewandert und haben früher eine eigene Sprache gehabt, die später im Tshi aufgegangen sei. Ich zweifle keinen Augenblick daran, dass sie einfach ein abgesprengter Splitter des Akposso-Stammes sind, dessen östlichste Abtheilung nur etwa 30 km von ihnen entfernt liegt und durch einen unbewohnten Wildnissstreifen von ihnen geschieden ist. Ihr Name ist eben aus Akposso entstanden; die Tshi-Stämme lassen bei Aussprache desselben das Guttural vor dem p ohnehin fort (analog heisst Kpando im Tshi Panto).

Der Buëm-Stamm im engeren Sinn mit dem Hauptdorf Borada, der herrschende Stamm, spricht als Stammesidiom die sogenannte Levana-Sprache.

Seiner eigenen Überlieferung nach hätte der Stamm ursprünglich weiter im N. bei dem nachherigen Okwau gesessen und sei dann von dort nach der Gegend von Atakpame gezogen. Über den Anlass zu dieser Wanderung wusste die Tradition nichts. Der Aufenthalt bei Atakpame habe nur kurze Zeit gedauert, die Atakpame hätten die Buëm-Leute dann zum Auswandern gezwungen, und diese seien in ihre frühere Heimat zurückgekehrt. Hier hätten sie nun beständig Krieg mit den Okwau-Leuten (ein Ashanti-Stamm) geführt und seien von denselben schliesslich weit in die Berge gedrängt worden. Der Vater des jetzigen Häuptlings Apanya habe dann die Buëm-, Apafu-, Santrekoffi-, Boviri-Leute zu vereinigen gewusst, indem er den Chefs derselben den Satz »Einigkeit macht stark« an einem Bündel Stäbe, die sich einzeln leicht zerbrechen liessen, zusammengebunden jedoch nicht, versinnbildlichte. Vereint hätten die Stämme nun die Okwau-Leute besiegt und ihre jetzigen Sitze erobert. Mit denselben haben sie auch später noch siegreiche Kämpfe gehabt, und in den letzten Jahren ist dieser ganze Stamm fort und nach Nord-Adyuti gezogen. Als ich im März 1897 die Stätte des ehemaligen Okwau besuchte, deuteten nur noch die Bananenpflanzungen und einige Häuserreste darauf hin, dass hier eine menschliche Niederlassung war.

Die Buem-Leute unterscheiden sich in Tracht und Lebensweise nicht erheblich von den Evhe-Leuten, sie sind intelligent und arbeitsam. Über ihre Bauweise s. unten.

Ob ihre Angabe, dass sie vor ihrem Zug nach Atakpame wie Wilde gelebt und ausser Steinen keine Waffen gehabt hätten, wahr ist, lasse ich dahingestellt.

In Borada sah ich einen alten Fetischpriester, der ein Rindenkleid trug und eine geflochtene Bastmütze zur Kopfbedeckung hatte. Derselbe war über die Brust mit dicken Narben tätowirt, die in Form und Anordnung fast den Schnüren eines Husaren-Attila entsprachen.

Die Rindenkleider sollen früher allgemein in Buem getragen worden sein, dieses ist das einzige, das ich in Togo sah; doch sollen, wie ich höre, in der Gegend von Kratyi und in der Nähe des Togo-Sees noch jetzt vielfach Rindenkleider im Gebrauch sein.

Der Häuptling Apanya zeigte mir Messing-Schmiedereien, zwei Fische und eine flache cylindrische Büchse mit Deckel. Auf dem Deckel befanden sich als Verzierungen die Figuren eines Leoparden, der ein Wildschwein am Ohre hält. Die ganze Arbeit war echt negermässig, jedenfalls nicht europäisch. Beide Stücke sollen sehr alt sein, sie sind eine Art Fetisch, und die Buem-Leute wollten sie um keinen Preis verkaufen.

Messingschmiederei wird von den Buem-Leuten, die geschickte Eisenschmiede sind, jetzt nicht mehr betrieben.

Die politisch zu Buem gehörigen Worawora- und Tapa-Leute bildeten früher ein Volk mit einer gemeinsamen Sprache, der Boro-Sprache, die jetzt vom Tshi völlig verschlungen ist. Vor den Namen des jeweiligen Häuptlings wird noch jetzt das der alten Boro-Sprache entnommene Wort *tátá* = Vater gesetzt.

Die beiden Stämme seien von der Goldküste gekommen und hätten sich hier festgesetzt. Sie seien später von den Okwan-Leuten unterjocht worden, von denen sie auch die Sprache angenommen hätten.

Auf dem Gipfel des dicht bei Tapa 700 m hoch ansteigenden Oboguang-Berges (Oboguang-Schafberg) fand ich die noch völlig erhaltenen Spuren einer alten befestigten Dorfanlage, die ihrer Ausdehnung nach wohl 200 Hütten umfasst haben mag. Es ist eine systematische Wallanlage von etwa 1½ m hohen cyklopischen Steinmauern.

Der Sage nach soll hier vor vier Generationen der Bareti-Stamm gesessen haben. Wegen seiner Räubereien hätten alle Nachbarn vereint ihn überfallen und vertrieben, seine Reste seien nach N. geflohen.

Einige Nachkommen der Bareti sollen noch innerhalb des Tapa-Stammes leben.

In jener Zeit hätten die Worawora-Leute ganz auf dem Gipfel des Berges gesessen, dessen Hänge sie jetzt bewohnen.

Erwähnen will ich noch, dass ich in Tapa Gelegenheit hatte, einen Hochzeitszug zu beobachten.

Die Braut war ganz und gar mit rothem Lateritlehm beschmiert, so dass sie wie blutig aussah, in's Haar waren Gras und Blätter gebunden.

Sie wurde von vier kleinen Jungen in das Haus ihres nunmehrigen Mannes geführt, gleichzeitig wurde das Dorf mit Yams und Palmwein bewirthet. Im SW. von Borada am W.-Fuss des Santrekofi-Bergzuges sitzt in drei kleinen Dörfern der Stamm der Boviri-Leute, der ein eigenes Idiom hat und kaum mehr als 600 Seelen zählen mag. Die Boviri bewohnen Lehmkastenhäuser; ihrer Tradition nach sind sie von der Küste eingewandert.

Nach S. folgt nun der Apafu-Stamm, dessen Hauptdorf auf dem Rücken des Santrekofi-Bergzuges in einer flachen Einsattelung liegt. Der Stamm hat fünf Dörfer und mag um 1500 Köpfe stark sein. Ihrer sehr kurzen Tradition nach hätten sie ursprünglich nördlich von hier in einer bergigen Gegend, die sie Maikube nennen, gesessen und seien von dort, von den Ashanti verdrängt, nach den Lavanyo-Bergen gezogen. Da sie dort kein Eisen fanden (die Maikube-Berge seien eisenhaltig gewesen), seien sie dann in ihre jetzigen Sitze gekommen.

Die Apafu-Leute sind, wie die Santrekofi-Leute, geschickte Schmiede und Eisenschmelzer. Sie sind, wie sie angeben, schon lange im Besitz dieser Kunst (»Gott hat sie uns gelehrt«) und thun sich viel auf dieselbe zu Gute.

Die Schmelzöfen sind etwa 3 m hohe Lehmcylinder, die in einem Hause stehen und schornsteinartig über das Dach hinausragen. Es werden von oben zuerst Holzkohlen hineingeschüttet und dann die Erze darübergepackt. Das Feuer wird von unten entzündet. Man lässt die Erze 24 Stunden rösten, das Eisen sammelt sich unten, man leitet es in einer Lehmrinne ab.

Das Apafu- und Santrekofi-Eisen wird im Lande viel verarbeitet, doch macht ihm das bessere, wenn auch theurere, europäische viel Concurrenz.

Der Santrekofi-Stamm, der die südlichste Kuppe des nach ihm benannten Bergzuges in einem dreitheiligen Dorf bewohnt, kann kaum mehr als 500 Köpfe stark sein.

Ihrer Überlieferung nach haben die Santrekofi 18 Tagemärsche im ONO. von hier in einem bergigen Lande gesessen, das sie Ametyove genannt hätten. Von dort seien sie von den Dahomeh nach einer siebentägigen Schlacht, in der der grösste Theil des Stammes niedergemacht wurde, vertrieben worden. Sie seien dann, beständig von den Dahomeh verfolgt, etappenweise geflohen und schliesslich hierher gelangt. Der Name Santrekofi (er hängt mit dem Evhe-Wort *kofi* = Farm nicht zusammen) ist in der Stammessprache der Name der hier häufigen Nachtschwalbe (caprimulgo). Diese hat die Eigenthümlichkeit, den Menschen nahe herankommen zu lassen und erst dicht vor seinen Füssen aufzuflattern, um sich dann bald wieder niederzulassen. Wegen ihrer unscheinbaren Farbe ist sie auf dem Erdboden schwer zu sehen. Dieses streckenweise Fliehen ist das tertium comparationis, das den Stamm veranlasst hat, den Namen des Vogels anzunehmen. Denn wie dieser vor seinem Verfolger, so sei er vor den Dahomeh von Etappe zu Etappe geflohen.

In seiner früheren Heimat hätte der Stamm *brofasafo* (-thut Alles, was die Weissen thun-) geheissen. Dieser Name bezieht sich auf die Schmelzkunst. Es drängt sich mir hier die Vermuthung auf, dass der Stamm vielleicht einer der Mahki-Stämme ist, mit denen die Dahomeh so viele Kriege geführt haben. Die geographische Lage nach der Beschreibung der Santrekofi, die ausserdem ausdrücklich sagen, dass ihre alte Heimat bergig gewesen sei, stimmt mit dem, was Ellis (Ewe speaking peoples, history of Dahomeh) über die Mahki tribes sagt, völlig überein.

Über die Schmiede- und Schmelzkunst der Santrekofi gilt das über die Apafu Gesagte, mit denen sie überhaupt viel Ähnlichkeit haben.

Zu erwähnen ist noch, dass auf der obersten Stelle des Gipfels des Santrekofi-Berges eine Art Steinkreis, ein Ring aus lose aufgeschichteten Steinen, von etwa 1½ m Durchmesser steht, der in dem Cult des Stammes eine Rolle spielt.

Von den zuletzt erwähnten Stämmen sollen zuerst die Buẽm, dann die Santrekofi, die Apafu und zuletzt die Boviri in ihre jetzigen Sitze eingewandert sein.

Im SW. von Buẽm sitzt der Stamm der Nkunya-Leute, die den Guang sprechenden Stämmen angehören. Sie wohnen in der Ebene, am W.-Fuss der Nkunya-Berge bis zum Volta hin. Die Nkunyas stammen ihrer Tradition nach von der Goldküste aus der Nähe von Akra von einer Landschaft Late her, wo jetzt noch ein Guang sprechender Stamm sitzt. Von dort sei seiner Zeit ein grosser Theil des Stammes in Folge eines Krieges ausgewandert. Ein Theil habe sich nach Anum, einer nach Kwapim und ein dritter endlich nach Nkunya begeben. Die Idiome dieser drei Theile sollen sich thatsächlich auch nur dialektisch unterscheiden.

Die Nkunya, die um die Handelsstrasse von Salaga zur Küste sitzen, sind fremden Einflüssen schon seit lange stark ausgesetzt gewesen. Es sind sehr intelligente, fleissige Handelsleute. Ihr Fetischcult ist ein sehr ausgebildeter, und der Fetisch von Wurupong gilt auch bei den Nachbarn für sehr einflussreich. Auf dem Gipfel der Nkunya-Berge sollen auch alte befestigte Dorfanlagen sein, doch habe ich dieselben persönlich nicht besucht.

Östlich von Buẽm am W.-Fuss der Fetischberge sitzt der Stamm der Likpe-Leute, die Lehmkastenhäuser bewohnen und auch eine besondere Sprache haben.

Die Landschaft besteht aus acht Dörfern, die Einwohnerzahl mag an 3500 betragen, sie nennen ihre Sprache selbst Mu und danach ihre Landschaft Mune.

Ihrer Tradition und der Ansicht der Nachbarn nach sind die Likpe-Leute Autochthonen (-Gott hat uns hierher gesetzt-), und über ihre Geschichte ist nicht viel zu sagen; die Ashanti sollen die Landschaft seiner Zeit auch heimgesucht haben.

Auf der Höhe einer bei dem Likpe-Dorf Aveyeme fast senkrecht ansteigenden, etwa 800 m hohen felsigen Bergwand (zum W.-Rand der Fetischberge gehörig) fand ich einen Steinkreis, wie den bei Santrekofi. In demselben lagen mehrere runde, roh geschmiedete Eisenscheiben von etwa 8 cm Durchmesser. Es ist dies eine Cultusstätte der Likpe-Leute.

Im NO. von Likpe, in einem schwer zugänglichen Theil der Fetischberge, sitzt in einem einzigen Dorf von 230 Hütten der Stamm der Aχolo-
Leute, der bisher fast ganz unbekannt war. Er kann nicht über 900 Köpfe
stark sein. Das Dorf liegt in der Sohle eines schmalen Thales in äusserst
fruchtbarem, reich bewässertem Land. Die Ränder des Thales steigen steil
etwa 400 m hoch an, der untere Theil ist mit dichtem Urwald bedeckt,
oben tritt nacktes Gestein zu Tage. Als ich, von O., von der Landschaft
Deine kommend, das Dorf zum ersten Mal besuchte, sah ich es von den
schroffen Randhöhen aus fast zu meinen Füssen tief unten liegen. Es bot
mit seinen röthlichen Lehmkastenhäusern einen eigenthümlichen Anblick dar.

Auf steilen Kletterpfaden, auf denen ich Mühe hatte, meine Pferde
zu transportiren, gelangte ich hinab.

Der Stamm spricht eine eigene Sprache, die er ögö nennt.

Über ihre Vergangenheit erzählen die Aχolo-Leute Folgendes: sie
haben ursprünglich in Muatschä gesessen (Muatschä gilt bei einigen Stämmen
als der Ursitz der ganzen Togo-Bevölkerung) und seien von dort zuerst
nach Gbelle gegangen. Dort haben sie eine Zeit lang bei dem Dorf Le
gesessen. Dann hätte der Stamm sich getheilt, ein Theil sei nach Boëta,
ein Theil hierher gezogen.

Die Boëta-Leute zwischen Misahöhe und Avatime seien Stammesgenossen von ihnen und hätten früher dieselbe Sprache gesprochen wie
sie, dieselbe sei später im Evhe aufgegangen.

Leider konnte ich aus Mangel an Zeit hierüber in Boëta selbst nichts
mehr feststellen.

Der jetzige Häuptling in' Aχolo, ein alter Mann, sei der dritte seit
ihrer Einwanderung. Dem Namen jedes Häuptlings wird der Titel gasemo
vorgesetzt.

Die oberste Gottheit der Aχolo-Leute heisst *sikpla* - ⌣, zu ihr wird
jährlich einmal vom ganzen Volke gebetet. Es werden ihr die üblichen
Hühner und Gin als Opfer dargebracht, der Priester kniet dann in'Gegenwart des Volkes nieder, stemmt die Handflächen auf die Erde und spricht
die Worte *alebunä* - ⌣ ⌣ ⌣ (»Nimm das Opfer und hilf uns«). Diese Ceremonie
soll noch aus Muatschä stammen.

Aus Muatschä sollen auch die Gbelle-Leute am O.-Fuss der Fetischberge stammen, die dort 16 Dörfer bewohnen und gegen 7000 Köpfe stark
sein mögen.

Gbelle und Muatschä haben eine gemeinsame Fetischsprache (s.
sprachlicher Theil).

In Gbelle fiel mir an einem Hause eine eigenartige Wandzeichnung
auf, ein langgestrecktes pferdeartiges Ungethüm darstellend, auf dem auf
hochlehnigem Haussa-Sattel ein Zwerg sass.

Die vier Stämme Avatime, Logha, Tafi, Nyambo, von denen
jeder ein eigenes Idiom spricht, wohnen einen Tagemarsch südwestlich von
Misahöhe. Von diesen erfuhr ich nur über die Geschichte der Avatime
Genaueres. Dieselbe hat mit der des Agotime-Stammes, eines Adangme-
Stammes, im SO. von ihnen einen gemeinsamen Ursprung.

Die Avatime und Agotime haben zusammen an der Mündung des Volta gesessen und dort wegen der Ermordung eines Weibes mit den anderen Stämmen, so den Krobo, Adangme, Pampram Krieg bekommen. Diese seien gemeinsam gegen sie zu Felde gezogen und hätten beide Stämme vertrieben. Die Agotime seien in ihre jetzigen Sitze gezogen, die sie nach den vielen Fächerpalmen (*ago ti*) benannt hätten. Die Avatime hätten hier in den Bergen Halt gemacht. Ein Theil von ihnen sei darauf weiter nach N. gezogen und verschollen. Sie hätten darauf erst den Namen Avatime (»ein Theil ist weiter gegangen«) angenommen.

Die ehemalige Bevölkerung der Landschaft, die Bayas, ist verschwunden, über ihr Schicksal vermochte ich nichts zu erfahren.

Auf dem Gipfel des Gemi, des höchsten Berges in Avatime (etwa 800 m hoch), sind Mauerreste und Schlackenhügel, über deren Ursprung Sicheres nicht zu erfahren ist.

Als der Avatime-Stamm mich einst auf meiner Station besuchte, hatte ich Gelegenheit, mir ihren Kriegstanz vortanzen zu lassen, der sich sehr von allen Tänzen, die ich sonst sah, unterscheidet:

Die Leute gruppirten sich um die Schädeltrommel. Auf ein Zeichen mit dem mit Menschenkiefern verzierten Elfenbeinhorn setzten die Trommeln ein, und die Leute gingen im langsamen Tanzschritt im Kreise herum, wobei sie ein Haumesser senkrecht vor den Leib hielten. Sie sangen dabei: »Ich schlage ihn todt, die Geier fressen ihn«.

Plötzlich hört das Trommeln auf, es erfolgen ein paar einzelne Schläge, und alle stürzen mit Geheul in Sprüngen in die Mitte, wobei sie das Messer hoch in die Höhe halten. Dann beginnt ein wildes Durcheinandertanzen; je zwei treten sich gegenüber, einer schreit: »Ich bin stark«, ein Anderer antwortet: »Ich bin stark«, dann markirt einer von Beiden die Flucht und ruft: »Ja, du bist stark«. Dies wird viele Male wiederholt. Was die Geschichte von Tafi, Logba und Nyambo betrifft, so konnte ich nur erfahren, dass die Avatime bei ihrer Einwanderung die Tafi-Leute bereits vorfanden, während die Logba und Nyambo-Leute erst später in's Land kamen. Nyambo heisst in der Stammessprache: »Hier ist Alles vorhanden« (Hier ist gut sein, hier lasset uns Hütten bauen).

Der vorhin erwähnte Agotime-Stamm ist der reichste und cultivirteste des Misahöher Bezirkes; einen gewissen Ruf hat er wegen seiner Weberei, die er besonders kunstvoll betreibt.

Sowohl in Agotime als auch in Avatime, Logba, Nyambo und Tafi hat der letzte Ashanti-Krieg schlimm gehaust.

Zum Schluss darf der Agu-Kebu-Stamm, der am S.-Hang des Agu-Gebirgsstockes 6 bis 7 Dörfer in wilder, aber fruchtbarer Gebirgsgegend bewohnt, nicht unerwähnt bleiben. Er baut runde Hütten mit Kegeldach. Über seine Fetischsprache s. unten.

Leider konnte ich über diesen eigenthümlichen Stamm, der viele Eigenarten zu haben scheint, nicht viel erfahren. Es wohnen sehr viele Fetischleute dort, und es scheint dort eine Art Fetischschule auch für andere Stämme zu bestehen. Die Dörfer sind z. Th. terrassenförmig an den

Togo. 'Bienenkorbform

von oben gesehen)   Evhe - Herd (Seitenansicht)

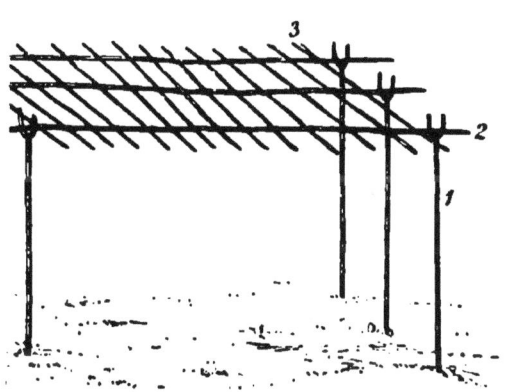

Stangengerippe der Hüttenform *C*

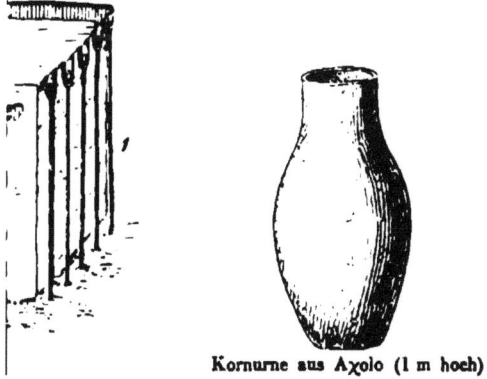

Kornurne aus Aχolo (1 m hoch)

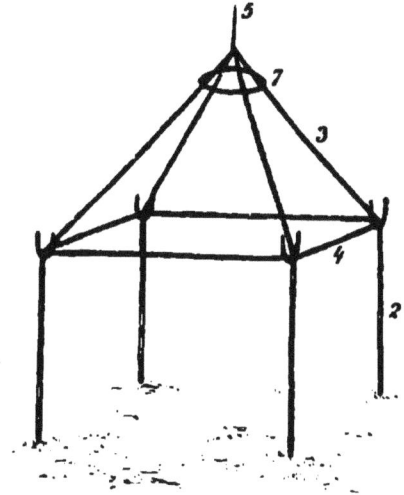

Akposso. Dachgerippe

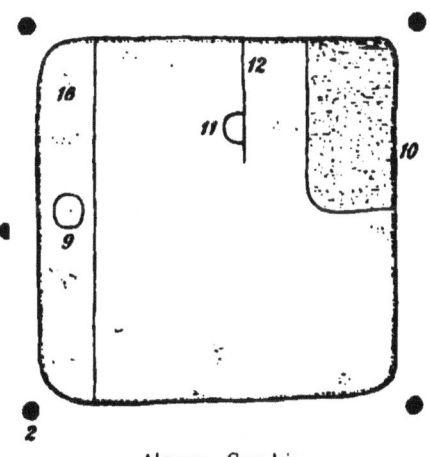

Akposso. Grundriss

Felsen in die Höhe gebaut, und ich sah einen Versammlungsplatz, der ein reguläres, natürliches Amphitheater darstellte.

Ich glaube, wir haben es auch hier mit einem abgesprengten Völkersplitter oder den Trümmern eines früher vernichteten Stammes zu thun. Jedenfalls würde eine nähere Untersuchung die Mühe lohnen.

Hüttenbau.

In dem Theil des Togo-Hinterlandes, der südlich vom 8. Grad liegt, unterscheide ich vier Hauptarten von Häusern der Eingeborenen (s. die Figuren Tafel 1 und 2).

A. Das Haus ohne Oberstock, mit Satteldach, mit offenem, selten geschlossenem Giebel und rechteckigem Grundriss.

Es wird zum Bau dieses Hauses zunächst ein Gerippe aus Stangen hergestellt, dieselben werden mit Palmblattrippen durchflochten und die Wände dann mit Lehm beworfen. Das Deckmaterial für das ebenfalls aus Stangen hergestellte Dach, das den Wänden aufliegt, bilden Gras oder Palmblätter.

Es werden in diesem Baustil auch offene Hallen hergestellt, bei denen die Wände dann eben fortgelassen werden. Das Dach ruht dann auf Pfählen.

Die Dimensionen dieser Hausart sind so verschieden, dass es nicht lohnt, Zahlen zu nennen, ebenso verhält es sich mit der inneren Einrichtung.

Häufig werden auch europäische Bauarten nachgeahmt, man umgiebt das Haus mit einer Veranda und dergl. Die Thüröffnungen sind rechteckig; wo nicht bereits europäische Thüren eingeführt sind, wird die Öffnung durch eine steife Palmblattrippen'-Matte geschlossen, die man mit einem Stock festklemmt. Fensteröffnungen sind oft vorhanden. Oft werden bei dieser Bauart mehrere Häuser zu einem Gehöft vereinigt, meist umgiebt man dasselbe mit Palmrippenzäunen oder auch mit dünnen Lehmmauern (Nkunya), die an die Hauswände anschliessen.

B. Die Hütte mit rundem oder quadratischem Grundriss mit Kegeldach. Meist werden die Wände ohne inneres Gerippe nur aus Lehm hergestellt. Das Dach liegt in diesem Falle auf den Wänden nicht auf, sondern es ruht auf ausserhalb der Wand stehenden Stützen. Zuweilen wird es in der Mitte durch eine lange senkrechte Stange gestützt. Über die Spitze des Daches wird bisweilen ein Thontopf gegen das Eindringen des Regens gestülpt. Falls die Lehmwand ein inneres Gerippe von Stangen oder Palmrippen erhält, ruht das Dach bisweilen auf der Wand selbst. Ich habe dies in Atakpame gesehen.

Die Thür ist meist ein ziemlich kleines, unregelmässig ovales Loch; sie wird auch durch eine festgeklemmte Palmrippenmatte geschlossen.

Wo diese Bauart angewandt wird, stehen die Gebäude meist einzeln, zu Gehöften vereinigt habe ich sie jedoch auch zuweilen gesehen (Atakpame).

Die Dimensionen dieses Hauses schwanken ebenfalls sehr. Das Durchschnittshaus mag einen Durchmesser von 4—5 m und eine Wandhöhe von etwa 1,40 m haben. Die Spitze des Daches steht etwa 3 m über dem Erdboden.

Die Empfangshalle des Atakpame-Häuptlings, die auch in diesem Stil gebaut ist, das grösste Gebäude dieser Art, das ich gesehen, hat einen Durchmesser von etwa 8 m, und die Dachspitze steht etwa 5 m über dem Erdboden. C. Das Lehmkastenhaus. Der Grundriss des Hauses ist meist rechteckig, das ganze Haus hat die Form eines Kastens. Die Wände sind aus Lehm mit oder ohne inneres Gerippe aufgeführt. In etwa Manushöhe sind runde, schiessschartenartige Löcher, die mit Topfhülsen eingefasst sind, angebracht. Das Dach liegt nicht auf der Wand auf, sondern ruht auf ausserhalb stehenden Stützen. Es besteht aus einem durch eine Art Spaltschindeln dichtgemachten Stangenrost, auf den eine wohl 10 cm starke Lehmschicht aufgetragen wird. Der Lehm wird oben geebnet und der Rand rund herum etwas erhöht. Oft wird das Dach noch mit Steinen beschwert. Die Thüröffnung ist unregelmässig oval und wird verschlossen wie bei Hausart B.

Diesen Lehmkastenhäusern werden in der Landschaft Likpe oft hohe thurmartige Formen gegeben, und besonders mag erwähnt werden, dass ich in Azolo ein derartiges Haus mit einem Oberstock fand. Dieses Haus wurde mir von den Eingeborenen selbst als Merkwürdigkeit gezeigt. Es hatte einem reichen einheimischen Händler gehört, der vor einigen Jahren gestorben war. Aus Furcht vor dessen Geist wagte man nicht mehr, das Haus zu bewohnen, und so begann es zu verfallen. Die Zwischendecke bestand aus einem mit Lehm roh verputzten Stangenrost, die Treppe zum Oberstock aus Lehm.

Auch die Dimensionen dieses Hauses sind verschieden. Es ist durchschnittlich etwa 2 m hoch und gerade so breit, dabei 4—5 m lang. Sein Inneres besteht oft aus zwei und mehr Räumen, die durch Lehmwände von einander getrennt sind.

D. Das Haus mit Oberstock, rechteckigem Grundriss und Satteldach mit meist geschlossenem Giebel. Diese Hausform ist wohl sicher europäischen Ursprungs. Die Form und Grösse schwankt sehr. Die am häufigsten vorkommende Art ist folgende:

Unten in der Mitte ist zu ebener Erde eine offene Halle (zuweilen ist sie nur auf einer Seite offen), rechts und links je ein Gelass, das zum Schlafen und zum Aufbewahren von Vorräthen dient. Neben der Halle führt im Innern eine Lehmtreppe zum Oberstock. Die Zwischendecke besteht aus einem mit Lehm verputzten Stangenrost. Im Oberstock sind ein oder mehrere Räume, das Dach steht meist unmittelbar über ihm, zuweilen ist jedoch noch eine verputzte Stangendecke dazwischen.

Das Haus des Häuptlings Añpa von Bato, das grösste Eingeborenenhaus, das ich in Afrika gesehen habe, hatte fünf grosse Räume im Oberstock, der Dachansatz lag über 6 m über der ebenen Erde. Fensteröffnungen haben diese Häuser fast stets.

Wo diese Häuser vorkommen, sind sie fast stets mit anderen Gebäuden zu einem Gehöft vereinigt.

Was die Verbreitung dieser vier Häuserformen anbetrifft, so herrscht im S. in der Nähe der Küste die rechteckige Hausform ohne Oberstock vor. Sie dringt im W. am Volta hinauf bis zum Asuokoko, in den Fetischbergen bis zur Landschaft Deine, weiter im O. bis Gbelle vor. Es ist deutlich zu beobachten, dass die Hausform *A* allmählich weiter vordringt und rasch immer mehr Terrain erobert; sie ist auch entschieden die höher stehende Bauart.

Die Hausform *B* beginnt am Volta erst jenseits des Asuokoko vorzuherrschen (eingesprengt kommt die Hausform *A* in der Landschaft Tribu vor). In den Fetischbergen beginnt sie in der Landschaft Akposso, im O. in der Landschaft Atakpame.

Dass an dem Hange des Agu im Stamm der Agu Kebu diese Bauart mitten in der Region der rechteckigen Häuser vorkommt, habe ich schon erwähnt. Das alte Fetischdorf Apegame auf dem Gipfel des Agu, zum Agu-Nyambo-Stamm gehörig, hat auch runde Hütten, es ist fast ganz verlassen.

Die Häuser in Akposso haben quadratischen, die in Kebu und Atakpame fast stets runden Grundriss. In der Landschaft Akposso Lithime herrscht in den südlichen Dörfern das rechteckige und das Lehmkastenhaus, die beide von Bučm dorthin gelangt sein mögen, vor.

Das Lehmkastenhaus herrscht vor in Bučm, Apafu, Boviri, Santrekofi, Likpe und Azolo. In Bučm gewinnt jedoch das rechteckige Haus immer mehr Terrain, während man in den anderen Landschaften ausschliesslich Lehmkasten sieht.

In Worawora und Tapa sieht man nur die Hausform *A*, nur einige Fetischpriester bewohnen noch Lehmkasten; dasselbe ist in Nkunya der Fall, wo ich nur drei Exemplare dieser Häuser sah. Vielleicht war hier der Lehmkasten früher Stammesbauart, und nur die Fetischleute haben ihn noch beibehalten.

Das Haus mit Oberstock, Form *D*, ist wahrscheinlich portugiesischen Ursprungs, es kommt von dem östlichen Theil der Küste bis nach Atakpame und Pessi hinauf vor. Von hier hat es sich in einzelnen Exemplaren nach Akposso, Kebu und Gbelle verbreitet.

Überall bildet es nur ein Eigenthum der wohlhabenderen Leute, die ärmeren haben ihre alte Bauart beibehalten.

Ich glaube, dass die ursprünglich in diesen Gegenden heimische Bauart die der runden Hütten ist. Von den anderen scheint mir nicht nur das Haus mit Oberstock, sondern auch die Hausart *A* auf Küsteneinflüsse zurückzuführen zu sein. Hierfür spricht das rasche Vordringen des letzteren in den verkehrsreicheren Gegenden, während in den verkehrsärmeren die runde Hütte länger beibehalten wird. So herrscht in einem Theil des Hinterlandes der englischen Stadt Kwitta, das mit der Küste sehr wenig Verkehr hat, die runde Hüttenform noch einen Tagemarsch von der See entfernt vor.

Das Lehmkastenhaus hat eine auffällige Ähnlichkeit mit den im Barth'schen Werk dargestellten Häusern von Kuka, Timbuktu u. s. w., die ihrerseits wohl auf arabische Einflüsse zurückzuführen sind. Jedenfalls ist es eine ziemlich hoch entwickelte Bauart.

Als eine besondere Art von Hütten könnte man vielleicht noch die Bienenkorbform nennen. Diese Art Hütten ist sehr klein, meist nur ein provisorischer Schlafraum für eine einzelne Person. Sie besteht gewissermaassen nur aus einem Dach und hat ungefähr Calottenform, der Eingang ist mir zum Hineinkriechen berechnet. Im Misahöher Bezirk habe ich sie nur in den Haussa-Lagern bei Quamikrum gesehen. In grösseren Dimensionen und besserer Ausführung sah ich sie dagegen bei Kratyi.

Die Gummisammler und Jäger im Busch errichten sich für die Nacht und zum Schutze gegen Regen einfache Schirme, die sie mit Gras oder Palmblättern bedecken.

Einige einheimische Bezeichnungen von Häusern und Haustheilen.

(Siehe die dazu gehörigen Figuren.)

Figuren zu B.

	Kebu	Akposso
Das Haus	ugube $- \dot{-} \smile$	—
Das Dach	kupä $\dot{-} -$	—
Wand 1	bedire $\smile \dot{\smile} \smile$	dili $\dot{-} -$
Dachstütze 2	hare̜ $\dot{-} \smile$	itχu $\dot{-} -$
Dachstock 3	larelu gube̜ $- \dot{\smile} - \dot{\smile} \smile$	latyu $\dot{-} -$
Querstock 4	rodyiio $\smile \dot{-} \smile$	itχu $\dot{-} -$
Oberster Stock 5	—	kogama $\smile \dot{\smile} -$
Grasdecke des Daches 6	bore $\dot{-} \smile$	uri $\dot{-} -$
Reifen unter der Dachspitze 7	gube gole $\dot{-} \smile \dot{\smile} \smile$	ablako $- \dot{\smile} -$
Mittelstütze. 8	hare $\dot{-} \smile$	—
Herd 9	oduge $\smile \dot{-} \smile$	etule $\dot{\smile} - \smile$
Bettstatt (Lehmerhöhung) 10	dandande $\smile \dot{\smile} \smile$	adapo $- \dot{-} \smile$
Lehmsitz 11	bogore $\smile \dot{-} \smile$	tiya $- \dot{\smile}$
1 m hohe Scheidewand 12	grine̜ $- \dot{\smile}$	ugri $- \dot{-}$
Kornurne 13	—	truli $\dot{-} -$
Kleiderhaken der Akposso 14	—	avra $\dot{-} \smile$
Thüröffnung 15	trare $\dot{-} \smile$	raχu $\dot{\smile} -$
Erhöhung längs der Wand, darin Herd und Löcher zum Aufstellen von Kalebassen 16	horiaye $\smile - \dot{-} \smile$	—
Löcher für Kalebassen 17	rumbire $\smile \dot{-} \smile$	—
Schweinekoben	camuile $- - \dot{-} \smile$	—
Thürverschluss in Gestalt einer Palmrippenmatte	—	zeri $\dot{-} -$
Schlafmatte	—	riχo $\dot{-} -$

Figuren zu C.

	Buëm	Apafu	Sautrekofi	Likpe	Aχolo
Haus	oto	—	—	—	—
Wand	godu	ibre	oyir	ofati	ili
Dach	otokato	—	letya	—	—
Dachstütze 1	lepa	ikpa	lekpaka	lela	itisa
Horizontale Längsstange 2	ota	oigri	olele	aibopo	olili
Horizontale Querstangen 3	kutyige	grise	osohi	asike	otine
Schindeln 4	letodyi	—	wosoye	kofebitye	obuba
Lehmbedeckung des Daches	leti	sise	kote	ditya	ikasa
Thüröffnung 5	—	kukui	kokufu	kesie	
Palmrippenmatte zum Thür-verschluss	kebuta	—	—	—	—
Bettstatt (Lehmerhöhung) 6	—	asige	oli	okla	—
Schlafmatte	—	—	okla	—	—
Herd	—	—	—	—	aiti
Kornurne	uho	—	oweu	üu	udumo

Sprachenverhältnisse.

Das oben abgegrenzte Gebiet des Misahöher Bezirkes bildet in vieler Hinsicht linguistisch ein abgeschlossenes Ganze. Es greift in sich eine erhebliche Anzahl kleiner Sprachinseln, die zum grössten Theil in die Gebirgsgegenden fallen, in denen sich die erwähnten kleinen Völker-Trümmer und -Splitter festgesetzt haben, die in der abgeschlossenen unzugänglichen Lage ihrer Domicile ihr Idiom zu bewahren vermochten.

Von allen Seiten nun dringen auf diese kleinen Sprachinseln mächtige absorbirende linguistische Einflüsse ein, und es ist nur eine Frage der Zeit, wann die ersteren den letzteren völlig erliegen werden.

Von S. wirkt in breiter mächtiger Front das Evhe mit seinen zahllosen Dialekten ein, ebenso wirkt dasselbe von O. in den Fö-Dialekten und von NO. von Pessi aus.

Von W. und NW. wirkt in gleich machtvoller Weise das Tshi (Ashanti).

Diesen beiden Sprachen werden die übrigen sicher nicht Stand halten, zumal diese den Bedürfnissen einer höheren Cultur entsprechend ausgebildet und von den Missionaren zur Schriftsprache erhoben worden sind. Es lässt sich auf das Deutlichste in allen Abstufungen beobachten, wie die kleinen Sprachinseln durch die Evhe- und Tshi-Sprache allmählich absorbirt werden, und zwar geht diese Absorption um so schneller vor sich, je mehr sich der Handel und Verkehr steigert.

In der Gegend von Worawora und Tapa wurde ich durch den farbigen Missionar Clerk, einen genauen Kenner der Tshi-Sprache, darauf aufmerksam gemacht, dass das Tshi der dortigen Eingeborenen viele fremde Elemente enthielt, und es gelang mir mit seiner Hülfe festzustellen, dass dieselben noch vor wenigen Menschenaltern eine eigene Sprache gesprochen hatten, die jedoch verschollen und bis auf wenige Anklänge von der Tshi-Sprache absorbirt ist. Es ist mir gelungen, noch einige Worte dieser alten (Boro-) Sprache zu sammeln. Der alte, etwa 70jährige Mann, der sie mir sagte, erzählte mir, dass in seiner Jugend das Tshi zwar schon geherrscht habe, dass damals jedoch noch viele Leute die Boro-Sprache verstanden hätten.

Ähnliche Vorgänge haben wir, wenn auch nicht in so vorgerücktem Maasse, in Ghelle und Muatschä einerseits und im Agu-Gebirge andererseits.

In Gbelle und Muatschä existirt eine übereinstimmende Fetischsprache, die jedoch auch von vielen Nichtfetischleuten verstanden wird, mithin keineswegs Alleingut der Priester ist. Gerade diese Sprache vermochte ich sehr ausführlich aufzunehmen.

Es scheint mir kaum zweifelhaft, dass es sich hier um eine alte Stammessprache der Gbelle- und Muatschä-Leute handelt, die durch die Evhe-Sprache als Verkehrssprache verdrängt ist und die nur noch die conservativen Elemente, so namentlich die Fetischleute, beibehalten haben.

Ähnlich verhält es sich mit der von dieser gänzlich abweichenden Fetischsprache des Agu (der χebeso-Sprache). Diese Sprache ist, soweit mir bekannt, Priestersprache im ganzen Evhe-Sprachgebiet mit Ausnahme von Gbelle und Muatschä, doch wird sie am Agu auch von Nichtfetischleuten verstanden, ja ich habe in den Agu-Kebu-Stämmen sogar Leute gefunden, die sie fast ausschliesslich sprechen und die fast gar nicht Evhe verstehen.

Es ist gewiss kein zufälliges Zusammentreffen, dass der bereits vorher erwähnte Agu-Kebu-Stamm in den unzugänglichsten Theilen des Agu-Bergstockes, der die χebeso-Sprache noch am meisten anwendet, seine Häuser noch durchweg in der runden Form mit Kegeldach baut, während die übrigen Stämme, die sie nur als Priestersprache gebrauchen, bereits zur rechteckigen Hüttenform übergegangen sind.

Der Agu ist der Sitz eines der ältesten, wichtigsten Fetische des Landes, der namentlich zur Zeit der Ashanti-Kriege seine Macht geäussert haben soll, jetzt aber allmählich an Ansehen verliert. Noch heute wimmelt es dort von Priestern, und es scheint mir recht verständlich, dass sich die alte, jetzt als Verkehrssprache erloschene Sprache der dortigen Bewohner durch die Priester, die dort ihre Lehrzeit durchmachten, als Fetischsprache im Lande verbreitete.

Dass von der Priesterkaste eine Geheimsprache künstlich geschaffen sein soll, daran glaube ich nicht.

Diese beiden Fetischsprachen sind die einzigen, die ich festzustellen vermochte, die kleinen Stämme mit eigenen Sprachen benutzen diese Sprachen gleichzeitig beim Fetischdienst.

Als Ausnahme könnte man hier vielleicht Atakpame erwähnen. Hier gehen die Fetischleute aus dem Evhe sprechenden Wutu-Stamm hervor, und so kommt es, dass die Evhe-Sprache zur Fetischsprache geworden ist und es Fetischlieder in der Stammessprache von Atakpame (Anago) überhaupt nicht giebt.

In einem anderen linguistischen Stadium befindet sich der Agotime-Stamm, der zur Stammsprache einen Adangme-Dialekt hat[1]. Seit die Agotime-Leute ihre jetzigen Sitze innehaben, hat sich in ihrem leicht zugänglichen verkehrsreichen Lande die Evhe-Sprache so eingebürgert, dass sie thatsächlich Biglotten geworden sind. Sie bedienen sich der Evhe- und der Adangme-Sprache in gleicher Weise. Dass die erstere die letztere absorbiren wird, erscheint mir sicher und nur eine Frage der Zeit.

Besonders eigenthümlich liegen die linguistischen Verhältnisse in Nkunya, wo die Stammessprache ein Guang-Dialekt ist.

Die Landschaft liegt an der viel betretenen Handelsstrasse des Volta-Gebietes, und auf sie wirkt von N. die Tshi-, von S. die Evhe-Sprache. Der Einfluss der ersteren überwiegt, und sie wird von den kleinen Kindern mit dem Guang gleichzeitig gelernt. Doch auch die Evhe-Sprache wird von fast allen Nkunya-Leuten verstanden und gesprochen, so dass dieselben grösstentheils Triglotten sind. Hier wird es wohl die Tshi-Sprache sein, die die Stammessprache allmählich aufsaugen wird.

Von den vier kleinen, innerhalb des Evhe-Gebietes dicht neben einander liegenden Sprachinseln Avatime, Logba, Tafi und Nyambo[2], von denen die beiden letzten einander sehr ähnlich sind, ist die von Avatime die grösste. Aus der Avatime-Sprache sind auch viele Worte in die drei anderen Sprachen übernommen worden.

In allen vier Sprachgebieten wird die Evhe-Sprache fast durchweg verstanden und gesprochen, doch ist hier die Absorption durch dieselbe noch lange nicht so weit vorgeschritten als in Agotime, was wohl zum grossen Theil seinen Grund in der weniger zugänglichen Lage der kleinen Landschaften hat.

In allen vier Gebieten bedienen sich die Leute unter sich ausschliesslich der Stammesidiome.

Sehr stark vom Tshi beeinflusst ist der Theil von Buëm, der die Sprache von Borada zur Stammessprache hat. Die Gebiete, in denen Tshi ausschliesslich gesprochen wird, grenzen im N. und W. an ihn. In den Borada-Dörfern bedienen sich die Leute im Verkehr unter sich zwar noch

---

[1] Adangme wird ausserdem noch in einigen Dörfern einen Tagemarsch N. von Klein-Popo gesprochen.

[2] Christaller führt (Zeitschrift für afrikanische Sprachen Jahrg. 1 Heft 1) noch Kpando als besondere Sprachinsel an, doch ist dies ein Irrthum; Kpando spricht Evhe.

ausschliesslich des Stammesidioms, doch versteht und spricht der grösste
Theil der Bevölkerung Tshi.

Es folgt der Stamm der Boviri-Leute. Hier wird Evhe und Tshi
nur von einem Theil der Leute verstanden und gesprochen, die Stammessprache überwiegt bei Weitem. Doch sind viele Worte, die die fort-
schreitende Cultur verlangt, den beiden Sprachen entlehnt.

Ähnlich verhält es sich mit den beiden Sprachinseln Santrekofi und
Apafu, die beide in dem Santrekofi-Bergzug liegen. Die Unzulänglichkeit
ihrer Wohnsitze hat fremde Spracheinflüsse hier lange ferngehalten, und
erst in letzterer Zeit, seit das Geschäft des Gummihandels hier mehr
betrieben wird, beginnen sie sich mehr geltend zu machen.

Jedenfalls versteht und spricht in diesen Gebieten nur ein kleiner
Theil der Bevölkerung Tshi oder Evhe und auch dieser meist nur so weit,
als er es beim Handel braucht.

Ich komme zu dem Atakpame-Stamm, der meiner Meinung nach, wie
oben erwähnt, ein losgelöster Splitter des grossen Anago-Stammes ist.
Ich fand bei der Aufnahme der Sprache gegen 90 Procent der Worte
mit den betreffenden Anago-Wörtern fast genau übereinstimmend, und
meine Anago-Soldaten konnten sich mit den Atakpame-Leuten gut verständigen.

Wenn die Cultur der Atakpames auch auf ihre viel tiefer stehenden
Nachbarn einen erheblichen Einfluss gehabt hat, so hat ihre Sprache doch
nicht die nöthige Expansionskraft gehabt, um ausserhalb der Grenzen des
Landes einen bedeutenden Einfluss zu gewinnen. Vielmehr dringt auch auf
Atakpame von N., S. und O. her mächtig der Einfluss des Evhe ein, das
sich den Charakter einer Handelssprache bereits gerade so erworben hat,
wie den einer Fetischsprache durch den Wutu-Stamm. Ich glaube, dass
auch die Atakpame-Sprache, wie alle die übrigen kleinen Sprachstämme,
sicher, wenn auch langsam, verschlungen werden wird. Sie wird erlöschen
und nur noch in dialektischen Eigenthümlichkeiten der siegenden Evhe-
Sprache spürbar bleiben.

Im NW. der Atakpame-Landschaft befinden sich noch drei Dörfer
(Hauptdorf Atakfeme), in denen ein Fö-Dialekt als Stammessprache gesprochen wird.

Von den noch übrig bleibenden Sprachgebieten ist das grösste und
wichtigste unstreitig Akposso. Die Akposso-Sprache wird von über
30000 Menschen gesprochen.

Ihrer unzugänglichen Wohnsitze halber sind die fremden linguistischen
Einflüsse bei den Akpossos nicht weit über die Ränder der Landschaft
hinaus eingedrungen.

Im Innern, wo die Dorfbewohner beim Anblick eines Weissen noch
vielfach wie ein Rudel Antilopen nach allen Seiten fliehen, kann man viele
Ortschaften durchwandern, ohne einen Mann zu finden, der Evhe oder
Tshi auch nur radebrecht. — Auf das Sprachgebiet der Akposso wirkt von
W. die Tshi-Sprache, die in der westlichen Randabtheilung Lithime viel
gesprochen wird. Von S. und O. wirkt die Evhe-Sprache. Dass sich im

S. in den Sodo-Dörfern ein ganz abweichender Akposso-Dialekt herausgebildet hat, ist bereits oben erwähnt worden.

Ähnlich liegen die Verhältnisse in dem viel kleineren Kebu, das vielleicht 4000 Einwohner zählt. Auch hier findet man nur wenige Leute, die Tshi und noch weniger, die Evhe sprechen. Es sind dies nur solche, die auf Handelsreisen weiter herumgekommen sind.

Es bleiben nun noch die beiden Sprachgebiete von Likpe und Aχolo übrig. Beide Stämme sprechen gänzlich von den anderen abweichende Idiome, und bis in die neuere Zeit waren andere Sprachen dort fast ganz unbekannt. Auch sie sind, seit der Gummihandel aufgekommen ist, mehr und mehr in Verkehr gekommen, und eine Anzahl Leute versteht und spricht Tshi oder Evhe, doch spielen beide Sprachen dort noch keine erhebliche Rolle, und zwar in dem tief in den Bergen liegenden Aχolo noch weniger als in dem mehr zugänglichen Likpe.

Nachdem es mir somit gelungen ist, noch einige neue Sprachinseln, eine bisher unbekannte Fetischsprache und eine vor Kurzem verschollene Sprache festzustellen, drängt sich mir fast mit Gewalt die Vermuthung auf, dass ein grosser Theil der zahlreichen, verschiedene Evhe-Dialekte sprechenden Stämme in früheren Zeiten eine eigene Stammessprache gehabt hat, die, vom Evhe verschlungen, diesem nur den Charakter eines abweichenden Dialektes zu geben vermocht hat.

Die Tradition der Neger reicht nicht weit zurück, sie sind in ihrem Geistesleben und so auch in ihrer Sprache fremden Einflüssen sehr zugänglich. Ich habe in verschiedenen Stämmen von alten Leuten als Sage erzählen hören, der Stamm hätte früher eine eigene Sprache gehabt, sie jedoch aufgegeben und vergessen. Niemand kannte mehr ein Wort der alten Sprache.

Das Sprachleben scheint sich hier in beständigem Fliessen zu befinden, die Sprache wird abgelegt und angenommen wie ein Kleid. Bestimmend für das Tempo des Wechsels und Umbildens scheint mir die grössere oder geringere Lebhaftigkeit des Verkehrs der Stämme unter einander zu sein.

Geschichtliche Ereignisse, so die Ashanti-Einfälle von W. und die der Dahomeh von O., die die Stämme durch einander wirbelten und zum, wenn auch nur vorübergehenden, Wechsel ihrer Wohnsitze zwangen, beschleunigten das Umbilden und Verschmelzen der Sprachen.

Über den Einfluss, den die Thätigkeit der europäischen Verwaltung und das Aufkommen des Gummisammelns und -Handelns auf die Steigerung des Verkehrs und somit die Umbildung der Sprachen gehabt hat und noch hat, ist bereits vorher gehandelt worden.

Die Fixirung und sorgfältige Vereinheitlichung der Tshi- und Evhe-Sprache durch Erhebung zu Schriftsprachen besiegelt meiner Ansicht nach den Sieg derselben über die übrigen Stammidiome.

Von diesen vorerwähnten Sprachen, die ich sammt den Fetischsprachen als heimisch und ortsangehörig bezeichnen möchte, komme ich zu den Fremdlingen unter den Sprachen.

114   Pleus: Beiträge zur Völkerkunde des Togo-Gebietes.

Unter diesen nimmt den hervorragendsten Platz die Haussa-Sprache ein, wenn diese hier auch nicht annähernd die Rolle spielt, wie in den nördlichen Bezirken.

Die Haussas haben an vielen Plätzen der Handelsstrasse, die, vom Sudan über Salaga und Kratyi kommend, einen Zweig über Ntshamuru und Misahöhe nach Lome und mehrere Zweige über Kpandu nach Kwitta und Akra sendet, Niederlassungen zu Handelszwecken gegründet, von denen die grössten in Kpandu und Kwamikrum sind.

Doch bleiben sie Fremdlinge im Lande; sie sondern sich als Mohammedaner, so äusserlich ihr Glaube auch ist, von den Eingeborenen ab und verkehren mit ihnen nur, soweit es ihre Handelsinteressen erfordern.

Daher hat das Haussa auf die hiesigen Sprachen auch nur einen sehr geringen Einfluss gehabt. Nur wenige Eingeborene verstehen von der Sprache mehr als einige Brocken. Die grösseren Haussa-Händler sind fast alle des Tshi, viele auch des Evhe mächtig.

Man kann sagen, dass das Herrschgebiet des Haussa als Verkehrssprache erst nördlich von Kratyi beginnt. Es folgen somit die Herrschgebiete von Evhe, Tshi und Haussa in südnördlicher Richtung auf einander.

Es kommen nun die Sprachen der nördlichen Stämme, die ebenso wie die Haussas, und mit diesen von den Eingeborenen als Salaga-Leute zusammengefasst, als Händler in's Land kommen.

Man trifft Leute mit diesen Sprachen vorzüglich in den Voltadistricten, wenn sie auch als Händler und Sclaven vereinzelt im ganzen Gebiet zu finden sind. Diese Sprachen haben keinerlei Einflüsse auf die Idiome der Eingeborenen geübt und werden von denselben nie gesprochen, auch fast nie verstanden. Ich fasse nun nachstehend alle Sprachen, die ich im Misahöher Bezirk, sei es einheimisch oder als Fremdlinge, gefunden habe, zusammen und führe sie in nachstehender Anordnung auf:

A. Einheimische Sprachen:

    I. herrschende und absorbirende Sprachen: 1. Evhe, 2. Tshi;
    II. allmählich zurückweichende Stammessprachen: 3. Adangme, 4. Atakpame, 5. Avatime, 6. Logba, 7. Nyambo, 8. Tafi, 9. Nkunya, 10. Borada, 11. Apafu, 12. Boviri, 13. Santrekofi, 14. Kebu, 15. Akposso, 16. Likpe, 17. Azolo;
    III. Fetischsprachen: 18. Fetischsprache vom Agu (Nebeso-Sprache), 19. Fetischsprache von Gbelle und Muatschä;
    IV. erloschene Stammessprachen: 20. Boro-Sprache.

B. Von Fremden, Ansiedlern, Händlern und dergl. gesprochene Sprachen: 21. Haussa, 22. Dagomba, 23. Moshi, 24. Grussi (sieben ganz verschiedene Dialekte), 25. Saberma, 26. Tshautsho, 27. Fillani, 28. Nupe, 29. Timbuktu (wohl Sonrai), 30. Kanuri, 31. Mande, 32. Bagrima, 33. Arabisch (ganz vereinzelt), 34. Adeli, 35. Kratyi, 36. Akim, 37. Fante, 38. Ga, 39. Lagos, 40.—42. 3 Vei-Sprachen, 43. Kru.

C. Europäische Sprachen: 44. Deutsch, 45. Englisch, 46. Französisch, 47. Portugiesisch.

Von den Sprachen aus anderen Colonien, die von einzelnen weit gereisten Negern verstanden werden, wie Dualla und Kiswaheli, sehe ich hier ab. Trotzdem komme ich auf 47 Sprachen, in Anbetracht der Kleinheit des Bezirkes eine recht stattliche Zahl.

Was die Sprachenkunde der Bevölkerung anbetrifft, so findet man unter den intelligenteren Eingeborenen recht häufig Polyglotten, die eine ganz erhebliche Zahl Sprachen sprechen. Ich kenne Leute, die acht bis zehn Sprachen beherrschen und stets praesent haben.

Freilich sind ja die hiesigen Sprachen fast alle verwandt. Ausserdem darf man sich durch die scheinbare Leichtigkeit, mit der viele der Eingeborenen fremde Idiome so weit lernen, dass sie sich in denselben verständigen können, nicht täuschen lassen. Die Leute bedienen sich während des Sprechens einer so drastischen Gebärdensprache, dass es oft fast scheint, als unterhielten sich zwei Taubstumme. Mit Hülfe dieser Gebärdensprache und einiger weniger Worte des fremden Idioms kann sich der Schwarze mit Leuten des betreffenden Stammes vollständig verständigen. Ihre Unterhaltung dreht sich in solchen Fällen ja auch nur um die allereinfachsten concreten Dinge.

Von Interesse dürfte es ferner sein, dass ich festzustellen vermochte, dass die Haussa-Sprache von den nördlichen Stämmen, wie Dagomba, Grussi, Moshi u. A., als Verkehrs- und Handelssprache oft in ähnlicher Weise vereinfacht und verballhornt wird, wie es mit dem zum sogenannten Nigger-Englisch degradirten Englisch geschehen ist. Das reine, fein ausgebildete Haussa, wie Schön es darstellt, findet man nur bei wenigen Leuten dieser Stämme.

Als Curiosum sei noch erwähnt, dass von manchen Eingeborenen zur geheimen Verständigung eine Art Gaunerjargon durch Verdrehen und Umstellen der Worte gebildet und angewandt wird.

Auch eine Unterhaltung lediglich in Sprichworten und Symbolen, die für Uneingeweihte nicht verständlich ist, ist üblich.

Lieder und Gesänge.

Der ausserordentliche Einfluss, den die Tshi- und Evhe-Sprache haben, zeigt sich auch in dem Umstand, dass alle die oben erwähnten kleinen Stämme Lieder in einer der beiden Sprachen oder in beiden haben, mehrere von ihnen haben Lieder in ihrem Stammesidiom überhaupt nicht. Selbst Stämme, in denen nur einige wenige Leute Tshi oder Evhe verstehen, singen Lieder in diesen Sprachen.

Speciell stammen alle Kriegslieder von den Ashanti und Dahomeh. Der Dahomeh-Dialekt wird dabei häufig als Liedersprache beibehalten, doch werden die Lieder auch bisweilen in die anderen Evhe-Dialekte übersetzt.

Was die einzelnen Stämme anbetrifft, so haben:

Logba, Tafi, Likpe, Azzolo, Bovirl keine Lieder in ihrer eigenen Sprache, sondern nur in Evhe und Tshi:

Nyambo hat ein Todtenlied;
Avatime ein Fetischlied, das jedoch nur in häufiger Wiederholung
des Namens des Fetisch (*onumuze*) besteht, in der eigenen
Sprache, sonst alle Lieder in Tshi und Evhe;
Nkunya, Borada Lieder in der Tshi- und der Stammessprache;
Atakpame, Apafu, Santrekofi, Kebu, Akposso Lieder in der
Stammes-, der Tshi- und der Evhe-Sprache; von der letzteren
wird besonders der Dahomeh-Dialekt angewandt.

Was die Art der Lieder betrifft, so wird ja sehr viel improvisirt, ein
besonders Gescheiter sagt einen Satz, der dann von den Anderen nach-
gesungen und wiederholt wird. Doch giebt es auch überall feststehende
Lieder, die bei gewissen Gelegenheiten stets wieder gesungen werden.
Auffällig war es mir bei einzelnen derselben, dass die in ihnen enthaltenen
Worte oft von den im Verkehr gebrauchten Worten abweichen. Ich vermuthe, dass dies an dem Alter der Lieder liegt; man hat sie unverändert
gelassen, während die Verkehrssprache inzwischen Wandlungen erfahren hat.

Die Lieder sind oft nur wenige, scheinbar ohne Zusammenhang neben
einander gesetzte Worte, doch wissen Alle, die sie singen, was diese Worte
bedeuten und verstehen sie zu erklären.

Die Erklärung weniger Silben ist oft lang. Man nimmt zum Singen
aus langen Sätzen gewissermaassen nur die Stichworte heraus. Die Lieder
bewegen sich fast stets in Bildern und Gleichnissen.

Bemerkungen zu der Skizze der Sprachenlagerung.

Die Skizze ist unter Benutzung der bereits vorhandenen Karten und
meiner eigenen Wegeaufnahmen gezeichnet worden. Doch habe ich die
einzige meines Wissens bisher vorhandene Sprachenkarte, die von Dr. Henrici
(Lehrbuch der Evhe-Sprache), völlig ausser Acht gelassen. Dieselbe ist überall
ganz ungenau und zum grössten Theil gänzlich falsch, daher unbenutzbar.

Auf geographische Genauigkeit kann meine Skizze keinen Anspruch
machen, sie soll nur die Vertheilung der Sprachen übersichtlich darstellen.

Grundsätzlich habe ich nur die Ortschaften eingezeichnet, die ich
selbst besucht habe; um die Skizze jedoch zu einer erschöpfenden zu machen,
habe ich noch die Adangme-Sprachinsel im N. von Klein-Popo und die
Fetischsprachinsel von Muatschä angedeutet, obwohl ich dort persönlich
nicht war. Ferner sind die grossen bekannten Orte Adda, Gross-Popo,
Anum und Pessi, die ich nicht besucht habe, der Übersichtlichkeit und
leichteren Orientirung halber eingetragen.

Ich habe die Vermuthung ausgesprochen, dass im Laufe der Zeit
alle die noch vorhandenen kleinen Sprachinseln von der Evhe- und Tshi-
Sprache werden aufgesogen werden. Ich habe es unternommen, eine Grenz-
linie zwischen dem Herrschgebiet beider Sprachen zu ziehen, obwohl ich
mir klar darüber bin, dass von einer scharfen Abgrenzung beider Gebiete
nicht die Rede sein kann. Immerhin lässt es sich bei genauer Beobachtung

8° 0'

N.

Keta Kratyi

30'

ungefähre Grenze des
Absorbtionsgebietes d.
Epho- und Tshi-Sprache

7°

recht wohl constatiren, welche von beiden Sprachen in einer Landschaft
als Verkehrssprache überwiegt. Es ist in der Skizze das Gebiet eines jeden ein eigenes Idiom
sprechenden Stammes durch Farbentönung und Schraffirung bezeichnet.
Das Gebiet der Evhe- und Tschi-Sprache ist weiss gelassen, ebenso sind
bei den Gebieten der Fetischsprachen und der verschollenen Boro-Sprache
nur die entsprechenden Bemerkungen dazu geschrieben worden.

Anhang.

Lieder und Gesänge.

Gesänge des Avatime-Stammes.

1. *orumuse* etwa 30 Mal wiederholt

Das einzige Lied in der Avatime-Sprache ist ein Fetischlied, das nur eine
wohl 30 Mal wiederholte Nennung des Fetisch-Namens nach einer bestimmten
Melodie ist; es wird bei Fetischfesten beim Untergehen der Sonne gesungen.

2. *gapelo gadyeχodyi yorotu*

gapelo gadyeχodyilo

eduple dyomade miavabe (2 Mal gesungen)

gapelo gadyeχodyi be

gapelo Amboss oder Gewehrkugel, *gadye* fällt hinunter, *χodyi* Hausdach,
yorotu Gewehr des weissen Mannes, *edu* Pulver, *ple* und, *dyo* Feuer, *made*
kann nicht, *miavabe* heute.

Ein Todtenlied, das jedoch vielfach auch bei dem eigenartigen Kriegstanz der Avatime gesungen wird. Es wird dabei die mit Menschenschädeln be-
hängte Kriegstrommel geschlagen. Die sinngemässe Übersetzung würde lauten:
»Der Amboss und das Gewehr des weissen Mannes (*gapelo* und *yorotu*
sind Symbole der Kraft) sind niedergestürzt (vom Dache gefallen), weder
Pulver noch Feuer können ihnen jetzt mehr helfen.«
Bei Todtenfesten geht das Lied auf den todten Mann, den nichts
mehr retten kann. Als Kriegslied bezieht es sich auf den Feind, der trotz
seiner Stärke unterliegen soll.

3. *Fiau gabe ara araua mio araua*

kicue gabe yab ara woku niku nibaio

fiau Häuptling, *gabe* = *made* kann nicht, *ara* fechten, *araua* fechten,
mio eine schlimme Sache, *kicue* das Tödten, *woku* das Tödten, *niku* das
Tödten, *nibaio* ruft.

Ein Kriegslied. Sinngemässe Übersetzung:

»Der Häuptling kann nicht fechten, Fechten ist eine schlimme Sache, Fechten bedeutet Tödten, er kann nicht fechten, daher wird der Tod ihn rufen.«

Es ist eine Aufmunterung, gegen den unkriegerischen Häuptling der Feinde vorzugehen.

4. *Atikele toto tome samakia lotome*
      alozdo watim apoya bede

ati Baum, *kele* dieser, *to* Wasser, *to* am, *me* drinnen, *sa* stirbt, *makia* drinnen, *lo* er ist, *a* und, *dzo* Feuer, *watim* kann nicht, *apoya* schlagen, *bede* nicht.

Ein Kriegslied. Sinngemässe Übersetzung:

»Der Baum, der am Wasser steht, wird nur im Wasser oder im Feuer zu Grunde gehen, sonst kann ihn Niemand vernichten.«

Man will dem Feind dadurch zu verstehen geben, dass er einem nichts anhaben kann.

Die Lieder 2 bis 4 sind in der Evhe-Sprache gedichtet und zwar, wie meine Berichterstatter angeben, in dem Evhe-Dialekt der Agotime-Leute, den diese neben dem Adangme-Idiom, ihrer eigentlichen Muttersprache, sprechen.

Es wird mir ferner angegeben, dass diese Lieder von den Fö (Dahomeh) stammen und nachträglich übersetzt sind. Auch Lieder in der Ashanti-(Tshi-)Sprache sollen die Avatime-Leute haben, obwohl nur wenige von ihnen diese Sprache sprechen.

Gesänge der Nkunya-Leute.

5. *orie lemifyo abande kesye oreye*

orie Häuptling, *lemi* Alle zusammen, *fyo* er ruft, *abande* Strasse, *kesye* gross, *oreye* sie kommen.

Ein Todtenlied. Sinngemässe Übersetzung:

»Der Häuptling ruft Alle zusammen, sie sollen Alle auf die grosse Strasse kommen« (um das Todtenfest zu feiern).

6. *ofo meïkutupa otofren deanna*

ofo Fremder, *meï kutupa* er kennt die Sache nicht, *otofren* er kümmert sich nicht, *deañ* diese Gegend, *una (na)* Asche.

Ein Todtenlied. Sinngemässe Übersetzung:

»Ein Fremder kennt nicht die Angelegenheit der Stadt, er kümmert sich nicht um sie, daher wird er mit Asche bestreut.«

Warum dieses Lied, das doch nur die Machtlosigkeit und Unbeliebtheit der Fremden darstellt, ein Todtenlied ist, habe ich nicht herausbekommen können.

7. *opuni omeñ muniye aïn olopo tamadiato*

opuni der Bauch, *omeñ* er weiss nicht, *muniye* ich selbst, *aïn* armer Mann, *olopo* kranker Mann, *tamadiato* er will fressen.

Sinngemässe Übersetzung:

»Mein Bauch weiss nicht (kümmert sich nicht darum), ob ich ein armer oder ein kranker Mann bin, er will doch seine Nahrung haben.«

Die Gesänge 5 bis 7 sind in der Nkunya-(Guañ-)Sprache. Wie ich höre, haben die Nkunyas Kriegslieder nur in der Ashanti-Sprache. Dahomeh-Lieder sollen weder im Urtext noch in Übersetzung vorkommen.

Gesänge der Borada-(Buẽm-)Leute.

8. *metepanye/g/g padala yao yao yao*

Wörtlich: »Du bringst etwas aus dem Busch mit, willkommen, willkommen, willkommen«.

Ein Jägerlied. Es wird zur Begrüssung eines Mannes gesungen, der einen Elephanten erlegt hat. Als Wahrzeichen für ihren Erfolg pflegen die Elephantenjäger den Schwanz des Elephanten mitzubringen.

9. *aialadu tete batoligide yao batoligide*

Wörtlich: »Gott tödtet Wild nicht für den Menschen, er betet umsonst, ja, er betet umsonst«.

Ein Jägerlied. Es bedeutet, dass ein Mensch, der sich nur auf sein Beten und auf seinen Fetisch verlässt, keinen Erfolg haben wird, sondern, dass man sich selbst anstrengen muss, um etwas zu erreichen.

Es ist mir nur gelungen, diese beiden Lieder in der Borada-Sprache zu erfahren. Es sind alte Jägerlieder, die mir ein alter Fetischmann, der noch ein Rindenkleid (*obudye*) und eine runde geflochtene Mütze (beide Bekleidungsstücke sind jetzt ganz ausser Gebrauch) trug, mittheilte.

Es sollen sonst ausschliesslich Lieder in der Ashanti-Sprache gesungen werden, die ja auch von fast allen Leuten in Buẽm verstanden wird.

Gesänge der Apafu-Leute.

10. *yenabo zimela menyo ofiabeabe*

Wörtlich: »Gehe, suche ihn, gehe überall herum, um ihn zu finden, suche ihn auf den Bergen«.

Es ist ein Gebet an die Gottheit, einen Mann, der verloren gegangen ist, zu suchen.

11. *mekoko lofomadisu*

Wörtlich: »Die Henne, die Küchlein«.

Der Sinn dieses Liedes ist:

»Wie die Henne die Küchlein beschützt, so beschützen die Apafu-Leute die umwohnenden Stämme.«

Es bezieht sich dies auf die Schmelz- und Schmiedekunst der Apafu-
Leute, die sie in Stand setzt, die umliegenden Stämme mit eisernen Waffen
und Werkzeugen zu versehen. Sie thun sich auf ihre Berühmtheit als
Schmiede viel zu Gute.

Es sind dies die einzigen Lieder in der Apafu-Sprache, die ich zu
erkunden vermochte; sie haben sonst noch Lieder in Ashanti und Dahomeh.

Gesänge der Santrekofi-Leute.

12. *gogoba sami lewule ya fali kune yoyo bebonkai bluxe*

Wörtlich: »Ein grosser Mann kommt hierher, er ist ein guter Mann
der weisse Mann, die Hand des weissen Mannes ist gut, deshalb kommen
alle Leute zu ihm, sie bitten, dass der weisse Mann nicht so bald sterben
möge.«

Das Lied wird oft hinter einander gesungen, und zum Schluss brummt
der Chor jedesmal zustimmend.

Die diesem Liede zu Grunde liegende Geschichte spielt im letzten
Ashanti-Kriege; es war damals mit den Missionaren Ramseyer und Kühne
zusammen ein Franzose Namens Bone (dieser letztere Name ist mir von
den Santrekofi-Leuten genannt worden) mehrere Jahre in Kumasi bei den
Ashantis gefangen. Die Sage in Santrekofi erzählt, Bone sei von den
Ashantis zur Sclavenarbeit gezwungen worden und das hätten alle umliegenden Stämme für ein schweres Unrecht erklärt. Es sei nicht recht,
dass der weisse Mann die Arbeit des schwarzen thue. In jener Zeit sei
dies Lied entstanden und habe sich bis heute erhalten.

Die übrigen Lieder der Santrekofi sind in der Ashanti-Sprache, nur
dieses eine im Stammesidiom.

Gesänge der Atakpame-Leute.

13. *Dahome blabadya yi Atakpame*

   alidye na tyi

»Die Dahomeh haben die Patronentaschen umgeschnallt, sie wollen
nach Atakpame, sie sollen aber draussen (auf dem Wege) bleiben.«

Kriegslied aus der Zeit der Dahomeh-Einfälle, es wird jetzt bei
vielen feierlichen Gelegenheiten gesungen.

14. *tetyagosu mazavode alomi maïke*

»Ein grosser Mann soll sich nicht fürchten, weil er viel Geld hat, er
soll nicht sagen, dass seine Hand schlecht sei, denn seine Hand macht Alles«.

Dies Lied soll einen reichen Mann, der sein Geld redlich erworben
hat, beruhigen, wenn falsche Anklagen gegen ihn erhoben werden.

15. *tomegaza adode nayami* (wiederholen)
‿ ‑ ‿ ‿ ‿ ‑ ‿ ‑ ‿

ee adode nayamia
‥ ‿ ‑ ‿ ‑ ‥

adode nayamia
‿ ‑ ‑ ‿ ‑ ‥

adode e
‿ ‑ ‑

»Der Krebs sitzt im Wasser und fürchtet sich nicht. Feuer kann ihm nichts schaden, da er im Wasser sitzt.«

Das Lied wird bei Palavern gesungen; es soll ausdrücken, dass einem die Gegenpartei gerade so wenig anhaben kann, wie das Feuer dem im Wasser sitzenden Krebs.

Die Atakpame-Leute haben, ausser in ihrer Stammessprache, auch Lieder in der Dahomeh-Sprache.

Gesänge der Kebu-Leute.

16. *gumale lomili lelidane foro dyo*
‿ ‑ ‑ ‿ ‑ ‑ ‿ ‑ ‑ ‿

»Gunale (Name) isst es unrechtmässig, es gehört ihm nicht, er soll den Mann in Ruhe lassen, dann ist das Palaver beendet.«

Palaver-Lied, auf die Gegenpartei gesungen.

Dieses Lied ist in der Kebu-Sprache. Leider konnte ich über die sonstigen Gesänge der Kebu wenig in Erfahrung bringen, doch höre ich dass sie auch Lieder in der Ashanti- und Dahomeh-Sprache haben.

Gesänge der Akposso-Leute (Atadi).

17. *nyimalohe ada nyimalo aohagbona enuride meso*
‿ ‑ ‿ ‑ ‑ ‿ ‑ ‿ ‑ ‿ ‿ ‿ ‿ ‑ ‿ ‿ ‿ ‑

daropeteme ada ride meso yahoü
‑ ‿ ‿ ‿ ‿ ‿ ‑ ‑ ‿ ‿ ‑ ‿ ‑

nyimalohe, koklo adyakple nyimalo saohagbona
‿ ‿ ‑ ‑ ‿ ‿ ‿ ‿ ‿ ‿ ‿ ‑ ‑ ‿ ‿ ‿ ‿ ‿

»Wir können gehen, wir sind muthig, wir können gehen, wenn Krieg kommt. Was wir finden, auch das Kleinste, nehmen wir, wir stecken es in die Tasche (*pete*), wir sind muthig, wir rauben und gehen dann heim. Wir gehen, wenn Krieg kommt, muthig drauf los, wie das kleine Huhn (*koklo adyakple*), das sich nicht fürchtet.«

Kriegslied in der Dahomeh-Sprache, es wird beim Kriegstanz zur Trommel gesungen.

Das »*koklo adyakple*« gilt in Akposso für das Symbol des Muthes, da es sich vor Raubvögeln nicht fürchtet, sondern mit gesträubten Federn auf dieselben losgeht.

Der ganze Charakter des Gesanges entspricht so recht der räuberischen Art der Akpossos, die bei allen ihren Nachbarn in üblem Ruf stehen.

18. *arumalepo madulu adyiso e adyiso*

Wörtlich: »Der Hund fängt den Leoparden nicht, wer es sieht, es ist nicht wahr«.

Ein Palaverlied in der Dahomeh-Sprache. Es soll die Machtlosigkeit der Gegenpartei (Hund) gegenüber der eigenen (Leopard) illustriren.

19. *adyedadaë tole maü baga*

»Er lügt, kein Fluss ist grösser als der Togo-See« (der Togo-See *baga* wird von den Akpossos als Fluss bezeichnet).

Dies Lied ist in der Dahomeh-Sprache symbolisch. Gerade so wie kein Fluss grösser ist als der »*baga*«, so ist keine umliegende Landschaft grösser als das Land der Akpossos. Die Akpossos thun sich auf die Grösse ihres Stammes viel zu Gute, die von ihnen angegebene Zahl von 150 Dörfern mag der Wirklichkeit ziemlich nahe kommen. Bei den Nachbarn geht folgendes Sprichwort: »Akposso hat 100 Dörfer, aber es lebt dort kein Mann, dem 2 Dörfer gehorchen«. Dies Sprichwort hat viel Wahres.

20. *agbede mele ga'gozo e oyie agbede nara*

wiederholen

agbede nara mi yee agbede nara

»Der Schmied ist nicht da, das Eisen ist heiss, lass den Schmied herrufen, den Schmied rufe her, den Schmied her.«

Dies Lied in der Dahomeh-Sprache wird bei Palavern gesungen, wenn ein junger Mensch sich in Sachen mischt, die er nicht versteht. Ein erfahrener Mann (der Schmied) soll kommen und sich der Angelegenheit (das heisse Eisen) annehmen.

21. *oludunu nabome kale gayuee asunowule*

oludunu Haus, *nabo* nicht gut, *me* euphonische Nachsilbe, *kale* stark, *gayuee* ist zu Ende (Eve: *era*), *asu* sich zu, *wule* mache es, *no* ich bez. mich.

Lied in der Akposso-Sprache. Sinngemäss übersetzt:

»Das Haus eines Anderen eignet sich nicht für eine kräftige That, thue nichts in einem fremden Haus, sondern merke wohl auf und handle in deinem eigenen Hause, d. h. Jeder kümmere sich nur um seine eigenen Sachen.«

22. *mokokoa nabyena gela fadomo amoli kana bme*

mokokoa ich habe kein Kleid, *nabye* ich tanze nicht, *nagela* ich habe nichts, *fadomo* ich bin traurig, *amoli kana* lacht nicht über mich, *bme* ich will es nicht.

Dies Lied in der Akposso-Sprache denkt man sich von einem armen Teufel gesungen, dem es schlecht geht. Es wird auch als Todtenlied gesungen und dann dem Todten in den Mund gelegt.

23. *anwaue ewomoli*

ane kleine Erbsenart, *awo* Palmnuss, *womoli* sie lacht über ihn.
Dies Lied in der Akposso-Sprache ist ein Todtenlied. Die Worte
»die Palmnuss lacht über die Erbse« sind symbolisch zu verstehen. Der
Todte lacht über den Lebendigen, denn der Lebendige wird später auch
sterben. Ebenso sagt die Palmnuss zur Erbse: »Wir werden alle geröstet
und gehen nachher durch denselben Mund«. (Dies sind die eigenen Worte
des Berichterstatters.)

24. *ukwauno kayamo nadum ba edi 'ete*

uku Tod, *awuno* tödtet mich, *kayamo* alle lachen über mich, *nadumbo*
ihr werdet ihn auch sehen, *ete* morgen, *edi* ein anderer Mann.
Ein Todtenlied in der Akposso-Sprache. Sinngemässe Übersetzung:
»Jetzt hat mich der Tod gerufen, und ihr Alle lacht mich aus, aber
in kurzer Zeit (morgen) werdet ihr den Tod auch sehen, ihr Anderen.«

Fetisch-Lieder aus Gbelle und Muatschü.

25. *wakaka blenu deme ayedyi* wiederholen

wakaka demeleme

wakaka er muss lernen, *blenu* er lügt, *deme* in, *ayedyi* gehe, mache
schnell, *deme leme* bringe ihn.
Ein Fetischlied in der Evhe-Sprache: es wird gesungen, wenn ein
junger Mann den Fetischcult lernen soll. Sinngemässe Übersetzung:
»Er muss lernen, lasst euch nichts vorreden, macht schnell und bringt
ihn hierher.«

26. *awywinyinera domi alemiao ahodedede ahodyorube alemiao*

Wörtlich: »Das Palaver ist schwierig, wir Alle sind versammelt, gehe
hinaus und komme her, komme bedachtsam, bedachtsam; es ist nicht gut,
dass du im Hause bist, gehe hinaus in den Busch und komme her«.
Ein Fetischlied in der Fetischsprache von Gbelle und Muatschü.
Es werden die Leute zum Fetischcult hinausgerufen.

27. *yona bonure mato yoyo yonae bonure mate*

Wörtlich: »Das Fetisch-Palaver ist schwierig, ich komme hinaus;
das Fetisch-Palaver ist schwierig für mich, ich komme hinaus«.
yona = yonae es ist schwer für mich, *bonure mato = bonure mate*
ich komme hinaus, *yoyo* Fetisch-Palaver.
Ein Fetischlied in der Fetischsprache von Gbelle und Muatschü.
Es scheint mir die Antwort auf das vorige Lied darstellen zu sollen.

28. *koleriu daÉ mẽe koleriu yeneku*

mebariue daÉ mẽa me mebarye yeneku

Wörtlich: »Ich habe kein Geld, mein Fetisch kennt mich, ich habe kein Geld, ich gehe hinein; der ist der Sohn eines reichen Mannes, sein Fetisch kennt seine Eltern, der ist der Sohn eines reichen Mannes, er geht hinein«.

Ein Fetischlied in der Fetischsprache von Gbelle und Muatschā.

Es giebt Fetische für arme und Fetische für reiche Leute; das Lied will ausdrücken, dass jeder Fetisch seine Leute wohl kenne, Jeder solle sich daher an seinen Fetisch wenden.

29. *melanyice anyice lado wuma ahoru puma wiyo*

Wörtlich: »Der junge Mann sitzt da ruhig; er hat einen bekannten Namen, kein Mann ist stärker als er; er fragt: bist du stärker als ich?«

Ein Fetischlied in der Fetischsprache von Gbelle und Muatschā.

Was dem Liede die Eigenschaft eines Fetischliedes giebt, konnte ich nicht erfahren; vielleicht soll der »Mann«, der gepriesen wird, den Fetisch personificiren.

Die Eingeborenen Deutsch-Südwest-Afrikas nach Geschichte, Charakter, Sitten, Gebräuchen und Sprachen.

Von P. H. Brincker,
Missionar a. D.

I. Kurze Züge aus der Geschichte der Eingeborenen.

a. Die Nama-Hottentotten.

Die sogenannten Hottentotten oder Namaqua (besser Naman [gener. commun.] oder Namas[1]) mit den ihnen verwandten Buschleuten (Saan) bewohnten Süd-Afrika vor dem Eindringen der Bantuvölker ausschliesslich vom Cap der guten Hoffnung bis etwa zum 18. Grad südl. Breite. Sie waren in verschiedene Stämme getheilt, wovon der nördlichste, damals der mächtigste, nachher den Namen Topnaars bekam (wohl, weil sie den Top oder die Spitze der Hottentotten bildeten). Als die Europäer, vornehmlich Holländer, immer mehr im Süden eindrangen, und die Hottentotten (dieser Name wurde ihnen von den Holländern beigelegt) ihnen nicht viel Freude bereiteten, wurden sie nach und nach nach Norden gedrängt. Aus der Ostseite des Landes waren die Hottentotten schon vorher durch die kräftigen Bantustämme vertrieben, vielleicht von diesen auch ganz vernichtet worden. Die jetzigen Bewohner des Gr.-Namalandes sind zu unterscheiden in ältere Bewohner (wie die sogenannten Veldschoendragers, Fransmannen, roode natie, Grootdooden, Zwartbooischen [diese drei waren früher ein Stamm]), im Nordwesten die Topnaars u. s. w., und in aus der Capcolonie eingekommene Namas, die, weil sie schon etwas von des weissen Mannes Art gesehen und nachgemacht hatten, Orlam-Namas genannt wurden (wie die Folglinge des Junker Afrikaner [daher auch im Allgemeinen »Afrikaner« genannt], die Besabaer, Bethanier, Witbooischen, Amraalschen in Gobabis, Bondelzwartschen u. s. w.[2]). Im Allgemeinen herrscht zwischen den älteren

---

[1] Über diese und andere Namen siehe des Verfassers Artikel: »Zur Namenkunde von Deutsch-Südwest-Afrika«. Globus Bd. LXVIII, Nr. 24a.

[2] Natürlich haben alle diese Stämme ihre eigenen, ihrer Sprache entsprechenden Eigennamen (die in dieser Form [mit Suffix-n] im gener. comm. stehen), wie:
Bondelzwarts: *Gami-nûn = Ḵami-ñun.*
Zeibs und Grootdooden: *o-Ǥein = ō ǥein.*
Berseboer: *Ḥei-Ḵhauan = Ḵei-Khauan.*

und jüngeren Bewohnern des Gr.-Namalandes ziemlich viel Eifersucht und
Uneinigkeit, besonders unter den Häuptlingen oder »Kapiteinen«, deren
jeder sich ein Caesar zu sein dünkt. Auch in den Dialekten der verschiedenen
Stämme und Abtheilungen finden sich ziemlich viel Abweichungen von anderen,
doch nicht so viel, als in den Bantudialekten; die Hottentotten können sich
alle mit einander gut verstehen, ausgenommen die eigentlichen Saan oder
Buschleute, deren Dialekt etwas weit von dem allgemeinen Nama (Namaqua-
sprache), besonders durch die Art der Schnalztöne oder Clicks[1], die die
Saan gebrauchen, abweicht. Über die

Buschleute oder Buschmänner

ist hier nebenbei zu sagen, dass nicht alle, die man Buschmänner nennt,
auch wirklich solche sind, d. h. ursprünglich zu diesem Geschlecht oder
dieser Menschenrasse gehören. Es leben in der Kalihari und im Nordosten
des Hererolandes eine Anzahl solcher Hottentotten, die Buschmänner genannt werden, in Wirklichkeit aber verbasterte und verarmte, ein Busch-
mannsleben führende Hottentotten sind. Die genuinen Buschmänner sind
Pigmies und gehören zu der geheimnissvollen Rasse, die weit bis in Mittel-
Afrika zu finden ist, die sogenannte Batuá, die durch klimatische Einflüsse
und Lebensweise verschieden gefärbt, aber überall gleich gestaltet und ge-
artet zu sein scheint. Im Nordosten des Hererolandes leben sie in wüsten
und wasserarmen Gegenden in Erdlöchern und Buschwerk und meist versteckt da, wo sonst kein anderer Mensch zu leben vermag. Wie der Araber,
so gehört der Buschmann in diesen Gegenden zur Wüste. Der Name
Ba-tuá (Sing. mu-tuá) findet sich bei den Herero in ora-tuá (Sing. omu-
tuá), mit welchem Namen sie alle Nicht-Herero, Europäer, Hottentotten,
Bastards u. s. w. bezeichnen, die Buschleute selbst benennen sie aber oukúruha (Sing. oka-kúruha) in diminutiver Wortform. Es ist interessant, dass
sich der Europäer auch zu den Buschleuten zählen lassen muss. Den Namen
ora-tuá   ba-tuá haben die Herero wohl noch aus ihren Ursitzen mitgebracht.

Wer das Vertrauen der Buschleute hat, kann sich auf sie verlassen,
im Allgemeinen sind sie aber sehr verschmitzt und misstrauisch, dabei äusserst
rachsüchtig.

Franzmannen: *Karagri-khoin* = *Karagri khoin*.
{ Gibeoner oder Witboois: *a-ain* = *ã-ãin*.
{ Witboois Familie: *Koáese* = *koáese*.
Gobabis-Amraals: *Gri-Khauan* = *kri-Khauan*.
Veldschoendragers: *abu bên* = *ábu-bên*.
Bethanier: *Amun* = *ämun*.
Zwartboois: *Khau Gôan* = *Khau-gôan*.
Topenaars: *Aunin* = *Aunin*.
-    im Kaokó: *Nubên* = *Nubên*.

[1] Siehe über die sogenannten »Clicks« im Nama u. s. w. des Verfassers Abhandlung: »Thesen und Hypothesen über Art und Wesen der Clicks« u. s. w. als
Anhang zu dessen: »Deutscher Wortführer zu den Bantudialekten« u. s. w. Elberfeld,
bei R. L. Friderichs & Co. 1897.

Die Zeichnungen alter Buschmänner in Höhlen und an Felsen deuten
darauf hin, dass sie einst etwas höher standen, wie jetzt, vielleicht auch
die Ureinwohner von ganz Süd- und Mittel-Afrika waren, aber durch physisch
kräftigere Rassen unterdrückt und fast vernichtet wurden. Für Christenthum
und Cultur scheinen sie schwer zugänglich zu sein; auch in der Capcolonie
sind nur wenige von ihnen Christen und civilisirt geworden. Ihre Zahl in
Deutsch-Südwest-Afrika ist unbedeutend, beträgt vielleicht höchstens 4000.

Doch kehren wir zu den Namas zurück. Diese lieben es, in kleinen
Haufen »clan«-weise zusammen zu wohnen (Namawerft), etwas Gross- und
Kleinvieh zu halten, besonders aber auf die Jagd zu gehen, denn die Jagd
auf Wild, in aufgeregten Kriegszeiten und in Anfällen von Übermuth auch
auf ihre vermeinten Feinde, wozu früher die Herero gehörten, ist für sie
der beliebteste Sport, dann auch, um Viehherden abzufangen und wegzu-
treiben, die dann bald entweder aufgezehrt oder verhandelt sind. Hierbei
sind in den langen Kriegszeiten zwischen den nördlichen Stämmen und den
Herero arge Greuelthaten, die diese bei Gelegenheit durch ähnliche ver-
galten, verübt worden. Sonst sind sie aber, wenn nicht in Aufregung,
äusserst gutmüthig, leicht beweglich für das Gute, aber leichter noch für
das Schlechte, und, wie einst ihre Farbgenossen, die amerikanischen Roth-
häute, sehr versessen auf Feuerwasser und andere berauschende Getränke,
wie Honigbier u. a. m. Früher waren viele unter ihnen dem Rauchen von
wildem Hanf (*cannabis dazχa*) sehr ergeben, was ebenso schlimme, wenn
nicht noch schlimmere Folgen hat, wie das Rauchen von Opium; ja noch
heute wird diesem Laster mehr gefröhnt, als man gerne zugeben möchte.
Auch Kaffee und Thee lieben sie leidenschaftlich, wofür sie mehr ausgeben,
als mit ihrem überdies schon sehr geringen Besitze in Einklang zu bringen
ist. Es giebt einzelne sparsame Leute unter ihnen, aber im Allgemeinen
sind sie verschwenderisch angelegt und durch den leichten Zugang zu nütz-
lichen und unnützlichen Dingen auf den besten Weg gänzlicher Verarmung
(wozu Witterungsverhältnisse noch mit geholfen) gekommen. Arbeit, vor
Allem schwere und anhaltende, sahen sie früher als eines Nama unwürdig
und nur den niedrigsten Menschen zukommend an; für die *khoi-khoin*,
Menschen der Menschen, wie sie sich nennen, ist nur der oben erwähnte
Sport würdig. Es hat unter ihnen, besonders in der früheren Periode der
Arbeit rheinischer Missionare, aufrichtige Christen und brave Leute gegeben,
und giebt es noch. Wer sie so im Vorübergehen in Kirche und Schule
sieht, möchte eine hohe Meinung von ihrer Religiosität erhalten, aber dieser
Eindruck wird sehr heruntergestimmt bei Gelegenheiten, wo der National-
charakter offen hervorbrechen kann. So konnte man Hendrik Witbooi und
seine Leute in Ausübung der ernstlichsten Andacht und Gottesdienstes mit
Gesang, Gebet und feurigen Reden antreffen und gleich darauf aufsitzen
und aufbrechen sehen, um die Herero anzufallen, zu berauben und möglichst viele zu tödten. Waren sie ja — wie sie wähnten — die Vollstrecker
der Strafgerichte Gottes über die Herero, und all deren Habe ihnen dafür
zugesagt. Auf ein bischen Schwärmerei kommt es den Namas im Allgemeinen nicht an, andererseits sind sie wiederum sehr für geistiges und geist-

liches Verständniss disponirt, und man findet von diesem unter ihnen manchmal ebensoviel, wenn nicht mehr, wie bei vielen Europäern. Jetzt ist auch ihnen das deutsche Schutzjoch auf die Hälse gefallen, und das durch die Herero-Herden Sichverproviantiren hört auf. Es heisst nun ora et labora, wenn etwa geeignete Arbeit für sie, die schwach gebaut sind, zu finden sein wird. Leider ist ein gut Theil von ihnen ohne jegliche Existenzmittel, daher gezwungen, entweder zu verhungern oder zu stehlen, wenn ihnen nicht auf andere Weise geholfen werden kann. Viele leben von den Brosamen der Tische der Europäer und ihrer Missionare, mit Wenigem fürlieb nehmend. Vielleicht wird es ihnen auch ergehen, wie ihren Brüdern in der Capcolonie, die Arbeiter bei Europäern geworden sind (es sollen deren nach der letzten Volkszählung in der Capcolonie etwa 30000 sein, wohl auch vielfach verbastert), ihre Sprache zum grössten Theil verloren haben und ihre alten Sitten dazu; aber sie werden doch, wenn sie arbeiten, sich vom Soff enthalten und den Missionsgemeinden anschliessen wollen — was ja vielfach auch geschehen —, ihr gutes Brod finden. Auch die Namas im Gr.-Namalande haben sich schon vielfach das Cape Dutch (Capholländisch) angeeignet, das man auch wohl spottweise Kombuisholländsch oder Küchenholländisch, weil das Dienstvolk es spricht, nennt. Dieses hat merkwürdigerweise nicht wenige Idiotismen aus der Namasprache in sich aufgenommen, so dass man es nicht mit Unrecht ein Hottentotsholländisch nennen könnte.

Die Seelenzahl der Hottentotten in Deutsch-Südwest-Afrika möchte kaum 20000 übersteigen, wovon etwa zwei Drittel zu den Gemeinden der Rheinischen Missions-Gesellschaft gehören. Die übrigen sind noch Heiden. Die Zahl der in Schnalztönen (Clicks) sprechenden Menschen in diesem deutschen Schutzgebiet beträgt mit den Bergdamara und den Buschleuten etwa 43000.

b. Die Bergdamara.

Vor dem Eindringen der Bantustämme in Südwest-Afrika sollen die sogenannten Topnaar-Hottentotten [1] ein verhältnissmässig mächtiger Stamm gewesen sein, auch eine Königin gehabt haben. Sie hatten das Kuisibgebiet, dann den ganzen Westen des Kaokolandes bis etwa zum 18. Grad südl. Breite inne. In dieser Zeit unterjochten sie — wie später die Afrikaner die meisten Herero — einen schwarzen Menschenstamm (vielleicht ursprünglich zu den Ovambo gehörend), der mit der Zeit seine nationale Eigenthümlichkeit fast ganz und seine Sprache ganz verlor und die der Unterjocher annahm. Diese Schwarzen müssen eine geraume Zeit unter ihren Herren gewohnt haben und ihnen dienstbar gewesen sein. Bei Verfall der Topnaarnation sammelten

---

[1] Ob diese in ihrer Blüthezeit oder die Vorfahren der Saan die in der Gegend der Anfänge des Kuisib R. fl. befindlichen Kupferminen vor dem Europäer — was geschehen ist — nicht ohne eine gewisse Kunst und gute Instrumente bearbeitet haben, oder ob andere Menschen, ähnlich wie in Mashonaland, kann Niemand mehr bestimmen. Die Buschmänner sind noch die Kupfererzgräber für die Ovambo.

sie sich wieder in Häuflein zusammen und hausten auf den schwer zugänglichen Bergen Erongo, Etjo, Parasis (Baresis), Brandberg u. a. m. und lebten von Wurzeln, Knollen, Beeren und Früchten von Wild durch Schlingen. (Ausgenommen von diesem Wild ist allein der Hase, der weder von ihnen, noch den Namas gegessen wird[1].) Diese Schwarzen nennen sich selbst *äu khoin*, d. h. »real men«, von den Namas werden sie aber *χau daman*, d. h. Schmutz-Damara, und von den Herero *ora-zorô-tuâ*, d. h. schwarze *ora-tuâ* genannt (einen Complex ihrer Hütten [Bergdamarawerft] nennen die Herero *ondjorotua*). Die Europäer gaben ihnen den Namen Bergdamara. Sie haben die Sitte, sich den kleinen Finger der linken Hand als ein in Verbindung zur Pubertas stehendes Symbol halb abschneiden zu lassen, sonst aber im Allgemeinen die Sitten ihrer Unterjocher angenommen, wie auch deren Sprache, doch mit merklich fremdem Accent, ebenso das Laster des Daggarauchens, den sie meistens anbauen. Dieser hat Viele unter ihnen zu vollständigen Idioten gemacht. Im Allgemeinen sind sie arbeit- und sparsam, konnten aber während der Zeit ihrer Unterdrückung zu Nichts kommen, denn wenn sie etwas Habenswerthes hatten, sagte der Nama *autere* und der Herero *éta* gieb her; weigerten sie sich, wurden sie einfach niedergeschlagen. Was Wunder, wenn sie auch einmal eine gute Gelegenheit, sich gütlich zu thun, wahrnahmen und mit der Zeit Neigung zum »Mausen« bekamen. Für sie ist die Schutzherrschaft ein wahrer Erlöser und eine grosse Wohlthat geworden. Sie stehen in sittlicher Beziehung tief, sind durch Missbrauch und Armuth verstumpft; trotzdem erzielt die Missionsarbeit (Rheinische Mission) unter ihnen recht erfreuliche Erfolge. Ihre Seelenzahl dürfte im Schutzgebiet 30000 nicht übersteigen, doch lebt eine ganze Anzahl von ihnen noch unter den Namas im Gr.-Namalande und selbst in der Capcolonie[2] als Hirten und Arbeiter, wo sie aber leider arg dem Soff verfallen sind.

c. Die Bastards.

Die jetzt in dem südwest-afrikanischen Schutzgebiete lebenden sogenannten Bastards sind im eigentlichen Sinne nicht zu den Eingeborenen dieses Gebietes zu rechnen; doch sind sie, zwischen diesen und den Europäern nach Abstammung und Schliff in der Mitte stehend, ein nicht zu unterschätzender Factor neben beiden im Lande geworden. Ihre Altväter wurden meist in der Sclavenzeit von holländischen Ansiedlern mit Hottentottinnen und anderen -innen erzeugt. Herangewachsen, nannten sie sich nach ihren Vätern, die sie aber von sich stiessen, wodurch sie im Kampf für ihre Existenz und andere Noth gezwungen wurden, sich, als Bastarde von Allen verachtet, zusammen zu schliessen und gemeinsames Gemeindewesen anzustreben. Es ist übrigens ein grosses und mannigfach gefärbtes und geartetes

---

[1] Den Grund dafür siehe in des Verfassers Artikel: »Deisidaemonie der Eingeborenen«, Globus Bd. LVIII, Nr. 21.

[2] Durch Engländer eingeführt.

Geschlecht, das die Capcolonie auf eine nicht allzu sittliche Weise erhalten
hat und noch immer mehr erhält, das durch eigene Fruchtbarkeit und viel-
fache Vermengung jetzt etwa eine Million Seelen umfassen mag. Man kann
nicht sagen, zum Schaden der Colonie, im Gegentheil, dies Geschlecht giebt
die besten Arbeiter und Handwerker, natürlich nicht ohne Ausnahmen.

Die nun nach Norden gezogenen Bastards hatten erst ihr Wesen im
Norden der Capcolonie, konnten aber nicht mit den immer mehr werdenden Europäern concurriren und neben ihnen bestehen. Dieses Zustandes
müde, wandte sich ein Theil nach Gr.-Namaland und erlangte von dem
damaligen Kapitein David Christian von Bethanien die Erlaubniss, sich in
seinem Gebiet auf einer Stelle, die man Grootfontein nannte, niederzulassen.
Hierhin zogen sie mit ihrer Habe und ihrem rheinischen Missionar unter
drei Hauptleuten, Hermanus van Wyk, Dirk Filander und Klaas Zwart
(1868). Bald aber begannen Reibereien unter ihnen wegen der Kapitein-
schaft u. s. w.; die verarmten Feldhottentotten, Buschmänner genannt, bekamen
Geschmack an ihrem schönen Vieh und mausten arg darunter, kurzum, es
stand nicht gerade glänzend um das Bastardwesen dort. Die Parteien trennten sich. Dirk Filander zog mit seinem Anhang der Kalihari zu, Hermanus
van Wyk mit seinem gen Rehoboth (1871), dem früheren Sitze der Zwartbooischen, die anderswohin gezogen waren, von denen die Bastards den
Platz auch käuflich erwarben. Klaas Zwart und sein Anhang zogen einstweilen auf die Seite, wohnen aber jetzt wieder auf Grootfontein, von wo
sie weggezogen waren. Somit waren die ausgewanderten Bastards drei
Gemeindewesen geworden. Ihnen nach und von ihnen aus zogen und ziehen
fort und fort kleine Partieen oder einzelne Familien und hospitiren hier
und dort; viele von ihnen haben keine Lust, sich unter ein wenig Ordnung
in den Gemeinden zu fügen, und sind im Allgemeinen nicht immer erwünschte Elemente, wo sie hausen, doch auch wieder auf der anderen Seite
manchmal eine erwünschte Hülfe. Abgesehen von diesen, haben die Bastards
doch etwas von Cultur, die sie in der Capcolonie gesehen und gelernt,
dem Lande gebracht, haben, wenigstens auf Rehoboth und den anderen
Bastardstationen, ein ziemlich gut geordnetes Gemeinde- und Communal-
wesen. In ihrer natürlichen Beschaffenheit erinnert noch so Manches an
ihre Abstammung mütterlicherseits, auch der Hang zur Trunksucht, Uneinigkeit unter einander, Immoralität und Einbildung; doch das sind Accidenz-
fehler, die nicht allein bei ihnen gefunden werden.

Wie die Sachen jetzt liegen, weiss man nicht recht, ob man das Da-
und Sosein der Bastards in unserem Schutzgebiete in Bezug auf das ent-
stehende Geschlecht freudig oder bedauernd betrachten soll. Dieses kommende Geschlecht wird zweifelsohne in Zukunft eine grosse Rolle spielen
und den Verhältnissen des Landes am besten angepasst sein, doch wird
es auch so sein, dass — wie bei den Colonialbastards — die Kinder
mehr von den Müttern wie von den Vätern annehmen und auch darnach
handeln.

Die Seelenzahl der jetzt im ganzen Schutzgebiete lebenden Bastards
mag etwa 4000 betragen.

d. Die Bantustämme.

1. Die Herero.

Die Herero — oder, wie deren Sprache es will, *ova-hérero*, Sing. *omu-hérero* — sind vor geraumer Zeit (etwa vor 200 Jahren), vom Norden her den Kunéne entlang kommend und denselben in seinem Unterlaufe überschreitend, zuerst in die Nordwest-Ecke des Kaokólandes eingewandert. Als eingefleischte Nomaden und passionirte Rinderzüchter und -Liebhaber blieben sie nirgends lange, besonders nicht da, wo die Weide ihnen nicht gefiel und das Wasser zu süss war. Während ihrer Züge jenseits des Kunéne blieben dort einzelne Häuflein hängen, dann wieder im nordwestlichen Kaokó, die zusammen unter dem Namen *ova-shimba* (Sing. *omu-shimba*), dial. *aa-shimba*, bekannt sind. Alle Herero werden übrigens von den Ovámbo *ova-shimba* oder *aa-shimba*, ihr Land aber *ou-shimba* = *uu-shimba* und ihre Sprache *oshi-shimba* genannt[1]. Während die Herero im Kaokólande nomadisirten, kamen sie mit den westlichen Stämmen der Ovámbo in Berührung, vielfach auch in ernstliche Collision, was in den Sprachen beider Völker noch zu erkennen ist. Wie lange die Vor-Herero im Kaokó hausten, lässt sich nicht bestimmen, jedenfalls nicht ganz kurze Zeit, denn alte Herero betrachteten noch vor 40 Jahren das Kaokóland als ihr Stammland, und ihre Sagen weisen vielfach dorthin zurück. Im Westen desselben sollten nach diesen einbeinige und einäugige Menschen wohnen, auch soll hier einmal nach einer grossen Fluth, bei der die Menschen mit ihrem Vieh auf die Gipfel der Berge flüchten mussten, ein weisser Mann erschienen sein, der Albinos, nach Andern die *ovi-rúmbu* (Sing. *otji-rumbu*), die weissen Menschen, erzeugt habe. Nach einer anderen Sage sollen die Ureltern der *ovi-rúmbu* dort von einer Frau geboren sein, die Wasser auf einem platten Felsen fand und dasselbe trank. Dieses Wasser war aber Urin eines männlichen Löwen, der ausser dem Namen *ongéama* auch noch par excellence den von *ondúmbu* (R.-rumbu wie in *ovi-rúmbu*) hat, was mit dieser Sage in Verbindung stehen möchte.

Hier im Kaokó gefiel es den Herero auf die Dauer nicht; das Gras war sauer, Vieh und Menschen wurden von Krankheit geplagt. Als nun die bis dahin dämmenden Topnaars durch unbekannte Ereignisse geschwächt und theilweise verschwunden waren, brachen die Herero aufs Neue, mit ihren gewaltigen Herden gen Süden ziehend, auf. Ein Theil blieb jedoch im südlichen Kaokó zurück, die sogenannten *ozonguátjindu* und der Stamm des *Mirti*, die man hernach *Kaókodamara* (= K.-Herero) nannte. Ein zweiter Theil zog den Omaruru und ein dritter den Tsoa-χaub-R.-Fluss hinauf, überall weidend, bis die Weide zu Ende war; dann ging es weiter nach Osten.

---

[1] Siehe des Verfassers Artikel: »Zur etymologischen Deutung des Namens Ovámbo«, Globus Bd. LXVI, Nr. 13, und des Verfassers »Bemerkungen zu Bernsmann's Karte vom Ovámbolande«, Globus Bd. LXX, Nr. 5.

Schon vor dieser Bewegung nach Süden hatte sich ein ganz bedeutender Theil von den Herero abgezweigt und war, etwa die Etosapfanne und den *omurámba uorambo* entlang ziehend, nach Südosten in das Feld bei dem Hintertheile des Waterberges (*omuéróumur*-Gruppe) und der Oma-héke gelangt. Dies waren die sogenannten Ova-mbándieru (Mbándieru), von den Europäern nachher Ostdamara genannt. Es ist wahrscheinlich, dass diese ursprünglich nicht zu den Herero gehörten, sondern sich letzteren auf ihren Zügen irgendwo, etwa jenseits des Kunéne, anschlossen. Obschon sie die Hererosprache angenommen, haben sie doch manches Eigenthümliche in ihrem Dialekte, auch betrachten die Herero sie als Fremde und ihnen nicht Ebenbürtige, daher Heirathen zwischen ihnen und den Mbándieru unbeliebt sind.

Diese Mbándieru nun kamen im Osten in das Jagdgebiet der Hottentotten, die mit ihren Feuerwaffen über sie herfielen und sie fast vernichteten. Der Rest kam unter die Botmässigkeit der Amraal-Orläm in Gobabis, deren Viehhirten und Jagdtreiber sie wurden. Andere Reste blieben in der Oma-héke als arme Damara, *ora-tjímba* genannt, hängen. Hier in Gobabis und Umgegend lebte nun der Rest eines einstmals grossen Bantustammes in der Knechtschaft bis 1866, wo sie sich wieder ziemlich erholt, vermehrt und verstärkt hatten. Sie nahmen, wie die Herero drei Jahre zuvor, den Kampf gegen ihre Herren nach dem Tode Amraal's mit Erfolg auf und zogen ebenfalls mit den Herden ihrer Herren nach Hereroland, wo sie denn noch neben den Herero, aber von diesen getrennt, ihrer Herden warten. Sie sind für das Christenthum etwas empfänglicher, wie die Herero, haben aber von den Namas so Allerlei angenommen, das ihnen nicht gut steht. Ihre Seelenzahl mag jetzt 15—17000 betragen.

Die den Omaráru und Tsoaҳanb hinaufziehenden Herero hatten es auch nicht leicht. Erstere stiessen auf die Bergdamara, letztere auf die Topnaars. Beide sahen die Ankömmlinge und besonders deren gewaltige Herden -schwerwandelnden Hornviehes- mit blitzenden Augen aus ihren Verstecken an. Was war natürlicher, als das -help yourself-, und wie die hungrigen Wölfe fielen sie über die geliebten Herden der Herero her und trieben sie in die unzugänglichen Bergfesten. Da hörte nun freilich die Gemüthlichkeit bei den Herero auf, und entsetzliche Metzeleien waren die Folge. Kein Wunder, dass sich in den Herero ein tödtlicher Hass gegen die Hottentotten und Bergdamara festsetzte, der sie nie wieder verlassen hat. Die Herero, damals zahlreich, tapfer und reich, ein gesundes, d. h. an wenig Krankheiten (z. B. noch nicht an syphilitischen) leidendes Volk, behielt in diesen Kämpfen die Oberhand, wohingegen ihre beiden Quälgeister arg herunter kamen. Im Nordosten machten ihnen die Buschleute dieselbe Noth, aber auch dieser erwehrten sie sich. Übrigens spielen diese, wohl wegen ihrer argen Verschmitztheit, in den Sagen der Herero eine grosse Rolle[1].

---

[1] Siehe des Verfassers -Wörterbuch des Otjiherero- u. s. w., dessen Anhang: -Fabeln und Märchen der Ovaherero- Nr. 15; oukúruha = ovatuá sind hierin die Buschmänner.

Nebenbei gesagt, war das Land damals viel besser wie jetzt; die R.-Flüsse hatten viel mehr Wasser, besonders der Tsoaxaub war reich an Schilfteichen, worin die Rhinocerosse sich schlammten und die Elephanten sich kühlten. Das ganze Land wimmelte damals von jeglicher Art Gross- und Kleinwild, und König Löwe regierte in voller Würde. Wo jetzt selten noch ein Grashälmchen zu sehen ist, wälzten sich damals fette Zebra- und Springbockherden im süssesten Grase. *Ikabod!* Die meteorologischen Ver- hältnisse des Landes haben sich hier, wie überhaupt in dem Theile des westlichen Breitengürtels, seit dem letzten Halbjahrhundert ganz bedeutend verschlechtert. Ein gut Theil haben die immer mehr sich vermehrenden Herden der Herero, Sengen und Brennen der Bergdamara. Abgehauen- werden des Buschwerks und dergleichen mehr zur Verschlechterung des Landes beigetragen. Vielleicht liesse sich durch Kunst und Wissenschaft, wie etwa durch Verstärkung der Wasserdünstebildung aus grossen Fang- dämmen, durch Pflege und Vermehrung der Vegetation, durch Regelung der Weideverhältnisse, Verhinderung der Überproduction unnützen Vieh- bestandes (wodurch in der trocknen Zeit Futtermangel entsteht), permanente Herunterführung der Wasserüberschüsse des Kunéne in die Etosapfannen und deren Nebenniederungen, wodurch sich ein beträchtlicher, permanenter See bilden würde[1], u.s.w. etwas zur Verbesserung der meteorologischen Verhältnisse des Landes thun.

Die Herero haben nun von jeher das Unglück der Uneinigkeit und Zerfahrenheit unter den verschiedenen Stämmen (Clans) gehabt, deren Haupt- ursachen, die Rinderherden, die Weiber und die damit verbundene arge Unsittlichkeit, die im Schwange gehende Zauberei, Lug und Trug u.s.w. waren. So traf sie der oben erwähnte Orlambandenführer Jonker Afrikaner in den dreissiger Jahren dieses Jahrhunderts. Jonker's Vater, Jager Afri- kaner, hatte aus der Capcolonie flüchtig werden müssen; er zog über den Orangefluss und nahm unterwegs andere Flüchtlinge, »oous, neefs en broêrs«, auf, bis er einen ansehnlichen Haufen solcher Folglinge um sich hatte, die dann »Afrikaner« genannt wurden. Als er starb, zog sein Sohn nordwärts und kam 1836 nach Windhoek. Er hatte sich durch seinen Charakter und durch die Feuerwaffen, die viele seiner Folglinge besassen, bald eine do- minirende Stellung erworben; dabei beseelte ihn ein unbändiger Hotten- tottenehrgeiz und eine Sucht, der grösste und angesehenste Häuptling des Landes zu sein. Es gab für ihn auch eine ganz kurze Zeit, in der er seine »Grootheid« als Vorgänger in religiösen Übungen bethätigte, besonders auf Windhoek. Hier kamen die »Afrikaner« nun bald mit dem nicht weit davon wohnenden Hererostamme des Tjamuaha (Katjamuaha oder Kooper- voet, wie er auch wegen der kupfernen Ringe [Ovámbofabricat], die er an seinen Füssen trug, genannt wurde) in Berührung, zuerst auf friedlichem, hernach aber (1843) auf sehr verderblichem Wege. Dieser Tjamuaha lebte mit allen anderen Stämmen der Herero (wie mit denen des Kahi-

---

[1] Siehe des Verfassers »Bemerkungen zu Berusmann's Karte vom Ovámbo- lande«. Globus Bd. LXX, Nr.5.

tjene, Katjikúru, Mungúnda, Hukunúna u. A.), soweit sie nicht etwa im
Kaokó wohnten, in ewiger Fehde, war aber nicht stark genug, ihnen viel
Schaden thun zu können. In Jonker sah er den Mann, den er brauchte.
Bald war Jonker's Religiosität dahin, und er und seine Männer mit denen
des Tjamuaha zusammen am Rauben, Sengen, Brennen und Morden unter
den Herero. Ein Stamm sank nach dem andern unter den Händen der nur
zu bald blut- und raubgierig gewordenen Bande dahin. Die nicht hinge-
schlachteten Herero wurden gefangen genommen und im ganzen Gr.-Nama-
lande hin und her vertheilt als Diener, Hirten und dergleichen. Von hier
geriethen sogar einzelne Häuflein nach Klein-Namaqualand, wo ihre Nachkommen noch in gutem Wohlstand leben. Dieser Nothstand der Herero
dauerte von 1843—1863. In 1844 wurden drei Missionare der Rheinischen
Missionsgesellschaft in's Land geführt, konnten aber unter den obwaltenden
Zuständen nur wenig unter den zerschlagenen, im Lande gebliebenen Resten der
Herero ausrichten. Jonker machte mit seiner Horde 1861 auch einen Raubzug
zu den Ondonga-Ovámbo, von wo er mit grosser Beute an Rindern zurückkam.
Er starb 1862 auf Okahándja, und mit ihm sank die Macht der Afrikaner dahin.

Die gewaltigen Herden der Herero waren wohl Eigenthum der Jonker'schen geworden, aber Herero waren ihre Hirten; die Namas schalteten
und walteten wohl darüber, waren aber viel zu vornehm und faul, um sie zu
bewachen. Tjamuaha's Sohn, Mahárero, war mit seinem Stamme der
Hauptviehpostenhalter Jonker's. Nach des Letzteren Tode zog er mit sämmtlichen Herden und seinen Leuten von den unvorbereiteten und verblüfften
Afrikanern davon gen Otjimbingue, wo damals ein Schwede Ch. Andersson
sein Wesen hatte, der von nun an die Herero ganz bedeutend unterstützte.
Die Afrikaner, durch Hülfe von den südlichen Namas verstärkt, folgten
den Herero und griffen sie an, wurden aber, Juni 1863, gründlich geschlagen. Von dieser Zeit an dauerte der fortgesetzte Freiheitskampf der Herero
mit den immer schwächer werdenden Afrikanern und ihren Verbündeten,
bis endlich 1870 der Friede zwischen beiden auf Okahandja geschlossen
wurde. Zugleich mit dem Beginn des Freiheitskampfes setzte die rheinische
Mission auf's Neue unter den Herero mit grossem Erfolge ein. Dass die
Herero in diesem siebenjährigen Kampfe fast immer glücklich waren, ver-
dankten sie hauptsächlich der thätlichen Unterstützung jenes schon erwähnten Ch. Andersson und seiner Helfer, nicht minder aber den rheinischen
Missionaren. Der Friede von Okahandja war geradezu den Bemühungen
der Missionare zu verdanken. Von allen Seiten kehrten die zerstreuten
Herero, auch die früher im Kaokó zurückgebliebenen, nun zu ihren siegreichen Brüdern zurück; die Nation gestaltete sich wieder als eine solche,
und ihr Viehbesitz steigerte sich bald zu unzähligen Herden, die das Land
in Bezug auf Weide auf's Äusserste in Anspruch nahmen. Freilich machte
dies Glück die Herero auch ein bischen übermüthig und liess ihnen den
Kamm schwellen; sie vergassen die frühere Unterdrückung und die Striemen
auf ihren Rücken nur zu bald. In den Jahren 1870—1880 wurden die
Stationen der Rheinischen Mission unter ihnen bis auf neun vermehrt mit
über ein Tausend Getauften und noch mehr Schülern.

Seit 1876 ging das Cap-Gouvernement mit dem Gedanken um,
sich des Hererolandes — oder, wie es officiell heisst, des Damaralandes —
zu versichern, damit nicht etwa Boeren oder Portugiesen sich da niederlassen möchten, wozu erstere (wie es hiess) Miene machten. Dasselbe hielt
denn auch einen Specialcommissar dort, von 1879—1880 auch einen Residen-
ten mit einem Secretär auf Okahandja. Bei Wiederausbruch des Krieges
zwischen Herero und den Namas (1880) verliessen jedoch die englischen
Beamten und damit auch das Cap-Gouvernement eiligst das Land, was
dasselbe hernach sehr bereut hat. Dieser neue Krieg zwischen den Herero
und Namas, worin letztere fast sämmtlich verwickelt wurden, sowie im
Beginn auch die Bastards, und worin der bekannte Hendrik Witbooi eine
beträchtliche Rolle spielte, verringerte beide Nationen um mindestens 1500
Seelen, die Herden der Herero um mindestens 80000 Rinder und 100000
Stück Kleinvieh, welches Alles in den Händen der Namas und Anderer
zerrann wie Wasser, so dass sie nachher ärmer waren, wie vorher. Den
Herero schadete dieser Verlust wenig; man merkte ihn kaum. Den
Afrikanern brachte dieser Krieg das Endgericht und einigen unverbesser-
lichen Namaraubhorden den Untergang, der Mission und einigen Missionaren
viel Schaden und unruhige Zeiten. Deutschland beherrscht jetzt das Land
und wird solche unerträglichen Zustände, wie sie früher waren, nicht mehr
aufkommen lassen, wenn auch noch hier und da Rotten von Desperados
niedergeschlagen werden müssen. Die Herero werden, wenn richtig behandelt, das wichtigste Contingent producirender und consumirender Eingeborenen im deutschen Schutzgebiete bilden[1]. Ihre Seelenzahl lässt sich
— ausser den Ovambändiern und den jenseits des Kunéne lebenden, aber
zu ihnen gehörenden Ovashimba = Aashimba — auf etwa 70000 schätzen.

2. Die Ovámbo.

Die Ovámbo (Sing. omü-ámbo[2]) umfassen folgende Stämme: die Aa-
ndónga[3] oder Leute von Ondónga, etwa 15000 Seelen; die Aa-kuámbi,
Land- und Stammesname uu-kuámbi, etwa 5000 Seelen. Beide sprechen
mit einigen Variationen einen Dialekt, oshl-ndónga (von den Herero otj-
ámbo) genannt. Ferner die Ova-ngandjera (Aa-ngandjéla), Land-
und Stammesname ongandjéra, etwa 5000 Seelen; die Aa-kuarúnzi, Land-
und Stammesname uukuarúnzi, etwa 2000 Seelen; die Aa-korongázi,
Land- und Stammesname uukorongázi, etwa 2000 Seelen; die Aa-mbalándu
(ora-mbarándu), Land- und Stammesname ombalándu (ombarándu), etwa 3000

---

[1] Wer etwas Genaueres über die früheren Zustände von Land und Volk,
namentlich über oben angedeutete Kriege zu lesen wünscht, dem ist das im Verlage
des Missionshauses zu Barmen erschienene Büchlein vom Verfasser: ·Erinnerungen
aus Hereroland· in drei Heften, welches die Geschichte von 1863—1893 ziemlich
ausführlich umfasst, sehr zu empfehlen.

[2] Siehe des Verfassers Artikel: ·Zur etymologischen Deutung des Namens
Ov-ámbo·, Globus Bd. 66, Nr. 13.

[3] Das Nominalpraefix Pl. ora- (Sing. omu-) ist in diesem Dialekte aa-
(Sing. omü-).

Seelen; die Ova-mbändja, ein Mischvolk aus verschiedenen Stämmen,
Land- und Stammesname *ombändja* l. II, etwa 15—20000 Seelen; die Ova-
kuänjama, Land- und Stammesname *mkuänjama*, Dialekt *oshi-kuänjama*,
etwa 70000 Seelen; die Ova-väle, zu letzteren gehörig, Land- und Stammesname *e-väle*, etwa 3000 Seelen[1]. Von Oukuänjama und Ombändja
fallen drei Viertel in portugiesisches und bloss ein Viertel in deutsches Gebiet,
was immerhin eine recht unangenehme Lage ist, zumal die Rheinische
Missions-Gesellschaft zu diesem viel versprechenden Stamme geführt worden
ist, denn die Portugiesen können sich immerhin als hinderlich erweisen,
und zur Entwickelung des guten Landes scheinen sie wenig oder gar nichts
zu thun.

Alle oben genannten Stämme werden — wie schon erwähnt — von
den Herero und von den nördlichen Stämmen Ov-ámbo und ihre Dialekte
Otj-ámbo genannt, unter welchen Namen sie denn auch vom Herero-
oder Damaraland aus bekannt geworden sind. Sie selbst kennen diesen
Namen nur vom Hörensagen. Der englische Reisende Galton besuchte
Ondónga vom Hereroland aus (1843), wo er den Namen hörte und in seinen
Reisebericht aufnahm. Damals herrschte in Ondónga ein äusserst corpu-
lenter *omukuaniilua*, d. h. König, mit Namen Nangólo, ein Monstrum von
Fettleibigkeit, Verschmitztheit, Blutdurst und tyrannischem Wesen, der seine
Unterthanen en gros hinschlachtete. Im Jahre 1857 machten sich zwei
Missionare der Rheinischen Missions-Gesellschaft aus Hereroland auf, um
die Ovámbo behufs einer eventuellen Missionsarbeit unter ihnen kennen zu
lernen. Unterwegs gesellte sich — wie es sich nachher erwies, zu ihrem
Glück — ein tapferer englischer Elephantenjäger zu ihnen. In Ondónga
angelangt, liess Nangólo sie tagelang warten, ohne sie zu sich zu lassen,
liess sie aber scharf bewachen. Endlich wackelte er, auf zwei Männer gestützt, wie ein fettes Schwein heran, setzte sich entfernt von den Reisenden
auf einen Baumstumpf und liess nach den Geschenken fragen. Auf Weiteres
liess er sich aber nicht ein. Offenbar hatte er nur die Stärke der Reisenden mustern wollen. Des weiteren Wartens müde, liessen sie endlich an-
spannen und fuhren ab. Da erscholl die Kriegstrommel, und von allen Seiten
stürmten Männer, ihre Pfeile nach den Reisenden schiessend, herbei. Jetzt
aber spielten die Feuerwaffen, besonders die des Elephantenjägers, ihnen
hart mit; jeder, der zu nahe kam, fiel. Einer der Wagenleute wurde von
einem Speer der Angreifer tödtlich in den Rücken getroffen. Die Verfolgung
dauerte fast einen ganzen Tag, denn immer kamen frische Schaaren heran,
die die verderbliche Wirkung der Feuerwaffen noch nicht kannten. Wären
die Aa-udónga damals bewaffnet gewesen, wie sie jetzt sind, dann wäre
für die Reisenden ein Entkommen wohl kaum möglich gewesen. Der ver-
rätherische Nangólo selbst hatte durch das Knallen der Gewehre und durch
deren Wirkung — ein Sohn von ihm war unter den Gefallenen — einen
solchen Schrecken bekommen, dass er am nächsten Tage starb.

---

[1] Siehe Bernsmann's Karte vom Ovámboland und des Verfassers »Anmerkungen« dazu, Globus Bd. 70, Nr. 5.

Als sie nach Jahren gefragt wurden, warum sie damals die An-χóngi.
Missionare. angefallen. hiess es. sie hätten gedacht. es wären Aa-namäun.
Namas. sie hätten damals noch nie etwas von An-χóngi gehört gehabt.
Das Erstere war übrigens nicht wahr; sie wussten ganz gut, dass es nicht
Aa-namäna waren. Übrigens möchte etwas wie eine Vorahnung von dem,
was 1861 die Aa-namäun, nämlich Jonker und seine Horde, an ihnen ge-
than, sie beseelt haben. Jene haben schrecklich unter ihnen geschlachtet und
ihnen ihre Herden genommen. Sie waren gebrochen. Drei Tage soll der
Durchzug des Raubes durch Okahandja, wo Jonker wohnte, gedauert haben.

Nach und nach drang die Kunde von dem Wirken der Missionare,
von Handel und Wandel auch zu den Ovámbo. Leute von dort, die mit
selbstgefertigten Eisenwaaren. wie Speere, Dolchmesser. Eisenperlen u. s. w..
zu den Herero kamen, um diese gegen Vieh umzutauschen, sahen Alles
mit eigenen Augen und erzählten es zu Hause, so dass in Ondónga auch
der Wunsch entstand, An-χóngi und Aa-lándi, Lehrer und Händler.
unter sich zu haben. Der damalige Häuptling lud den Vorsteher der Rheinischen Mission zu einem Besuch ein. den derselbe auch 1867 ausführte;
freundlich aufgenommen. konnte er das Gesuch um An-χóngi mitnehmen.
welches aber an die damals ein Missionsgebiet suchende. neugebildete finni-
sche Missions-Gesellschaft in Helsingfors befördert wurde. die denn auch
1868 in die Arbeit unter den Aa-ndónga und Aa-kuámbi einrückte.
Bei diesem Besuche wurde auch der Häuptling (*ohámba*) des bedeutenden
Stammes der Ova-kuánjama besucht; auch dieser nahm den Missionar
freundlich auf, aber für eine Missionsarbeit lagen dort die Verhältnisse noch
ungünstig[1]. Erst 1891 wurde die Rheinische Mission vom Hereroland aus
zu diesem Stamme geführt. wo derselben, wenn nicht etwa die Portugiesen oder Andere sie verhindern. ein erfolgreiches Arbeitsfeld zu erblühen
scheint.

Die Ovámbo sind — im Unterschiede von den Herero — auf ihrer
Scholle ansässige Bauern und zugleich Viehzüchter. Der Boden ist für
Beides geeignet. auch bekommt ihr Land bedeutend mehr Regen wie Hereroland. obgleich auch der Regenniederschlag nicht jedes Jahr gleich beträcht-
lich ist. ja selbst anhaltende Dürren nicht selten sind. Ein nicht zu unter-
schätzendes Phaenomenon ist das Herabkommen ganz bedeutender Wasser-
massen — doch auch diese bleiben zuweilen aus — aus dem Kunéne oberhalb
Eväle. die dann in einer Menge von Kanälen Onkuánjama und theils auch
Unkuámbi und Ondónga durchlaufen. unterhalb letzteren sich vereinigen.
um das Wasser in die Etosapfannen zu bringen. worin es unglaublich
schnell versiegt und verdunstet. Diese Gewässer sind theils dem Lande
nützlich. theils machen sie auch wieder den Anbau von Gartenfrüchten
sehr beschwerlich, weil sie das Land überschwemmen und die Gewächse
ersäufen und als Zugabe die Malaria im Gefolge haben, die übrigens auch
ganz unabhängig von diesen Fluthen, ja dann um so heftiger, auftritt.

---

[1] Die finnischen Missionare versuchten 1870, sich dort niederzulassen, wurden
aber bald wieder vertrieben. Dasselbe war der Fall in Ongandjéla.

Es wäre noch ein sehr wichtiges Problem, auszukundschaften, ob
da, wo der Kunéne bei Hochfluth (März bis Mai) die besagten Gewässer aus-
sendet, derselbe so abzudämmen sei, dass er einen permanenten Strom,
der, in mehrere Arme getheilt, durch Ovámboland geführt und in die Etosapfanne geleitet würde, ausliesse. Dadurch könnte das Ovámboland sehr fruchtbar gemacht und die Etosapfanne ein ziemlich umfangreicher See werden,
der, Kühlung und Wasserdünste aushauchend, für die Umgegend die
meteorologischen Verhältnisse geradezu zum Besseren umzugestalten im Stande
wäre. Im Übrigen hat Ovámboland nirgends eine zu Tage tretende Quelle,
sondern nur Grundwasser, das in den heissen Monaten (October bis' Ende
December) ziemlich tief zu sinken pflegt; doch kann dabei ein recht üppiger
Baumwuchs, besonders im nördlichen Theile des Landes, gedeihen und die
schlanke Fächerpalme ihr Haupt hoch erheben.

In den Monaten December bis Ende Mai, also in der eigentlichen
Regenzeit, bebauen die Ovámbo oder vielmehr die Ovámbofrauen die Ländereien und ziehen *ii-ĺíá = ii-lja* oder Sorghumkorn in drei Arten, rothes,
braunes und weisses, daneben eine andere Art mit feineren, hirseartigen
Körnern, *omahángu* genannt. Ferner *omakúnde*, auf der Erde rankende röth-
liche und recht wohlschmeckende Bohnen, und *omatánga*, Melonen und
Kürbisse. Die *iiĺíá* und *omahángu* werden in grossen, aus Palmblättern geflochtenen Körben, die wegen der Termiten von der Erde erhöht, unter
kleinen Dächern stehen, aufbewahrt. Je mehr und je grösser diese Körbe,
je grösser der Herr (*omúua*). Aus der rothen Sorte der *iiĺíá* machen die
Frauen ein gerade nicht unschmackhaftes Bier, das aber vielfach mit In-
toxicis vermengt wird, besonders dann, wenn die wilde, pflaumenartige
Frucht des *omírχóngo*-Baumes, die man gären lässt, reif ist. Dieses Bier,
oma'óngo genannt, ist sehr berauschend und wird, solange die Frucht vor-
hält, von Alt und Jung, Mann und Frau leidenschaftlich getrunken. Man
nennt das die Saufzeit (im März und April), denn dann ist Alles, was Mensch
ist, meist betrunken. Übrigens haben die Frauen ausser der Bestellung
der Äcker auch die Früchte zu ernten und zu reinigen, jeden Tag das
Korn in den hölzernen Mörsern zu Mehl zu stampfen, das Bier zu bereiten,
überhaupt alle schwere Arbeit zu thun; aber der Männer Werk ist es, die
Kühe zu melken, den *oshi-sima*, täglichen Brei, zu kochen, das Vieh zu
weiden und zu beschützen und, wenn schwerere Arbeiten, wie Bäumefällen
und -heranholen, Pallisadenbauten u. s. w. vorliegen, diese zu verrichten.
Jeder Gutsbesitzer (*omúéne guegúmbo* oder *omúná*) wohnt auf seinem Acker,
der durch Verbrennen des groben und langen Strohes der *iiĺíá* und durch
Auftragen von *uushósho*, Viehdünger, jährlich im October gedüngt wird.
Man findet also in Ovámboland nicht die charakteristischen ·Kraale· oder
Complexe von Hütten in Kreisform, wie bei den Kaffern, Basato, Be-tshuána
und auch den Ovahérero, sondern nur *omagúmbo = orna-úmbo* (Sing. *e-gúmbo-
r-úmbo*). Eine Eúmbo[1], besonders die eines reichen Mannes, ist ein wunder-

---

[1] Siehe Zeichnung und Beschreibung der Eúmbo eines Häuptlings vom Verfasser, Globus Band 71, Nr. 6.

licher Bau. Sie besteht aus lauter labyrinthartigen Gängen, die durch dicht aneinandergesetzte, hohe Pfähle gebildet sind. Innerhalb hausen die Einwohner (eine Familie) wie Spinnen in einem Web, aber ein Fremder findet sich ohne Führer darin nicht zurecht. Auch das Vieh wird nachts innerhalb dieser Pfahlgänge, aber in einer besonderen Abtheilung gehalten. Eine Anzahl solcher, wie die Bauernhöfe im Ravensbergischen liegenden omagúmbo mit deren Ländereien, bilden ein *omukúnda* (Pl. *omi-kúnda*), etwa gleich den westfälischen sogenannten Bauernschaften mit einem *omùli-nàua*, d. h. Schulzen oder Vorsteher, der die Gerichtsbarkeit für den Häuptling ausführt.

Die Häuptlingsschaft ist an eine gewisse Edelfamilie des betreffenden Stammes gebunden, geht aber nicht vom Vater auf dessen Sohn über, sondern auf den Schwestersohn, wenn der nämlich reines Edelblut hat und nicht etwa mit profanem Blut gemischt ist. Der Vater des jedesmaligen Häuptlings hat wenig im Stamme zu sagen, bewohnt aber die *egúmbo* der Edelfamilie mit dem Titel *ombála*, welchen Namen die egúmbo auch trägt. Die Mutter des Häuptlings hat ziemlichen Einfluss und Ansehen im Stamme. Solch ein Häuptling der Ovámbo hat absolute Macht über Leben, Tod und Eigenthum seiner Stammesleute, die derselbe leider meistens zu ärgster Tyrannei, Grausamkeit, Blutvergiessen, Sclavenverkauf und dergleichen gebraucht. Manche dieser Herren haben sich in den letzten Jahrzehnten, bevor sie allzu viel Blut vergiessen konnten, an dem ihnen von portugiesischen Bastardhändlern gebrachten aqu'ardente zu Tode gesoffen. Der Einfluss der Missionare macht sich jedoch schon ganz bedeutend bemerkbar, so dass der Grausamkeiten schon viel weniger geschehen und die Sclavenhändler nur noch selten für ihre Waare Sclaven bekommen können, wofür diese natürlich den Missionaren nicht sehr hold gesinnt sind. Im nördlichen Ovámboland, wo ziemlich viel Waldbestand ist, wird dieser immer mehr zur Anlage von Äckern gelichtet; die Bäume werden abgehauen für Pallisaden der omagúmbo = omaúmbo, oder auch auf den Äckern behufs Dünger verbrannt. Das südliche Land hat ausser Fächerpalmbäumen und gelegentlichen Mimosenbüschen wenig Holzwuchs, noch weniger das flache Land zwischen Hereroland und Ondónga, das die Aa-ndónga *ombúga*, d. h. Wüste, nennen.

Von der Vorgeschichte dieser Stämme ist wenig bekannt. Sie sind eng verwandt mit den Stämmen gen Norden; Zweige von ihnen sind die Amboéla, besser Aa-mboéla, nördlich von Oukuánjama, und die Stämme am Ombúénge oder Okavángo (Kuvángo), die aber noch sehr wenig bekannt sind. Alle diese Stämme bewohnen ihr Gebiet viel länger, wie die Herero ihr jetziges. Ihre Vorgänger scheinen ebenfalls die pigmieartigen Völker, wovon die jetzigen Buschleute die Reste bilden, gewesen zu sein. Jetzt sind diese jenen vasallenartig dienstbar als Kupfergräber, Jäger u. s. w.

Eine Kilimandscharo-Besteigung bis 5500 m Höhe.

Von Stabsarzt Dr. Widenmann.

Hierzu eine Tafel.

Der Kilimandscharo feiert heuer das fünfzigjährige Jubilaeum seiner wissenschaftlichen Entdeckung. Seitdem der Missionar Rebmann am 11. Mai 1848 zum ersten Male das Eishaupt des Berges erblickt hat, ist auch seine Besteigung von einer Reihe von Forschern versucht worden. Alle diese Versuche sind theils an der Umständlichkeit der erforderlichen Hülfsmittel, theils an den Unbilden der Witterung, theils an dem Versagen der körperlichen Leistungsfähigkeit gescheitert, bis im October 1889 Hans Meyer und sein Begleiter Purtscheller wohl vorbereitet in zielvollem Vorgehen den jungfräulichen Riesen bezwungen haben. Diese kraftvolle That ist seitdem ohne erfolgreiche Nachahmung geblieben. Wohl ist der Berg wiederholt so weit bestiegen worden, als er auch früher des öfteren besucht war, nämlich bis zu dem Sattel, der in 3900 — 4400 m Höhe die beiden Gipfel Kibo und Mawensi verbindet; in den Krater des Kibo hat aber seitdem Keiner mehr geschaut. Auch die Besteigung, deren Wiedergabe im Folgenden dem Leser unterbreitet werden soll, hat den Gipfel des Berges nicht erreicht. Wenn ich sie trotzdem der Öffentlichkeit übergebe, so geschieht dies in dem Gedanken, dass die eine oder andere der dabei gemachten Erfahrungen für spätere Besucher vielleicht von Werth sein möchte.

Wenn wir davon absehen, dass die bedeutende absolute Höhe des Berges seine Besteigung für viele Menschen allezeit zur Unmöglichkeit machen wird, so liegen die Schwierigkeiten einer Kibobesteigung [1] nicht eigentlich auf alpinistischem Gebiete. Eine solche erfordert vielmehr wesentlich ein geschicktes organisatorisches Vorgehen, eine gewisse Empirie im afrikanischen Reisen einerseits und in den speciellen Anforderungen einer weitläufigen Bergbesteigung andererseits. Die Mühe, für eine solche Expedition Träger zu bekommen, kann nicht mehr so hoch wie in früheren Jahren veranschlagt werden. Seitdem eine Reihe von berufsmässigen Karawanenträgern und von Eingeborenen des Kilimandscharo Europäer auf solchen Bergexpeditionen bis zum Sattel oder wenigstens bis zu den Bergwiesen oberhalb des Urwaldes begleitet haben und eine grössere Gewöhnung an

[1] Am Mawensi liegen die Verhältnisse anders. — Über die Bergkrankheit s. S. 159.

den Europäer allgemein eingetreten ist, wird man bei gutem Lohn und
guter leiblicher Verpflegung immer Leute finden, welche ihre Scheu vor der
grossen Kälte aufgeben, welche ihrer oben am Berge wartet und vor welcher
sie eine natürliche Furcht haben. Seitdem durch H. Meyer's Besuche und
seine aus denselben hervorgegangene Karte eine Orientirung über die räum-
lichen Verhältnisse des Berges so sehr erleichtert ist und an den unteren
Hängen des Berges zwei Militärstationen und eine Reihe von Missionsstationen
ihr Dasein führen, ist auch die Gliederung einer Bergexpedition in verschiedene Etappen und die Anlage von Verpflegungsstationen wesentlich
leichter geworden. Ich selbst hatte auf zwei früheren Expeditionen, welche
mich bis zum Sattel geführt hatten, über die Eintheilung einer solchen Expedition mich bereits orientirt und es als das Zweckmässigste erkannt, zwischen
der deutschen Hauptstation Moschi und dem Sattel in etwa 3000 m Höhe eine
Verpflegungsstation zu errichten, welche von guten Trägern in einem
Tage von Moschi aus erreicht werden konnte [1]) und von welcher man aufwärts das Sattelplateau in einem Tage nicht bloss erreichen, sondern auch
von ihm wieder in's Lager zurückkehren konnte. Als solcher Platz erschien
am geeignetsten eine Stelle am oberen Urwaldrande über der Landschaft
Uru, wo in dem Bachlaufe des Mare, einem Zuflusse des Rau, sich das
ganze Jahr über Wasser findet und wo ein weit sichtbarer Hügel mit bedeutender Aussicht sich findet, der früher Dr. Lent als Peilstation gedient
hat. Ich habe den Platz im Folgenden kurz »Lent'sches Lager« genannt,
wenn ich auch nicht weiss, ob Lent hier gelagert hat.

Zur geeignetsten Jahreszeit hatten auch wir, wie früher Dr. Meyer,
den ostafrikanischen Frühling, d. h. den Monat September gewählt. Im
September und October ist das Wetter am oberen Kilimandscharo am be-
ständigsten. Es könnte ausser dieser Zeit noch der Monat Januar in Frage
kommen, die Zeit des ostafrikanischen Hochsommers. Um diese Jahreszeit
pflegt der Schnee am Kibo und Mawensi am meisten abzuschmelzen und
es kann sich wohl treffen, dass man von der Steppe am Fusse des Berges
den Mawensi ganz schneefrei sieht. Allein wenn es auch in den unteren
Bergregionen heiss und trocken ist und bis Ende Januar nur selten zu Nieder-
schlägen kommt, so gehen doch schon um diese Zeit als Vorboten der
Regenzeit häufig am oberen Berge Gewitter nieder, welche Neuschnee
bringen [2]). Eine Besteigung des Plateaus in den ersten Tagen des Februar
1895 hatte mich die Unbilden des Wetters am oberen Berge zur Genüge
erfahren lassen.

---

[1]) Gute Bergsteiger ohne Gepäck vermögen sogar am gleichen Tage nach
Moschi zurückzukehren. In solchen Märschen kann man den Eingeborenen sehr viel
zumuthen.

[2]) Der Monat Januar 1895 brachte in Moschi 4.8 mm, der Februar 1895:
15.2 mm Regen. Auch die zweite Hälfte des December war fast regenlos. Im September und October 1894 waren je 2.6 mm Regen gefallen. Die Zahl der heiteren
Tage war in Moschi und Marangu im Januar am grössten, die mittlere Bewölkung
im September in Moschi fast doppelt, in Marangu über doppelt so gross als im
Januar.

Die Ausrüstung muss compendiös, aber so gut sein, dass sie gegen Einwirkungen der Kälte und der Nässe genügend schützt. Der Europäer kann für den Aufenthalt oberhalb des Urwaldes eines warmen Tuchanzuges nicht entbehren. Ich hatte mir aus den Fellen des am Kilimandscharo vorkommenden Klippschliefers einen Schlafsack nähen lassen, der sich wohl bewährte. Jeder Träger erhielt zwei wollene Decken, die er gerollt um den Leib trug. Alle Lasten dürfen kaum die Hälfte des sonst in Ostafrika üblichen Gewichtes haben. Ein kleines Zelt, in dem 2—3 Menschen eben Platz fanden, Tisch und Stuhl der leichtesten Construction, Lagerdecken, Buschmesser, Eispickel und Bergseil bildeten die beiden ersten Lasten, ein wasserdichter Koffer und ein wasserdichter Sack die 3. und 4. Last, die Kochgeschirr- und Proviantkiste die 5. und 6. Last. Diese für den Bedarf des Europäers bestimmten Lasten übernahmen berufsmässige Träger, Waniamwesi und Wasuaheli. Die Verpflegungslasten für die Träger, 1 Schaf, 1 Ziege, 1 Blechtin[1]) mit Hirsemehl, 1 mit Reis, 1 mit Kartoffeln und 1 mit Bohnen, übernahmen Dschaggaträger. Jeder Träger erhielt beim Abmarsche noch 2 Dutzend grüner Bananen, die er auf seine Decken aufbinden musste. Sind dieselben auch wegen ihres grossen Wassergehaltes und der nutzlosen Schalen zum Transport kein geeignetes Verpflegungsmittel, so sind sie doch für den ersten und zweiten Tag empfehlenswerth, weil die Leute sie jederzeit ohne weitere Vorbereitung durch Rösten am Feuer genussfähig machen[2]).

Bei vielen Eingeborenen kommt ausser der Angst vor den Witterungseinflüssen auch noch eine gewisse religiöse Scheu hinzu, welche ihnen den Besuch der oberen Bergregionen nicht räthlich erscheinen lässt. Nach dem Glauben der Dschaggas wohnen in dem Innern der beiden Berggipfel die Geister der Verstorbenen (die Teufel, warumu) und zwar im Kibo die der Männer, im Mawensi die der Frauen. Der Kilimandscharo ist ein Kind der Sonne und der Erde. Da er sehr gross ist, gab ihm Gott eine Mütze (die Eishaube), aus welcher zum Segen seiner Hänge Wasser fliessen sollte. Kein Sterblicher hat das Innere des Berges geschaut. Nur einmal ist ein Mann auf den Kibo hinaufgestiegen. Vor alter Zeit jagte ein Mann von Kiboso dem Büffel nach und stieg bei Verfolgung des Thieres immer höher an dem Berge hinauf. Dort oben an dem Kibo gelangte er an ein mächtiges Steinthor, das zu dem Hause der Teufel den Zugang bildete und das er nicht öffnen konnte. Seinen staunenden Landsleuten erzählte er bei seiner Rückkehr von seinem Erlebnisse und bald trieb ihn die Neugier, noch einmal hinaufzusteigen und das Innere des Berges zu erschauen. Wohl warnten ihn seine Freunde, er aber stieg heimlich wieder hinauf, gerieth in ein fürchterliches Unwetter, stürzte ab und fand seinen Tod. Eine ähnliche Geschichte ist auch Rebmann erzählt worden.

Am 12. September 1895 rückte ich mit 12 Trägern Morgens von Moschi ab, nachdem die bestellten Dschaggaträger mit gewohnter Unpünktlichkeit allmählich eingetroffen waren. Ein Dschagga, Msuo, musste ausserdem als Führer durch den Urwald dienen. Hr. Lieutenant von der Marwitz, der von der Station Marangu aus den Aufstieg unternahm,

---

[1]) Einer der in Ostafrika allgemein üblichen Petroleumbehälter.

[2]) Hrn. Hauptmann Johannes bin ich für seine hülfreiche Unterstützung bei den Vorbereitungen zu dieser Expedition zu besonderem Danke verpflichtet.

wollte oberhalb des Urwaldes auf der erwähnten Verpflegungsstation mit mir zusammentreffen.

Um nicht Bekanntes zu wiederholen, sei nur kurz angeführt, dass der Weg etwa 1½ Stunden aufwärts von der Station durch das Culturland von Moschi zwischen Bananengütern hinführt und dass bei 1430 m[1]) der aussichtsreiche Hügel erreicht wird, wo einst im Schatten prächtiger Bäume 1887/88 von Eltz die erste deutsche Station gegründet hatte, deren Blockhaus Meyer 1889 noch traf, und wo jetzt die Leipziger evangelisch-lutherische Mission eine neue Station gegründet hat (s. Tafel, Aussicht von diesem Platze). Einige hundert Schritt weiter passirt man den Marktplatz der Landschaft Moschi. Ein lebhaftes Geschrei verrieth schon von Weitem, dass dort Dschagga-, Massai- und Sudanweiber in lebhaftem Handeln begriffen waren. Die Marktplätze der einzelnen Landschaften werden nicht bloss von den Weibern derselben, sondern auch von denen fremder Landschaften besucht, und in Moschi tauschen die einheimischen Weiber ihre Waaren gegen die besonderen Erzeugnisse der östlichen und westlichen Landschaften aus. Heutzutage gehören zu den besten Kunden die Weiber der Soldaten von Moschi. Die hinter ihren Körben, Bastsäcken, Blätterbunden und Kalabassen sitzenden, Feldfrüchte, Milch und Honig verkaufenden Dschaggafrauen schreien und feilschen wie die »richtigen Marktweiber«. Als Zahlungsmittel dienen noch immer vorzugsweise Baumwollenzeug und Glasperlen, Zinn und Eisendraht. Die ringförmigen Zinnfolien (mhambo oder muambo im Kidschagga), aus welchen die dicken Schmuckringe hergestellt werden, welche die Dschaggafrauen um das Handgelenk tragen, waren damals am meisten begehrt.

Von hier ab wird die Landschaft flacher und offener. An Stelle des Parkwaldes und der schattigen Bananenhaine treten terrassenartig freie Grasplätze an sanft geneigten Halden. Es sind dies die Plätze, auf welche die Dschaggas in den Trockenzeiten ihr Vieh einige Stunden des Tages auf die Weide treiben. Hat man bei 1650 m Höhe den jetzt ziemlich verfallenen Spitzgraben überschritten, der einst zum Schutze der Landschaft Moschi an ihrer Nordgrenze dienen musste, so gewinnt man am Westrande des Höhenrückens, auf dem man aufsteigt, plötzlich die Aussicht auf ein Landschaftsbild von überraschender Schönheit: eine gewaltige Schlucht, etwa 150 m tief, thut sich zur Linken des Wanderers auf, nach oben sich rasch verengernd und durch einen waldigen Steilabfall abgeschlossen, über welchen in zwei hohen Wasserfällen der Msarangabach[2]) in die Tiefe stürzt (s.

---

[1]) Die Berechnung der mitgetheilten Höhen verdanke ich der Güte des Hrn. Prof. Dr. Frhr. von Danckelman. Ich benutzte das Aneroid, welches wir nach der Ermordung Dr. Lent's in Rombo-Kerua bei der Strafexpedition am 30. September 1894 aufgefunden haben. Hr. Frhr. von Danckelman nimmt nach den zuverlässigen Lent'schen Höhenmessungen von Moschi an, dass das Instrument eine Correction von ungefähr —2 mm, vielleicht noch einigen mehr, gehabt hat, so dass die Unsicherheit der Höhen auf mindestens 50—60 mm abzuschätzen ist, die thatsächlichen Höhen aber eher mehr betragen haben.

[2]) Fliesst in der Steppe unterhalb Moschis in den Rau.

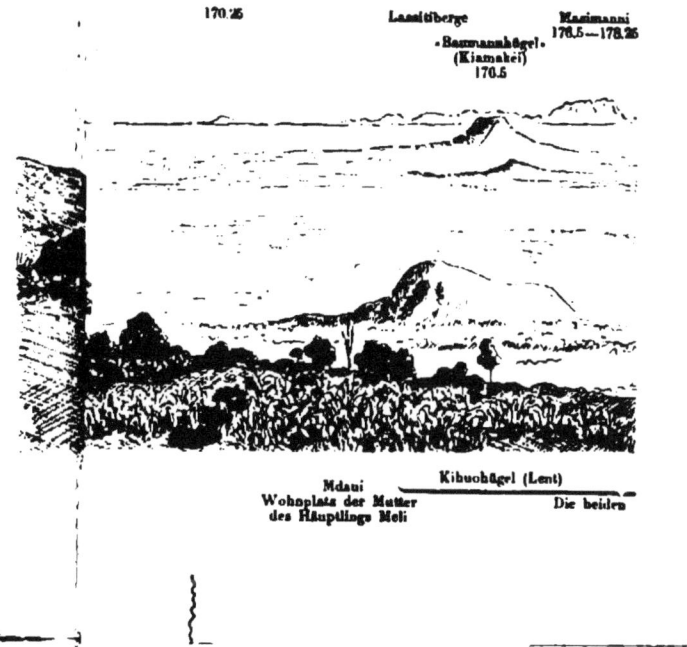

170.25   Lassitiberge   Masimanni
170.5—178.25
» Baumannhügel «
(Kiamakei)
170.5

Mdaui   Kibuohügel (Lent)
Wohnplatz der Mutter   Die beiden
des Häuptlings Meli

Msarangaschlucht an der unteren Urwaldgrenze. Blick auf den Mawensi.

Abbildung)¹). Darüber liegt in breiter Fülle der geschlossene Urwald, über welchem die gelbbraunen Grasfluren sich ausbreiten. Das Ganze wird gekrönt

¹) Mehrere der gewählten Photographien verdanke ich meinem Collegen und Nachfolger, Hrn. Stabsarzt Dr. Eggel.

von dem zackigen Gipfel des Mawensi. Blickt man abwärts, dem Laufe des
Baches nach Südwesten folgend, so sieht man an den Rändern der Schlucht
die Silberstreifen der Wasserleitungen sich hinziehen, die parkartig grünen
Culturlandschaften von Tela, Pokomo und Uru, darüber hinaus von Na-
rama und Madschame, die graugelbe Steppe am Fusse dieser Landschaften
und im Westen die gewaltige Pyramide des Meruberges. Fürwahr, ein
packender Anblick. Es ist eins jener Landschaftsbilder, in denen die in-
time Schönheit einer abgeschlossenen Waldeinsamkeit mit der Grossartigkeit
der Verhältnisse des umgebenden Rahmens sich paart. Der Urwald, der den
ganzen Berg gürtelförmig umschliesst und bezüglich dessen botanischen Cha-
rakters und Zusammensetzung ich den Leser auf Volken's eingehende Schilderung verweise, reicht an den Erosionsrinnen tiefer als auf den Höhenrücken
herab und geht seinen Charakter ändernd in den lichten Hain über, der sich
an den Bächen unzusammenhängend bis in die Steppe hinabzieht, wo er wieder dichter wird und als schmales Band die Flussläufe umsäumt. Am Rande
der Schlucht springen zwischen den Laubkronen die hellgrünen Wedel der
wilden Dattelpalme sternförmig hervor. Dem Bache nahe treffen wir auf
die grossen Blätter der wilden Banane (*Musa Ensete*) und hier am unteren
Ende des Gürtelwaldes (1610 m) auch schon auf die ersten Koussobäume.
Doch sind wir damit noch nicht in den geschlossenen Urwald eingetreten.
Nach dem Überschreiten des Baches folgt nochmal eine Strecke halboffenen
flacheren Landes, wo Adlerfarne bis zu Mannshöhe, Malvaceen und strauch-
förmige Papilionaceen vorherrschen. Nun erst betreten wir unter rascher
Zunahme der Steigung auf Stunden den düsteren und ernsten Gürtelwald
(s. Abbildung S. 149). Derselbe ist über Moschi dichter und breiter als über
Marangu, der Pfad, der ihn durchquert, steiler und beschwerlicher[1]). Die
Stämme der hohen Laubbäume sind durch Lianen, die sich guirlandenförmig
von Baum zu Baum schlingen oder wie dicke Taue herunterhängen, unter
einander verbunden und mit silbergrauen Bartflechten (*Usnea barbata*) und
Moosen behangen. In den Winkeln der Äste und auf den abgestorbenen
und abgefallenen zwischen dem Gezweige hängengebliebenen Ästen sitzen
schmarotzend kleine Farne, Bärlappe und Orchideen, der Boden ist bedeckt mit einem schwellenden Teppich grüner Selaginellen, Farne, Frauen-
haar, bunter Balsaminen, Labiaten und Irideen. Schlanke Dracänen, oft mit
seitlich geschwungenem Stamme, und saftige Fikoideen stehen als Unter-
holz unter der dichten Blätterkrone der dicken Stämme. Kleinblättrige Be-
gonien, an Sträuchern und Bäumen bis zu mehreren Metern Höhe kletternd
oder sie wie ein geblümter Vorhang überkleidend, verbreiten herrlichen Duft.
Der Weg ist im Ganzen wohl betreten, aber bei dem üppigen Pflanzen-
wuchse schwer zu übersehen, feucht und glatt. Das Übersteigen der vielen
abgefallenen Äste, der Wurzeln und gestürzten Stämme erschwert den Trägern das Fortkommen ungemein, so dass die Karawane bald weit aus einander gezogen war. Stellenweise führt der Weg an der neuen Wasserleitung

---

[1]) Ein guter Fussgänger passirt den Gürtelwald über Moschi in 4 Stunden,
über Marangu in 2½ Stunden.

hin, welche im Juli 1894 der Häuptling Meli auf Veranlassung des Hauptmanns Johannes aus dem Muebach nach der Station Moschi anlegen liess. Ihr Wasser, das später die Culturlandschaft Moschi durchfliesst und auf der Station eine schmutzig-lehmige, an organischen Stoffen reiche Beschaffenheit besitzt, ist dort oben im Urwald so klar und kalt, dass man kaum im Stande ist, die Feldflasche hinein zu halten. Bei 2130 m treffen wir die erste kleine Lichtung, welche von hohen besenähnlichen Baumheiden (*Erica arborea*) eingefasst ist und wie sie von da nach oben zu einige Male auftreten. Wühlspuren von Wildschweinen trifft man des öfteren, man kommt an einer Reihe von Elephantengruben vorbei, man hört den heiseren Schrei des Helmvogels (*Thuraco*), doch habe ich gerade im Urwalde über Moschi niemals grössere Thiere zu Gesicht bekommen. Die Elephantengruben sind im Bereiche des Pfades in dessen Längsrichtung angelegt und mit Dracäuenstäben und Humus, auf welchem ein üppiges Polster von Moosen und Farnen spriesst, so geschickt bedeckt, dass wohl der eine oder andere aus der Karawane ihnen zum Opfer gefallen wäre, wenn nicht der Warnungsruf des Dschaggaführers: Schimo! (Grube) rechtzeitig weitergegeben worden wäre. Die Gruben haben eine bedeutende Tiefe (bis zu 8 m) und verengern sich nach unten; die ausgehobene Erde ist in der Umgebung sorgfältig vertheilt. Die Elephanten sollen sich an den Wänden der Gruben, auf welche übrigens weit häufiger Menschen und Thiere als Elephanten »hereinfallen«, festklemmen und in dieser Lage von den Dschaggas mit Speeren todtgestochen werden; ein Zahn des gefallenen Thieres gehört dem Mangi (Häuptling)[1]. Bei 2110 m — das Gelände hat sich etwas gesenkt — mündet der Weg von Pokomo in unseren Weg ein, etliche 50 m höher geht ein Weg östlich nach Kirua ab, und wenige Minuten später kreuzt man den Waldweg, der von Kiboso nach Maranga führt. Hier musste eine längere Pause gemacht werden, um die ermüdeten Träger zu erwarten und zu sammeln. Vereinzelt fanden sie sich ein und waren schnell dabei, ihre Bananen an einem Feuer zu rösten.

---

[1] Die Spuren der Elephanten, grosse rundliche Pfuhle, trifft man häufiger in der Steppe und in dem Buschwalde am Fusse des Berges, dessen Dickicht kaum anders als auf den von diesen Thieren getretenen Pfaden zugänglich ist. Nach Angabe einiger Eingeborenen machen die Elephanten Wanderungen in der Morgenfrühe vom Gürtelwalde nach der Steppe und Abends zurück nach dem Walde. Verfasser hatte Gelegenheit, ein starkes Thier aus einer Herde von 6 Elephanten in dem Buschlande unterhalb Moschis zu schiessen. Die Freude darüber war ob der grossen Fleischausbeute in der Landschaft gross. An Ort und Stelle wurde von etwa 100 Dschaggas ein Festmahl abgehalten, wobei von dem am Feuer gerösteten Fleische so viel gegessen wurde, als jeder dazu im Stande war. Etwa 60 Lasten Fleisch, auf Stangen gesteckt, wurden von den Eingeborenen noch weggetragen. Am nächsten Tage waren nur noch Knochen übrig.

Die breitgeschwänzten, schwarz-weissen Seidenaffen (*Colobus guereza r. caudatus*), die man bei ihrem dicken langhaarigen Pelz kaum für tropische Thiere halten möchte, trifft man im Gürtelwalde oberhalb Moschis nicht an. Häufig sind sie in Msai ju und in den westlichen Landschaften. Hr. von der Marwitz traf sie besonders häufig in dem Laubwalde am Nordsaume des grossen Papyrussumpfes zwischen dem Uguenogebirge und Taweta.

In der Umgebung dieses Platzes ist eine Stelle, welche den Moschileuten rothe Erde (basaltigen Laterit) von besonders intensiver Farbe liefert und welche auch unsere Dschaggas beim Rückmarsche aufsuchten, um sich dieses Toiletteartikels zu vergewissern. Das mitgenommene Schaf, das fast den ganzen Weg hatte getragen werden müssen, war dem Verenden nahe, die kräftigere Ziege war noch munter. Bei 2400 m stiessen wir auf die ersten Baumfarne, und nun tritt auch der hochstämmige Zapfenträger des Kilimandscharo, *Podocarpus*, auf. Bald darauf kreuzt man in düsterer Waldschlucht ein Bächlein[1]), dessen nächste Umgebung eine Vegetation grossblättriger Krautgewächse ziert und auch schon die ersten Strohblumen in hochgeschossenen Exemplaren, aufwies. Auf der ersten kleinen Grashalde jenseits des Bächleins, die noch vollkommen vom Walde umschlossen ist, in 2600 m Höhe schlugen wir Lager, da ich die Hoffnung aufgeben musste, mit den erschöpften Trägern noch bis zum Lent'schen Lager vorzudringen. Die Eisfelder der Kibokuppe lugten, von der Abendsonne verklärt, eben noch über den Wipfeln der Bäume herüber. Rasch setzte die Abendkühle ein, doch war der Platz vor grosser Ausstrahlung geschützt; das Thermometer fiel in der Nacht auf —0.5° C. Das inzwischen verendete Schaf wurde nun geschlachtet. Da es vor seinem Tode nicht mehr geschächtet worden war, rührten die muhammedanischen Küstenträger nichts von dem Fleische an, um so grösser war die Freude der Dschaggas. Sie assen das Fleisch, auch die Gedärme, theils völlig roh, theils spiessten sie es zuvor auf Stäbe, welche kreisförmig um's Feuer gesteckt und einige Male gedreht wurden. Aus dem nahen Walde tönte unaufhörlich das quakend-grunzende Geschrei der Klippschliefer (Baumschliefer, *Dendrohyrax*), jenes scheuen, einem grossen Meerschweinchen ähnlichen Thieres, das die Dschaggas mit Schlingen an den hohlen Bäumen fangen, um sein geschätztes Fell für ihre capeähnlichen Kriegsmäntel zu verwerthen. Ich segnete im Stillen die trefflichen Thiere, als ich in ihrem warmen Pelze die Nachtruhe hielt, und dachte auch der Braten (der »falschen Hasen«), welche ich manchmal auf der Station oder bei früheren Bergexpeditionen aus ihrem Fleische bereitet hatte.

Bei warmem Sonnenscheine — um 7ʰ betrug die Lufttemperatur bereits 9.5° C. — erreichten wir am nächsten Morgen in einer halben Stunde das obere Ende des geschlossenen Waldes, von hier ab zieht sich der Wald nur noch in Zungen oder in Parzellen, die ihrerseits scharf gegen die Grasmatten abgegrenzt sind, bis rund 3000 m hinauf. Vor Austritt aus dem Walde passirt man noch eine feuchte Wiese mit moorigem Grunde, auf dem die krautigen bis 1½ m hohen Lobelien durch ihren gerade aufragenden Stengel mit der hochstehenden Blätterrosette und dem endständigen Blüthenkolben den befremdendsten Eindruck erwecken. Der Austritt auf die freien Grascampinen, welche oberhalb des Gürtelwaldes den Berg umkleiden und von der Steppe aus als ein grüngelbes Band zu erkennen sind, ist unge-

---

[1]) Gewöhnlich Muo oder Mue genannt. Wahrscheinlich ist es nur ein westlicher Zufluss des Mue.

Schlucht im Urwald.

mein wohlthuend und befreiend nach der bedrückenden Enge und Düster-
heit des Waldes. Der Anblick dieser ausgedehnten Grasfluren übt sicherlich
auf jeden europäischen Fremdling einen eigenartigen und tiefen Eindruck aus.
Wie mit einem Schlage glaubt er sich allem Tropischen entronnen und fühlt

sich in einer Umgebung, welche ihn an seine rauhere nordische Heimat mahnt. Ähnlich einer mit Gänseblümchen übersäeten heimischen Wiese liegen die Grasmatten vor ihm mit den leuchtendsten Strohblumen geschmückt. Wie mächtige Alpenrosen stehen einzeln oder in lichten Hainen über die Fluren vertheilt charakteristische baumförmige Heiden (*Agauria salicifolia*, s. Abbildung auf S. 162), von Wind und Wetter zerzaust und über und über mit Bartflechten behangen. Allmählich verlieren sich nach oben die zusammenhängenden Grasfluren und weichen grauen steinigen Geröllhalden, welche, von einzelnen Schluchten durchzogen, zum Sattel und zu den Gipfeln hinaufführen. Während der Kibo seinen Fuss hinter der Sattellinie verbirgt, sieht man die zerrissenen Steilkämme des Mawensi auf der Süd- und Südostseite nach unten auslaufen. In der Mitte senkt sich die Sattellinie etwas und trägt dort einen breiten weit sichtbaren Randhügel (-vorderen Mittelhügel- Meyer's). Offenbar verdanken die Grasfluren dem geringeren Gefälle in der Höhe von 2700—3100 m ihren Ursprung, die ganze Region bildet eine grosse, sanft geneigte Terrasse oberhalb des steil abfallenden Gürtelwaldes. Das kniehohe Gras ist trocken, braungrün oder gelbbraun und steht in Büschelgruppen, zwischen denen in Rinnen die nackte Erde zu Tage tritt; nur selten sieht ein Lavablock hervor. Häufig trifft man hier schwarze 1½—2 Fuss hohe Erdaufwürfe, grossen Maulwurfshügeln ähnlich, welche nach Beobachtung von Mr. Fraser von einer Ratte herrühren sollen. Manchmal scheuchten wir auch eine kleine Antilope im hohen Grase auf, von der ich es dahingestellt lassen muss, ob es sich um die kleine Kudnart (-*xarrua*- im Kidschagga) oder um eine Schopfantilope (Ducker) handelt; beide kommen am oberen Kilimandscharo vor und werden manchmal von den Eingeborenen lebend gefangen. Als ich zuletzt im Februar 1895 auf den Grasfluren weilte, war noch ein unliebsamer Gast vorhanden: es waren Wanderheuschrecken, die damals den Kilimandscharo in grossen Zügen befallen hatten und zum Theil bis über den Gürtelwald hinausgekommen waren; viele Tausende fanden hier in einem Hagelwetter den Untergang. Beim Übergang über den nächsten Bach[1]) stösst man in der Bachschlucht auf die ersten Exemplare des seltsamen *Senecio Johnstoni*, stattliche Vertreter bis zu 3 Mann hoch. Die zahlreichen abgestorbenen Exemplare, welche ihre gegabelten Stämme in die Luft strecken, erscheinen wie riesige Candelaber.

Bald nach dem Heraustreten aus dem Walde gewahrt man, wie sich zur Linken (westlich) der Wald höher hinaufzieht als im Osten und dass an seiner höchsten oberen Randstelle aus den Grasfluren sich ein flacher Hügel erhebt. Wir wollen ihn -Lent-Hügel- nennen. Er bezeichnet uns die Stelle

---

[1]) Die Namen der verschiedenen Bäche über dem Gürtelwalde sicher zu erfahren, war mir bei verschiedenen Besuchen der Grasfluren nicht möglich. Der obere Verbindungsweg schneidet zwischen Kifinika und -Lent-Hügel- (beim Lent'schen Lager) 10 Bäche, die von Moschi- und Marangulenten verschieden oder gar nicht bezeichnet werden. Im Januar und Februar haben sie nur zum kleinsten Theil fliessendes Wasser.

des Lent'schen Lagers, welches man, nachdem der Fusspfad in den oberen Verbindungsweg Useri-Kiboso eingebogen ist, in 1½ Stunden erreicht. Hier schlugen wir Lager und hier traf nach wenigen Stunden programmmässig Hr. von der Marwitz von Marangu ein. Er war am Tage zuvor von Marangu abmarschirt und hatte in der Gegend des Kifinikafusses genächtigt. Wir richteten uns für die Nacht möglichst bequem ein, die Küstenträger bauten sich eine kleine Hütte aus Stangen und Gras, die am dürftigsten bekleideten Dschaggas schliefen im Freien. Der Lagerplatz, 3030 m hoch in einer Nische zwischen Waldsaum und Lent-Hügel gelegen, ist vor Winden geschützt und bietet hohes Gras und Brennholz in Fülle. In der nächsten benachbarten westlichen Schlucht (Mare) findet sich auch in den heissen Monaten reichlich Wasser in einzelnen Vertiefungen des Bachbettes. Von 9½ h Vormittags an war der obere Berg bezogen und wir geriethen selbst in einen dünnen, kalten, ewig wechselnden Nebel, der an dem Berge heraufzog, sich fortwährend theilte und wieder zusammenstiess, von Zeit zu Zeit ein Stückchen blauen Himmels freigebend. Manchmal konnte man eine vier- bis fünffache Zugrichtung der Nebelwolken auf engstem Platze beobachten. Es entsprechen diese Nebel den breiten Wolkenhaufen, welche in der Trockenzeit in Höhe von etwa 2000—3500 m den Berg umgeben und seinen Bewohnern die Aussicht auf beide Gipfel verschliessen, während man von der Steppe aus grösserer Entfernung die Gipfel sich frei darüber erheben sieht. So warm es in der Sonne am Morgen war, so kalt und feucht war es in dem wallenden Nebel [1]). Erst am Nachmittage theilte sich der Nebel und gab auch die beiden Berggipfel allmählich wieder dem Blick frei. Kurz nach Sonnenuntergang pflegt sich der Kibo nochmals auf kurze Zeit zu verhüllen, um mit Eintritt der Nacht sich wieder aufzuklären. In stiller Pracht leuchten dann im Mondlichte seine Eisfelder in fast greifbarer Nähe herüber.

Wenn der Blick in die Ebene am Abend frei wird, hat man vom Lent-Hügel eine weitumfassende Aussicht [2]). Im Osten hinter dem Kifinikakegel abfallend erstreckt sich die lange Kette der Mtschimbihügel [3]) weit in die Steppe hinaus, um bei Taweta sich zu verlaufen. Hinter ihr ist die sonnige Fussteppe von Rombo Mkulia und in blauer Ferne das Bergland von Bura und Ndara sichtbar. In der Ebene liegt, Taweta benachbart, der Lattemahügel (auf Meyer's Karte -Makessa-): hinter ihm der Makessahügel und der flachgestreckte Jipesee. Über ihm erscheinen auf deutschem Gebiete die Berge von Pare kwa Mdimu und links davon in grösster Ferne die blauen Berge von Nord-Usambara. [Rebmann will von Kilema aus den

---

[1]) Auf den Grasfluren habe ich in den Monaten Januar, Februar und September Minimaltemperaturen von 1.6 bis —2.7° C. und Maximaltemperaturen bis 24° C. (im Schatten) gemessen. Bei Einsetzen von Nebel sinkt die Temperatur gewöhnlich rapide um 6—7°. Um 7 h Morgens betrug die Temperatur aber schon 8—12°, in der Sonne 21—25°. Wie die Temperatur, so schwankt auch die relative Feuchtigkeit am Tage fortwährend hin und her (zwischen 12—90 Procent).

[2]) Vergl. hierzu die Tafel auf S. 144 145, welche für die südliche und westliche Partie der Aussicht zur Orientirung dienen kann.

[3]) Bei H. Meyer: -Wadschimba-. Mtschimbi ist eine der kleinen Rombolandschaften (zwischen Mriti und Mkun).

nahe der Küste bei Wanga gelegenen Berg Jombo erkannt haben, was wohl glaublich ist, da nach dieser Richtung hin die Steppe sich vollkommen flach ausdehnt. Von dem fast ebenso weit entfernten Dorfe Simbili in Nord-Handei kann man den Kilimandscharo sehen.] Nun folgt östlich das Uguenogebirge, das sich auf der Nordseite amphitheatralisch nach dem Kilimandscharo zu öffnet und von dem Gamala gekrönt ist. Wie grüne Guirlanden ziehen sich die Uferwälder des Himo und Habari durch die Steppe nach dem »Nashornhügel« (Uguenogebirge) zu. An den Westabfall des Uguenogebirges schliesst sich die grosse Pangani-Ebene bei Aruschatschini, auf welcher das Spiel der Cumuluswolken durch wandernde Schatten den sonnigen Glanz unterbricht. In der Trockenzeit gewähren die Brände in dieser Steppe von der Station Moschi aus bei Nacht einen eigenartigen Anblick. Der Wechsel der Feuerlinien und das Auftauchen neuer Lichter erinnert an den Anblick eines grossen Bahnhofes von der Ferne. Aus dieser Ebene erhebt sich zunächst der kantige »Baumann-Hügel« (Kismakéi) und an der Horizontlinie die Masimanni- und Lassitibergo. Den Westrand des Panganithales bildet das sanft abfallende Littemagebirge, auf dem dahinter gelegenen Hochplateau erheben sich die vielzackigen Formen der Sogonoiberge (Djoronjori). Den Schluss dieser Aussicht bildet im Westen die gewaltige Pyramide des Meruberges (4450 m), an dessen Nordrande noch in grösserer Ferne zwei Berge sichtbar sind, welche ich nach ihrer Lage und Form als den Kawinyiro und den spitzkegeligen, noch activen Vulcan Doenyo Ngai (zwischen Manyarasee und Natronsee) ansprechen muss. Herwärts vom Meru spiegelt sich in der Steppe westlich von Kibonoto ein kleiner See[1]) in der Abendsonne, welche hinter dem goldig umsäumten Meru zur Ruhe geht, um nach dem Glauben der Dschaggas in der Nacht unter der Erde in Wasser nach Osten zurückzukehren. — Die Entfernung der weitesten Punkte dieser Aussicht von einander ist auf 370 km oder auf eine Entfernung, welche der von Berlin nach Wilhelmshaven oder Berlin-Nürnberg nahezu entspricht, zu veranschlagen.

In der Morgenfrühe des folgenden Tages, welchen wir zur Neuordnung der Lasten, Proviantregelung u. s. w. in demselben Lager zubrachten, war der Berg nach oben völlig klar, während sein Fuss bis herauf zur oberen Gürtelwaldregion von einer dichten Wolkenbank verschlossen war. Nur die Spitzen des Uguenogebirges und das obere Drittel des Meru schauten in feinem hellblauen Colorit darüber heraus. Diese Stratusschicht senkte und verschmälerte sich allmählich nach unten, so dass um 7ʰ a. m. die weissen kalkgetünchten Fortmauern und die Wellblechdächer der fast 2000 m tiefer gelegenen Militärstation Moschi und kleine Rauchsäulen, die an verschiedensten Stellen des Culturlandes aufstiegen, sichtbar wurden. Jenseits des Littemagebirges schien vor den Sogonoibergen deutlich ein schmalgestreckter See sichtbar zu sein. Ich glaubte, diesen See schon im Januar und Februar 1895 gesehen zu haben, kann aber seine Existenz nicht als wahrscheinlich aufrecht erhalten, da ich ihn nur immer in der Morgenfrühe gesehen habe und ein so grosser See Baumann, der in dieser Gegend

---

[1]) Hr. Premierlieutenant Merker fand später zwischen Meru und Kilimandscharo zwei Seeen, von denen der eine etwa 6—7 km lang ist. — Rebmann erzählt, dass »in der Nähe von Madschame, am nordwestlichen Fusse des Kilimandscharo«, ein »beträchtlicher See« liegen soll. Wahrscheinlich handelt es sich um denselben See, westlich von Kibonoto, der in der Regenzeit wohl wesentlich an Umfang zunimmt.

1892 vorüberzog, nicht entgangen sein könnte [1]). Das Thermometer, welches um 7 h a. m. 6° C. aufwies, zeigte um 9½ h schon 24° C., um 12 h 17° und 3 h p. m. 10° C. Den ganzen Nachmittag herrschte ein leichter Sprühregen. Am 15. September machten wir mit 9 Lasten [2]) den Aufstieg zum Sattel. Um uns die Wanderung auf dem Sattelplateau am folgenden Tage möglichst zu ersparen, wollten wir dasselbe auf der westlichen Hälfte (links von dem vorderen Randhügel) erreichen. Man sieht vom Lent-Hügel an der Sattellinie ein einsames baumförmiges Gebilde, das selbst von Moschi aus bei klarem Wetter mit dem Glase zu erkennen ist; es ist ein dicker *Senecio Johnstoni*, der als bequeme Richtmarke beim Aufstieg dienen kann. Zur Linken blieb die Schlucht des Marrebaches, hier fanden sich unter der schützenden Decke von Lavablöcken in kleinerer oder grösserer Entfernung von Umbelliferen umsäumte Wassertümpel, hier und da auch auf kleine Strecken fliessendes Wasser. Man muss nun wohl aufpassen, um den letzten Wassertümpel nicht zu übersehen, um rechtzeitig noch alle Feldflaschen u. s. w. füllen zu lassen. (Man kann auch in einem Blechkoffer Wasser auf's Plateau mitnehmen.) Von 3100 m an wird das Gras niedriger und spärlicher, das nackte Gestein drängt sich auf, an Stelle der *Agauria*-Bäume treten ½—1 m hohe breite Büsche weiss- und rosablühenden Heidekrautes. Der Kibo verschwindet hinter der Sattellinie und wird wieder sichtbar, ein Spiel, das sich noch einige Male wiederholt. Die Bachschlucht beginnt sich zu verflachen, es ist Zeit, zum letzten Mal Wasser zu fassen. Grosse Rippen von Lava, die an der Oberfläche zersprengt die Schildkrötschalenform zeigen oder in mächtige Blöcke zertheilt wie eine cyklopische Mauer aufgethürmt erscheinen, ziehen sich herab, immer mehr gelangt man in ein »steinernes Meer« und tritt oder springt von Block zu Block. Das vorwiegende Gestein ist ein dichter hellgrauer Basalt, daneben finden sich aber auch zahlreiche Tuffe verschiedener Färbung und pechschwarze glasige Obsidiane. Auf dem spärlichen, verwitterten Boden dazwischen ist die Erde feucht und zeigt kleine Rillen, welche vom abschmelzenden Wasser des Neuschnees herrühren, der bis 3700 m herunter reichen kann.

Die letzte Strecke bis zum »einsamen *Senecio*« ist sehr steil und beschwerlich. Ein schneidiger Wind blies aus WNW. Auf der Ostseite einer Felsmauer fanden wir im Windschatten ein geschütztes Rastplätzchen, wo

---

[1]) Auch Volkens will an dieser Stelle einen See gesehen haben.

Welchen Täuschungen man in dieser Hinsicht in Ostafrika ausgesetzt ist, zeigt folgender Fall. Bei einem Kriegszuge gegen Massais im Westen des Meruberges sahen wir in der Morgenfrühe eines Julitages in der grossen Ebene beim Doenyo Kissale einen »See« so scharf umgrenzt, dass wir unseren Kopf für die Echtheit dieses Sees gegeben hätten, wenn wir nicht genau gewusst hätten, dass dort kein See liegt. Es war ein tiefliegender localer Morgennebel.

[2]) 1 wasserdichter Koffer, 2 wasserdichte Säcke, 1 kleines Zelt, 1 Koch- und Esslast, 4 Lasten Brennholz und Gras, zum Theil in der wasserdichten Zeltdecke. Der Führer Msuo, dessen Kenntnisse freilich hier ein Ende hatten, trug den Eimer und den photographischen Apparat.

durch die Ausstrahlung der von der Sonne zuvor beschienenen, sich wie Wärmsteine anfühlenden Felsblöcke eine Temperatur von 16.5° herrschte, während auf der westlichen Luvseite das Thermometer nur 7.5° aufwies. Der *Senecio* (3930 m, s. Abbildung) ist etwa 2½ Mann hoch und viel dicker und reichverzweigter als seine Kameraden an den Bächen der Grasfluren; die ihn umkleidende Hose von abgestorbenen Blättern reicht fast bis zum Fusse herab, was bei diesen hochstehenden *Senecio*-Arten den breiten, massigen Eindruck erhöht. Von hier ab lässt die Steigung nach und man betritt allmählich das Plateau, auf welchem einzelne Hügel sichtbar werden. Zwischen den Felsblockhaufen werden grössere Strecken staubig-aschigen Bodens frei, auf welchem deutlich die Spuren und die Losung zweierlei

Der einsame *Senecio Johnstoni*.

Spalthufer zu verfolgen sind, deren eine, sehr breite, reichlich die Grösse und die Form einer Ochsenfährte, die andere, schmälere, die einer grösseren Antilope besass. H. Meyer hatte 1889 auf dem Plateau drei Rudel von Elenantilopen gesehen. Bei einer Besteigung des Plateaus im Februar 1895 bemerkten wir auf dem südlichen Aschenfeld ein Rudel von 21 Antilopen von der Grösse von Hartebeesten, welche ruhig die spärlichen Büsche von Gras, *Helichrysum* und *Euryops* ästen, welche dort noch ihr kümmerliches Dasein finden. Welcher Antilopenart sie angehörten, konnte auch ein so vorzüglicher Wildkenner, wie Hr. von der Marwitz, bei dem herrschenden Nebel nicht feststellen[1]). Dass diese Thiere von Norden her das Plateau betreten,

---

[1]) Ich halte es für das Wahrscheinlichste, dass es sich um die grosse Kuduantilope gehandelt hat. Elenantilopen sind seit der Rinderpest in Ostafrika, welcher

geht daraus mit Bestimmtheit hervor, dass ihre Spuren auf der Südseite nicht unter 3800 m herab getroffen werden.

Wenn die Wolken, welche, von Norden und Süden heraufziehend, auf dem Plateau auf einander stossen, einen Ausblick gewährten, trat der Farbengegensatz der hellgraugelben Aschenfelder gegen die rothe Farbe der »Drillingshügel«, der dunkelbraunen »Lavaplateauhügel« (H. Meyer) und der fast schwarzen Rippen des Kibo auffällig hervor. An manchen Stellen des Plateaus sind die Lavablöcke in Massen burgartig aufgethürmt.

Den erschöpften Trägern langsam voransmarschirend gingen wir in nordnordwestlicher Richtung auf dem Plateau weiter, in der Absicht, das Lager am östlichen Kibofusse in der Nähe der Drillinge aufzuschlagen, um am anderen Tage uns eine grössere Plateauwanderung zu ersparen. In 4360 m Höhe fanden wir im Windschatten einer Felsmauer ein warmes Plätzchen und zwischen den Blöcken so viel offenen Aschenboden, dass das Zeltchen sicher aufgeschlagen werden konnte[1]. Um 2h p. m. schickten wir die Träger zurück, damit sie vor Sonnenuntergang noch das Lent'sche Lager wieder erreichen konnten, und blieben mit Osmani, dem Koch und Boy des Hrn. von der Marwitz, einem guten und treuen Burschen aus Bondei, allein. Wasser war nirgends in der Nähe. Ich hatte nach früheren Erfahrungen gehofft, unschwer auf dem Plateau einige Schneeflecke zu finden, ein ein-stündiger Informationsmarsch mit dem Einer kibowärts war aber fruchtlos.

Bei diesem Gange traf ich am Ostrande der »rothen Mauer« (H. Meyer) eine gegen Nordosten offene grosse Höhle, in welcher ein Feuerrest und spärliche Grasbüschel die frühere Anwesenheit von Menschen verriethen. Europäer können es nicht wohl gewesen sein, da die sonstigen Begleiter der Cultur in Ostafrika, Zeitungspapier und Conservenbüchsen, fehlten. Kibo und Mawensi wurden am Abend völlig frei, die braunrothen Steil-rippen des Mawensi und die dazwischen liegenden rostfarbenen Schutthalden leuchteten prächtig in der Abendsonne. Um 5½h p. m. betrug die Tem-peratur noch +1.5°, nach Sonnenuntergang sank sie rapide und fiel in der Nacht auf —10°. Osmani, von der Neuheit der Situation, der kühlen Abend-temperatur und den Schrecknissen der bevorstehenden Nacht befangen, fing an zu verzagen. Seine Hände waren ihm von der Kälte steif geworden und er jammerte, dass sie ihm »vertrocknet« (kauka) seien. Der abend-liche Thee regte aber seine Lebensgeister wieder an und machte ihn bald

---

besonders die grossen Antilopen zum Opfer fielen, jedenfalls sehr selten. Ich habe solche während meines Aufenthaltes in Ostafrika in der Umgebung des Kilimandscharo nie zu Gesicht bekommen. Hartebeeste und Gnu waren nach der Form der Fährten sicher auszuschliessen. Besonders interessant sind die grossen, breiten Spuren. Man wird sie am ehesten für Büffelspuren halten, obwohl man weiss, dass diese Thiere in Ostafrika so gut wie ausgestorben sind. Immerhin ist es möglich, dass in der unbewohnten und unbekannten Nordfusssteppe des Kilimandscharo Büffel leben, welche die Seuche überstanden haben. Es sollen auch sonst neuerdings in Ostafrika wieder einige Büffel gesehen worden sein.

[1]) Der Platz lag ungefähr in der Mitte zwischen Meyer's Kibolager und dem westlichen Drilling.

so muthig, dass er stolz das Ansinnen, zu uns in das kleine Zelt sich zu legen, von sich wies. Er hatte sich in mehrere europäische Unterbeinkleider und einen Schlafanzug gesteckt, eine Zipfelmütze über den Kopf gezogen und eine wollene Decke über die Schultern geworfen. Der unfreiwilligen Komik dieses Costümes war er sich natürlich, wie der Neger überhaupt bei seinem Hang zum Aufputz mit europäischen Kleidungsstücken, nicht bewusst. Um Osmani sein Amt zu erleichtern, hatten wir den Reis und die Dörrgemüse im Lent'schen Lager vorgekocht und das Fleisch vorgebraten.

Am anderen Morgen um ¹/₂4ʰ brachen wir vom Lager zur Kibobesteigung auf. An der Nordostseite, wo der Eispanzer am schmälsten ist, wollten wir den Kraterrand ersteigen. Der Mond leuchtete im letzten Achtel, der Orion stand gerade im Zenith, kein Wölkchen war am Himmel. Das Auge gewöhnte sich rasch an die Dunkelheit, so dass wir unsere bereits angelegte kleine Sturmlaterne im Lager zurückliessen. Die Ruhe und der Friede, die Einsamkeit und Grösse des Hochgebirges und die fast jeden organischen Lebens bare Umgebung wirken tief auf die Seele des Culturmenschen. Schweigend wanderten wir über das Plateau nach der Einsattelung zwischen Kibofuss und dem westlichen Drilling und überstiegen die zu Mauern aufgethürmten Lavablöcke. Es trat nun eine Dämmerung ein, so lange, wie ich sie zuvor in den Tropen nicht erlebt habe. Weiterhin, immer nach Nordwesten drängend, hatten wir die Höhe des Drillings schon erheblich überschritten, als der Blick den Nordrand des Plateaus übersehen konnte. Rechts und links an dem scharfen Rande des Mawensi erschien das erste Morgenroth. Ein kolossales Meer von Stratuswolken deckte auf der Süd- und Nordseite die unteren Regionen des Berges völlig zu.

Als wir den ersten Strahl der aufgehenden Sonne von der Nordseite des Mawensi her erhielten, waren wir in 4580 m Höhe. Riesige Schutthalden ziehen sich hier vom Kibo nach dem grossen Aschenfelde herunter, das auf der Nordseite der Drillinge und des Mittelhügels auf dem Sattel gelegen ist. Eins der Schuttkare führt steil zu jener Stelle hinauf, wo der Eispanzer am schmälsten ist und einen Einschnitt in der oberen Eisrandlinie aufweist (Hans Meyer-Scharte). Um zu diesem Schuttfelde zu gelangen, mussten wir eine Reihe von Felsrippen übersteigen und kleinere Schutthalden überqueren. Während die ersteren uns wenig Mühe machten, bereitete uns das schräg aufwärts gerichtete Überschreiten der kiesigen Schuttfelder sehr grosse Beschwerden und ermüdete uns in hohem Grade. Doch ging es bis 4600 m noch ziemlich gut, wenn auch die Ruhepausen schon unverhältnissmässig lange wurden. Bald aber mussten wir nach wenigen Minuten Steigens Lungen und Herz eine mehrfache Zeit zur Erholung gönnen. Es war eine Erlösung, als wir um 9 Uhr bei 4920 m den ersten Schneefleck trafen und den mit Zucker und Citronensäure versetzten Schnee geniessen konnten. Wir stiessen nun häufiger auf der Südseite der Felsmauern in den Fussnischen auf kleinere Schneelager. Klar lag in hellem Sonnenschein unser Ziel vor Augen: die am Rande senkrecht wohl 30 m und darüber abfallende Eiskappe, welche links — so scheint es zunächst —

an einer Stelle mit convexer Biegung der oberen Randlinie an nacktem Gestein sich ansetzt[1]), an welches sich nach unten weiterhin ein steiles Schneefeld anschliesst. Indessen kamen wir so langsam vorwärts, dass unsere ganze Zeitrechnung zunichte wurde. Die Steilheit der Schutthalde, welche sich von der Scharte herabzieht, schätzten wir auf ihrer letzten Strecke auf etwa 40°, bei jedem Schritte sanken wir tief über die Knöchel ein und rutschten oft eine oder mehrere Fusslängen zurück. Die Anstrengung war jetzt so gross, dass nach wenigen Schritten Steigens eine Athmungsfrequenz von 40—48 und eine Pulsfrequenz von 160 in der Minute ein-

Eisabbruch an der Hans Meyer-Scharte.

trat und dass die Ruhepausen bis zu halbstündiger Dauer ausgedehnt werden mussten. Es war kein Zweifel, dass unsere Kräfte zur Erreichung des Kraterrandes nicht ausreichten. Um 1 Uhr schien die Eismauer so nahe gerückt, dass wir ihre Entfernung nur noch auf etwa 80 Schritt schätzten. 3 Stunden mussten wir zur Rückkehr in's Plateaulager rechnen, es war klar, dass wir den Kraterrand nicht mehr »machen« würden, ohne von unserem Lager abgeschnitten zu werden. An ein Liegenbleiben in einer Höhe von über 5000 m über Nacht ohne Schutzmittel war nicht zu denken. So legten wir den Rucksack und Gletscherseil ab und versuchten, nur mit

---

[1]) Thatsächlich ist, wie wir durch H. Meyer's Besteigung wissen, der Eisrandwall auch an dieser Stelle nicht völlig unterbrochen.

dem Bergstock bez. Eispickel bewaffnet, noch bis an's Eis heranzukommen. Weiter nördlich von unserer Steigroute ragte das Eis schon tiefer als unser Standpunkt herab und vor uns sahen wir über den grünen Eisrand ein dünnes Bächlein rinnen. Indessen gelang auch dieser Versuch, an die Scharte heranzukommen, nicht mehr. So mussten wir uns denn schweren Herzens zur Rückkehr entschliessen (2 Uhr p. m.) und stiegen zunächst auf dem gleichen Schuttkare hinab, bogen dann nach Süden um und gelangten schliesslich auf einem kleineren, sanfter auslaufenden Schuttfelde so rasch und tief an den Kibofuss hinunter, dass wir von der Nordseite des westlichen Drillings zum Plateau wieder etwas anzusteigen hatten. Hier kamen wir in ein Meer von gigantischen Blöcken, welche uns die Gegend

Am nordöstlichen Kibofusse.

der Meyer'schen Biwakhöhle vermuthen liess. Den Sattel am westlichen Drilling überschreitend, fanden wir bald unsere Spuren von der Morgenfrühe wieder und eilten unserem Zeltchen zu, wo uns Osmani mit Thee und einem Mittagessen von Knorr'scher Bohnenmehlsuppe, Corned beef und Kartoffeln überraschte. Es war unsere grösste Sorge gewesen, ihn ohne Wasser zurücklassen zu müssen, er hatte aber am Vormittage nach einem zweistündigen Marsche am Osthange des westlichen Lavahügels in einer Mulde Schnee getroffen und diesen im Eimer mitgebracht. Den Rückweg zum Lager hatten wir in kaum mehr denn 3 Stunden zurückgelegt, während uns der Aufstieg 10½ Stunden gekostet hatte. Meine Körpertemperatur war bis zur Rückkehr in's Lager auf 37.6 (in der Achselhöhle) gestiegen, der Puls betrug noch 112, die Athmung 23. Ausser einem lebhaften Brennen der Gesichtshaut und dem Gefühle des Ausgetrocknetseins hatte ich keine Beschwerden und schlief in der folgenden Nacht, die uns

eine Minimaltemperatur von —11.5° C. brachte, ziemlich gut. Indessen war
das hochgradige Echauffement am anderen Morgen noch nicht vorüber, die
Pulszahl bewegte sich noch zwischen 90—100, die Athmung aber war
ruhig und die Körpertemperatur um einen vollen Grad gesunken. Hr. von
der Marwitz hatte am Morgen noch über Kopfschmerzen zu klagen.

Was die Bergkrankheit anlangt, die unserem weiteren Vordringen am
Kibo ein Ende setzte, so ist bemerkenswerth, dass eine Reihe von Erscheinungen,
welche zu dem Bilde der Krankheit gehören und auch von früheren Besuchern des
Kilimandscharo angegeben werden, wie Schwindel, Übelkeit, Erbrechen, Schläfrig-
keit, Apathie, Ohrenreissen, Muskelzittern, Nasenbluten u. A. m., bei uns Beiden
nicht vorhanden waren. Es waren überhaupt nicht die Beschwerden einer Krankheit,
sondern vielmehr in gesteigertstem Maasse solche, welche auch im Tieflande bei
Anstrengung auftreten, Athemnoth, Herzklopfen und Ermüdungsgefühl. Die Muskel-
kraft versagte beim Steigen rapide. Machte man Pausen, so liess die Beschleunigung
der Athmung rasch nach und das Ermüdungsgefühl in den Beinen schwand fast
augenblicklich; dehnte man die Erholungspausen so lange aus, bis der Puls bis auf
etwa 100 wieder gesunken war, so glaubte man, so viel Kraft zu besitzen, dass man
ohne Mühe das obere Ende des Schuttfeldes in einem Zuge erreichen konnte. Allein
beim Weitersteigen trat nach wenigen Schritten in so acuter Weise das intensivste
Herzklopfen, heftige Athemnoth und ausgesprochenes Erschöpfungsgefühl ein, dass
wir mit unseren Kräften rasch zu Ende waren. Beim Absteigen war von Athemnoth
nichts zu spüren, wir konnten ohne Mühe und ohne Pausen bis zu dem Gerölle am
nordöstlichen Kibofusse hinuntersteigen.

Die bekannte Erklärung P. Bert's, nach welcher die Bergkrankheit auf einem
Mangel der Sättigung des Blutes mit Sauerstoff in Folge der Abnahme der Sauer-
stoffspannung in der atmosphärischen Luft beruhen soll, trifft nach neueren Untersuchungen für die meisten von Menschen erreichten Berghöhen nicht wohl zu, da
unter künstlicher Verminderung des barometrischen Druckes eine ungenügende Oxy-
dation des Blutes erst beim Sinken der Sauerstofftension der Lungenluft auf 30—35 mm
eintritt und durch Vertiefung der Athmung in der Regel ausgeglichen werden kann
(A. Loewy). Bei flacher Athmung ist indessen die Volummenge des aufgenommenen
Sauerstoffs so klein, dass in einer Höhe, wie sie das Sattelplateau des Kilimandscharo
(3900—4400 m) aufweist, es in der That zu einem Sauerstoffmangel des Blutes
kommen kann, wenn dem nicht durch Vertiefung der Athmung vorgebeugt wird.
Nun wissen wir ausserdem aus den Untersuchungen von Schumburg und Zuntz,
dass in der Höhe der Sauerstoffverbrauch und die Kohlensäureausscheidung aus vor-
läufig noch unbekannten Gründen, bei denen Insolation, Lufttrockenheit u. A. mit-
spielen mögen, grösser sind, als in der Tiefe und dass deren Zunahme bei Arbeitsleistung in der Höhe auffällig grösser ist als bei gleicher Arbeitsleistung in der Tiefe.
Zur Deckung des gesteigerten Stoffverbrauches werden daher in der Höhe weit grössere
Anforderungen an die Athmung und an die Leistungsfähigkeit des Herzens gestellt
als in der Tiefe. Hieraus wird es verständlich, dass Lungen und Herz bei Muskel-
arbeit in einer Höhenlage versagen, in welcher sie in der Ruhe noch wohl ausreichen.
Dies giebt auch die Erklärung dafür, warum der eine Mensch früher, der andere
später oder gar nicht von der Bergkrankheit befallen wird. Es hängt dies bei den
Höhen der bisher bestiegenen Berge viel weniger von dem absoluten Luftdrucke als
von der individuellen Leistungsfähigkeit der Organe ab. Bei mir persönlich versagte
in der Hauptsache der Herzmuskel, während ich nach dem Charakter meiner Athmung, den Hr. Prof. Zuntz zu bestimmen die Güte hatte (langsame Tiefathmung in
der Ruhe) zum Ertragen dünnerer Luft wohl befähigt bin. Hr. von der Marwitz litt

mehr unter der Insufficienz der Athmung. Viele Beispiele zeigen, dass bei gesunden
Lungen und Herz durch ein gewisses Training, durch eine unbewusste Gymnastik
der Lungen die Bergkrankheit überwunden werden kann und dass sich bei längerem
Aufenthalte in der Höhe eine Anpassung an die physikalischen Aussenbedingungen
einstellt. Indessen wird man nach den bisherigen Erfahrungen wohl sagen dürfen,
dass es immer nur wenigen Menschen glücken dürfte, die volle Höhe des Kilimandscharo zu erreichen. Um so höher müssen wir Meyer's und Purtscheller's Leistung
veranschlagen. — Ich möchte ferner noch darauf aufmerksam machen, dass es wichtig
ist, solche Bergbesteigungen in den Tropen bald nach der Ankunft aus Europa zu
unternehmen, ehe man durch Malaria einen Theil seines rothen Blutfarbstoffes ein-
gebüsst hat. Letzterer dient als Sauerstoffträger in den Blutkörperchen, seine Integrität ist daher bei Bergsteigern von der grössten Bedeutung.

Die von uns gewählte Aufstiegroute war insofern ungünstig, als auf der Nordostseite der Kibo in den oberen Partien ganz besonders steil ansteigt. Die Versuchung, diese Seite zum Aufstieg zu wählen, ist deshalb gross, weil man vom Sattel
aus den Eindruck hat, dass man dort am leichtesten, besonders ohne grössere Gletscher-
wanderung in den Krater hineingelangen müsse. Wer indessen nicht weiss, ob er
sehr steile Partieen in solcher Höhe seiner Lunge und seinem Herzen zumuthen kann,
wird gut thun, den Aufstieg an der dem Sattel zugekehrten Ostseite (am Ratzel-
gletscher) vorzunehmen. — Eine Wiederholung der Besteigung war für mich aus
dienstlichen Gründen ausgeschlossen.

Am folgenden Morgen machte ich noch einen Gang auf dem Plateau zu
einem Besuche des westlichen Drillings. Es war ein heiterer, warmer
Vormittag, an welchem bei der intensiven-Belichtung und der ausserordentlichen Trockenheit der Luft, welche bei gutem Wetter auf dem Plateau
herrscht, die beiden riesenhaften Berggipfel einen wunderbaren Anblick
darboten. In der Morgenfrühe um 7 Uhr hatte die Lufttemperatur eben
noch 0°, in der Sonne bereits 23° betragen, um 11½ Uhr war sie auf 14°
(im Schatten) gestiegen[1]). Wenige hundert Schritt vom Lager in nordwest-
licher Richtung hören die *Euryops*-Standen auf, während ganz niederes,
halbkreisförmig dem Boden angepresstes *Helichrysum* und ein kleines gelb-
blühendes Pflänzchen, eine *Senecio*-Art(?), das selbst inmitten der trockensten
Aschenfelder aufspriesst, noch am Fusse des westlichen Drillings vorkommt.
Auf der Oberfläche der Lavablöcke findet man hier einen bunten Rasen
von Steinflechten in den sattesten Farben. Drillinge und der Mittelhügel
erscheinen intensiv roth von den grossporigen, blasigen, zum Theil glasigen
Schlacken, welche ihre ganze Oberfläche bedecken. Der westliche Drilling
fällt nach Norden schroff ab gegen das grosse graugelbe Aschenfeld, welches
sich nach Westen und Osten bis zum Kibo- und Mawensifusse ausdehnt.
Beide Berggipfel erscheinen hier »fussfrei«, und man weiss nicht, ob man
mehr dem geschlossenen, massigen Aufbau des Kibo mit der ruhig vornehmen Contourlinie der Eiskappe oder dem zerrissenen, mit Thürmchen
und Nadeln an seinen Steilkämmen ausgezackten Mawensi sein Staunen zu-
wenden soll. Alle erdenklichen Nuancen von Roth, Gelb und Braun sind

---

[1]) Am 3. Februar 1895 habe ich Mittags 12 Uhr auf dem Plateau in der Sonne
39.s°, im Schatten 19.s° gemessen. Der Temperaturwechsel, welchem man auf dem
Plateau innerhalb 24 Stunden ausgesetzt ist, beträgt daher bis zu 50° und darüber.

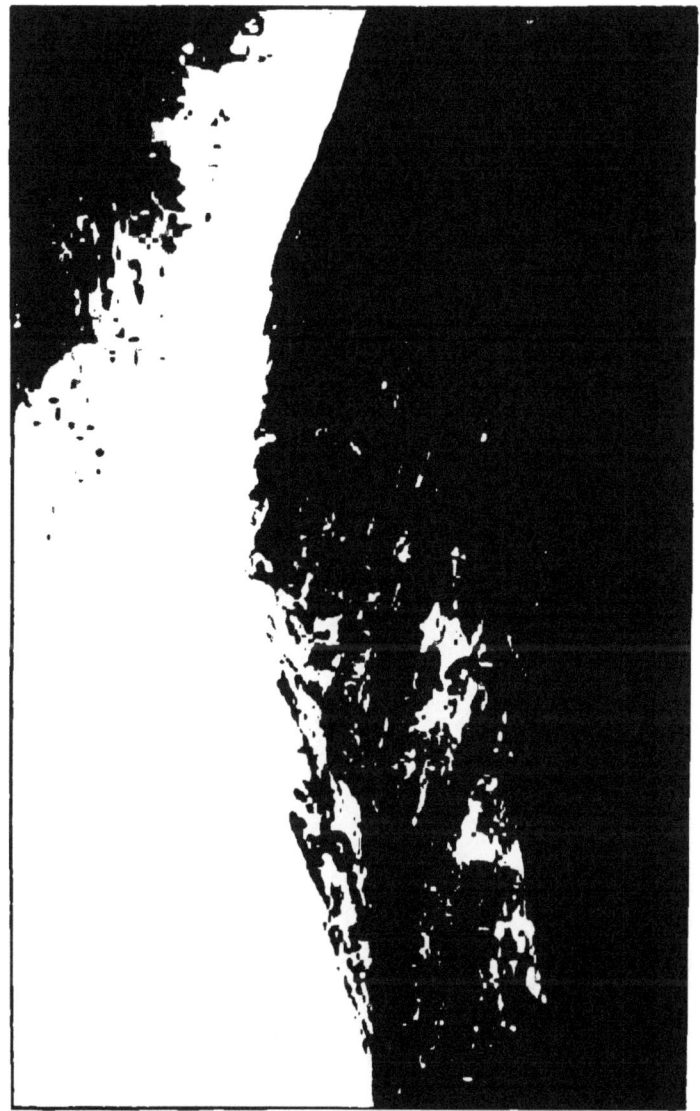

Kibo (Nordostseite) vom westlichen Drillinge auf dem Sattelplateau aus gesehen.

Dr. Widenmann phot.

an den Schutthalden und am Fusse des Mawensi ausgesprochen. Der dunklere Kibo zeigt uns hier seine steile Nordostseite, an welcher wir uns gestern vergeblich gemüht hatten. Der Blick nach dem nördlichen Fusse des Berges war leider durch ein dichtes Wolkenmeer völlig verschlossen.

Bei der Rückkehr zum Lager, wo inzwischen Hr. von der Marwitz an einer Stange eine Flagge errichtet hatte, traf ich die eben aus dem Lent-schen Lager angekommenen Träger. Zu unserer grossen Freude brachten sie uns die europäische Post mit, die inzwischen auf der Station Moschi

Lent-Hütte.

eingegangen und uns nach dem Lent'schen Lager nachgeschickt worden war. So war denn selbst in 4360 m Höhe auf dem Sattel des Kilimandscharo, wo soeben die Einsamkeit noch am grössten gewesen war, die Verbindung mit der Heimat hergestellt. Es ist dies gewiss ein werthvolles Zeichen für die culturelle Erschliessung Ostafrikas. Die Herren auf der Station

Moschi hatten liebevoll auch auf unsere leibliche Nahrung Bedacht genommen und uns einen gebratenen Hahn und ein Glas eingemachter rother Rüben heraufgeschickt, deren Brühe uns willkommen war, um unseren Reis zu kochen, da Osmani in der Nacht das Wasser aus seinem Kochtopf ausgelaufen war.

Bald nach Mittag verliessen wir unser Plateaulager und kehrten zum Lent'schen Lager am oberen Urwald zurück. Vom »einsamen *Senecio*« an kamen uns wallende Nebelschleier entgegen und als wir im Lager ankamen, waren wir im dichtesten Nebel und Sprühregen. Hier fanden wir ein ganzes Dorf von Hütten vor, welche die Träger inzwischen errichtet hatten. Noch einen Tag blieben wir in Nebel und Regen hier oben und benutzten die Zeit, um an diesem bevorzugten Lagerplatze eine Schutzhütte zu bauen, welcher ich einen Zettel folgenden Inhaltes anheftete:

Zum Gedächtniss.

Am 18. September ward ich erbaut,

Auf Lent's Namen hin ich getraut.

Bei einer Grösse von $2^1/_2 : 3^1/_2$ m Grundfläche und 2 m Höhe an den Langseiten gab sie mehreren Menschen zum Schlafen und Essen bequem Platz (s. Abbildung). Die Wände bestehen aus einem Stangenfachwerk, das mit *Erica*-Büschen ausgestopft ist, ausserdem wurde aussen Gras in dicker Schicht aufgebunden und innen Moos in die Fugen gesteckt. Freilich kann man solcher Hütte kein langes Leben prognosticiren, da sie immer in Gefahr ist, abgebrannt zu werden. Es wäre wohl zu wünschen, dass hier eine Steinhütte nach Art der alpinen Schutzhütten erbaut würde.

Am 19. September kehrten wir getrennt auf unsere Stationen Moschi bez. Marangu zurück. Wenige Tage später musste ich vom Kilimandscharo, wohl auf immer, Abschied nehmen.

Die Sprache der Wahehe.

Von C. VELTEN.

Mit dem siegreichen Feldzug des früheren Gouverneurs von Deutsch-Ostafrika Generals von Schele im Jahre 1894 war die Macht der im Innern wie an der Küste so gefürchteten Wahehe grösstentheils gebrochen. Zwar lebte ihr Oberhaupt, der als gewaltsamer Despot bekannte Kwawa Mahinya (der Schlächter), noch, und solange dieser noch lebte, war die Beruhigung des Landes nicht vollständig. Den in Uhehe stationirten Abtheilungen der Kaiserlichen Schutztruppe unter Hauptmann Prince gelang es jedoch, nach mühevollen drei Jahre sich hinziehenden Verfolgungen und Kämpfen mit Kwawa und seinen Anhängern, endlich das Land von dieser Geissel zu befreien. Damit ist dasselbe der von dem Kaiserlichen Gouvernement wie von Seiten Privater in's Auge gefassten Cultivirung und eventuellen Besiedelung durch deutsche Einwanderer erschlossen.

Über die früheren Wahehe geben uns die Reisewerke von Elton-Cotterill, Thomson und Giraud nur kurze Bemerkungen. Es folgen die Berichte des Gouverneurs von Schele in den Mittheilungen aus den Deutschen Schutzgebieten Band IX, S. 67 und des Hauptmanns von Elpons ebendaselbst S. 75. Stabsarzt Arning giebt uns dann in den Mittheilungen aus den Deutschen Schutzgebieten Band IX, S. 233 und X, S. 46 an der Hand fleissig und sorgsam gesammelter Aufzeichnungen einen geschichtlichen Rückblick über die politischen Verhältnisse der letzten 25 Jahre. Über die letzten Ereignisse in Uhehe unterrichten uns der jetzige Gouverneur Ostafrikas General Liebert in seinem »Neunzig Tage im Zelt«, sowie die Berichte des Colonialblattes.

An sprachlichen Sammlungen über Kihehe existirt meines Wissens nur eine ganz kurze von J. T. Last in seiner Polyglotta Afric. Orient. S. 101 bis 104 und S. 227, ferner eine noch unedirte Sammlung der in Uhehe seit 1895 thätigen Missionare der Benedictiner-Mission. Elpons, in oben angeführtem Band IX, S. 75, und Andere hielten die Wahehe für einen Zulustamm, der in den fünfziger Jahren sich auf dem Uhehe-Hochland niederliess und die Wassangu verdrängte; Prince, Arning u. A. halten dies für ausgeschlossen. Arning sagt in seiner angeführten Schrift S. 236: »Ich bemerke, dass weder all die anderen Stämme des Hochlandes, noch vor Allem die Wahehe Zulu oder von Zulu-Abstammung sind. Mit Entrüstung weisen die ersteren jedwede Stammesgemeinschaft mit ihren Erbfeinden, den Wapoum des Schabruma oder den anderen Wangoni des Südens, von sich.

Ihre Sage führt auf die Wassagara zurück, und ihre Sprache reiht sich durchaus in die nächste Verwandtschaft der Stammesgruppe Wanyamwezi-Wagogo-Wassagara ein«. Ich kann nach meiner sprachlichen Untersuchung dieser Ansicht nur beipflichten. Neuere Reisende stimmen alle darin überein, dass die Wassangu und Wabena nach Sprache und Abstammung den Bewohnern des Landes, das wir Uhehe nennen, verwandt sind.

Was nun den Namen »Wahehe« anbelangt, so verdanke ich den privaten Mittheilungen Arning's Folgendes: Sicher ist, dass der Name Wahehe nur einem kleinen Theil der Bewohner des Hochlandes zukommt; mit Wahehe safi (reine Wahehe) werden nur sehr wenig Leute bezeichnet, fast nur die Grossen des Reiches. Auch die ausserhalb des eigentlichen Uhehe sitzenden Häuptlinge Kiwanga, Rupembe, Mhejera sind Wahehe safi. Kwawa Mahinya z. B. verlangte einst die Herrschaft über Kiwanga, wie er durch eine Gesandtschaft nach Perondo mittheilen liess, weil Kiwanga von seiner Familie stamme und alle Wahehe safi ihm, dem Kwawa, unterthan wären.

Es scheint, dass der Name in seiner vollen Bedeutung lediglich der Herrscherclasse zukommt und, wenn er überhaupt ein alter Name ist, lediglich einer Familie oder Dorfgemeinschaft zugesprochen werden kann; denn man hört den Ausdruck Mhehe safi immer mit besonderem Nachdruck geäussert, dies allerdings wohl auch mit Rücksicht auf die unzähligen, von allen benachbarten Stämmen im Laufe der Zeit geraubten und in Uhehe nun lebenden Weiber und deren Nachwuchs.

Arning glaubt annehmen zu dürfen, dass der Name »Wahehe« den Leuten in ihrer Gesammtheit von den umwohnenden Stämmen gegeben worden sei. Ebenso wie auch die Wanyamwezi ihren Namen von Anderen bekommen haben; diese nennen sich selbst anders und sagen ausdrücklich, dass sie diesen Sammelnamen von den Küstenleuten erhalten haben, weil sie aus der Richtung kämen, von wo das erste Viertel des Mondes (mwezi) erscheine; wohin der Mond gehe, gingen auch sie nach Verlassen der Küste.

Die Bedeutung des Namens »Wahehe« kann von ihrem Warnungsrufe genommen sein. Von Berghöhe zu Berghöhe, von Thal zu Thal tönte der Ruf »ahëë«, wenn in früheren Jahren Feinde sich dem bis dahin noch unbezwungenen Lande nähern wollten.

Die Möglichkeit also, dass die Leute diesen Ruf gewissermaassen als das Wahrzeichen des Bergvolkes auffassten und es danach benannten, liegt nahe. Prince sagt z. B. in den Mittheilungen aus den Deutschen Schutzgebieten Band VII, S. 215: »Der von der Partei der Hawai gebrauchte Erkennungsruf »hu hu« verschaffte denselben den Namen Mahuhu, der heutigen Tages noch vielfach Specialbezeichnung der Magwangwara geblieben ist«.

Elton und Cotterill, welche Ende 1878 in Merere's Uténgule sich befanden und den alten Merere durch ihre thatkräftige Beihülfe vor der Vernichtung durch Kwawa Mujinga, den Vorgänger des jüngst durch Selbstmord geendeten Sultans Kwawa Mahinya, bewahrten, kennen anscheinend den Namen Wahehe überhaupt nicht. Sie nennen die Leute des Kwawa Mujinga die Machinga oder Majinga, und zwar brauchen sie diesen Ausdruck entschieden als Stammesnamen. Gleichbedeutend ist dies jedenfalls

mit Wainga oder Wajinga, wie sich die Soldaten der Kwawa-Familie nann-
ten. Auch Livingstone erwähnt, so weit mir bekannt, den Namen der
Wahehe nicht, obwohl er in Berührung mit denselben gekommen ist.
Zum ersten Male finden wir den Namen bei Stanley in »How I found
Livingstone«, und auch nur an einer Stelle. In Ugogo trifft er irgendwo
»die Wahehe, die Römer Ostafrikas«.

Die Entstehung dieser sprachlichen Sammlung verdanke ich in erster
Linie Hrn. General von Schele. Als derselbe 1894 nach dem erfolgreichen
Zuge nach Uhehe zur Küste zurückkehrte, führten seine Truppen eine
Anzahl Wahehe als Gefangene zur Küste. Unter den nach Daressalaam
gebrachten Leuten befanden sich nur drei Wahehe safi, und zwar drei
Frauen des Sultans Kwawa. Dieselben hiessen Málingamáne, Múǎga und
Kámǎáli. Durch das freundliche Entgegenkommen des Herrn Gouverneurs
wurde es mir ermöglicht, täglich meine sprachlichen Studien mit diesen
Leuten zu betreiben. Kámǔáli, die hübscheste unter ihnen, war Dank ihrer
Dummheit wenig zu sprachlichen Aufnahmen geeignet. Die beiden anderen
jedoch, die ich in erster Zeit mit Hülfe eines aus Kilossa früher von den
Wahehe geraubten und nach Iringa verschleppten jungen Mannes Namens
Songoro ausfragte, waren für meine Zwecke sehr geeignet. Sie waren
beide intelligent zu nennen, besonders Múǎga, auch waren sie stets zur
Arbeit bereit. Später sind sie, wie die meisten anderen Kriegsgefangenen,
wieder nach ihrer Heimat zurückgeschickt worden.

Obwohl die Sammlung sorgfältig angelegt ist, dürften Versehen sicherlich nicht ausgeschlossen sein. Die Arbeit soll daher auch hauptsächlich
dazu dienen, den in Uhehe wirkenden Deutschen ein Mittel in die Hand
zu geben, durch weitere Sammlungen die Kenntniss sowohl des Kihehe
wie anderer verwandter Dialekte des Uhehe-Hochlandes zu fördern.

Zur Lautlehre.

A. Vocale.

a, e, i, o, u werden wie im Deutschen gesprochen. Betontes e
klingt meist wie unser ä, z. B.: muhéhè (gespr. muhǎhǎ), ṅna (äna), dǎmula
(dǎmula) u. s. w. In der betonten Silbe ist der Vocal lang zu sprechen, sonst
kurz. Diphthonge kennt das Kihehe nicht; folgen zwei Vocale aufeinander,
so sind dieselben getrennt zu sprechen, z. B.: mirǎu, nyiǎu, sǎu.

B. Consonanten.

ṅg = nasalem u mit kaum hörbarem g; s = weiches s; ss = scharfes
s; z = unserem z, und zwar weich gesprochen; y = j. Die übrigen Consonanten werden wie im Deutschen gesprochen.

C. Wortton.

Im Allgemeinen liegt der Wortton auf der ersten Stammsilbe. Bei viersilbigen Worten ist erste Stammsilbe und letzte Silbe betont, z. B.: kifüngulíró Schlüssel, kisámuliró Kamm u. s. w. Abweichungen sind besonders gekennzeichnet.

I. Das Substantiv.

Die Grammatik des Kihehe beruht wie in allen Bantu-Sprachen auf folgenden zwei Principien:

1. Alle Substantiva werden durch bestimmte Vorsilben in eine Anzahl Classen eingetheilt.

2. Alle von Substantiven abhängigen Redetheile werden in bestimmter Übereinstimmung mit demselben gebildet. Ausgenommen hiervon sind nur die Adverbien, Praepositionen, Conjunctionen und Interjectionen.

Classen der Substantiva.

Die Substantiva werden im Kihehe nach ihren Vorsilben in neun Classen eingetheilt, deren jede eine Vorsilbe für den Singular und eine für den Plural hat. Die Vorsilben für die einzelnen Classen sind folgende (vergl. Tabelle am Ende):

Classen....	1	II	III	IV	V	VI	VII	VIII	IX
Singular...	mŭ, m	mŭ, m	ki	—	li, i	lu	ka	u	pa
Plural....	wa	mi	fi	— ma	ma	mŭa	tu	ma	pa

I. Classe. Der Singular hat die Vorsilbe mŭ oder m, der Plural wa. Die Wörter dieser Classe bezeichnen lebende Wesen, z. B.: mŭnu Mensch, pl. wănu; mŭdálla Frau, pl. wadálla; mŭgênzi Fremder, pl. wagênzi; mŭlagüssi Zauberer, Arzt, pl. walagüssi; mponsi Schmied, pl. waponsi.

Eine Anzahl Wörter, die Lebewesen bezeichnen, gehören ihrer Vorsilbe nach anderen Classen an, z. B.: ñginna Mutter, pl. wañginna; dade Vater, pl. wadade; kükwe Grossvater, pl. wakükwe; pape Grossmutter, pl. wapape; funde Handwerker, pl. wafunde; imofu Buckliger, pl. mápofu; kiáli Säugling, pl. fiáli; kirongózi Führer, pl. firongózi u. s. w. Von diesen abhängige Redetheile richten sich jedoch meist nach der ersten Classe.

II. Classe. Der Singular hat die Vorsilbe mu oder m, der Plural mi. Es ist die Classe der Bäume und leblosen Wesen, z. B.: mŭgoda Baum, pl. mígoda; mŭránzi Bambus, pl. míránzi; mŭhingo Ebenholz, pl. mihingo; mkŏndo Affenbrotbaum, pl. mikŏndo; ferner mŭlŏmo Lippe, Mund, pl. milŏmo; mŭgŭnda Pflanzung, pl. migŭnda; mŭtima Herz, pl. mitima; mŭnego Holzlöffel, pl. minego; mŭdŏke Ladestock, pl. midŏke; mŭtŭguló Last, pl. mitŭguló; mŭgámba Brett, pl. migámba; mŭgŏha Speer, pl. migŏha.

III. Classe. Der Singular hat die Vorsilbe ki, der Plural fi. ki ist die Vorsilbe der Verkleinerung, z. B.: mŭénda Tuch (II), kiŭnda kleines Tuch u. s. w., kiála Finger, pl. fiála; kissiro Krug, pl. fissiro; kinu Ding, pl. finu; kiŭma Eisen, pl. fiŭma; kihimbi Messer, pl. fihimbi; kidêgu Schemel, pl. fidêgu u. s. w.

Viele Wörter dieser Classe können den Plural auch je nach der Grösse des Gegenstandes mit der Vergrösserungsvorsilbe ma bilden, z. B.: kitāmbi Baumwollstoff, pl. fitāmbi und matāmbi; kissina Baumstumpf, pl. fissina und mássina; kirovóko Uebergangsstelle, pl. firovóko und marovóko; ebenso kidindiro Schloss, kipeke Kern, kifúnguliró Schlüssel, kifiāgiriró Besen, kisámuliró Kamm u. s w.

IV. Classe. Die Wörter dieser Classe haben· keine Vorsilbe im Singular und Plural, können jedoch im Plural die Vorsilbe ma annehmen, z. B.: kofiólo Mütze, pl. ngofiōlo oder makofiōlo; bógollo Sack, pl. bógollo und mabógollo; nyumba Haus, pl. nyumba und manyumba; hute Gewehr, pl. hute und mahute u. s. w.

In diese Classe gehören die meisten Thiernamen, die sämmtlich im Plural die Vorsilbe ma annehmen und meist mit den Pronomina u. s. w. der vierten Classe stehen, z. B.: ndēmbiié Elephant, pl. madēmbiié, madēmbiié igá diese Elephanten; somba Fisch, masomba inaki was für Fische? mâmba Krokodil, pl. mapāmba; dūma Leopard, pl. madūma; nyarūpala Löwe, pl. manyarūpala u. s. w.

Auch die aus dem Suaheli durch den Karawanenverkehr direct übernommenen Wörter werden dieser Classe zugetheilt, z. B.: safari Karawane. bāruti Pulver, hāt Brief, Papier, bakuli Schüssel, fataki Zündhütchen, sabuni Seife, nsupa Flasche, büēta Kistchen u. s. w.

Eine Anzahl Wörter dieser Classe beginnen, wie bei der nyumba-Classe im Suaheli, mit n und folgendem Consonanten. In der Mehrzahl fällt dieses n meist fort, nur in einigen Worten bleibt es erhalten, z. B.: ngeti Augenwimper, pl. mágeti; ngufi Augenbraune, pl. mágufi; ndevu Bart, pl. malevu; ndera Ader, Wurzel, pl. mádera; nyēngo Sichel, pl. mahēngo; ngäzi Weg, pl. magazi; aber nyöwe Nagel, pl. manyöwe; nyumba Haus, pl. manyumba.

V. Classe. Die Wörter dieser Classe haben im Singular die Vorsilbe i oder li, im Plural ma. Die Vorsilbe li, welche wohl die ursprüngliche war, haben nur wenige Wörter noch, z. B.: liwoko Arm, pl. máwoko; ligullu Bein, pl. magullu; liho Auge, pl. miho; lino Zahn, pl. mēno; liússi Rauch, pl. mussi Rauchwolken; lizowa Sonne; lihēma Zelt, pl. mahēma; liwotu Kralle, pl. mawotu u. s. w.

Andere kommen mit beiden Vorsilben vor, z. B.: limbede und imbede, lifuffu und ifuffu, litawa und itawa, liwala und iwala, lizwi und izwi.

Die meisten Wörter dieser Classe haben jedoch die Vorsilbe i, z. B.: iwega Schulter, pl. máwega; iremme Bauch, pl. maremme (malemme); iwēre Brust, pl. mawēre; ikānga Ei, pl. makānga; ituli Mörser, pl. mátuli; itango Gurke, pl. matango; iringa Befestigung (daher der Name Iringa, Kwiringa, der Hauptstadt von Uhehe); itáwa Name, pl. matawa u. s. w.

VI. Classe. Die Wörter dieser Classe haben im Singular die Vorsilbe lu, im Plural ma. jedoch können dieselben im Plural auch nach der vierten Classe behandelt werden, also ohne Vorsilbe stehen, z. B.: lúlimi Zunge, pl. málimi und ndimi; lusēze Wange, pl. masēze und nseze; luālo Fusssohle, pl. mālo und nzālo; lúgoda Stock, pl. mágoda und ngoda; lurgo Leiter, pl. mēgo und nzego; lúsissi Strick, pl. mäsissi und nsissi; luwáfu

Rippe, pl. mawäfu und mbåfu; luhẽlo Korb, pl. mahẽlo und nyẽlo; lugåssi Perle, pl. magassi und ngassi u. s. w.

VII. Classe. Die Vorsilben dieser Classen sind für den Singular ka, Plural tu, und zwar sind dies Vorsilben der Verkleinerung, z. B.: kássiro, pl. tússiro kleiner Wasserkrug (von kissiro); kåwega, pl. tůwega kleine Axt (von wẽga); kagåmba, pl. tugåmba Brettchen (von mũgåmba); kahåga, pl. tuhåga Bettchen (von uhåga); kadũnda, pl. tudũnda kleiner Berg (von kidũnda); kássima, pl. tússima kleiner Brunnen (von kissima); kågoda, pl. tůgoda Bäumchen (von mũgoda); kahåmba, pl. tuhåmba Blättchen (von ihåmba); kalůwa, pl. tulůwa Blümchen (von lulůwa); kahizi, pl. tuhizi kleiner Dieb (von muhizi); kadẽmbůé, pl. tudẽmbůé kleiner Elephant (von ndẽmbůé); kagũnda, pl. tugũnda kleine Pflanzung (von mũgũnda); katågala, pl. tutågala Zweiglein (von itågala); kadẽgu, pl. tudẽgu kleiner Schemel (von kidẽgu), u. s. w.

VIII. Classe. Der Singular hat die Vorsilbe u, der Plural ma. Alle Abstracta gehören in diese Classe. Von Adjectiven lassen sich durch Vorsetzung der Vorsilbe u, der in der Aussprache vielfach noch w vorgeschlagen wird, Substantiva dieser Classe bilden, z. B.: wuzitu Schwere, wúnofu Schöuheit, ugåzu Breite, ukommi Grösse, Dicke, utåli Länge, wupẽfu Leichtigkeit, ukángafu Schwierigkeit, ukålli Strenge, ukavu Trockenheit, úpuwa Dummheit, utitu Dunkelheit, utámmùa Krankheit, úsugu Schlauheit, udödi Feuchtigkeit, ugógollo Alter, udödo Kindheit, wífu Faulheit u. s. w.

IX. Classe. Die Vorsilben für diese Classe sind pa für Singular und Plural, und zwar gehört nur das Wort påno Ort, Stelle hierher, das wie pahali oder mahali im Suaheli eine Classe für sich bildet.

Die Infinitive der Verba können substantivisch gebraucht werden, jedoch kommt dies selten vor. Die Vorsilbe ku ist alsdann anzuwenden, z. B.: Songollo ndi mũpönsi hiro ku kïúma, kuponda kñåkwe kúnofu hiro. Songollo ist ein tüchtiger Eisenschmied, seine Schmiedearbeit ist sehr schön. kúpiga küẽtu kutållamu unsere Arbeit ist schwierig.

Das Substantiv hat keinen Artikel. Falls erforderlich kann das pronomen demonstrativum an seine Stelle treten, z. B. mũnu uyó der Mann.

Ein grammatisches Geschlecht wird nicht unterschieden, mũgõgollo kann der alte Mann und die alte Frau heissen, mũgẽnzi der und die Fremde, mũalåbu der und die Araberin. Ebenso ist es bei den Fürwörtern; yuyu kann er und sie heissen. Ist die Bezeichnug der Geschlechter nothwendig, so fügt man bei Personen die Wörter mïküamissi für männlich und mühinza für weiblich und bei Thiernamen ñgámbugwá für männlich und mbóguma für weiblich hinzu, z. B. múnyawinge der Sclave und die Sclavin, múnyawinge mühinza das Sclavenmädchen und múnyawinge müküamissi der Sclavenjunge; senga Rindvieh, senga ñgambagwá männliches Thier, senga mbóguma weibliches Thier.

Declination.

Eine eigentliche Declination ist nicht vorhanden. Nominativ und Accusativ sind gleich; letzterer ist durch seine Stellung hinter dem regierenden Zeitwort zu erkennen. Das Dativ-Verhältniss wird am Zeitwort bezeichnet.

Die Bezeichnung des Genitivs geschieht durch das Genitivpraefix (vergl. Tabelle am Ende), das sich in Classe und Numerus auf das Nomen regens bezieht und wie im Suaheli dem im Genitiv-Verhältniss stehenden Nomen vorgesetzt wird. Gebildet wird dasselbe mit Hülfe der weiter unten zu besprechenden charakteristischen Silben, und zwar in der Regel durch Anhängung von a an den ersten Buchstaben derselben. Den einzelnen Classen entsprechen nun folgende Genitivpraefixe:

	sing.	plur.		sing.	plur.
I. Cl.	wa	wa	VI. Cl.	lüa	gya
II. »	güa	gya	VII. »	ka	tüa
III. »	kya	fya	VIII. »	wa	gya
IV. »	ya	za oder gya	IX. »	pa	pa
V. »	lya	gya			

z. B.: mükñamissi wa mügenzi der Junge des Fremden, wäna wa müdálla die Kinder der Frau, münego güa mühiuza der Löffel des jungen Mädchens, mitēgulo gya wänu die Lasten der Leute, kidindiro kya mülhängo das Schloss der Thür, fisámuliro fya müdálla die Kämme der Frau, säyu ya münya-müänsa der Tabak des Aufsehers, fuiri za kläli die Haare des Säuglings, makofiölo gya wanyawinge die Mützen der Sclaven, mbwa ya müsüngu der Hund des Europäers, mábwa gya wasüngu die Hunde der Europäer, liho lya münn das Auge des Menschen, miho gya wänu die Augen der Leute, hulēnga lüa mükoga das Wasser des Flusses, makwēgo gya mülagüssi die Krückstöcke des Zauberers, kágoda ka mügünda das Bäumchen der Pflanzung, tugöha tüa wawända die Speere der Speerträger, üsso wa müaläbu das Gesicht des Arabers, másso gya wagógollo die Gesichter der alten Leute, päno pa mükwäfi der Platz des Kaufmannes.

Der Locativ wird durch Anhängung eines i gebildet und im Deutschen je nach dem regierenden Verb durch die Praepositionen in, an, bei, aus, auf, unter, nach wiedergegeben, z. B.: nynmbai in, bei, am Hause; mükogai im, am, zum Flusse; mügodai beim, am, auf dem Baume.

II. Das Adjectiv.

Das Adjectiv steht wie in allen Bantu-Sprachen hinter dem Substantiv und nimmt die Vorsilbe desselben an, z. B.: münu müfüpi ein kleiner Mensch, pl. wänu wäfüpi; mügoda mütali ein grosser Baum, pl. migoda mitali; kihimbi kikalli ein scharfes Messer, pl. fihimbi fikalli; kofiölo inofu (i ist Vorschlag vor n) eine schöne Mütze, pl. makofiölo mánofu und kofiölo zinofu; lihēma likommi ein grosses Zelt, pl. mahēma makommi; lupembe lúnofu schönes Elfenbein, pl. mapembe mánofu; káwega kakálli eine kleine scharfe Axt, pl. túwega tukálli; usso únofu ein schönes Gesicht, pl. másso mánofu; päno padödo ein kleiner Platz, pl. päno padödo. Das Adjectiv mit der Vorsilbe pa genügt auch allein, ohne vorgesetztes päno, z. B.:

pakommi ein grosser Platz, pánofu ein schöner Platz, pĕru eine weisse Stelle, paduñgu ein rother Fleck, patitu eine schwarze Stelle u. s. w. Das Kihehe ist wie alle Bantu-Sprachen arm an eigentlichen Adjectiven. Es sind die folgenden:

kommi gross, dick	kalli streng, scharf
tali gross, lang	kavu trocken
dôdo klein	dúgìfu stumpf
fúpi kurz	deke weich, biegsam
nòfu schön, gut, gesund	kángafu hart
anángifu hässlich, schlecht	tállamu schwierig
zíto schwer	lugi unfruchtbar
pefu leicht	gayu arm
lówern alt, abgetragen	nòno süss
pyá neu, frisch	séssamo fett
gắzu breit	nákòfu mager
nyĕhe spitz, schmal	piffu muthig
wovu schlecht, verdorben	hĕra leer
mûãzi offen, hohl	hãvu schmutzig
súgu schlau	duñgu roth
pùwa dumm	ĕru weiss
dôdi unreif, nass, feucht	titu schwarz
túñgunu reif	

In der vierten Classe erleidet der Consonant am Anfang bei einigen von diesen durch Vorschlag eines n Veränderungen, z. B.: ngommi (kommi), myá (pyá), udówera (lówera), ndugi (lugi), ngafu (kafu) u. s. w.

Dem Mangel an Adjectiven wird auf folgende Weise abgeholfen:

1. Eine Reihe von Substantiven der I. Classe schliesst adjectivische Bedeutung in sich, z. B.: mùgógollo ein Alter, mùtámmùa ein Kranker, mùbóffu ein Blinder, mùdilàfu ein Tauber, mùimi ein Geizhals, mùgúllufu ein Verrückter, mùhĕzigo ein Lustiger, mùkátufu ein schweigsamer Mensch, mùhagúsi ein wählerischer Mensch, mùlônzi ein Schwätzer, mùdèke ein freigiebiger Mensch.

2. Durch Substantiva im Genitiv, z. B.: móndero ya mùgoda ein hölzerner Hammer, mapóndero gya klûma eiserne Hämmer, lulĕnga lûa ñgãla kaltes Wasser, lulĕnga lûa moto warmes Wasser.

3. Durch -enya, besitzend, mit folgendem Substantiv, z. B.:

-ĕnya lulĕnga saftig	-ĕnya úpuwa dumm
-ĕnya male vermögend, reich	-ĕnya luiwu verständig
-ĕnya rúdali kräftig	-ĕnya mönyo salzig
-ĕnya ikãla pockennarbig	-ĕnya rúdama widerspenstig
-ĕnya uhwĕhwe feig	-ĕnya kitéwe gelähmt
-ĕnya ludôdi hinkend	-ĕnya malĕzo schielend
-ĕnya iwala farbig	-ĕnya úlowa aussätzig
-ĕnya wivu faul	-ĕnya itukya geschlechtskrank
-ĕnya kipoko einäugig	

4. Durch Zeitwörter, z. B.: müdálla i-na irémme die schwangere Frau (hat Schwangerschaft), kissiro ki-lipinga der halbvolle Krug, ngázi i-göl-wike ein gerader Weg, ngázi i-nyámunyónge ein krummer Weg. Über die Steigerung der Adjectiva siehe weiter unten.

III. Die Pronomina.

1. Die persönlichen Fürwörter.

Die selbständigen persönlichen Fürwörter, welche auch zur Verstärkung der conjugativen Fürwörter angewandt werden, sind:

nene ich	hwẽhwe (h fast wie unser ch) wir
wẽwe, bẽwe du	nyẽnyu, nyẽnye ihr
yuyo, uyu er	wawo, iwa, iwo sie

Diese ergänzen das Zeitwort »sein« im Praesens, z. B.: nene müsüngu ich bin ein Europäer, nyẽnyu Wahéhé ihr seid Wahehe, hwẽhwe walówi somba wir sind Fischer, yuyu müfuimi er ist Jäger.

Die conjugativen Fürwörter für lebende Wesen lauten:

n, ndi ich; u du; a, i er; tu wir; wa ihr; wa, wi sie.

Dieselben stehen immer am Anfang der Verbalform, auch wenn das Subject schon durch ein anderes Wort bezeichnet ist, z. B. munu a-tófire der Mann (er) hat geschlagen.

Dativ und Accusativ derselben sind gleichlautend:

n, ni mir und mich	tu uns
ku dir und dich	wa euch
mu ihm, ihn; ihr, sie; ihm, es	wa ihnen, sie

Dieselben werden vor dem Verbalstamm eingeschoben, z. B. er giebt heisst a-pera oder i-pera:

i-méra (n-pera) er giebt mir	i-nówa (n-towa) er schlägt mich
i-ku-pera er giebt dir	i-ku-towa er schlägt dich
i-mu-pera er giebt ihm	i-mu-towa er schlägt ihn
i-tu-pera er giebt uns	i-tu-towa er schlägt uns
i-wa-pera er giebt euch	i-wa-towa er schlägt euch
i-wa-pera er giebt ihnen	i-wa-towa er schlägt sie

Für Substantiva, welche leblose Dinge bezeichnen, treten die soge-nannten charakteristischen Silben für die einzelnen Classen auf, die im Nominativ und Accusativ gleiche Formen aufweisen. Dieselben lauten (vergl. Tabelle am Ende):

	sing.	plur.		sing.	plur.
II. Cl.	gu	gi	VI. Cl.	lu	ga
III. -	ki	fi	VII. -	ka	tu
IV. -	i	{ zi / ga	VIII. -	u	ga
			IX. -	pa	pa
V. -	li	ga			

z. B.: mülömo gu-i-wawa der Mund schmerzt, mitẽgulo gi-lémmire die Lasten sind zu schwer, kiála ki-wawa der Finger schmerzt, mulla i-wawa die Nase schmerzt, ligúllu li-wawa der Fuss schmerzt, lúlimi lu-i-wawa die Zunge schmerzt, usso u-i-wawa das Gesicht schmerzt.

Enthält ein Satz mehrere Subjecte von verschiedenen Classen, so lautet das Fürwort beim Verb fi (zu ergänzen finu Dinge), z. B.: kihímbi kyangu na bógollo yangu na mũẽnda gũangu na lupembe lũangu fi-gwe mein Messer und meine Tasche und mein Tuch und mein Elfenbeinzahn sind heruntergefallen.

2. Die hinweisenden Fürwörter.

Dieselben werden mit Hülfe der charakteristischen Silben I. Cl. i (yo) — wa, II. Cl. gu — gi, III. Cl. ki — fi, IV. Cl. i — zi oder ga, V. Cl. li — ga, VI. Cl. lu — ga, VII. Cl. ka — tu, VIII. Cl. u — ga, IX. Cl. pa — pa gebildet, und zwar das hinweisende Fürwort -dieser- durch Vorsetzung des Vocals der charakteristischen Silbe vor dieselbe. Ist der Vocal derselben ein a, so wird i vorgesetzt. Danach lautet -dieser- für die einzelnen Classen (vergl. Tabelle am Ende):

	sing.	plur.		sing.	plur.
I. Cl.	uyó	iwá	V. Cl.	ili, iri	igá
II. »	ugú, ugó	igi	VI. »	ulú	igá
III. »	iki	ifi	VII. »	iká	utú
IV. »	iyé	{ izí ' igá	VIII. »	uó	igá
			IX. »	ipá	ipá

Die Stellung desselben ist hinter dem Substantiv, z. B.: mũnu ugó dieser Mensch, wānu iwá diese Menschen; múgoda ugó dieser Baum, migoda igi diese Bäume; kihímbi iki dieses Messer, fihimbi ifi diese Messer; kofiõlo iyé diese Mütze, ngofiõlo izi oder makofiõlo igá diese Mützen; ligúllu iri dieser Fuss, magúllu igá diese Füsse; lupembe ulú dieses Elfenbein, mapembe igá diese Elfenbeinzähne; káwega iká diese Axt, túwega utú diese Äxte; usso uó dieses Gesicht, masso igá diese Gesichter; pãno ipá diese Stelle.

Um das hinweisende Fürwort -jener- zu bilden, wird la an die charakteristischen Silben angehängt. Hat letztere den Vocal i, so haben wir in der Aussprache ra statt la:

	sing.	plur.		sing.	plur.
I. Cl.	yulá	walá	V. Cl.	lirá	galá
II. »	gulá	girá	VI. »	lulá	galá
III. »	kirá	firá	VII. »	kalá	tulá
IV. »	irá	{ zirá (galá	VIII. »	ulá	galá
			IX. »	palá	palá

Die Stellung desselben ist gleichfalls hinter dem Substantiv, z. B.: mũdálla yulá jene Frau, pl. wadálla walá; mũgũnda gulá jene Pflanzung, pl. migũnda girá; kinu kirá jenes Ding, pl. finu firá; kaye irá jene Stadt, pl. kaye zirá; senga irá jene Kuh, pl. masenga galá; issála lirá jener Stossspeer, pl. massála galá; lútego lulá jene Falle, pl. mátego galá; kapinde kalá jener kleine Bogen, pl. túpinde tulá; ubãga ulá jene Suppe, pl. mabãga galá.

3. Die fragenden Fürwörter.

Wer? heisst nani. Die Stellung desselben ist am Anfang oder
Ende des Satzes, z. B.: litáwa lyako u-i nani wie heisst du? (dein Name
du bist wer?); mūnu nani wer ist der Mann? nyēnyu nani wer seid ihr?
nani i-hērwike wer ist gekommen? nani a-pigegēge mūlimo wer hat die
Arbeit gemacht?

«Wessen» sowie das Zeitwort «gehören» werden mittels des Genitivpraefixes und nani gebildet, z. B.: mukūamissi wa nani wessen Junge, wem
gehört der Junge, wapagäzi wa nani wessen Träger, múgoda gūa nani
wessen Arznei, miēnda gya nani wessen Stoffe, kihēro kya nani wessen
Calebasse, fisōnyo fya nani wessen Pfeile, bógollo ya nani wessen Tasche,
singánno za nani wessen Nadeln, mapenne gya nani wessen Ziegen, liwoko
lya nani wessen Arm, mábigi gya nani wessen Gräber, lūimbo lūa nani
wessen Lied, maimbo gya nani wessen Lieder, kabūnda ka nani wessen
Hüttchen, tutēgulo tūa nani wessen kleine Lasten, wūssé wa nani wessen
Mehl, pano pa nani wessen Platz, fiwya ifi fya nani wem gehören diese
Töpfe?

Was? heisst kiki. Seine Stellung ist am Ende, z. B.: ki kiki was
ist das? u-i-liá kiki was isst du? u-lóngere kiki was hast du gesagt?
mūnu yulá a-kā-fwé kiki woran ist jener Mann gestorben?

Welcher? wird durch ki ausgedrückt, das wie ein Eigenschaftswort
die Vorsilben des zugehörigen Substantivs annimmt (vergl. Tabelle am Ende),
z. B.: mūnu mūki welcher Mensch? pl. wānu wāki; mūliāngo mūki welche Thür?
pl. miliāngo miki; kihēro kiki welche Calebasse? pl. fihēro fiki; ngāzi iṅgi
welcher Weg? pl. magāzi máki; idāma liki welcher Stall? pl. madūna máki; lūāfu lúki welches Netz? pl. māfu mńki; kakimbo káki welcher kleine
Becher? pl. tukimbo túki; nhāga wúki welches Bett? pl. nyāga ziki und
mahāga máki; pāno paki welcher Platz?

ki kann auch allein stehen ohne Vorsilbe, z. B.: mūāna ki welches
Kind? lngówo ki welche Stange? kihimbi ki welches Messer?

Was für ein? wird durch das Zeitwort «sein» mit folgendem ndauli
(was? wie?) ausgedrückt, z. B.: mūnu ilindauli (i-li er ist, ndauli was?)
was für ein Mensch? pl. wānu windauli; mūgōha gulindauli was für ein
Speer? pl. migōha gilindauli; kissege kilindauli was für ein Knochen? pl.
fissege filindauli; hūla ilindauli was für ein Buschmesser? pl. hūla zilindauli; litáwa lilindauli was für ein Name? pl. matáwa galindauli; lukansi
lulindauli was für eine Mauer? pl. ṅgansi zilindauli; kafuniko kalindauli
was für ein kleiner Deckel? pl. tufuniko tulindauli; wunúngo ulindauli was
für ein Geruch? pano palindauli oder pindauli was für eine Stelle?

ndauli kann auch dem Verb angehängt werden, wie im Suaheli
-je- wie? was? z. B.: u-i-róngandáuli was sagst du? u-i-pigandáuli was
machst du?

Ferner kann was für ein? durch kiki mit vorgesetztem Genitivpraefix
ausgedrückt werden, z. B. máfuta gya kiki Öl von was?

4. Die besitzanzeigenden Fürwörter.

Der Stamm derselben lautet:

-ángu mein   -ĕtu unser
-áko dein   -ĕnyu euer
-ákwe sein, ihr   -ăo ihr (vergl. Tabelle am Ende)

Diesen Formen werden die charakteristischen Silben vorgesetzt, so dass sie für die einzelnen Classen folgendermaassen lauten: mŭdálla wangu meine Frau, pl. wadálla wangu; mŭkĕka gúangu meine Matte, pl. mikeka gyangu; kiháñga kyangu mein Korb, pl. fiháñga fyangu; nyĕugo yangu meine Sichel, pl. nyĕngo zangu und mahĕngo gangu; ñgollo yangu mein Schaf, pl. makollo gangu; lino lyangu mein Zahn, pl. meno gangu; lüiko lüangu mein Löffel, pl. miko gangu und ńsikó zangu; kalúwa kangu mein Blümchen, pl. tulúwa tüangu; uina wangu meine Fallgrube, pl. mina gangu; páno pangu mein Platz.

Das besitzanzeigende Fürwort hat wie die hinweisenden Fürwörter seine Stelle hinter dem Eigenschaftswort und Zahlwort, z. B. meine drei kleinen Kinder wána wadódo wádatu wangu.

Auch im Kihehe kommt wie im Suaheli bei Verwandtschaftsbezeichnungen die Zusammenziehung des besitzanzeigenden Fürworts mit dem zugehörigen Substantiv vor, z. B.: mŭauangu (mŭana wangu) mein Kind, mŭanakwe (mŭana wakwe) sein Kind, wanetu (wána wetu) unsere Kinder, mŭlámuwe (mŭlámu wakwe) sein Gefährte u. s. w.

Soll das besitzanzeigende Fürwort besonders hervorgehoben werden, so wird es durch das persönliche Fürwort verstärkt, z. B. mienda igi gyangu nene diese Tücher sind meine.

Die Wörter ·Vater· und ·Mutter· nehmen keine besitzanzeigenden Fürwörter an, sondern haben wie in vielen anderen Bantu-Dialekten besondere Formen, welche dies Fürwort in sich schliessen:

dade mein Vater   yowa meine Mutter
isso dein Vater   nyoko deine Mutter
isse sein Vater   ñginna seine Mutter

5. Die bezüglichen Fürwörter.

Belegt sind nur einige Formen derselben, und zwar: migoda igi, tugye-gi wiála, si-gi-la-wĕreka na wúluwa diese Bäume, welche wir pflanzten, haben noch nicht geblüht; fihimbi fira u-fye-fi-gulla ku Iringa, fi-ka-fwe mbĕfiri die Messer, welche du in Iringa kauftest, sind alle verdorben. (vergl. ferner Steigerung der Adjectiva beim Superlativ.)

Hiernach ist wohl anzunehmen, dass das bezügliche Fürwort durch Anhängung von e an die charakteristische Silbe gebildet wird und folgende Formen wahrscheinlich vorkommen:

	sing.	plur.		sing.	plur.
I. Cl.	ye	we	III. Cl.	kyé	fyé
II. ·	güé	gyé	IV. ·	ye	zyé

	sing.	plur.		sing.	plur.
V. Cl.	lyè	ge	VIII. Cl.	we	ge
VI. »	lůé	ge	IX. »	pe	pe
VII. »	ke	tůé			

Im Allgemeinen dürften dieselben jedoch sehr wenig in Gebrauch sein, vielmehr in folgender Weise umgangen werden: a-li-kwiya mūnu a-ka-hizire kihimbi kyangu wo ist der Mann, er hat mein Messer gestohlen? walūzi wa-ka-hizire si-wa-l'ibātwa die Diebe, sie haben gestohlen, sie sind nicht ergriffen worden; mūnu a-m-tófire mŭdōdo, a-ka-wúllige kirōle Der Mann hat das Kind geschlagen, es hatte den Spiegel zerbrochen; sāge mpagāzi, a-tūgule mŭtūgulo ugó suche einen Träger, er trage diese Last; wānu wa-ka-m-sindie die Leute und sie bewachten ihn; n-mu-iwuke mūnu yulá tu-mu-wófire erinnerst du dich des Mannes, wir hatten ihn gebunden? ndi-saga mūnu a-ka-ponde kiŭma ich will Jemand und er schmiede das Eisen.

6. Unbestimmte Fürwörter.

»Ein anderer« heisst -yagwe, das wie ein Eigenschaftswort behandelt wird, also die Vorsilben des zugehörigen Substantivs erhält, z. B.: mūnu múyagwe ein anderer Mensch, pl. wānu wáyagwe; funde múyagwe ein anderer Handwerker, pl. wafunde wáyagwe; mŭbaka múyagwe eine andere Grenze, pl. mibaka miyagwe; kipóllopóllo kiyagwe anderer Schrot pl. fipóllopóllo fiyagwe; lůūgo lúyagwe eine andere Leiter, pl. mēgo máyagwe; kabogóllo káyagwe ein anderes Täschchen, pl. tubogóllo túyagwe; uhāga úyagwe ein anderes Bett, pl. mahaga máyagwe; páyagwe (ohne pano) heisst »anderswo«.

»Ein gewisser« hat den Stamm -ya- mit einer dem Relativ ähnlichen angehängten Form, die jedoch auf o endigt. Die ganze Form wird wie ein Adjectiv behandelt, so dass dieselbe für die einzelnen Classen lautet:

	sing.	plur.		sing.	plur.
I. Cl.	mùyāwo	wayāwo	V. Cl.	liyālyo	mayāgo
II. »	mùyāgo	miyāgyo	VI. »	luyālůó	mayāgo
III. »	kiyākyo	fiyāfyo	VII. »	kayāko	tuyātůó
IV. »	nyāyo	{ nzāyo { mayāgo	VIII. »	uyāo	mayāgo
			IX. »	payāpo	payāpo

Die näheren Bestimmungen »selbst« und »allein« werden durch -ēne und iyēna bezeichnet.

-ēne nimmt die charakteristische Silbe doppelt vor sich, nur in der I. Classe treten die Vorsilben mu und wa auf, vor welche die charakteristische Silbe gesetzt wird, z. B. yumùēne und wawēne:

nene yumùēne ich selbst	hwēhwe wawēne wir selbst
wewe yumùēne du selbst	nyēnyu wawēne ihr selbst
yuyu yumùēne er selbst	wao wawēne sie selbst

Für die übrigen Classen lauten die Formen:

	sing.	plur.			sing.	plur.
II. Cl.	gŭgŭẽne	gigiẽne	VI. Cl.	lulŭẽne	gagẽne
III. »	kikiẽne	fifiẽne	VII. »	kakaẽne	tutŭẽne
IV. »	iyẽne	{ zizẽne { gagẽne	VIII. »	uwẽne	{ zizẽne { gagẽne
V. »,	liliẽne	gagẽne	IX. »	papẽne	

»Allein- iyẽna, z. B.:

nene iyẽna ich allein	hwẽhwe wiyẽna wir allein
wewe iyẽna du allein	nyẽnyu wiyẽna ihr allein
yuyu iyẽna er allein	wawo wiyẽna sie allein

»Jemand« wird durch mūnu ausgedrückt, z. B. säge mūnu suche Jemand, a-ku-za mūnu es kommt Jemand.

»Niemand« wird gleichfalls durch mūnu mit verneintem Verb ausgedrückt, z. B.: si-ndi-m-wẽne mūnu ich habe Niemand gesehen; s'a-ku-za-mūnu es ist Niemand gekommen; s'a-la-za mūnu es ist noch Niemand gekommen.

IV. Die Zahlwörter.

1. Die Grundzahlen.

1 -mŭi		18	ikyumi na mŭnäne	
2 -wiri		19	» »	igonza
3 -datú		20	mákyumi gáwiri	
4 -téi		30	»	gádatu
5 -häno		40	»	gátéi
6 mŭtända		50	»	gahäno
7 mŭfüngate		60	»	mŭtända
8 mŭnäne		70	»	mŭfüngate
9 igonza		80	»	mŭnäne
10 ikyumi		90	»	igonza
11 ikyumi na -mŭi		100	iganna	
12 » » -wiri		101	iganna na mŭi	
13 » » -datú		200	maganna gáwiri	
14 » » -téi		300	maganna gádatu	
15 » » -häno		400	maganna gatéi	
16 » » mŭtända		1000	imbirima	
17 » » mŭfüngate				

Die Stellung des Zahlwortes ist hinter dem Substantiv bei vorhandenem Adjectiv auch hinter diesem. Die Zahlen von 1 bis 5 richten sich stets nach den zugehörigen Substantiven und nehmen als Vorsilben die charakteristischen Silben an, z. B.: I. mūnu yumŭi, wänu wáwiri, wänu wádatu, wänu watéi, wänu wahäno; II. múgoda gúmŭi, migoda giwiri; III. kihimbi kimŭi, fihimbi fiwiri; IV. kofiölo imŭi, kofiölo ziwiri oder makofiölo gáwiri;

V. ligullu limüi, magullu gáwiri; VI. lupēmbe lumüi, mapembe gáwiri oder mēmbe ziwiri; VII. kawega kámüi, tuwega túwiri; VIII. usso umüi, masso gáwiri; IX. pāno pamüi, pāno páwiri.

Die übrigen Zahlen stehen meist ohne Vorsilben, können dieselben jedoch annehmen, z. B.: wanu mutanda neben wānu wimutanda, wänu müfüngate neben wānu wimufüngate, wānu ikyumi neben wānu wikyumi, migoda mutānda neben migoda ginmtānda, fihimbi ikyumi neben fihimbi fikyumi u. s. w.

2. Die Ordinalzahlen.

Dieselben werden durch Vorsetzung des auf das Hauptwort bezüglichen Genitivpraefixes vor die Grundzahlen gebildet. Für »der erste« haben wir die Ausdrücke longwe, -ēnya ulóngollo (von lóngolla vorausgehen) und pautaló. Bei den Zahlen »der zweite«, »dritte«, »vierte« und »fünfte« kann den Grundzahlen auch ein ka oder u vorgeschlagen werden.

Die Ordinalzahlen lauten demnach:

I. münu wa longwe
　　» 　müēnya ulóngollo 〉 der erste Mensch,
　　» 　wa pautaló
münu wa káwiri der zweite Mann, münu wa kádatu oder údatu der dritte, münu wa katéi oder utéi der vierte, münu wa kahāno oder uhāno oder bloss hāno der fünfte, münu wa mütānda der sechste, münu wa müfüngate der siebente, münu wa ikyumi der zehnte, münu wa ikyumi na yumüi der elfte.

II. múgoda gua longwe
　　» 　müēnya ulóngollo 〉 der erste Baum,
　　» 　gua pautalo
múgoda gua káwiri der zweite Baum, múgoda güa ikyumi na gümüi der elfte Baum, múgoda güa ikyumi na giwiri der zwölfte Baum.

III. kihimbi kya longwe
　　» 　kiēnya ulóngollo 〉 das erste Messer,
　　» 　kya pautaló
kihimbi kya káwiri das zweite Messer u. s. w.

3. Wiederholungszahlen.

Dieselben werden gebildet, indem man den Grundzahlen ka oder ki vorsetzt, z. B.: kamüi einmal, káwiri zweimal, kádatu dreimal, katéi viermal, kahāno fünfmal, kimütānda sechsmal, kimüfüngate siebenmal, kimünāne achtmal, kigonza neunmal, kanikyumi zehnmal, kanikyumi na kimüi elfmal u. s. w.

4. Unbestimmte Zahlwörter.

Wie viele? -linga mit Vorsetzung der charakteristischen Silbe gebildet, z. B.: watu walinga wieviele Leute? migoda gilinga wieviele Bäume? fihimbi filinga, kofiolo zilinga oder makofiolo galinga? u. s. w.

Viel, viele, -ölofu, wird wie ein Adjectiv behandelt, nimmt also die Vorsilben des zugehörigen Substantivs an, z. B.: wänu wölofu viele Leute, migoda miölofu viele Bäume, fissönyo fiölofu viele Pfeile, kofiölo nzölofu und makofiölo mölofu viele Mützen u. s. w.; viel heisst nyölofu.

Alle hängt an den Stamm mbŵ- die charakteristischen Silben mit darauffolgendem li (ri) an, z. B.: wänu mbŵwali alle Leute, mitŵgulo mbŵgiri alle Lasten, fiämbo mbŵfiri alle Gefässe, mbungó mbŵziri oder mabungo mbŵgali alle Krankheiten, masenga mbŵgali alle Kühe u. s. w.

Wir Alle heisst hwŵhwe mbŵtuli, tu-zire mbŵtuli wir sind Alle gekommen; ihr Alle nyŵnye mbŵmuli, sie Alle wawo mbŵwali.

Etwas, wenig heisst kidódo.

Einige wird durch zwei, drei ausgedrückt, z. B. ndi-ku-za firo fiwiri fidatu ich komme in einigen Tagen (2—3 Tagen).

V. Das Verbum.

Die Verba im Kihehe endigen im Infinitiv auf a, z. B. ku-pulika hören. Die Flexion derselben geschieht theils durch Praefixe, theils durch Endungen. Die Personen werden durch die conjugativen Fürwörter bezeichnet, die bei der dritten Person je nach der Classe des Hauptwortes wechseln (vergl. charakteristische Silben). Die conjugativen Fürwörter lauten demnach:

sing. 1. n, ndi   plur. 1. tu

     2. u   2. mu

     3. a (i), gu, ki, i   3. wa (wi), gi, fi, zi (ga),

        li, lu, ka, u, pa   ga, ga, tu, ga, pa

Für die verneinenden Formen werden dieselben Fürwörter bezw. charakteristischen Silben mit vorgesetztem si gebraucht.

Betrachten wir nun die einzelnen Tempora und Modi, so ergiebt sich auf Grund der belegten Formen Folgendes für das

Activ.

Eine unserem Praesens entsprechende, durch viele Beispiele belegte Form wird durch Vorsetzung von i[1] vor den Verbalstamm gebildet, z. B.:

bejaht:	verneint:
ndi-pulika ich höre	si-ndi-pulika ich höre nicht
u-i-pulika du hörst	{ si-u-i-pulika du hörst nicht { s'u-pulika
{ a-i-pulika er hört { oder i-pulika	{ s'a-i-pulika er hört nicht { s'a-pulika
tu-i-pulika wir hören	si-tu-i-pulika wir hören nicht
mu-i-pulika ihr hört	si-mu-i-pulika ihr hört nicht
{ wa-i-pulika sie hören { wi-pulika	{ si-wa-i-pulika sie hören nicht { si-wi-pulika

---

[1] Ursprünglich wohl li, gleich li im Kinyamwezi und Kissukuma, wie die erste Person ndi, aus n-li entstanden, noch zeigt. Vor Vocalen verschwindet dies i zuweilen.

12*

Neben der Form si-ndi-púlika ist belegt:

> si-múliki ich höre nicht
> s'u-púliki
> s'a-púliki
> si-tu-i-púliki u. s.w.

Eine dritte Form für das Praesens verneint kann bei Belassung der Verneinung si durch Einfügung von -nda nein« gebildet werden, z. B.:

> si-nda-ndi-púlika (ich nicht, nein ich höre) ich höre nicht
> si-nda-u-i-púlika
> si-nda-i-púlika
> si-nda-tu-i-púlika
> si-nda-mu-i-púlika
> si-nda-wi-púlika

Eine dem Imperfect entsprechende Narrativ-Form wird durch Vorsetzung von ka vor den Verbalstamm gebildet; in der ersten Person wird k nach n zu g, z. B.:

bejaht:	verneint:
n-ga-púlika ich hörte	si-nga-púlika ich hörte nicht
u-ka-púlika	si-u-ka-púlika
a-ka-púlika	s'a-ka-púlika
tu-ka-púlika	si-tu-ka-púlika
mu-ka-púlika	si-mu-ka-púlika
wa-ka-púlika	si-wa-ka-púlika

Eine unserem Perfect entsprechende Form wird durch Veränderung der Endung a in ire, ite, ine, ige, wike, ere, ene gebildet. Genaue Regeln über die Bildung dieser Formen lassen sich nicht geben. Nach dem vorhandenen Material lässt sich jedoch Folgendes mit ziemlicher Wahrscheinlichkeit annehmen:

1. Die am häufigsten vorkommende Endung dieser Form ist ire. Alle Verba, deren End-a ein m vorausgeht, nehmen diese Endung für das Perfect an, z. B.: hóma — hómire, inna — ímire, tĕna — tĕmire, zima — zimire, lima — limire, hŭna — hŭmire, komma — kómmire, fihăma — fihămire, mulémma — mulémmire, hĕma — hĕmire u. s. w. Auch eine Anzahl anderer Verba nehmen diese Endung an, ohne dass sich eine bestimmte Regel geben liesse, z. B.: tuna — túnire, pálika — púlikire, konyola — konyólire, hiza — hizire, gŭza — gŭzire, zenga — zéngire, towa — tófire, hafa — háfire, ŏpa — ófire, wawa — wáfire, sanga — sauzire, longa — longire u. s. w.

2. Die Endung ite nehmen Verba auf ala und solche, bei denen dem End-a ein d oder t vorausgeht an, z. B.: vuála — vuúlite neben vúite, gala — gálite, hála — hálite, lĭda — lĭdite, senda — sendite, yenda — yendite, ita — itite u. s. w.

3. Die Endung ine ist nur zwei Mal belegt: tañga — tañgine, gulla — gúlline.

4. Die Endung ige nehmen allein Anschein nach die relativen Verbal-Formen auf ira an, z. B.: sōpira (sōpa) — sōperigé, zēngira (zenga) — zēngirigé, longira (longa) — lōngirigé, fiāgira — fiāgirigé; ferner folgende Verba: wūza — wūzige, sāga — sāgige, suka — sukige, kānza — kānzige, heméra — hemérige, kalla — kállige, wullāga — wullágige, wemba — wémbige.

Einige Verba weisen nebeneinander die Endungen ire und ige auf, z. B. lima — limire und limige, hūma — húmire und húmige, komma — kómmire und kómmige, pagáta — pagátire und pagátige, pēūga — pēūgire und pēūgige, tòwa — tòfire und tòwige.

5. Die Endung wike nehmen Verba auf uka an, z. B.: hēruka — hēr-wike, gullūka — gúllwike, dēmuka — dēmwike, fiēruka — fiērwike, lámuka — lámwike, tika, itika — twike, itwike.

6. Die Endung ēne ist nur ein Mal in wēne von wona belegt, z. B. si-ndi-mu-wēne ich habe ihn nicht gesehen.

7. Die Endung ere findet sich bei folgenden Verba: pa — pere, za — zere neben zire und zige, dēnya — dēnyere, gonna — gónnere, nansa — nansere, piga — pizere neben pigite und pigeķēge, uweza — uwezere, geza — gezere, fika — fissere, longa — lonzere und longire.

8. sunsa hat sunsire und sunsise, pona — ponire und poneze.

Die Perfect-Form würde also folgendermaassen lauten:

bejaht:	verneint:
ndi-púlikire ich habe gehört	si-ndi-púlikire ich habe nicht gehört
u-i-púlikire	s'u-i-púlikire
i-púlikire	s'i-púlikire
tu-i púlikire	si-tu-i-púlikire
mu-i-púlikire	si-mu-i-púlikire
wi-púlikire	si-wi-púlikire

Daneben findet sich die Form:

múlikire	si-múlikire
u-púlikire	s'u-púlikire
a-púlikire	s'a-púlikire
tu-púlikire	si-tu-púlikire
mu-púlikire	si-mu-púlikire
wa-púlikire	si-wa-púlikire

Die Formen sind sehr häufig belegt; hier seien nur einige Beispiele angeführt:

i-n'ówige (n-tówige von towa) er hat mich geschlagen, daneben auch a-n'ófire (n-tófire von towa); n'gá-zere und ich bin gekommen, si-tu-húmire wir sind nicht ausgegangen, si-udi-mù-wēne ich habe ihn nicht gefunden, mifûa gi-ni-hómire die Dornen haben mich verletzt, u-lōnzere kiki? was hast du gesagt? wōlofu wi-hērwike viele sind gekommen, si-tu-w'ēne wir haben sie nicht gesehen, moto gu-zimire das Feuer ist ausgegangen, ūgingo iyé i-dēmwike das Trommelfell ist zerrissen, tu-mu-tûmire wir haben ihn ausgeschickt, wa-ka-hansir'inyi sie haben das Land verwüstet,

n-gu-wēne ich habe dich gesehen, liwoko li-tûnire der Arm ist angeschwollen, liwoko si-li-wáfire der Arm hat nicht geschmerzt, mtēgulo gu-
mu-lémmire die Last hat gedrückt, ndi-ki-wēne ich hab's gefunden, a-fissere
yûlino er ist soeben gekommen, nani a-pígegēge mûlimo? wer hat die Arbeit
gethan? nani i-hērwike? wer ist gekommen? u-ká-zere niri? wann bist
du gekommen? u-mu-wēne kwi? wo hast du ihn gesehen? kissonyo ki-ni-
hōmire der Pfeil hat mich getroffen, pa-n-sēndite der Platz hat mir gefallen, tu-sōperige mahûte wir haben die Gewehre geladen, u-ka-dēnyere
mapinde? hast du die Bogen zerbrochen? n'ga-mu-wûzige ich habe ihn
gefragt, a-n'dongirige (n-longirige) er hat zu mir gesprochen, wa-ka-m-
ságige sie haben ihn gesucht, tu-mu-wōfire wir haben ihn gebunden, kyé
kiki s'u-ka-zere? warum bist du nicht gekommen? wa-hāfire sie sind zu
spät gekommen, tu-ka-wûzige wir haben gefragt, wa-ka-lámwike und
sie sind erwacht, u-sinsire? bist du fertig? si-n'ga-zer'igollo ich bin gestern
nicht gekommen, Mûaga s'a-ka-zige Muaga ist nicht gekommen, mōnire
(u-pónire) ich bin gesund geworden, tu-sēmirwe wir haben vergessen, fiñla
fi-tûnire die Finger sind geschwollen u. s. w.

Eine unserem Futur entsprechende Form wird durch Vorsetzung
von sa vor den Verbalstamm gebildet:

bejaht:	verneint:
n-sa-púlika ich werde hören	si-u-sa-púlika ich werde nicht hören
u-sa-púlika	s'u-sa-púlika
a-sa-púlika	s'a-sa-púlika
tu-sa-púlika	si-tu-sa-púlika
mu-sa-púlika	si-mu-sa-púlika
wa-sa-púlika	si-wa-sa-púlika

Diese Form ist sehr häufig belegt, z. B. n-sa-ku-za ich werde kommen, si-n-sa-ku-za ich werde nicht kommen, n-sa-mu-wóna ich werde
ihn sehen, tu-sa-hēméra wir werden fouragiren gehen, u-sa-tûmbikúa
du wirst gehängt werden, tu-sa-ku-za wir werden kommen, n-sa-koñgo-
malla ich werde mich setzen, tu-sa-woua wir werden sehen, si-tu-sa-
dímula wir werden nicht fällen, a-sa-kanza er wird waschen, tu-sa-wûza
wir werden fragen, a-sa-ku-sindika er wird dich begleiten, n-sa-ku-pēra
ich werde dir geben, a-sa-tu-towa er wird uns schlagen u. s. w.

Im Imperativ haben wir für die zweite Person der Einzahl die
Endung e an Stelle des End-a und für die Mehrzahl age oder ange:

bejaht:	verneint:
púliké höre	si-púlike höre nicht
púlikáge, púlikánge hört	si-púlikáge, si-púlikange hört nicht

z. B.: róngollé geh voraus, pirugé geh zurück, ki-same hebe es auf, hēzaife
räume ab, n-gówogé leih mir, bite ka-gulle geh und kaufe, ságe suche,
gire miss, longe sage, nege schöpfe, sope thue hinein, tole nimm, hēzige
spiele, lēde bringe, wa-dagge jage sie fort, mu-kémere rufe ihn, ngátabe
versuch's, dēuye schneide, mēgule schäle, wa-húngiráge begrüsst sie,

n - sindiráge wartet auf mich. ka - wikáge legt es hin, iróleránge passt auf, tu - pērage gebt uns, mērage (n - pērage) gebt mir, bitáge geht eurer Wege, sagange sucht, mu - ibátage greift ihn, mu - wōpage bindet ihn, wa - towange schlagt sie u. s. w.

Ein Conjunctiv für alle Zeiten wird gebildet durch Abänderung des End - a in e und Vorsetzung der conjugativen Fürwörter. Diese Form wird sehr oft an Stelle des Imperativs gebraucht:

	bejaht:	verneint:
	múlike (n - púlike) und udi - púlike	si - múlike und si - ndi púlike
	ich möge hören	ich möge nicht hören
	u - púlike	s'u - púlike
	a - púlike	s'a - púlike
	tu - púlike	si - tu - púlike
	mu - púlike	si - mu - púlike
	wa - púlike	si - wa - púlike.

Der Conjunctiv ist durch folgende Formen belegt: u - yape kaugi mach es noch einmal, u - bite u - katōle liginiro geh und hole die Hacke, tu - lié lasst uns essen, wike na kipembe i - hume danda setz den Schröpfkopf auf, damit das Blut herauskomme, tu - pēre tu - pepe gieb uns, damit wir rauchen, u - n'dángule (langula) zeige mir, mūdálla a - gi - kauze miēnda das Mädchen soll die Tücher waschen, u - n'gánzire wasche mir, u - n'dámse (lamusa) wecke mich, u - yúe damit ich trinke, n - gululle (kululla) damit ich verstehe, u - yape biro bringe es gut in Ordnung, tu - ze niri? wann sollen wir kommen? wa - n - sägige sie sollen mich suchen, mu - hērere geht, in- lóngire a - nege lulēnga sage ihm, er möge Wasser holen, tu - gonne lasst uns schlafen, ndi - bite? soll ich gehen? tu - angálle lasst uns pflücken, tu- tenge máfigá lasst uns einen Feuerplatz machen, Songollo i - ka - ze Sougollo soll kommen, n - gēze ich möchte kosten, ndi - rolēre ich möchte nachschauen, mēre (n - pēre) gieb mir, u - ze komme, mu - ze kommt, u - hēgerēre u - ka- koñgomalle komm näher und setz dich, u - n'dóugire (n - longire) sage mir, u - irire ku kiánya klettere hinauf, u - wa - lóugire sage ihnen, u - wa - lóleságe gieb auf sie Acht, mu - m - kēmere ruft ihn, u - mirulire (pirula) bringe mir zurück, s'u - mēgule schäle nicht, si - mu - rolēre schaut nicht hin, s'a - tóle er soll nicht nehmen, si - mu - urge lulēnga ihr sollt kein Wasser schöpfen, u - n'gánzire miēnda wasche mir die Tücher, n'dóngire n - gululle sage mir, damit ich verstehe, longe káwiri múlike sage es zum zweiten Mal, damit ich es höre.

Das Passiv

wird für alle Formen durch Vorsetzung eines ū vor das End - a gebildet:

bejaht:	verneint:
ndi - púlikūa ich werde gehört	⎧ si - ndi - púlikūa ich werde nicht
	⎨ gehört
	⎬ si - múlikūi
	⎩ si - nda - ndi - púlikūa

bejaht:

n-ga-púlikŭa ich wurde ge-
    hört
{ ndi-púlikirŭe ich bin gehört
} worden
{ múlikirŭe
n-sa-púlikŭa ich werde ge-
    hört werden
{ múlikŭe ich mŏge gehört
} werden   .
{ ndi-púlikŭe

verneint:

si-n-ga-púlikŭa ich wurde
    nicht gehört
{ si-ndi-púlikirŭe ich bin nicht ge-
} hört worden
{ si-múlikirŭe
si-n-sa-púlikŭa ich werde nicht
    gehört werden
{ si-múlikŭe ich mŏge nicht gehört
} werden
{ si-ndi-púlikŭe

Das Zeitwort ku-wa »sein«.

Das Praesens von »sein« kann in einfachen Sätzen wie im Suaheli ganz in Wegfall kommen, in der Verneinung wird es durch si ausgedrückt, z. B.: mūnu uyo mŭtáli dieser Mann ist gross, mūuu uyo si mŭtáli dieser Mann ist nicht gross.

Ferner können die alleinstehenden Fürwörter nene, wewe, yuyo, hwēhwe, nyēnyu, wawo das Zeitwort »sein« im Praesens vertreten, z. B.: nene mŭtáli ich bin gross, hwēhwe watáli wir sind gross.

Auch die conjugativen Fürwörter können allein stehen, z. B.: ndi mŭtáli, u mŭtáli, tu watáli u. s. w. Besser ist jedoch zu sagen:

nene ndi mŭtáli ich bin gross   nene si-ndi mŭtáli ich bin nicht gross
wewe u mŭtáli   wewe s'u mŭtáli

yuyo { a / i } mŭtáli   yuyo { s'a / s'i } mŭtáli

hwēhwe tu watáli   hwēhwe si-tu watáli
nyēnyu mu watáli   nyēnyu si-mu watáli

wawo { wa / wi } watáli   wawo { si-wa / si-wi } watáli

Schliesslich haben wir noch die Form

ndi ich bin (eigentlich n-li)   Für die Verneinung wird am besten
u-li   si für alle Personen oder aber nda
a-li   (nein) gebraucht, z. B.: nyumba nda
tu-li   ngommi das Haus ist nicht gross,
mu-li   miho gākŭe nda mēru seine Augen
wa-li   sind nicht hell.

Die übrigen Formen dürften wohl lauten:

n'ga-kúwire ich war   si-n-ga-kúwire ich war nicht
ndi-kúwire ich bin gewesen   si-ndi-kúwire ich bin nicht gewesen
n-sa-kuwa ich werde sein   si-n-sa-kuwa ich werde nicht sein
u-we sei   s'u-we sei nicht
mu-we seid   si-mu-we seid nicht
ndi-we ich mŏge sein   si-ndi-we ich mŏge nicht sein.

Das Zeitwort kuwa na »haben«.

Hiervon ist nur Praesens und Imperfect belegt:

Praesens:

bejaht:	verneint:
ndi-na ich habe	si-ndi-na ich habe nicht
u-i-na	· s'u-i-na
i-⎫ na a-i-⎭	s'i-⎫ na s'a-i-⎭
tu-i-na	si-tu-i-na
mu-i-na	si-mu-i-na
wi-⎫ na wa-i-⎭	si-wi-⎫ na si-wa-i-⎭

Z. B.: mũnu i-na máwoko gáwiri der Mensch hat zwei Hände, kissönyo iki si-ki-na wũgi dieser Pfeil hat keine Spitze, mũgoda ugo gu-i-na mahämba dieser Baum hat Blätter, ndi-ki-na kisseru' ich habe einen Ring, u-i-na migoha giwiri du hast zwei Speere, i-na mitēgulo ĸidatu er hat drei Lasten, si-tu-i-na mahũte wir haben keine Gewehre u. s. w.

Imperfect:

bejaht:	verneint:
nd'ali-na ich hatte	si-nd'ali-na ich hatte nicht
u-ali-na	s'u-ali-na
ali-na	s'ali-na
tu-ali-na	si-tu-ali-na
mu-ali-na	si-mu-ali-na
w'ali-na	si-w'ali-na

Z. B.: nd'ali-na mitēgulo giwiri ich hatte zwei Lasten, s'ali-na sayu er hatte keinen Tabak, si-w'ali-na sabuni sie hatten keine Seife, tu-ali-na ŋg̃owo wir hatten Bananen, si-nd'ali-na kissönyo ich hatte keinen Pfeil.

ku-za kommen:

Von diesem einsilbigen Verbum sind folgende Formen belegt:

Praesens:

bejaht:	verneint:
n-gu-za ich komme	si-n-gu-za ich komme nicht
u-ku-za	s'u-ku-za
⎫a⎫ ⎭i⎭-ku-za	s'a-ku-za
tu-ku-za ·	si-tu-ku-za
wa-ku-za	si-mu-ku-za
⎧wa⎫ ⎩wi⎭-ku-za	si-wa-ku-za

Perfect:

bejaht:	verneint:
ndi-zere ich bin gekommen	si-ndi-zere ich bin nicht gekommen
ú-zere	s'ú-zere
á-zere	s'á-zere

bejaht:	verneint:
tú - zere wir sind gekommen	si - tú - zere wir sind nicht gekommen
mú - zere	si - mú - zere
wâ - zere	si - wâ - zere

und si - n - gá - zige und ich bin nicht gekommen
s'u - ká - zige
s'a - ká - zige u. s. w.

Futur

bejaht:	verneint:
n - sa - ku - za ich werde kommen	si - n - sa - ku - za ich werde nicht kommen
tu - sa - ku - za	si - tu - sa - ku - za

Ferner: i - ka - ze und er möge kommen, wu - ze komm und mu - ze
und zage kommt, s'a - la - za er ist noch nicht gekommen.

Während bei ndi - zere das Infinitiv - ku fällt, ist es bei »sein« im
Perfect ndi - kúwire erhalten geblieben. In den übrigen Formen stimmt die
Beibehaltung des ku mit dem Suaheli überein.

Die reflective Form wird durch se für alle Personen ausgedrückt.
Dasselbe kommt vor den Verbalstamm zu stehen, z. B.:

ndi - se - fihama ich verstecke mich
u - i - se - fihama
i - se - fihama
tu - i - se - fihama
mu - i - se - fihama
wi - se - fihama

Die reciproke Form wird durch Anhängung von anna an Stelle
des End - a gebildet: ku - tówa schlagen, towánna einander schlagen; kuwona
sehen, wonánna einander sehen; púlika hören, pulikánna einander hören;
linganna einander parallel laufen, tañganna einander treffen u. s. w.

Die »noch nicht«- Form wird durch Einschiebung von »la« vor
den Verbalstamm gebildet, z. B.: s'a - la - za er ist noch nicht gekommen.
si - wa - l'ibātwa sie sind noch nicht ergriffen worden, s'a - la - fika er ist noch
nicht angekommen, si - wa - la - fika sie sind noch nicht angekommen, si - gila - wōreka (die Bäume) haben noch nicht geblüht, s'a - la - supa er hatte noch
nicht ausgeruht.

Abgeleitete Verbal-Formen.

Auch im Kihehe finden sich wie in den anderen Bantu-Sprachen die
gewöhnlichen Classen der abgeleiteten Zeitwörter.

1. Die angewandte Form endigt auf ira (zum Theil ire gesprochen)
und ié (wohl aus ire entstanden), z. B.: longa sprechen, lóngira zu Jemand
sprechen, a - ka - wa - lóngira und a - ka - wa - longié und er sprach zu ihnen;
n'dóngire sage mir, a - n'dóngié er sprach zu mir, ndi - m - lóngié ich sagte
ihm; zenga bauen, zéngira für Jemand bauen, mágoda ga ku - zéngira Bauholz;
lóngolla vorausgehen, lóngollirá Jemand vorangehen, a - n'dóngolié er ging

mir voran; lĩda bringen, lĩdira für Jemand etwas bringen, n-ka-n'dĩtira und er brachte mir: lángula zeigen, lángulirá Jemand etwas zeigen, tu-walángulirá wir zeigten ihnen, n-ka-mĩrié er gab mir; a-m-tĩguliē mitĩgulo gyakwe er trug ihm seine Lasten; wĩga wa ku-dúmulira migoda Axt zum Bäumefällen.

2. Die causative Form hat die Endung sa, z. B.: genda gehen, géndasa schicken; táñganna einander treffen, táñgannisa treffen, Begegnung herbeiführen; dĩmula zerreissen, dĩmulasa abreissen; sunsa schaukeln, sũnsisa schaukeln machen; lowa fangen, lówosa fangen machen; dúmula abhauen, dúmulasá kürzen; nyũá trinken, nyũĩsa tränken.

Die Verba auf ka verwandeln dies in sa: iwuka sich erinnern, iwusa Jemand erinnern; lámuka aufwachen, lámusa Jemand wecken; lówoka übersetzen (über Fluss), lówosa Jemand übersetzen; púlika hören hat jedoch púlikisa horchen.

3. Einige Verba bilden mittels der Endung ula an Stelle des End-a eine neue Form, welche eine der Grundform entgegengesetzte Bedeutung hat. z. B.: dinda schliessen, dindula öffnen; wisa suchen, wisula finden; pa geben, pula bekommen.

VI. Die Steigerung der Adjectiva.

Der Comparativ wird durch kuli (wo ist), rútira kuli (rútira übertreffen) oder kiba ausgedrückt. z. B.: mũnu uyo mũtãli kuli yulá dieser Mann ist grösser als jener; winiriz'iwá wakálli kiba walá diese Aufseher sind strenger als jene; mĩgoda ugó mũtãli gu-i-rútira kuli migoda gulá dieser Baum ist grösser als jener; migoda igi mitãli gi-rútira ku miyãgio diese Bäume sind grösser als die andern; ligúllu iri likommi li-rútira kuli lirá dieses Bein ist dicker als jenes; iramba ili igazu kuli lira dieser Graben ist breiter als jener. plur. maramba igá magazu kuli galá; tuwĩga tulá tudodo kuli utu jene Äxte sind kleiner als diese; pãno ipá pagazu pa-i-rútira kuli palá dieser Platz ist breiter als jener; uhãga nó ngazu kuli uhi dieses Bett ist breiter als jenes. plur. mahãga igá magãzu kiba galá.

Der Superlativ wird durch hiro (sehr) ausgedrückt. z. B.: mũnu nyó mũtãli hiro dieser Mann ist sehr gross, der grösste; kihimbi iki kikalli hiro dies Messer ist das schärfste.

Ferner kann der Superlativ ausgedrückt werden durch rútira mit hinzugefũgtem mbĩwali (I. Cl.) alle, oder wáyagwe (I. Cl.) andere, oder wõlofu (I. Cl.) viele, z. B.: mũnu nyó mũtãli i-rútira kuli mbĩwali dieser Mann ist lang, er übertrifft alle; wãnu iwó watãli wi-rútira ku wáyagwe diese Leute sind gross, sie übertreffen die anderen; mũana nyó mũsugu i-rútira ku wõlofu dies Kind ist schlau, es übertrifft viele; mĩgoda ngó mũzito gu-i-rútira kuli mbĩgili dieser Baum ist schwer, er übertrifft alle; kihimbi iki kikalli ki-rútira ku mbĩfiri dieses Messer ist scharf, es übertrifft alle; kofiõlo iyé inofu i-rútira kuli mbĩziri diese Mütze ist schön, sie übertrifft alle; ibúa iri likommi li-rútira ku mõlofu dies Zuckerrohr ist dick, es übertrifft viele; lupembe ulu lũnofu lu-rútira kuli mbĩgali dies Elfenbein ist schön, es übertrifft alle; kahāga iká kagāzu ka-i-rútira ku tŭōlofu dies Bettchen ist breit, es übertrifft viele; usso uwó únofu u-rútira kuli mbr̄gali dies Gesicht ist schön, es übertrifft alle; pano ipa pánofu pi-rútira ku mbēpali dieser Platz ist schön, er übertrifft alle.

Der Superlativ kann ferner durch einen Relativsatz ausgedrückt werden, z. B.: mūnu a-li-ye mútàli der Mann, welcher gross ist (der grösste), pl. wānu wa-li-we watàli; múgoda gu-li-gyé munyéhe der Baum, welcher dünn ist, pl. migoda gi-li-gyé minyéhe; kihimbi ki-li-kyé kikálli das Messer, welches scharf ist, pl. fihimbi fi-li-fyé fikálli; nyarūpala i-li-ye iñgalli der Löwe, welcher wild ist, pl. manyarūpala ga-li-gyé makalli; hr̄rerắge ñgazi i-li-ye inzipi geht den nächsten Weg.

VII. Adverbien.

1. Adverbien des Ortes und Ortsbestimmungen.

Um den örtlichen Sinn des Suffixes i beim Locativ näher zu praecisiren, werden die Praefixe mu, pa, ku angewandt, und zwar:

1. mu, um das Innere des Ortes zu bezeichnen, z. B. nyumbái müāngu in meinem Hause.

2. pa, um die Nähe des Ortes zu bezeichnen, z. B. nyumbái pāngu bei meinem Hause.

3. ku, um eine bestimmte Entfernung oder eine Bewegung von einem Ort zum andern auszudrücken, z. B. nyumbái kùāngu nach meinem Hause hin.

Von diesen Praefixen abgeleitet haben wir die Ortsadverbien umo hier (-drin), ipó oder palá da (-bei) und uku dort (-her oder -hin).

»Wo« wird durch iya oder blosses i mit vorgesetztem mu, pa oder ku ausgedrückt, je nachdem es »wodrin, wobei oder wohin« heissen soll, z. B.:

mūnu a-li müiya wo ist der Mann (drin) oder mūnu a-li mùi
mūnu a-li pīya wo ist der Mann (bei)   »   mūnu a-li pi
mūnu a-li kùiya wo ist der Mann (hin)   »   mūnu a-li kùi

Die Antwort würde lauten:

a-li mumo mu nyumba er ist hier im Hause
a-li palá pa nyumba er ist da im Hause
a-li kuko ku nyumba er ist dort im Hause
a-si mumo mu nyumba er ist nicht hier im Hause
a-si palá pa nyumba er ist nicht da im Hause
a-si kuko ku nyumba er ist nicht dort im Hause

Ferner: múgoda gu-li	{ müiya { mùi	Antwort: gu-li mumo mu mügūnda gu-li palá pa mügūnda
múgoda gu-li	{ piya { pi	gu-li kuko ku mügūnda gu-si mumo mu mügūnda
múgoda gu-li	{ kùiya { kùi	gu-si palá pa mügūnda gu-si kuko ku mügūnda

Am gebräuchlichsten ist die Form kũiya oder kũi für wo, wohin, z. B.: u-i-bitá kũi oder kũiya? wo gehst du hin? u-mu-wēne kũi oder kũiya? wo hast du ihn gesehen? uko kũẽtu kũi tu-i-bitá dort bei uns, wohin wir gehen.

Weitere Ortsbestimmungen sind:

uku na uku hin und her	ku luñgata auf dem Rücken
pakianya oben	páyagwe anderswo
panyi unten	kutāli weit, fern
pipi nahe	lúballi lumũi auf einer Seite
mugatti drinnen	máballi gáwiri auf beiden Seiten
kũiwalla draussen	gálla palá dort drüben
longolle vorn, vorwärts	bãha ipá hier an Ort und Stelle
ipa kulóngolló dort vorn	nyẽke ipa von hier, z. B. nyẽke ipa
kumbẽre zurück, hinten	u-ka fike Tabora von hier bis du
ipa pambẽre dort hinten	nach Tabora kommst
mbẽpali überall	

2. Adverbien der Zeit und Zeitbestimmungen.

pamirão Morgens früh	fipigo, zage páwukyá morgen habe
lifũkyc (zu ergänzen lizowa Sonne) die	ich Arbeit, kommt übermorgen
Zeit nach Sonnenaufgang	néñguni pamirão heute Morgen
kimũnyi Mittags	néñguni kimũnyi heute Mittag
lisẽdwike (zu ergänzen lizowa) Nach-	néñguni lisẽdwike heute Nachmittag
mittag	néñguni lisota heute gegen Sonnen-
lisota (zu ergänzen lizowa) Sonnen-	untergang
untergang .	néñguni pãmihé heute Abend
pẽmihé Abend	néñguni pãkiró heute Nacht
pẽkiró Nacht	firo fiwiri fidatu in einigen Tagen
nycke pakiró mbite pamirão von	firo mbẽfiri immer
Abends bis Morgens	firo fiólofu oft
nyeke pamirão mbite pakiró von Mor-	firo ifi dieser Tage, z. B. ndõuya nzõlofu
gens bis Abends	firo ifi es ist viel Regen dieser Tage
pamassi sinuko Mitternacht	mũẽzi ugó diesen Monat
néñguni heute; Kamũáli ka-lede kiã-	mũẽzi gu-sissire vergangenen Monat
kulya néñguni Kamũáli bringe du	(der übrig ist)
heute das Essen	mũẽzi gu-wóneke nächsten Monat (der
igóllo gestern; igollo n-ga-zi-gúzire	in Sicht ist)
ndatu ñnofu izi gestern habe ich	mũaka ugó dieses Jahr
diese schönen Schuhe verkauft	mũaka mlówera vergangenes (altes)
issũzi vorgestern; na issũzi na inéñgu-	Jahr
ni si-n'da-gónnire von vorgestern bis	mũaka gu idãha ein früheres Jahr
heute habe ich noch nicht geschlafen	mũakai nächstes Jahr
imirão morgen; tu-ze'mirão? sollen wir	pagatti pãkiró mitten in der Nacht
morgen kommen?	yũlino	jetzt, sofort
páwukyá übermorgen; mirão ndi-na	linó	

idāha
dūha

früher, z. B. n-gu-wēu'idāha
n-gu-kagulla yūrino ich habe
dich früher gesehen, jetzt
erkenne ich dich

idāha hiro vor Zeiten
niri wann, steht am Ende. z. B.: u-
ká-zere niri wann bist du gekom-

men? tú-zere niri wann sollen wir
kommen?
tandi erst
pamùānde später, dann, z. B. mēgule
tandi, pamùānde dùmulase fidōdo
fidōdo schāle erst, dann schneide
in ganz kleine Stücke

3. Adverbien der Art und Weise, Vergleichung und Menge.

ónofu gut, schön
kianángifu schlecht
hiro sehr
molòmolá langsam
nyatàge leise
swe nur (steht hinter dem Wort, auf
welches es sich bezieht)
swēra = sunh, bassi genug, basta

'maki wie
wángufiñge schnell
pamùi zusammen
inúddere mehr, noch mehr
kidodo wenig, etwas
nyōlofu viel
euuulì vielleicht

4. Adverbien der Bejahung und Verneinung.

ēna, hēna, gēna ja
ōgo ja doch

nda, ndāla nein
si nicht (beim Verb)

VIII. Praepositionen.

1. Einfache Praepositionen.

mu in und aus, z. B.: mu nyumba
ya yowa wangu im Hause meiner
Mutter, wi-mu-taǹgine mu nyumba
yangu sie trafen ihn in meinem
Hause, tu-gònne ipá mu igigi lasst
uns da im Schatten schlafen, ndi-
huma mu nyumba ich gehe aus
dem Hause
ku zu, auf, nach, z. B.: ndi-kalla ku
mùgūnda ich wohne auf dem Lande,
ndi-hámira ku mùgūnda ich ziehe
auf's Land, ndi-bita ku Benderessalaama ich gehe nach Daressalaam,
u-n-dángule ǹgazi ya ku-bitira ku
Bagamoyo zeige mir den Weg nach
Bagamoyo zu gehen, n-ga-zere ku

Iringa ich kam nach Iringa, ndi-
hérerá kiītu ku Uhehe ich gehe
in meine Heimat nach Uhehe, tu-
i-bitá ku nsagalla gehen wir zum
Brennholz (holen)
pa bei, z. B. pa nyumba beim Hause
na mit, z. B.: i-n-ófire na lufimbo er
hat mich mit dem Stock geschlagen,
nene ndi-génda na Malingamáue
ich gehe mit Malingamane
kwa für, mit, z. B.: tu-gúlline haruti
kwa miēnda gimutānda wir haben
Pulver für sechs Stück Zeug gekauft, u-ibáte lúgoda lōāngu kwa
liwoko lya kúndyo ergreife meinen
Stock mit der rechten Hand

2. Zusammengesetzte Praepositionen.

pakiùnya pa
kiānya ku

auf, oben auf, z. B.: pa-
kiānya pa nhāga auf
dem Bette, kiānya ku i-
puli auf der Mauer

pānyi pa unter, z. B.: pānyi pa ipuli
unter der Mauer
mifùngo pa unter (wenn ein hohler
Raum unter dem betreffenden Ge-

genstand vorhanden). z. B. mifungo
pa nhāga unter dem Bett

mūgátti mu
kugátti ku
{ zwischen, mitten in, z.
B.: mūgátti mu mū-
gūnda mitten in der
Pflanzung, mūgátti
mu ñgazi mitten auf
dem Wege

kumiho ku vor, z. B. kumiho kùāngo
vor mir, oder auch kumiho kuli nēne
kumbēre ku } hinter, z. B. kumbēre ku
pambēre pa } nyumba
ku mūgōngo ku hinter, z. B. ku mūgōngo kùangu oder kuli nene
ku lóngollo ku vor, z. B. ku lóngollo
ku mūēzi gumūi vor einem Monat

kūiwalla ku ausserhalb
pamūi na zusammen mit
kifuku kya wegen, z. B.: tu-i-hámire
kifuku kya ñghondo wir sind wegen
des Krieges ausgezogen, si-tu-húmire kifuku kya ndōnya wir sind
nicht ausgegangen wegen des Regens
ku hūliza pa { anstatt
ku hāmya pa }
pipi pa nahe bei, z. B. pipi pa nyumba
nahe beim Hause
kwa luballi pa abseits, z. B. kwa luballi pa ñgazi abseits des Weges
luballi ku neben, z. B. luballi lōa ñgazi
neben dem Wege

IX. Conjunctionen.

na und
inoó oder
enē wenn, ob, z. B.: enē u-i-pizere
kipigó iki hiro wenn du diese Arbeit gut machst; n'dēte mūgōha
ndi-rolēre, enē gu-i-na ñgāngaká
bringe mir den Speer, damit ich
sehe, ob er Rost hat

kumbi doch, indessen
nambi so
mabiye aber, z. B.: ndi-hérera ku-m-
hongera, mabiye si-udi-mu-wēne
ich ging, um ihm zu danken, aber
ich habe ihn nicht gesehen

Classen der Substantiva	Substantiva		Adjectiva		Charakte- ristische Silben		Pronomen demonstr. „dieser"	
	Sing.	Plur.	Sing.	Plur.	Sing.	Plur.	Sing.	Plur.
I. Classe	Vorsilben mū, m munu	wa wanu	Vorsilben mū, m mùtàli	wa watàli	i (yo)	wa	uyò	iwà
II. Classe	Vorsilben mū, m mùgoda	mi migoda	Vorsilben mū, m mùtàli	mi mitàli	gu	gi	ugù ugò	igi
III. Classe	Vorsilben ki kihìmbi	fi fihìmbi	Vorsilben ki kikàlli	fi fikàlli	ki	fi	iki	ifi
IV. Classe	Vorsilben — kofiölo	oder ma ngofiölo màkofiölo	Vorsilben — inofu	oder ma inofu (zinofu) mànofu	i	zi ga	iyè	izi igà
V. Classe	Vorsilben li, i ligullu	ma magullu	Vorsilben li linofu	ma mànofu	li	ga	ili (irì)	igà
VI. Classe	Vorsilben lu lupembe	ma mapembe mēmbe	Vorsilben lu lùnofu	ma mànofu	lu	ga	ulù	igà
VII. Classe	Vorsilben ka kàwega	tu tùwega	Vorsilben ka kànofu	tu tùnofu	ka	tu	ikà	utù
VIII. Classe	Vorsilben u usso	ma masso	Vorsilben u ùnofu	ma mànofu	u	ga	uò	igà
IX. Classe	Vorsilben pa pàno	pa pàno	Vorsilben pa padòdo	pa padòdo	pa	pa	ipà	ipà

Pronomen demonstr. „jener"		Pronomen interrogat. „welcher?"		Pronomen relativum „welcher"		Pronomina possessiva		Genitiv-Praefix	
Sing.	Plur.	Sing.	Plur.	Sing.	Plur.	Sing.	Plur.	Sing.	Plur.
yulá	walá	múki	wáki	ye	we	wangu wako wakwe wetu weuyu wau	wangu wako wakwe wetu wenyu wau	wa	wa
gulá	girá	muki	miki	güé	gyé	gúangu	gyangu	gúa	gya
kirá	firá	kiki	fiki	kyé	fyé	kyangu	fyngu	kya	fya
irá	zirá galá	ingi	ziki maki	ye	zyé ge	yangu	zangu gangu	ya	za gya
lirá	galá	liki	maki	lyé	gé	lyangu	gngu	lya	gya
lulá	galá	luki	maki	lüé	ge	lüangu	gngu	lün	gya
kalá	tulá	kaki	tuki	kc	tüé	kangu	tüangu	ka	tün
ulá	galá	wuki	maki	we	ge	wangu	gangu	wa	gya
palá	palá	paki	paki	pe	pe	pangu	pangu	pa	pa

Gespräche.

1.

sāwu oder sāu	dient als Gruss und entspricht gleichzeitig dem suah. hodi (= anklopfen) und qaribu (= herein).
u - kuāli?	bist du da? (ebenfalls = hodi).
ndi - lipāha (li ipaha)	ich bin da (= qaribu).
ka - u - wēne?	wie befindest du dich?
ka - mu - wēne?	wie befindet ihr euch?
kúnofu	gut.
sāu! ku - húmige?	tritt näher! (wie geht's) dort wo du herkommst?
makauni ku - húmige?	Nachrichten (Worte) wo du herkommst?
kúnofu	dort ist's gut.
hégerēre, koñgomálle	komm näher, setze dich.
ku - heráge!	adieu!
ka - wa - húngiráge	grüsst sie (wörtlich: besucht sie).
āzi - senga!	Gruss der Wahehe dem Sultan gegenüber.

2.

ki kìkï?	was ist das?
ki kirá	das ist es.
i - li - kuiya oder i - li - kui	wo ist er?
i - li pipi	er ist in der Nähe.
wi - li - kuiya oder wi - li - kui	wo sind sie?
u - ze	komm.
mu - ze	kommt.
mere (ni - pere)	gieb mir.
tu - pērage	gebt uns.
mērage	gebt mir.
{ u - dangule (ni - langule)	zeige mir.
{ u - dánguliré	
hégé!	Achtung! Platz gemacht!
lóngollé	geh voraus.
pirugire	geh zurück.
n - sindiráge	wartet auf mich.
iróleránge	schaut nach! passt auf!

hĕzaife	räume weg.
u - ibăte	halte fest. greif zu.
bitänge	geht eurer Wege.
n - gówoge	leih mir
n - dongire	sage mir.
wa - longire	sage ihnen.
n - dĕdcre (leda)	bringe mir.
n - damse (lámusa)	wecke mich.
pige wángufyé	mache schnell.
louga molámolá	sprich langsam.
longe kamui	sag's noch einmal.
⌡ si - ndi - púliká	ich verstehe nicht.
⌠ si - múliki	
si - tu - i - púliká	wir verstehen nicht.
ndi - púliká	ich verstehe, höre.
⌡ u - lonsere kiki?	was sagtest du?
⌠ u - i - ronga ndauli?	
longe káwiri, si - múliki	sag's zum zweiten Male, ich verstehe nicht.
nani i - púliká?	wer hat es gehört?
nakiĕne, u - i - ronga hiro?	wirklich, redest du die Wahrheit?
i - ronga hiro, si múdessi	er spricht wahr, er ist kein Lügner.
Simalinga i - li - kuiya?	wo ist Simalinga?
nsupali	er ist nicht hier.
a - físire yúlino	er ist soeben angekommen.
a - ka - físire, s'a - la - supa	er ist angekommen, er hat noch nicht ausgeruht.
nunya lússale wangu a - kuza neñguni	mein Freund kommt heute.
bite nku	geh dorthin.
n - kuza yúlino	ich komme sofort.
nda, si - nsuza	nein, ich komme nicht.
n - kuza firo fiwiri fidatú	ich komme in einigen Tagen.
m - lóngire, neue n - húmire	sage ihm, ich sei ausgegangen.
a - sa - piruga mirāo	er wird morgen zurückkommen.
si - wa pirugi neñguni	sie kehren heute nicht zurück.
u - i - bita lússiku ku - mu - wona?	gehst du Abends hin, ihn zu besuchen?
ndi - mu - táñganna	ich treffe ihn.
a - húmire	er ist ausgegangen.
tu - mu - túmire	wir haben ihn ausgeschickt.
si - ndi - mu - zeri litáwa lyakwe	ich kenne seinen Namen nicht.
ndi - mu - wĕne	ich habe ihn gesehen.
si - tu - m - wĕne	wir finden ihn nicht.
tu bitáge	lasst uns gehen.
tu - i - huma	wir gehen aus.
neue, ndi - kulúlla	ich weiss es.
ka - wike uko	lege es dorthin.

ka-wikäge mugatti — legt es da hinein.

u-i-piga ndauli? — was machst du da?

u-pigete iki? — hast du dies gethan?

Simbuēni, ki-sawe kihimbi — Simbuēni, hebe das Messer auf.

si-ndi-ki-zēri kihimbi kyako kōkiri? — ich weiss nicht, wo dein Messer ist.

munu uyó a-yázire kihimbi kyakwe — dieser Mann hat sein Messer verloren.

i-ka-ze niri Songollo? — wann kommt Songollo?

ndi-géndasá pāmui na Songollo — ich bin mit Songollo zusammen gegangen.

bita ku-m-keméra — gehe ihn rufen.

a-bōzere kiki? — warum ist er traurig?

ni-mu-lōngié bitáge — ich habe ihm gesagt: geh deiner Wege.

mbēwali wi-hérera, yuyo i-kállige ipāha — Alle sind gegangen, er ist hier geblieben.

si puali munu, i-uzere kihehe? — ist nicht Jemand da, der Kihehe kann?

s'u-la-kululla Kiswaheli n-gu-igisa nene — wenn du noch kein Suaheli verstehst, werde ich es dir erklären.

n-dóngire, kui u-i-lērwa ēnyi ki? — sage mir, wo, in welchem Lande bist du geboren?

ndi-lērwa Uhehe — ich bin in Uhehe geboren.

a-sáwirwe Ubena — sie ist in Ubena gefunden worden.

3.

itáwa lyako u-i nani? — wie heisst du? (dein Name du bist wer?)

itáwa lyangu Málekerá — ich heisse Málekerú

matawa gēnyu mu-i nani? — wie heisst ihr?

a-li kuiya nyōko? — wo ist deine Mutter?

yōwa wangu a-kā-fwé — meine Mutter ist gestorben.

dade wangu, manyi a-li kuiya — mein Vater, ich weiss nicht, wo er ist.

muāna muki nyó? — was ist das für ein Kind?

si-ndi-m'ūzeri — ich kenne es nicht.

a-li kuiya ñǧinna wakwe? — wo ist seine Mutter?

muāna uyo mūhāvu hiro — das Kind ist sehr schmutzig.

m-kémére mūdodo, m-pēre miēnda miyagwe — rufe das Kind und gieb ihm andere Kleider.

a-bihiye ku-za — es weigert sich zu kommen.

ndāla, s'a-ku-za, kié kiki u-i-mu-tófir(e)igollo — nein, es kommt nicht, weil du es gestern geschlagen hast.

i-róngirá firo mbēfiri udessi — es lügt immer.

muāna múyagwe i-púlika ñǧánni zangu — das andere Kind hört auf meine Worte.

n-sa-m-pagáta — ich werde es auf den Schooss nehmen.

u-i-pagátige mūdodo — hast du das Kleine auf den Schooss genommen?

ēna, i-heká i-kié — ja, es lacht und freut sich.

sʼa-i-riá kinhu	es isst nichts.
kié kiki sʼa-i-liá?	warum isst es nicht?
u-i-liá kiki?	was isst du da?
a-li-kŭïya Kidalá?	wo ist Kidalá?
a-si-puali panyi?	ist sie nicht da unten?
a-si-puali	sie ist nicht da.
enauli, a-li ku kiänya ku nyumba	vielleicht ist sie oben im Hause.
ni-bite ku kiänya?	soll ich hinaufgehen?
bite ka-m-sindike	geh und bringe sie her.
Kidalá wēē, u-i-kēmerwa na nyoko, a-tike u-m-sindikire kihimbi	du, Kidalá, du wirst von deiner Mutter gerufen; sie sagt, du sollest ihr ein Messer bringen.
u-wine tandi, tu-géndase pamui	warte doch, damit wir zusammen gehen.
waana wáyagwe si-wa-la-fika	die anderen Kinder sind noch nicht angekommen.
müana uyó a-ká-zere niri?	wann ist dies Kind gekommen?
a-ká-zer(e)igóllo	es kam gestern.
sʼa-ku-za néñguni?	ist es nicht heute gekommen?
ndāla, a-ká-zer(e)igóllo pakiro	es ist gestern Nacht gekommen.
bite kwa wadodo wáyagwe mu-hēzige	geh zu den anderen Kindern, damit ihr spielt.
mñana i-wemba	das Kind weint.
kié kiki wadodo wi-wemba?	warum weinen die Kinder?
liwoko lyūkwe li-ka-hómirwe na kissönyo	seine Hand wurde von einem Pfeil getroffen.
fiāla fyākwe fi-tŭnire	seine Finger sind geschwollen.
kissönyo kirá ki-ni-hómire issikisa lyangu	der Pfeil da hat mein Ohr getroffen.
kissönyo iki si-ki-na wūgi	dieser Pfeil hat keine Spitze.
wadodo wa-wémbige mbēwali	die Kinder haben alle geweint.
swēra, ka-bihiráge yúlino	genug, hört jetzt auf.
wāna wa-li-kŭi?	wo sind die Kinder?
wawo si kuko ku nyumba	sie sind nicht im Hause.
yumŭi i-se-fihámira mu nyumba	eins hat sich im Hause versteckt.
u-wa-loleságe wadodo, wi-dákulle kilió kyäo	gieb Acht auf die Kinder, dass sie ihr Essen essen.
mudálla yulá i-mü-wénda müanäkwe	jene Frau liebt ihr Kind.
wa-wéndite wanäo	sie liebten ihre Kinder.
a-li-puiya Massānya?	wo ist Massānya?
sʼa-la-za tandi	er ist noch nicht gekommen.
u-hómire kuiya?	wo kommst du her?
wadodo iwá wa-hāfire	diese Kinder sind zu spät gekommen.
tú-zere mbētuli	wir sind Alle gekommen.
tu-i-bitá kungi	wir gehen nach Hause.
tu-i-tikira ku-gendagenda néñguni	wir wollen heute spazieren gehen.

u-ki-zêre iki?	kennst du dies?
u-i-na fiala filinga?	wieviel Finger hast du?
liwoko limùi li-na fiâla fihano	eine Hand hat fünf Finger.
ndi-na máwoko gáwiri	ich habe zwei Hände.
u-i-m-wêne Muñga?	hast du Muñga gesehen?
Muãga s'a-ká-zere néñguni kifuku kya utámunüá	Muãga ist heute krankheitshalber nicht gekommen.
nani n-wúllege zupa, wewe iwó wewe?	wer hat die Flasche zerbrochen, du oder du?
êne u-wúllege zupa nyayo, u-tówawa ñgoda	wenn du eine andere Flasche zerbrichst, wirst du geschlagen werden.
mu-húmire kuíya?	wo kommt ihr her?
tu-i-wêne usulya uenya makañga	wir haben ein Vogelnest mit Eiern gesehen.
tu-i-sünsise mbangu uko na uko	wir haben uns hin und her geschaukelt.
mûdalla a-m-tófire müana, a-ka-wúllige kirole	die Frau hat das Kind geschlagen, welches den Spiegel zerbrochen hat.
muküamissi wenyu a-ka-wúllagigé munyawinge wetu	euer Junge hat unsere Sclavin getödtet.

4.

u-ze, lete nsagálla na maganga tutenge máfigá	komm, bringe Brennholz und Steine, damit wir einen Feuerplatz machen.
lete kiwya kirà, ka-ki-hiriwe	bringe den Topf da und reinige ihn.
n-ka-fi-hiriw(e)igollo	ich habe sie gestern gereinigt.
fiwya ifi fya nani?	wem gehören diese Töpfe?
kosse moto	mache Feuer.
ñgala i-pérula moto	der Wind bläst das Feuer aus.
moto gu-zimire	das Feuer ist ausgegangen.
muliãngo ugo gu luizi	diese Thür ist offen.
sage lidindiro lya luizi, li-yãsire, si-ndi-li'zeri (li-uzeri) li-li-kuiya	suche den Riegel der Thür, er ist verloren gegangen; ich weiss nicht, wo er ist.
mùliãngo gulá müdinde	jene Thür ist geschlossen.
dindula muliüngo kidodo	öffne die Thür etwas.
tóle mùkũsole ugú, gutope mu kiwya	nimm diesen Reis und thue ihn in den Topf.
mêrage na lulenga	gebt mir auch Wasser.
fissiro ifi fi-mémire lulenga	diese Gefässe sind voll Wasser.
lulenga ulú si lúnofu, lu-na manángifu	dies Wasser ist nicht gut, es ist schmutzig.
bite ku iwalla u-ká-nege lulenga lúnofu	geh hinaus und schöpfe frisches Wasser.
tóle indówo indodo ira, ku-nega lulenga	nimm den kleinen Eimer, um Wasser zu schöpfen.

lete na lulenga lŭá ndōnya ka-ın-pere   bringe auch Regenwasser und gieb
mudalla uyó   es dieser Frau.
sope lulenga mu kiwya, tu-tereke   giesse Wasser in den Topf, damit
   wir kochen.
lulenga lu-lúlluma   das Wasser kocht.
lete fingamba ifi, tu-fi-tereke   bringe diese Bataten, damit wir sie
   kochen.
mēre kihimbi kiūgi   gieb mir ein scharfes Messer.
kihimbi iki kyāni? (kya nani)   wem gehört dies Messer?
si kyangu   es ist nicht meins.
li-li-kuiya libuēta lyangu?   wo ist mein Kasten.
li-limo ın'uhaga   dort auf der Bettstelle.
lete kihimbi kyangu   bringe mein Messer.
wik'ipāha   lege es dahin.
nyonge n̄g̃uku imŭí nen̄g̃uni, n̄g̃uku   schlachte (drehe den Hals um) ein
ya wúwiri mirāu   Huhn heute, das zweite morgen.
mere mōnyo   gieb mir Salz.
si-ndi-na monyo ipa   ich habe kein Salz hier.
uō-gu-li monyo mōlofu mugatti mu   da ist viel Salz in dem eisernen
kibuēta kya kĭūma   Kasten.
u-héreré ku kiānya, kōmole monyo,   geh nach oben, hole Salz und thue
u-hāte mu muhūzi   es in die Sauce.
tu-liá kiki nén̄g̃uni?   was essen wir heute?
kiákulya kinŏno hiro, ugalli na mu-   sehr gutes Essen, Brei und Gewürz-
huzi   Sauce.
nani i-sansire (von sanga) ugalli?   wer hat den Brei gekocht?
nene u-ka-térike issūzi mukússole   ich habe vorgestern Reis gekocht.
kiákulya ki-pié?   ist das Essen gekocht (fertig)?
tu-liáge   lasst uns essen.
ka-lete kiákulya   bringe das Essen.
kiákulya we-ki-pié, tu-lié   wenn sie das Essen fertig haben, lasst
   uns essen.

nene i-waw'insálla   ich bin hungrig (es schmerzt der
   Hunger).
tu-i-na nsalla hwehwe mbētuli   wir haben Alle Hunger.
tu-fwé mússale   wir sterben vor Hunger.
nene i-wawa n̄g̃eru   ich bin durstig.
mere lulenga kidodo n-yńe   gieb mir etwas Wasser, damit ich
   trinke.

wi-na n̄g̃eru wawo mbēwali   sie haben Alle Hunger.
mudalla a-ka-mērié ugalli ni-kā-liń   die Frau gab mir Brei und ich ass.
mŭana uyó i-kā-liá ugalli wēnyu   das Kind hat euren Brei gegessen.
yu kuāli ku nyumba?   ist er zu Hause?
s'a-la-fika, tu-lié tu wiyēna   er ist noch nicht gekommen; essen
   wir allein.

inyulúllu in̄g̃í u-ku-wenda?   was für Suppe willst du?

inyulúllu izi uńo hiro	diese Suppe ist sehr heiss.
ka-n-détere ińgówo n-gēzé	bringe mir Bananen. damit ich koste.
iñgowo izi núñgunó	diese Bananen sind reif.
iñgowo zirá si iuofu	jene Bananen sind nicht gut.
m-pere mŭaua iñgowo zirá ziuofu	gieb dem Kinde jene guten Bauanen.
nyanya izi nŏnno hiro	diese Tomaten sind sŭss.
‿firo mbēũri muteréssi i-m-terekera fingamba	der Koch kocht ihm alle Tage Bataten.
wi-li-kùiya Malingamãne na Muãga?	wo sind Malingamaue und Muaga?
wa-li uku panyi pa múgoda	sie sind dort unter dem Baum.
wa-kémére	rufe sie.
u-i-suka mbúngala?	willst (bittest) du Zuckerrohr?
u-i-hãge mbúngala gumũi pa mibúngala igi	nimm ein Zuckerrohr von diesen.
hongère	danke.
dénye libérege lya mbúngala	brich eine Stange Zuckerrohr ab.
u-gu-wēne munónuo?	findest du es sŭss?
mbúngala gũangu si munónno	mein Zuckerrohr ist nicht sŭss.
gũako mukávu	deins ist trocken.
lete mbúngala mnyãgo n-gēzé	bringe ein anderes Zuckerrohr. damit ich koste.
ugo munòno; ifundo indodo m-pere mũana	dies ist sŭss; ein kleines Stückchen gieb dem Kinde.
s'a-gu-wende mbúngala	es hat Zuckerrohr nicht gern.
a-i-yēndite wuki wa ńsuki	es hat Bienenhonig lieber.
mĩgule tandi, pamũande dúmulaze tudódo tudodo	schäle es erst. dann schneide es in ganz kleine Stückchen.
a-bihiye ifundo ngommni	es verweigert ein grosses Stück.
i-yenda ulasi múddere kwa lulenga	es liebt berauschende Getränke mehr als Wasser.
ndi-gnĩté	ich bin satt.
ndi-na tullo	ich habe Schlaf.
si-n-ku-wenda ku-gonua	ich will nicht schlafen.
si-tu-pefi sãyu	wir rauchen nicht (Tabak).
lino lete kihéro, u-sópe mugatti	bringe eine Schüssel und thue es hinein.
kihéro ki?	was für eine Schüssel?
kihero kirá kidodo	jene kleine Schüssel.
fihero mbēfiri fi-riñgēue	alle Schüsseln sind gleich.
u-sinsire?	bist du fertig?
n-ga-sinsire pipi	ich bin bald fertig.
mukũnmissi uyó i-piga kipigo kyakwe kwa upiffu	dieser Junge arbeitet fleissig.
ʃu-kn-here kũiya?	wo gehst du hin?
ʃit-i-bitá kui?	
mene ndi-kall'ipá	ich wohne hier.

bite ku kaye ka'-gullá máfutá

) máfutá maki?

' máfutá ga kiki?

kié kiki u-i-gúlla máfutá?

ndi-tikira n-hiriwe muliängo muliango muki?

kubúlle hiro, pa-) u-hiriwe máfutá
müände) u-báke

lete mügoha ndi-rolére, éne gu-i-na ñgángaká

gu-i-na ñgángaká nzólofu

munu uyo i-kulúlla ku-hōngola lukwande

i-li kíïya isho wako?

dade wangu a-húmire

a-hére kíïya?

a-hére ku kikaye ku-guzá ñgúku

ñgúku ziringa ze-inwe (zi-a-inwa)?

manyi, enauli ikymmi

ñgúku izi ikymni mbéziri zakwe?

ndāla, imñi yakwe swe

. nyumba iyé ya nani?

nyumba iyé nda ngommi

nyumba irá inofu i-ratira ku nzayo

i-n-zéugirige nyumba

wadalla iwá wi-ûägira mu nyumba

wa-ka-fiagirig(e) igollo

u-i-lolére wanu iwa witow'indussi

ndussi nyiki?

gehe in die Stadt und kaufe Öl.

was für Öl?

warum kaufst du Öl?

ich will die Thür anstreichen.

welche Thür?

reibe sehr ab, dann schmiere mit Öl ein.

bringe den Speer, damit ich schaue, ob er Rost hat.

er hat viel Rost.

dieser Mann versteht Speerschafte zurecht zu machen.

wo ist dein Vater?

mein Vater ist ausgegangen.

wo ist er hingegangen?

er ist in den Ort gegangen, um Hühner zu verkaufen.

wieviel Hühner hat er mitgenommen?

ich weiss nicht, vielleicht zehn.

sind diese zehn Hühner alle sein?

nein, nur eins ist sein.

wem gehört dies Haus?

dies Haus ist nicht gross.

jenes Haus ist schöner als die andern.

er hat mir ein Haus gebaut.

die Mädchen sind im Hause am Fegen.

sie haben gestern gefegt.

schau diese Leute, sie schlagen die Trommeln.

was ist es für ein Tanz?

5.

mienda igi si minofu, ndema mienda igi, n-ku-euda zirá uku

mienda igi gi-na ikwi

mitenda gu-i-démüläsá

müana a-n-détié muenda

a-hizire mitenda güangu

a-li kűiya munu, ya-ka-hizire müenda güangu?

u-gizire galinga?

nani a-kanza kitámbali iki?

nani a-ka-ki-kánzire?

u-n-gánaire mienda miéru igi

dieseTücher(Kleider) sind nicht schön, (ich will) nicht diese Tücher, ich habe jene dort lieber.

diese Tücher sind schmutzig.

das Tuch ist zerrissen.

das Kind hat mir ein Tuch gebracht.

er hat mir ein Tuch gestohlen.

wo ist der Mann, welcher mein Tuch gestohlen hat?

wieviel hast du abgemessen?

wer wäscht diesen Lappen?

wer hat ihn gewaschen?

wasche mir diese weissen Tücher.

u-kauze mienda ugó na sabuni | wasche dies Tuch mit Seife.
munyawinge muhinsa a-gi-kanze mi- | die Sclavin soll meine Kleider waschen.
  enda gyängu
wanyawinge wa-ka-kanzige mienda | die Sclavinnen haben deine Kleider
  gyāko | gewaschen.
anika mienda igi ku lizowa | trockne diese Tücher in der Sonne.
vūāle mienda linó | ziehe jetzt die Kleider an.
tu-vālide mienda minofu néñguni | wir haben heute schöne Kleider an-
  | gezogen.

6.

a-li kûiya fundi Mûányambirâ? | wo ist der Meister Muányambirâ?
a-l'ipāha | er ist hier.
i-ronga, i-suka ngẽse | er sagt, er will Kalk.
lede ngẽse, lede maganga | bringe Kalk, bringe Steine.
kō-ga-li maganga mōlofu | dort sind viele Steine.
maganga ga-li kûiya? | wo sind Steine?
bāba ipa pipi pako | hier ganz in deiner Nähe.
si kutali? | ist es nicht weit?
si-u-i-ua miho wẽwe? | hast du keine Augen?
lete maganga wangufiäge | bringe schnell Steine.
lete maganga ku kiānya | bringe die Steine hier herauf.
lete lulenga, ipa lu-supali | bringe Wasser, hier ist keins.
m-kémére mudodo a-nege lulenga | rufe den Jungen, er soll Wasser holen.
u-irire ku ikinga, kō-lu-li lūẽgo | klettere hinauf, dort ist eine Leiter.
ndi-saga munu, a-sa-mõudere (pon- | ich suche Jemand, der mir dies Eisen
  da) kîûna iki | schmieden wird.
let(e)iwẽga lyangu | bringe meine Axt.
kîāga kya iwẽga kihímúre | der Stiel der Axt ist ausgegangen.
u-lembe lússoni | setze ein Blatt (Stahl) ein.
mirulire (pirula) iwẽga lyangu mirão | bringe mir meine Axt morgen zurück.
n-gu-li-lẽdira mirão | ich werde sie dir morgen schicken.

7.

ndi-tikira n-guze mùgunda gũangu | ich will meine Pflanzung verkaufen.
u-wene ndauli, ni-ku-guze? | wie viel willst du geben (du siehst was,
  | dass ich sie dir verkaufe)?
mùgunda gũangu múnofu hiro | meine Pflanzung ist sehr schön.
lu-supáli lulenga lōlofu? | ist viel Wasser da?
ki-supáli kissimá pipi pa nyumba | da ist ein Brunnen nahe beim Hause.
mō-lu-li lulenga hínofu? | ist gutes Wasser drin?
kō-gu-li na múkogá, na lulenga lûá | da ist auch ein Fluss, und das Fluss-
  múkoga lunóno hiro, lu-i-rutira lu- | wasser ist sehr gut, es übertrifft
  lenga lûá kissimá | das Brunnenwasser.
mu-i-wẽne somba múkogai? | habt ihr Fische im Fluss gesehen?

ku mügunda gùangu mabùngalá mölofu, na upemba na massébêre na
imboga mbêziri kö-zi-ri
mussêre ngú êna mussêre gùa mugunda gùako?

nakiêne (ndi-ki-wene), êna mussêre
gùa mugunda gùangu, nene si-ndi-
ronga údessi. ndi-ronga nakiêne
migoda giringa gi kö-gi-ri mugunda
gùako?

mugunda gùako pipi na múkogá?

gu-li kùiya mugunda gùako?

si kutali, nene ndi-bité mirāo

tu-ka-lùnige igollo ukó

pauo ipa pa-n-senda

si-n'gu-pa-wenda pano ipa

munya migunda igi i-bāgira mugunda
gumùi

upemba u-pongólla hiro

ku-li ndege, litáwa lyakwe sweswe,
a-i-nyùa ulasi

u-i-rolêre ùmenné kö-i-ri ukó, i-dakulla lissolli, i-dakùlla mabùngala
getu, i-dakulla mbêgali

firo mbêfiri ùmenu'(e)iyé ya-i-ku-za.
i-ka-liá massolli na mabùngala na
fingamba na finu lìêtu mbêfiri

mbêpali a-i-ku-za, a-ka-z'igollo, a-
ka-z'issūzi, a-ka-zire pakiro ne-
ñǧuni

haya wadódo, bitange m-k'ibáte
ùmenne i-li-kùiya lino?

i-li kumbere ku mùhogo

u-i-rolêre, pipi pako, u-ibate

u-i-dindise

lu-li-piya lùsissi?

lete lùsissi luyālo

mu-wöpe hiro

mu-wöpe pambêre pa nyumba

lino in-pêre lulenga

euauli i-na ñǧêru

mu-pêre inahamba, i-na nsalla

i-gùite linó, s'i-na nsalla

a-li-piya munya'meunné iyé?

manyi

auf meiner Pflanzung ist viel Zuckerrohr und Hirse, und Mais und alle
Gemüse sind dort.

ist das Reis von deiner Pflanzung?

wirklich, ja es ist Reis von meiner
Pflanzung, ich sage keine Lüge,
ich spreche die Wahrheit.

wie viele Bäume sind da auf deiner
Pflanzung?

ist deine Pflanzung nahe am Flusse?

wo liegt deine Pflanzung?

nicht weit, ich gehe morgen hin.

wir haben gestern dort gearbeitet.

der Platz hier gefällt mir.

ich liebe diesen Platz nicht.

der Besitzer dieser Pflanzungen ver-
miethet eine Pflanzung.

die Hirse blüht schön.

dort ist ein Vogel, er heisst Sweswe
und trinkt gern Ulasi.

schau, dort ist eine Ziege, sie frisst
Gras, sie frisst unser Zuckerrohr,
sie frisst Alles.

alle Tage kommt diese Ziege und
frisst Gras und Zuckerrohr und
Bataten und alle unsere Sachen.

überall kommt sie hin, sie kam gestern,
sie kam vorgestern, sie kam heute
Abend.

voran, Kinder, geht und fangt sie,
wo ist die Ziege jetzt?

sie ist dort hinter dem Mohogo.

schau, nahe bei dir, greif sie.

halte sie fest.

wo ist ein Strick?

bringe einen anderen Strick.

binde sie fest an.

binde sie hinter dem Hause an.

gieb ihr jetzt Wasser.

vielleicht hat sie Durst.

gieb ihr Blätter, sie hat Hunger.

sie ist jetzt satt, sie hat keinen Hunger.

wo ist der Besitzer dieser Ziege?

ich weiss es nicht.

tu-sa-mu-wona, s'a-la-piruku | wir werden ihn sehen, wenn er zurückkehrt.

a-i-kalla ukú luballi ku nyumba ya magauga i-ri ugommi hiro; i-na mapenne mõlofu | er wohnt dort neben dem Steinhaus, welches sehr gross ist; er hat viele Ziegen.

wayawo wadodo, wayawo wawiuna | die einen sind klein, die anderen gross.

wayawo wẽru, wayawo watitu | die einen sind weiss, die anderen schwarz.

wā-zere ipa mbẽwali | sie kommen alle hierher.

wanu wa-ka-hizire mũngu ga mugunda gũãngu si-wa-l'ibãtwa | die Leute, welche die Gemüse auf unserer Pflanzung gestohlen haben, sind noch nicht ergriffen worden.

u-gi-wene mikondo ku múgodá? | siehst du die Früchte (des Affenbrotbaumes) auf dem Baume?

ẽna, kõ-gi-li, kumbe si-gi-la mitúñgunú | ja, da sind welche, aber sie sind noch nicht reif.

kõ-gi-li midõdi swé | da sind nur unreife.

lete gumũi, ndi-gu-wone n-gẽze | bringe eine, damit ich sie sehe und koste.

u-i-rolẽre mudõdi hiro, liwala lyakwe ndala mahamba | schau, sehr unreif, ihre Farbe ist wie (nein) die Blätter.

u-i-rolẽre, ẽne kõ-gu-li gumũi mutúñgunú | schau, ob da eine reife ist.

kõ-gu-li gumũi mutúñgunu ku kiãnya hiro | da ist eine reife ganz oben.

u-iriré ku kiãnya | klettere hinauf.

kuike ku múgodá | steige vom Baum herab.

si-nd'úzeri ku-irirá | ich kann nicht klettern.

gẽze, irira ku múgodá | versuch's, klettere auf den Baum.

wẽẽ Solirémba, lete lugowo | du, Solirémba, bringe eine Stange.

lugowo luki? | was für eine Stange?

lugowo lulá lutali | jene lange Stange.

páwukya tu-angulle miyãgió | übermorgen wollen wir andere pflücken.

bite u-ka-tól'iwẽga wa ku-dúmulira migoda | geh und hole die Axt, um die Bäume zu fällen.

ka-hérerá ku-dúmula mugoda gulá | geh, fälle jenen Baum.

migodá gi-li kũiya, m-ka-dúmule? | wo sind die Bäume, welche ihr fällen sollt?

si-tu-sa-dúmula migodá igi | wir werden diese Bäume nicht fällen.

migodá igi gi-kwãlulá | diese Bäume blühen.

bite)
hérerë) u-ka-tóle ligimiro ka-lime | geh, hole die Hacke und arbeite.

limbẽdë ili ndi-konyólire mu mugunda gũakwe | diese Gurke habe ich auf seiner Pflanzung gepflückt.

munu uyó mukálli hiro

a-tŏfire munyawinge wakwe

i-towa firo mbĕfiri wanyawinge wakwe

u-i-rolĕre, dūma i-ri panyi pa mu-
hiki

pákiro ipa i-ka-ku-zire dūma i-ká-
liá ñguku ziwiri

si dūma, i-ka-li ńsoka

ńsoka i-patá ku-ingira mu mŏĕna
mudodo hiro

ukwetu mūnyi gumŭi ńsoka yá-dakŭé
ińguku ikyumi na makūnga mŏlofu

u-i-rolĕre hiro, duma i-r'ipáho pa
fitúngulu

nene si-ndi-ki-wĕne kinu

nakiĕne, ndi-i-wĕne linó, lete hute
yangu

i-su-mu-li issassi, i-su-mu-li baruti

issassi mŏ-li-ri mu ipipa, na baruti
mū-i-ri mu ipembe ya baruti

tu-yawe ikándiro, tu-tege lútego

ndi-tĕgige uina wa ku-gwirisa ñgóko

dieser Mann ist sehr roh.

er hat seine Sclaven geschlagen.

er schlägt alle Tage seine Sclaven.

schau, da ist ein Leopard unter dem
Baume.

diese Nacht kam ein Leopard und
frass zwei Hühner.

es war kein Leopard, es war eine
Schlange.

eine Schlange kann durch ein sehr
kleines Loch kriechen.

bei uns frass eines Tages eine Schlange
10 Hühner und viele Eier.

schau sehr hin, der Leopard ist dort
im Gebüsch.

ich sehe nichts.

wirklich, ich sehe ihn jetzt, hole mein
Gewehr.

es ist keine Kugel, kein Pulver drin.

Blei ist hier im Fass und Pulver im
Pulverhorn.

lass uns eine Grube ausheben und eine
Falle stellen.

ich habe eine Falle gestellt, um wilde
Thiere hineinfallen zu lassen.

8.

mùāna i-na mbūngó

u-ĕl(e) inyulúllu, m-pere

a-bihiye inyulullu, á-tike a-ku-
wende ugalli

ugalli si únofu kwa wanu wenya
mbūngó

mu-pere múgoda tandi, pamŭánde
mu-pere lulenga n'inyulúllu

mu-kĕmére ñginna wakwe tu-géndaze
ku nyumba

mutwe gùangu gu-i-wawa

lino liangu li-mbawa (ni-wawa)

meno gangu gi-mbawa

mámbaga i-wawa

mu-iremme mu-i-wawa

nene mutámmŭa

das Kind hat Fieber.

koche Suppe, gieb sie ihm.

es will keine Suppe, es sagt, es
möchte gern Brei.

Brei ist nicht gut für Fieberkranke.

gieb ihm erst Arznei, dann gieb ihm
Wasser und Suppe.

rufe seine Mutter, damit wir nach
Hause gehen.

ich habe Kopfschmerzen (mein Kopf
schmerzt).

mein Zahn schmerzt mich.

meine Zähne schmerzen mich.

ich habe Brustschmerzen.

ich habe Leibschmerzen.

ich bin krank.

munu nyó { i-na kigérike dãuda / i-hũme dãuda — dieser Mann hat Dysenterie.

mugōgollo uyó i-na lukohómolá — diese Alte hat Husten.

liwoko lyangu li-túnire — mein Arm ist angeschwollen.

liwoko lyakwe li-wawire — seine Hand schmerzte ihn.

ndi-témire kiãla — ich habe mich in den Finger geschnitten.

si-ngéruik'igollo, ugali ndi mutám- mũá — ich bin gestern nicht gekommen, ich war krank.

nénguni mõuire — heute bin ich gesund.

tu-pẽrage mũgoda kwa watámmũá — gebt uns Arznei für die Kranken.

mutámmuá a-pónire — der Kranke ist gesund geworden.

kié kiki u s'u-kã-zere igollo? — warum bist du gestern nicht gekommen?

firo fiõlofu ndi mutámmũá — viele Tage war ich krank.

u-li mutámmũá kiki? — was fehlte dir?

ndi-kúwire na mbũngó — ich habe Fieber gehabt.

u-nyũe mũgodá ugú — trinke diese Arznei.

ndi-nyũé súkumui? — soll ich auf einmal trinken?

sope mũgoda kidodo mu lulenga, pamũánde ku-nyũá — giesse etwas Arznei in Wasser, dann trinke.

u-i-saga lulenga lusissimo, manyi lulenga lupyó? — willst du kaltes oder heisses Wasser?

mũgoda ugó mukálli hiro — diese Arznei ist sehr scharf.

wunúngo wakwe wanángifu — ihr Geruch ist schlecht.

wángufyé u-nyũé mbẽguli — schnell, trinke Alles.

pamũánde u-nyũé lulenga — dann trinke Wasser.

muhawi yumũẽne a-sa-ku-sindika uganga — der Zauberer wird selbst die Arznei bringen.

i-háwira mudalla ugó — er hat diese Frau bezaubert.

i-piga wuhawi wakwe mbẽpali — er treibt überall seine Zauberei.

kwetu wa-wullagige wahawi — bei uns tödten sie die Zauberer.

mũtwa a-ka-wa-kémere wakammi wakwe, a-ka-wa-lóngire: »mugō- golo uyó muhawi, mu-ibátage mu- wõpage; mirño i-sa-tumbikũa« — der Häuptling rief seine Soldaten und sagte ihnen: »Dieser Alte ist ein Zauberer, ergreift ihn, bindet ihn; morgen wird er gehängt werden«.

wa-ka-mu-wopa — sie banden ihn.

wanu wa-ka-m-sindié wa-ka-fúlluge, wa-ka-góna; n-ga-m-fúngulïé, a- ka-kimbirá — die Leute, welche ihn bewachten, wurden müde und schliefen; ich band ihn los und er entlief.

wakamui wa-ka-lãmuiké wa-ka- longa: »muhawi a-kimbié« — die Soldaten erwachten und sagten: »Der Zauberer ist entflohen«.

wa-ka-m-sägige — sie suchten ihn.

wa-ka-n-tãñgauna wa-ka-n-dóngira: »u-mu-iwuke munu yulá tu-mu- wõfire?« — sie trafen mich und sagten zu mir: »Erinnerst du dich jenes Mannes, den wir festgenommen hatten?«

ni-ka-wa-lóngira: «munu nani?» ich sagte zu ihnen: «Welchen Mann?»
wa-ka-n-dóngira: «muhawi yulá a- sie sprachen zu mir: «Jener Zauberer
ka-kimbïé; mutwa wetu ēn'a- ist entflohen; wenn unser Häupt-
púlike, a-sa-tu-towa ling das hört, wird er uns schlagen».
n-gawa-lóngira: «n-ga-wa-wóneza ich sprach zu ihnen: «Ich werde Euch
enyi yakwe; ninirage tu-m-sage seinen Ort zeigen; folgt, damit wir
 ihn suchen».
n-ga-lóngolla, mbēwali wa-ka-ninirá; ich ging voraus. Alle folgten; wir
tu-ka-lowōka múkogá, tu-k'in- setzten über den Fluss, betraten
girá mu'nyi (enyi) yakwe tu-ka- seinen Ort und fanden ihn.
mu-wŏna

9.

{mirão tu-i-bita safari morgen gehen wir auf Reisen.
{mirão tu-hérera ku safari
tu-i-bita ku Uhehe wir gehen nach Uhehe.
ndi-heméra firió néñguni ich sehe mich heute nach Proviant um.
n-ga-hémerige filigollo (filió igollo) ich habe mich gestern verproviantirt.
tu-i-bite ku-gwawa mienda gehen wir, um uns mit Stoffen für
 die Reise zu versorgen.
a-ka-here ku Bagamoyo a-ka-gúlline er ist nach Bagamoyo gegangen und
mienda minofu hat schöne Stoffe gekauft.
nyumbai mwa mugēnzi mienda miōlofu im Hause des Fremden liegen viele
 Stoffe.
mu-i-wūza kiki mienda igi? wie verkauft ihr diese Tücher?
gēre utáli wakwe na úfupi wakwe miss seine Länge und Breite.
bita ku wassāgirá ka-gulla mienda gehe zu den Unterhäuptlingen und
 kaufe Stoffe.
n-ga-gúlline finu fiōlofu ich habe viele Sachen gekauft.
igollo n-ga-gi-gúlline mienda mino- gestern habe ich diese schönen Stoffe
fu igi gekauft.
n-ga-gūzire mienda mipya gyangu ich habe meine neuen Tücher verkauft.
n-dangule ūgazi ya ku-bitira ku Baga- zeige mir den Weg, um nach Bagamoyo moyo zu gehen.
ūgazi i-húnire} ipa i-ka-fike Ubena ist der Weg von hier bis Ubena weit?
 nyeke
kutáli?
tu-ka-wūzige wanu mbēwali wir haben alle Leute gefragt.
kirongozi a-lóngohé ku wapagazi der Führer geht den Trägern voran.
tów' indússi schlage die Trommel.
ñgingo i-dēmüiké das Fell ist zerrissen.
mirão tu-sa-wŏna enyi ngomui morgen werden wir ein grosses Land
 sehen.
Wahehe wa-ka-nansir'inyi ku Iringa die Wahehe haben das Land um Iringa verwüstet.

Wabena wi-nansire kaye zetu

wi-kibete senga zetu mbẽziri
mutégulo ugó gu-mu-lémmire
mitégulo igi mipefu na gilá mizito
wapagazi wahanu wa-ka-hémire
wa-ka-tẽgule mibogóllo igi
kitẽgulo kimùi ki-yássire
kirongozi a-ka-túmire wanu wa-wa-
ságige
wapagazi wa-lündie

sage wanu wa-tẽgule ñgingo izi
wikasa pa mugongo gũñ dógowi
sakange pano penyi kissima
lulenga lu-li-kũiya?
lu-li kuko ku mugunda gulá
lulenga lu-firá ipa
wa-dagge wanu iwó
nani mñénya maperéra?
u-kã-zere niri?
ndi-kã-zer'igollo
mu-lõngié mũtwa n-sa-kuza mirão

si-n-sa-kuza néñguni
kula ku mãmbo ku-li wanu wõlofu
wenya migoha
wi-koñgomálle ku mambo
ka-wa-lõngié wana mbẽwali wa-hanse
migoha gyao
ndi-wa-wẽne wi-here yúlino
tu-sóperige mahute getu
ndi-mu-wẽne munu ukó, uiu-kémére
nyumba iyé i-hũna liñssi

tu-i-bite
kõ-zi-li nyumba ñnofu?
pano ipa panángifu hiro, pa-na mifwa
na maganga na makándiro
mifwa gi-tu-ómire mu ligullu

wa-hõpié mugatti mu irãmba
mu-fúlluge?
safari i-here kutali néñguni
tu-ku-hiraga tu-i-bita kungi

die Wabena haben unsere Orte zerstört.
sie haben all unser Vieh weggenommen.
diese Last drückt ihn.
diese Lasten sind leicht und jene schwer.
fünf Träger sind geflohen.
sie trugen diese Säcke.
eine Last fehlt.
der Führer hat Leute ausgeschickt,
damit sie sie suchen.
die Träger haben sich vorher berathen.

suche Leute, die diese Felle tragen.
lade sie auf den Rücken des Esels.
sucht einen Wasserplatz.
wo ist Wasser?
dort ist welches auf jener Pflanzung.
hier quillt Wasser hervor.
jage die Leute weg.
wer ist der Nachrichten-Überbringer?
wann bist du gekommen?
ich bin gestern gekommen.
sage dem Häuptling, ich werde morgen kommen.
ich werde heute nicht kommen.
dort auf dem anderen Ufer sind viele
Leute mit Speeren.
sie sitzen am anderen Ufer.
sage allen Leuten, dass sie ihre Speere
niederlegen sollen.
ich sehe, sie gehen jetzt.
wir haben unsere Gewehre geladen.
ich sehe dort Jemand, rufe ihn.
aus diesem Hause steigt Rauch heraus.
gehen wir hin.
giebt es da gute Häuser?
der Platz ist sehr schlecht, da giebt
es nur Dornen, Steine und Gruben.
die Dornen haben uns den Fuss verletzt.
sie sind in den Sumpf gerathen.
seid ihr müde?
die Karawane ist heute weit gegangen.
wir bitten dich um Erlaubniss, nach
Hause zu gehen.

10.

néṅ́guni ku-li ṅ́gála hiro	heute ist es sehr windig.
mafúffu mólofu néṅ́guni	heute ist es sehr bewölkt.
néṅ́guni kwĕro	heute ist es klar.
i-su-ku-li ṅ́gála néṅ́guni	es ist heute nicht windig.
lino mafúffu ga-si-ku-li, lizowa ikalli	es ist jetzt nicht bewölkt, die Sonne
hiro	brennt sehr heiss.
ndonya i-nyulúlla	es regnet.
firo ifi i-si-ku-li ndonya	dieser Tage fiel kein Regen.

Erzählungen.[1]

I.

müdálla müdūtu.
bibi   mnene
Die dicke Frau.

a-ka-li kũáli   mudalla mudūtu hiro.   a-ka-li mutámmũa   wa
akilwrato   *bibi   mnene   sana.*   *akaura   mgunyuca   sababu ya*
Es war einmal   eine sehr dicke Frau.   Sie war   krank   wegen

wudūtu wakwe.   mūnyi gumũi   a-ka-longa   na wanakwe: nene
unene wake   *siku moja*   *akwrambia*   *waanawe:*   *mimi*
ihrer Korpulenz.   Eines Tages   sprach sie   zu ihren Kindern: Ich

n-sa-kú-bita kwa mlagússi,   n-ga-kóffié mügoda güä wudūtu.
nixkwenda   hra   mganga,   *nipate   dawa   ya   unene*
werde zum Arzt gehen,   damit ich Arznei gegen die Corpulenz bekomme.

a-ká-here   kwa mlagússi.   a-kú-fissere.   a-ka-wóna   mlagússi
akwnda   hra   mganga   *akipofika,*   *akaona   mganga*
Sie begab sich zu einem Arzte.   Als sie dort ankam,   fand sie   den Arzt

a-su-pali.   mudálla a-m-sindie,   a-ka-koñ́gomálla,   a-ka-hóza
hayupo.   *bibi   akangoja,*   *akakaa kitako,*   *akasikitika (sababu ya)*
nicht zu Hause.   Sie   wartete,   setzte sich nieder   und war betrübt

wutámmũñä wakwe.   muganga a-kä-pirwike.   a-ka-nu-wóna mudalla
ugonywa   wake.   *mganze   akarudi*   *akamwona   bibi*
wegen ihrer Krankheit.   Der Arzt kehrte zurück   und sah die Frau.

uyú,   a-k'itika: hegĕrere,   a-ka-mu-wūza: u-i-säga kiki?   mudalla
huyu,   akasema: *garibu,*   *akamwuliza:*   *unafafuta nini!*   *bibi*
und er sagte: Tritt näher, und fragte sie: Was suchst du?   Die Frau

---

[1] Dieselben sind keine ursprünglichen Erzählungen der Wahehe, sondern dem Suaheli entnommen, den Wahehe vorerzählt und von diesen in ihrer Sprache wiedergegeben. Die zweite Zeile enthält den Suaheli-Text.

a-kátwike: n-ga-li n-gu-zere kũāko   u-n-dawe (lawn) wutánmũā
akasema: *nimekuja*   *kwako*   *unitazamie*   *ugonywa*
sagte: Ich bin gekommen zu dir,   damit du nach meiner Krankheit

wangu.   a-ka-wũza: u-i-na kiki?   a-ka-katwike mudalla, a-ka-hõngeza:
wangu.   *akauliza:*   *una nini!*   *akasema*   *bibi*   *akajibu:*
schauest.   Er fragte: Was hast du?   Sie sagte, die Frau, und sprach:

n-sũk'u-mēre   mũgoda kwa wudũtu wangu.   muganga
naomba unipe   *dawa ya unene wangu.*   *mganga*
Ich bitte, dass du mir giebst Arznei gegen meine Corpulenz.   Der Arzt

a-ak-m-lóugira: kwandi ũya,   mirũo   ũ-zage   n-gu-pēre
akamwambia   *kwanza nenda sako,*   *kesho njoo*   *nikupe*
sprach: Geh zunächst deiner Wege, morgen komm, damit ich dir

mũgoda gũāko.
dawa yako.
deine Arznei gebe.

mudalla   a-ká-bita,   a-ka-piruga mõnyi gumũi kwa mlagussi.
bibi   *akenda sake*   *akarudi niku moja kwa mganga.*
Die Frau ging ihrer Wege und kehrte eines Tages zum Arzt zurück.

n-ká-bita,   selãfikā kwa muganga   a-ka-mu-fika
akenda,   *'hajafika kwa mganga*   *akamkuta*
Sie ging,   und war noch nicht beim Arzte angekommen, als sie ihn traf

ku lehēnyo,   a-ka-m-niãtige.   muganga n-ka-m-wuza: makánni
mbele ya nyumba,   *akamgaribia.*   *mganga akamwuliza:*   *khabari (gani)*
vor dem Hause, und sie näherte sich ihm. Der Arzt fragte sie: Was giebt's

ku-húmige?   mudalla a-k'itikira: kúnofu, n-suzige (suka) u-mere
unakutoka!   *bibi*   *akuikkia: njema,*   *noomba unipe*
von wo du kommst? Die Frau antwortete: Gutes, ich bitte, gieb mir

mũgoda lino.   muganga n-ka-mu-itika   n-gũ-ku-lagũlla   mbizi
dawa sawa.   *mganga akampiwa;*   *nimetazama*   *ramli*
die Arznei jetzt.   Der Arzt   antwortete: Ich habe nachgesehen in Zauberei

zangu — firo fimufũñgati   u-ká-fwa,   na mũgoda si-gu-lõke.
zangu — niku sub'u   *utakufa*   *na dawa haifai.*
meiner — sieben Tage (dann) wirst du sterben und Arznei nützt nichts.

a-ka-púlika mudalla   iñganu'izi,   a-ka-gogopa   hiro mu mũtima
akaskia bibi   *maneno haya,*   *akaogopa*   *sana kutika moyo*
Sie hörte, die Frau, diese Worte und fürchtete sich sehr in Herzen

gũākwe,   a-ka-wipa   a-ka-piruga   kwakwe   kwa wanãkwe,
wake   *akawaza*   *akarudi*   *kwake*   *kwa waanace,*
ihrem   und überlegte und kehrte zurück nach Hause zu ihren Kindern

n-ka-wemba hiro.   s'a-dakúllige,   na lulenga   s'a nyēsige,   a-hõzige
akalia sana,   *aula*   *na maji*   *aanywe,*   *akasikitiwa*
und weinte sehr. Sie ass nichts, und Wasser trank sie nicht, sie war betrübt

hiro,   a-ka-gansa hiro   firo fimufũñgati,   kumbi s'a-ku-fwa
sana,   *akakonda sana*   *niku sub'a*   *lakini hakufa*
sehr   und magerte sehr ab   die sieben Tage,   aber sie starb nicht

kiro kya mufũñgati,   s'a-ku-fwa   kiro kya munnane,   a-ka-wõka,
niku ya sub'a   *hakufu*   *niku ya nane,*   *akaondoka,*
am siebenten Tage, sie starb nicht am achten Tage. Da stand sie auf,

a - kn - bitá kulu (ku - li) muganga, a - ku - m - longira: néñguni kiro kya
aizuda *kva* *mganga* *akamwambia:* *lso* *siku* *ya*
giug hin zum Arzte und sprach zu ihm: Heute ist der achte

munane nene si - n - gu - fwá. muganga a - ka - m - lóngira: wewe
nane *mimi* *sikufa* *mganga* *akamwambia:* *wewe*
Tag und ich bin nicht gestorben. Der Arzt sprach zu ihr: Bist du

linó u - ka - li mudútu, inno u - ka - li munyehe? a - ka - lóngire: munyehe,
sasa *mnene* *ao* *mwembamba!* *akasema* *mwembamba,*
jetzt dick oder bist du dünn? Sie sagte: Dünn,

n - ga - gánzire n - gogopige ku - fwn. muganga a - ka - m - lóngira:
nimekonda *nimeogopa* *kufa.* *mganga* *akamwambia:*
ich bin abgemagert, ich fürchtete zu sterben. Der Arzt sprach zu ihr:

bit'ñye, lino u - ka - pónire.
nenda sako, *sasa* *umepona.*
Geh weg, jetzt bist du gesund.

II.

ikabiya na somba.
kima *na* *samaki (papa)*
Der Affe und der Fisch (Haifisch).

i - ka - li küali ikabiya imöi, i - ka - temire lússale
ilikuwako *kima moja,* *akafanya* *urafiqi*
Es war einmal ein Affe, und er schloss Freundschaft

na isomba. wi - kalla pipi na mubiki.
na papa. *wakakaa* *qaribu na* *mbuyu.*
mit einem Haifisch. Sie lebten in der Nähe eines Affenbrotbaumes.

ikabiya a - k'irié ku kiänya ku mubiki, a - ka - liá, a - ka - m - tögize
kima *akapanda* *juu ya* *mbuyu,* *akala,* *akamtupia*
Der Affe kletterte auf den Baum und ass und warf zu

mahamba isomba. a - ka - m - löngié suku möi: tu - géndase
majani *papa.* *akamwambia* *siku moja:* *twende*
Blätter dem Fisch. Er sagte zu ihm eines Tages: Lass uns gehen

ukwetu. ikabiya a - ka - tike: n - gu - za, kumbi si - nd'üzere
kwetu. *kima* *akasema:* *niakuja,* *lakini* *sijui*
zu uns. Der Affe sagte: Ich werde kommen, aber ich weiss nicht

kögerá. somba a - ka - m - lóngera: n - sa - ku - kwénula.
kogelea. *papa* *akamwambia:* *niakuchukua.*
zu schwimmen. Der Haifisch sagte zu ihm: Ich werde dich tragen.

a - ka - tikira: tu - hérere. wa - ka - hérerasa wa - fike
akasema: *twende.* *wakenda zao* *wafike*
Er sprach: Lass uns gehen. Sie gingen ihrer Wege, bis sie ankamen

gatti ya ñgazi. somba a - ka - m - lóngira: uko kwetu
katti la njia. *papa* *akamwambia:* *kuko kwetu*
auf der Mitte des Weges. Da sagte der Haifisch zu ihm: dort bei uns,

küi tu - i - bitá, mútwa wetu mutámmüá hiro, s'a - poná
tunakokwenda *sultani wetu* *hawezi sana,* *haponi*
wo wir hingehen, ist unser Sultan sehr krank; er gesundet nicht,

14*

si - a - ku - liá　　mútiina　　güá'kabiya.　　ikabiya　　a - ka - m- longira:
(kama) kali　　*moyo*　　*wa　kima.*　　*kima*　　*akamwambia:*
wenn er nicht isst　das Herz　eines Affen.　Der Affe　sprach zu ihm:

indauli　　　su - ku - n'dóngera　　pamúánde?　　n - ga - gu - lésire
kwa nini　*hukunambia*　　*zamani!*　　*nimwacha*
Warum　　hast du es mir nicht gesagt　früher?　Ich habe gelassen

mútiina güängu　'ku　　mubiki;　　si - w'úzeri,　　mpuwa
moyo　*wangu*　*juu ya*　*mbuyu;*　　*hujui,*　　*mpumbafu*
mein Herz　auf　dem Affenbrotbaum; weisst du nicht, Dummkopf

wewe,　hwehwe　ēne　tu - i - gendagenda　tu - ka - gireka　mútima gyētu
wewe,　*sisi*　*kama*　*tunakwenda*　　*tukatunuika*　　*mioyo*　*yetu*
du,　wir,　wenn　wir weggehen,　hängen wir auf　unsere Herzen

ku　　mibiki,　　tu - i - gendagenda　si - tu - i - na　　nútima?
juu ya　*mibuyu*　　*tunakwenda*　　*katuna*　　*mioyo?*
auf　die Bäume,　wir gehen　ohne (wir haben keine)　Herzen?

somba　a - ka - m - lóngira:　tu - piruge　　lino,　　u - winule
papa　*akamwambia:*　　*turudi*　　*sasa,*　　*utafute*
Der Haifisch　sprach:　Kehren wir zurück　jetzt,　suche

mútiina güäko.
moyo　*wako.*
dein Herz.

wa - ka - bitá,　wa - ka - piruga,　wa - ka - fika　ku　　mubiki.
wakenda,　　*wakarudi,*　　*wakafika*　*kwa*　*mbuyu.*
Sie gingen　und kehrten zurück　und langten an　am Affenbrotbaum.

a - k'irira　ku kiänya　ira'kabiya,　a - ka - m - lóngira　somba:
akapanda　*juu*　*yule kima,*　*akamwambia*　　*papa:*
Er kletterte　hinauf.　jener Affe,　und sprach zum　Haifisch:

u - imipāha,　n - sa - bitá　ku - tōla　mútiina güängu.　a - k'irira
simama hapa,　*nitakwenda*　*kutwaa*　*moyo*　*wangu.*　*akapanda*
bleibe hier,　ich werde hingehen　zu holen　mein Herz.　Er kletterte

ku　　mubiki,　a - k'ikalla　kuko,　somba　a - ka - m - kémera.
juu ya　*mbuyu,*　*akakaa*　*huko.*　*papa*　*akamwita,*
auf　den Baum　und blieb　dort.　Der Haifisch　rief ihn,

kabiya　a - ka - katūka.　a - ka - wuira　a - ka - m - kémera　a - ka - m - lóngira:
kima　*akanyamaza.*　*akalia*　*akamwita*　　*akamwambia:*
der Affe　schwieg still.　Er schrie　und rief ihn　und sprach zu ihm:

tu - bitäge!　kabiya　a - ka - bihira:　tu - bite küiya?
twende!　*kima*　*akakataa:*　　*twende wapi!*
Lass uns gehen!　Der Affe　weigerte sich:　Wo sollen wir hingehen?

a - ka - m - lóngira:　tu - bite kwetu.　a - k'itikira:　wē
akamwambia:　　*twende kwetu.*　*akaitikia:*　*wa*
Er sprach:　Lass uns nach Hause gehen.　Er antwortete:　Du

mpuwa　wewe.　n - sa - ikall'ipāha　na　mútima güängu
mpumbafu　*wewe,*　*nitakaa hapa*　*na*　*moyo*
Dummkopf,　du,　ich werde hier bleiben　mit　meinem Herzen

ku kiänya.
juu.
hier oben.

III.

muẽmi.
mtu 'ayari.
Der Betrüger.

ku-a-li   munu   ku kaye,   muẽnii hiro.
alikwako   *mtu*   *mjini*   *'ayari mno.*
Es war einmal   ein Mann   in einer Stadt,   ein grosser Betrüger.

i-keméraga   wannu   kwakwe,   a-k'itikira: zule,   kapige kípigo
akawaita   *watu*   *kwate,*   *akawambia:*   *njoo,*   *kafanya kazi*
Er rief   Leute   zu sich   und sagte: komm   und mache Arbeit

kwangu,   n-sa-ku-pẽre   magimiro.   mbonẽgo güä
krangu,   *ntukupa*   *majembe.*   *murisho wa*
bei mir,   ich werde dir geben   Hacken (als Zahlung).   Am Ende des

mürzi   a-ka-m-lóngira: Bita   ku kaye,   katóle   finu fiwiri,
mwezi   *akamwambia:*   *nanda*   *mjini,*   *katwae*   *vitu viwili,*
Monats   sprach er zu ihm: Geh   zur Stadt   und hole   Sachen zwei,

ẽne   s'u-ledite   finu ifi   si-n-gu-pera   ligimiro lyäko.
tama   *hukuleta*   *vitu hivi*   *sikupi*   *jembe lako.*
wenn   du nicht bringst   diese Sachen,   gebe ich dir nicht   deine Hacke.

nämbi lússiku lumüi   a-ka-mu-fika   müäna yumüi,   a-ka-m-longira
hieyo usiku moja   *akamkuta*   *mwana mmoja,*   *akamwambia*
So   eines Abends   traf er   einen Jungen   und sprach zu ihm

iñganni   ndaul'izi.   müäna   a-ka-longa: ñnofu.   a-ka-ze kwakwe,
maneno   *kama haya.*   *mwana*   *akasema:*   *njema.*   *akaja kwake,*
Worte   wie diese.   Der Junge   sagte: Gut.   Er kam zu ihm

a-ka-piga kipigo   mürzi gu-kássira.   gu-kássira   mürzi
akafanya kazi   *mwezi mzima.*   *ulipokwisha*   *mwezi*
und arbeitete   einen vollen Monat.   Als zu Ende ging   der Monat,

a-k'itikira: mẽre   ligimiro lyängu.   muẽmi   a-ka-longa: bite
akasema: *nipe*   *jembe langu.*   *'ayari*   *akasema:*   *nenda*
sagte er: Gieb mir   meine Hacke.   Der Betrüger   sprach: Geh

ku kaye   ka-ndẽdere   haa na hii.
kutitu mji   *kaniletea*   *haa na hii.*
zur Stadt   und bringe mir   das und dies.

müäna   a-ka-longa ku mútima güäkwe: haa na hii   ki kiki?
mwrana   *akasema katika moyo wake:*   *haa na hii*   *ni nini!*
Der Junge   sprach   in seinem Herzen: Das und dies,   was ist das?

nd'uzera   lino!   i-lolẽra   mürmi nyu.   a-k'ibitira
najua   *sasa!*   *ataona*   *'ayari huyu.*   *akanenda,*
Ich weiss es   jetzt!   Er wird es sehen   dieser Betrüger.   Er ging fort

a-ka-wŏna   igöziriangi   ikommi hiro,   a-ka-tola   kizupa kititu
akaona   *taandu*   *kubwa,*   *akatwaa*   *chupa nyrusi*
und fand   einen Hundertfuss,   sehr gross,   und er nahm   eine dunkle Flasche

a-k'i-sopa   mugatti.   a-ka-bitäga   a-ka-wŏna   ingé,   na
akatia   *ndani.*   *akanenda*   *akaona*   *nye,*   *na*
und steckte ihn   hinein.   Er ging weiter   und fand   einen Skorpion, und

ingė   a - ka - i - sopa   mugatti   mu   kizupa   a - ka - funikira
nga   *akaiña*   *ndani*   *ya*   *chupa*   *akainba.*
den Skorpion   steckte er in   die Flasche   und stopfte sie zu.

a - ka - sindika   kizupa iki   kwa   müẽmi   a - ka - itika: ndá-
akaleta   *kichupa hiki*   *kwa*   *'ayari*   *akasema:*   *nina*
Und er brachte   diese Flasche   zu   dem Betrüger   und sprach: Ich habe

fire   haa na hii.   müẽini   a - ka - wuza: ki kiki?   a - ka - longira:
pata   *haa na hii.*   *'ayari*   *akauliza:*   *i nini?*   *akasema:*
bekommen das und dies.   Der Betrüger   fragte: Was ist das?   Er sagte:

u - ingize   kiãla   swe,   u - i - rolẽra.   a - k'ingiza
ingiza   *kidole*   *tu,*   *utaona.*   *akaingiza*
Stecke hinein   den Finger   nur, (dann) wirst du's sehen.   Er steckte hinein

kiala   —   igoziriangi   i - ka - m - luma,   a - ka - wemba   hiro.
kidole   —   *isandu*   *ikamuuma,*   *akalia*   *sawa.*
den Finger   —   der Hundertfuss   biss ihn,   und er schrie   laut auf.

müãna   a - k'itikira: u - ki - wene   iki   haa?   hii   i
mwana   *akasema:*   *umeona*   *hiki*   *haa*   *hii*   *i*
Der Junge   sprach: Hast du gesehen   dieses haa?   Das hii ist (noch)

mugatti.   müẽmi   a - ka - m - lóngira: swẽra,   i - ndümire.
ndani.   *'ayari*   *akamwambia:*   *basni,*   *imenimua.*
drinnen.   Der Betrüger   sagte zu ihm: Genug.   er hat mich gebissen.

n - gu - pera   lino   ligimiro lyãko.
nitakupa   *sasa*   *jembe*   *lako.*
ich werde dir geben   jetzt   deine Hacke (Lohn).

Wörterverzeichniss.

Durch den Karawanenverkehr von der Küste sind eine Anzahl besonders auf den Handel bezüglicher Suaheli-Worte, für welche der Begriff im Kihehe bis dahin fehlte, in dasselbe eingedrungen, z. B.:

barūti (suah. baruti) Pulver

ipipa lya baruti (suah. pipa la baruti) Fass Pulver

safāri (suah. safari) Reise, Karawane

issassi (suah. risasi) Blei, Kugel

lihēma (suah. hema) Zelt

mápessa (suah. mapesa) Geld

ńsupa (suah. chupa) Flasche

sabūni (suah. sabuni) Seife

hāt (suah. khatti) Brief

musinga (suah. mzinga) Kanone

múnyolóllo (suah. minyororo) Kette der Strafgefangenen oder Sclaven

mussómali (suah. msomari) Nagel

kitambi (suah. kitambi) Stück Zeug

lupande (suah. upande) Stück Zeug von 4 Unterarmlängen

mükŏno (suah. mkono) Stück Zeug von 1 Unterarmlänge

müdŏte (suah. doti) etwa 10 Unterarmlängen

igora (suah. gora) etwa 30 englische Ellen

müāka (suah. mwaka) Jahr

male (suah. mali) Vermögen, Waare

ndatu (suah. viatu) Sandalen

Bei anderen Wörtern hat sich neben dem Kihehe-Wort das Suaheli-Wort eingebürgert, z. B.:

		neben
fataki (suah. fataki) Zündhütchen		kinenge
bakuli (suah. bakuli) Schüssel	-	kifuŕda
kirongozi (suah. kirongozi) Karawanenführer	-	münya ńgāzi
ngalli (suah. ugalli) Mehlbrei	-	' upolo
nsugu (suah. njugu) Erdnuss	-	mangogo
bangi (suah. bangi) Hanf	-	kirambo
massika (suah. massika) grosse Regenzeit	-	kifoko
lufimbo (suah. fimbo) Stock, Hiebe	-	lúgoda
müliāngo (suah. mlango) Thür	-	lüizi
muhogo (suah. mhogo) Kasawa	-	manindi
bunduki (suah. bunduqi) Flinte	-	hüte
müssitu (suah. msitu) Wald	-	ikungu
ńgambi (suah. kambi) Lager	-	itinga
upinde (suah. upinde) Bogen	-	kidibulo
mikuki (suah. mkuki) Speer	-	mügŏha
ibúa (suah. múa) Zuckerrohr	-	mbúngala
imbŏga (suah. boga) Kürbis, Gemüse	-	liñngu (mūngu)
uganga (suah. uganga) Zauberei, Zaubertrank	-	múgoda
müganga (suah. mganga) Arzt, Zauberer	-	mülagússi

kalli (suah. kali) scharf
fûwa kiûma (suah. fua chuma) schnieden
himba (suah. chimba) graben
pima (suah. pima) messen
binsa (suah. chinsha) schlachten
guza (suah. uza) verkaufen
kimbira (suah. kimbia) weglaufen

neben ugi
· ponda kiûma
· iyawa
· gira
· kouma
· galla
· héma

A.

ägiká kennzeichnen, markiren
akká nanu!
alöngwe ku (ñgazi) vorn auf (dem Weg)
amba sammeln
amba lulēnga lua ndōnya Regenwasser auffangen
ámbirá pariren
anángifu hässlich, schlecht
angúlla pflücken
anika ku lizowa ⎱ zum Trocknen in die
· p'izowa ⎰ Sonne hängen
apolla losschnüren
áwiká an den Strick legen
äzimiá auf längere Zeit miethen, leihen

B.

badikisa festkleben
bádula nsagalla Brennholz aussuchen
bádulla múgoda Baumstamm behauen
bägira vermiethen
bäha da, hier
· bäha ipá hier an Ort und Stelle
bakulla ńsuki Bienenschwarm einfangen
bända zusammenfalten
bändula abschälen, schoten
bändula likoñgo Wunde aufkratzen
bánnirissá verbrennen
banya müdálla Frau erwerben, heiraten
baquli (suah.) Schüssel
bäruti (suah.) Pulver
bassa miethen
běhola aufstossen (Magen)

bihira aufhören, ablassen, verweigern
· múlimó von der Arbeit ablassen, Arbeit verweigern
bitá vorbeigehen, gehen
bitá ku lóngollo vorwärts gehen
bita kungi nach Hause geben
bógollo Sack
bota drehen, flechten (mit zwei Strängen)
bûeta Kistchen
bímisá zerwerfen
bunduqi Gewehr
bûnsa übervortheilen

D.

dade (pl. wadade) mein Vater
dagga wegjagen, entlassen
daggadagga verfolgen
dakulla essen
dákulla sayo Tabak kauen
dállika Recht sprechen, Gerichtssitzung abhalten
dáuda Blut; nene i-huma danda ich habe Dysenterie
data kidátu Seil flechten
děka erbrechen
deke weich, biegsam
děmûika ⎱
děmuka ⎰ zerrissen sein
děmûlá zerreissen
děmulasa abreissen
děnya zerbrechen
dereműlira fuiri Haare scheiteln
dessi lügenhaft
deta lügen
dibola (Bogen) spannen

dima müäna Kind füttern
dimñi das ist gleich (wörtl. ndi müi das ist eins)
dinda schliessen, zuhängen
dinda müliängo Thür schliessen
dinda na idindiro mit dem Riegel schliessen
dinde geschlossen
dindisa einschnüren, enger machen, falten, zusammenschürzen
dindula müliängo Thür öffnen
dödi nass, feucht, unreif
dödo klein, gering, werthlos
dodo jünger, z. B. müäna müdödo wangu mein jüngeres Kind
dögi eine Bohnenart
dögowi Esel
dudira hinken
dunga fürchten
dügifu stumpf
düma Leopard
dünmula abhauen, abschneiden
dünmula migoda Bäume fällen
dünmula na wega mit der Axt abhauen
dünmulasá kürzen
dünmulasa ñgazi Weg abschneiden
dünmusa wuháwi Zauberei durch Gegenzauber wirkungslos machen
dunñgu roth
dünñgupé rothglühend
dütu dick, fett

E.
ögika angelehnt sein, z. B. müliängo gu-ögika
öna, höna oder göna ja
enáuli vielleicht
önde eifersüchtig
öné wenn, ob
-önya besitzend
önyi Land
öru weiss, hell

F.
fataki Zündhütchen
fiägirá fegen
fiängulá lifüke Schweiss abtrocknen

fibände Kette aus flachen Muscheln als Amulet
fiöruka gebären
fifi ndäla dem ist nicht so (wörtl. dieses nein)
fifipá Perlkette, die von den Frauen auf dem blossen Leibe getragen wird
filüma verstecken
fingáma einhaken
finyo Raum
fiöla schleifen, schärfen
fiöliro und ifiöliro Schleifstein
fipinga zusammen
fira hervorquellen
firo fiölofu oft
• mbefiri immer
fisa und fika (suah.) ankommen
fitámali Widerhaken am Speer
fitögoli Reisig
fitüngulü Dickicht, Gebüsch
fola nackt
fuagalálla auf der Erde sitzen
füga landen
fugá zählnen
fugama knieen
fugüta Blasebalg drücken
fugutira für Jemand den Blasebalg drücken
füika zuhängen
fuima jagen
fuiri Haare
fülugalla müde sein; nene ndi-fülluge ich bin müde, si-tu-wa-fülluge wir sind nicht müde
fulüna überkochen
fümbatirá an der Hand halten, Faust ballen
funde Handwerker, Meister
• wa hüte Flintenmacher
• wa ku-füima Jäger
• wa ku-nyulúlla ludódi Armringverfertiger
funde wa ku-talássa miénda Schneider
• wa lukwände Speerschaftverfertiger
funde wa löwomba Maurer

fúndira Jemand zu Gast laden, bewirthen

fundo Gelenk

fúnika ⎫
funikira ⎰ bedecken, schliessen

funsi Faust

funulla aufdecken, abdecken, öffnen

• miho Augen öffnen

fúnya ausspucken

fúo Flusspferd; mẽno ga fúo Flusspferdzähne

fupi kurz

fuwá waschen, reinigen

fuwa klīma schmieden

fuwata Ähren treiben

fúwo Eidechse

fwá sterben

• mússale verhungern

G.

gabú schnappen, auffangen, pflücken

gábissá umstossen, zurückstossen, bei
Seite stossen

gafu abgemagert

gāla sich betrinken; a-gālite er ist
betrunken

galinga wie viel? im Sinne wie theuer?
(ga bezieht sich auf ein Wort mit
Vorsilbe ma im Plural)

galla palla dort drüben

gállusa Braut aus dem Elternhause
holen

gānsa abmagern

gatú faul, langsam bei der Arbeit

gaúlla kiãkulyá Essen auftragen

• ugalli Brei einschöpfen

gawá ausgeben, zahlen

gawánna einander theilen

·gáwasa vertheilen

gāyu sehr arm

gāzu breit

gẽna, hẽna, ẽna ja

genda gehen

genda safari reisen

gendagenda spazieren gehen

géndasa schicken

gendasa pamũi zusammengehen

gẽrula abschöpfen

gẽrula lútatu Rahm abschöpfen

gessá gar sein

gẽza kosten, schnecken

gimbula gebären (Thier)

girú messen

girú fiãla eine Spanne abmessen

giranna einander zumessen, Poscho
geben

girasa abmessen, übereinstimmen

gireka anhängen, aufhängen

gōgollo alt, mügōgollo der Alte

gogomba biegen

gogopa sich fürchten

gohómolá husten

gole (magole) Ratte

góllofu gerade, gerade gewachsen

gollóka sich gerade halten, gerade
sitzen

golólla grade machen, glätten, ausrichten

gōmba umherstreifen, patrouilliren

gonna schlafen

gonna luwãfu auf der Seite liegen

gonna luñgáta auf dem Rücken liegen

gondamma schief stehen, sich krumm
halten

gónesa mu ñgambi im Lager schlafen

gónnira muninga Wachposten ausstellen

gōnsa zuwickeln, zusammenfalten

gönsánna sich ringeln

gōpola meno Zähne ausziehen

gullá kaufen und verkaufen

gullánna übereinkommen

gúllufu blödsinnig

gulúga nackt gehen

gullūka fliegen

gūza (suah.) verkaufen

gwá fallen, einstürzen

gwāliñgasa Beine übereinander schlagen, übereinander legen

gwawa miẽnda sich mit Zeugen, Stoffen
für die Reise versehen

gwira hineinfallen

H.

hädika zusammenschlafen
hafa zu spät kommen
hägùlla aussuchen, wählen
häha loben
häla erben
haläla umhertasten
ku häliza pa ⎱ anstatt
ku hämya pa ⎰
hälula mahlen
hama ausziehen
hämba Watte
hängalla nothleidend
hangalámmula abwickeln, abdrehen
hänginissá säumen, Saum nähen
hanyirra benetzen, anfeuchten
hansa durcheinander mischen, zerstören
hät (suah.) Papier, Brief
häta brausen, zischen
hävu, ävu schmutzig
häwira Jemand bezaubern, durch Zauberei töten
hégé Achtung! Platz gemacht!
hégerêra näher kommen
heka lachen
hêma davonlaufen, fliehen
heméra Stoff gegen Lebensmittel eintauschen
hemera fiákulya sich verproviantiren, fouragiren
hêna, êna ja
héngirá schnauben
hêrerá (auch hêra) gehen
hêra leer, Adv. umsonst
herúka sieden, kochen (allgemein)
hêzaipa und hezaga wegräumen
hêza ñgingo Fell abziehen
hêza idindiró aufriegeln
hêziga tanzen, spielen
hidissá herrschen
higissa belehren, erklären
hiimba graben
hinsa schlachten
hiraga Erlaubniss geben wegzugehen, verabschieden

hirikiza glauben
hiriwá abspülen, anstreichen
hiro sehr
hiza stehlen
hodikissá festlegen
hogóssa wackeln, los sein, weiter schnüren, locker machen
hömá verletzen, weh thun
hömba um etwas bitten, leihen
hömoká aufgehen (von der Sonne)
hona nähen
honga danken
hongére danke
höngéza erwidern
höngola schaben, abkratzen
höngola lúkwände Speerschaft zurecht machen
hópera einsinken
höta brüllen (vom Esel)
howa dógowi reiten (Esel)
hoza traurig sein, trauern
hubiñgasa heruntergleiten
hudulla Jemand etwas weismachen
hūka liziwa buttern
hūla Buschmesser
hūllula tropfen, sickern
hūmá ausgehen, herkommen, weggehen
hūmá ñghondo zum Krieg ausziehen
hūmá máffirá eitern
humia ausladen
hūngira besuchen, begrüssen
hùrulissá beschütten, beschmutzen
hūte (mahūte) Gewehr
hūte ya finênge Vorderlader
hūte ya igünga Steinschlossgewehr
hūte ya rufinto Hinterlader
hūtika zubinden
huwa und ihuwa kratzen
huza ausdrücken, pressen
hwêhwe wir

L.

ibádiro lya säyo Tabaksdose
ibande Schale einer Frucht
ibäni Leiter
ibanya Heirat

ibata ergreifen, fassen, halten
ibiffigi Leber
ibiki lya hüte Gewehrschaft
ibumi Käfer
ibumira aufeinander rennen
ibúngala (pl. mbúngala) und mabúngala,
  auch ubúngala (pl. mibúngala)
  Zuckerrohr
ibúa (suah.) Zuckerrohr
idúha früher
idäha hiro ehemals, vor Zeiten
idakó Gesäss
idäma Stall
idika ausbessern
idindiró Riegel
iduĕga Furcht
ifigyá mit Öl einreiben
ifimba Cadaver
ifuffu Wolke
ifugámiró Knie
ifúke Schweiss
iffuló Schaum
ifundo Stückchen
ifúngiró Futteral
ifúngu Theil
ifuwá Schnupfen, Erkältung
igafyá Blase in der Hand vom Arbeiten
igänga Stein
igäusa innere Handfläche
igĕgwa Backzähne
igigi Schatten
igimiró Hacke, Spaten (als Zahlung),
  Lohn
igisa erklären
igóda migóha im Speerwerfen üben
igóllo gestern
igolólla ausrecken, ausstrecken
igora Gora Zeug (das unzerschnittene
  Stück Zeug von beliebiger Länge)
igózi rya ógi Hundertfuss
igúta satt sein
  ndi-gúité ich bin satt
igwingwi Tausendfuss
igwira umfallen, Fallsucht haben
ihäga Abschied nehmen
ihägánna sich scheiden

ihágulla liwoko Arm aufstützen
ihúmba Blatt
ihawa Topf
ihawága Fussspur
ihĕgamiró Lehne
ihekĕro Schneidezahn
ihikwi Kürbis
ihómeró Amulet
ihómola mĕno Zähne reinigen
ihóugeza Abgabe zahlen
ihúmba Geschlechtskrankh. bei Frauen
ikabiya Affe
ikakúlla Schuppe des Fisches
ikäla Pocke
ikándiro Grube
ikäñga Ei
ikerére Falte
ikiñga die obere breite Abdachung
  einer Mauer
ikungu Steppe, Wald, Gebüsch
ikuwálla stolpern, anstossen
ikwawa Thalsenkung
ikwi Schmutz
ilóto Traum
ima stehen, stillstehen
imúka aufrecht stehen
imúge kleines Schwert
imaka (pl. inapaka) Katze
imba singen
imbawäla Schmetterling
imbede }
limbede } kleine Gurke
imbigi (pl. mábigi) Grab
imbóga (suah.) neben liungu Gemüse
inenne (pl. inapenne) Ziege
imepo Wind
inĕra (pl. mapĕra) Nashorn
imi geizig
imiráo morgen
imofu (pl. múpofu) bucklig
ináñgana Öffnung, Loch, Fenster
indáuli, ndáuli warum? was?
indówo Eimer
indussi Trommel
inemi (pl. mátemi) Wanderameise
iñgalli Blitz

iñgata Kopfkringel (zum Lastragen)
ingeregēta summen
ingēsi Kalk, Mörtel
iñgeti (pl. mäketi) Augenwimper
iñgiñgi kartoffelähnliches Knollengewächs
ingira hineingehen
ingira mu kipogo in's Boot steigen
ingisa hineinführen
iñgönko Händeklatschen
iñgowo Banane
innó oder
inöngwa Berathung
inúlla aufheben, wegnehmen
inüngwi Nebel, Thau
inüa mitnehmen, aufnehmen
inyāgi (pl. mägi) Narbe, Stammesabzeichen (an der Schläfe)
inyoni Scham; i-won'inyoni er schämt
  sich
inyulúllu dünne Suppe
ipa hier, da
îpaka einschmieren, bestreichen
ipalasso Stirn
ipémbe lya baruti Pulverhorn
ipiko Flügel
ipìpa Fass
ipo Blase, Beule
ipulla vom Feuer nehmen
ipuli Stadtmauer
ipũma grosse Affenart
irālo Brücke
iramba Graben, Sumpf
iransi Köcher
iremme Bauch (Last hat inda pl.
  menda); i-na iremme sie ist schwanger; mu iremme mwangu mu i-
  wawa ich habe Leibschmerzen
iribissi Krämpfe
iriga schimpfen, sich zanken, streiten,
  schelten
iringa Befestigung, Boma
irira ku klettern auf
irolēra nachschauen, aufpassen
iröngo Lehm
iröngossá hintereinander gehen

issada Frucht, ähnlich wie Pera
issakühüá Unterhaltung
issäla Stossspeer mit langer Klinge
  Bezeichnungen für die verschiedenen Speere sind:
  ngöya (langes Blatt)
  idûla (schmales langes Blatt)
  kúnika \
  mũgöha / kleine Speere
  mügöha munya nendére
  nyamágere fitámali kleiner Speer
  mit Widerhaken.
  miknki (dem suah. mkuki entlehnt) Speer
  mütóswa kl. Speer mit Haken
  mpalala Wurfspeer
issassi Kugel
isse sein Vater
issikisa Ohr
issingo Hals; issingo indúmira ich
  habe Halsschmerzen
ississi Flecken
isso dein Vater
issöli Gras, Stroh, Blätter, die zum
  Hausbau verwandt werden wie
  suah. makuti
issönso Stock, Knüttel
issüzi vorgestern
ita ausgiessen
ita lussigálle halb ausgiessen
- mbēruli ganz ausgiessen
itágalá Zweig
itango grosse Gurke
itáwa)
litáwa (Name
itawa lya malānga Spitzname
itáwa mira Schimpfname
itémmerá Küste
itigá überfliessen
itika)
itikira (antworten
itinga Lager
itissi Brett
itukyá Geschlechtskrankheit beim
  Manne
itūla Regenschirm

ituli Mörser
itŭmbiko Haken. Galgen
itumŏndo Flusspferd
itunda Hügel
itwāla Act des Heirathens
itwi (pl. mntwi) Ohr
itwika auf dem Kopf tragen
• mitᵉgulo Lasten aufnehmen
iwala Farbe; -ᵉnya iwala farbig
iwᾱmpa grosse Narbe
iwángira rächen
iwátawáta Ente
iwega (pl. mábega) Schulter
iwᵉga Axt.
iwᵉre Brust
iwinda muᵉnda Lendentuch zwischen
den Beinen durchziehen
iwindi Canoe
iwónnaga übereinkommen
iwuka sich erinnern
iwusa Jemand erinnern
iwūtu lya ndᵉmbwe Spur des Elephanten
iwuyápa sich putzen
iyaga ῖῆazi Weg verlieren, irre gehen
iyānuka übergeben, darreichen
iyápa machen, thun
• hiro in Ordnung bringen
iyawa graben
iyᵉna allein
iyowa Lärm machen
iyoyo; i-na iyoyo er stottert
izwi Stimme

K.

kabūnda Hüttchen
kabátula kneifen
kabógollo Säckchen
kadege kleiner Vogel
kadᵉgu kleiner Schemel
kadᵉmbūé kleiner Elephant
kadevn kleiner Bart
kadodo Stückchen
kadūnda kleiner Berg
kafiŋgirirŏ kleiner Besen
kafwä kleiner Dorn

kagᾱmba kleines Brett
kagūta auf den Schooss nehmen
kagᵉka dünner Draht
kagimirŏ kleine Hacke
kágodá Bäumchen
kagŏha kleiner Speer
kagulla erkennen
kagūnda kleine Pflanzung
kahᾱga Bettchen
kahᾱmba Blättchen
kahimbi kleines Messer
kahizi kleiner Dieb
kakimbo kleiner Becher
kaᵲoga kleiner Fluss
kakufi dünne Augenbrauen
kaláwa waschen, baden.
kālla)
ikalla (wohnen, bleiben
kalla panye sich niedersetzen
kalli scharf, wild, streng
kālulá mügŏha Messingdraht vom
Speerschaft entfernen
kalŭwa Blümchen
kámma melken
kamáka kleine Katze
kamῖῆéne (ka-mn-wēne) wie geht's?
kämui einmal
kāna leugnen, verweigern
kanáῆganun kleine Öffnung
kanda kneten
kángafu hart
kángarulá loswickeln
kangazi kleiner Weg
kānza waschen (Kleider)
kapano kleiner Platz
kapogo kleines Boot
karovŏko kleine Furth
kásiro kleiner Krug
kasomba kleiner Fisch
kássira zu Ende gehen
katŏgala Zweiglein
katᵉgulo leichte Last
kátufu schweigsam, dumm
katūka schweigen
kanᵻna kleines Stück Eisen
kävu trocken

káwega kleine Axt

knye Stadt; die beiden durch einen Fluss geschiedenen Stadtviertel von Iringa heissen Kaye Bagamoyo und Kaye Lunguya

kayeya kleine Kuhglocke

keméra rufen

kerēŋgasa einpacken, aufeinanderlegen

kérnká durstig sein

kiá sich freuen

kìāga Griff, Stiel

kìākulyá Essen

  Verschiedene Speisen und Gerichte der Wahehe sind folgende: ñgände, malēnde, matandúlla (Bohne), dōgi, mūngu (Gemüse), mapi, mangōgo (Erdnuss), mange, inaberēge, missombe (Fischgericht), mitowo, missáwola, miliádimi, mihúlulenga, mibehēfu, fidōkuli, figóti, migóla, iñgengi, fidúidúi, fuhiwi, fingámba(Batate), fipozo (Erbsenart), upēmba (Negerhirse), filúbu, mitūndwa, missada, missassáti miwēngwi, mikolle, luhūka, mahūnsu, maherēma, mahimbi

kìāla Finger

• kimui ein Finger breit

• kya ligullu Zehe

kìāli Säugling

kiāmbo Gefäss zum Aufbewahren der Milch

kiāna Eigelb

kiā͂go Rüssel

kianya ku oben auf

kibande Schorf der Wunde

kibiki Brettchen

kibupa Wand

kidātu Seil

kidēgu Schemel, Stuhl

kidete Schreibrohr

kidibulo Bogen

kidindira Aufbewahrungsort, Lagerraum

kidíndiro Schloss

kidodo etwas, wenig

kidōndo männliche Scham

kidúdulu Maus

kidū͂da Berg

kiegēfu Schlucken; i-na kiegēfu er hat den Schlucken

kiemēmbe Herzgrube

kifiāgiriró Besen

kifimba Anschwellung, Elephantiasis

kifoko kya kúlima Regenzeit

kifuēda kleine Schüssel, Teller

kifugúto Blasebalg

kifuku kya wegen

kifullifūmbi Staub

kifūngo Knopf

kifúnguliró Schlüssel

kifuniko Deckel, Pfropfen

kigagga Huf

kigeká Draht

• kya kiūma Eisendraht

• kya lúdodi Messingdraht

kigérike danda Dysenterie

kigoda Stuhlsitz

kigōga Schlüsselbein

kigohomólla Husten

kigolyá Haut

kigudi Hüftknochen, Hüfte

kigúnguli Insel

kihā͂ga Korb

kihēro Calebasse, Schüssel

kihimbi Messer

kiho (pl. tüiho) kleines Auge

kihndiko Knoten

kihū͂ssi Schwanz (von Federn)

kikagúlliró Zeichen auf dem Wege oder an Bäumen zur Auffindung des Weges

kikénge eine Sorte Messingdraht

kikimbo geflochtener Becher

kikodero Scheibe (zum Speerwerfen)

kikombe Tasse

kikūnde Flussbett mit wenig Wasser

kikō͂go Riss, kleine Wunde

kikūna weibliche Scham

kikúwikúwi Verschluss

kikwñ Brust (der Thiere)
kilió Speise
kima lihêma Zelt aufschlagen
kimba Vorrathsraum für Getreide
kimbira weglaufen
kimirira einschlagen (Nagel)
kinnlá mùgöba Speer tief einstossen
kimûnyi Mittags
kina stossen
kinánganna Fenster
kinêuge Zündhütchen, Messing-
    schmuck am Speer
kingalikwiri Zibethkatze
kingâmba weisse Batate
kinnégeressé Rohr, Schlauch
kinn Ding, Sache
kinyûnga zerstossen, klein machen
kinya ùgalli kleiner Korb, als Maass
    =: 1 kibaba (zu ergänzen ist ki-
    hanga Korb)
kinyomba Zimmer
kipákulá Backenknochen
kipanda Pfosten, Säule
kipeké Kern, Stein einer Frucht
kipêmba Binde, Bandage
kipembe Schröpfhörnchen
kipepé Fischschwanz
kiperá kya lulênga Wasserquelle
kipigó Arbeit
kipogó Boot
kipóllopóllo Schrot, Blei
kipózo Erbsenart
kipúgiró Fächer
kiramba kya mùgöba Speerspitze
kirâmbo Hanf
kirema Grübchen
kiremba Turban
kirevu Kinn
kiro (suah. siku) Tag
kirohéro (suah. roho) Seele, Geist
kirûle Spiegel
kirongózi Führer
kirovöko Übergangsstelle
kirútiró ein von zwei sich schneiden-
    den Wegen eingeschlossener Platz
kissámuliró Kamm

kissassi Patrone
kissege Knochen
kisseru Ring
kissima Brunnen
kissina Baumstumpf
kissingánna Ferse
kissiro Wasserkrug
kississina kleine schwarze Ameise
kississina kya tùmire ndêmbwe Er-
    zählung (von der Elephantenjagd)
kissöfn kleine Schelle
kissogo Nacken, Hinterkopf
kissónyo Pfeil
kissúkussúku Ellbogen
kissúmbo Thürschwelle
kissúngulwa Kaninchen, Hase
kitala (suah. baraza) Berathungshalle
kitámbali Lappen
kitámbi Baumwollstoff
kitêwe Lähmung der Beine
kitoka ngálli Zäpfchen am Gaumen
kituli geflochtenes Gefäss für Milch
kitúmbola Herzklopfen
kitussl Ecke
kiúla Frosch
kiúma Eisen
• kya hûte Gewehrschloss
-a kiúma eisern
kiwêro Schenkel
kiwigirri Hühnerstall, Käfig
kiwikiró Kasten, Kiste zum Aufbe-
    wahren von Zeug
kiwùngu Sitz, Platz
kiwyá Topf
kiyênsi (pl. mayensi) Grille
kobêga Beine übereinander schlagen
kofiölo (pl. ngofiölo und mákofiölo)
    Mütze
kógera schwimmen
kohömollá husten
köla heulen, schreien
kólerá fassen, halten
kolêra anzünden
kólloga kipogo rudern
kolólla sich räuspern
kolomina schnarchen

komma na wẽga mit der Axt tödten,
schlachten
kómbogasá auslösen
kómbosa loskaufen
kommi gross
kõmola herunterholen
kõn̄ga liwerre saugen, Milch trinken
an der Brust
kon̄gomálla sich setzen
kón̄gonna leise klopfen
kóngosá Abgabe von Getreide an den
Sultan geben
kónya mit der Faust schlagen
konyola abrupfen
kossa moto Feuer machen
kówõga leihen
kõwonᷡgánna austauschen, vertauschen,
wechseln
kówosá verleihen
ku in, nach, zu, auf. Dies ku ist
sehr vielen Ortsnamen im Kihehe
vorgesetzt, z. B. Kuiringa, der Haupt-
ort der Uhehe, wörtlich »in dem«
befestigten Ort«
kubulla reiben, reinigen
kuheráge adieu!
kúi ⎰
kúiya ⎱ wo
kuika heruntersteigen
küiwalla draussen
küiwalla kwa ausserhalb
kũkwe Grossvater
kũla ausrupfen
kulẽka krähen
kulúlla können, verstehen
kúmbata umarmen
kúmbatirá liebkosen
kumbi aber
kumbẽre ku hinter
kúmbinᷡgánna runzelig sein
kumiho ku vor
kungi nach Hause
kũnsa sparen, auf Vorrath legen
kũpa abwischen
kutali weit
si kutali (suah. bado) bald

kú-wa sein
kuwá blasen, spielen (Instrument)
· miyẽya läuten, schellen
kũzula mussére Reis stampfen
kwa zu, auf, für (beim Preis)
kwabinᷡgasa mit gekreuzten Beinen
sitzen
kwámira senga Kühe hüten
kwandi zunächst
kwälulá blühen (von Blumen, Bäumen)
kwãpa Achsel
kwawa miẽnda sich mit Stoffen für
die Reise versehen
kwẽga bei der Hand fassen, ziehen
kwẽha sãyo (niãlule) schnupfen
kwẽnga uginbi Pombe (das einheimische Bier) bereiten
kwẽnula aufnehmen, tragen
kwẽtula ñᷡgazi Weg bauen
kwika ku heruntersteigen von
kwiwindi Feld in der Nähe des Wassers
kyé kiki warum

L.

lágasá schütteln
lagissa beauftragen
lamátula losreissen
lamkira besuchen
lámuka aufwachen
lámula versöhnen, vermitteln
lámulirá sich in's Mittel legen
lámusa aufwecken
lángulá zeigen
läula Butter von der Milch sondern
láwá anschauen
lẽda ipá hierher bringen
lẽda máperéra Nachricht senden
lehẽnyo, ku lehẽnyo freier Platz vor
dem Hause
leka nützen
lekérissa luwola stechen (Bienen)
lemalla übrig bleiben
lemba lússoni Eisentheil der Axt einsetzen
lembẽka nigoda Bäume pflanzen
lẽra erzeugen

lêrwa geboren werden
lêsa zurücklassen
liã essen
libérege Stengel
libufta Kasten
lidindiro Riegel
lifuffu Wolke
lifúke Schweiss
lifúkye Morgens
ligimiro Hacke
ligúllu Bein, Fuss
ligullu lya kündyé rechtes Bein
· liángeki linkes Bein
lihêma Zelt
liho (pl. miho) Auge
liko Scepter des Sultans (dünner, langer Elfenbeinstock)
likôngo Wunde
lima roden, bebauen
limbawäla Schmetterling
limbede Gurkenart
-lingn wie viele
lingánna parallel laufen
lino (pl. mêno) Zahn; mêno gangu gi-wāwa ich habe Zahnschmerzen
linó ⎫
yùlino ⎭ jetzt
linyãdikwá Same
· · lya nsũgu Erdnusssamen
· · massêbere Maissamen
· · nãndálla
· · upêmba Hirsesamen
· · mangógo
· · döge
· · fipózo Erbsensamen
· · mũngu Gemüsesamen
· · mihōgo
· · fingámba Batate-Samen
lipuka in die Luft sprengen
lissêdwike (zu ergänzen lizowa) Nachmittag
lissolli Blatt
lissota gegen Abend (zu ergänzen lizowa lisota, d. i. wenn die Sonne untergeht)

litũnu Trommel
liũngu (pl. mũngu) Gemüse
  Gemüsearten: itäkali, inyawähe, issássa, inyaihewa
liussi Rauch (pl. mussi Rauchwolken)
liwala Farbe
liwoko Arm, Hand
· liängeki linke Hand
· lya kündye rechte Hand
· · kulira rechte Hand
liwotu Kralle
liwotu lya duma Leopardenkralle
· lya nyarúpala Löwenkralle
lizowa Sonne
· li-hômwike Sonne geht auf
· li-sotá Sonne geht unter
lizwi; li-ka-zere lizwi ich bin heiser
lökira mugátti mu kipogó mit dem Canoe übersetzen
löla schauen
lólesága Acht geben
longa sprechen
· údessi lũgen
longóllira Jemand vorausgehen
lóngolla vorgehen, vorausgehen
longolle geh voraus
ku lóngolló ku vor
lópoló herausziehen
lota träumen
lówa ⎫
lówosa ⎭ somba Fische fangen
lówerá alt, abgetragen
lówoká durchwaten
lówoka múkoga über einen Fluss setzen
lówosá Jemand übersetzen
lũáfu (pl. mãfu) Netz
luãho (pl. mãho und ozãho) Fusssohle
luãla der untere Stein beim Mahlen von Getreide
lubahira (pl. mabahira und mbahirá) Schamhaare
lúballi (pl. máballi und mballi) Seite
kwa lúballi lũn ⎫
· · pa ⎭ abseits
lúballi ku neben

lubánda Hütte
lúdali Kraft
ludéke Biegsamkeit
lúdodi (pl. mádodi und ńdodi) Armring
ludūngu Nabel
lñémbe Rasirmesser
lñégo (pl. nīégo und ńzego) Leiter
lufiágiró Besen
lufimbo Stock
lugássi (pl. magassi und ngassi) Tauschperle, Perlschnur
lu(i)genda (zu ergänzen lulēnga) fliessendes Wasser
lugi unfruchtbar
lúgoda (pl. mágoda und ńgoda) Knüttel, . Stock
lugongo Rückgrat
  • lúa múgöha Kerbe der Speerklinge
lúgossi Fettabsonderung in den Ohren
lugówo Stange
lugúllugúllu Freudengeschrei der Weiber
luhági (pl. mahági und nyägi) Stammesabzeichen
luhama (pl. mahama und nyama) irdener Topf
luhanga Sand
luhélo (pl. mahélo und nyélo) flacher Korb
lúhugúha Aussatz, Krätze
lúhuwá Termite (Ameise)
  Andere Ameisenarten sind: kississina kleine schwarze Ameise, müwämba kleine rothe Ameise, ńyaláfu grosse rothe Ameise, fufussi fliegende Ameise
luifwi Chamäleon
luihōzi (pl. mihōzi) Thräne
lüiko (pl. miko und ńsikó) kleiner Löffel
lüimbo (pl. maimbo und nyimbo) Lied, Gesang
luissa Tag (helle Tag suah. mchana)
luiwu Verstand

luizi Öffnung. Thür
lukánni (pl. makanni und ńganni) Wort, Nachricht
lukansi (pl. makansi und ńgansi) Mauer, Wand
lukende (pl. makende und ńgende) Zahnlücke
lukohónolla Husten
lukómbe (pl. makómbe und ńgömbe) Schulterknochen
lukwande (pl. makwande und ńgwande) Speerschaft
lukwégo (pl. makwego und ńgwégo) Krückstock
lulēnga (pl. malēnga und ndēnga) Wasser
lulēnga lusissino kaltes Wasser
  » lúa moto warmes Wasser
  » lupyo heisses Wasser
  » lunöno süsses, frisches Wasser
  » lunya mōnyo Salzwasser
  » lúa ku-nyüa Trinkwasser
  » • ku kaláwa Waschwasser
-ēnya lulēnga saftig, wasserhaltig
lulévu Barthaar
lūlimi (pl. málimi und ńdimi) Zunge
lúllumá sieden (vom Wasser)
lulūma brüllen (von wilden Thieren), donnern
lulúwa (pl. maluwa und nduwa) Blume
lúluzi Pfiff
lūna beissen
lúmbalúmba irre reden, phantasiren
lumbu Schwester
lúmbussimbussi Abenddämmerung
lunda Berathung abhalten
lungäta Rücken
lunsingwe Schwindel; i-na lunsingwe ihm ist schwindelig
lunyowe (pl. manyowe und nyowe) Nagel
lupaimbo (pl. mapambo und maimbo) Pfahl
lupande Maass = 4 Unterarmlängen
lupembe (pl. mapembe und mémbe) Elfenbein, Horn

15*

lussagálla (pl. massagalla und ńsagalla)
Brennholz

lússale Freundschaft

lussáwolwá (pl. massawolwa und sá-
wolwa) Faden, Schnur

lusēze (pl. masēze und ńseze) Wange

lússigálle halb

lúsimo (pl. simo) Märchen, Erzählung

lúsissi (pl. másissi und ńsissi) Strick

lussito Verhau, Bollwerk

lússoni das Eisenblatt der Axt

lutakúnya Perle

» lutitu schwarze Perle

» lussíki kleine hellrothe Perle

» lũũni kleine gelbe Perle

» lũēlu weisse Perle

» lufunginsala grüne Perle

» lunya muwámba gelbe Perle

lútatu Rahm

lútego Falle

lútira und rútira vorbeigehen, übertreffen

lútoto (pl. matoto und ńnoto) Naht

luwáfu (pl. muwáfu und mbáfu) Rippe

luwalla mũẽzi Mondschein

luwiro; wi-kimbira luwiro wa-teginne
sie laufen zu Zweien neben einander

luwóla Stachel

luwũmba (pl. mawumba und mbūmba)
... e im Hause

M.

mabũtu Betrunkenheit

mabiye aber

mádakó Gesäss

madópe Schmutz

mafi Excremente

máfigá Feuerstelle

máfĩirá Eiter

máfutá Öl

Verschiedene Ölsorten:

máfutá mátereke

» massirássi

» ga ũ̃gollo Schaffett

» ga ndẽmbwe Elephanten-
fett

máfutá ga muẽsa

» ga fũo Flusspferdfett

magáya Waaren aufspeichern

mágoda ga ku-zéngera Bauholz

mahamba Gras

mahossa Gedanken: munu uyo i-na
mahossa er denkt nach

makiũssi gekochter Reis

mákomáge (suah. buba) Aussatz

mákulá Kohle

malalla ga ũsuki Bienenschwarm

malánga Wahrheit

mule Besitz, Waare

mámba (pl. mapamba) Krokodil

mambáfu Leistengegend

mámbaga Brust

mãmbo gegenüber liegendes Ufer

mame (pl. wamame) Tante

manámtwa wa mkwawa (mũána mũtwa Kind des Hauptes) Mitglied
der Sultansfamilie

manugaswẽnde geschlechtskrank (Frau)

manúndi Kasawa-Wurzel

manni Floh

maperera Botschaft

mapessa Geld

massébẽre Mais

mássika ga kúlima massébẽre (wörtl.
Zeit des Maispflanzens) Regenzeit

massissi Russ

mátagándwa Baumkrone

mata ausbreiten

mati Speichel

matunsi Urin

máziwa Milch

» maginu gestandene Milch

» mãpyo süsse Milch

mbaka Grenze

mbãngu Schaukel

mbẽpali überall

mbẽruli ganz

mbẽta (pl. mabeta) Gurgel, Kehle

mbẽwa (pl. mabẽwa) Maus

mbẽwali alle (I. Classe)

mábigi (pl. mábigi) Grab

mbogo Büffel (männlich)

mbóguma (senga) weiblich (Rindvieh)

mbonēgo gùa am Ende von

inbūbui) taubstumm
-enya kibūbuí)

mbūfi (pl. mabufi) Spinne

mbugó (pl. mábugó) Wespe

mbūnde Pfeife

mbúngala (pl. mabúngala) Zuckerrohr

mbungó Krankheit, Fieber

mbwa (pl. mábwa) Hund

mȇgolossá zerbrechen

mȇgula schälen

mémire voll sein

mȇra wachsen

mȇra mȇno zahnen

merimȇta glänzen

mȇta meckern

miȇnda Waaren, Stoffe

miȇnda gya ku-kómbogasá Lösegeld

mifūngu leerer Raum unter dem Bett

- pa unter (wenn ein leerer
    Platz unter etwas ist)

mìgolá Welt

mikuūngo Strickleiter

minya likūn̄go Wunde ausdrücken

mirá schlucken

mirāu morgen

mitanda Teich, See

mitango Begräbnissfeierlichkeit

miyáwayáwa Knollengewächs, ähnlich
    der Kasawa-Wurzel

inkóndo Affenbrotbaum

mkonóngo ähnlich gebraucht wie der
    Suaheli-Ausdruck mshenzi (Wilder)
    für jeden Nicht-Suaheli

mkúlima Pflanzer

mlagùssi Zauberer, Arzt

mlowi somba Fischer

moga   ) rasiren (Kopf)
mógeresa)

molámolá langsam

mónderó (pl. mapónderó) Hammer

mōno Ricinusöl

mónya Schamhaare ausrupfen

monyi gumui eines Tages

mōnyo Salz

-enya monyo salzig

moto Feuer

-a moto warm

mpagázi Träger

mpila Gummi

mpinga Schuldner

mpōnsi (mäpōnsi) Schmied

- wa migóha Speeranfertiger

- kiūma Eisenschmied

úpuwa Dummkopf

mu in

mùinka (suah.) Jahr

mùalābu (pl. walābu) Araber

mùalalirá innerer Hof eines Hauses

miiāna (pl. wana) Kind

- mùwére wangu mein älteres
    Kind

mùäna mùkiwa Waise

mùänafyá Sultanskind

mùankulēnge (pl. wamuankulenge und
    wankulenge) Zwerg

mùärukâ Jungfrau

mùūzi offen, hohl

mùbiki Baum

mùbóffu Blinder

mùbūbùi Taubstummer

mùdàlla Frau, Ehefrau; auch mùwinna
    mùdólla

mùddere mehr

- kwa mehr als

mùdèke freigebig

mùdēke Ladestock

mùdessi Lügner

mùdibáfu Tauber

mùdoté(suah.doti)= 8 Unterarmlänger.

mùēmi Betrüger

mùēna Loch

mùēnda Tuch

Die Bezeichnungen für die verschiedenen im Handel vorkommenden Stoffe sind:

mùēnda mùtītu ein kaniki Stoff

- mùēro (suah. baffta)
    weisse Stoffe

munya láugali

mulāya

sûwāgira (suah. subahia) Kutch-
Tücher
bōla (suah. kitambi bora)
kitambi (suah. kitambi)
kikoye (suah. kikoi) Lendentuch
tossiri (suah. suri) Kopftuch
lēso buntgedrucktes Tuch
sūfi Wolltuch
pemba moto rothes Tuch
singopatti (suah. bendera)
mballawäsi
sōmba
kungūro (suah. kunguru) Imitation
von Maskat-Tüchern
sirirā
kikingerigitti
membēye (suah. kaniki ya Me-
mbei)
müēnya und münya besitzend, Besitzer
münya finu fiōlofu reich
münya fuālira eitler Mensch
munyāfwi ergraut
munyākulla akálli Mensch mit
schlechtem Charakter
müēnya kúgulla Käufer
müēnya ku gullänna) Verkäufer
müēnya ku-gūza }
müēnya ku-hūla Erbe
müēnya ku-hiriinisā Lohngeber,
Arbeitgeber
müēnya ku-hōngola Schreiner
müēnyitukyā syphilitisch
müēnya kiäga Verschwender
müēnya kibūbwi taubstumm
münya kikopó einäugig
müēnya kipata aussätzig
müēnya kitéwe gelähmt (Bein)
münya kiwindi einarmig, ein-
händig
müēnya ku-lámulira Vermittler,
Versöhner
müēnya libissa epileptisch
müēnya likāla)
müünyikāla } pockennarbig
müēnya ku-lóngollā Bote

münya ludūdi hinkend
müēnya lúhugúha aussätzig,Krätze
müēnya luivu vernünftig
münya lúkolo Schwester, Bruder,
Verwandter
münya lukwāle verrückt
münya kulúlla Hirt
müēnya lúpowa dumm
münya lússale Freund
müēnya lútogo Feinschmecker
müēnya luwiro Deserteur
müēnya malātu betrunken
müēnya mabēdu verkrüppelt
müēnya inakomāge (suah. buba)
aussätzig
münya māle wohlhabend
münya malēzo schielend
müēnya mūgodā Arzt
müēnya mitala Mann, der mehrere Frauen hat
müēnya mūliāngo Thürsteher
müēnya mūāgo Fresser
müēnya mühwēhwe feig
müēnya mútima müēru Mensch
mit gutem Charakter (wörtl.
mit weissem Herzen)
münya müānsa Aufseher
münyáudolo Sclavenbesitzer
müēuya ñgāla (suah. inwenyi pe-
po) vom Teufel besessen
münya ñgazi Karawanenführer
(wörtl. Besitzer des Weges)
münya ñgeḡi Linkser
münya ñḡinna freier Mann (wörtl.
Besitzer einer Mutter)
münya nóngwa Gläubiger
múunyolēsi Amme
müēnyi rissi Quälgeist
münya rúdali kräftig, stark, flink
münya rúdama widerspenstig
müēnya ku-sēmwa vergesslich
müēnya tūllo nzölofu Schläfer
müēnya uhóllo Kind, das mit
Zähnen zur Welt kommt
münēnya úlowa aussätzig (suah.
ukoma)

mùênya ūtwa die erste recht-
mässige Frau (wörtl. Besitzerin
der Herrschaft)
mùnyawinge Sclave
mùnyawinge muhinza Sclavin
mùnyawinge mukùamissi Sclavenjunge
mùênya wivu faul
mùnyiyòyo Stotterer
muiyangu mein Freund (aus munya wangu zusammengezogen)
mùēzi Mond, Monat
» mbonyagāngu Neumond
» mükòmmi Vollmond
» kukānge Halbmond
» kupāndwe abnehmendes Viertel
muffi Nachbar
mùffugwà Händler
mùfimba Leichnam
mùfugùto Blasebalg
mùfùimi Jäger
mufwà Dorn
mùfwisà todtgeborenes Kind
mùgālulwà Kriegsgefangener
mùgāmba Planke, Brett
» gùa lussito Sperrbalken
mügāsi Säufer
mùgatá faul
mugátti mu innerhalb
mùgáyu armer Tropf
mùgēnzi Fremder
mugingi Bett der Vornehmen
mùgoda Baum

Bezeichnungen für Bäume und
Sträucher sind: mpembēza,
msòmbe, mpátitawēhe, mkòndo,
mussassati, mùffudu, mùhuwēsa,
mùkwāte, mikwe, mpátelàwe,
miyòmbo, mirūngali, mùfùmbi,
migēgere, missada, missālala,
mùkalàlla, mùhērerà, mùpòku-
lo, mpulùlu, mululùssa, mùbiki,
mòpingo, mifolo, mitūndwa,
mitowo, mhòngole, muwēnge
mùdāissa, mùgōla, mùwerèwerè,
mpolùlo

-a mùgoda hölzern
mùgoda mulūgi Baum, der keine
Früchte bringt
mùgoda gupé fruchttragend
mùgoda Arznei
mùgōgollo alter Mann und alte Frau
mùgōha Speer
mùgōngo Rücken
ku mùgōngo ku hinter
mùgōngo gùa kihimbi Messerrücken
mùgōnni
mmenya ku-gonna na } Ehebrecher
    wadalla
mùgùllufu Wahnsinniger
mùgùmba Frühgeburt
mùgùnda Pflanzung
mùhägawofù Geizhals, der seinen Mitmenschen keinen Bissen Essen ab-
giebt
mùhagùsi ein wählerischer Mensch
mùhāluwà Stiefvater
mùhàwi Zauberer, Wahrsager
mùhēhē (muhāhā gespr.) der Mhehe
mùhēzigo lustig. Spiel
mùìhingo Ebenholz
mùhìnza junges Mädchen
mùhizi Dieb
mùhòfu Strafe
mùhòmakùngi Volksstamm
Stämme der Wahehe sind: Wi-
rongo, Wassùngwa, Wazalu-
lānga, Wafuāgi, Wabenna, Wa-
kinga, Wapoma, Wapāngwa,
Wanyamadihirà, Wirole, Wate-
mikwiri, Wànyemāge, Wássa-
galla, Wakina mbēyira, Wanya
ndēwirwa, Wakina kalinga,
Wenya miránsi, Weonya mda-
hira, Wanya mgòwira, Wakina
kikwāle, Wanya mkalàlla, Was-
sáwirà, Wakinamanga, Wenya
ñgònde, Wenya malinyi, Wi-
konde, Wanyikerawùgi, Wa-
manga
mùhòmmi Fettbuckel des Rindviehs
mùhongòzi Schreiner

múhongōzi wa mikiāle { Schreiner, der Betten

   • • uhāga { anfertigt

múhūzi Brühe

múigánni (pl. wiganni) Wittwe

múimi Geizhals

múimirizi Aufseher (wörtl. der dabei stehende)

múiina Mauseloch

múiyángu mein Freund; múiyako, múiyákwe u. s. w.

mükámmi Speerträger, Krieger

mükámire Verstopfung

mükandálla Schwert

mükátufu ein schweigsamer Mensch

mükĕka Matte

mukekēra gùa múkoga Ufer des Flusses

múkimāno Vorbereitung

   • gùa wátawānga Kriegsrüstung

múkimbissi Deserteur

mükira Schwanz

múkogá Fluss

mükōno Maass, vom Ellbogen bis zur Fingerspitze

  mikono giringa)

  mapesa galinga) wie theuer

mukūnmissi Junge

mukúsole (suah. mchele) enthülster Reis

mükwāfi Händler, Kaufmann

mùlámu Freund, Gefährte

muleumua drücken, zu schwer sein

múliāngo Thür

múlika leuchten

múlimo Arbeit, Feldarbeit

mulla Nase

mulli Fresser

múllolēsi Wärter

mùlòmo Mund, Lippe, Öffnung

   • gùa pakianya Oberlippe

   • gùa apānye Unterlippe

   • gùa ndege Schnabel

mulōngosi der an erster Stelle stehende

mùlōnzi Schwätzer, Lügner, unzuverlässig

mülóssi Wahrsager

mülüngu Gott

mümōzi Barbier

münāla Fusstritt

múnego Wasserlöffel

múngerōsa { Mann, Ehemann

mungosi {

múngira kurzes Hemd (der Eingeborenen)

mungúffu Messing

muñgñnga Hebamme

muñgúñgunó habgierig

munságira (pl. wasságira) Unterhäuptling

mūnu (pl. wānu) Mensch

   • muēro Weisser

   • mutitu Schwarzer

mününga Wache

múnyolōlo Kette (der Gefangenen)

munyi (suah. mchana) Tag

múpolya gùa ùsuki Wachs

múpuwa Dummkopf

mürānzi Bambus

müsánsi (von sanga ugalli) Koch

mūsindo Knall, Geräusch

mùsinga Kanone

músafíri Reisender

mússagámmo Kissen

müssale Hunger, Hungersnoth

müssēnga Trauertuch (um Kopf oder Brust getragen)

mússēre Reisstaude

mussifu (suah.) Lob

mússitu Wald

mussomali Nagel

mússongo Eisenschaft des Speeres

müsüngu Europäer

müswägi Zahnbürste von den Zweigen des muswägi-Baumes

múswahēli der Küstenmann

mütáffi Mattenflechter

mütámbale wa mütwa die Grossen des Sultans

mütámmúla Kranke

mütēgulo Last

mütēla Holzlöffel

mûtēra Ruder
mûteréssi (von tereka Reis kochen)·
Koch
mûtima Herz
mûtossi Schneider
mùtûndwa Tomate
mutuwángu Mörserstosser
mûtwa und mûtuwe Kopf. Häuptling
mûtwa mukwawa Sultan
mutûwe gwaugu gu-i-wawa ich habe
Kopfschmerzen
muuwizi Schröpfer
mûwāfi Schuster
muuwālia Mann in mittleren Jahren
mûwāmba kleine rothe Ameise
mûwānda Speerträger
mûwinna erwachsenes Mädchen
muuwiri Körper
mûwûfi Töpfer
mûwûya reinlicher M.
mûyēude (pl. wēude) Freundin
mùyēya Kuhglocke

N.

na und, mit
nâköfu mager
nâkiëne (wörtl. na-ki-wene ich sehe es)
wirklich
nandalla (pl. matandalla) Bohne
nani wer
nansa verwüsten, zerstören
nambi so
nawa ablecken
ndâ | nein
ndāla |
ndafi Augapfel
ndâte ya sāyo Pack Tabak
ndatu Schuh
ndauli? was? warum? wie?
ndege Vogel
    Grössere Vogelarten sind: itú-
    mbusi, sûmussi, kikwángala,
    nyakihēina, uândala, mûalāla,
    mléndire, kibakússe, ningallu-
    ngwāda, mállufi, kullukullu,
    ndudumissi

Kleinere Vögel heissen: tundûlu,
kihŏna, ūgwale, kihiwa, ki-
hŏde, ngwēnde, swēswe, ūgā-
nga, kidúmbalúkolo, finúrre
ndema nein, in der Bedeutung: nein,
ich will nicht
ndembēra (pl. madembera) Fahne
ndēmbûé Elephant
ndera (pl. mádera) Ader. Wurzel
ndēte; i-na ndēte er zittert
ndēvu (pl. malēvu) Bart
ndōnya Regen
ndōnya i-nyululla es regnet
nûndulu Giraffe
ndussi Trommel. Tanz, Spiel
nega lulēnga Wasser holen
nene ich
nēñguni heute
nēmula herunternehmen
    · mitēgulo Lasten ablegen
ngadu Krabbe
ūgāla Wind, Kälte
    · böser Geist
ūgámbagwá (senga) männliches Thier
ūgambi Lager
ngāuga (pl. makanga) Perlhuhn
ūgāngaká Rost, Schimmel
ūgāusi Mauer des Hauses
ngátaba versuchen
ngāzi (pl. magazi) Weg
    · ēnya málekánno Seitenweg
ūgēne eben, gleich
ūgēñgenálla verdorren
ūgényasá zermalmen
ūgēru Durst
ūgēse Kalk
ngeti (pl. mágeti) Augenwimper
ūghondo Krieg
ngi (pl. magi) Skorpion
ūgingo (pl. makingo) Fell
ūgiuna (pl. mañgiuna) seine Mutter
ūginna ku mitala Stiefmutter
ngirri (pl. magirri) Wildschwein
ngoda Hiebe, Schläge
ūgōko wildes Thier
ūgollo (pl. makóllo) Schaf

ŋgoŋgómmi Haarbusch des Zauberers
  als Zauberstab
ŋgoŋgonna abnagen
ŋgoŋgone; munu uyo a-ŋgoŋgone er
  ist durch Krankheit geschwächt
ŋgóŋgoñála zittern
ŋgoŋgwa Kiesel, Steinchen
ŋgówo Banane
ngozwi das Knacken der Finger
ŋgufi (pl. mágufi) Augenbraue
ŋguku (pl. makuku) Huhn
ngunda (pl. magunda) Taube
ŋguŋguni (pl. makúnguni) Wanze
ngúwa ya senga) Leder, das von
  • » ŋgollo) alten Leuten
  und Sclaven umgebunden wird, um
  sich darauf zu setzen
ngwāda junges Kalb
ngwēmbe Schild
niāta heranschleichen, herankommen
niazi (pl. mahazi) Fliege
nihengéra zusammenrollen
nihēssigo kleines Beil
ninira nachfolgen
niri wann
nkedéke (pl. makedéke) kleine Affenart
nófu schön, gesund
nonēra küssen
nongwa strafen
nongwe; munu uyo i-na noŋgwe dieser Mann ist verschuldet
nóno süss; si kinono sauer
nsagálla (pl. von lusagalla) Brennholz
nsalla) Hunger; nene i-waw'insalla
insalla)   ich bin hungrig
nsangiko (pl. mangiko) Dach
nsēgumumbi Hyäne
nsēnga (pl. masenga) Bau
nsigi Heuschrecke
nsissi Flechtwerk
nsogóllo Hahn
nsoka (pl. mayoka) Schlange
  Einzelne Schlangenarten sind:
  nyaluini, imulālwe, fuira, ipo-
  ina, kissagalla, ngulúkirá, mu-
  hāndu, inyato, finya ulimi

nsúgu Erdnuss
nsúguni Moskito
úsuki Biene
ńsupa (pl. másupa) Flasche
númbula (pl. matúmbula) Lunge
nuñga riechen
  • kianángifu übel riechen
  • fiwi stinken
núŋguno reif
nüngwe Nebel, Thau
nussa an etwas riechen
nyakwiwana Spiegel
nyalulla aus einander ziehen
  • kigeke Messingdraht gerade
  biegen
nyālnliró oberer Stein beim Mahlen
  von Getreide
nyamma Fleisch, Thier
nyamma ya mu kaye Hausthier
nyamma ya ŋgöko wildes Thier
nyámnuibato Zange
nyānda Hütte
nyānya brennen, rösten
  • nyamuna mu moto Fleisch
  rösten
nyānya somba Fisch braten
nyarúpala Löwe
nyassata böse braune Ameise
nyatáge leise
nyēhe spitz, schmal, schlank
nyeke ipa von hier bis
nyēngera likoŋgo Wunde verbinden
  • mŋgóha Speer umwickeln
  (mit Draht)
nyéngere ya hute Gewehrlauf
nyēngo (pl. mahēngo und nyēngo)
  Sichel
nyēnyu, nyēnye ihr
nyenyēssi (pl. mahenyessi) Stern
nyéregēnda kitzeln
nyiāu (pl. manyiāu) Katze
nyoko deine Mutter
nyólofu viel
nyonga drehen, auspressen
nyōwe (pl. manyōwe) Nagel
nyüñ trinken

nyŭĕsa tränken

nyulúlla lulēnga lŭa ndónya Regenwasser auffangen

nyumba Haus

• ya irōngo Lehmhaus

• • issoli Grashütte

O.

ōgo ja doch, ja wohl

óngolla nyowe Nägel schneiden

ógolla ñgingo Fell zurecht schneiden

-ōlofu viele

ongámma schaukeln

ōpá binden, schnüren, fesseln

• nsagálla Brennholz in Bündel
binden

opólla ausziehen (Kleider)

P.

pa geben

pabāte eckig

pagāta auf den Schooss nehmen

pagatti pa
• ya } zwischen

pakiānya pa auf

pákiró Nacht

palá da, dort

pallá scharren

pálulú überübermorgen

pamalēngo Fettpolster

pamassi simúko Mitternacht.

pambēre pa hinter

pāmihé Abend

pamirāo morgens früh

pamŭánde dann, nachher

pamiii na zusammen mit

pana na munāla Fusstritt geben, aus-
schlagen

pándulassá springen

panga gesund

pāno Ort, Stelle

pāno pa an Stelle von

pānyi Fusshoden

• pa unter

pape (pl. wapape) Grossmutter

pāta abstauben

páwukyá übermorgen

páyakwe anderswo

péfu leicht

pékeha moto Feuer durch Reibung
erzeugen

pékeránna máfuta einander mit Öl
einreiben

pēñga sich schmeuzen

pēnya durchgucken

pepa sāyo rauchen

pēra Jemand geben, schenken

peruka wehen

pērula moto ausgehen (vom Feuer).

piä verbrühen

piffu muthig, fleissig

piga machen, thun

• kipigó arbeiten

pilipili Pfeffer

pima muēnda Stoff abmessen

pimanna kilió den Trägern u. s. w.
Lebensmittel als Vorschuss geben

pinga halbvoll sein

pipi nahe

• pa
• na } nahe bei

pira kirambēle rückwärts gehen

piriga issingo Hals abschneiden

pirima umgehen

píruga zurückgehen, zurückkehren

pirula zurückbringen

pítula umdrehen

piūba erkranken (vom Sultan gesagt);
Mkwawa Mahinya a-piūfire der
Sultan M. ist erkrankt

piūfyá kiākulyá Speisen aufwärmen

pogá ausblasen

poka na rúdali mit Gewalt nehmen,
rauben

pókerá bekommen

póllulá Schlinge machen

poná gesunden

pōnda kiūma schmieden

pongo Ziegenbock

póngolá eingiessen

pongólla blühen (vom Getreide gesagt)

púēpa leise sprechen, flüstern

pugá fächeln
púigánga ohrfeigen
puitula moto Feuer anblasen
pula bekommen
púlika hören
púlikisa horchen
pulikisá lukäni Nachricht einholen
pululla spitzen
púllusa einfädeln
púndula schiessen
pupúma zappeln
puta umblasen
püwá dumm
pyá neu, frisch

R.

ringánna einander gleich sein
rútira übertreffen

S.

sabuni (suah.) Seife
safari (suah.) Reise, Karawane
sáfwá Wade
säga suchen
sama aufheben
sanga ugalli Brei kochen
sángasánga mwäna Kind einschläfern
sapa hinzuzählen
sassingánna einander verwickeln
sátira itinga na mifwa Lager mit Dornen umgeben
sáu ｛anklopfen und -herein- rufen,
säwu ｛ entsprechend dem suah. hodi und qaribu
sawa sammeln, aufheben
sáyu Tabak
segámma auf der Erde sitzen (ein Knie hochnehmen)
semino (pl. masemino) Säge
sémwa vergessen
senda gefallen
senga Rindvieh
séngére Zebra
séresére Spreu
séssamo fett
sessëna na lüngo wannen

sigalla verbrauchen
sikirá Stirn ausrasiren
sikiró Büffel (weibl.)
simbola ansehen
sinda warten
sindira auf Jemand warten, bewachen
sindiká begleiten, Jemand hinbringen
sindiká ugálli zum Brei einladen
sindirá zusammendrücken, festtreten
sindirisá beendigen
singánno Nadel
siningasa Stirn runzeln
sinissá zuwinken
sinissirá Jemand zunicken
sinsa fertig sein
sinya Wink mit den Augen geben
sirá im Stich lassen
siribúka wieder zu sich kommen
sirika zu Boden schlagen, erschlagen
sirissa sich verstellen
sissa übrig lassen
sissimo kalt (von Speisen)
sissinaza einschlafen
sissinisa miho Augen schliessen
sita versperren
siwá zustopfen
sokóma krumm sitzen
sóla misshandeln
somba Fisch
     Fische: ngodówi, makúmbuló, likóga, küngiro, ngongónyo, ndenya
sómola senga Vieh austreiben
sóna Richtung angeben, zielen
sópá eingiessen, hineinthun
sópa hüte laden (Gewehr)
sópa lumémme voll füllen
sopega Hemd (zur Erde reichend)
sópera hüte für Jemand Flinte laden
sopérá kaye Stadt in Brand stecken
sópera moto Feuer anlegen
sopera sáyo anrauchen
sossóli Laus
sota untergehen; lizowa li-sota Sonne geht unter
sówira sich gewöhnen(?)

subulla reiben

sügu verständig, schlau, listig

süka bitten, betteln

suza Jemand veranlassen zu bitten

sukusúlla gurgeln

súmbirira springen

sûme billig(?)

súmuli leer

sunūka verstauchen

sûnsa wedeln, schaukeln

sûpa Athem holen, ausruhen, seufzen,
    Halt machen

sútirá zurückbleiben

swé nur (wird nachgestellt, z. B. nyama
    swé nur Fleisch)

swēra (suah. bassi) genug, basta, es
    genügt

T.

táfunga kauen

taga wegwerfen ·

taga mitēgulo Lasten wegwerfen

taga mùfimba begraben, d. h. den
    Leichnam wegwerfen

tállamu schwierig

tálassú (mifēnda) ausgefranst sein

tali lang, gross

tama brüllen (Vieh)

tambúla kriechen

tümbalissa Beine ausstrecken

tämbika Fest feiern

támiya Kranke pflegen

támmüa krank

tandi erst, nur, doch

tandika uhāga Bett decken

tanga treffen

tánganna | einander treffen, be-

tánganisa | gegnen

tawa mùkēka Matte flechten

táwola Abgabe zahlen und (dadurch)
    Erlaubniss erhalten (durch's Land
    zu ziehen)

tēga Falle legen, einfangen

tegánna neben einander gehen

tēgula tragen

tēkamirá überfallen, überraschen

tema schneiden, einschneiden

tema lùssale Freundschaft schliessen

tema niāge (mäge) Stammeszeichen
    einbrennen

tēmasa nyámina Fleisch schneiden

tēmba Hühnchen

tenga máfigá Feuerplatz herrichten

tensi tüchtig

tēntulá lihēma Zelt abbrechen

tereka kochen

tereka pa moto auf's Feuer setzen

tērula fliehen (alles wegwerfend)

tetēra gackern

tika sagen, wollen

tikira antworten ·

tinnasa sich unterhalten, Märchen er-
    zählen

tita rütteln

titu schwarz, dunkel

tiwá flechten (mit drei Strängen)

toga werfen

togisa zuwerfen

tôla nehmen, holen, halten

tōsa werfen, abwerfen

tōsa mùgôha Speer werfen

totórola auftrennen

towá schlagen, züchtigen

towa hüte schiessen

towa litúnu | Trommel schlagen

tow'indussi |

towa lulüzi pfeifen

towa müyēya schellen

towa müsinga Kanone abschiessen

towa ñgôñgo in die Hände klatschen

tôwerēra hämmern

tôwesa inu lulēnga in's Wasser werfen

tugútira schwitzen

tuhumbika in die Höhe hängen, auf-
    hängen

tuhùngulla herunternehmen, herunter-
    lassen

tula wegrennen

tullo Schlaf

tuma schicken

tumbika Jemand hängen

tùmbira hin- und herschwanken

tuna anschwellen
túñgunu fertig, reif
tussá mit Schlägen misshandeln
tutógoli ganz dünnes Reisig
twanga zu Mehl stampfen
tuiwirra untergehen, versinken, ken-
  tern

U.

ubúga dicke Suppe
udeke Freigebigkeit
udessi Lüge
ndibáffu Taubheit
udódi Feuchtigkeit
udódo Kindheit, Jugend
udúgifu Stumpfheit
udugirro Ende
udútu Korpulenz
nĕro Helligkeit
úffukú Morgendämmerung
ufúpi Kürze, Breite
ugálli Brei
uganga (suah.) Arzenei, Zaubertrank
ugáyu Armuth
ugázu Breite
ugi scharf, spitz
ugimbi (suah. pombe) Gerstenbier
ugógollo Altar
uguzi ukángafu theuer(?), z. B.: kihimbi
  hiki uguzi ukángafu dies Messer
  ist theuer (wörtl. harter Verkauf)
uhága (pl. mahága und nyága) Bett
uhángalla Noth
uhimbwa Graben
uhwĕhwe Feigheit
uini Geiz
uina (pl. mina) Fallgrube
ukálawa Krebs (Krankheit)
ukálli Strenge
ukángafu Schwierigkeit
ukäta eine Hirseart
ukátafu Schweigsamkeit
ukavu Trockenheit
ukommi Grösse
uku dort
uko na uko hier und da, hin und her

ulasi berauschendes Getränk
idimbo Vogelleim
úlowa (suah. ukoma) Aussatz
umó hier hinein, hier drin
unĕnge Zwicke am Speer
ungorótima Gemüth
unyĕhe Schlankheit
upēmba (suah. matama) Negerhirse
npiffu Fleiss
upinde Bogen
úpolo Mehlbrei
úpuwa Dummheit
ussiho Schweif
ússo Gesicht
úsugu Schlauheit
ussúlya wa ndege Vogelnest (aus Erde
utáli Länge, Grösse
utámmúa Krankheit
utitu Schwärze, Dunkelheit
uvika na kipembe schröpfen
uwinna Mannbarkeit
úya senga Vieh heimtreiben
uzēra wissen, können

V.

vála)
vuála) anziehen
vála kirernba Turban wickeln

W.

wafu Schmutz
wäga bellen
wainga Krieger des stehenden Heeres
wálla zählen, rechnen
wállekä verlassen
wamba ñgingo Trommelfell aufziehen
wámbula ñgingo Trommelfell abnehmen
wannugifu Schlechtigkeit
wandika máziwa Milch in Töpfen aufstellen
wángufye) schnell, beeile dich, be-
wángufyäge) eilt euch
wassúmula niesen
wasso wa ndege Vogelnest aus Gras
  u. s. w.
wawa schmerzen

wawo, iwa, iwo sie

wáyayúlla gähnen

wēga grosse Axt

wegálla Kind im Tuch tragen

wehēra athmen

wemba weinen

wenda, enda und yenda lieben, wünschen, wollen

wensägira ⎞ wa kaye Stadtälteste,

wassägira ⎬ Unterhäuptlinge des

⎭ Landes

wēnya wendánni Zwillinge

wēreka blühen

wewe, bewe du

wiäla pflanzen, säen

widaha leben

wífu Faulheit

wiga krähen

wika mugatti hineinlegen

wika inu kipogo in's Boot laden

wikasa pa aufladen

wikirirá nsagálla Brennholz auflegen,
zurechtlegen, anzünden

wima warten

wionna erwachsen

winula holen

wipa überlegen, nachdenken

-wiri-datu einige

wisa suchen

wisula finden

wivu Faulheit

woka aufstehen, weggehen, abreisen

wöna sehen

wöna inyoni sich schämen

wonanna einander sehen, treffen

wóneka sichtbar sein

woñgóngo Gehirn

wōpá fesseln, zubinden

wōpá initēgulo Lasten fertig machen

wōpá kitámbala ein Tuch umbinden

wovu schlecht, verdorben

woza verderben (von Speisen)

wúbito Ausgang

wúfupi Kürze

wūgi Schneide, Spitze

wuhāwi Zauberei

piga wuhawi Zauberei treiben

wúhumo Abgang, Weggang

wuira wiederholt rufen

wuki wa ńsuki Honig

wullága tödten

wúlungu rund

wulúwa (pl. malúwa) Blume

winángifu Schlechtigkeit

wúnofu Schönheit

wunŏno Süssigkeit

wuníngo Geruch

wunyonge Gewinde, Schraube

wupēfu leichtes Gewicht, Leichtigkeit

wupiffu Fleiss, Ausdauer, Muth

wüssé Mehl

wutäli Länge

wuwiya Neuheit, Frische

wüza fragen

wuzitu Schwere

Y.

yagá verlieren

-yagwe ein Anderer

yapa machen, in Ordnung bringen

yapisa ausbessern lassen

yassa fehlen, verloren gehen

yawa ausheben (Erde)

yiwāga bellen

yōwa meine Mutter

yugirra wanken, wehen, flattern

yúlino sofort, jetzt

yuyu, uyu er

Z.

za kommen

zenga bauen

zenga matinga Lager aufschlagen

zēmula hauen

zima mōto Feuer auslöschen

zìto schwer

Frauennamen der
Wahehe.

Fahirinyi
Gállahōmba
Gámùiniwe
Gámuāli ùkiwá
Gangasi hāwirùá
Gápirùne
Háwangōtùá
Ilékerānofu
Ingirōtùá
Kámüāli
Káwalūga
Kiákumôuye
Kiáussiku
Kimbirā fùite
Kulira kōtùa
Kússirá
Lēka yówage
Liwámalá
Mólekerá
Málingamãue
Manigōha
Mawauda mahēsi
Meláme lúsemi
Melosūtùá
Mgōusu tēngule
Molōsutāngu
Mpōnda
Mùāga
Mùbēua
Mútiwa limānga
Mugála magōha
Mùgousa wänu
Mugongirūtùá
Mùgousūtùá
Muhāmbótemi
Muhāusodinde
Muhāuyutawánga
Muúdaté
Muka mikōtùá
Mukōwa
Múkowira magōha
Múkowirutánga
Mulūmbe magōha
Múpiri mùtùá

Mùsámù hērula
Mutāuo kúfùa
Mutolōtùá
Mútima gussiwōla
Mútua mùēnya máge
Mútua mùēnya wänu
Mùtua mùànya magōha
Mùtua séssaló
Semùāwa
Senga yawēue
Sēwagùe
Simbùēni
Sirunguya
Udāwa　*
Wawanda
Wugauga sina mákoli
Wùki wikōko
Wùtuwa wimmba
Wùtuwa ulagēnda

　　　　— —

　　Mānnernamen.

Falingómola
Folirá kumùtānde
Iramtāka
Kamala ñgombe
Kanyámala
Katùlli
Káwira mandúnna
Kiatingule
Kiwanga pale mūtùá
Kùlihamāke
Ligūngire
Limembállafu
Lùnungūnda
Madauda
Makakáwo
Makápa
Makingūmbi
Makikōti
Makiyōmbùé
Malinda
Mauámalinda
Manámtawángu
Massānya
Mbanga sikúmuliá

Mgálimùtùá
Mgerimēmbe
Mgómahēnga
Mkámbawäno
Mkwékutángo
Mlóngollerá
Mompōnsi
Mondùrémuli
Mpingalitùe
Mùālusirire
Mùàmkumnawūna
Mùáuyambirá
Mudánnirá
Mùdindūdùá
Mùēnya wahēnza
Mùēnyānofu
Mùēnya gūnguli
Mùnyirāyagùlé
Mùēnya ulāmbo
Mugéndogiwá
Muhánzawäno
Mùngeráyagùé
Mússoliwāya
Muwinge
Mtállokúwega
Ngómbewäno
Ngádaiwá
Nsugumāte
Pangamāge
Pangamanga
Sēngo
Simalinga
Solirēmba
Talingūnga
Témerawäno
Towálalike
Wássenkedūnda

　　Kinderuamen.

Gēndahēra
Ímola
Kidalá
Kinyohēro
Lukimbirô
Mahāli

Mülloga	Niállowa	Wanukönga
Mállulóssa	Nsówó zangíwalla	Wanuwipire
Mlévi	Wahindi	Wamutima
Müiangösi	Wamagange	Wangámbi
Müéba	Wamgēnzi	Waugāsi
Müénya gállu	Wanuáusala	Wassöngué
Müigöngo	Wamuginuu	Yawéne
Mutáwouiiá	Wanúkauni	
Mutowéga	Wanukimbié	

Râbaḥ.

Von Julius Lippert.

«Persönlichkeiten machen die Geschichte»; hat dieses Dogma für die abendländischen Staaten nur sehr bedingte Geltung, für die historischen Veränderungen im «dunkeln Erdtheil» und speciell im Sudan gilt es absolut. Gemeinsinn und andere politische Tugenden gehen dem Neger vollständig ab. In demselben Grade, wie ihm der Begriff des Staates fremd ist[1], ermangelt er des Patriotismus und der dynastischen Treue. Es bleibt ihm gleichgültig, für wen er frohndet, wenn er es nur in leidlicher Sicherheit für Leib und Leben thun kann. Nur aus diesen Verhältnissen heraus wird es erklärlich, dass kühne Abenteurer nur gestützt auf eine über die Masse hinausragende Intelligenz und Energie und auf eine Handvoll treu ergebener Anhänger sich mächtige Reiche zusammenerobern und alte Sultanate über Haufen werfen konnten, deren Jahrhunderte langer Bestand nur durch die gleiche politische vis inertiae der benachbarten Staaten möglich war. So sehen wir, um nur ein paar Beispiele anzuführen, wie zu Anfang dieses Jahrhunderts Oṭmân dan[2] Fôdio mit seinen numerisch unendlich schwächeren Fulbe die gesammten Haussa-Staaten eroberte und zum Sultanat Sokoto zusammenschweisste, und wie vor anderthalb Jahrzehnten der Mahdi sich die aegyptischen Sudan-Provinzen trotz europäischer Verwaltung im Fluge unterwarf. Nun mag man freilich einwenden, dass diese beiden Männer zugleich als religiöse Reformatoren aufgetreten sind; und religiöser Fanatismus ist ja stets ein mächtiger Factor zu Gunsten des Erfolges. Aber bei Samori, dessen Gefangennahme vor wenigen Wochen die Zeitungen zu melden hatten, war es lediglich die Macht der Persönlichkeit, die ihn, aus einem Territorium vertrieben, in den Stand setzte, sich in kürzester Frist ein neues Dominium von etwa der Grösse Deutschlands zu erobern und seit 1885 selbst der überlegenen französischen Kriegsführung mit mehr oder weniger Glück die Spitze zu bieten[3]. Und persönliche Tüchtigkeit war es auch, die den Râbaḥ vom Maurersohn zum Sultan des mächtigen Bornu avanciren liess und ihn wohl noch Weiteres hätte vollbringen lassen, wenn nicht das Gift des Meuchelmörders seiner

---

[1] Das gilt ja für die Völker des Islams überhaupt, insofern sich bei ihnen der Begriff des Staates mit dem des Herrschers identificirt. Für wen es hierfür eines Beweises bedarf, der lese beliebige zwanzig Seiten aus Aug. Müller's Islam Bd. II nach; er wird dann überzeugt sein.

[2] «dan» im Haussa ist das arabische «ibn» (Sohn).

[3] Vergl. G. A. Krause, Samori in Nr. 483 der «Vossischen Zeitung» vom 15. Oct. 1898.

Erobererlaufbahn ein vorzeitiges Ziel gesetzt hätte. Da gerade in den letzten
Wochen allerhand Nachrichten über diesen Mann durch die Zeitungen gegangen sind, Nachrichten, die auf einen Brief des französischen Forschungsreisenden Bonnel de Mézières[1] zurückgehend uns Deutsche insofern insbesondere angehen, als der Schauplatz der darin gemeldeten Ereignisse das
Hinterland unserer Kamerun-Colonie ist, so dürfte es allgemeinem Interesse
begegnen, das Leben und das Ende dieser Persönlichkeit hier kurz dargestellt zu finden.

Als Quellen dienen mir hauptsächlich zwei im Anhang mit Übersetzung
publicirte Schriftstücke:

1. eine Biographie Ràbaḥ's in Haussa-Sprache von Muhammed
   Beschir al-Ghati, Lector am hiesigen Seminar für Orientalische
   Sprachen, für mich niedergeschrieben;
2. ein arabischer Brief an Muhammed Beschir von 'Abd al-Qàdir
   ibn al-Ḥàǧǧ Isa Muzi aus Ghadames über den Tod Ràbaḥ's.

Soweit ich andere Quellen benutzt habe, bemerke ich es an den
betreffenden Stellen.

I.

Ràbaḥ (d. h. der Gewinner) gehörte wie auch Zubair Pascha dem
arabischen Stamme der Ga'alijin an, die am oberen Nil, etwa bei Chartum,
ihre Wohnsitze haben, aber als Gallàba (d. h. Importeure, Kleinkaufleute)
über den gesammten östlichen Sudan, ja bis nach Bornu hin verbreitet
sind[2]. Sein Vater war ein armer Maurer, der sich schlecht und recht von
seiner Hände Arbeit nährte. Dass Ràbaḥ hie und da fälschlich als Sclave
Zubair's bezeichnet wird, ist wohl darauf zurückzuführen, dass er sich
schon in früher Jugend diesem ausserordentlichen Mann, der vor seinem
öffentlichen Auftreten das Gewerbe eines Sclavenjägers betrieb, anschloss
und ihm sehr bald ein ebenso treuer Freund wie brauchbarer Gehülfe bei
seinen Unternehmungen wurde. Sicher wird er sowohl bei der Unterwer-
fung der Baḥr-al-Ġazal-Provinz wie bei der Eroberung Darfor's thätigen
Antheil gehabt haben. Als dann Zubair auf einer Beschwerdereise zum
Chediven in Kairo in Haft behalten und sein von ihm als Stellvertreter
zurückgelassener Sohn Sulaimàn durch Intriguen zur Rebellion gedrängt
ward, war Ràbaḥ einer der hervorragendsten Unterbefehlshaber des Rebellen-
heeres. Doch das Schlachtenglück war den Aufständischen nicht hold. Zu
wiederholten Malen aufs Haupt geschlagen, wurden sie von Gessi, dem
Führer der Regierungstruppen, aufgefordert, weiteren Widerstand als nutz-
los einzustellen und sich ihm gegen Zusicherung von Straflosigkeit zu ergeben. Als in dem Kriegsrath der Rebellen, der diesen Vorschlag discutiren
sollte, Sulaimàn und die Mehrzahl seiner Unterführer sich geneigt zeigten,
auf diese Bedingung hin zu capituliren, wandte sich Ràbaḥ energisch gegen
den Vorschlag. Seine Ausführungen gipfelten darin, entweder unter Preis-
gabe des bisherigen Herrschaftsgebietes mit ihrer gesammten, noch immer

---

[1] S. Le Mouvement Géographique 1898, Nr. 47 (20. Nov.).
[2] Vergl. Nachtigal, Saharà und Sudan II, 234.

nicht unbeträchtlichen Macht nach Westen zu ziehen, wo es leicht sein
würde, sich eine neue Herrschaft zu erkämpfen, oder, wenn man schon
des Kampfes müde sei, sich nicht dem Gessi, sondern direct der Regierung
in Chartum zu unterwerfen. Sollte keiner von diesen beiden Vorschlägen
Annahme finden, so würde er sich genöthigt sehen, sich von seinen bisherigen Kameraden zu trennen und auf eigene Faust zu handeln. Der überaus verständige Rath Râbaḥ's fand weder in der einen noch in der anderen
Form Beachtung; Sulaimân mit der Mehrzahl seiner Unterbefehlshaber ergab
sich dem Gessi[1], Râbaḥ aber zog, nachdem er von seinen alten Waffengenossen
bewegt Abschied genommen hatte, mit seinen Truppen und dem, was sich ihm
von anderen Abtheilungen angeschlossen hatte, unter den weithin schallenden
Tönen der Kriegshörner zum Lager hinaus — in eine ungewisse Zukunft[2].

An dieser Stelle dürfte es angebracht sein, ein paar Worte über die
Machtmittel, über die Râbaḥ bei seinem Auszuge verfügte, einzuschalten.
Ich glaube nicht, dass sein Heer zu irgend einer Zeit viel über 3000 Mann
stark gewesen sein wird. Und zwar bestanden diese Truppen zum kleineren
Theile aus Ga'alîjin und Arabern anderer Stämme, die wohl die Reiterei des
Heeres gebildet haben, zum grösseren aus Basingern, d. h. europäisch disci-
plinirten Negersoldaten, die, aus gefangenen Sclaven ausgewählt, nach Belieben
ergänzt werden konnten. Man darf sie wohl passend mit den Mameluken
Aegyptens oder mit den türkischen Janitscharen vergleichen. Wie ich von
Augenzeugen seiner Kämpfe in Bornu gehört habe, soll Râbaḥ auch über
eine Artillerie verfügt haben. Dass diese gut bewaffnete und wohldisciplinirte
Truppe barbarischen Negerreichen gegenüber, bei denen Feuerwaffen zwar
nicht mehr ganz unbekannt, aber doch noch lange nicht in ausschliesslichem
Gebrauch waren, trotz ihrer numerischen Schwäche eine beachtenswerthe
Macht repraesentirte, ist ebenso selbstverständlich wie durch den Gang der
Dinge bestätigt.

II.

Über die ersten zehn Jahre der Abentenrerlaufbahn Râbaḥ's (1880
bis 1890) liegen uns zu vage und spärliche Nachrichten vor, als dass sie
uns zu einer sicheren Erkenntniss der Ereignisse gelangen liessen. Nach
dem Bericht Muhammed's soll er zunächst in das Gebiet der Dinkas (am
Zusammenfluss des Baḥr-al-Gazal mit dem Nil) eingefallen sein und drei
Jahre mit diesem Stamme Krieg geführt haben. Dass dieser Angabe eine
Verwechselung mit der vorher erwähnten Eroberung der Baḥr-al-Gazal-
Provinz durch Zubair zu Grunde liegt, springt in die Augen. Ferryman
erzählt in seinem soeben erschienenen Werke[3], dass Râbaḥ sich mit seinen
Schaaren nordwärts gewandt und, nachdem er den Sultan von Borku zwei-

---

[1] Sie sollten es bereuen, dem Rathe Râbaḥ's nicht gefolgt zu sein; denn sie
wurden trotz der gemachten Zusicherungen auf Verleumdungen und Intriguen hin
am 15. Juli insgesammt meuchlerisch niedergemetzelt (vergl. Slatin Pascha,
Feuer und Schwert im Sudan S. 28).

[2] Vergl. Slatin Pascha, ebenda S. 7—28.

[3] Ferryman, Imperial Africa. London 1898, p. 354.

mal besiegt, von ihm die Erlaubniss erhalten habe, sich im südlichen Grenz-
gebiet seines Reiches festzusetzen. Hier soll er sowohl wie der erwähnte
Sultan vom Mahdi, der sich mittlerweile des gesammten aegyptischen Sudans
bemächtigt hatte, die Aufforderung erhalten haben, sich der neuen Sache
anzuschliessen, was aber beide mit Hohn abgelehnt hätten. In den darauf
folgenden langjährigen Kämpfen zwischen den Mahdisten und den zur Se-
nusija gehörigen Stämmen des Grenzgebietes zwischen Darfor und Wadaï
soll Râbaḥ kräftigen Antheil genommen haben. So Ferryman. — Zu wider-
legen vermag ich diese ohne Quellenangabe gebotene Darstellung ebenso
wenig, als ich sie aus sachlichen Gesichtspunkten für wahrscheinlich halte.
Borku ist eine kleine Oasengruppe südöstlich von Tibesti, deren Bewohner
Nachtigal auf 10—12000 angiebt [1]. Um dorthin zu gelangen, musste Râbaḥ
von Gerra (im südlichen Darfor), wo sich das Lager Sulaimân's zur Zeit
der Übergabe befand, entweder das von aegyptischen Truppen besetzte
Darfor in seiner ganzen Ausdehnung oder das von wilden Bergstämmen
bewohnte nördliche Wadaï passiren und ausserdem noch einen nicht unbedeutenden Wüstenmarsch machen. Was ihn unter diesen Umständen veranlasst haben sollte, auf diese kleine und entlegene Oasengruppe loszuziehen,
wo zwar viele Kämpfe aber wenig Beute zu erwarten war, vermag ich nicht
zu errathen. Slatin Pascha giebt kurz an, dass er nach den »fernen Ländern des Südwestens« gezogen sei [2]. Und diese Angabe hat die grösste
Wahrscheinlichkeit für sich. Auch Ferryman lässt ihn vor seinem Angriff
auf Bagirmi in dem Gebiet der Banda und Fertit hausen [3]. Inmitten dieser
und anderer heidnischer Niamniamstämme südlich von Darfor und nördlich
vom oberen Uelle fand er, was er brauchte: ein geeignetes Feld für die
Erbeutung von Sclaven, deren er als Zahlungsmittel für Waffen und Munition ständig benöthigte. Ein volles Jahrzehnt scheint es gedauert zu haben,
bevor er diese ehedem so volkreichen und blühenden Gegenden durch die
mit Sclavenjagden nothwendig verbundene Einäscherung von Städten und
Dörfern in eine Wüstenei verwandelt hatte. Es galt jetzt, ein neues Feld
für diese in den Augen eines Muslims, soweit Götzendiener in Betracht
kommen, durchaus nicht ehrenrührige Thätigkeit zu finden. Weiter südlich
zu gehen, wo das Beutemachen am leichtesten gewesen wäre, verbot ihm
die Rücksicht auf die Munitionszufuhr, die ja durch seine Stammesgenossen,
die Gallâba, von Norden her erfolgte. Er wandte sich deshalb nordwest-
lich und versuchte das Königreich Wadaï zu überrennen. Hier muss er
aber energischen Widerstand gefunden haben, wie das ja bei der straffen
politischen Organisation dieses aufstrebenden Reiches nicht anders zu erwarten war [4]. So stand er denn schon nach kurzer Zeit von seinem Unternehmen auf Wadaï ab und brach mit seinen Schaaren in das südwestlich
davon belegene Bagirmi ein. Wie Ferryman [5] wissen will, soll Râbaḥ wäh-

[1] Saharâ und Sudan II, 141.
[2] Feuer und Schwert im Sudan S. 25.
[3] Imperial Africa p. 355 u.
[4] Vergl. Nachtigal, Saharâ und Sudan III, 51 ff.
[5] Imperial Africa p. 356 ob.

rend seines Aufenthaltes in Dar-Banda und Dar-Fertit an den Sultan von
Bagirmi die Bitte gerichtet haben, seinen Händlern zwecks Munitionszufuhr
aus Kukaua, der Hauptstadt Bornus, friedlichen Durchgang durch Bagirmi
zu gewähren. Da der Sultan diese Bitte unerfüllt gelassen, hätte Râbaḥ
ihm Rache geschworen; die Gelegenheit, dieselbe zu befriedigen, war jetzt
geboten. Vergeblich suchte der Sultan von Bagirmi bei den Höfen von
Wadai und Bornu um Unterstützung nach. Abschlägig beschieden und
nicht im Stande, dem gefürchteten Gegner in offener Feldschlacht die Spitze
zu bieten, warf er sich in seine befestigte Hauptstadt Massenja hinein, das
offene Land dem Feinde preisgebend. Râbaḥ hauste in gewohnter Weise,
machte reiche Beute an Sclaven und bemächtigte sich selbst einiger grösserer
Städte wie Gulfay und Logone. Aber sich für die Dauer im Lande festzusetzen, war er nicht gesonnen. Dazu waren ihm zu verlockende Schilderungen über den natürlichen .Reichthum Bornus wie über seine innere
Morschheit zu Ohren gekommen. Den Angriff auf dieses Reich, dessen
Prestige trotz aller faulen inneren Verhältnisse bei den Nachbarvölkern noch
immer sehr gross war, scheint er von langer Hand vorbereitet zu haben.
Zunächst entsandte er geheime Emissäre mit dem Auftrage, die politischen
Differenzen, die bei der Schwäche des Königthums hauptsächlich in den
gegenseitigen Rivalitäten der Würdenträger bestanden, nach Möglichkeit zu
schüren und gleichzeitig für ihn Stimmung zu machen. Dann setzte er sich
mit dem Fulbehäuptling Mallam[1] Hajato von Gumâré zwecks gemeinsamen
Vorgehens gegen Bornu in Verbindung. Dieser Fürst, der, im Gegensatz
zu den schwächlichen Epigonen des grossen Otmân dan Fôdio auf dem
Throne von Sokoto, einmal wieder etwas von der kriegerischen und staats-
männischen Tüchtigkeit seines Ahnherrn zeigte, war sofort zu dem Unternehmen gegen den Erbfeind der Fulbe bereit. Die vereinigten Truppen
rückten in Bornu ein und drangen unaufgehalten bis unter die Mauern von
Kukaua vor. Hier erst stellte sich ihnen der Sultan[2] Abâ Hâschim ent-

---

[1] Das Haussawort *Mallam* (oder auch *Mallami*) ist natürlich das arabische
ﻣﻌﻠﻢ Lehrer. Es wird gebraucht wie das arabische *Imam* (im Maġrib *Faqîh*) für die
»Schriftgelehrten«.

[2] *Sultan* hier im weiteren Sinne; die Herrscher der letzten (Kanemiden-)
Dynastie in Bornu begnügten sich mit dem officiellen Titel *Scheich*. Ihre Namen
sind der Reihe nach: Muhammed Amin al-Kanemi, Omar, Abâ Bu Bekr, Abâ Bra-
him, Abâ Hâschim, Abâ Kijâri und Abâ Sandâ. Ihre Verwandtschaftsverhältnisse
gehen aus folgender Tafel hervor:

Muhammed Amin al-Kanemi

Omar

| Abâ Bu Bekr | Abâ Brahim | Abâ Hâšim |

| Abâ Kijâri | Abâ Sandâ. |

Abâ entspricht in diesen Zusammensetzungen dem arabischen ﺍﺑﻮ. Vergl.
Nachtigal, Sahârâ und Sudan I, 582.

gegen, und es gelang ihm, dank seiner Übermacht, die Angreifer zurückzuwerfen. Râbaḥ verbrachte nun mehrere Monate im Gebiet von Bornu in schwieriger Lage, indem ihm besonders die Verproviantirung seiner Truppen grosse Sorgen verursachte. Gerade in dieser grössten Bedrängniss sollte die Saat zur Reife kommen, die er durch seine Sendboten hatte ausstreuen lassen. Râbaḥ erhielt von einem bornuesischen Grosswürdenträger die Aufforderung, nach Kukaua zurückzukehren, wo ihn dieser zur Erlangung der Herrschaft behülflich sein würde. Er liess sich das natürlich nicht zweimal sagen; sofort rückte er von Neuem auf die Hauptstadt los. Wieder kam es vor den Thoren der Residenz zur Schlacht, und diesmal siegte Râbaḥ hauptsächlich durch seine Artillerie, der die Feinde etwas Ähnliches nicht entgegenzustellen hatten. Abâ Hâschim selbst blieb auf dem Schlachtfelde [1]. In den noch folgenden Kämpfen, die zur Eroberung der Hauptstadt führten, fielen auch seine beiden Neffen und Nachfolger, Abû Kijâri und Abû Sandâ [2]. Der Sieger zog als neuer Sultan in Kukaua ein [3].

III.

Dieses Ereigniss bildet einen Wendepunkt in der Geschichte Râbaḥ's. Während er bis dahin doch mehr oder minder blosser Abenteurer gewesen war, war er jetzt mit einem Schlage der Herrscher eines der mächtigsten Sultanate im Sudan geworden. Bei seinem praktischen, auf das Reale gerichteten Sinn durfte man erwarten, dass er sich der Aufgaben und Pflichten seiner neuen Stellung alsbald bewusst sein und energisch an ihre Erfüllung gehen würde. Und diese Erwartung hat er nicht getäuscht. Den wegen der Unruhen der letzten Jahre in's Stocken gerathenen Karawanenhandel mit Tripolis suchte er dadurch wieder zu beleben, dass er den Händlern die Zusicherung vollkommenster Sicherheit sowie sonstige Concessionen machte. Seine Bemühungen in dieser Hinsicht sind denn auch von Erfolg begleitet gewesen [4]. Auch zur britischen »Niger Company« soll er in Handelsbeziehungen getreten sein [5]. Seine Residenz verlegte er von dem namentlich in der Regenzeit äusserst ungesunden Kukaua [6] nach dem reizend gelegenen Dikaua (am Jaloefluss südöstlich vom Tsadsee belegen) [7]. Zum besseren

---

[1] Nach Ferryman, Imperial Africa p. 356 soll Abâ Hâschim nicht gefallen, sondern nach verlorener Schlacht nach Sinder geflohen sein.
[2] *Sandâ* ist das arabische *Omar*.
[3] Nach meiner Berechnung fällt die Eroberung Bornu's in das Jahr 1894.
[4] Vergl. Grothe, Tripolitanien und der Karawanenhandel nach dem Sudan, Leipzig 1898, S. 22 oben.
[5] Ferryman, Imperial Africa S. 356.
[6] Vergl. Nachtigal, Saharâ und Sudan I, 732 ff.
[7] Dikaua, das schon früher einmal Residenz der Bornukönige gewesen war, liegt in der deutschen Interessensphaere. Über die günstige Lage der Stadt vergl. Barth, Reisen und Entdeckungen III, 122 ff. Als Grund für den Wechsel der Residenz geben die Eingeborenen in ihrem abergläubischen Wesen an, dass die Geister der hingemordeten Sultane Râbaḥ des Nachts im Königschloss von Kukaua geängstigt hätten. Dieses Motiv ist nicht neu; so soll Muhammed Scherîf, Sultan von

Schutze der Grenzen seines neuerworbenen Gebietes legte er starke Garnisonen in Gulfay am Schari sowie in Kussuri und Logone am Logonefluss. Um sich eine Dynastie zu gründen, deren Legitimität auch bei den Herrschern benachbarter Reiche Anerkennung fände, verheirathete er sich mit einer Tochter seines Bundesgenossen Mallam Hajato, der seinerseits wieder eine Tochter Rȧbaḥ's zur Frau nahm.

Dass mit dieser innerpolitischen Thätigkeit das Streben nach Erweiterung seines Gebietes Hand in Hand ging, lag in seinem energischen, nimmer rastenden Wesen begründet. Zunächst liess er sich die Züchtigung des im Süden von Bornu wohnenden Bergstammes der *Mandara* angelegen sein, der sich schon von je durch gelegentliche Plünderungszüge im südlichen Reichsgebiet lästig gemacht hatte. Bei der Strafexpedition fiel ihm der greise König der Mandara selbst in die Hände. Aber während Rȧbaḥ menschlich genug dachte, den alten Mann ungefährdet in seine Heimat zu entlassen, liess dessen Sohn und Nachfolger einen in Gefangenschaft gerathenen Sohn Rȧbaḥ's hinrichten. Eine andere Expedition nach *Baëlë* führte zwar nicht zur Occupation dieses Gebietes, wohl aber zur Erbeutung zahlreicher Sclaven, die als willkommene Beute nach Bornu weggeführt wurden. Denselben glücklichen Erfolg hatte ein Zug in das Gebiet von *Miga*. Dagegen misslang eine Expedition gegen *Katagum*; der tapfere Widerstand, den der König dieses Landes leistete, zwang Rȧbaḥ zu eiliger Umkehr nach Bornu. Von einem gegen *Misso* geplanten Unternehmen erhielt der König dieses Landes vorzeitig Wind und beeilte sich, um der drohenden Gefahr zu begegnen, mit den benachbarten Herrschern von *Schira* und *Gombe* ein Schutz- und Trutzbündniss zu schliessen. Vereint fühlten sie sich stark genug, angriffsweise gegen Rȧbaḥ vorzugehen. Die beiderseitigen Heere stiessen auf dem Marsche zusammen. In dem darauf sich entspinnenden Kampfe trug nach erbittertem Ringen die überlegene Schlachtkunst Rȧbaḥ's den Sieg davon. Ganz ausserordentlich waren die Verluste der Verbündeten; der König von Gombe selbst befand sich unter den Gefallenen. Aber auch für den Sieger muss der Tag sehr verlustreich gewesen sein; denn er kehrte ohne weitere Resultate nach Bornu zurück.

So lange Rȧbaḥ seine Angriffe auf die zwischen Bornu und Sokoto hausenden kleinen Stämme — Pufferstaaten würde man sie mit moderner Bezeichnung nennen — beschränkte, ging Alles sehr glatt. Dass aber mit dem Moment, wo er auf das Gebiet des grossen Nachbarreiches übergriff, Complicationen von unabsehbarer Tragweite eintreten mussten, liegt auf der Hand. Und das geschah mit einem Einfall in *Adamaua* [1], dem grossen

Wadai, die Residenz von Wȧra nach Abesche verlegt haben, weil, wie der Volksmund sagte, »böse Geister die alte Königsburg unbewohnbar gemacht hätten (Nachtigal, Saharȧ und Sudan III, 77). Natürlich ist im Ernst nicht daran zu denken. Neue Herrscherfamilien pflegen sich ja häufig neue Residenzen zu wählen, um das Andenken an die alte Dynastie nach Möglichkeit zu verwischen, wie ja Kukaua selbst erst von den Kanemiden zu Anfang dieses Jahrhunderts gegründet war (Nachtigal I, 586 unten).

[1] Mit seinem grössten Theil zur deutschen Interessensphaere gehörend.

südöstlichen Vasallenstaat von Sokoto, bei dem er grosse Beute besonders an Sclaven heimbrachte. Jetzt rafften sich die Statthalter der benachbarten Haussastaaten aus der Indolenz, mit der sie bisher den Erfolgen Râbaḥ's zugesehen hatten, zu energischem Handeln auf. Mussten sie doch darauf gefasst sein, dass es ihnen demnächst selbst an den Kragen gehen könnte. Was politische Einsicht nie vermocht hätte, bewirkte die Furcht: sie vereinigten sich zu einem Bunde zwecks gemeinsamer Abwehr im Falle des Angriffs auf einen der Verbündeten. Besonders gefährlich war für Râbaḥ der Umstand, dass sich sein Schwiegervater und bisheriger Bundesgenosse Hajato der Liga anschloss. Obwohl dieser sein Reich Gamäré in politischer Rivalität zum Hofe von Wurno gegründet hatte[1], fühlte er doch in seinem Herzen fulbisch genug, als dass er nicht die Interessen seiner Stammesgenossen, wo es sich um Sein oder Nichtsein handelte, zu den seinigen gemacht hätte. Zunächst versuchte er es mit diplomatischer Intervention. Als aber Râbaḥ im Vollgefühl seiner Macht diese stolz zurückwies, trat Hajato als Führer an die Spitze des Bundes. Sei es nun, dass Râbaḥ die Streitkräfte dieses Bundes selbst, sei es, dass er die dahinter stehende britische Macht oder was sonst fürchtete, gewiss ist, dass er einstweilen von weiteren Versuchen auf Sokoto abstand — geplant soll noch ein Unternehmen auf Kano gewesen sein — und sich einer Aufgabe zuwandte, die noch in seinem eigenen Reichsgebiet ihrer Erledigung harrte: der Wiedereroberung des unbotmässigen *Sinder*. Der Herrscher dieser nordwestlichsten Provinz von Bornu, der sich schon zur Zeit von Scheich Omar häufig aufsässig gezeigt[2], hatte die Wirren der letzten Jahre dazu benutzt, sich auch nominell unabhängig zu machen, und auch das östlich davon belegene *Munio* seinem Gebiete einverleibt. Nach sorgfältiger Vorbereitung machte sich Râbaḥ gegen Mitte 1897 auf den Marsch; er sollte lebend in seine Hauptstadt nicht wieder zurückkehren. Mallam Hajato, der nach dem Muster orientalischer Despoten die List für den besseren Theil der Tapferkeit erachtete, liess ihm durch seine Tochter, die, wie oben erwähnt, mit Râbaḥ verheirathet war, auf dem Wege nach Sinder Gift reichten, das den noch rüstigen Krieger inmitten seiner Thätigkeit im Alter von 58 Jahren dahinraffte.

Bei der Beurtheilung Râbaḥ's müssen wir uns hüten, uns auf den Standpunkt christlicher Humanität zu stellen; er muss aus dem Charakter seines Volkes und seiner Religion heraus begriffen werden, die Manches für erlaubt erklären, was uns als scheussliche Grausamkeit gilt. Nach Tausenden zählen die Unglücklichen, die, durch ihn zu Sclaven gemacht, entweder im Sudan selbst oder nach Norden verkauft worden sind. Ich selbst habe in Tunis und Tripolis eine ganze Anzahl Individuen gesehen, die die bekannten drei schrägen Narben auf jeder Wange als Râbaḥ-Sclaven kenntlich machten. Und wie der Kenner der Verhältnisse weiss, kommen auf jeden an das Ziel gelangten Sclaven etwa fünf andere Individuen, die

---

[1] Hajato war der Sohn des Prinzen Saïdu, Enkel des Sultans Muhammed Bello und somit Urenkel des Reichsbegründers Otman dan Fódio.

[2] Vergl. Nachtigal, Sahará und Sudan I, 730.

in dem der Erbeutung der Sclaven vorausgehenden Kampfe oder beim
Transport oder auch durch Krankheiten in Folge von Klimawechsel zu
Grunde gegangen sind. Bildet diese Unsumme von Elend und zerstörtem
Familienglück eine furchtbare Anklage für den Urheber derselben, so müssen
wir uns doch auch wiederum bewusst werden, dass diese Sclavenjagden bei
Râbaḥ nicht Selbstzweck, sondern nur Mittel zum Zweck gewesen sind, dass
er es nicht nur verstanden hat, zu zerstören, sondern auch aufzubauen.
Wenn wir bedenken, wie er, Sultan von Bornu geworden, thatkräftig be-
müht war, durch eine ganze Reihe von friedlichen Maassnahmen den Wohlstand des Landes zu heben, so söhnt das einigermaassen mit seinen Misse-
thaten aus, und wir können unser Urtheil in die Worte zusammenfassen: er
war ein ganzer Mann. In gewisser Hinsicht kann man ihn als den Sauer-
teig des Sudan bezeichnen; für Bornu speciell war seine Mission ebenso
historische Nothwendigkeit wie für das römische Weltreich die Völkerwan-
derung. Ob seine «Dynastie» Bestand haben wird, wer kann es wissen?
Geht sie mit ihm zu Grunde, so liegt die Schuld nicht an ihm, sondern an
der Ungunst der Verhältnisse.

Was ich über die Ereignisse nach seinem Tode habe in Erfahrung
bringen können, ist, dass einer seiner Freigelassenen im Namen seiner un-
mündigen Kinder die Regentschaft übernommen und die Integrität des Reiches
bis jetzt auch zu wahren gewusst hat. Wenn nun Herr Bonnel de Mezières
und nach ihm die Zeitungen melden[1], dass «Râbaḥ» den König Gaurang
von Bagirmi vertrieben und dessen Hauptstadt Massenja eingenommen habe,
so kann es sich nur um diesen Regenten handeln, falls die Nachricht in dieser
Form überhaupt zutrifft. Nicht unmöglich nämlich ist es, dass der Eroberer
der König von Wadai ist, der ja im Verhältniss eines Suzerains zu Bagirmi
steht[2]. Und einmal ist ja früher schon, da der Vasallenfürst Abu Sikkin
sich unbotmässig zeigte, Massenja vom König Ali von Wadai nach mehr-
monatlicher Belagerung eingenommen worden[3]. In jedem Falle aber ist es
eine köstliche Ironie des Schicksals, zu sehen, wie die Acteure des hier
vorgeführten Dramas einander in den Haaren liegen und sich gebärden, als
ob es ausser ihnen keine Welt mehr gäbe, während doch die Würfel über
sie längst gefallen und sie unter die europäischen Colonialmächte aufge-
theilt sind.

---

[1] Siehe die Einleitung.
[2] Vergl. Nachtigal, Sahara und Sudan II, 712 ff.; III, 281.
[3] Ebenda II, 726.

Anhang.

I. Geschichte Râbaḥ's nach Muhammed Beschir.

عُوصِل رابِح عُوبِنَّ مَّم جَلَّه شِى

دَباشا الزَّبِر مُتانِى جَلَّه عُوبَّن رابِح

شِنِى غِى كَسَ تَلَك نبِى بابو شَن دَكُومِى

رابِح يَتَفِى وُرِن باشا الزبِر يَذَمَا

غَلادِيمِنَّس سُتَقَ دارفور سُنِى باكِى

دَسُو بِنَّكَرُ بِاز سُوجِى لَبارِن مُتانِى

مَصر سُو دانْطِلِز سُوكَتِى أَنَّكِن

دارفور سُوِى مَسَ جِبَّل وابِو سُوكَنَّبِى

كَتِنُو يَذُو باشا الزِبر سُوكَامَش غَلادِيمِنَّس

رابِح يَغَدو يَتَقِى أَغَرِن جِنَّكِى بَتَقِى

شِى دَدَكَرنَّس شِنِى باكِى أَنَّكِن جَنَّكِى

شَبَّكَرنَّس عوكو يَتَّاش يَتَقِى أَغَرِن وادِى

شِنِى باكِى كُوانَّسَ غُونَا شَبَّكُوى

أَنَّكِن كُونِى يَتَقِى أَغَرِن بَرِم شِنِى باكِى

دَسَرِكِن بَرِم شَبَّكَرنَّس بِيُو أَنَّكِن بَرِم

Ursprung Râbaḥ's. Sein Vater war ein Mann von den Gallûba wie auch Zubair Pascha; er war Maurer und ein armer Mann. Râbaḥ schloss sich an Zubair an und wurde sein Lieutenant. Sie gingen nach Darfor und führten Krieg mit den Bewohnern des Landes 5 Jahre hindurch. Da erhielten sie die Nachricht, dass die Aegypter und Engländer nach Darfor gekommen wären. Die stellten ihm (dem Zubair) eine Falle und sprachen zu ihm: Komme zu uns. Da kam der Pascha, und sie bemächtigten sich seiner. Sein Lieutenant Râbaḥ aber entfloh und zog mit seinen Truppen in das Land der Dinka, mit denen er 3 Jahre hindurch Krieg führte. Dann brach er auf und zog in das Land Wadai, und er kämpfte dort 17 Tage. Dann zog er weiter nach Bagirmi und kämpfte mit dem König von Bagirmi 2 Jahre. Er schickte

شَنَّايَكِبُوا انْكِنْ زَنُوحْ دَسَوْ شِنِي

مَاغِي دَكِبُوْ دُوِمِي بَكِنْسُوشِي بَبْنْ سَنِي

قَدَا رَبُوتْ غَمَالَمْ حَيَاتُوْ لَايَهْ يَنِيْ مَسْ

انَسِنْكَ دَابُوتَ مَالَمْ حَبَايُوْ يَنِيْ كَوْ

نِيمَا انَسِنْكَ امَّا كَذُو مُوِبِ شَاوَرَا

ذَامُونِي بَرَنُوح رَابِحْ يَنِيْ نُوْ مُوغَمُوْ

انْكِنْ حَنْيَا يَتَنْ سُوغَمُوْ سُوكِنِيْ مُوجِيْ

انْكِنْ بَرَنُوح مُوِنِي بَرَنُوح سَرَكِنْ بَرَنُوح

يَجِي لَبَارْ سْتَارُوا دِيوْ يَنِيْ كُوِبِ شَرَى

دَكِبُوْ رَابِحْ يَذُوْ بَرَنُوح انْكِنْ كُوفَنْ

غَرَى سَرَكِنْ بَرَنُوح يَفَتَ سَنِي فَدَا

سَرَكِنْ بَرَنُوح يَكُوبِرِي رَابِحْ يَتَى اكُوبِيْ

يَذَمْنَا شِنِي يَنْوُوا وَاتَنْسَ تَارَ انْهَكِنْ

انْكَلِبُوا سُنْدَمْنِيْ وُر دِيَا دَا سُوسَمُوْ

تَيِمَكَ سُوكُومُوْ انْكِنْ بَرَنُوح سَنِي بَاكِ

سَرَكِنْ بَرَنُوح دَكَرَنَسَ سُوغُدْ سُنْبَرِشْ

شِنِي فَدَا سُوكَبْنِيْش ابَا هَاشِمْ دَقَرَى ابَا

aber Zaubermittel, die er bereitet hatte, nach Bornu, weil sie uneinig waren und sich gegenseitig befehdeten. Er schrieb an Mallam Hajato einen Brief, in dem er sagte: Ich bin dir in Freundschaft ergeben. Mallam Hajato antwortete: Auch ich bin dir zugethan; komme aber, damit wir uns berathen, wie wir Bornu erobern. Rābaḥ sagte: Gut, treffen wir uns auf dem Wege. Er machte sich auf, sie trafen sich und sprachen: Lasst uns nach Bornu ziehen und dieses Land erobern. Als der König von Bornu die Nachricht erhielt, dass sie sich zahlreich versammelten, sprach er: Rüstet euch gut. Als Rābaḥ bis vor die Thore der Stadt gekommen war, zog der König heraus (ihm entgegen); sie kämpften, und der König von Bornu verjagte den Rābaḥ. Der zog in das offene Land und blieb 9 Monate in Angelewa, mit seinen Truppen Hunger leidend. Als sie dann in den Besitz von Lebensmitteln

¹ Diese Schreibweise, auf die Etymologie -Bornu = بَر نوح (Land des Noah)- zurückgehend, findet sich häufig.

كِيَارِى دَابَا صَنْدَه دَنْ عُوَنْ أَبَا كِيَارِى

سُومُوتْ بَتْغَ بَرْنُوح بَدَمَنْ شِنْكَرْنَسْ

عوكو دَنَاشِ بَتَقِ أُغَرَنْ سَرَكَنْ مَنْدَرَ

يَكّى بَاكى أَنْكَنْ مَنْدَرَ يَكَام سَرَكَنْ مَنْدَرَ

زُوفُو نَىْ يَكُوشَ أَنْكَنْ بَرْنُوح يَارْ

سَرَكَنْ مَنْدَرَ يَكَام يَارْنْ رَاعِ رَاعِ يَنْى

دَمَانَسَ كَدَ كُوكِشِ وَنْ زوفو نَىْ

يَنْى مَسَ يَارْنْ سَرَكَنْ مَنْدَر أَبْكُو مَىْ

دَعُوَيَنْ بَنْى مَسَ ذَنْكَبْشِ زوفو يَنْى

كَدَنْ غَمُوتْ دَسَافِ كى كُو كَمُوتْ دَأَزْقَرْ

بَكَبْشِ بَتَقِ أُغَرَنَسَ مَنْدَر

سَوْرَا مَقَنْ رَاعِ بَاشَا مَالَاكْرِيم تَكَنْ

بَرْنُوح يَأْكُى وُرَنْ رَاعِ يَنْى كَذُوكَشَّغَ

أَنْكَنْ غَرَنْ بَرْنُوح يَنْى اَنْ دَيْنُو بَابْ

أَبْنِى سُنْتَفُو سُونِعَ أَنْكَنْ غَرَى بَدَّمَا

سَرَكَنْسُو بَدَوْنَ وَاتَنَ فُودُو يَتَاشْ بَتَقِ

اَنْكَنْ غَرَنْ بَدَى شَنِى بَاكى دَسُو الله

يَتَشْ نَصَرَا يَكَام مُثَانِى بَدَى يَدَمْرَنْسُو

gekommen waren, kehrten sie wieder in den Kampf zurück. Die Soldaten des Königs von Bornu ergriffen die Flucht und liessen ihren Herrn im Stich. Der kämpfte, bis er getödtet wurde; Aba Hâšim zuerst, dann Aba Kijâri und Aba Sandâ, der Bruder des Aba Kijâri. Sie fanden ihren Tod. Râbaḥ zog in Kukaua ein und blieb daselbst 3½ Jahre. Er zog in das Gebiet des Königs von Mandara und brachte den Krieg in ihr Gebiet; er nahm den König von Mandara, der ein alter Mann war, gefangen und führte ihn nach Bornu. Der Sohn des Königs von Mandara aber fing einen Sohn des Râbaḥ. Râbaḥ sprach zu seinen Leuten: Tödtet ihn nicht; dieser ist ein Greis. Der Sohn des Königs von Mandara liess ihm sagen: Schicke mir meinen Vater. Er liess ihm sagen: Ich werde ihn tödten. Da sagte der Alte: Wenn ich am Morgen sterbe, wirst du am Mittag sterben.

أنكن سَاسَرِى يَكُوسُو أُنكَن

برنوح يَكُومَا يَتَى أَغَرنَ مِكَ سُنَى

بَاك دَسَركَن مِك الله يَبَش نصرا يَكبَنسُو

يَتَى أَغَرنَ كَتنُوم سُنَى قَدا دَكَبُو سَركَن

كتنوم يَكُوربَش بَندُو يَكُومُو أُنكَن

غَرنَ برنوح يَذَمَا وَاتَنَ بَار يَتَاش

يَتَى أَغَرنَ مُو سَركَن مُو يَمَت سُنَى

بَاك شَى دَراع سَركَن مُو يَأَيكَى وُرنَ

سَركَن شَبرا دَورنَ سَركَن غَونَى سُوتَارو

أنكَن غَرنَ مُو سُوتَاش سُوتَاربَش

أنكَن حَنَا سُنَى بَاك دَكَبُو بَكنَى بَسُو

مَانَى دَبو راع بَى نصرا دَكَبُو سَركَن

غَونَى يَمُوت أُنكَن بَاك راع يَكُومُو

أنكَن برنوح يَذَمَا وَاتَنَ تَرَا يَنَى

غَتَانَش كُوبَى شَرَى كُوتَمَى أُنكَن أَدمَوا

دَبَاك سُوتَى سُونَى بَاك أُنكَن أَدمَوا

سُوكَم مَانَى دَبو سُودَمَرَبنُو أُنكَن

سَاسَرِى سُوكُوسُو دَغَ برنوح مَالم حَاتو

Da entliess er ihn, und er kehrte in sein Land Mandara zurück.

Fortsetzung der Geschichte Râbaḥ's.

Der Grosswezir von Bornu schickte zu Râbaḥ und liess ihm sagen: Komme und ziehe in die Stadt Bornu ein. Râbaḥ sagte: Wir leiden Hunger, da es nichts zu essen giebt. Dann kamen sie und zogen in die Stadt ein, und er wurde ihr König. Nachdem er vier Monate gerastet hatte, brach er auf und zog in das Gebiet Badé und bekämpfte sie. Allah gab ihm den Sieg. Er fing die Leute von Badé und fesselte sie mit Ketten und führte sie gefangen nach Bornu. Er kehrte dann zurück und zog in das Gebiet Miga und kämpfte mit dem König von Miga. Allah gab ihm den Sieg, und er tödtete sie. Dann zog er gegen Katagum. Die kämpften tapfer. Der König von Katagum vertrieb ihn, so dass er fliehend in seine Hauptstadt zurückkehren musste. Da verweilte er fünf Monate; dann brach er auf gegen Misso. Der König von Misso zog heraus und kämpfte mit Râbaḥ. Der König von Misso schickte an den König von Schira und an den König von Gombe; die versammelten sich bei der Stadt Misso. Sie brachen auf und trafen Râbaḥ auf dem Wege. Sie kämpften tapfer. Râbaḥ tödtete viele ihrer Leute und trug einen herrlichen Sieg davon. Der König von Gombe fiel in dem Kampfe. Râbaḥ kehrte nach Bornu zurück und verweilte neun Monate daselbst. Dann sagte er zu seinen Leuten: Macht euch bereit und

سَرَكَنْ جَمِرِىْ جِ لَبَادِ يَفَى مَسْ دُوى

كَنَى اَنْكَنْ كَنْ كَاكَنِبَا رَاعِ يَمَّا

مَسْ بَنَى مَالِمْ حَاتُو بَنَى دَكِبُو بَبْكَبُى

مَسْ دَمَاغَنِى وَرِنْ مَاتَا اَنَسْ بَارِنِبَا مَالَمْ

حَبَاتُو شَكَاوَرْبَتَ اَمَّا رَاعِ شَبْكَرَنَسْ

تَكُوسْ دَحَبِنْ بَمُوتْ

zieht gegen Adamaua zu Felde. Sie zogen nach Adamaua und erbeuteten viele Menschen, legten sie in Ketten und führten sie nach Bornu weg. Mallam Ḥajato, der König von Gamare, hörte die Nachricht und sagte zu ihm: Warum bist du in das Land meiner Ahnen eingefallen? Râbaḥ antwortete ihm: Ich bin eben eingefallen. Mallam Ḥajato sagte: Gut. Er schickte ihm Gift an seine Frau, die Tochter Mallam Ḥajato's, die er geheirathet hatte. Râbaḥ war 58 Jahre alt, als er starb.

II. Aus einem Briefe des ʿAbd al-Qâdir ibn al-Ḥâǵǵ Isa Muzi von Ghadames an Muhammed Beschîr vom 17. Reǵeb 1315 [d. i. 12. Dec. 1897].[1]

... فان سئلتم عن اخبار السودان
لا سو ولا سوى' غير جا، جواب من
السودان الى بلد غدامس وكتبو لنا
جواب بان راجع قتلوه بالسم صحيح السلطان
امتاع الجأر قال لوا السلاطين امتاع بر
العبد فالوا نوضوا تتحزمو وتعاركو
على خاطر راجع وسلطان امتاع مندر
وسلطان بافرم وسلطان كوا وسلطان
قدسن وسلطان دورى وسلطان كزورى
وسلطان امتاع زارى وسلطان امتاع
بوتشى وسلطان بدى وسلطان دمرف

... Und wenn du dich nach den Verhältnissen des Sudan erkundigst, so wisse, dass da Alles in Ordnung ist; nur ist ein Brief aus dem Sudan nach Ghadames gelangt, in dem sie uns mitgetheilt haben, dass man Râbaḥ wahrhaftig durch Gift getödtet hat. Der Sultan von Gamare sprach: Versammelt euch, ihr Sultane des Sudan. Sie sprachen: Auf, rüsten wir uns und kämpfen wir wider Râbaḥ. Und der Sultan von Mandara und der Sultan von Bagirmi und der Sultan von Kano und der Sultan von Kadsena und der Sultan von Daura und der Sultan von Kasaure und der Sultan von Zaria und der Sultan von Bautši und der Sultan von Baddē und der Sultan von Damergu und der Sultan von Tanamari und der Sultan von

---

[1] Ich drucke diesen im tripolitanischen Dialekt geschriebenen Brief mit allen seinen Fehlern ab. Meine Auffassung geht aus der Übersetzung hervor.

[2] La sau wa-la sauije; stereotype Formel in Tripolis, wenn man nach dem Befinden fragt. Sauija ist doch wohl substantivirte Nisbe von Sau, die Redensart also Verbindung von Concretum [Schlechtes] und Abstractum [Schlechtigkeit].

وسلطان تماری وسلطان جاجدون
وسلطان امتاع ابزن كلهم لموا بعضهم
ويمشوا الى راع وﻳﻘﺘﻠﻮﻩ ونسيب معل
حيات هو الى قتل بالسم هو بت
السم الى بته وقال لها عطيه لرجلك
لما قال لنسيب ليش تاخدوا ارض جدودنا
هو قال لراع [sic!] انا خديتها مشى دار
السم وقال لها عطيه لزوجك وتوا¹ مات
راع لما رايت فى الجواب امتاع السودان
له ست اشهر ...

Ġaġiduna und der Sultan von Abzen. sie alle versammelten sich [und sprachen]: Lasst uns gegen Râbaḥ ziehen und ihn tödten. Sein Schwiegervater Mallam Hajato war derjenige, welcher ihn durch Gift getödtet hat. Er schickte das Gift an seine Tochter und liess ihr sagen: Gieb es deinem Manne, nachdem er zu seinem Schwiegersohn gesagt hatte: Warum nehmt ihr das Land unserer Väter? und Râbaḥ ihm geantwortet hatte: Ich habe es genommen. Da ging er hin, bereitete das Gift und sprach zu ihr: Gieb es deinem Gatten. Und jetzt ist Râbaḥ todt. Sechs Monate sind es her, dass ich es in dem Briefe aus dem Sudan gelesen habe.

---

¹ Lies توا *tawa*, das gewöhnliche Wort für »jetzt« im tripolitanischen und tunesischen, aber auch in den Dialekten von Omân und Syrien gebräuchlich (hier gewöhnlich mit Personalsuffixen).

Die Königsgräber der Wahehe.

Von Oberarzt Dr. Stierling.

Mit dem Tode des Quawa, des letzten Sultans der Wahehe, hat — hoffentlich endgültig — der schon siebenjährige Krieg dieses kühnen und trotzigen Bergvolks gegen die deutsche Herrschaft seinen Abschluss gefunden. Leider ist damit zugleich der Untergang jenes Volkes als solchen besiegelt. Die geringen Reste von Männern reinen Wahehe-Stammes, die noch vorhanden sind, werden sich in ihrer Eigenart nicht halten können. Sie werden sich mit anderen Stämmen mischen und statt tapferer Krieger und Jäger blosse Träger werden wie die meisten anderen Neger unserer Colonie. Ihre staatlichen Einrichtungen, vor Allem die Monarchie, sind überhaupt unter deutscher Herrschaft unmöglich — und wäre die letztere beibehalten, wie es im Anfang beabsichtigt war, so würde sie nur ein trauriges Zerrbild alter Macht und alten Glanzes dargestellt haben. Die alten Stammsitze des Quawa und seiner grossen Wassagira liegen fast ausnahmslos in Trümmern. Der Reichthum und Stolz der Wahehe, die Elfenbeinvorräthe und die Viehherden sind vernichtet. Und vor Allem der Krieg ist zu Ende, für den jeder Muhehe erzogen wurde und für den er lebte.

Unter diesen Umständen erscheint es die Pflicht eines Jeden, der das Glück hatte, über jenen denkwürdigen Krieg und die vielfach eigenartigen Einrichtungen und Gebräuche der Wahehe Erfahrungen zu sammeln, dieselben der Geschichte zu übermitteln.

Von allen Autoren, die bisher über Uhehe geschrieben haben, ist schon hervorgehoben, dass sich seine Bewohner fast in Allem und Jedem von edlerer Art zeigen als die anderen faulen und feigen ostafrikanischen Negerstämme. Und in der That findet man viele Züge, die die Wahehe ganz besonders auszeichnen, so die festere Fügung der Familie und die grosse Autorität des Ältesten, die Vaterlands- und Freiheitsliebe und vieles Andere, so auch die Pietät, mit der Verstorbene behandelt werden und deren Andenken gewahrt bleibt.

Während andere Stämme meist ihre Todten einfach in das Pori tragen und Hyänen und Geiern die Bestattung überlassen, begraben die Wahehe meist die ihren; nur von den ärmeren, und ausserdem in Kriegszeiten, wird jenes einfachere Verfahren bevorzugt. Ganz einzig dastehend für Ostafrika ist auch die Art, wie die Gräber angelegt und geschmückt werden, so vor Allem das Erbbegräbniss der Quawa-Familie bei Rungemba.

Rungemba, der alte Stammsitz des Wahehe-Sultans liegt am östlichen Abhange eines riesigen flachen Thalkessels, des Haupt-Quellgebiets des Ndembera, eines Nebenflusses des grossen Ruaha. Die alte Tembe ist jetzt vollständig zerstört. Sie lag 12 Stunden südwestlich von der Residenz Iringa, war mittelgross, rechteckig in gewohnter Weise angelegt und enthielt auf dem inneren Hof wieder mehrere Häuser, darunter ein ungewöhnlich hohes, dessen Dach von drei Säulenreihen getragen wurde, dem Sultan selbst gehörig. Nach Norden und Osten umgab der für Uhehe typische krüppelige Buschwald die Tembe, nach Westen und Süden erstreckten sich weite Mais- und Hirsefelder bis hinunter zur sumpfigen Thalsohle, der Heimat des grauen Riedbocks.

Hier von Feldern rings umgeben, wenige Minuten von Rungemba entfernt, lag die nunmehr auch zerstörte Begräbnissstätte des Quawa. Ganz überraschend, wie eine Oase in der Wüste, wirkte hier in der kahlen, baumlosen Umgebung die prächtige Gruppe frischgrüner Bäume, die sie begrenzten. Die Bäume waren angepflanzt, und zwar in ovaler Anordnung unmittelbar an einer Umpfählung. Diese war grösstentheils wieder entfernt, nachdem die Bäume gross genug geworden waren, um selbst das Innere zu schützen. Es war nun eine lebende Palissade, gebildet von eng an einander gewachsenen Stämmen, deren Kronen das Innere dicht beschatteten. Nur eine Lücke befand sich darin, die als Thüröffnung diente und gewöhnlich durch quere Balken verschlossen war. Betrat man durch diese das Innere, so war man überrascht durch die schattige Kühle, die zu der draussen glühenden Sonnenhitze im angenehmsten Gegensatze stand. Als ich die Begräbnissstelle im November 1896 zum ersten Mal betrat, waren alle Bäume dicht belaubt, und ein feierliches Dunkel herrschte im Innenraum. Als ich später die Bilder anfertigte, war ein Theil der lebenden Umzäunung kahl, und es fiel daher genügend Licht hinein, um eine photographische Aufnahme zu ermöglichen.

Die Form dieses, die eigentliche Grabstätte darstellenden, Innenraums ist die eines etwas unregelmässigen Rechtecks von etwa 20 m Länge und einer Breite, die in der Mitte etwa 7 m, an den Enden etwas weniger beträgt. Eine Anzahl älterer und jüngerer Bäume helfen mit ihren Kronen das grüne Dach vervollständigen, das die der ringsherum gepflanzten Stämme bilden. Besonders durch Schönheit ausgezeichnet ist darunter ein wilder Feigenbaum, vielleicht der einzige, der an dieser Stelle bereits vor Anlage des Begräbnissplatzes sich befand und der wohl Veranlassung zur Wahl des Platzes gegeben hat. Die Grabhügel sind flach, alle annähernd parallel mit den Schmalseiten angeordnet und zwar sind im Ganzen 16 vorhanden, wobei es sich bei einem jedoch nicht entscheiden liess, ob es durch Wegschwemmen eines Streifens in der Mitte getheilt war, oder ob es 2 neben einander angelegte Kindergräber darstellte; im letzteren Falle wären also 17 Gräber vorhanden. Die Mehrzahl derselben waren nämlich zweifellos ohnehin Kindergräber.

Geschmückt waren die einzelnen Hügel ausnahmslos mit je einem aufrecht in die Erde gesteckten Elephantenzahn; jedoch ein Theil derselben war unten verwittert und abgebrochen und lag nur lose dabei. Bei meinem ersten Eintreffen in Rungemba war mit Sicherheit anzunehmen, dass in

Aussenansicht der Begräbnissstätte der Quawa-Familie bei Rungemba.

böswilliger Absicht noch nichts zerstört war, es scheint demnach, als ob die Zähne doch mehr als ein Todtenopfer zu betrachten sind und nicht etwa einen dauernden Schmuck bilden sollten. Sonst war nur noch ein Stück weisses Zeug vorhanden, welches über der Gruft des alten Quawa, des

Innenansicht der Begräbnissstätte der Quawa-Familie bei Rungemba.

Mjugumba an Bäumen aufgehängt war und wahrscheinlich ebenfalls nur ein Opfer darstellte. Möglich wäre es jedoch auch, dass letzteres als ein

Rest eines ganzen Zeugdaches aufzufassen ist, welches einer unverbürgten Mittheilung nach die ganze Grabstätte beschattet haben soll, solange die Bäume noch klein waren.

Die Form der einzelnen Grabhügel ist aus dem Bilde ganz gut ersichtlich; eine Anzahl war etwa mannslang und 50—60 cm breit; die meisten viel kürzer und schmäler, offenbar Kindergräber, was auch durch Erkundigungen bestätigt wurde. Es führt mich das gleich darauf, wer hier überhaupt begraben wurde. Mit genügender Sicherheit wird das wohl kaum je festgestellt werden können, es sei denn, dass jetzt nach dem Tode des gefürchteten Mahinja die Rungemba-Leute noch Manches erzählen, was sie zu seinen Lebzeiten aus abergläubischer Furcht verschwiegen. Aber so viel steht schon fest, dass nur Angehörige der Quawa-Familie hier bestattet wurden; der Msegira von Rungemba, Mbanamutua, ein vornehmer Muhehe, versichert, dass selbst seine eigenen Ahnen nicht dort liegen. Nach dem Zustande der einzelnen Gräber zu schliessen, war eine Anzahl älter als das Grab des Mjugumba; immerhin dürften diese auch dessen Kinder und Weiber beherbergen, denn es ist von vorn herein anzunehmen, dass erst Mjugumba die Grabstätte anlegen liess, er, der doch der Begründer der Quawa-Dynastie ist.

Nachdem auch wir, die deutschen Eroberer des Landes, noch lange diese schöne, wahrhaft eines Fürsten würdige, Begräbnissstätte pietätvoll geschont hatten, wurde leider später zunächst das Elfenbein weggeschleppt, und darauf auch Befehl gegeben, die ganze Umzäunung niederzulegen. Es war dies veranlasst durch die Absicht, das Ansehen des flüchtigen Quawa empfindlich zu schädigen und vor Allem auch den Schein zu vermeiden, dass wir uns scheuten, Hand an das Familienheiligthum zu legen. So bedauerlich die Vernichtung der eigenartigen Stätte auch sein mag, so gestattete sie mir doch eine genauere Untersuchung der Gräber. Ich liess eins öffnen und zwar das des Mjugumba, das übrigens äusserlich nicht besonders von der Mehrzahl der anderen abwich. Die Arbeit war durchaus nicht leicht, da die Gruft mit Lehm und Steinen ausserordentlich fest zugestampft und dabei über brusttief war. Das Gerippe lag nicht direct unter dem Hügel, sondern in einer kleinen Seitengruft. Es ist das dieselbe Art, wie unsere Sudanesen-Askari ihre Todten beerdigen, und lässt darum vielleicht schon auf arabischen Einfluss schliessen. Es ist überhaupt eine recht interessante Frage, wie weit arabischer Einfluss neben dem der südlichen Sulu-Stämme stattgehabt hat bei der Errichtung des Quawa-Reiches und der vielen Gebräuche in demselben, von denen man mit Sicherheit weiss, dass sie den Stammvätern der Wahehe, den Wassagara, unbekannt waren.

Das Skelett des alten Quawa lag allein, mit dem Kopf etwa nach N. O. gerichtet. Irgend welche Waffen oder Schmuckgegenstände fanden sich nicht, ebenso wenig daneben Gerippe von Weibern oder Sclaven, die beim Tode des Sultans mitgeopfert wären. Über den Schädel hatte Hr. Prof. v. Luschan die Güte, mir mitzutheilen, dass derselbe einem etwa 40jährigen Manne gehört habe; die Merkmale und Maasse stimmten gut überein mit denen der ebenfalls von mir mitgebrachten Schädel einiger

Halbbrüder des jetzt regierenden Quawa — so dass es als äusserst wahrscheinlich zu bezeichnen sei, dass der betreffende Schädel wirklich der des
alten Mjngumba wäre. Der Grabhügel desselben war mir auch mehrfach
als der richtige bezeichnet worden; jedoch die meisten Wahehe behaupteten
stets, nichts davon zu wissen. Eine abergläubische Scheu war es zweifellos,
die ihnen die Zunge verschloss. So oft auch ich und Andere versucht haben,
Genaueres über die Ceremonien bei den Beerdigungen u. s. w. zu erfahren,
so hartnäckig hörte man als einzige Antwort: »ich weiss nichts«. Ich selbst
war über einen Monat in Rungemba Befehlshaber eines Militärpostens, trotzdem ist es mir nicht gelungen, die halsstarrigen Wahehe zum Reden zu
bringen. Es hiess, dass alle Monat bei Neumond der flüchtige Quawa
Mahinja nach Rungemba komme, um am Grabe seines Vaters Opfer zu
bringen; ja selbst während ich noch dort war, soll dies geschehen sein.
Andere danach Befragte, besonders der schon erwähnte Banamntua, leugneten
das. Sicher ist nur, dass die Unternehmungen des Quawa zeitlich meist
mit dem Neumond zusammenfielen. Wenn also die Anwesenheit des Sultans
beim Grabe seiner Väter jedesmal um diese Zeit auf Wahrheit beruht, so
dürfte er wohl um Erfolg für seine kriegerischen Unternehmungen gebetet
haben.

Dieser Erfolg, der so oft dem blanken Stossspeer der Wahehe geblüht hat, ist endlich ausgeblieben. Quawa Mahinja hat durch eigene Hand
geendet, nachdem er fast zwei Jahre lang, ein gehetztes Wild, in seinem
Reiche umhergeirrt ist. Sein Bruder Mpangire und vier seiner Halbbrüder
starben am Galgen. Seine Söhne sind zur Küste geschickt, wo das Heim-
weh und das heisse ungesunde Klima die Söhne des Hochgebirges bald
hinraffen wird. Furchtbar ist der Tod Zelewski's und seiner Getreuen ge-
rächt, furchtbar ist der mehrfache Verrath des Quawa bestraft. Das Wa-
hehe-Reich mit seiner barbarischen Herrlichkeit ist zu Ende. Uhehe aber
wird unter deutscher Herrschaft zu neuem Glanze gedeihen, wenn deutsche
Ansiedler die ungeahnten Schätze zu heben beginnen, die jenes herrliche
Hochland noch verbirgt!

Aus einem Briefe von Herrn Hans Resener, Chef-Redacteur des »Ägyptischen Kuriers«, an die Redaction der »Mittheilungen«.

... Herr Julius Lippert schreibt in seinem kürzlich in Ihrer geschätzten Zeitschrift erschienenen Aufsatze über Râbaḥ[1], den vielgenannten Herrscher der Reiche des mittleren Sudan: »Sein Vater war ein armer Maurer, der sich schlecht und recht von seiner Hände Arbeit nährte. Dass Râbaḥ hier und da fälschlich als Sclave Zubair's bezeichnet wird, ist wohl darauf zurückzuführen, dass er sich schon in früher Jugend diesem ausserordentlichen Mann, der vor seinem öffentlichen Auftreten das Gewerbe eines Sclavenjägers betrieb, anschloss und ihm sehr bald ein ebenso treuer Freund wie brauchbarer Gehilfe bei seinen Unternehmungen wurde ...«

Dem gegenüber möchte ich mir zu bemerken gestatten, dass Sobehr (Zubair) Pascha mir mehr als ein Mal sein Verhältniss zu Rabah folgendermassen dargestellt hat: Rabah's Vater war Sclave von Sobehr's Vater. Das Loos des in festen Händen befindlichen Sclaven ist in Afrika im grossen Ganzen kein hartes, er speist mit seinem Herrn aus einer Schüssel u. s. w. Rabah wurde gemeinsam mit Sobehr erzogen, ohne dass ein Unterschied der Bevorzugung gemacht wurde, was indessen die Thatsache, dass auch Rabah der Sclave von Sobehr's Vater war, nicht hindert. Sobehr hatte zu Rabah, der auch gleichzeitig sein Milchbruder war, stets grosse Zuneigung und gab ihm, als sein — Sobehr's — Vater starb, die Freiheit. ...

[1] Zur Namensform, die erst kürzlich in der »Vossischen Zeitung« (1899 Nr. 151) Gegenstand der Erörterung war, bemerke ich noch nachträglich, dass sie, wie das ja auch aus der Schreibung in den von mir in meinem Artikel »Râbaḥ« publicirten Documenten hervorgeht, فَاعَل von √ر.ح.ع gewinnen ist. Wenn ich diese Form mit Râbaḥ (statt mit Râbiḥ) transscribirt habe, so geschah das darum, weil فَاعَل bei den verbis med. u. alt. guttural. in der neuarabischen Aussprache zu فَاعَل wird. Abweichende Schreibungen des Namens (wie Rabi, Rabe u. s. w.) erklären sich aus dem Unvermögen der Neger zur Wiedergabe der arabischen Gutturale. Dass die im Januar 1899 im hiesigen Passage-Panoptikum gezeigten Darforaner den Namen Râbik aussprachen, hat schon M. Hartmann in der »Orientalist. Litteratur-Zeitung« (Jahrg. 2 Nr. 3) constatirt. — Der Name ist zwar nicht häufig, findet sich aber doch hier und da, z. B. Tariḥ as-Sudan 289, 9 وقادم يومَذ رابع بن عيسى الكوش.

Lippert.

Bibliographische Anzeigen.

P. Alfons M. Adams. Im Dienste des Kreuzes, oder, Erinnerungen aus meinem Missionsleben in Deutsch-Ostafrika. Commissionsverlag: Michael Seitz, Augsburg. 154 S.

Der Verfasser, Mitglied der St. Benedictus-Missionsgesellschaft St. Ottilien (Bayern), welcher in den Jahren 1896 und 1897 in verschiedenen Gegenden des Südens von Deutsch-Ostafrika als Missionar gewirkt hat, giebt eine lebendige und anziehende Darstellung alles Dessen, was er während seines Aufenthaltes erlebt und beobachtet hat.

Das erste Feld seiner Thätigkeit war Iringa, die Hauptstadt der Wahehe, deren Land, Sitten und Gebräuche der Verfasser eingehend schildert. Besonders interessant ist der Abschnitt, welcher ausführliche Angaben über die fast legendäre Person des Sultans Mkwawa enthält, welcher seinen unüberwindlichen Hass gegen die deutsche Herrschaft nach langen Kämpfen schliesslich mit dem Tode durch eigne Hand büsste. Von Iringa ging P. Adams weiter nach Westen, legte in Usango die Missionsstation Madibira an und zog von dort nach Süden durch das Land der Wakonde, Wanyassa und Wangoni zur Missionsstation Issongo in Upogoro. Diese musste jedoch kurz darauf ungünstiger Verhältnisse wegen aufgegeben werden, und der Verfasser kehrte zur Küste zurück, die er in Kilwa erreichte.

Das Buch, welches neben Kartenskizzen auch eine grosse Zahl interessanter Darstellungen nach Photographien und Zeichnungen enthält, gewährt ein lebendiges Bild des Lebens und Wirkens eines frommen und thatkräftigen Mannes, dessen selbstloses Streben darauf gerichtet ist, seinem Glauben und zugleich auch seinem Vaterlande durch Wort und Werk zu dienen.

Auf das Angenehmste berührt die Art und Weise, in welcher der Verfasser sich über die Person und Thätigkeit derjenigen seiner Landsleute, seien es Organe des Kaiserlichen Gouvernements, anderer Missionsgesellschaften oder Privatpersonen, mit denen er in Deutsch-Ostafrika in Berührung gekommen ist, ausspricht. Dr. L. Heinke.

Geschäftliche Mittheilung.

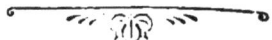

1. Der Preis jedes Jahrganges der »Mittheilungen« (bestehend aus drei Abtheilungen: 1. »Ostasiatische Studien«, 2. »West-asiatische Studien«, 3. »Afrikanische Studien«) beträgt 15, der Preis der einzelnen Abtheilung 6 Mark.

2. Die »Mittheilungen« sind durch alle Buchhandlungen des In- und Auslandes zu beziehen.

3. Die für die »Mittheilungen« bestimmten Zuschriften, welche in Deutscher, Französischer, Englischer oder Italienischer Sprache abgefasst sein können, wolle man an die Seminar-Direction, Berlin C., Am Zeughause 1, oder an die einzelnen Redacteure adressiren.